Istituzioni di diritto privato

In copertina:

Casimiro Piccolo, *I maghi della visione*, acquarello su carta.

Si ringrazia la Fondazione Piccolo di Calanovella, Villa Piccolo (Capo d'Orlando, Messina) per la gentile concessione.

IUSTITIAM COLIMUS

L. Nivarra - V. Ricciuto - C. Scognamiglio

Istituzioni di diritto privato

UNDICESIMA EDIZIONE

Giappichelli

VIA PO, 21 - TEL. 011-81.53.111 - FAX 011-81.25.100

http://www.giappichelli.it

ISBN/EAN 978-88-921-4063-9

G. Giappichelli Editore

MARCHIO STORICO

Questo libro è stato stampato su carta certificata, riciclabile al 100%

Stampa: Stamperia Artistica Nazionale S.p.A. - Torino

Concedimi di non dire nulla di superfluo

CHOFETZ CHAIM

AVVERTENZA

Gli articoli citati senza ulteriori specificazioni si riferiscono al codice civile.

Nei richiami a fonti normative diverse dai codici, la prima cifra indica il numero, la seconda cifra indica l'anno. Trattandosi di direttive comunitarie, la prima cifra indica l'anno, la seconda il numero.

INDICE-SOMMARIO

CAPITOLO I

ALCUNI CONCETTI FONDAMENTALI

CAPITOLO II

PROFILI DELL'ATTIVITÀ GIURIDICA

CAPITOLO III

LE SITUAZIONI GIURIDICHE SOGGETTIVE E IL RAPPORTO GIURIDICO

CAPITOLO IV

LA TUTELA DEI DIRITTI

CAPITOLO V

I SOGGETTI

Sezione I

LA PERSONA FISICA

CAPITOLO VII
L'AUTONOMIA PRIVATA

Sezione I
AUTONOMIA PRIVATA ED ORDINAMENTO GIURIDICO

Sezione II
STRUTTURA ED EFFICACIA DEL CONTRATTO

pag.

CAPITOLO IX

IL FATTO ILLECITO

CAPITOLO X

L'IMPRESA

CAPITOLO XI

L'OBBLIGAZIONE

Sezione I

LA FISIOLOGIA DEL RAPPORTO OBBLIGATORIO

Sezione II

LA PATOLOGIA DEL RAPPORTO OBBLIGATORIO

Sezione III

LE FONTI DELLE OBBLIGAZIONI DIVERSE DAL CONTRATTO E DAL FATTO ILLECITO *pag.*

CAPITOLO XII

LA PROPRIETÀ, GLI ALTRI DIRITTI REALI, IL POSSESSO

Sezione I
IL DIRITTO DI PROPRIETÀ

Sezione II
I DIRITTI REALI SU COSA ALTRUI

Sezione III
LA COMUNIONE

Sezione IV
IL POSSESSO

CAPITOLO XIII

LA FAMIGLIA

CAPITOLO XIV

LE SUCCESSIONI A CAUSA DI MORTE E LE DONAZIONI

ABBREVIAZIONI

ccii	Codice della crisi di impresa e dell'insolvenza
Cost.	Costituzione
c.p.	codice penale
c.p.c.	codice di procedura civile
c.n.	codice della navigazione
Prel.	Preleggi (Disposizioni preliminari al codice civile)
disp. att.	disposizioni di attuazione del codice civile
disp. trans.	disposizioni transitorie
l.	legge
d.l.	decreto legge
r.d.	regio decreto
r.d.l.	regio decreto legge
rgdp	Regolamento UE 2016/679 relativo alla protezione delle persone fisiche con riguardo al trattamento dei dati personali, nonché alla libera circolazione di tali dati
d.lgs.lt.	decreto legislativo luogotenenziale
d.lgs.	decreto legislativo
d.P.R.	decreto Presidente della Repubblica
d.p.c.m.	decreto Presidente del Consiglio dei Ministri
l. not.	legge notarile (l. n. 89/1913)
l.a.	legge autore (l. n. 633/1941)
cpi	Codice della proprietà industriale (d.lgs. n. 30/2005)
l.f.	legge fallimentare (r.d. n. 267/1942)
l.div.	legge divorzio (l. n. 898/1970)
l. ad.	legge adozione (l. n. 184/1983)
l. at.	legge antitrust (l. n. 287/1990)
l. dip.	legge diritto internazionale privato (l. n. 218/1995)
cdp	Codice in materia di protezione dei dati personali (d.lgs. n. 196/2003)
cdc	Codice del consumo (d.lgs. n. 206/2005)
cdass	Codice delle assicurazioni private (d.lgs. n. 209/2005)
cad	Codice dell'amministrazione digitale (d.lgs. n. 159/2006)
cts	Codice del Terzo settore (d.lgs. n. 117/2017)

ccii	Codice della crisi di impresa e della insolvenza
Tr.	Trattato CE
TFUE	Trattato sul funzionamento dell'Unione Europea
T.U.B.	Testo Unico Bancario
dir.	direttiva
PECL	Principles of European Contract Law
art.	articolo
artt.	articoli
co.	comma/i
cpv.	capoverso
lett.	lettera/e
s.	seguente/i
n.	numero/i
Cap.	capitolo/i
v.	vedi
t.u.	testo unico
ult.	ultimo
sent.	sentenza
p.a.	pubblica amministrazione
p.m.	pubblico ministero

PRESENTAZIONE

L'insegnamento delle Istituzioni di diritto privato ha mantenuto, negli anni, il suo tradizionale compito di iniziare le matricole allo studio del diritto in generale: compito delicatissimo, giacché non si esaurisce nella trasmissione di un bagaglio più o meno ampio di nozioni dovendo mirare, piuttosto, al radicamento di quella forma mentis *che costituisce l'abito intellettuale del giurista in quanto depositario di un sapere dai caratteri del tutto peculiari.*

Tuttavia, è indubbio che assolvere a quel compito, mai agevole, è divenuto oggi particolarmente arduo. Per un verso, la materia ha conosciuto un processo di ulteriore dilatazione riconducibile ora a fenomeni di ordine politico-istituzionale (si pensi al sottosistema "tutela del consumatore" formato da un gran numero di leggi speciali, quasi tutte di origine comunitaria), ora a fenomeni di tipo culturale (emblematica, al riguardo, è l'attenzione specifica che pressoché tutti i manuali dedicano alla tutela giurisdizionale dei diritti, una volta considerata territorio soggetto alla sovranità esclusiva dei processualcivilisti, oggi stabilmente annessa alla prospettiva del privatista e, appunto, del suo insegnamento istituzionale).

Per altro verso, il tumultuoso irrompere sulla scena della legislazione comunitaria ha ulteriormente ingarbugliato un quadro che aveva già smarrito il suo tradizionale nitore. Intendiamo dire che, nella maggior parte dei casi, le norme di origine comunitaria sono il frutto di un faticoso e, il più delle volte, grossolano compromesso fra tradizioni culturali diverse e finiscono per trasmettere un linguaggio tecnicamente poco controllato il quale, specie nella improvvida mediazione del legislatore italiano, rende l'opera razionalizzatrice dell'interprete problematica al di là del moltiplicarsi, si direbbe inarrestabile, di tali norme. Donde, sia detto per inciso, l'esigenza non più rimandabile di un diritto civile europeo che funga da vincolo, linguistico e concettuale, per il legislatore comunitario.

Insomma, il diritto privato solca acque sempre più lontane e naviga sempre più a vista. Se a ciò si aggiunge la crisi degli studi universitari – crisi, in primo luogo, di identità che, certo, la imminente riforma sembra oggettiva-

mente destinata ad aggravare là dove individua nel triennio un percorso formativo, in pari tempo, autonomo e propedeutico al biennio – è agevole comprendere perché il Manuale di Istituzioni di diritto privato sia diventato un genere letterario tanto, e così variamente, frequentato.

La proliferazione di testi istituzionali rappresenta, al di là del naturale tasso di contingenza che sempre si accompagna alla decisione di scrivere un libro, la risposta di ciascun autore alle sollecitazioni provenienti da una realtà certo meno decifrabile che in passato, la personale proposta di ricostituzione di quell'ordine concettuale e materiale di cui il giurista, come nessuno, avverte il bisogno.

In realtà, l'odierna manualistica è la testimonianza più eclatante della difficoltà in cui versa la nostra disciplina: manuali brevi, manuali lunghi, manuali ridotti, manuali bon à tout faire *(dall'esame di primo anno al concorso per uditore giudiziario), manuali con più autori, autori con più manuali, tutto sta lì a raccontarci della faticosa ricerca di nuovi e più aggiornati equilibri.*

Anche il Manuale che presentiamo ai lettori non si sottrae a questo destino: chi vorrà, potrà del tutto legittimamente scorgervi le tracce di quella navigazione a vista di cui si diceva e giudicare del modo, certamente inadeguato, in cui si è tentato di ritrovare una bussola.

Tuttavia, oltre ad essere involontario interprete dello spirito del tempo, il Manuale ambirebbe ad una connotazione in positivo, a proposito della quale è tempo di spendere qualche parola.

Il nostro obiettivo era quello di scrivere un libro che soddisfacesse un'esigenza di equilibrio sotto un triplice profilo: della mole, del linguaggio e dei concetti.

Un Manuale equilibrato, sotto il primo profilo, c'è parso fosse quello che, senza sacrificare alcuna delle aree di tradizionale competenza giusprivatistica, non si affannasse nel tentativo di dare conto in modo analitico ora della legislazione speciale, ora del dibattito dottrinale e giurisprudenziale. L'una e l'altro sono stati richiamati là dove era impossibile prescinderne (si pensi, da un lato, alla legge sul trattamento dei dati personali e, dall'altro, ai diritti della persona o al danno biologico), per il resto orientandosi il discorso in prevalenza nel senso di una piana esposizione della normativa codicistica.

Sotto il profilo del linguaggio da utilizzarsi, ci è parso che un manuale equilibrato fosse quello che, senza abdicare al rigore ed al tecnicismo propri del discorso giuridico, neppure si attardasse nella riproposizione o, forse meglio sarebbe dire, nello scimmiottamento di modelli letterari alti ma ormai obsoleti anche a causa della drammatica caduta di competenze linguistiche patita dalle generazioni rivenienti dalla scuola della "sperimentazione permanente".

Infine, sotto il profilo concettuale l'ideale (certamente solo regolativo) dell'equilibrio ci è parso si incarnasse in un uso pragmatico delle categorie tradizionali che, rifuggendo dal furore iconoclasta che su di esse si era abbattuto negli ultimi decenni, ne recuperasse fondamentalmente l'attitudine ordinatrice.

Naturalmente, come sempre accade, saranno il tempo ed i lettori a dirci se, e in che misura, tali obiettivi siano stati raggiunti. Per parte nostra vogliamo chiudere con un'avvertenza rivolta al destinatario privilegiato del manuale, ossia lo studente che prepara l'esame di Istituzioni di diritto privato: avvertenza a prendere sul serio i richiami interni al testo, giacché molto si è lavorato sul coordinamento tra le varie parti e sulla eliminazione di ogni inutile ripetizione.

LUCA NIVARRA, VINCENZO RICCIUTO, CLAUDIO SCOGNAMIGLIO

NOTA INTRODUTTIVA ALLA SETTIMA EDIZIONE

Anche le Istituzioni di diritto privato, *al pari del* Diritto privato, *hanno necessitato di un aggiornamento, sia pure proporzionato alle caratteristiche e alla mole dell'opera. E anche qui le novità più significative riguardano la materia della filiazione dove il processo di riforma, avviato dalla l. n. 219/2012, è stato completato dal d.lgs. adottato dal Consiglio dei Ministri del 12 luglio 2013 ma non ancora entrato in vigore**, *e del condominio, oltre che numerose disposizioni in punto di legislazione economica. Di tutti questi interventi legislativi si è inteso dare conto così da assicurare ad un testo, fortunato verosimilmente al di là dei suoi meriti, il livello di informazione oggi imposto dalle continue trasformazioni dell'ordinamento giuridico.*

LUCA NIVARRA, VINCENZO RICCIUTO, CLAUDIO SCOGNAMIGLIO

* Per questa ragione nel testo lo schema di decreto legislativo in questione è indicato, nostro malgrado, come "d.lgs. n. XX/2013".

NOTA INTRODUTTIVA ALLA OTTAVA EDIZIONE

Nel rispetto delle caratteristiche originarie del Manuale, si è proseguito nell'opera di aggiornamento del testo, imposto dalle numerose novità legislative intervenute medio tempore*, tre le più significative delle quali ricordiamo quelle relative alle nuove modalità negoziali di conseguimento della separazione e del divorzio. Più radicale, ed esteso, è stato l'intervento nella materia lavoristica, dove la legge delega n. 183/2014 e, ancor più, i suoi decreti attuativi (c.d.* Job Act*), hanno reso necessaria una sostanziale riscrittura della parte relativa al lavoro subordinato.*

LUCA NIVARRA, VINCENZO RICCIUTO, CLAUDIO SCOGNAMIGLIO

NOTA INTRODUTTIVA
ALLA RISTAMPA DELL'OTTAVA EDIZIONE

Nel rispetto delle caratteristiche originarie del Manuale, si è proseguito nell'opera di aggiornamento del testo, imposto dalle numerose novità legislative intervenute medio tempore, *tre le più significative delle quali ricordiamo quelle relative alle nuove modalità negoziali di conseguimento della separazione e del divorzio. Più radicale, ed esteso, è stato l'intervento nella materia lavoristica, dove la legge delega n. 183/2014 e, ancor più, i suoi decreti attuativi (c.d.* Job Act*), hanno reso necessaria una sostanziale riscrittura della parte relativa al lavoro subordinato. In occasione della ristampa dell'Ottava edizione si è dato conto dell'introduzione nel nostro Ordinamento dell'istituto delle unioni civili tra persone dello stesso sesso e della disciplina positiva dei diritti dei conviventi di fatto ad opera della l. n. 76/2016. La legge rappresenta l'ultima tappa di un processo legislativo di riforma che sta profondamente mutando il diritto di famiglia e che ancora – visto, tra gli altri, il rinvio a futuri interventi in tema di adozione da parte di coppie dello stesso sesso – non si annuncia concluso.*

LUCA NIVARRA, VINCENZO RICCIUTO, CLAUDIO SCOGNAMIGLIO

NOTA INTRODUTTIVA ALLA NONA EDIZIONE

Tra le principali novità legislative di cui si è ritenuto di dare conto segnaliamo quelle relative al pegno mobiliare non possessorio e al credito per l'acquisto di immobili residenziali (i c.d. "nuovi marciani") che hanno contribuito a ridefinire in misura significativa la disciplina del patto commissorio, la nuova legge in materia di responsabilità medica, la nuova disciplina, di matrice europea, dei dati personali. Questa nuova edizione contiene anche alcune aperture significative alla giurisprudenza, a proposito della quale merita di essere di essere richiamata, in particolare, la pronunzia delle SS.UU. sulla riconoscibilità della sentenza straniera recante condanna al pagamento di danni punitivi.

LUCA NIVARRA, VINCENZO RICCIUTO, CLAUDIO SCOGNAMIGLIO

NOTA INTRODUTTIVA ALLA DECIMA EDIZIONE

*Anche in questa nuova edizione si è cercato di dare conto di alcune delle novità normative e giurisprudenziali più significative dei due anni che ci separano dalla precedente: sul versante delle novità normative, debbono essere in particolare segnalati il compiuto adeguamento, operato con il d.lgs. n. 101/2018, dell'assetto normativo interno in materia di protezione dei dati personali al Regolamento 2016/679/UE; la l. n. 219/2017, in materia di consenso informato e di disposizioni anticipate di trattamento; il d.lgs. n. 117/2017, recante il Codice del Terzo settore; la peculiare ipotesi di indegnità a succedere introdotta, con l'art. 463-*bis*, dalla l. n. 4/2018; la regolamentazione del* leasing *contenuta nell'art. 1, co. 136-140 della l. n. 124/2017; la nuova disciplina dell'azione di classe introdotta con la l. n. 31/2019; la l. n. 96/2018, in materia, tra l'altro, di contratto di lavoro subordinato a termine; l'intervento sulla legittima difesa, così come tradizionalmente definita dall'art. 2044, operato dalla l. n. 36/2019; il d.lgs. n. 14/2019, destinato a ridisegnare l'intero sistema delle procedure concorsuali.*

Sul piano delle novità giurisprudenziali, possono essere rammentati l'intervento della Corte di Cassazione sul divieto di maternità surrogata e la sempre più frequente utilizzazione del concetto di meritevolezza dell'interesse come tecnica di controllo dell'assetto di interessi realizzato dalle parti del contratto.

LUCA NIVARRA, VINCENZO RICCIUTO, CLAUDIO SCOGNAMIGLIO

NOTA INTRODUTTIVA ALLA UNDICESIMA EDIZIONE

Questa edizione delle Istituzioni di diritto privato esce a vent'anni esatti dall'esordio dell'opera. Il Manuale fu concepito in un tempo molto diverso dall'attuale, non fosse che per la riforma del corso di laurea in giurisprudenza e l'introduzione del cosiddetto "tre più due" di cui, lo abbiamo detto più volte, le Istituzioni sono figlie. Questa collocazione temporale rende evidente che alle Istituzioni è toccato affrontare una prova molto impegnativa, posto che, poco dopo, la riforma venne archiviata: venuto meno il progetto formativo che ne aveva tenuto a battesimo la formula, era facile prevederne una rapida uscita di scena dal mercato editoriale.

In realtà, fin dal principio, a fronte di una certa difficoltà di penetrazione nel triennio di Giurisprudenza, difficoltà dovuta, verosimilmente, alla novità del taglio, apparso troppo distante dai modelli classici, il libro ottenne una buonissima accoglienza presso quei corsi di studio, dislocati al di fuori dell'area giuridica propriamente intesa, ma nei quali, e non sono pochi, l'offerta formativa prevede un insegnamento di Istituzioni di diritto privato. Ed è in questo ambito che esso ha consolidato la sua presenza, tanto più dopo il ripristino, a Giurisprudenza, del ciclo unico addirittura allungato di un anno. Il successo arriso, sia pure extra ordinem, *al nostro libro è, in un certo senso, indicativo di una tendenza che all'inizio del XXI secolo non si era ancora pienamente dispiegata ma che nel corso di questi due decenni si è venuta consolidando sino al punto da immedesimarsi con il tempo storico, incarnandone il tratto dominante: la "complessità". Parola quasi magica, alla quale la nostra letteratura affida il compito di evocare le profonde trasformazioni subite, in primo luogo, dal sistema delle fonti – e, cioè, dai modi di produzione del diritto – essa sta a significare, tra l'altro, il definitivo congedo – un congedo protrattosi per oltre mezzo secolo – da un ordine del giudico nel quale il concetto e la regola si sovrapponevano, con la conseguenza che l'illustrazione, e l'apprendimento, del primo, implicavano, quasi automaticamente, l'illustrazione e l'apprendimento della seconda.*

È evidente che in sistemi nei quali, viceversa, a causa del moltiplicarsi dei luoghi di produzione e di significazione degli enunciati normativi (si pensi al ruolo assunto, a tal riguardo, dalla giurisprudenza delle Corti superiori), la concettualizzazione della regola non è il punto di partenza, ma il punto di arrivo di un percorso laborioso e, appunto, complesso, muta, o dovrebbe mutare, anche il modo di disporsi dello strumento didattico per eccellenza, cioè il manuale di Istituzioni di Diritto privato. L'immagine della "bussola" alla quale ricorremmo nel presentare le nostre Istituzioni traduceva, appunto, l'esigenza di porre lo studente nelle condizioni di orientarsi all'interno di un territorio che si andava facendo sempre più accidentato, mettendo a profitto la (residua) capacità euristica del codice civile e delle sue architetture concettuali di cui, però, veniva, in pari tempo, segnalato il ridimensionamento imposto dalle trasformazioni in corso.

La tenuta ventennale del libro conferma, appunto, la bontà, e la modernità, di quella scelta; e, in pari tempo, testimonia del perdurare di un'esigenza di semplificazione – semplificazione, non banalizzazione, sia chiaro – tanto più pressante quanto più complesso si presenta l'insieme dei fenomeni che il giurista odierno è chiamato ad indagare.

* * *

Venendo ora alla consueta nota esplicativa degli inevitabili aggiornamenti del testo, si dirà subito di come la pandemia Covid – 19 abbia condotto al centro del dibattito dottrinale il tema delle sopravvenienze contrattuali, del quale si è discusso ora dall'angolo visuale della clausola generale di buona fede, ora tentando di valorizzare i rimedi sinallagmatici esplicitamente disciplinati dal c.c., come in particolare la risoluzione per eccessiva sopravvenuta: di questi sviluppi della riflessione dottrinale si è dato, sia pur sinteticamente, atto. Si è ritenuto altresì opportuno rendere conto di alcune novità normative, a loro volta dettate per fronteggiare l'emergenza sanitaria con riferimento ad un sottotipo contrattuale – il contratto di locazione di immobili destinati ad uso commerciale – che, per evidenti ragioni, legate all'adozione delle misure di lockdown, ha risentito in modo particolare delle conseguenze, dirette ed indirette, della pandemia. In questo caso, il riferimento è all'art. 216 d.l. n. 34/2020 conv. in l. n. 77/2020 per quel che concerne in particolare il contratto di locazione di palestre, piscine e impianti sportivi di proprietà di soggetti privati nonché all'art. 6-novies *d.l. n. 41/2021 conv. in l. n. 69/2021, che ha previsto un percorso condiviso tra i contraenti per la ricontrattazione delle locazioni commerciali.*

L'aggiornamento dà conto, inoltre, dei significativi mutamenti conseguenti all'affermarsi e allo sviluppo dell'economia digitale negli ultimi anni. L'espansione dei rapporti di diritto privato nel contesto digitale, da un lato, ha modificato o arricchito gli istituti del diritto privato (come, ad e-

sempio, in tema di tutela del software *o di disciplina dei contratti di fornitura di servizi contenuti digitali ad opera della dir. n. 2019/770); dall'altro lato, ha posto all'attenzione del privatista nuovi fenomeni, come – con riferimento all'economia basata sui dati o* data driven *– l'affermarsi del fenomeno della patrimonializzazione dei dati personali (sicché in questo settore, accanto agli strumenti di tutela della persona si assiste alla graduale applicazione di strumenti del diritto patrimoniale). Un'attenzione particolare è stata fornita alle pronunce della giurisprudenza di legittimità intervenuta, ad es., a chiarire ancora una volta il rapporto tra diritto di cronaca e diritti della persona e a riconoscere, in un contesto non limitato alla comunicazione digitale, il diritto all'oblio. Si deve poi segnalare come la giurisprudenza di legittimità sia ancora intervenuta su un dogma del diritto privato, ribadendo il principio del numero chiuso dei diritti reali, e così negando all'autonomia privata la possibilità di creare nuove figure di godimento del bene.*

Infine, si è ritenuto di introdurre qualche richiamo alle tecniche di risoluzione alternativa delle controversie, di seguire il faticoso e ondivago iter di entrata in vigore del CCII e di fornire una rapida panoramica delle misure a sostegno di imprese e lavoratori adottate per far fronte alle conseguenze economiche della pandemia.

LUCA NIVARRA, VINCENZO RICCIUTO, CLAUDIO SCOGNAMIGLIO

CAPITOLO I

ALCUNI CONCETTI FONDAMENTALI

1. *Considerazioni preliminari*

Storicità della nozione di diritto

Lo studio del diritto privato implica il chiarimento preliminare di alcuni concetti di base, dai quali il discorso del giurista non può in alcun modo prescindere.

Il primo di questi concetti è quello di **diritto**. Bisogna subito precisare che è impossibile fornire una definizione di diritto che renda anche solo in parte l'enorme complessità di un fenomeno straordinariamente ricco sia dal punto di vista teorico sia dal punto di vista storico. L'esperienza giuridica, infatti, non si esaurisce nella riflessione teorica intorno al diritto ma è anche e fondamentalmente un eterogeneo aggregato di fatti dislocati lungo un asse temporale ormai più che millenario, fatti sui quali quella riflessione teorica si è esercitata nel tentativo di ricondurli entro forme di pensiero dotate di un accettabile grado di coerenza e di stabilità.

Ed è proprio a causa di questo forte ed ineliminabile intreccio fra teoria e prassi, tra pensiero e storia, che non soltanto non è possibile ma è addirittura fuorviante immaginare di fornire una definizione di diritto che, da un lato, ne esprima in modo fedele e completo la dimensione storica e, dall'altro lato, ne scolpisca in modo puntuale e definitivo i caratteri essenziali: muoversi in questa prospettiva, infatti, significherebbe occultare il condizionamento che la teoria del diritto subisce ad opera dei fatti sui quali si esercita la sua attività ordinatrice e, quindi, presentare del diritto una nozione parziale e, in un'ultima analisi, ideologica.

1.1. *Il concetto di diritto*

Diritto e norma

Fatte queste precisazioni, passiamo ad una prima, approssimativa, definizione del concetto di diritto sulla base della quale il diritto è **un insieme di norme**. Si tratta di una definizione molto elementare, bisognosa di ulteriori specificazioni ma che presenta l'indubbio pregio di rispecchiare l'uso corrente che si fa della parola diritto, alla quale sempre si associa l'idea della norma. Ma, appunto, il problema è soltanto spostato perché adesso si tratta di dare una definizione di **norma**: per norma si intende un **enunciato linguistico** in funzione **prescrittiva**, cioè una proposizione il cui significato consiste nella prescrizione rivolta ad un destinatario di compiere, o astenersi dal compiere, una certa azione.

Dunque, possiamo dire che il diritto è un insieme di norme, ovvero di enunciati linguistici, la cui funzione consiste nel prescrivere il compimento o l'omissione di una certa azione.

1.2. *Il diritto e gli altri sistemi normativi*

Ulteriori sviluppi della definizione di diritto

Naturalmente, non tutti gli aggregati di norme costituiscono diritto. Si pensi alla **morale**, alla **religione** o al **costume**: si tratta pur sempre di norme, ma di norme non giuridiche, cioè non riconducibili a quell'insieme di norme che chiamiamo diritto. Questa pluralità di aggregati normativi impone di individuare un criterio che permetta di differenziare il diritto dalla morale dalla religione dal costume, ecc. Anche qui ci troviamo in presenza di un problema che in sede teorica è stato molto dibattuto e quindi anche qui dobbiamo accontentarci di una indicazione di massima, senza alcuna pretesa di esaustività.

Diritto e forza

Diremo allora che il diritto è quell'insieme di norme la cui osservanza è garantita da **sanzioni** somministrate da un **apparato di stabili istituzioni** in capo alle quali si concentra l'uso legittimo della **forza fisica**. Queste sanzioni non sempre implicano l'immediato ricorso alla forza: ad es., l'obbligazione risarcitoria *ex* art. 2043 si risolve nel comando impartito al danneggiante di corrispondere una somma di denaro al danneggiato; tuttavia, qualora l'obbligato si astenesse dall'adempiere, la somma dovuta al creditore gli sarebbe tolta con la forza, sia pure attraverso una procedura minuziosamente disciplinata dalla legge che, non a caso, si chiama esecuzione forzata.

In altri termini, si può dire che il diritto è l'unico, fra tutti i sistemi normativi, che possa imporre con la forza, esercitata da un'istituzione legittima (ad es., lo Stato) il rispetto delle sue norme, mentre gli altri sistemi normativi, pur contemplando sanzioni – la riprovazione degli altri nel caso della morale o del costume, il castigo divino nel caso della religione – non possono mai mobilitare la forza per costringere il trasgressore ad uniformarsi al precetto.

Un ulteriore tratto distintivo del diritto nel confronto con gli altri sistemi normativi può essere ritrovato nella peculiare tipologia di conflitti che il diritto tradizionalmente è chiamato a regolare. I conflitti in questione sono di tipo **appropriativo**, che nascono cioè dalla scarsa disponibilità di beni materiali: il diritto risolve questi conflitti attraverso la previsione di regole in base alle quali stabilire chi e come possa appropriarsi di un bene, escludendo tutti gli altri. Conflitti regolati dal diritto

A questo riguardo è necessaria una precisazione. Non tutti i conflitti che il diritto regola sono conflitti appropriativi nel senso che s'è detto: ad es., non possono essere considerati tali "i conflitti di attribuzione tra i poteri dello Stato" e "quelli tra lo Stato e le Regioni" di cui parla l'art. 134 Cost.; e neppure può essere considerato un conflitto di tipo appropriativo il disaccordo che talora insorge tra i genitori in ordine ai modi di esercizio della potestà (v. art. 316).

È anche vero, però, che a) i conflitti non appropriativi del primo tipo, vengono regolati dal diritto perché altrimenti essi porterebbero, prima o poi, alla paralisi dell'apparato che, in quanto detentore esclusivo della forza fisica, presiede alla somministrazione delle sanzioni e alla loro attuazione coercitiva: sicché il diritto, nel prendere in esame e disciplinare conflitti di questo tipo, preserva se stesso e la sua funzione di regolazione dei conflitti di tipo appropriativo; b) i conflitti della seconda specie, pur esulando dalla tipologia di quelli appropriativi in senso proprio, sono tuttavia risolti dal diritto secondo modalità in tutto simili a quelle delle quali esso si avvale per regolare i conflitti di tipo appropriativo: e cioè mediante l'attribuzione di un titolo grazie al quale il genitore prescelto, per rimanere al nostro esempio, potrà decidere nell'interesse del figlio.

Infine, se è vero che non tutti i conflitti regolati dal diritto sono di tipo appropriativo, è anche vero che tra tutti i sistemi normativi, il diritto è il solo che abbia ad oggetto, sia pure in modo non esclusivo, conflitti di questo tipo. Si consideri, ad es., il precetto morale "non rubare": esso non soltanto non ha una funzione direttamente allocativa di un bene – ovvero, è muto in ordine al chi e al come possa accedere ad un bene – ma, al contrario, presuppone un'assegnazione di risorse già avvenuta altrove e della quale prescrive l'osservanza.

Anche nella sua traduzione giuridica quel precetto rinvia ad un assetto dei beni predeterminato (ad es., l'art. 624 c.p. in tema di furto, individua la condotta criminosa nell'impossessamento della "cosa mobile altrui" e, dunque, dà per scontato che vi sia nel sistema giuridico una regola sulla base della quale sia possibile stabilire esattamente a chi appartenga una certa cosa): assetto dei beni di cui, però, è in grado di garantire la conservazione attraverso l'uso della forza fisica propria del diritto (per rimanere sempre all'esempio del furto, la condanna a tre anni di reclusione e la multa da € 154 a € 516) e riguardo al quale, dunque, si colloca in posizione strumentale.

2. *Le fonti del diritto*

Fonti del diritto

Tra le norme che compongono un sistema giuridico (e che vengono indicate con l'espressione **diritto positivo**) ve ne sono alcune, molto particolari, che soddisfano l'esigenza di individuare le condizioni necessarie alla creazione di nuove norme giuridiche. Il diritto, come abbiamo già osservato, vive nella storia e la storia, per definizione, evolve provocando trasformazioni talvolta anche radicali: è ovvio, dunque, che anche la regolazione giuridica dei fatti storici debba via via adeguarsi al loro mutamento. Da qui, appunto, l'esistenza di norme che stabiliscono i modi attraverso i quali è possibile dare vita a nuove norme, quelle che poi si incaricano direttamente della disciplina dei fenomeni oggetto di regolazione giuridica.

Anche queste norme sulla produzione di norme (**norme di secondo grado** o **metanorme**) si comportano come enunciati linguistici con funzione prescrittiva (v. n. 1.1). Esse si indirizzano a destinatari qualificati – gli organi costituzionali investiti del potere di creare norme giuridiche (ad es. il Parlamento: v. l'art. 70 Cost.) e gli organi costituzionali investiti del potere di applicare le norme giuridiche (ad es., la Magistratura: v. l'art. 102 Cost.) – imponendo, ai primi, l'adozione di un certo procedimento per l'emanazione di nuove norme giuridiche (v. ad es., gli artt. 70-77 Cost. in materia di "formazione delle leggi") e ai secondi di astenersi dall'applicare norme che non siano state confezionate nel rispetto di quella procedura (questo è, probabilmente, il significato dell'espressione "i giudici sono soggetti soltanto alla legge": v. art. 101, co. 2, Cost.).

Ambiguità dell'espressione

Le norme di cui stiamo parlando costituiscono le **fonti del diritto**. Al riguardo è necessaria una precisazione. Il linguaggio corrente, ma anche il linguaggio del legislatore, usano la locuzione "fonti del diritto" per indicare taluni fatti normativi che si collocano all'esito della procedura richiesta per la produzione di quegli stessi fatti: ad es., secondo l'art. 1 Prel. "sono fonti del diritto: 1) le leggi; 2) i regolamenti; 3) le norme corporative; 4) gli usi". Questo modo di esprimersi genera un'ambiguità perché sembra lasciare intendere che "fonti del diritto" siano la legge X, il regolamento Y, ecc., mentre invece quella di "fonte del diritto" è una nozione irriducibile al singolo fatto normativo: in altri termini, intanto la legge X o il regolamento Y possiedono un'efficacia regolativa in quanto sono state poste in essere nel rispetto delle norme che disciplinano il procedimento di formazione della legge, del regolamento, ecc.

In sintesi: quando si dice, ad es., che "nell'ordinamento giuridico italiano la legge è fonte del diritto", si intende dire che nell'ordinamento giuridico italiano prendono il nome di legge le norme poste in essere nel rispetto del procedimento descritto dagli artt. 71-77 Cost.: e, dunque, che la parola "legge", associata alla locuzione "fonte del diritto" è la sintesi verbale delle metanorme di cui agli artt. 71-77 Cost. In questo senso si parla di **fonti di produzione**, mentre si parla di **fonti di cognizione** per indicare il singolo atto normativo, la singola legge.

Gerarchia delle fonti

Una caratteristica comune a gran parte dei sistemi giuridici contemporanei è rappresentata dalla circostanza che le fonti del diritto siano disposte **gerarchicamente**. Ciò significa che le norme di cui si compone un sistema giuridico possiedono una **forza normativa** diversa, a seconda della tipologia di fonte del diritto alla quale appartengono. Il primato di una fonte normativa sulle altre ha una duplice conseguenza. La prima di tali conseguenze è che, in caso di conflitto o **antinomia**, ossia di norme che in ordine al medesimo fatto statuiscano in modo diametralmente opposto, la norma di rango superiore **prevarrà** sulla norma di rango inferiore la quale pertanto **non** produrrà alcun effetto; la seconda di tali conseguenze è che la norma di rango inferiore non potrà mai **abrogare** (cioè togliere efficacia) ad una norma di rango superiore (sull'abrogazione v. n. 3).

Antinomie

A proposito delle **antinomie**, è opportuno ricordare che quello gerarchico non è l'unico criterio disponibile per risolvere un conflitto tra norme, tanto più che un tale conflitto ben può instaurarsi tra norme dello stesso rango (ad es., due norme di legge).

In tal caso soccorrono i due criteri della norma posteriore che prevale sulla norma anteriore (*lex posterior derogat anteriori*: v. n. 3) e del criterio della norma speciale che prevale sulla norma generale (*lex specialis derogat generali*). Ad es., la norma secondo la quale il comodatario risponde anche del perimento fortuito della cosa avuta in comodato – art. 1805, co. 1 – riveste carattere di specialità e prevale sulla norma di portata generale in materia di responsabilità contrattuale sancita dall'art. 1218 e per la quale la responsabilità del debitore si arresta proprio di fronte al caso fortuito e alla forza maggiore.

2.1. *La Costituzione*

La teoria e la dogmatica delle fonti del diritto (per dogmatica, in questo contesto, si deve intendere la ricostruzione del sistema delle fonti del diritto per come esso viene configurandosi all'interno di un ordinamento giuridico determinato) sono di competenza di discipline quali la **teoria generale del diritto** e il **diritto costituzionale**. Tuttavia, per il peso che l'argomento riveste in qualsiasi settore dell'ordinamento giuridico, è opportuno, una volta datane la nozione essenziale (v. n. 2), approfondire un minimo il discorso, proprio con riguardo alla disciplina positiva delle fonti nel sistema giuridico italiano.

Costituzione

A tal fine è necessario prendere le mosse dal già richiamato art.1 Prel., secondo il quale sono fonti del diritto: "1) leggi; 2) i regolamenti; 3) le norme corporative; 4) gli usi". Questa norma, oltre ad essere causa di difficoltà sul piano di un corretto inquadramento della nozione di "fonti del diritto" (v. n. 2), deve anche considerarsi largamente superata dal punto di vista storico: essa, infatti, entrata in vigore insieme con il codice civile del 1942 (v. n. 5.1), rispecchia in modo abbastanza fedele l'ordine costituzionale del periodo fascista al quale, da lì a breve, succederà la nuova democrazia repubblicana che, viceversa, trova la sua espressione giuridica più compiuta nella Costituzione del 1948.

Proprio l'entrata in vigore della Costituzione della Repubblica ha determinato un totale **stravolgimento** del sistema delle fonti. Prima di affrontare questo discorso, bisogna ricordare che già tra la seconda metà del 1943 e il 1944 l'ordinamento corporativo (r.d.l. n. 721/1943) e le organizzazioni sindacali fasciste (d.lgs.lt. n. 369/1944) erano stati soppressi, con la conseguenza che le "norme corporative" sparivano dall'elenco di cui all'art. 1 Prel.

Ma, come si è già detto, il fatto davvero cruciale per il nuovo assetto del sistema delle fonti è rappresentato dalla Costituzione, e ciò per ragioni sia di ordine formale sia di ordine sostanziale.

Modelli di costituzione

Dal punto di vista **sostanziale**, la Costituzione italiana del 1948 – al pari di quasi tutte le carte costituzionali del '900, a cominciare da quella della Repubblica di Weimar approvata nel 1919 – ha un contenuto molto più ampio di quello delle classiche costituzioni ottocentesche, le quali, sostanzialmente, si limitavano a dettare la disciplina dei rapporti tra i poteri dello stato e a individuare diritti dei cittadini posti al riparo da possibili abusi e arbìtri da parte dell'autorità pubblica (libertà nelle sue varie articolazioni, proprietà).

Le costituzioni dell'800 – compreso lo Statuto albertino del 1848 – sono l'espressione più pura di una cultura (quella borghese-liberale) dominata dall'esigenza della certezza del diritto e della conservazione dell'ordine socio-economico. La borghesia, infatti, da un lato era fortemente interessata ad uno stato forte che la difendesse dalle proteste e dalle rivendicazioni dei non abbienti, dall'altro temeva uno stato troppo forte il quale, da garante delle sue prerogative, da "guardiano notturno della borghesia", si trasformasse ancora una volta nel minaccioso Leviatano contro il quale, in nome degli immortali principi dell'89, essa aveva combattuto e vinto la Rivoluzione francese. Da qui, appunto, l'architettura delle costituzioni liberali, che promuovono una organizzazione istituzionale caratterizzata da una netta e chiara **divisione** di compiti tra i diversi organi dello stato (parlamento, governo, magistratura) e dalla individuazione di limiti ben precisi al **legittimo** esercizio della potestà pubblica.

Le costituzioni del '900, viceversa, sono espressione di società molto più complesse ed eterogenee di quella protoborghese che aveva dominato pressoché incontrastata per buona parte del secolo precedente. In esse si riflette l'esigenza, per un verso, di individuare alcuni principi e valori condivisi da tutti e, dall'altro, di prospettare una trasformazione graduale dell'ordine socio-economico da realizzarsi fondamentalmente attraverso l'iniziativa del legislatore nel segno di una maggiore giustizia e di una maggiore eguaglianza tra le varie classi sociali.

Costituzioni di questo tipo, dunque, non si limitano a definire l'architettura dei rapporti tra i poteri dello stato ovvero a porre limiti all'esercizio della potestà pubblica: esse contengono anche una **tavola di valori** (dignità della persona umana, libertà, eguaglianza, giustizia, ecc.) che vincola tutti i soggetti, pubblici o privati, presenti nell'ordinamento giuridico (si pensi alla Parte I della Costituzione italiana).

Ne discende che mentre le norme costituzionali tradizionalmente intese esauriscono il loro raggio d'azione nell'ambito dei rapporti tra poteri pubblici e tra poteri pubblici e cittadini, le norme costituzionali che positivizzano (conferiscono, cioè, efficacia normativa massima a) valori quali, appunto, l'eguaglianza la giustizia ecc. estendono il loro raggio d'azione anche all'ambito dei **rapporti tra i privati**: ciò che, come si vedrà più avanti (v. n. 5.1), ha conseguenze molto importanti anche per il diritto privato.

Rigidità della Costituzione

Sotto il profilo **formale**, la Costituzione italiana del 1948 – ancora una volta al pari di molte costituzioni contemporanee e a differenza dello Statuto albertino, la Carta costituzionale concessa da Carlo Alberto nel 1848 e formalmente rimasta in vigore fino a tutto il ventennio fascista – si caratterizza a causa della sua **rigidità**. Ciò significa che le disposizioni costituzionali non possono essere abrogate o modificate se non da norme dotate di una eguale **forza normativa** (v. n. 2).

Dal punto di vista applicativo, la rigidità della Costituzione implica, in quasi tutti gli ordinamenti giuridici che adottino la stessa regola, il ricorso a **due** distinte tecniche di preservazione del primato della Costituzione stessa.

Revisione costituzionale

La **prima** di queste tecniche è rappresentata dalla previsione di un procedimento differenziato e più complesso (**procedimento aggravato**) per "le leggi di revisione costituzionale e le altre leggi costituzionali" (art. 138 Cost.).

Ciò significa che ove le forze politiche presenti in parlamento decidano di modificare una norma costituzionale (ipotesi di "legge di revisione costituzionale": ad es., introdurre un sistema di elezione diretta del Primo Ministro in luogo di quello attualmente vigente per il quale il Presidente del Consiglio è nominato dal Presidente della Repubblica e investito della fiducia delle due Camere), oppure dare attuazione ad una norma costituzionale per la quale la stessa Costituzione richieda una legge costituzionale (ipotesi di "legge costituzionale" in senso stretto: ad es., creare una nuova Regione *ex* art. 132, co. 1, Cost.), non sarà sufficiente l'ordinaria procedura di formazione delle leggi descritta dagli art. 70 s. Cost., per la quale le leggi sono approvate a maggioranza assoluta dei componenti di ciascuna Camera.

Piuttosto, sarà necessario ricorrere alla procedura aggravata descritta dall'art. 138 Cost. per la quale la legge di revisione costituzionale o la legge costituzionale in senso stretto debbono essere approvate da ciascuna delle Camere per **due** volte a intervallo non minore di **tre** mesi e, in più, sono suscettibili di referendum ove non siano state approvate da ciascuna delle due Camere a maggioranza di **due terzi** dei loro componenti.

Norme costituzionali immodificabili

È bene ricordare, però, che vi sono alcune norme costituzionali che non sono suscettibili di essere modificate o abrogate neppure attraverso il procedimento aggravato dell'art. 138 Cost. In particolare, ai sensi dell'art. 139 Cost., non può essere oggetto di revisione costituzionale la forma **repubblicana** dello Stato: ciò significa che, anche se si formasse una larghissima maggioranza parlamentare a favore della restaurazione della monarchia, questo risultato non potrebbe comunque essere raggiunto attraverso l'art. 138 Cost.

Bisogna poi aggiungere che la Corte costituzionale, in via interpretativa, ha allargato la famiglia delle norme costituzionali immodificabili *ex* art. 138 Cost. fino a ricomprendervi tutte quelle disposizioni che proclamano i **principi fondamentali** del nostro ordinamento giuridico (sostanzialmente quelle di cui agli artt. 1-12 Cost.). L'immodificabilità *ex* art. 138 Cost. si estende, inoltre, a tutte le ipotesi di conflitto con norme di rango sostanzialmente costituzionale: ad es., le norme di fonte comunitaria, a cui oggi la nostra Corte costituzionale dopo un lungo travaglio ha, per l'appunto, riconosciuto dignità di norme costituzionali, non potrebbero mai porsi in contrasto e prevalere su, o abrogare, una norma corrispondente ad uno dei principi fondamentali del nostro ordinamento.

Corte costituzionale

La **seconda** tecnica alla quale, in genere, si affida la salvaguardia del primato della Costituzione consiste nella previsione di un apposito organo costituzionale il quale, secondo modalità che variano da ordinamento a ordinamento, viene investito del compito di decidere se una data norma giuridica, promanante da una fonte diversa dalla Costituzione, sia conforme o meno alla Costituzione stessa: di guisa che, ove la norma in questione non risulti conforme alla Costituzione, essa verrà dichiarata **incostituzionale** e cancellata dal sistema giuridico.

In Italia, l'organo costituzionale investito del controllo di costituzionalità è la **Corte costituzionale** (art. 134 s. Cost.) la quale giudica della legittimità costituzionale delle norme di rango inferiore alla Costituzione (ma pur sempre riconducibili alla categoria della legge o degli atti aventi forza di legge dello Stato o delle Regioni) sulla base di un **incidente di costituzionalità** sollevato da un giudice nell'ambito di una singola specifica controversia. In altre parole, se un giudice, nel trattare una certa causa, si accorge che ai fini della risoluzione di quella causa è necessario applicare una norma di cui sospetta la non conformità a Costituzione, allora egli dovrà sospendere lo svolgimento del processo e rimettere – cioè trasmettere – la **questione di costituzionalità** alla Corte la quale, poi, deciderà in un senso o nell'altro.

La tipologia delle decisioni che la Corte costituzionale adotta è ormai molto ampia: sentenze di accoglimento, di rigetto, interpretative di rigetto, manipolative, ecc., ma il punto sul quale è opportuno richiamare l'attenzione è un altro. Come abbiamo già detto, la nostra Costituzione non contiene soltanto norme che regolano i rapporti tra i poteri dello Stato e le forme di esercizio di questi poteri, ma anche norme che enunciano principi e valori vincolanti per tutti i soggetti dell'ordinamento giuridico.

Ne consegue che una norma **infracostituzionale** – ossia di rango inferiore alla Costituzione – potrà essere dichiarata costituzionalmente illegittima o perché in contrasto con una norma costituzionale del primo tipo (si pensi al caso di una legge approvata, in palese contrasto con l'art. 70 Cost., da una sola delle due Camere), o perché in contrasto con una norma costituzionale del secondo tipo (si pensi al caso di una norma che, in palese contrasto con il principio di eguaglianza sancito dall'art. 3, co. 1, Cost., escluda dal diritto di voto un certo numero di cittadini in ragione della loro fede religiosa).

Proprio attraverso il controllo di costituzionalità esercitato sulla base delle norme costituzionali del secondo tipo, la Corte costituzionale ha svolto una importantissima funzione di **ammodernamento** del nostro ordinamento giuridico, dichiarando incostituzionali numerose norme incompatibili con i principi costituzionali e aprendo la strada a più di una riforma legislativa: si pensi al caso della riforma del diritto di famiglia attuata con una legge del 1975, ma preceduta da una serie di pronunzie della Corte costituzionale dichiaranti l'incostituzionalità di alcune norme basilari della disciplina previgente.

Efficacia della pronunzia di incostituzionalità

In conclusione è opportuno segnalare la peculiare efficacia della sentenza di illegittimità costituzionale (art. 136 Cost.) la quale espunge dall'ordinamento la norma non conforme a Costituzione con effetto retroattivo, fatto salvo il solo limite del giudicato (sulla nozione di giudicato, v. Cap. IV, n. 1.4). E ciò in quanto si ritiene che la radicale divergenza tra la norma impugnata e quella costituzionale impedisca alla prima di radicarsi nell'ordinamento *ab initio*.

2.2. *Le altre fonti del diritto*

La Costituzione italiana del 1948, oltre a rappresentare un fatto nuovo nella storia istituzionale del Paese a causa della sua rigidità, ha profondamente inciso anche sul modo di essere sostanziale del sistema delle fonti – cioè, sui suoi contenuti – determinandone un notevole arricchimento rispetto alla scarna elencazione dell'art. 1 Prel.

Leggi costituzionali

Intanto, la Costituzione prevede espressamente due nuove tipologie di fonti del diritto e cioè le **leggi di revisione costituzionale** e le **altre leggi costituzionali** (in breve: **leggi costituzionali**) e le **leggi regionali**. Per quanto riguarda le leggi costituzionali, delle quali abbiamo già parlato (v. n. 2.1), esse hanno una forza normativa pari a quella delle norme costituzionali originarie e, dunque, si collocano insieme a queste al vertice del sistema delle fonti.

Leggi regionali

Per quanto riguarda le leggi regionali, occorre tenere conto delle novità determinate dalla recente riforma del Titolo V, Parte II della Costituzione. Già prima di tale riforma era presente nella Costituzione la scelta di superare il tradizionale assetto centralistico dello Stato, a favore di un articolato sistema di autonomie locali: Regioni, Province, Comuni (cui adesso si aggiungono le Città metropolitane). Nel quadro preesistente, venivano individuate alcune materie riguardo alle quali le Regioni detenevano potestà legislativa, nel rispetto comunque dei "limiti dei principi fondamentali stabiliti dalle leggi dello Stato": tutte le materie potevano essere regolate solo dalla legge ordinaria.

Ora, la prospettiva è stata capovolta: la Costituzione elenca alcune materie, espressamente individuate, che appartengono alla competenza legislativa dello Stato (art. 117 Cost.). Vi sono poi le materie oggetto di **legislazione concorrente** in merito alle quali le Regioni hanno competenza legislativa, ma nel quadro di un insieme di principi fondamentali, la cui determinazione spetta di volta in volta alla legislazione dello Stato. Per tutte le altre materie, la potestà legislativa spetta in via **esclusiva** alle Regioni.

Nel caso in cui il Governo abbia a ritenere che una legge regionale ecceda la competenza della Regione, potrà promuovere la questione di legittimità costituzionale di fronte alla Corte costituzionale (art. 127 Cost.); lo stesso potrà fare la Regione, quando ritenga che una legge ordinaria leda la propria sfera di competenza.

Diritto comunitario

Vi è poi una ulteriore nuova tipologia di fonti del diritto che, pur non essendo oggetto di specifica previsione da parte della Costituzione, trova in quest'ultima la sua legittimazione politico-giuridica. Ci riferiamo alle **norme comunitarie – Trattato sull'Unione Europea, regolamenti e direttive** – che trovano il loro fondamento costituzionale nell'art. 11 Cost. secondo il quale "l'Italia ... consente, in condizioni di parità con gli altri Stati, alle limitazioni di sovranità necessarie ad un ordinamento che assicuri la pace e la giustizia tra le Nazioni; promuove e favorisce le organizzazioni internazionali rivolte a tale scopo".

Proprio in ragione di questo loro fondamento nell'art. 11 Cost., alle norme di provenienza comunitaria la Corte costituzionale, dopo una lunga elaborazione, ha riconosciuto rango **costituzionale**, con la conseguenza che il giudice italiano, in caso di contrasto tra una norma comunitaria e una norma interna, dovrà procedere alla **disapplicazione** di quest'ultima.

Vale la pena di precisare che, al di là della loro collocazione nell'ambito del sistema delle fonti, le norme comunitarie hanno una **immediata** efficacia normativa quando siano contenute in un regolamento, mentre necessitano di essere **recepite** dalla legge interna allorché si tratti di norme contenute in una direttiva (salvo il caso delle direttive *self executing*, cioè non bisognose di essere adattate al diritto interno in quanto impartiscono regole precise, puntuali e incondizionate).

Leggi ordinarie

La Costituzione, oltre a prevedere nuove tipologie di fonti del diritto, ha regolamentato *ex novo* alcune fonti che erano già presenti nell'elencazione dell'art. 1 Prel. Ci riferiamo alle **leggi** (dette comunemente leggi **ordinarie** per distinguerle dalle leggi costituzionali) e ai **decreti-legge** e alle **leggi delegate**, cioè a quelle fonti che l'art. 2 Prel. chiama "atti del Governo aventi forza di legge".

Quanto alle leggi, esse hanno rappresentato per tutto l'800 la fonte del diritto più importante in quanto emanazione del parlamento, cioè dell'organo costituzionale espressione della volontà popolare: nella misura in cui la norma di legge era destinata a vincolare tutti i cittadini, la sua entrata in vigore non poteva che essere deliberata dal parlamento, appunto perché quest'ultimo rappresentava tutta la nazione (in realtà, la piccola minoranza di possidenti che, in base a regole rigorosamente censitarie, potevano esercitare il diritto di voto).

Nella Costituzione del 1948, la legge conserva una posizione di grande rilievo, sempre a causa del suo legame privilegiato con il parlamento che, definitivamente superata ogni forma di discriminazione nell'accesso al diritto di voto, rappresenta lo strumento privilegiato di esercizio della **sovranità popolare** (art. 1, co. 2, Cost.).

A conferma di ciò si può richiamare non solo la circostanza che il procedimento di formazione della legge è oggetto di una analitica disciplina in Costituzione (v. art. 70 s. Cost.), ma anche il fatto che in numerose materie operi il principio della **riserva di legge**. Questo significa, in concreto, che la disciplina di quella data materia (ad es., i limiti massimi della carcerazione preventiva: art. 13 Cost.) **non** potrà essere dettata attraverso altro strumento se non quello della legge.

Ne discende che, nel sistema delle fonti, le leggi ordinarie si collocano immediatamente **al di sotto** della Costituzione e delle leggi costituzionali (si ricordi che una norma infracostituzionale non può modificare o abrogare una norma costituzionale e, se in contrasto con quest'ultima, viene dichiarata costituzionalmente illegittima dalla Corte costituzionale: v. n. 2.1) e delle norme comunitarie (si ricordi che una norma di legge in contrasto con queste ultime dovrà essere disapplicata dal giudice italiano), collocandosi, viceversa, **al di sopra** di tutte le altre fonti alle quali, pertanto, non potrà affidarsi la disciplina di una materia riservata alla legge.

Procedimento

Le leggi sono approvate dal Parlamento a maggioranza **assoluta** di ciascuna delle due Camere (v. art. 72 Cost.: si ricordi, però, che nei casi in cui è previsto da un apposito regolamento parlamentare, l'approvazione può essere deferita alla commissione parlamentare competente: v. sempre l'art. 72, co. 2, Cost.), mentre l'**iniziativa legislativa** compete al Governo, a ciascun parlamentare, ad enti ed organi individuati con legge costituzionale (ad es. il CNEL: art. 99, co. 3, Cost. o il Consiglio Regionale: art. 121, co. 2, Cost.) e, infine, al popolo nei limiti previsti dall'art. 71, co. 2, Cost.

Equiordinati alla legge sono gli "atti del governo aventi forza di legge", ovvero i decreti-legge e le leggi delegate. I **decreti-legge** (art. 77 Cost.) sono provvedimenti con forza di legge adottati dal Governo in casi di necessità e urgenza: entro sessanta giorni dalla loro pubblicazione devono essere convertiti in legge dalle Camere, pena la perdita di efficacia. Atti equiparati alla legge

La legge delegata è la legge emanata dal Governo sulla base di una legge di delega del Parlamento che determini i **principi** e i **criteri** direttivi ai quali il Governo, nell'esercizio della potestà legislativa delegata, dovrà attenersi (art. 76 Cost.).

Infine, bisogna accennare ai regolamenti e agli usi, che non sono oggetto di specifica attenzione da parte della Costituzione ma che sono inclusi nell'elenco dell'art. 1 Prel.

Per quanto riguarda i **regolamenti**, si tratta di atti normativi posti in essere dal Governo o da altre autorità (enti territoriali come le Regioni le Province e i Comuni o anche non territoriali come le Autorità amministrative indipendenti: Banca d'Italia, Consob, Autorità garante della concorrenza e del mercato, ecc.) che non possono contenere norme contrarie alle disposizioni di legge (artt. 3-4 Prel.). Regolamenti

In genere si distingue tra regolamenti governativi di **esecuzione** e regolamenti governativi **indipendenti**. I primi disciplinano nel dettaglio materie che sono state già regolamentate per legge, mentre i secondi intervengono in materie non incise da una disciplina legislativa. Della legittimità di questi ultimi si era a lungo dubitato, ma oggi i regolamenti indipendenti trovano una sicura copertura nella l. n. 400/1988 la quale, nel contesto di una politica di delegificazione, ha attribuito al Governo il potere di emanare regolamenti indipendenti, purché non si tratti di materie coperte da riserva di legge, e regolamenti esecutivi anche a prescindere da un'espressa previsione di legge.

La stessa l. n. 400/1988 si è spinta sino al punto di consentire l'emanazione di regolamenti aventi efficacia di legge, purché si tratti di materie non coperte da una riserva di legge istituita in Costituzione e vi sia una legge che autorizzi il Governo a disciplinare per regolamento quella data materia individuando, al contempo, i principi ai quali il Governo stesso dovrà attenersi.

Gli **usi** (o consuetudini) sono una fonte non scritta del diritto (in quanto tali, sono detti usi normativi per distinguerli dagli usi **contrattuali** – art. 1340 – e dagli usi **interpretativi** – art. 1368 – che si riferiscono al contenuto e al significato del singolo contratto: v. Cap. VII, n. 6.1-5). Usi

Essi consistono nella **ripetizione** costante e uniforme di comportamenti osservati nel pieno **convincimento** che si tratti di comportamenti giuridicamente doverosi. Nelle materie oggetto di disciplina da parte di leggi o di regolamenti, gli usi hanno efficacia soltanto se espressamente richiamati dalla fonte di rango superiore (consuetudine *secundum legem*: art. 8 Prel.), mentre nelle materie che non sono disciplinate da leggi o regolamenti, gli usi hanno comunque efficacia almeno fino a quando non intervenga una fonte di rango superiore (consuetudine *praeter legem*).

Questa sua collocazione subordinata nel sistema delle fonti rispecchia il tramonto della consuetudine come fonte del diritto determinatosi a seguito dell'avvento dello stato moderno il quale monopolizza la produzione del diritto privilegiando, anche per ragioni di certezza, fonti scritte del diritto come la legge.

Gli usi possono essere ordinati in apposite raccolte ma ciò non ne modifica la natura di fonte non scritta giacché l'unico effetto ricollegabile alla sua inclusione in una raccolta è che dell'uso si **presumerà** l'esistenza fino a prova contraria (art. 9 Prel.).

Arrivati a questo punto, possiamo concludere il discorso sulle fonti del diritto riformulando in modo aggiornato l'elencazione contenuta nell'art. 1 Prel.:

1. Costituzione, leggi costituzionali, norme comunitarie.
2. Leggi statali ed atti equiparati.
3. Leggi regionali.
4. Regolamenti.
5. Usi.

2.3. *Il ruolo della dottrina e della giurisprudenza*

Nell'enumerare le fonti del diritto italiano l'art. 1 Prel. non fa alcun riferimento alle sentenze emanate dalle corti (tribunali, corti d'appello, Corte di Cassazione) ed alle opere di dottrina (manuali, studi monografici, note a sentenza).

E tuttavia, pur non costituendo fonti del diritto in senso proprio, le decisioni delle corti e le opere della dottrina rivestono un ruolo importantissimo nella comprensione di un ordinamento giuridico, tanto che non sarebbe neppure pensabile cercare di conoscere un sistema esclusivamente attraverso le norme di legge ed i codici, senza alcun riferimento alle opere di dottrina ed alle decisioni dei giudici. Ecco perché in questa sede esse meritano quanto meno una menzione.

Giurisprudenza

La **giurisprudenza** (ossia il complesso delle sentenze pronunciate dai giudici), s'è detto, non è fonte del diritto. Il giudice ha il solo compito di interpretare una norma generale ed astratta (qualsiasi enunciato ha bisogno di un'interpretazione, non avendo uno e un solo significato possibile: v. n. 4) e, una volta interpretata, di applicarla al caso concreto sottoposto al suo giudizio dalle parti.

Dal canto suo, la Corte di Cassazione, che è la corte posta al vertice del sistema (la quale si pronuncia pertanto in ultima istanza sulle decisioni rese dalle corti c.d. inferiori o di merito), ha il compito di assicurare "l'esatta osservanza e l'uniforme interpretazione della legge" (art. 65 dell'ordinamento giudiziario), correggendo eventuali interpretazioni ritenute sbagliate e contenute nelle decisioni rese dai giudici inferiori.

Non di attività creativa di regole nuove si tratta, bensì di attività interpretativa ed applicativa di regole già esistenti. Ed anche là dove l'attività interpretativa richieda al giudice un apporto creativo (ad es., perché la regola da applicare sia lacunosa o estremamente generica) l'efficacia della sua pronuncia è **limitata** alle sole parti del giudizio: l'interpretazione fornita dal giudice nel caso concreto non vincola cioè i giudici chiamati a decidere successivamente cause di analogo contenuto.

Sua efficacia persuasiva

Se quanto detto fin qui è vero, è però altrettanto vero che spesso l'interpretazione data dalle corti ad una disposizione di legge possiede di fatto un'efficacia **persuasiva** tutt'altro che trascurabile.

Nel ricercare il significato di una disposizione, qualsiasi operatore del diritto infatti guarda con grande attenzione al modo in cui tale regola è stata interpretata in passato (specialmente dalle corti superiori). Questa efficacia persuasiva diventa tanto maggiore quanto più è consolidato un certo indirizzo interpretativo: ferma restando la propria libertà di interpretare la disposizione normativa in modo differente, difficilmente nel decidere una causa un giudice adotterà un'interpretazione difforme da quella **consolidata** nella giurisprudenza della Corte di Cassazione. E qualsiasi avvocato sarà ben felice di poter esibire in una causa sentenze a sostegno delle proprie tesi.

Accade spesso, dunque, che una certa interpretazione di una legge, ove ripetuta nel tempo, dia luogo ad un **indirizzo interpretativo consolidato**, finendo per influenzare in maniera determinante le decisioni giudiziarie successive.

Civil law e *common law*

Ciononostante, occorre ribadirlo con chiarezza, le decisioni giudiziali **non** sono fonti del diritto italiano e nessun giudice è tenuto a seguire precedenti interpretazioni, siano pure espressive di un orientamento consolidato nel tempo. Da questo punto di vista, l'ordinamento giuridico italiano, al pari di quelli degli altri paesi dell'Europa continentale (sistemi di *civil law*), differisce dal sistema giuridico angloamericano (sistema di *common law*: Inghilterra, Stati Uniti d'America, diversi paesi dell'ex *Commonwealth* britannico) nel quale i precedenti giudiziari hanno un'efficacia **vincolante**, cioè obbligano i giudici a conformarsi a quanto statuito nelle pronunce emanate dalle corti superiori.

Dottrina

Neppure la dottrina, abbiamo detto, costituisce una fonte del diritto. Le interpretazioni delle disposizioni normative, le definizioni, le spiegazioni ed i commenti del professore universitario (o dello studioso in genere) **non** costituiscono fonte di diritto e, come tali, non sono vincolanti. A riprova di ciò, l'art. 118, co. 3 delle disposizioni di attuazione del c.p.c., a proposito della motivazione della sentenza, stabilisce che "in ogni caso deve essere omessa ogni citazione di autori giuridici". La sentenza, in quanto applicazione (da parte di pubblici funzionari, i giudici) di norme di legge, non può in alcun modo fondarsi sull'autorità di soggetti privati.

Anche in questo caso, ferma restando l'esclusione della dottrina dal novero delle fonti, occorre fare qualche precisazione.

Sebbene la forza della dottrina si ponga esclusivamente sul piano **persuasivo** e non sia in alcun modo vincolante, essa esercita, nella nostra esperienza giuridica, un importante ruolo di **orientamento**. Gli studenti apprendono il diritto, oltre che dai codici, dai manuali, i giudici, prima di decidere un caso (specie se di difficile soluzione), verificano come una certa regola sia stata interpretata dagli studiosi della materia.

Sua efficacia persuasiva

E, più in generale, una particolare interpretazione di una legge, un commento (più o meno favorevole) ad una decisione giudiziale pubblicato a firma di qualche importante autore in una delle tante riviste specializzate, o la critica ad un testo di legge possono avere, se ben argomentati, una forte **efficacia persuasiva** e convincere, ad esempio, un giudice a seguire una certa interpretazione (più di una volta la Cassazione ha fatto propri orientamenti dottrinali) o, addirittura, il legislatore a modificare una certa disciplina, eliminando i difetti messi in luce dagli studiosi.

3. *L'efficacia della legge nel tempo*

Pubblicazione delle leggi

Per le norme che promanano da fonti scritte, l'efficacia è subordinata ad un'ulteriore formalità rappresentata dalla **pubblicazione** in appositi bollettini che, nel caso delle leggi costituzionali, delle leggi statali e dei regolamenti, è la Gazzetta Ufficiale della Repubblica Italiana, nel caso delle leggi regionali, è la Gazzetta Ufficiale di ciascuna Regione, nel caso delle norme comunitarie, è la Gazzetta Ufficiale della Comunità Europea. Una volta avvenuta la pubblicazione, trascorsi di regola quindici giorni, la legge o il regolamento divengono obbligatori (art. 10 Prel.; art. 73, co. 3, Cost.), ossia **efficaci** nei confronti di tutti coloro che sono soggetti alle norme del diritto italiano, in primo luogo i cittadini della Repubblica.

La pubblicazione, prima, e l'intervallo di tempo, poi, sono funzionali ad un'esigenza di **certezza** del diritto nel senso che per il loro tramite si creano i presupposti affinché ciascun potenziale destinatario delle nuove norme possa avere conoscenza delle stesse. Si comprende, quindi, perché l'ordinamento possa, in pari tempo, considerare del tutto irrilevante, ai fini della sua applicazione, la circostanza che la norma non sia stata effettivamente conosciuta dal singolo (art. 5 c.p.): l'**ignoranza della legge non scusa** perché tutti, volendo, avrebbero potuto conoscere la norma e il suo contenuto prendendo visione della Gazzetta Ufficiale.

Irretroattività

Per lo più, le norme giuridiche si applicano a fatti **successivi** alla loro entrata in vigore (art. 11, co. 1, Prel.). Questa regola, di **irretroattività** della norma giuridica – pure strumentale ad un'esigenza di certezza del diritto, dal momento che applicare retroattivamente una norma equivarrebbe ad assoggettare i destinatari di quella norma ad una disciplina ovviamente inconoscibile – ha carattere assoluto soltanto nel caso di norme **penali** (art. 25, co. 2, Cost.), mentre in altri ambiti dell'ordinamento giuridico essa ha un valore soltanto di massima e trova frequenti eccezioni (ad es., non di rado le disp. trans. attribuiscono efficacia retroattiva alle norme del codice civile).

Successione nel tempo

Un altro problema collegato all'efficacia delle norme giuridiche è quello inerente alla loro successione nel **tempo**. Come è ovvio, questo problema si pone soltanto per norme che abbiano ad oggetto la stessa materia e che siano o, quanto meno, rischino di essere tra loro incompatibili.

Abrogazione

La tecnica alla quale l'ordinamento giuridico si affida per risolvere questo problema è quella della **abrogazione**. L'abrogazione può essere espressa o tacita (art. 15 Prel.). L'abrogazione è **espressa** quando è espressamente dichiarata dal legislatore (v., ad es., l'art. 161, d.lgs. n. 385/1993: "Testo Unico delle leggi in materia bancaria e creditizia"); viceversa, è **tacita** quando vi è incompatibilità tra le nuove norme e le precedenti, o perché la nuova legge regola l'intera materia già regolata dalla legge anteriore.

La formulazione dell'art. 15 Prel. è, in realtà, un po' ambigua perché sembrerebbe lasciar intendere che la norma posteriore prevalga sempre su quella anteriore. In realtà questo criterio temporale va integrato con quello gerarchico (v. n. 2), in forza del quale una norma posteriore che si ponga in contrasto con una norma anteriore di rango più elevato, non soltanto non abrogherà quest'ultima ma verrà disapplicata o addirittura cancellata dall'ordinamento in virtù di una sentenza della Corte costituzionale, se la norma con la quale si crea il contrasto è una norma costituzionale (v. n. 2.1).

Oltre che dalla legge posteriore e dalle sentenze della Corte costituzionale, l'effetto abrogativo può discendere dal referendum popolare dell'art. 75 Cost., ove la maggioranza dei votanti si sia espressa a favore dell'abrogazione delle norme sottoposte a referendum.

Desuetudine

Infine, bisogna osservare che non è causa di abrogazione di una norma la **desuetudine**, cioè quel fenomeno opposto alla consuetudine, in forza del quale una norma giuridica viene costantemente violata dalla maggioranza dei suoi potenziali destinatari, i quali agiscono nella convinzione che essa abbia già perso la sua efficacia prescrittiva.

3.1. *L'efficacia della legge nello spazio: il diritto internazionale privato*

Estraneità

Il diritto internazionale privato designa l'insieme delle norme giuridiche con le quali uno Stato regola i rapporti privatistici che presentino **elementi di estraneità** rispetto ad esso (ad es., matrimonio celebrato in Italia fra cittadini francesi). Le norme di diritto internazionale privato sono norme di diritto interno, fanno parte dell'ordinamento giuridico di un determinato Stato e hanno validità esclusivamente in esso. In tal senso, sembra più corretto parlare di **diritto interno in materia internazionale**.

L. n. 218/1995

Posto che le norme di diritto internazionale privato sono norme interne, le fonti di questa branca del diritto privato sono le normali fonti di produzione del diritto proprie di ciascun ordinamento giuridico. L'impianto fondamentale del sistema italiano di diritto internazionale privato è costituito dalla l. n. 218/1995 che ha disposto, peraltro, l'abrogazione degli artt. 17-31 Prel. Hanno, inoltre, rilevanza internazionalprivatistica gli artt. 5-14 delle Preleggi al c.n. nonché gli artt. 115, 116, 2506-2508, 2510.

Dal momento che le norme di diritto internazionale privato sono norme di diritto interno, vi è il rischio che i diversi paesi adottino norme ispirate a criteri diversi o, addirittura, incompatibili. Per ridurre tale rischio è stata elaborata una serie di norme di diritto internazionale privato in esecuzione di accordi internazionali cui aderiscono una pluralità di Stati allo scopo di disporre, in talune materie, di **norme di conflitto** uguali (ossia norme che in caso di conflitto tra norme di diritto internazionale privato appartenenti a paesi diversi, individuino il criterio che consenta di stabilire quale norma applicare). Si parla in tal caso di diritto internazionale privato **convenzionale** o **speciale**. Beninteso, la norma di diritto internazionale privato si configura come una norma interna emanata dallo Stato in adempimento degli obblighi derivanti dall'adesione ai trattati (ad es., Convenzione dell'Aja del 1958 sulle obbligazioni alimentari).

Criteri di collegamento

La struttura della tipica norma di diritto internazionale privato presenta due elementi costanti: la **descrizione** in astratto, per categorie generali, dei fatti che si intende disciplinare, ed il **criterio di collegamento** che conferisce carattere di estraneità, rispetto all'ordinamento interno, ad un determinato rapporto (ad es., cittadinanza straniera delle parti, ubicazione all'estero di un bene).

In relazione alla descrizione in astratto della materia da disciplinare si pone il problema delle qualificazioni: ci si chiede, cioè, se le categorie descritte dalle norme di diritto internazionale privato debbano essere interpretate alla luce dell'ordinamento interno o alla stregua degli ordinamenti stranieri cui si fa rinvio. Tale problema viene risolto facendo ricorso ad una **doppia qualificazione**: una volta individuata, sulla base di una prima qualificazione operata alla stregua dell'ordinamento giuridico nazionale, la norma di diritto internazionale privato e, quindi, il sistema giuridico estero di riferimento, le successive interpretazioni ed applicazioni (seconda qualificazione) andranno svolte alla luce dei principi del diritto straniero. A conferma di ciò, l'art. 15 l. dip. stabilisce che "la legge straniera è applicata secondo i propri criteri di interpretazione e di applicazione nel tempo".

Obbligazioni contrattuali

Tanto premesso, in materia di obbligazioni contrattuali la Convenzione di Roma del 19 giugno 1980 individua tre diversi criteri di collegamento:

1) la legge nazionale dei contraenti, se comune ad entrambe le parti;

2) la legge del luogo in cui viene concluso il contratto;

3) la legge designata dalla concorde volontà delle parti. È proprio quest'ultimo criterio a prevalere, sicché i criteri indicati *sub* 1 e *sub* 2 entreranno in gioco solo in assenza di una diversa indicazione delle parti.

Responsabilità extracontrattuale

Con riguardo alla responsabilità **extracontrattuale**, giova richiamare l'art. 62, co. 1, l. dip., a tenore del quale "la responsabilità per fatto illecito è regolata dalla legge dello Stato in cui si è verificato l'evento. Tuttavia il danneggiato può chiedere l'applicazione della legge dello Stato in cui si è verificato il fatto che ha causato il danno". La responsabilità per danno da prodotto è regolata, a scelta del danneggiato, dalla legge dello Stato in cui si trova il domicilio o l'amministrazione del produttore o da quella dello Stato in cui il prodotto è stato acquistato (art. 63 l. dip.).

Diritti reali

Le questioni concernenti la **proprietà**, gli altri **diritti reali** ed il **possesso** sono disciplinate, *ex* art. 51 l. dip., dalla legge del luogo in cui è sita la cosa che forma l'oggetto di tali diritti. Tale criterio (*lex rei sitae*) è applicabile sia ai beni immobili sia a quelli mobili.

Stato e capacità delle persone

In materia di **stato** e **capacità** delle persone si applica la legge dello Stato cui le persone appartengono (art. 20 l. dip.).

Matrimonio e rapporti coniugali

Circa il rapporto di **coniugio**, la forma di celebrazione del matrimonio è regolata dalla legge del luogo di celebrazione o dalla legge nazionale di uno dei coniugi o dalla legge dello Stato comune di residenza (art. 28 l. dip.). I rapporti patrimoniali sono regolati dalla legge applicabile ai rapporti personali. In alternativa i coniugi possono convenire, per iscritto, di regolare i loro rapporti secondo la legge dello Stato di cui almeno uno di essi è cittadino o nel quale almeno uno di essi risiede.

La separazione personale dei coniugi ed il divorzio sono regolati dalla legge nazionale comune dei coniugi: in mancanza, si applica la legge dello Stato nel quale la vita matrimoniale è prevalentemente localizzata. Se la legge straniera non prevede la separazione e il divorzio, si applica la legge italiana (art. 31 l. dip.).

Filiazione e adozione

In materia di rapporti tra **genitori** e **figli**, la legge applicabile è quella nazionale del figlio (art. 36 l. dip.).

L'adozione è regolata dal diritto nazionale dell'adottante o degli adottanti se comune o, in mancanza, dal diritto dello Stato nel quale gli adottanti sono entrambi residenti, ovvero da quello dello Stato nel quale la loro vita matrimoniale è prevalentemente localizzata al momento dell'adozione (art. 38 l. dip.).

Successione

Con riferimento alla **successione** *mortis causa* (materia con riguardo alla quale è ora necessario tener conto del reg.650/2012 relativo alle successioni transfrontaliere), si applica la legge nazionale del *de cuius* al tempo della morte, indipendentemente dal luogo in cui si trovano i beni dell'asse ereditario (art. 46 l. dip.). In ogni caso, il *de cuius* può, con dichiarazione espressa in forma testamentaria, sottoporre la successione alla legge dello Stato in cui risiede, ferma restando l'intangibilità dei diritti dei legittimari. Le donazioni, poi, sono regolate dalla legge nazionale del donante (art. 56 l. dip.).

Limiti

Per completezza, occorre rilevare che vi sono ipotesi in cui la legge straniera richiamata dalla norma di diritto internazionale privato non può trovare applicazione nel nostro ordinamento. In particolare, il giudice italiano non potrebbe applicare la norma straniera **contrastante** con la Costituzione, ancorché tale norma sia richiamata dal nostro sistema di diritto internazionale privato.

Un altro limite è rappresentato dalla presenza, nel nostro come nella maggior parte degli ordinamenti, di norme c.d. ad **applicazione necessaria**, cioè di norme che in determinati settori sono dotate di una sfera di applicazione autonoma che prescinde dai normali criteri del diritto internazionale privato. È il caso, ad es., delle norme sugli impedimenti matrimoniali che, in deroga a quanto stabilito dall'art. 27 l. dip., si applicano anche al matrimonio contratto da un cittadino straniero (art. 116).

Ad ogni modo, il limite principale all'applicazione del diritto straniero cui rinvia la norma internazionalprivatistica è costituito dall'**ordine pubblico** (v. Cap. VII, n. 7.2). Infatti, in base all'art. 16, co. 1, l. dip. "la legge straniera non è applicata se i suoi effetti sono contrari all'ordine pubblico". A puro titolo esemplificativo, si può ricordare che sono state considerate contrarie all'ordine pubblico le norme straniere che prevedevano lo scioglimento del matrimonio (fino al 1970) oppure il ripudio unilaterale della moglie, la poligamia o la riduzione in schiavitù. Nell'ipotesi in cui la norma straniera richiamata risulti in contrasto con l'ordine pubblico, si fa riferimento agli altri criteri di collegamento alternativamente previsti o, in mancanza, si applica la legge italiana (art. 16, co. 1, l. dip.).

Condizione di reciprocità

Un ultimo cenno merita, infine, la c.d. **condizione di reciprocità** prevista dall'art. 16 Prel., per cui lo straniero è ammesso a godere dei diritti civili attribuiti al cittadino a condizione, però, che, in analoghe circostanze, l'ordinamento straniero richiamato preveda lo **stesso** trattamento per il cittadino italiano. Tale norma, quantunque giustificata dalla riserva di legge contenuta nell'art. 10, co. 2, Cost., va interpretata alla luce del principio di uguaglianza e di non discriminazione nella garanzia dei diritti inviolabili dell'uomo. Sotto questo profilo, la dottrina auspica per ragioni di coerenza e di opportunità l'abrogazione della clausola di reciprocità, insieme con il consolidamento di un diritto universale delle persone.

4. *L'interpretazione della legge*

Caratteri della norma giuridica

Le norme giuridiche si presentano, per lo più, con i caratteri della **astrattezza** e della **generalità**. Questo significa che la prescrizione formulata attraverso una norma giuridica ha come destinatari una classe di soggetti (in genere, tutti coloro che appartengono ad un dato ordinamento giuridico) e come oggetto una classe di azioni.

Ad es., ai sensi dell'art. 2043 "qualunque fatto doloso o colposo, che cagiona ad altri un danno ingiusto, obbliga colui che ha commesso il fatto a risarcire il danno". In questo caso, il destinatario della norma – identificato dal pronome "colui" – non è un singolo individuo ma chiunque abbia con la sua condotta provocato un danno ingiusto, mentre l'azione oggetto della prescrizione non è identificata in modo puntuale ma attraverso l'individuazione di uno schema astratto: un'azione (commissiva o omissiva), il dolo o la colpa, la lesione di un bene protetto dall'ordinamento, un danno e un nesso di causalità tra l'azione e il danno.

La circostanza che le norme giuridiche presentino i caratteri della generalità e dell'astrattezza comporta, indubbiamente, lo straordinario vantaggio di poter ricondurre ad una sola previsione normativa tutti i casi che possiedano i caratteri individuati in via generale ed astratta.

A questo straordinario vantaggio si accompagna, però, un inconveniente quasi altrettanto grande che è quello della necessaria **individualizzazione** e **concretizzazione** della norma generale e astratta. Infatti, se le norme giuridiche nascessero individuali e concrete ("Mario Rossi deve astenersi dal tamponare la macchina di Antonio Bianchi, altrimenti deve risarcire il danno") – cosa impossibile perché nessun legislatore è in grado di prevedere ogni azione umana –, esse potrebbero trovare immediata applicazione: ma poiché, come abbiamo visto, le norme giuridiche nascono generali e astratte è necessario sottoporle ad un trattamento particolare che le predisponga all'applicazione al singolo caso.

Interpretazione e applicazione

Il trattamento consistente nel rendere una norma, da generale e astratta individuale e concreta e dunque, in definitiva, applicabile al caso di specie, prende il nome di **interpretazione**. Attraverso l'interpretazione è possibile infatti stabilire se una data norma giuridica possa applicarsi ad una data fattispecie, ovvero se tra i diversi significati che dalla norma come enunciato linguistico generale e astratto è possibile ricavare, ve ne sia almeno uno nel quale essa faccia riferimento al caso individuale e concreto: soltanto a queste condizioni sarà possibile **applicare** la norma, cioè decidere che il concreto comportamento di quel singolo individuo debba essere regolato secondo quanto stabilito dalla norma "x" o dalla norma "y".

L'interpretazione è uno dei fenomeni più complessi e più discussi dell'intera esperienza giuridica. Infatti, la ricostruzione di un significato della norma che si attagli al caso di specie è un'operazione non puramente meccanica perché il modo vago e spesso ambiguo in cui le norme giuridiche sono formulate lascia all'interprete un qualche margine di **discrezionalità** nella scelta del significato da preferire. Ciò, però, non deve far credere che l'interpretazione sia un'attività dominata dall'arbitrio perché esistono una serie di vincoli di varia natura che limitano la discrezionalità dell'interprete.

Vari tipi di interpretazione

Prima di passare all'esame di questi vincoli, è opportuno accennare al tradizionale modo di distinguere i vari tipi di interpretazione in rapporto al **soggetto** che svolge l'attività interpretativa. Al riguardo si usa distinguere una interpretazione legislativa, una interpretazione dottrinale e una interpretazione giudiziaria.

Interpretazione legislativa

L'interpretazione **legislativa**, detta anche interpretazione **autentica**, in realtà non ha molto a che vedere con l'interpretazione in senso proprio giacché essa si risolve nell'emanazione di una legge attraverso la quale il legislatore chiarisce il significato di una legge precedente che era stata formulata in modo così ambiguo e impreciso da determinare difficoltà praticamente insormontabili al momento dell'applicazione da parte del giudice.

Interpretazione dottrinale

L'interpretazione **dottrinale** è quella posta in essere dagli studiosi del diritto (in genere, ma non necessariamente, professori universitari) i quali si dedicano in modo professionale all'esame e alla soluzione dei problemi giuridici consistenti, per l'appunto, nella interpretazione delle norme. In verità, l'interpretazione dottrinale presenta la caratteristica di non essere immediatamente funzionale all'applicazione della norma, e ciò per la semplice ragione che lo scienziato del diritto non è chiamato, a differenza del giudice, a decidere un caso concreto.

Tuttavia, proprio perché l'attività dello scienziato del diritto è svincolata da immediate esigenze di ordine pratico, essa si caratterizza per una maggiore attenzione al **sistema**, ossia alla individuazione di possibili significati della singola norma e, quindi, di possibili percorsi applicativi che siano coerenti con i principi e le norme dell'intero sistema giuridico o, quantomeno, dello specifico settore al quale appartiene la norma oggetto di analisi.

Interpretazione giudiziale

Infine, abbiamo l'interpretazione **giudiziale**, posta in essere dai giudici. Solo qui l'interpretazione è subito **funzionale** all'applicazione, dal momento che soltanto i giudici sono istituzionalmente chiamati a dirimere controversie. Questo legame così forte tra interpretazione e applicazione fa sì che nell'interpretazione giudiziale sia preminente il momento della considerazione dei tratti specifici che il **caso concreto** presenta (in un certo senso si può dire che il sistema giuridico si proietti al suo esterno e si faccia orientare nell'interpretazione dal problema pratico), mentre nell'interpretazione dottrinale, mancando lo stimolo rappresentato dalla necessità di decidere su un caso concreto, prevale il momento della coerenza interna al sistema giuridico.

Tuttavia, né l'interpretazione giudiziale può fare a meno di guardare dentro il sistema giuridico ed ai suoi vincoli di tipo logico, linguistico ed etico, perché altrimenti la decisione del giudice avverrebbe sulla base di parametri diversi da quelli forniti dal diritto; né l'interpretazione dottrinale può esimersi dal riferire la soluzione teorica proposta ad una classe di ipotetici casi concreti, perché altrimenti essa si esaurirebbe in un vuoto gioco speculativo privo di significato.

Criteri di interpretazione

Come si è già detto, l'attività interpretativa soggiace ad alcuni vincoli che dovrebbero limitare la discrezionalità del giudice. Alcuni di questi vincoli sono posti espressamente dalla legge e si risolvono nella enunciazione dei criteri da utilizzarsi nella interpretazione delle norme giuridiche. Fondamentale, al riguardo, è l'art. 12, co. 1, Prel. secondo il quale "nell'applicare la legge non si può ad essa attribuire altro senso che quello fatto palese dal significato proprio delle parole secondo la connessione di esse, e dalla intenzione del legislatore": qui troviamo espressamente codificati due criteri interpretativi, ossia il criterio **letterale** ed il criterio **teleologico**.

Criterio letterale

Per quanto attiene al primo, esso sarebbe davvero risolutivo di ogni problema connesso all'interpretazione di una norma giuridica, se il linguaggio del legislatore fosse un linguaggio **inequivoco** e privo di ambiguità come, ad es., quello matematico: purtroppo non è così, dal momento che il legislatore si serve di termini appartenenti in gran parte al linguaggio naturale e, quindi, imprecisi e vaghi. Ne discende che il richiamo al criterio letterale ha valore soltanto in negativo nel senso che l'interprete non può a suo arbitrio ignorare il significato corrente che le parole utilizzate dalla legge rivestono, specie se questo significato è condiviso da tutti e non presenta margini troppo ampi di ambiguità o di vaghezza.

Criterio teleologico

D'altra parte, della insufficienza del criterio letterale appare consapevole lo stesso art. 12 Prel. là dove affianca a quello letterale il criterio dell'**intenzione** del legislatore o teleologico. In base a questo criterio l'interprete dovrebbe stabilire – ad es., attraverso l'esame dei documenti che si sono formati nella fase di elaborazione del testo normativo da interpretare, i **lavori preparatori** – quali fossero gli **scopi** avuti di mira dal legislatore nel momento in cui si accingeva ad emanare quella legge e ricavarne indicazioni circa il significato da attribuire alle singole norme.

In realtà, anche il criterio teleologico appare tutt'altro che adeguato a risolvere i problemi dell'interpretazione giuridica. Intanto, molto spesso l'interprete si trova di fronte testi normativi risalenti nel tempo (lo stesso codice civile ha ormai sessanta anni), sicché ricostruire l'intenzione del legislatore può significare, al massimo, svolgere un'attività di tipo storiografico finalizzata ad appurare quali fossero, allora, gli obiettivi perseguiti attraverso l'emanazione di quella legge, salvo poi vedersi costretto a proporre un'interpretazione **evolutiva** di quei testi, un'interpretazione cioè che tenga conto di tutte le trasformazioni di ordine politico, sociale, economico e culturale verificatesi nel frattempo.

In secondo luogo, l'appello al criterio teleologico può rivestire una qualche utilità allorché il testo da interpretare sia davvero espressione di un'univoca e chiara volontà del legislatore: ma nelle democrazie contemporanee, nelle quali le leggi sono il frutto della interminabile e faticosa mediazione tra numerosi e diversissimi attori sociali (forze politiche, sindacati, *lobbies* industriali, ecc.), i documenti normativi rappresentano il più delle volte sintesi puramente verbali di volontà e interessi confliggenti, sicché ricostruire l'intenzione del legislatore è semplicemente impossibile.

Criterio sistematico

In realtà, quella interpretativa è, come si è già detto più volte, un'attività molto complessa nello svolgimento della quale entrano in gioco criteri ben più numerosi dei due espressamente indicati dall'art. 12 Prel. Il primo di questi criteri, extrapositivi ma normalmente utilizzati dall'interprete, è il criterio **sistematico**, in forza del quale l'interprete, nello stabilire il significato di una singola norma, valuta la coerenza di questa sua scelta con il significato delle altre norme appartenenti al medesimo sistema giuridico.

Questa operazione, a sua volta, richiede una grande cautela perché negli ordinamenti giuridici contemporanei caratterizzati dalla presenza di costituzioni che proclamano valori e principi etici (v. n. 2.1), la coerenza con il sistema non è soltanto di tipo logico-linguistico, ma anche di tipo **etico**: e poiché è molto più difficile mettersi d'accordo sull'interpretazione di un valore – ad es., quello dell'eguaglianza – che non mettersi d'accordo sulla interpretazione di una singola norma, ecco che il problema si ripresenta ulteriormente aggravato.

Un ruolo decisivo nella stabilizzazione dei significati da attribuirsi alle norme che enunciano principi o valori di carattere etico compete, nel nostro ordinamento giuridico, alla Corte costituzionale, le cui pronunzie entrano così a far parte, sostanzialmente se non formalmente, delle fonti del diritto.

Interpretazione evolutiva

Il criterio sistematico svolge poi un ruolo di primo piano nell'ambito di quella che abbiamo chiamato l'interpretazione **evolutiva**, ossia dell'interpretazione che culmina nell'attribuzione alla norma di un significato diverso, in genere più ampio, di quello desumibile dalla mera ricognizione dell'originaria volontà del legislatore o della mera ricognizione del significato letterale della norma. È evidente, infatti, che se il significato di ciascuna norma deve essere coerente con il sistema giuridico al quale essa appartiene, e se nel frattempo il sistema giuridico è cambiato nei suoi principi ispiratori, anche il significato della norma di volta in volta oggetto di interpretazione va adeguato alla nuova fisionomia assunta dal sistema.

Criterio delle conseguenze

Un altro criterio del quale abitualmente l'interprete si avvale è quello delle **conseguenze**. In questo caso, il significato di una norma viene deciso sulla base della **preferibilità** o meno delle conseguenze economiche e sociali derivanti da una determinata interpretazione. In realtà è difficile tracciare una linea netta di demarcazione tra questo criterio e quello sistematico: è evidente che intanto sarà possibile sostenere quella data interpretazione della norma in quanto i suoi effetti si traducano nella promozione di un valore compatibile con i principi ai quali si ispira il sistema giuridico.

Un'applicazione piuttosto sofisticata del criterio conseguenzialista è rappresentata oggi dalla **analisi economica del diritto** secondo la quale, tra tutte le possibili interpretazioni alle quali una norma si presta, va preferita quella che favorisce l'**efficienza economica**, ovvero determina un aumento complessivo della ricchezza sociale: ma, appunto, si discute se, e in che misura, l'efficienza economica possa o debba sempre prevalere su valori potenzialmente confliggenti e di certo recepiti dal sistema giuridico quali, ad es., l'eguaglianza o il diritto alla salute.

4.1. *Segue*

Lacune

Oltre a quelli indicati nel n. precedente, esistono numerosi altri criteri interpretativi (l'argomento *a contrario*, l'argomento *a fortiori*, l'argomento del legislatore economico, ecc.). Tuttavia, per quanti sforzi faccia l'interprete, può accadere che il problema non possa essere risolto perché il caso sottoposto alla sua attenzione non ricade all'interno del campo semantico e, quindi, applicativo di nessuna delle norme presenti all'interno del sistema giuridico.

In altri termini, può accadere che, per quanto generali e astratte (v. n. 4) siano le norme alle quali si affida il legislatore, esse non riescano a disciplinare quel singolo caso perché fin dal principio non previsto. Ove ricorra un'evenienza di questo genere, siamo al cospetto di una **lacuna**.

Completezza dell'ordinamento giuridico

Il problema delle lacune è particolarmente avvertito nei sistemi giuridici ispirati al principio (o al dogma) della **completezza**, principio o dogma alla stregua del quale il sistema giuridico contiene, o dovrebbe contenere, una norma per ogni caso concreto.

Come vedremo meglio più avanti (n. 5.1), il principio della completezza dell'ordinamento giuridico va di pari passo con la **codificazione** del diritto ed è, anzi, parte integrante di quella che è stata chiamata l'ideologia della codificazione. Il carattere ideologico del principio della completezza è testimoniato dalla circostanza che lo stesso legislatore contempla la possibilità di casi non espressamente previsti: ma il principio della completezza viene ribadito prescrivendo al giudice il ricorso all'interpretazione **analogica**.

Analogia

Nel nostro ordinamento, il ricorso alla analogia è previsto dall'art. 12, co. 2, Prel. ai sensi del quale "se una controversia non può essere decisa con una precisa disposizione si ha riguardo alle disposizioni che regolano casi simili o materie analoghe; se il caso rimane ancora dubbio si decide secondo i principi generali dell'ordinamento giuridico dello Stato".

Come si vede, se si imbatte in una lacuna, il giudice deve: a) verificare se all'interno dell'ordinamento giuridico sia disponibile almeno una norma che regoli un caso **simile** a quello sottoposto al suo esame; b) ove questo primo tentativo non abbia successo, volgere l'attenzione a materie **analoghe** a quella nell'ambito della quale ricade il caso non espressamente previsto dalla legge (ad es., se si tratta di una controversia in materia di donazione, il giudice dovrà andare alla ricerca dei principi che regolano la materia più vicina che è quella delle successioni); c) se neanche così il giudice riesce a trovare una soluzione, allora questa andrà ricavata dai **principi generali** dell'ordinamento (molti dei quali, oggi, trovano espressione nella Carta costituzionale: eguaglianza, solidarietà, inviolabilità dei diritti della persona, ma anche libertà di iniziativa economica nei limiti dell'utilità sociale, della libertà, della dignità umana e della sicurezza – art. 41 Cost. –, proprietà – art. 42 Cost. – ecc.).

Come è agevole intuire, il procedimento analogico – che prende il nome di analogia *legis* nelle ipotesi *sub* a) e *sub* b) e di analogia *iuris* nell'ipotesi *sub* c) – amplia notevolmente i margini di **discrezionalità** dell'interprete al quale spetta di decidere, in primo luogo, se davvero la mancata previsione di una norma per quel caso specifico integri gli estremi di una lacuna o se non sia il frutto della decisione del legislatore di lasciarlo fuori dalla regolazione giuridica e, in secondo luogo, di istituire il nesso di somiglianza tra il caso regolato e quello da regolare. Ben maggiore, poi, si fa tale discrezionalità là dove il giudice ricorra ai principi generali i quali, essendo formulati in modo ancora più vago di quanto non lo sia una comune norma giuridica, si prestano più facilmente alle manipolazioni interpretative.

Divieto di analogia

Ecco perché, a proposito dell'analogia, si parla più volentieri di **integrazione** della legge che non di semplice interpretazione (sebbene la rubrica dell'art. 12 Prel. suoni genericamente "Interpretazione della legge"): ed ecco perché, anche, l'art. 14 Prel., vieta il ricorso all'analogia nel caso di norme **eccezionali** (ossia, "norme che fanno eccezione a regole generali o ad altre leggi") e di norme **penali incriminatrici**.

Nel primo caso, perché altrimenti si consentirebbe al giudice di estendere l'ambito di operatività della norma eccezionale "oltre i casi e i tempi" stabiliti dal legislatore; nel secondo caso, perché altrimenti si consentirebbe al giudice di introdurre nel sistema giuridico o una nuova ipotesi di reato o una nuova pena, in violazione del fondamentale principio *nullum crimen et nulla poena sine lege*, di cui all'art. 25, co. 2, Cost. e all'art. 1 c.p.

5. *Il diritto privato*

Diritto pubblico e diritto privato

Il sistema giuridico si articola in una pluralità di settori, ciascuno caratterizzato da specifici obiettivi. La suddivisione più ampia e anche più risalente nel tempo è quella tra diritto pubblico e diritto privato.

Il **diritto pubblico** è costituito dall'insieme delle norme che regolano l'organizzazione costituzionale dello Stato, comprensiva delle libertà riconosciute ai cittadini (**diritto costituzionale**), lo svolgimento delle attività dei soggetti pubblici (**diritto amministrativo**) e l'esercizio della funzione giurisdizionale da parte della magistratura (**diritto processuale amministrativo**, **diritto processuale civile**, **diritto processuale penale**).

Diritto privato e autonomia privata

Il **diritto privato** è costituito dall'insieme delle norme che regolano rapporti che si caratterizzano in quanto i soggetti di essi partecipi si collocano su un piano di **equiordinazione** (ad es., Tizio e Caio che compravendono un bene, ma anche lo Stato quando, invece di fare ricorso alla procedura espropriativa, stipuli con il proprietario del bene una convenzione).

Alla luce di questo, ben si intende come l'**autonomia privata** sia il fenomeno attorno al quale ruota l'intero sistema del diritto privato: di essa ci si occuperà specificamente più avanti (v. Cap. VII). Tuttavia, già fin d'ora si può dire che l'autonomia privata è quel fenomeno in virtù del quale i privati perseguono e realizzano i propri interessi mediante il compimento di atti della più varia specie (contratti, testamenti, matrimoni, ecc.) ai quali la legge ricollega effetti giuridici, tendenzialmente conformi alla volontà delle parti (**negozi giuridici**: v. Cap. II, n. 4).

Origine dell'autonomia privata

Un problema molto dibattuto è quello relativo alla **genesi** dei poteri di autonomia privata. Secondo alcuni, tale potere avrebbe un fondamento originario del quale il sistema giuridico si limiterebbe a prendere atto regolandone le modalità di esercizio; secondo altri, i poteri di autonomia privata deriverebbero dal sistema giuridico sicché i privati, da questo punto di vista, si trasformerebbero in funzionari dello Stato che esercitano un potere delegato.

Si tratta di una questione in larga parte ideologica anche se, sul piano storico-antropologico, appare più plausibile che l'autonomia privata preceda forme di organizzazione politica stabile della società per quanto poi, come vedremo, la stessa autonomia privata ricavi notevoli benefici dal consolidamento di un potere pubblico.

Fondamento dell'autonomia privata

Comunque stiano le cose, un dato certo è che la stragrande maggioranza dei sistemi giuridici ha conosciuto e regolato fenomeni di autonomia privata, pur variando a seconda dei tempi e dei luoghi la misura dello spazio assegnato a questa ultima.

In epoca moderna, le ragioni addotte a sostegno della scelta a favore dell'autonomia privata sono fondamentalmente due, una di ordine **etico-politico** e l'altra di ordine **economico**. La prima fa appello alla libertà degli individui, i soli legittimati a decidere del modo in cui impiegare i propri beni; la seconda fa appello all'idea che, lasciando liberi i singoli di disporre come meglio credono dei propri beni, ne verrà un vantaggio in termini di utilità economica per l'intero corpo sociale.

Queste due spiegazioni (complementari l'una all'altra, giacché la rivendicazione delle prerogative del singolo contro l'ingerenza del potere politico e la rivendicazione delle virtù del mercato contro la pretesa dello Stato di dirigere l'economia sono due facce della stessa medaglia) possono apparire soddisfacenti se riferite, appunto, alle vicende degli ultimi tre secoli ed alla crescente diffusione ed affermazione del modello capitalistico: ma, naturalmente, sono del tutto inadeguate per i periodi storici precedenti alla "rivoluzione borghese", all'ideologia liberale e all'avvento dell'economia di mercato nelle sue forme più mature.

Ne consegue che la spiegazione più profonda e radicale della scelta operata da tutti sistemi giuridici, compresi quelli pre- o paleo-capitalistici (a cominciare dal sistema giuridico romano), a favore dell'autonomia privata, risiede nella **impossibilità** per lo stesso sistema giuridico di farsi carico delle decisioni in ordine al modo di amministrare le risorse e soddisfare i bisogni di ciascun singolo consociato, pena il collasso. Da questo punto di vista, il probabile carattere originario del potere di autonomia privata non ne esclude una sua utilizzazione strumentale da parte del diritto che "trova" questo potere e lo conferma nella sua imprescindibile funzione di regolatore degli affari privati.

Sistema giuridico e autonomia privata: art. 1372

Il rapporto tra sistema giuridico e autonomia privata si sviluppa attraverso **tre** momenti fondamentali.

Il primo è rappresentato dall'attribuzione agli atti di autonomia privata di un'**efficacia vincolante** eguale a quella posseduta dalla norma giuridica (si veda l'art. 1372, co. 1 ai sensi del quale "il contratto ha forza di legge tra le parti": Cap. VII, n. 9-9.2). In tal modo la violazione dell'impegno assunto da una parte nei confronti dell'altra – ad es., quello del compratore di pagare il prezzo al venditore – potrà essere sanzionata mobilitando l'apparato istituzionale a ciò preposto – ad es., attraverso una sentenza del giudice che condanni il compratore a corrispondere il prezzo al venditore – e facendo ricorso, in ultima analisi, alla risorsa che il sistema giuridico amministra in via esclusiva, ovvero la forza fisica (v. n. 1.2) – ad es., assoggettando il patrimonio del compratore riottoso all'esecuzione forzata – (v. Cap. XI, n. 10.2).

Un effetto riflesso di questa prima funzione risiede nella tutela accordata dal sistema giuridico ai diritti che i privati acquistano in forza degli atti di autonomia privata. È chiaro, infatti, che se fosse consentito a Tizio di sottrarre a Mevio ciò che questi si è procurato attraverso la stipulazione di un contratto di compravendita, l'intero edificio dell'autonomia privata crollerebbe su se stesso perché nessuno sarebbe più disposto a impegnarsi per ottenere qualche cosa che gli può essere tolta impunemente: non a caso, quindi, il sistema giuridico attribuisce a Mevio il potere di chiedere al giudice di condannare Tizio alla restituzione della cosa e al risarcimento dei danni (art. 948: v. Cap. XII, n. 3).

Norme dispositive

Il secondo momento del rapporto tra sistema giuridico e autonomia privata è quello della predisposizione da parte del primo di una serie di regole del quale la seconda può avvalersi ai propri fini. Queste regole (o norme), dette **dispositive** o anche **suppletive** – a seconda che si guardi al profilo della loro derogabilità ad opera dei privati o a quello della loro funzione di integrazione dell'atto di autonomia – soddisfano la fondamentale esigenza di sollevare le parti dall'onere di dettare, ogni volta, l'intera analitica disciplina di ciascun affare (v. Cap. VII, n. 6.1).

Difatti, le norme dispositive rispecchiano ciò che normalmente accade nella prassi degli affari e si applicano automaticamente, a meno che le parti, caso per caso, non intendano introdurre una regola diversa più confacente alle loro specifiche esigenze. Ad es., ai sensi dell'art. 1475 "le spese del contratto di vendita e le altre accessorie sono a carico del compratore, se non è stato pattuito diversamente": ciò significa che se le parti, come di solito accade, vogliono che le spese del contratto di compravendita rimangano a carico del compratore, non dovranno espressamente prevederlo nel contratto, cosa che invece dovranno fare se intendono regolarsi in modo diverso.

Analoga funzione, aggiungiamo, svolgono quelle norme che, ad es., predispongono schemi contrattuali già pronti per essere utilizzati dalle parti (**contratti tipici**: compravendita, locazione, ecc.): ma anche qui nulla toglie che l'autonomia privata possa dare vita a nuovi tipi di contratto (**contratti atipici**), sia pure nei limiti imposti dall'art. 1322, co. 2 (v. Cap. VII, n. 2-3).

Norme imperative

Il terzo e ultimo momento del rapporto tra sistema giuridico e autonomia privata è rappresentato dalla predisposizione di norme (dette **imperative**) che limitano o regolano l'esercizio dell'autonomia privata.

Al riguardo è necessario distinguere tra norme che limitano l'autonomia privata nel senso che ne stabiliscono inderogabilmente le **modalità** di esercizio, e norme che limitano l'autonomia privata nel senso che **vietano** ai privati l'adozione di comportamenti in contrasto con interessi e valori esterni al sottosistema dell'autonomia privata ma considerati dal sistema giuridico nel suo insieme come superiori (v. Cap. VII, n. 11, 13-13.1).

Un esempio di norma del primo tipo è quella che individua i requisiti essenziali del contratto. I privati sono tendenzialmente liberi di stipulare tutti i contratti che credono, anche contratti atipici, ma dovranno rispettare lo schema fissato dalla legge all'art. 1325 il quale prevede che ogni contratto si componga dell'accordo delle parti, della causa, dell'oggetto e, ove richiesto, della forma scritta: viceversa, il contratto sarà nullo (art. 1418, co. 2).

Un esempio di norma del secondo tipo – cioè, posta a tutela di interessi e valori considerati prevalenti rispetto all'autonomia privata – è quell'art. 2109, co. 1 ai sensi del quale "il prestatore di lavoro ha diritto ad un giorno di riposo ogni settimana, di regola in coincidenza con la domenica" (v. anche l'art. 36, co. 3, Cost.): un contratto di lavoro subordinato che non rispettasse questo limite sarebbe nullo non perché privo dei requisiti strutturali che la legge prescrive per la stipula di un valido contratto, ma perché in contrasto con l'interesse, non disponibile dall'autonomia privata, alla tutela della salute e della qualità della vita del lavoratore dipendente (più in generale, v. anche l'art. 1418, co. 1).

L'insieme delle norme che **promuovono** (art. 1372), **agevolano** (norme dispositive) o **limitano** (norme imperative) l'autonomia privata costituisce il diritto privato. Studiare il diritto privato, quindi, significa in larga misura studiare le precondizioni e le modalità di esercizio dell'autonomia privata: questa, infatti, rappresenta da sempre il cuore del diritto privato ed esibisce oggi una rinnovata centralità, come meglio si vedrà in seguito (v. n. 5.1 e Cap. VII, n. 1).

Tradizionalmente, a sua volta, il diritto privato si distingue in una serie di sottoinsiemi che prendono nome dal settore oggetto di specifica regolazione: il **diritto commerciale**, che si occupa dell'attività di produzione e scambio di beni e servizi svolta in forma professionale, il **diritto del lavoro**, che si occupa dei rapporti di lavoro subordinato o parasubordinato, il **diritto agrario**, che si occupa delle varie possibili forme di sfruttamento del bene terra, ecc.

Diritto privato e diritto comune

Prima di passare oltre, è opportuno segnalare un fenomeno che va assumendo oggi proporzioni sempre più vistose e cioè l'applicazione di norme di diritto privato anche all'attività della p.a. la quale tradizionalmente, viceversa, soggiace alla disciplina del diritto amministrativo. Questo fenomeno in sé non è nuovo ma appunto, come si diceva, nella realtà odierna si presenta con tratti tanto vistosi da lasciar parlare del diritto privato come di un nuovo **diritto comune** a soggetti pubblici e privati. Del resto, come si è già detto all'inizio di questo n., è abbastanza frequente il caso in cui anche lo Stato si trovi ad agire in posizione equiordinata rispetto ai privati.

Tuttavia, talvolta accade che quando le norme privatistiche vengano sradicate dal loro terreno d'elezione, ossia l'autonomia privata, e applicate all'attività della pubblica amministrazione, esse subiscano un grave stravolgimento. Emblematica, al riguardo, la vicenda delle privatizzazioni degli enti pubblici economici trasformati in società per azioni a seguito della quale molte norme del diritto societario – a cominciare da quella, fondamentale, per cui l'esercizio di poteri sociali dovrebbe essere collegato alla proprietà di almeno un'azione – sono state del tutto trascurate (v., ad es., l'art. 2, d.l. n. 332/1994).

5.1. *Il codice civile*

Codice civile

Il diritto privato è una branca del sistema giuridico e quindi le sue fonti si identificano con quelle che il sistema giuridico stesso identifica come tali in via generale (v. n. 2). Tuttavia, nel caso del diritto privato, il discorso sulle fonti merita un piccolo approfondimento in ragione della presenza di un **codice civile**.

Bisogna subito chiarire che il codice civile, dal punto di vista formale, è una legge ordinaria: esso, infatti, venne approvato con il r.d. n. 262/1942. D'altra parte, a conferma di quanto appena detto, si può ricordare che molte norme del codice civile (ad es., in materia di diritto di famiglia) sono state dichiarate costituzionalmente illegittime perché in contrasto con i principi enunciati dalla Carta costituzionale.

L'importanza del codice civile nel quadro delle fonti del diritto privato, dunque, non dipende da un dato formale ma da un dato sostanziale riconducibile ai caratteri propri della codificazione e, in particolare, della codificazione civile.

Origini della codificazione civile

Dal punto di vista storico, infatti, il codice civile incarna l'ideale di una tecnica legislativa perfettamente conforme ai dettami del razionalismo illuministico e non è certamente un caso che il primo grande codice dell'età moderna sia il codice civile francese del 1804 (comunemente detto *code Napoléon*), frutto maturo di quella Rivoluzione che dell'Illuminismo era stata, a sua volta, figlia. Attraverso il codice civile si pone termine, infatti, alle situazioni di **particolarismo giuridico** e di **incertezza** normativa che avevano contraddistinto l'epoca del diritto comune e che costituivano ormai un insopportabile ostacolo allo sviluppo del traffico economico.

Nel codice civile di stampo ottocentesco trova posto, ordinata secondo un disegno coerente e armonioso, l'**intera** disciplina dei rapporti privati (eccezion fatta per quelli riconducibili alla materia del commercio, a loro volta oggetto di un apposito codice di commercio): e in nome del principio, o del dogma, della completezza del sistema giuridico (v. n. 4.1) al giudice, ormai trasformato in un mero esecutore della volontà legislativa, non è più dato né di denegare giustizia né di decidere, in modo più o meno arbitrario, quale norma (se di diritto comune, o di diritto consuetudinario o di diritto feudale) applicare alla controversia portata al suo esame.

Il modello codicistico conobbe, durante l'intero '800, una straordinaria fortuna diffondendosi anche in aree geopolitiche estranee o addirittura ostili all'influenza francese (Impero asburgico, Regno delle Due Sicilie, molti dei piccoli stati italiani, ecc.): e ciò a conferma della intrinseca bontà del modello stesso e della sua conformità alle esigenze di progresso economico e civile diffuse in tutta Europa.

L'unico grande paese europeo rimasto immune dal "contagio" della codificazione fu l'Inghilterra, il che però trova spiegazione nel fatto che essa è il paese capofila di una tradizione giuridica diversa da quella continentale, fondata sul valore vincolante del precedente giudiziale piuttosto che sull'autorità di un legislatore e sul diritto scritto (v. n. 2.3).

Codificazione civile in Italia

Anche l'Italia, una volta conseguita l'unità politico-amministrativa, procedette alla codificazione del diritto civile. Il primo codice civile dell'Italia unita risale al 1865: esso, come gran parte dei codici ottocenteschi, ricalca il modello francese e al pari di quest'ultimo è circoscritto alla sola materia dei rapporti civili giacché quelli commerciali – caratterizzati dalla presenza di un commerciante o dal fine di profitto – sono ancora una volta consegnati alla disciplina di un codice di commercio.

A distanza di quasi cento anni, nel 1942, nel nostro paese fu emanato un nuovo codice civile ancora oggi in vigore. Il codice civile del 1942, espressione di una cultura giuridica di alto livello, è un prodotto legislativo in larga misura originale che certo tiene conto dell'esperienza francese e di quella tedesca (anche la Germania, infatti, si era data nel 1900 un codice civile, il *BGB – Bürgerliches Gesetzbuch –*), senza però uniformarsi pedissequamente né all'una né all'altra (ad es., in materia di responsabilità civile la soluzione accolta dall'art. 2043 si colloca a metà strada tra la regola di atipicità dell'art. 1382 del *code Napoleon* e quella di tipicità del § 823 *BGB*: v. Cap. IX, n. 2.1).

Esso, inoltre, segna l'**unificazione** del diritto civile e del diritto commerciale e la conseguente scomparsa del codice di commercio, il cui contenuto viene trasfuso in seno al nuovo codice civile (per lo più, ma non esclusivamente, nel Libro V), dando luogo a quel fenomeno che è stato ribattezzato **commercializzazione del diritto civile** (v. Cap. X, n. 3).

Impianto del codice civile

Il codice civile si divide in sei libri, preceduti dalle Disposizioni sulla legge in generale, dette Preleggi: il Libro I, delle persone e della famiglia, il Libro II, delle successioni, il Libro III, della proprietà, il Libro IV, delle obbligazioni, il Libro V, del lavoro, il Libro VI, della tutela dei diritti. L'idea che sta a fondamento della codificazione del 1942 è quella tipica di ogni esperienza codificatoria: raccogliere in un unico testo normativo e in un disegno organico e coerente **tutta** la disciplina dei rapporti privati. Anzi, con il codice del 1942 questa tendenza si accentua perché, come abbiamo visto, l'originaria separazione tra la materia civile e quella commerciale viene definitivamente superata riportando quest'ultima all'interno del codice civile.

Certo, la regolamentazione analitica di alcuni istituti privatistici (si pensi a tutte le esclusive industrialistiche) rimane al di fuori del codice civile, affidata ad alcune leggi speciali (r.d. n. 1127/1939 in materia di brevetti per invenzioni industriali, r.d. n. 1411/1940 in materia di brevetti per modelli industriali, l. n. 633/1941 in materia di diritto d'autore e r.d. n. 929/1942 in materia di marchi registrati, tutte, tranne la legge in materia di diritto d'autore, abrogate e trasfuse nel cpi) di poco precedenti o addirittura coeve all'entrata in vigore del codice stesso: il quale, però, almeno formalmente conserva una posizione eminente anche rispetto a queste materie ospitando poche norme che dovrebbero tradurne i fondamentali principi ispiratori (v. gli artt. 2569-2594), salvo poi, appunto, rinviare per il dettaglio alle leggi speciali.

Crisi del codice civile

Tuttavia, nel corso dei sessanta anni che ci separano dall'emanazione del codice civile, quest'ultimo ha visto notevolmente ridimensionare la sua originaria pretesa di esaurire l'intera disciplina dei rapporti privati e di rappresentare la fonte tendenzialmente esclusiva di tale disciplina. Volendo condensare in poche battute un fenomeno molto complesso, si può dire che l'attacco al primato del codice civile si è sviluppato lungo **tre** direttrici fondamentali: la Costituzione, la legislazione speciale di fonte interna e la legislazione speciale di fonte comunitaria.

Ruolo della Costituzione e della Corte costituzionale

Per quanto riguarda la Costituzione, abbiamo già detto (v. n. 2.1) che essa enuncia principi destinati ad avere un **impatto** immediato anche sulla disciplina dei rapporti privati: si pensi, oltre ai principi fondamentali degli artt. 2 e 3 (diritti inviolabili della persona ed eguaglianza giuridica e di fatto), agli artt. 29 e 30, in tema di matrimonio, famiglia e filiazione, all'art. 36, in tema di lavoro subordinato, all'art. 41, in tema di libertà di iniziativa economica, all'art. 42 in tema di proprietà, ecc.

L'influenza dei principi costituzionali sul diritto privato si è esercitata in tre modi diversi: la legislazione attuativa di quei principi, la giurisprudenza costituzionale e la giurisprudenza ordinaria. Mentre quest'ultima si mantiene almeno formalmente rispettosa del ruolo del codice civile risolvendosi in una interpretazione adeguatrice delle norme codicistiche, non altrettanto può dirsi per la giurisprudenza costituzionale e la legislazione attuativa che, viceversa, intaccano in modo diretto il primato del codice: la prima dichiarando l'illegittimità costituzionale di numerose disposizioni codicistiche, la seconda dettando una disciplina analitica di materie già regolate nel codice civile ma secondo una ispirazione completamente diversa.

Leggi speciali

Così, specie nel corso degli anni '70, vengono emanate numerose leggi speciali che, programmaticamente, si richiamano ai principi costituzionali discostandosi dal codice civile.

In un solo caso queste leggi hanno trovato posto, attraverso la tecnica della **novellazione**, nel codice civile: si tratta della l. n. 151/1975 di riforma del diritto di famiglia le cui disposizioni, ispirate ai principi dell'eguaglianza dei coniugi, del rispetto della personalità dei figli, della tendenziale parificazione dello *status* di figlio legittimo e di figlio naturale riconosciuto, hanno sostituito quelle contenute nella versione originaria del codice civile e ispirate a principi opposti in quanto espressione di una concezione gerarchico-autoritaria della famiglia (v. Cap. XIII, n. 3.3, 4).

In tutti gli altri casi – si pensi, solo per esemplificare, alla l. n. 300/1970, il famoso Statuto dei lavoratori e alla l. n. 392/1978 ("Disciplina delle locazioni di immobili urbani"), istitutiva dell'equo canone – la nuova disciplina di segmenti molto significativi della materia dei rapporti privati (locazione, rapporto di lavoro subordinato) trova posto al di fuori del codice civile, anche qui introducendo regole e principi attuativi del dettato costituzionale ma fortemente divaricati rispetto alle soluzioni accolte dal legislatore del '42 (la tutela "reale" del posto di lavoro in opposizione ad un modello di tutela esclusivamente risarcitoria nel caso dello Statuto dei lavoratori, la determinazione autoritativa di alcuni elementi fondamentali del rapporto di locazione, a cominciare dal canone, ove questo avesse ad oggetto un immobile per uso abitativo, nel caso della legge sull'equo canone).

Legislazione di fonte comunitaria

A partire dalla seconda metà degli anni '80, la centralità del codice civile nel sistema delle fonti del diritto privato subisce un ulteriore scossone a seguito dell'impetuoso moltiplicarsi di **direttive comunitarie** che, una volta recepite dal legislatore nazionale, determinano una vera e propria riscrittura di interi settori del diritto privato: si pensi, in particolare, alla materia bancaria e a quella societaria. Anche quando all'origine dell'innovazione legislativa non sta formalmente una direttiva, come ad es. nel caso della l. n. 287/1990 ("Norme per la tutela della concorrenza e del mercato"), tuttavia l'introduzione della nuova disciplina è pur sempre riconducibile all'esigenza di uniformare il diritto interno a quello comunitario.

Riscoperta del mercato e dell'autonomia privata

Rispetto alla tendenza degli anni '70, quella degli anni '80 presenta una fondamentale diversità. Infatti, mentre la prima muoveva da una radicata **sfiducia** in ordine alla possibilità di pervenire ad un equo contemperamento degli interessi in conflitto affidandosi ai soli meccanismi di mercato – sfiducia che appunto spiega l'introduzione di limiti all'autonomia privata in funzione della tutela del soggetto economicamente e socialmente più debole (il lavoratore subordinato, l'inquilino, ecc.) –, la seconda muove dall'assunto opposto, ovvero dall'idea che il mercato e l'autonomia privata rappresentino le modalità più **efficaci** e **razionali** di allocazione delle risorse ma che, a tal fine, sia necessario consentire loro di funzionare al meglio eliminando taluni ostacoli (ad es., l'asimmetria informativa che caratterizza i rapporti tra professionista e consumatore).

Proprio la abbondantissima produzione legislativa ispirata da finalità di tutela del consumatore – in un certo senso culminata nella l. n. 52/1996 che, recependo la dir. n. 93/13 (concernente le clausole abusive nei stipulati contratti con i consumatori), ha novellato il codice civile (art. 1469 *bis* s. ora art. 33 s. Cdc) – offre la riprova di quanto affermato giacché attraverso di essa si persegue l'obiettivo non tanto di fornire protezione ad una classe (o categoria) – quella dei consumatori – socialmente svantaggiata, sebbene di potenziare una funzione – il consumo – essenziale per il buon andamento del mercato.

La legislazione speciale degli anni '80 e '90 appare meno lontana dal codice civile di quanto non lo fosse quella del decennio precedente: come si è visto, infatti, essa condivide con il codice una sostanziale fiducia nei riguardi dell'autonomia privata e del mercato.

Tuttavia, sarebbe improprio guardare alla legislazione di origine comunitaria come ad una mera appendice del codice civile giacché la prima riflette una fase di sviluppo del capitalismo caratterizzata da una crescente esigenza di **regolamentazione** dell'economia di mercato, mentre il secondo si colloca all'interno di una fase di sviluppo del capitalismo nella quale i "fallimenti del mercato" trovavano il loro rimedio in un ampio e radicale **intervento sostitutivo** dello Stato nel campo della produzione di beni e servizi (si pensi alla creazione dell'IRI nel 1933 e alla legge bancaria del 1936-1938 che, non a caso, sono stati superati il primo dalla privatizzazione avvenuta nel 1992 e la seconda dal Testo Unico delle leggi in materia bancaria e creditizia del 1993).

Perdurante importanza del codice civile

Per tornare, in fine, al tema dal quale abbiamo preso le mosse, è certo che il codice civile non può più avanzare quella pretesa di esaustività della disciplina privatistica che ne costituiva, in un certo senso, il marchio d'origine.

Ciò non toglie che, anche se ridimensionato sotto il profilo quantitativo, il codice civile mantenga, nel quadro delle fonti del diritto privato, un ruolo comunque importante apprezzabile fondamentalmente sul piano della predisposizione di un reticolo di **concetti** e **regole** di portata più o meno ampia (persona fisica, persona giuridica, contratto, obbligazione, fatto illecito ma anche rappresentanza, garanzia del credito, ecc.), di **principi** (affidamento, consensualismo, causalità dell'attribuzione patrimoniale, ecc.) e di **clausole generali** (buona fede, correttezza professionale, ecc.).

Grazie a tale reticolo, è possibile soddisfare due importantissime esigenze dell'attività di interpretazione e applicazione del diritto: la prima, più elementare, consistente nell'**integrare**, appunto, attraverso il richiamo alle norme del codice civile, la disciplina contenuta nella legislazione speciale; la seconda, più complessa, consistente nel fornire a questa ultima un quadro di riferimento sistematico entro il quale essa può prendere posto in modo abbastanza ordinato.

Codificazione del diritto europeo

D'altra parte, che il codice civile rappresenti tutt'oggi una tecnica legislativa di notevole richiamo è testimoniato anche dai primi tentativi di articolazione di un diritto uniforme europeo i quali (pur al momento privi di efficacia normativa) tutti si orientano verso un modello di tipo codicistico, sebbene rinnovato (si pensi ai *PECL* i quali, appunto, contengono una disciplina snella, per principi o norme generali, della materia delle obbligazioni e dei contratti).

E perfino la *lex mercatoria*, cioè quell'insieme di principi regole e prassi transnazionali seguito dalla comunità degli affari mondiale, nel momento in cui si è voluto tradurla in un testo scritto, ha preso forme abbastanza simili a quelle di un moderno codice civile (si pensi ai Principi Unidroit).

All'interno del discorso sulle tecniche di legislazione, o di sistemazione di discipline già vigenti, merita infine di essere ricordata la l. n. 29/2003, con la quale è stata conferita al Governo la delega al riassetto normativo di alcune aree disciplinari e nella rubrica della quale si opera un espresso riferimento alla "codificazione". E, in effetti, negli ultimi anni, il legislatore ha adottato alcuni provvedimenti di riordino delle più diverse materie: questo è quanto accaduto, ad es., con il d.lgs. n. 193/2003, codice in materia di protezione dei dati personali; il d.lgs. n. 206/2005, codice del consumo; d.lgs. n. 30/2005, codice della proprietà industriale; il d.lgs. n. 209/2005, codice delle assicurazioni private; il d.lgs. n. 82/2005, codice dell'amministrazione digitale.

CAPITOLO II

PROFILI DELL'ATTIVITÀ GIURIDICA

SOMMARIO: 1. La nozione di attività giuridica. – 2. Il fatto giuridico. – 3. L'atto giuridico in senso stretto. – 4. Il negozio giuridico e l'autonomia privata (nozioni generali). – 4.1. La dichiarazione di volontà. – 4.2. Dichiarazione espressa e tacita e comportamento concludente.

1. *La nozione di attività giuridica*

Diritto e realtà sociale

Il diritto, inteso come sistema di norme (v. Cap. I, n. 1), svolge la sua funzione prescrittiva in un ambito costituito dalla concreta realtà dei rapporti economico-sociali: in questa prospettiva, ogni raffigurazione del diritto che non tenesse conto del suo intimo legame con la realtà economico sociale sarebbe certo insufficiente ad individuarne l'essenza.

Qualificazione giuridica dei dati dell'esperienza economico-sociale

Il processo di qualificazione da parte del diritto dei dati dell'esperienza economico-sociale si realizza – in via generale – attraverso il **raffronto** tra le ipotesi di fatto concrete e le previsioni normative astratte al fine di verificare se le prime trovino o meno corrispondenza nelle seconde: l'ipotesi di fatto concreta assume, nel linguaggio del giurista, il nome di **fattispecie** (dal latino *facti species* = immagine del fatto) concreta; la previsione normativa astratta assume, invece, la denominazione di fattispecie astratta.

Allorché la fattispecie concreta si presti ad essere inserita nella fattispecie astratta, si producono gli **effetti giuridici** previsti da quest'ultima: tale procedimento logico, di grande importanza nel ragionamento del giurista, prende il nome di **sussunzione** (della fattispecie concreta in quella astratta).

Così, ad es., il comportamento di chi sottrae, impossessandosene, una cosa mobile di pregio al fine di trarne profitto, costituisce la fattispecie concreta cui corrisponde la fattispecie astratta del furto, disciplinata dall'art. 624 c.p.: se ricorre, dunque, quella determinata ipotesi di fatto, si producono gli effetti contemplati dalla previsione normativa (e, dunque, in particolare le sanzioni comminate dalla norma in relazione al furto).

In via generale, il diritto – di fronte alle azioni o alle omissioni poste in essere da quelli che possiamo empiricamente definire, in questa fase del discorso, come i "protagonisti" dell'esperienza economico sociale (e che tecnicamente assumono invece il nome di soggetti dell'ordinamento giuridico: v. Cap. V, n. 1-9) – le seleziona e le qualifica, ove le giudichi **rilevanti**, al fine di regolare la tipologia di conflitti dei quali esso si occupa.

Rilevanza giuridica delle attività umane

Infatti, vi possono essere attività che si svolgono nella realtà economico sociale ma del tutto prive di rilevanza sul piano del diritto proprio perché non danno luogo ai conflitti che il diritto è chiamato a disciplinare né con essi interferiscono. Ad es., correre in un parco cittadino è, di per sé, un atto giuridicamente irrilevante (anche se – per colui che lo compie – potrà essere gradevole o utile al mantenimento della forma fisica e, dunque, in grado di soddisfare un interesse soggettivamente apprezzabile) poiché – di norma – non dà luogo ad un conflitto di tipo **appropriativo** (v. Cap. I, n. 1.2) in quanto lo spazio disponibile per quelli che desiderano correre è sufficiente a soddisfare le esigenze di tutti.

Ma il discorso sarebbe certo diverso ove il gran numero di chi frequenta il parco costringesse il Comune a regolamentare le corse, consentendole, ad es., solo a chi versi un certo corrispettivo. Qui infatti, emerge un conflitto tra gli interessi di tutti coloro che vogliono fruire del parco; ed il correre nel parco senza pagare diventa un atto giuridicamente rilevante.

La stessa corsa nel parco può, poi, acquisire una rilevanza giuridica sotto ulteriori profili. Così, se – in ipotesi – chi corre, non essendosi accorto di un viandante, lo travolge procurandogli una frattura (si tratterà di un fatto illecito, fonte di un obbligo risarcitorio: v. Cap. IX); ovvero se il corridore avrebbe dovuto essere, alla stessa ora, sul luogo di lavoro (perché, in questo caso, egli si sarà reso responsabile dell'inadempimento di un'obbligazione: v. Cap. XI, n. 8); ovvero, ancora, se colui che corre lo fa per essersi obbligato in tal senso con un altro soggetto il quale gli corre accanto e che ha interesse ad essere allenato (ed allora si tratterà dell'adempimento di un'obbligazione precedentemente assunta: v. Cap. XI, n. 3-3.6).

Infatti, in questi tre casi il correre interferisce variamente con assetti di interessi che il diritto ha già disciplinato, prevedendo norme attributive di utilità date ad un soggetto (ad es., le utilità che discendono dal proprio stato di salute) ovvero rendendo doverosi, attraverso la tecnica del rapporto obbligatorio, determinati comportamenti funzionali a conferire utilità ad un altro soggetto.

Può allora proporsi una nozione di **attività giuridica** nei termini di ogni **azione**, **omissione** o **comportamento** che dia luogo a **conseguenze rilevanti** sul piano normativo: cioè, **effetti giuridici**, consistenti nella imputazione di **situazioni giuridiche soggettive** (v. Cap. III, n. 1-1.3) ad entità che, come vedremo, prendono il nome di soggetti di diritto (v. Cap. V, n. 1-9).

Attività ed effetti giuridici

2. *Il fatto giuridico*

La funzione del diritto, di regola dei conflitti di interesse, sembrerebbe postulare che l'attività giuridica sia destinata invariabilmente a corrispondere ad azioni o omissioni sempre riferibili a condotte coscienti e volontarie dei soggetti di diritto.

In realtà, effetti giuridici possono discendere anche da accadimenti nei quali **non** è dato ravvisare un **comportamento umano** (come, ad es., un evento naturale: un fulmine, una tromba d'aria), ovvero nei quali l'esistenza di un comportamento umano, in ipotesi cosciente e volontario, **non** rileva affatto (giacché ai fini della produzione di quell'effetto giuridico è del tutto irrilevante che a monte dello stesso vi sia un comportamento volontario ovvero che vi sia invece, e semplicemente, un accadimento naturale).

Diventa allora importante stabilire, all'interno della vasta area dell'attività giuridica, quali siano i rapporti tra la volontà dei soggetti e la produzione degli effetti giuridici.

Progressione fatto, atto, negozio giuridico

In tale prospettiva emerge una tripartizione di concetti che si presta ad essere descritta nei termini di una progressione dall'assoluta **irrilevanza** della volontà del soggetto ai fini dell'insorgere dell'effetto giuridico (alla quale corrisponde la categoria del **fatto giuridico**), ad una **rilevanza circoscritta** della volontà (limitata, cioè, alla sussistenza di una semplice volontarietà e consapevolezza dell'atto: ad essa corrisponde la categoria dell'**atto giuridico in senso stretto**) fino a giungere alla rilevanza **massima** della volontà (che qui si spinge a modellare sopra di sé l'effetto giuridico, sia pure ovviamente nei limiti consentitile dall'ordinamento giuridico: a tale categoria corrisponde il **negozio giuridico** o **atto di autonomia privata**).

Così, in particolare, il concetto di **fatto giuridico** può essere descritto nei termini di qualsiasi accadimento giuridicamente rilevante, con riguardo al quale la produzione dell'effetto giuridico prescinde del tutto dall'esistenza del comportamento volontario di un soggetto: nel senso che tale comportamento volontario potrà anche esservi, ma la sua sussistenza non ha peso ai fini della produzione dell'effetto giuridico.

Fatto giuridico

Esempi di fatti giuridici

Vengono in considerazione, in tale categoria sia **eventi naturali**, sia **comportamenti umani** nei quali, tuttavia, la volontà del soggetto **non** assume rilevanza al fine della produzione dell'effetto giuridico.

Si considerino – quali esempi della prima serie di ipotesi – il fulmine che incenerisce l'abitazione di proprietà di Tizio (si tratta certamente di un fatto giuridico, poiché l'effetto giuridico – l'estinzione del diritto di proprietà sull'abitazione – prescinde totalmente dal comportamento di un soggetto) ovvero la morte, per ragioni naturali, di Caio (qui l'effetto giuridico consiste nel venir meno di quello che, allorché Caio era in vita, era un centro di imputazione di situazioni giuridiche).

Quale esempio della seconda serie di ipotesi può invece essere indicato il caso dell'acquisito della proprietà da parte del proprietario di un fondo sulla pianta che sia nata sul fondo stesso (art. 934: v. Cap. XII, n. 1.3). Qui l'effetto giuridico dell'acquisto della proprietà si produce allo stesso modo sia che il seme venga piantato da un agricoltore, sia che venga invece trasportato dal vento o dall'acqua in quel fondo: e ciò rende palese che la volontà del soggetto è del tutto irrilevante.

3. *L'atto giuridico in senso stretto*

Atto giuridico

In altre occasioni, ci si trova invece in presenza di una situazione di limitata rilevanza della volontà del soggetto ai fini della produzione dell'effetto giuridico: qui l'effetto giuridico insorge nella misura in cui l'atto sia sorretto dalla volontà e dalla consapevolezza di chi agisce.

Tuttavia, il contributo volitivo del soggetto si arresta a questo livello: nel senso che l'atto, una volta posto in essere volontariamente e consapevolmente, rileva quale semplice **presupposto** di effetti giuridici integralmente predeterminati da una norma giuridica.

Esempi di atti giuridici in senso stretto

Corrisponde a questa area di ipotesi la categoria dell'**atto giuridico in senso stretto**, della quale può costituire esempio, in particolare, l'atto di costituzione in mora del debitore da parte del creditore (art. 1219: v. Cap. XI, n. 8): gli effetti della mora del debitore si producono solo perché è stato posto in essere dal creditore l'atto di costituzione in mora, spettando all'ordinamento di ricollegarvi il corrispondente effetto.

Atto giuridico e capacità dell'agente

Naturalmente, la circostanza che la volontà rilevi nei termini appena illustrati incide anche sui requisiti di capacità del soggetto ai fini del compimento dell'atto. Infatti, la capacità richiesta per l'atto giuridico in senso stretto è la semplice **capacità di intendere e di volere**, altrimenti detta **capacità naturale** (art. 428: v. Cap. V, n. 3.2) secondo quanto si ritiene sulla base di un'applicazione, estesa a tutti gli atti giuridici in senso stretto, dell'art. 2046 (v. Cap. IX, n. 3.2).

4. *Il negozio giuridico e l'autonomia privata (nozioni generali)*

Procedendo ancora oltre nell'approfondimento delle varie manifestazioni dell'attività giuridica ed assumendo sempre come filo conduttore del discorso il grado di rilevanza della volontà del soggetto, ci si deve a questo punto soffermare (per poi riprendere a suo tempo il discorso: v. Cap. VII) sul concetto di **negozio giuridico** e di atto di **autonomia privata**.

Negozio giuridico ed autonomia privata

Il negozio giuridico (dal termine latino *negotium*, il quale rimanda a sua volta alla nozione di attività del soggetto, *nec otium*, contrapposta così all'inerzia, alla non-attività), rappresenta, infatti, il punto di rilevanza massima della volontà del soggetto giacché quest'ultima, qui, è in grado di modellare sopra di sé l'effetto giuridico prodotto, **non** limitandosi l'atto a costituirne il mero presupposto.

In altre parole, pur essendo la produzione dell'effetto giuridico sempre di competenza dell'ordinamento giuridico, nel caso dell'attività negoziale l'effetto viene a ricollegarsi al contenuto della **volontà** dell'autore, che potrà dunque modellarlo sopra di sé al fine di assicurarne la massima corrispondenza all'interesse perseguito. Tale effetto consisterà, in particolare, nel vincolo impegnativo costituito dalla regola posta dall'autore dell'atto per la sfera dei propri interessi (ad es., se stipulo un contratto con Tizio, non potrò – in linea di principio – sciogliermi dal contratto, poiché diversamente verrebbe meno l'essenza regolamentare dell'atto che ho posto in essere; una regola, per essere tale, deve essere "ferma" e non mutevole).

Se si tiene presente questa prima ed approssimativa nozione di negozio giuridico, è agevole rendersi conto che – al di là dell'apparente astrattezza della categoria – essa corrisponde ad una grande varietà di atti molto diffusi nella prassi.

Esempi di negozi giuridici

Si pensi, ad es., agli affari che ci permettono di acquisire i beni necessari alla nostra vita di tutti i giorni (il contratto con cui compriamo al mercato la frutta e la verdura, il contratto attraverso il quale conseguiamo la disponibilità di un appartamento), i quali – dal punto di vista della qualificazione giuridica della fattispecie – sono appunto negozi giuridici, in quanto gli effetti che da essi discendono si **commisurano alla volontà** (e, dunque, **agli interessi**) dei loro rispettivi autori. Questi ultimi, infatti, nei limiti posti dall'ordinamento giuridico, potranno adattare la regolamentazione dell'affare al soddisfacimento dei propri interessi.

Ma la categoria del negozio giuridico si estende ben oltre questo ambito, ricomprendendo al proprio interno tutti gli atti nei quali l'effetto giuridico rifletta, almeno tendenzialmente, la volontà dell'autore.

Pertanto, sono negozi giuridici non solo tutti gli atti unilaterali tra vivi aventi contenuto patrimoniale (art. 1324: Cap. VII, n. 3.2), ma anche il **matrimonio** (che pure possiede una sua spiccata peculiarità per la funzione che gli è propria di atto costitutivo della comunità familiare: v. Cap. XIII, n. 3) ed il **testamento** (che presenta, per un verso, un ambito particolarmente ampio di espressione della volontà del testatore, ma è considerato da taluno, per altro verso, un semplice atto di indirizzo di un effetto giuridico – la successione nei rapporti che facevano capo al testatore – destinato comunque a prodursi in virtù della legge: v. Cap. XIV, n. 9-9.1).

La grande latitudine della categoria del negozio giuridico è stata talora considerata indice di una sua pericolosa astrattezza: ma si deve tenere conto che un certo tasso di astrattezza è ineliminabile dalle categorie giuridiche (così come dalle categorie logiche delle quali qualsiasi scienza si deve servire nella sua opera di comprensione del reale), proprio in quanto esse debbono selezionare gli elementi comuni ad una serie di ipotesi concrete al fine di poterle studiare proficuamente.

L'esatta percezione dei confini della categoria negoziale è certamente ostacolata dal fatto che essa non sia stata accolta dal legislatore italiano (a differenza, ad es., di quanto è accaduto in Germania con il *BGB*), per quanto – secondo una certa impostazione – l'art. 1324 (il quale estende la disciplina del contratto agli atti unilaterali tra vivi aventi contenuto patrimoniale: v. Cap. VII, n. 3.2) ne segnalerebbe l'implicita recezione.

Origini ed elaborazione del concetto di negozio giuridico

Può essere utile, allora, soffermarsi brevemente sull'elaborazione plurisecolare della dottrina che ha formulato tale categoria e che ha trovato il proprio culmine in Germania nel XIX secolo ed in Italia nel XX secolo, al fine di intenderne le ragioni, l'utilità ed i limiti.

Attraverso il concetto di negozio giuridico, si è perseguito il tentativo di modellare una categoria unitaria e comprensiva di tutte le ipotesi nelle quali l'effetto giuridico si produca secondo una linea di tendenziale conformità alla volontà del soggetto. In questa prospettiva ben si comprendono le più risalenti definizioni del negozio giuridico, che lo descrivono nei termini di una **dichiarazione di volontà** privata intesa a produrre effetti conformi alla volontà del suo autore e riconosciuti appunto – quali effetti giuridici – dall'ordinamento.

In queste definizioni, non è difficile ravvisare la corrispondenza a precise opzioni filosofiche ed ideologiche, giacché esse enfatizzano il ruolo della volontà del soggetto (e dunque la sua centralità nell'ordinamento) in sede di creazione degli effetti giuridici secondo una linea di affinità con la filosofia dell'illuminismo (e, dunque, con la ritenuta centralità dell'individuo, della sua volontà e del suo pensiero, nell'esperienza umana).

Non si debbono tuttavia esasperare le connotazioni ideologiche della categoria negoziale, in quanto essa è stata recepita in sistemi giuridico-politici completamente diversi l'uno dall'altro (ad es., il negozio giuridico era disciplinato anche nei codici di taluni dei paesi socialisti dell'Europa orientale): ciò che ne testimonia la portata pur sempre eminentemente tecnica.

Successivamente, ci si è resi conto che la formula della dichiarazione di volontà si palesava inadeguata, non soltanto perché non sempre il negozio giuridico consiste in una dichiarazione di volontà (v. n. 4.2), ma anche perché il primato della volontà del soggetto può subire un radicale ridimensionamento a fronte dell'esigenza di tutelare la controparte ed il suo **affidamento**, di guisa che, qui, il negozio giuridico produrrà effetti vincolanti nonostante l'esistenza di un vizio della volontà (v. Cap. VII, n. 12.1).

Negozio giuridico come atto di autonomia privata

Più di recente, proprio nel solco di tali considerazioni, sono state prospettate ricostruzioni che enfatizzano piuttosto l'**essenza regolamentare** del negozio giuridico, configurandolo, dunque, come atto con il quale l'individuo detta da sé una regola per la sfera dei propri interessi. Si parla pertanto di **atto di autonomia privata**, volendosi appunto sottolineare l'**autoregolamentazione degli interessi** del privato che così si realizza.

La ricostruzione in termini di autonomia privata dell'attività negoziale permette di tracciare con maggiore sicurezza la linea di confine tra atto negoziale ed atto non negoziale, in quanto nel primo compete all'autore dell'atto porre in essere la regola, (che dovrà successivamente essere valutata dall'ordinamento); nel secondo, invece, la regola è determinata integralmente dall'ordinamento giuridico, competendo al privato porre in essere semplicemente la fattispecie necessaria a dare ingresso all'effetto giuridico.

4.1. ***La dichiarazione di volontà***

L'atto negoziale postula, in ogni caso, una **esteriorizzazione** della volontà. È ovvio, infatti, che una volontà puramente interiore non potrebbe essere presa in considerazione dal diritto al fine di ricollegarvi effetti giuridici: ad es., se io penso intensamente di voler recedere da un contratto in corso con Tizio, ma non manifesto questa volontà all'esterno e nei confronti di Tizio, la mia intenzione rimarrà del tutto irrilevante.

Dichiarazione recettizia e non recettizia

Si parla, al riguardo, di **dichiarazione**, termine con il quale si designa, appunto, la manifestazione di volontà all'esterno.

La dichiarazione può essere **recettizia** o **non recettizia** a seconda che la sua efficacia giuridica sia subordinata, o meno, alla sua ricezione nella sfera di un destinatario determinato. Al riguardo, vengono in considerazione l'art. 1334, alla stregua del quale "gli atti unilaterali producono effetto dal momento in cui pervengono a conoscenza della persona alla quale sono destinati"; e l'art. 1335 secondo cui "la proposta, l'accettazione, la loro revoca e ogni altra dichiarazione diretta a una determinata persona, si reputano conosciute nel momento in cui giungono all'indirizzo del destinatario, se questi non prova di essere stato, senza sua colpa, nell'impossibilità di averne notizia" (v. Cap. VII, n. 4).

Dichiarazione **recettizia** è, ad es., la **remissione del debito** che – secondo l'art. 1236 – "estingue l'obbligazione quando è comunicata al debitore, salvo che questi dichiari in un congruo termine di non volerne profittare" (v. Cap. XI, n. 4).

Dichiarazione **non recettizia** è, invece, il testamento (art. 587: Cap. XIV, n. 4), che non si indirizza ad alcun destinatario determinato; pure non recettizia è la **promessa al pubblico**, che viene sì resa pubblica, ma, ancora una volta, non è necessario per la produzione degli effetti – il vincolo del promittente – che sia indirizzata ad un destinatario determinato (art. 1989: Cap. XI, n. 11).

4.2. *Dichiarazione espressa e tacita e comportamento concludente*

La volontà può essere manifestata all'esterno attraverso forme verbali (orali o scritte) ovvero per mezzo di segni che abbiano analoga valenza comunicativa, sia pure in relazione ad uno specifico uso vigente in un contesto sociale dato.

Se la prima ipotesi non pone particolari problemi, costituendo un dato di comune esperienza la possibilità di manifestare la propria volontà verbalmente, un esempio può meglio illustrare la seconda: così, nell'ambito di un'asta, il gesto della mano – che in altro contesto è del tutto privo di significato negoziale – assume il senso di una manifestazione della volontà di acquistare un bene ad un determinato prezzo.

Dichiarazione espressa

Quando la volontà venga manifestata attraverso l'uso di un codice comunicativo, generale o particolare, si parla di **dichiarazione espressa**.

La volontà può altresì essere manifestata attraverso comportamenti c.d. **concludenti**: cioè comportamenti dai quali si desume, in via di illazione, l'esistenza di una volontà che, di per sé, non viene esteriorizzata. Comportamenti concludenti

Tali contegni possono consistere, a loro volta, in una dichiarazione (e si parla allora di **dichiarazione tacita**: ad es., la dichiarazione attraverso la quale si pone in essere un contratto, disponendo di un bene che si era conseguito in forza di altro contratto del quale il soggetto avrebbe potuto chiedere l'annullamento, si configura come dichiarazione tacita ed implica – art. 1444, co. 2 – la convalida del contratto annullabile) ovvero in un comportamento (e si parlerà allora di **contegno concludente**).

La manifestazione di volontà per contegno concludente assume una particolare importanza nell'esperienza socio – economico contemporanea per la rapidità ed agilità con la quale essa consente di esternare la propria determinazione volitiva: ad es., il comportamento di chi, in un supermercato, prenda i prodotti collocati sullo scaffale e li metta sul proprio carrello consente di inferire l'esistenza della volontà di acquistare quei prodotti; il comportamento di chi entri in un parcheggio a pagamento con la propria autovettura permette di desumere la volontà di avvalersi del servizio di parcheggio offerto.

Risulta chiaro dagli esempi fatti che la possibilità di desumere in via d'illazione la volontà dal comportamento può ricollegarsi, innanzi tutto, ad una valutazione normale del significato che quel comportamento assume nel contesto sociale di riferimento. La medesima possibilità può altresì ricollegarsi alla circostanza che quei comportamenti si risolvono sovente nella stessa attuazione del rapporto, postulando così l'esistenza di una conforme volontà di porre in essere il corrispondente assetto di interessi (così, in particolare, nel caso della fruizione di un servizio – di parcheggio, di trasporto – ovvero nell'acquisizione di un bene, previo contestuale pagamento di un corrispettivo, attraverso un distributore automatico).

È per questa ragione che – di fronte ad un comportamento che si risolva già nella attuazione del rapporto (con l'acquisizione del bene o la fruizione del servizio offerti) – non è dato manifestare una volontà di segno contrario (ad es., non si può pretendere di uscire dal supermercato con il carrello carico di prodotti, dichiarando di non voler pagare sulla base dell'assunto che non si intende acquistare ma soltanto prendere in visione: la regola viene enunciata con la formula latina *protestatio contra factum non valet*). *Protestatio contra factum non valet*

La manifestazione di una volontà di segno contrario è invece possibile quando il comportamento **non** si risolva già nell'attuazione del rapporto corrispondente (ad es., posso accettare la consegna di un libro da un libraio, precisando che intendo soltanto tenerlo in visione; nel caso in cui la detenzione del libro si prolunghi in maniera irragionevole, si potrà ipotizzare un comportamento concludente che perfeziona un contratto ovvero, a seconda delle circostanze, un illecito extracontrattuale, consistente nella utilizzazione abusiva del libro).

Silenzio

Il mero silenzio, di per sé, **non** può essere considerato come un comportamento concludente. Ciò può accadere soltanto in virtù di un'espressa previsione di legge (v. il procedimento di conclusione del contratto con obbligazioni a carico del solo proponente: art. 1333 e Cap. VII, n. 4), ovvero sulla base di un precedente accordo intercorso tra le parti ovvero, ancora, in ragione di un'inequivoca prassi contrattuale (ad es., se nell'ambito di un contratto di somministrazione periodica di beni è usuale che – in caso di mancata contestazione dell'aumento del corrispettivo richiesto dal somministrante – esso si intenda accettato dalla controparte, quest'ultima non può asserire che il suo silenzio non poteva avere tale significato, poiché porrebbe in essere un comportamento contrario a buona fede).

CAPITOLO III

LE SITUAZIONI GIURIDICHE SOGGETTIVE E IL RAPPORTO GIURIDICO

1. *La situazione giuridica soggettiva. Il rapporto giuridico*

Destinatari della norma giuridica

Si è detto (v. Cap. I, n. 1.1) che la **norma giuridica** è un enunciato linguistico con funzione prescrittiva, cioè una proposizione il cui significato consiste nella prescrizione rivolta a taluno di compiere, o astenersi dal compiere, una certa azione.

Si è altresì chiarito che la qualificazione da parte del diritto dell'esperienza economico-sociale avviene attraverso la previsione di fattispecie, realizzandosi le quali si ha l'insorgere di **effetti giuridici** consistenti ora nell'attribuzione di **diritti**, ora nella costituzione di **obblighi** e, più comprensivamente, di **situazioni giuridiche soggettive,** ora, infine, nella creazione di entità destinate ad assumere il ruolo di centri di imputazione di tali situazioni giuridiche soggettive (v. Cap. II, n. 1).

Questo capitolo ed il prossimo saranno dedicati all'esame delle situazioni giuridiche soggettive, sia dal punto di vista delle loro modalità ordinarie di funzionamento (Cap. III), sia dal punto di vista del **processo**, allorché, avendo subìto un'aggressione, esse reclamino tutela da parte dell'ordinamento giuridico (Cap. IV). Il Capitolo V, viceversa, affronterà l'esame di quelle entità, pure create dal diritto, alle quali le situazioni giuridiche soggettive vengono imputate e che prendono il nome di **soggetti di diritto**.

Consideriamo ora l'art. 2043, norma cardine in materia di responsabilità civile (v. Cap. IX), secondo la quale "qualunque fatto doloso o colposo, che cagiona ad altri un danno ingiusto, obbliga colui che ha commesso il fatto a risarcire il danno". Si noterà come dalla norma può desumersi l'imposizione di un determinato comportamento (astenersi dal tenere una condotta pregiudizievole nei confronti di altri soggetti); nel caso in cui la regola di comportamento sia disattesa, la norma impone un ulteriore comportamento, consistente nel riparare il danno eventualmente arrecato.

Si può altresì osservare come il comportamento di astensione imposto dalla norma sia rivolto, sul piano generale, a **tutti** i consociati, che dovranno **tutti** astenersi da condotte lesive nei confronti di altri, mentre il comportamento che si sostanzia nel compimento di un'azione (il risarcimento del danno) graverà **solo** in capo all'autore dell'illecito e postula l'esatta individuazione del danneggiato, che è il beneficiario della misura riparatoria.

Dunque, l'art. 2043 contiene **due** statuizioni diverse, ancorché logicamente connesse. La prima, riconducibile alla previsione di un **generale** dovere di astensione e che **non** si traduce in una specifica misura **relazionale**; la seconda che, viceversa, pone capo ad una relazione giuridica tra **due** soggetti determinati (o quantomeno, determinabili).

All'interno di tale relazione, poi, è possibile distinguere due diverse situazioni. La prima, che ha come contenuto la previsione e la garanzia di realizzazione di un **interesse** del soggetto – ossia, il risarcimento del danno – che viene fatto valere in conseguenza dell'altrui condotta illecita; la seconda, che si sostanzia nell'imposizione – a carico di chi ha disatteso la condotta prescritta – di un comportamento (il pagamento della somma al danneggiato) rivolto a soddisfare quell'interesse. Si parlerà nel primo caso, di **situazione giuridica soggettiva attiva**, mentre nel secondo caso si avrà una **situazione giuridica soggettiva passiva**, in ragione della diversa posizione assunta dai soggetti nell'ambito del **rapporto giuridico**.

Situazione soggettiva attiva e passiva. Rapporto giuridico

Quest'ultimo, pertanto, potrà essere definito come la **relazione tra soggetti determinati** (o determinabili) che si struttura mediante l'attribuzione di situazioni giuridiche attive e passive, l'una **correlata** all'altra.

Soggetto attivo e soggetto passivo del rapporto giuridico

In ordine a tale rapporto, bisogna rilevare, in primo luogo, che esso postula sempre l'esistenza di almeno due soggetti, il **soggetto attivo** del rapporto (cioè colui che può pretendere l'osservanza del comando giuridico), e il **soggetto passivo** (cioè colui che è tenuto all'osservanza del comando giuridico).

I soggetti di un rapporto giuridico vengono detti, nel linguaggio del diritto, **parti** (su questa nozione v. anche Cap. VII, n. 4,10), mentre chi al rapporto giuridico è estraneo prende il nome di **terzo**.

La nozione di parte non va confusa con quella di persona giacché ciò che rileva è la riferibilità ad essa di un unico interesse, di talché la parte si configura alla stregua di un **unitario centro di interessi**. Ne discende che potremo avere rapporti giuridici caratterizzati dalla presenza, dal lato attivo o dal lato passivo, di **più** persone (fisiche o giuridiche) che però, nella misura in cui sono portatrici di un interesse unico, corrispondono ad **una**, ed **una sola,** parte del rapporto giuridico (c.d. parte **plurisoggettiva**): è questo, ad es., il caso degli eredi di un socio nei confronti della società.

Titolarità e titolo

L'essere parte di un rapporto giuridico implica la **titolarità** della corrispondente situazione giuridica soggettiva in quanto in essa, appunto, si esprime il **legame** che intercorre tra il soggetto e la situazione giuridica soggettiva a questi riferibile.

Più precisamente, si può dire che la titolarità stia ad indicare l'**appartenenza** di una situazione giuridica ad un soggetto, che ne è, appunto, **titolare** (come, del resto, si usa dire nel linguaggio comune: "sono titolare di un diritto", "sono titolare di una attività commerciale, di un'azienda", ecc.).

Si parla poi di **titolo** per indicare la **fonte** da cui deriva l'acquisto della situazione soggettiva, un acquisto che può essere a titolo originario o a titolo derivativo.

Acquisti a titolo originario e acquisti a titolo derivativo

L'acquisto è a **titolo originario** allorché **non** vi sia alcuna **connessione** tra la situazione giuridica dell'eventuale precedente titolare e quella dell'acquirente (emblematico il caso dell'usucapione: v. Cap. XII, n. 6.2); si dirà, viceversa, a **titolo derivativo** allorché la situazione giuridica dell'acquirente (c.d. **avente causa**) dipenda da quella dell'alienante (c.d. **dante causa**).

A proposito degli acquisti a titolo derivativo, è bene precisare che la sussistenza e la consistenza della situazione giuridica soggettiva trasmessa all'acquirente sono **condizionate** dalla sussistenza e dalla consistenza della situazione giuridica soggettiva già riferibile all'alienante. Così, ad es., il titolare di un diritto di usufrutto non può trasferire un diritto di proprietà (*nemo plus iuris transferre potest quam ipse habet*); e, ancora, se il contratto in forza del quale Tizio ha acquistato un bene viene ad essere caducato, ne sarà travolto, in linea di principio, anche l'acquisto di Caio, suo avente causa (*resoluto iure dantis, resolvitur et ius accipientis*) (Cap. VII, n. 6.2,11-15).

1.1. *Le situazioni soggettive passive. Dovere, obbligo, obbligazione, soggezione, onere*

Dovere

La situazione giuridica soggettiva passiva corrispondente alla generalizzata imposizione di un dato comportamento prende il nome di **dovere**.

Il dovere può assumere la forma ora di un **divieto** (è quello che accade nell'ipotesi, più volte richiamata, dell'art. 2043 dal quale discende il dovere per tutti i consociati di astenersi dall'arrecare ad altri un danno ingiusto), ora di un **comando** (come nel caso dell'art. 890).

In altri termini, il divieto è un dovere che impone una condotta **omissiva**, il comando è un dovere che impone una condotta **commissiva**.

Obbligo

Accanto al **dovere**, si pone poi **l'obbligo**. In entrambi i casi siamo in presenza di una situazione giuridica soggettiva passiva che si risolve nella imposizione di un comportamento, sicché le due figure non sempre risultano esattamente distinte neppure nella terminologia del legislatore.

Si può dire, tuttavia, che l'obbligo, a differenza del dovere, designi quella situazione nella quale un certo comportamento viene imposto ad un soggetto **determinato** o, quantomeno, **determinabile**, in relazione ad un altro soggetto, parimenti **determinato** o **determinabile**, portatore di un interesse che attraverso quel comportamento trova la sua realizzazione.

Si pensi ancora una volta all'art. 2043. La prima norma desumibile da tale disposizione descrive il contenuto di un dovere generico ed indistinto quanto ai suoi destinatari; la seconda, viceversa, individua un obbligo, quello di risarcire il danno eventualmente arrecato, il cui contenuto si specifica in relazione sia a chi è tenuto ad adempierlo, sia a chi beneficerà del suo adempimento.

Obbligazione e rapporto obbligatorio

Alla stessa famiglia concettuale dell'obbligo appartiene l'**obbligazione** (sulla quale v. l'intero Cap. XI). Anche qui, cioè, siamo in presenza di due soggetti, determinati o determinabili, uno dei quali, detto **debitore**, è tenuto ad osservare un certo comportamento funzionale alla realizzazione dell'interesse di cui è portatore l'altro, detto **creditore**.

Se sul piano **formale** obbligo e obbligazione coincidono, sul piano **sostanziale** esse differiscono perché l'obbligazione ha sempre un contenuto **patrimoniale** (v. art. 1174), mentre l'obbligo ha un contenuto **non** patrimoniale (ad es., sono obblighi in questa accezione quelli scaturenti dal matrimonio a carico di entrambi i coniugi: v. art. 143, co. 2; v. Cap. XIII, n. 3.2). Tuttavia, bisogna dire che neanche in questo caso il legislatore ha dato prova di grande coerenza terminologica: ad es., si parla di obbligo con riferimento alle prestazioni alimentari (art. 433) che, per il loro contenuto patrimoniale, ben potrebbero ricondursi al novero delle obbligazioni.

In sintesi: dovere, obbligo e obbligazione sono situazioni giuridiche soggettive passive accomunate dalla imposizione di un certo comportamento. Nel caso del dovere, tale imposizione ha una portata generale e riguarda indistintamente tutti i consociati; nel caso dell'obbligo e dell'obbligazione il comportamento è dovuto da un soggetto determinato (o determinabile) nei confronti di un altro soggetto determinato (o determinabile). A loro volta, obbligazione e obbligo si distinguono in ragione della patrimonialità o meno del loro contenuto.

Soggezione

Sempre nell'ambito delle situazioni soggettive passive si colloca la **soggezione**. A differenza di quanto accade nelle ipotesi esaminate in precedenza (dovere, obbligo, obbligazione), qui la realizzazione dell'interesse di cui è portatore il soggetto attivo del rapporto non passa attraverso l'osservanza di una certa condotta da parte del soggetto passivo, quanto piuttosto attraverso una **modificazione** della sua sfera giuridica derivante da un atto di **esercizio del diritto** (potestativo: n. 1.2.3) da parte del soggetto attivo.

Ad es., ciascun contraente può, date certe condizioni, recedere dal contratto (art. 1373: Cap. VII, n. 9.2) e, quindi incidere sulla sfera giuridica della controparte provocando l'estinzione del vincolo negoziale.

Onere

Infine, tra le situazioni soggettive passive trova posto anche l'**onere**, che indica il comportamento a cui un soggetto è tenuto per la realizzazione di un suo stesso interesse. Qui, il comportamento non è in sé dovuto o obbligatorio, e tuttavia costituisce il **presupposto** per il raggiungimento di un risultato favorevole.

Classico esempio di onere è quello offerto dall'art. 2697 (**onere della prova**), alla stregua del quale chi intende far valere un diritto in giudizio **deve** provare i fatti che stanno a fondamento di esso: in altri termini, se voglio vincere la causa (effetto per me favorevole) debbo convincere il giudice della esistenza del mio diritto. Altro esempio si può ricavare dall'art. 874: qui il proprietario del fondo contiguo al muro altrui che voglia ottenere la comunione sul muro stesso (effetto favorevole) **deve** pagare la metà del valore del muro.

1.2. *Le situazioni soggettive attive. Potere, potestà, facoltà*

Passiamo ora all'esame delle situazioni giuridiche soggettive attive.

Potere

La figura che con immediatezza individua, anche nel linguaggio comune, una situazione attiva, è il **potere,** il cui contenuto appare però largamente indeterminato. A riprova della instabilità concettuale della figura in esame può richiamarsi la circostanza che lo stesso legislatore si esprime in termini di potere sia per descrivere le prerogative del proprietario (art. 832), ovvero del titolare del diritto assoluto per antonomasia (v. n. 1.2.2), sia per descrivere le prerogative del creditore (v., ad es., gli artt. 1181, 1183), ovvero del titolare del diritto relativo per antonomasia (v. sempre n. 1.2.2).

Questa indeterminatezza della nozione di potere, testimoniata anche dal linguaggio comune (dove il potere viene inteso ora come sinonimo di "libertà di ...", ora come "possibilità di ..." o "facoltà di ..." ora, appunto, come "diritto di ..."), impone di distinguere, al suo interno, situazioni soggettive attive dotate di una loro più specifica connotazione.

Potestà

In primo luogo, viene in considerazione la **potestà**, termine con il quale si designa il fascio di poteri attribuiti ad un soggetto non già in vista della realizzazione di un interesse suo proprio, quanto per la realizzazione di un interesse altrui. L'esempio classico era quello della **potestà dei genitori** (art. 316 s.: v. Cap. XIII, n. 4) dove il potere era funzionalmente rivolto alla cura degli interessi del figlio, sicché i titolari della potestà erano vincolati, nell'esercizio della stessa, all'**esclusivo soddisfacimento** di quell'interesse. In seguito alle modifiche apportate al codice civile con il d.lgs. n. 154/2013 i genitori sono titolari della **responsabilità genitoriale** (v. Cap. XIII, n. 4).

Si parla così di **potere vincolato** e si ravvisa nella potestà un **potere-dovere** (art. 30 Cost.; art. 147) che configurerebbe, secondo alcuni, un **ufficio** di diritto privato, tenuto conto anche del carattere tendenzialmente **autoritativo** (e non paritario, come generalmente accade nel diritto privato) del rapporto che si instaura tra genitori e figli.

Che la potestà sia un potere vincolato alla cura di interessi alieni rispetto a quelli del titolare lo si desume anche dalla circostanza per cui, ove il genitore violi o trascuri i doveri inerenti alla potestà (oggi responsabilità genitoriale) o abusi dei relativi poteri, con grave pregiudizio del figlio, il giudice può pronunciare la **decadenza** dalla potestà (oggi responsabilità genitoriale, art. 330).

Sostanzialmente assimilata alla responsabilità genitoriale è la posizione del tutore del minore (art. 357) e dell'interdetto (art. 414 s.).

Dalla potestà va tenuto nettamente distinto il **diritto potestativo** (su cui v. n. 1.2.3), che, in quanto diritto soggettivo (v. n. 1.2.1), viene riconosciuto dall'ordinamento nell'esclusivo interesse del suo titolare.

Facoltà

Entro l'orbita concettuale del potere, inteso come figura genericamente riassuntiva delle situazioni giuridiche attive, può essere ricondotta la **facoltà**. Nel linguaggio tecnico-giuridico la facoltà individua una delle modalità di esercizio del **diritto soggettivo** (v. n. 1.2.1). Proprio in quanto espressione del diritto soggettivo, la facoltà è ricondotta al contenuto di questa situazione soggettiva seguendone, in linea generale, la sorte in ordine alla costituzione, alla modificazione ed all'estinzione.

Così, ad es., "il proprietario ha diritto di godere e disporre delle cose in modo pieno ed esclusivo" (art. 832). Il godimento e la disposizione delle cose – ossia l'impiego delle stesse nel modo ritenuto più idoneo dal titolare del diritto (dal venderle al regalarle, dal modificarle fino al distruggerle, ecc.) – costituiscono facoltà, genericamente intese, del proprietario attraverso l'esercizio delle quali egli realizza il suo interesse (v. Cap. XII, n. 1.1).

1.2.1. *Il diritto soggettivo*

Nell'ambito delle situazioni giuridiche soggettive attive ben maggiore consistenza teorica deve riconoscersi alla nozione di **diritto soggettivo**.

Contenuto e definizione di diritto soggettivo

È, questa, la figura nella quale il potere assume il significato più ampio, e dove l'interesse di cui è portatore il titolare del diritto trova la più forte garanzia di realizzazione da parte dell'ordinamento giuridico. Attraverso il diritto soggettivo, infatti, l'ordinamento accorda all'interesse di cui è portatore il titolare del diritto una tutela **immediata** e **diretta** che si specifica nell'attribuzione di un complesso di poteri i quali, poi, diversamente si atteggeranno a seconda della natura dell'interesse protetto (v. n. 1.2.2).

Per quanto il diritto soggettivo rappresenti la modalità più intensa di tutela dell'interesse individuale, esso tuttavia può andare incontro a limitazioni istituite dalla legge, ora in vista di un superiore interesse pubblico, ora in vista di un confliggente interesse privato ritenuto, però, più meritevole di quello fatto valere dal titolare del diritto (v., con particolare riguardo al diritto di proprietà, Cap. XII, n. 1.2, 2).

Abuso del diritto

La locuzione, per la verità alquanto vaga, "**abuso del diritto**" designa tutti quei casi nei quali il titolare del diritto agisce non per la realizzazione di un proprio interesse (interesse che, ricordiamolo, rappresenta la ragione giustificatrice dell'attribuzione del diritto), ma al **solo** scopo di recare nocumento ad altri.

Si pensi al proprietario, che certo può godere e disporre delle sue cose come meglio crede (art. 832), ma non sino al punto di porre in essere "atti i quali non abbiano altro scopo che quello di nuocere o recare molestia ad altri" (art. 833); o, ancora, al creditore che rifiuti una prestazione soltanto perché in eccesso, piuttosto che trattenere la quantità dovuta e restituire quella eccedente.

Va detto, però, che la figura in esame è ignota, in quanto tale, al legislatore italiano, sicché nelle non frequenti occasioni in cui la giurisprudenza ha parlato di abuso del diritto lo ha fatto nell'ambito dei rapporti obbligatori, sulla base dei principi di **buona fede** e correttezza (art. 1175 c.c.: v. Cap. XI, n. 1.1) e, nell'ambito dei diritti reali, sulla base del divieto degli **atti emulativi** (art. 833: Cap. XII, n. 2), cui si è già fatto cenno.

Diritto soggettivo e ricostruzione storica del diritto privato

Prima di passare oltre, si può osservare in via di estrema sintesi che il diritto soggettivo, per un verso, rappresenta il perno di tutti i sistemi giuridici fondati sul primato dell'autonomia privata e, per altro verso, è l'indicatore privilegiato del rapporto tra individui e Stato: nel senso che, a seconda dei diversi momenti storici, la maggiore o minore invadenza del pubblico potere nella sfera riservata ai privati si è automaticamente tradotta in una compressione o in una riespansione del contenuto dei diritti soggettivi, a cominciare dal diritto di proprietà.

1.2.2. *Diritti assoluti e relativi*

Diritti assoluti e diritti relativi

Per meglio intendere la nozione di diritto soggettivo, però, è necessario vedere come essa si articoli in rapporto alla natura dell'interesse che l'ordinamento giuridico tutela, appunto, mediante l'attribuzione del diritto.

Di grande importanza, in questa prospettiva, è la classica distinzione tra **diritti assoluti** e **diritti relativi**. Tale distinzione fa leva sulla circostanza che nel primo caso il diritto può essere fatto valere nei confronti di **tutti** gli altri soggetti, ossia, secondo l'efficace sintesi della lingua latina, *erga omnes*, mentre nell'altro caso il diritto può essere fatto valere solo verso **un** soggetto determinato o quantomeno determinabile.

Assolutezza del diritto

Tuttavia, questo modo di presentare le cose può dare luogo a qualche equivoco. Sembrerebbe, infatti, che anche nel caso dei diritti assoluti, il soddisfacimento dell'interesse protetto si realizzi per il tramite della instaurazione di un rapporto giuridico i cui termini siano, da un lato, il diritto assoluto e, dall'altro, il **dovere** (v. n. 1.1) incombente su tutti i consociati di astenersi dall'interferire nell'esercizio delle prerogative riconosciute al titolare.

Ma a ben vedere, le cose non stanno affatto così. Si prenda il caso del proprietario (il diritto di proprietà costituisce il paradigma dei diritti assoluti) di un'automobile: egli soddisferà l'interesse di cui è portatore usando la macchina per andare in gita, per andare a lavorare, prestandola ad un amico o vendendola ad un terzo. Si tratta di attività che implicano l'esercizio dei poteri dalla legge riconosciuti al proprietario (art. 832), ma che **prescindono** completamente dalla cooperazione prestata da altri, sia pure sotto forma di una generica astensione dall'interferire nell'esercizio di quei poteri.

Caratteristica dei diritti assoluti è, pertanto, quella di consentire che l'interesse protetto si soddisfi sulla base della **immediata** disponibilità del bene della vita oggetto del diritto, indipendentemente dall'attività estrinsecata da terzi.

Da questo punto di vista, si può dire che i diritti assoluti **non** implichino la strutturazione di un rapporto giuridico giacché essi non sono fronteggiati da una speculare situazione giuridica passiva. Infatti, quel generico dovere di astensione nel quale, tradizionalmente, si ravvisa il corrispondente passivo del diritto assoluto, esprime la generale direttiva di non ledere l'altrui diritto (*alterum non laedere*) posto a presidio di tutte le situazioni giuridiche soggettive attive e che nel nostro ordinamento trova espressione all'art. 2043.

E non è un caso, del resto, che oggi, dopo una lunga e travagliata elaborazione dottrinale e giurisprudenziale, non soltanto i diritti assoluti, ma anche i diritti relativi, le aspettative (v. n. 1.2.5) e gli interessi legittimi di diritto pubblico (v. n. 1.2.4) godano, se lesi, della tutela risarcitoria (v. Cap. IX, n. 2.1).

Tipologie di diritti assoluti

Si è già detto del diritto di proprietà come figura paradigmatica del diritto assoluto. Ma, oltre alla proprietà, si lasciano ricondurre a questa categoria anche i **diritti reali su cosa altrui**, che a loro volta si distinguono in **diritti reali di godimento** (v. Cap. XII, n. 4), in cui l'interesse che si realizza è quello a godere della cosa altrui, e **diritti reali di garanzia**, dove la cosa è finalizzata a costituire garanzia dell'obbligazione (v. Cap. XI, n. 10.1).

Anche qui, pur dovendo **coesistere** due diritti soggettivi – quello del proprietario e quello di un altro soggetto (l'usufruttuario, l'enfiteuta, ecc.) che è titolare di un diritto reale limitato (per la presenza del diritto del proprietario) – il carattere dell'assolutezza può cogliersi proprio perché il godimento della *res* e la sua disponibilità implicano pur sempre una relazione immediata e diretta tra il titolare del diritto e la cosa che ne forma oggetto, prescindendo, quindi, dalla cooperazione di soggetti terzi.

Alla categoria dei diritti assoluti vengono ricondotti anche i **diritti della persona** (v. Cap. V, n. 10-12.4), ossia quei diritti soggettivi riconosciuti ad ogni individuo a tutela di suoi interessi fondamentali quali, ad es., la salute, l'onore, la reputazione, l'identità personale, ecc.

Diritti relativi

Struttura assai diversa presentano i **diritti relativi**, nei quali la relazione tra il titolare del diritto ed il bene – inteso sia come *res* in senso materiale sia come utilità o vantaggio conseguenti ad una prestazione – non è diretta ed immediata come nei diritti assoluti, ma postula sempre una attività, una cooperazione del soggetto passivo del rapporto, solo **relativamente** al quale il titolare del diritto può pretendere l'osservanza del comportamento imposto dalla norma giuridica.

Qui il bene non è nel patrimonio del titolare del diritto, sicché è solo con il dare, il fare o, in taluni casi, il non fare del soggetto passivo che può realizzarsi l'interesse protetto dall'ordinamento.

Nel caso in cui, poi, il comportamento dovuto non venga spontaneamente osservato si attiverà, di regola, un meccanismo che **coattivamente** (attraverso l'esecuzione forzata in forma specifica o per equivalente: v. Cap. XI, n. 10.2) trasferirà al titolare del diritto l'utilità attesa.

Tipologie di diritti relativi

La classe dei diritti relativi è costituita dai **diritti di credito** fronteggiati da un'obbligazione e quindi necessariamente caratterizzati dal requisito della patrimonialità (v. n. 1.1) e dai **diritti di famiglia** (v. Cap. XIII, n. 3.2, 4), i quali ineriscono ai rapporti che intercorrono tra i componenti del nucleo familiare: si pensi ai diritti che i coniugi vantano l'uno nei confronti dell'altro (art. 143) o a quelli riconosciuti ai figli nei confronti dei genitori (art. 147).

Tali ultimi diritti, essendo fronteggiati da obblighi (v. n. 1.1), hanno un contenuto necessariamente **non** patrimoniale: ne consegue che la loro mancata attuazione viene sanzionata attraverso il ricorso a tecniche diverse dall'esecuzione forzata come, ad es., nel caso di crisi del rapporto coniugale, l'addebito della separazione (v. Cap. XIII, n. 3.3).

Tra i diritti di credito un cenno particolare meritano i c.d. **diritti personali di godimento** (art. 1380) caratterizzati dalla circostanza che il creditore viene subito immesso nella materiale disponibilità della cosa (si pensi a quanto accade nel caso della locazione: v. Cap. VIII, n. 2.1). Da questo punto di vista, essi sembrerebbero avvicinarsi piuttosto ai diritti reali: e non è un caso che, ad es., il contratto di locazione ultranovennale debba rivestire, a pena di nullità, la forma scritta (art. 1350, n. 8: v. Cap. VII, n. 8) e sia suscettibile di trascrizione (v. art. 2643, n. 8; v. Cap. IV, n. 2.1), esattamente come i contratti traslativi o costitutivi di diritti reali.

Tuttavia, tra le due tipologie di diritti permane una differenza fondamentale riconducibile a ciò che nei diritti personali di godimento il titolare consegue la materiale disponibilità della cosa pur sempre sulla base di un rapporto obbligatorio, ossia di una pretesa **nei confronti** di un soggetto determinato, mentre nei diritti reali la materiale disponibilità della cosa è la manifestazione esteriore della titolarità del diritto **sulla** cosa stessa.

1.2.3. *Diritti potestativi*

Contenuto del diritto potestativo

Si ricorderà che parlando della potestà (n. 1.2) si è provveduto a tenerla distinta dal **diritto potestativo**. Quest'ultimo, a differenza della prima, è un vero e proprio **diritto soggettivo** fronteggiato da una **soggezione** (n. 1.1) e, quindi, caratterizzato dal potere attribuito al titolare di soddisfare il proprio interesse modificando **unilateralmente** la sfera giuridica della controparte.

Proprio in ragione di questo suo particolare modo di operare, il diritto potestativo si distingue sia dai diritti assoluti, sia dai diritti relativi pur, al contempo, partecipando di taluni caratteri degli uni e degli altri.

Il diritto potestativo è irriducibile al diritto assoluto perché, a differenza di quanto accade con quest'ultimo, l'attuazione dell'interesse protetto implica il **coinvolgimento** di una sfera giuridica terza che viene modificata dall'atto di esercizio del diritto da parte del titolare (e questo è ciò che accomuna il diritto potestativo al diritto relativo).

D'altro canto, il diritto potestativo è irriducibile al diritto relativo perché, a differenza di quanto accade con quest'ultimo, l'attuazione dell'interesse protetto **non** postula un'attiva cooperazione della controparte la quale subisce **passivamente** la modificazione della sua sfera giuridica. Ed è proprio l'assenza di un'attiva cooperazione della controparte ad avvicinare il diritto potestativo al diritto assoluto.

Esempio di diritto potestativo è il recesso dal contratto *ex* art. 1373 (v. Cap. VII, n. 9.2): il contraente che recede determina l'effetto dello scioglimento del vincolo contrattuale, con ciò modificando la sfera giuridica dell'altro contraente. Altro esempio può essere indicato nel diritto di opzione (art. 1331: v. Cap. VII, n. 4) attraverso l'esercizio del quale, viceversa, si produce l'effetto giuridico della conclusione del contratto (come tale evidentemente, ed ancora una volta, destinato a dispiegarsi nella sfera giuridica della controparte).

1.2.4. *L'interesse legittimo nel diritto privato*

Elaborazione della figura nel diritto pubblico

L'**interesse legittimo** rientra nell'ambito delle situazioni giuridiche soggettive attive, pur presentando, rispetto a quelle sinora esaminate, talune peculiarità che derivano dalla sua originaria e preminente natura pubblicistica. È infatti nel **diritto pubblico** che tale situazione soggettiva ha ricevuto la sua consacrazione come strumento di tutela del privato contro possibili abusi della p.a.

Tutela dell'interesse legittimo in via mediata

Valga questo esempio. Chi partecipa ad un concorso pubblico, e venga escluso dalle prove orali senza alcuna motivazione, può chiedere al giudice amministrativo una verifica sugli atti del concorso onde accertarne l'eventuale illegittimità. Il suo interesse ad essere ammesso alle prove orali, tuttavia, **non è direttamente** tutelato, ma lo è solo **in via mediata**, cioè solo se ed in quanto coincidente con l'interesse pubblico generale al regolare espletamento dei pubblici concorsi (v. anche art. 97 Cost.).

Necessaria coincidenza dell'interesse del privato con quello pubblico

In altri termini, il candidato può sì agire giudizialmente a fronte della non ammissione alle prove successive, ma solo se l'interesse che egli fa valere si trova a coincidere con l'interesse pubblico, sulla sussistenza del quale il giudice amministrativo è chiamato in via preliminare ad esprimersi. Dunque, il candidato non ha un diritto soggettivo all'ammissione alle prove orali ma solo l'**interesse legittimo** al regolare svolgimento delle procedure concorsuali, interesse dalla cui tutela deriva per riflesso il soddisfacimento di un suo interesse di fatto (nel nostro esempio, l'ammissione agli orali).

Interesse legittimo nel diritto privato

Anche in ambito **privatistico** si riscontrano casi nei quali taluno fa valere una posizione giuridica in qualche modo assimilabile all'interesse legittimo. Un esempio classico è quello in cui il beneficiario di una prestazione deve essere scelto tra quanti appartengano ad un determinato gruppo di persone (artt. 631, co. 2; 778, co. 2): qui l'interesse tutelato non è immediatamente quello all'erogazione della prestazione, bensì quello a che la scelta cada su uno degli appartenenti al gruppo.

È bene precisare, infine, che a differenza di quanto accade con l'interesse legittimo di diritto pubblico, per la tutela del quale ha giurisdizione il **giudice amministrativo** (v. art. 103, co. 1, Cost.), l'eventuale configurazione di un interesse legittimo di diritto privato non ha alcuna ricaduta sulla giurisdizione che rimane affidata al **giudice ordinario**.

1.2.5. *L'aspettativa*

Aspettativa e formazione progressiva del diritto soggettivo

Per intendere la nozione di **aspettativa** – e la sua collocazione nell'ambito delle situazioni giuridiche soggettive attive – occorre tenere presente che talvolta la nascita del diritto soggettivo ha luogo non in modo immediato ma in modo progressivo, cioè attraverso lo sviluppo di situazioni intermedie alle quali tuttavia l'ordinamento appresta tutela in vista della definitiva attribuzione di quel diritto.

Si pensi, ad es., al contratto con il quale Tizio vende a Caio la propria casa a condizione (v. Cap. VII, n. 6.2) che egli ottenga il trasferimento in altra sede lavorativa. Qui, l'acquisto del diritto di proprietà da parte di Caio si produrrà solo quando la condizione (ossia il trasferimento di Tizio) si sarà realizzata.

Tuttavia, in pendenza della condizione il potenziale acquirente potrà compiere atti conservativi dell'immobile (art. 1356) e sarà legittimato ad agire anche giudizialmente per contrastare eventuali pretese di terzi sul bene o per chiedere che siano inibiti comportamenti pregiudizievoli nei riguardi del bene stesso. Potrà perfino sostituire a sé un terzo, che acquisterà il diritto di proprietà sull'immobile qualora Tizio venga effettivamente trasferito (art. 1357).

Altro esempio classico di aspettativa è quello dei diritti riconosciuti al **nascituro**, concepito o non concepito, il cui perfezionarsi è subordinato all'evento della nascita (v. Cap. V, n. 2).

La situazione testé descritta è detta **aspettativa legittima** o **di diritto** per distinguerla dalla **aspettativa di fatto** (o mera aspettativa) che non gode di alcuna tutela giuridica.

Aspettativa di fatto

È il caso, ad es., del nipote che confidi di ricevere per testamento parte del patrimonio del nonno. Questo auspicio si configura, appunto, come una mera aspettativa sia perché il nonno non ha alcun obbligo di disporre per testamento a favore del nipote sia perché – ove pure lo faccia – può sempre revocare il negozio testamentario. In ipotesi di questo genere, l'interesse del soggetto non trova alcuna tutela nel diritto, trattandosi di una mera eventualità che non pone capo ad alcun effetto giuridico, neppure prodromico o strumentale.

1.2.6. *Gli interessi diffusi*

Le situazioni soggettive attive sin qui illustrate sono espressione di **interessi** riferibili a soggetti determinati, i quali agiscono per il conseguimento di un bene (non necessariamente od esclusivamente economico): interessi che, appunto in quanto ritenuti meritevoli di tutela, ricevono protezione dall'ordinamento giuridico secondo le modalità esaminate in precedenza.

Interessi diffusi

Tuttavia, il diritto oggettivo prevede anche situazioni nelle quali l'interesse che si fa valere non è riconducibile ad un soggetto determinato, ma è riferibile (o, se si preferisce, è **interesse comune**) a tutti coloro che appartengono ad una collettività, senza riuscire a tradursi in una situazione soggettiva individuale.

Si parla al riguardo di **interessi diffusi**, fenomeno ricorrente nella odierna realtà socio-economica, dove gli interessi di cui sono portatori i singoli non sono sempre riducibili ad una dimensione puramente individualistica, ma sono appunto espressione di esigenze e bisogni comuni a più ampie collettività.

Interesse all'ambiente naturale salubre

Emblematico il caso dell'ambiente, dalla tutela del quale dipendono in larga misura la nostra salute e la qualità della nostra vita. In questa prospettiva, l'ambiente assurge alla dignità di bene giuridico (v. Cap. VI) che però, in quanto **bene comune** non tollera forme di appropriazione individuale e, dunque, non pone capo all'attribuzione di situazioni giuridiche soggettive riferibili al singolo.

Per converso, ad una logica di tipo **individualistico** risponde la disciplina delle immissioni (art. 844: v. n. 1.3.1 e Cap. XII, n. 2) che attribuisce al proprietario il potere di opporsi, entro certi limiti, alle immissioni di fumo, calore, ecc., ma ciò perché qui il bene giuridicamente tutelato non è l'ambiente, bensì il fondo oggetto del diritto di proprietà.

Tuttavia, nell'esperienza giuridica contemporanea, si verifica sempre più di frequente che il legislatore riconosca la legittimazione ad agire, per la tutela di un bene fruibile solo in forma **transindividuale**, a soggetti collettivi, enti esponenziali di più ampie comunità che con quel bene presentino una relazione privilegiata. Emblematico, ancora una volta, il caso dell'ambiente con riguardo al quale l'art. 311, d.lgs. n. 152/2006 attribuisce la legittimazione ad agire per ottenere il risarcimento del danno ambientale allo Stato.

Interessi collettivi

Il ricorso a queste tecniche di tutela segna il passaggio dalla dimensione degli interessi diffusi a quella degli **interessi collettivi** che, con i primi, continuano a condividere il tratto della irriducibilità ad una sfera meramente individuale, ma dai primi si distinguono in ragione del loro **agglutinarsi** attorno a gruppi sociali resi omogenei proprio dalla condivisione del bene o dell'interesse a difesa del quale si agisce in giudizio (nella stessa direzione vanno oggi le numerose disposizioni che abilitano al giudizio le associazioni dei consumatori: v., ad es., gli artt. 37 e 39 c.d.c.: v. Cap. VII, n. 4.2).

1.3. *Lo* status

Si è già visto, parlando degli interessi legittimi e degli interessi diffusi, come entrambe queste figure postulino una qualche **relazione** tra il singolo ed una più ampia collettività.

Nel primo caso, difatti, l'interesse del singolo al conseguimento di un bene o di una utilità deve coincidere con quello della collettività al rispetto delle regole dettate a garanzia dell'interesse pubblico; nel secondo caso, l'interesse che si fa valere non è proprio di un singolo individuo, ma va ricondotto a tutti coloro che fanno parte di un gruppo sociale più ampio.

Status

Anche lo *status* postula l'appartenenza dell'individuo ad una comunità, ma più che designare una particolare situazione giuridica soggettiva, esso rappresenta il presupposto di tutte le situazioni soggettive, attive e passive riconosciute all'individuo in ragione del suo essere **partecipe** di una comunità organizzata.

Si pensi al **coniuge** o al **figlio** all'interno della comunità familiare: essi, per effetto del matrimonio o della filiazione (v. Cap. XIII, n. 3.1, 4) acquistano uno *status (familiae)* al quale si ricollega l'attribuzione di una gamma piuttosto ampia di diritti e di obblighi (v. artt. 143, 147, 315 e 315 *bis*). Varie tipologie di *status*

Si pensi, ancora, al cittadino che, per la sua appartenenza allo Stato determinata attraverso i vari meccanismi di attribuzione della **cittadinanza**, acquista lo *status civitatis* al quale si ricollegano situazioni giuridiche soggettive di diritto pubblico le più disparate: libertà (libertà di pensiero, libertà di associazione), diritti (diritto di voto), obblighi (obblighi militari, obblighi contributivi: per una più ampia esemplificazione v. la Parte Prima della nostra Carta costituzionale, non a caso intitolata "Diritti e doveri dei cittadini").

Proprio la configurazione dello *status* come situazione costituita da **altre** situazioni soggettive, ha indotto talora dottrina e giurisprudenza a negare che essa rappresenti una figura dotata di una propria autonomia concettuale e normativa rispetto a quelle che di volta in volta ne compongono il contenuto.

Tuttavia, pur dovendosene sottolineare la peculiarità rispetto alle altre situazioni soggettive, occorre convenire con l'opinione che ravvisa nello *status* una situazione **distinta** da quelle che ad esso si ricollegano, oggetto di un'autonoma tutela anche giudiziaria. Autonomia della figura

Si pensi al caso del figlio che non sia stato riconosciuto spontaneamente da uno dei genitori (v. art. 250: v. Cap. XIII, n. 4.2): egli potrà agire in giudizio per ottenere una dichiarazione giudiziale di paternità o di maternità (art. 269) che, nella misura in cui accerta costitutivamente lo *status* di figlio, rende immediatamente operanti tutti i diritti e tutti gli obblighi a tale *status* ricollegabili e che, viceversa, in difetto di esso non avrebbero mai potuto farsi valere da, o contro, chi dello *status* di figlio fosse privo.

2. *L'incidenza del tempo sul rapporto giuridico. La prescrizione e la decadenza*

Nel nostro, come in altri ordinamenti giuridici, i diritti si estinguono per **prescrizione** (art. 2934, co. 1). L'effetto estintivo trova la sua causa nella **inerzia** del titolare protratta per un certo periodo di **tempo**. Prescrizione

La prescrizione obbedisce fondamentalmente ad una esigenza di certezza giuridica: difatti, la prolungata inerzia del titolare suscita, nella generalità dei consociati, il convincimento che il diritto abbia cessato di esistere e, proprio attraverso la prescrizione, la situazione di fatto che sta all'origine di tale convincimento viene tradotta in una situazione di diritto.

Diritti imprescrittibili

Non tutti i diritti si prescrivono (art. 2934, co. 2). In particolare, sono imprescrittibili gli *status* (di figlio, di coniuge), e i **diritti indisponibili** quali i diritti della persona. Infatti, se il loro titolare non può disporne non può neanche perderli a causa del loro mancato esercizio.

Tra i diritti a contenuto patrimoniale, è imprescrittibile **il diritto di proprietà** (art. 948: v. Cap. XII, n. 1.1).

Imprescrittibile è anche la **qualità di erede**, che può essere fatta valere in qualsiasi tempo dopo il suo acquisto (art. 533: v. Cap. XIV, n. 5), nonché l'**azione dichiarativa della nullità** di un contratto (art. 1422: v. Cap. VII, n. 13.1).

Rinunzia

Le norme sulla prescrizione sono **inderogabili** ed ogni accordo tendente a modificarne la disciplina è nullo (art. 2936). Per la stessa ragione non è possibile **rinunciare** alla prescrizione prima che questa sia maturata (art. 2937). Infatti se, ad es., il debitore rinunciasse anticipatamente a far valere la prescrizione del diritto del creditore, ciò avrebbe come conseguenza pratica l'imprescrittibilità del diritto stesso che invece, ai sensi dell'art. 2946, è destinato a prescriversi in dieci anni.

Viceversa, una volta che sia maturata, la prescrizione è **rinunciabile** da parte di chi potrebbe avvantaggiarsene: la rinuncia non necessita di particolari forme e può essere esternata anche per fatti concludenti. Una particolare modalità di rinuncia alla prescrizione è rappresentata dal pagamento del debito **prescritto** (art. 2940): tale pagamento è **irripetibile** e, secondo l'opinione tradizionale, configura gli estremi dell'adempimento di un'obbligazione naturale (v. Cap. XI, n. 11.2).

La prescrizione **non** può essere rilevata d'ufficio dal giudice (art. 2938), ma va **eccepita** dalla parte che ne trae vantaggio. Essa, inoltre, può essere fatta valere dai creditori del debitore (artt. 2939, 2900).

Il computo del periodo necessario perché il diritto si prescriva decorre dal momento in cui il diritto stesso può **esercitarsi** (art. 2935). Ad es., nel caso di un contratto, sottoposto a termine iniziale (v. Cap. VII, n. 6.2), la prescrizione comincerà a decorrere non appena sopraggiunga il termine.

Il decorso della prescrizione può essere sospeso o interrotto in ragione del verificarsi di taluni eventi tassativamente previsti dalla legge.

Sospensione

La **sospensione** della prescrizione **ferma** il decorso della prescrizione per tutto il tempo in cui sussiste lo stato di cose individuato dalla legge. Cessata la causa di sospensione, la prescrizione **riprende** a decorrere a partire dal momento antecedente all'insorgere della sospensione stessa.

La prescrizione si può sospendere ora a causa del sussistere di **rapporti qualificati** fra le parti (ad es., coniugio, tutela, ecc.: art. 2941), ora a causa della **particolare condizione** in cui versa il titolare del diritto (minori ed interdetti per il periodo in cui non hanno un rappresentante legale, militari ed appartenenti alle forze armate in tempo di guerra: art. 2942).

Interruzione

La prescrizione si **interrompe** o a seguito di un **atto di esercizio del diritto** da parte del titolare (ad es., la costituzione in mora del debitore o la proposizione di una domanda giudiziale: art. 2943) o a seguito del **riconoscimento del diritto** da parte di colui contro il quale il diritto stesso potrebbe farsi valere (art. 2944; ma v. anche l'art. 1988). A differenza di quanto avviene con la sospensione, dopo l'interruzione la prescrizione comincia a decorrere *ex novo*.

Termini

Il termine **ordinario** di prescrizione è di **dieci** anni (art. 2946). Un periodo maggiore vale per i **diritti reali su cosa altrui**, che si prescrivono in **venti** anni (artt. 954, 970, 1014, 1073).

Tra le numerose ipotesi di **prescrizioni brevi** vale la pena di ricordare, a titolo meramente esemplificativo, il diritto al risarcimento del danno da fatto illecito che si prescrive in **cinque** anni, computati dal giorno in cui si è verificato il fatto, termine che si riduce a **due** anni nel caso in cui il danno sia prodotto dalla circolazione di veicoli (art. 2947, co. 1-2); il diritto a percepire le indennità alla fine del rapporto lavorativo che si prescrive in **cinque** anni (art. 2948); sempre in **cinque** anni si prescrivono i diritti che derivano dai rapporti di società (art. 2949), mentre in **un** anno si prescrivono i diritti derivanti dal contratto di trasporto o di spedizione (art. 2951).

Prescrizioni presuntive

Ai diritti di credito si riferiscono le **prescrizioni presuntive**, nelle quali sono stabiliti termini brevi, superati i quali la legge **presume** che il debito sia stato pagato o che si sia estinto per altre cause. Al creditore è consentito offrire la prova contraria, ma solo attraverso il **giuramento** (art. 2960) o la **confessione giudiziale** (art. 2959: su entrambe queste figure v. Cap. IV, n. 1.3).

Le prescrizioni presuntive non vanno confuse con le prescrizioni brevi delle quali ci siamo occupati in precedenza. Infatti, mentre nelle prime il diritto si estingue perché non esercitato entro i termini prescritti dalla legge, nelle seconde il diritto si prescrive pur sempre nei termini ordinari (10 anni) e tuttavia il legislatore ha stabilito, in ragione della particolare natura del diritto soggetto a prescrizione, che esso si **presuma** soddisfatto dopo che sia trascorso un breve periodo di tempo dalla sua costituzione. Sicché, qualora il creditore riesca a vincere tale presunzione (come s'è detto, attraverso la confessione giudiziale o il giuramento), egli potrà tornare ad esercitare il suo diritto di credito fino a quando, eventualmente, non maturi il termine ordinario di prescrizione.

I termini delle prescrizioni presuntive variano da **sei** mesi a **tre** anni a seconda dei casi (artt. 2954-2956).

Decadenza

La **decadenza**, al pari della prescrizione, pregiudica la possibilità di esercitare il diritto a causa dell'inerzia del titolare protrattasi per un certo tempo. Funzione della decadenza è quella di limitare a periodi molto **brevi** lo stato di incertezza delle situazioni giuridiche.

Si spiega così perché ad essa **non** si applichino le norme in materia di interruzione della prescrizione (art. 2964): la decadenza è impedita solo dal compimento dell'atto previsto dalla legge o dal contratto (art. 2966). Anche le norme relative alla sospensione della prescrizione restano **escluse** dall'applicazione alla decadenza (art. 2964), salvi i casi espressamente previsti dalla legge (sospensione dei termini di decadenza dell'azione di disconoscimento di paternità – art. 245 –; e per minori, interdetti, inabilitati, sospensione del termine per l'accettazione dell'eredità con beneficio d'inventario – art. 489).

Decadenza legale

La decadenza prevista dalla legge, c.d. decadenza **legale**, riguarda sia i diritti **disponibili** sia alcuni diritti **indisponibili** (ad es., nell'ambito del diritto di famiglia). In quest'ultimo caso, assolvendo i termini di decadenza anche ad un interesse di ordine pubblico, la decadenza può essere rilevata **d'ufficio** dal giudice (art. 2969), non può essere rinunciata e la sua disciplina è **inderogabile,** cioè non può essere modificata dalle parti (art. 2968).

Ove, viceversa, si tratti di diritti disponibili, essendo i termini stabiliti a favore dell'interesse della parte che subisce l'esercizio del diritto, i privati possono derogare alla disciplina legale dei termini.

Decadenza giudiziale

In alcuni casi, poi, la legge prevede che i termini di decadenza siano fissati dal giudice su istanza della parte interessata, configurando così una decadenza **giudiziale**. È il caso, ad es., della fissazione di un termine per l'accettazione dell'eredità, che può essere chiesta all'autorità giudiziaria da chiunque vi abbia interesse, affinché il chiamato dichiari, entro il termine fissato dal giudice, se accetta o rinuncia all'eredità. Qualora entro il termine fissato il chiamato non si pronunci, egli perderà il diritto di accettare (art. 481: v. Cap. XIV, n. 3).

Infine, la decadenza può essere anche **convenzionale**, cioè espressione dell'autonomia dei privati. Unico limite posto all'apposizione di termini di decadenza nei contratti, è che essi non rendano troppo difficile ad una delle parti l'esercizio del diritto (art. 2965). Come è ovvio, la decadenza convenzionale **non** è rilevabile d'ufficio.

Decadenza convenzionale

Se non è fissato un termine di decadenza legale o convenzionale, il diritto sarà soggetto ai normali termini di prescrizione (art. 2967).

Capitolo IV

LA TUTELA DEI DIRITTI

1. *La tutela giurisdizionale*

La tutela delle situazioni soggettive si realizza attraverso l'applicazione della legge da parte degli organi giudiziari dello Stato, i quali conferiscono effettività alle norme dirimendo l'eventuale lite e, ove necessario, imponendo l'attuazione coattiva dell'interesse protetto (sull'esecuzione forzata v. Cap. XI, n. 10.2).

Ciò significa che il soggetto, il quale ritenga che un suo diritto è stato leso, per ottenere tutela può e deve rivolgersi al giudice (art. 24 Cost.). Solo eccezionalmente egli potrà, per così dire, farsi giustizia da sé (c.d. **autotutela**, come ad es., nel caso del diritto di ritenzione: v Cap. XI, n. 10): in tutte le altre ipotesi ogni attività volta a tutelare un proprio diritto, compiuta con violenza o minaccia alle persone, configura il reato di esercizio arbitrario delle proprie ragioni (artt. 392-393 c.p.).

Non vanno trascurati, poi, i meccanismi di tutela alternativa alla giustizia ordinaria rimessa al giudice, nonché le forme di composizione stragiudiziale della lite. Un ruolo particolare è assunto dall'**arbitrato** (art. 806 c.p.c.) – nelle due versioni dell'arbitrato **rituale**, cioè regolato secondo diritto, e dell'arbitrato **irrituale** (art. 808 *ter* c.p.c.), detto anche amministrato – il quale rappresenta il principale istituto di giustizia privata con riguardo alla materia dei diritti disponibili, la cui pronuncia finale, il **lodo**, è equiparata ad una sentenza.

Altro strumento di tutela stragiudiziale delle situazioni soggettive è rappresentato dalla **mediazione**, disciplinata dal d.lgs. n. 28/2010, con la quale si tenta mediante l'assistenza di un mediatore di raggiungere un accordo rivolto alla composizione della controversia. In alcuni casi individuati dall'art. 5 del citato decreto legislativo (diritti reali, successioni ereditarie, contratti bancari, finanziari e assicurativi, responsabilità medica e altro), il legislatore ha previsto che la mediazione, cosiddetta **obbligatoria** (per distinguerla dalla mediazione **volontaria**), costituisca una **condizione di procedibilità** dell'eventuale procedimento giudiziario.

Processo civile

L'insieme delle attività svolte dal giudice per porre termine alle liti prende il nome di **processo**.

Il **processo civile**, in particolare, è il processo diretto all'emanazione di una pronuncia del giudice attraverso la quale si pone fine ad una controversia tra parti di un rapporto disciplinato da norme di diritto privato (ad es., tra il creditore che pretenda di essere pagato ed il debitore inadempiente, tra il proprietario a cui la cosa è stata sottratta ed il possessore, tra colui che ha subito un danno ed il danneggiante).

Il processo ha inizio con una **domanda** che la parte, detta **attore**, rivolge all'organo giurisdizionale nei confronti della controparte, detta **convenuto**: sulla domanda dell'attore il giudice si pronuncia attraverso un provvedimento che prende il nome di **sentenza** (sulla tipologia delle sentenze v. n. 1.4).

Tra questi due atti, la domanda della parte e la sentenza del giudice, si sviluppa un'attività volta fondamentalmente all'**accertamento** del fatto e alla **individuazione** della norma giuridica applicabile (v. Cap. I, n. 4). I vari passaggi in cui si articola questa attività sono coordinati tra di loro e finalizzati all'emanazione del provvedimento finale, cioè appunto della sentenza.

Il processo civile è disciplinato, per lo più, nel codice di rito, ossia il codice di procedura civile; inoltre la sua trattazione istituzionale è affidata ad altra specifica materia di insegnamento universitario, ossia il diritto processuale civile. Tuttavia, è egualmente opportuno fornire allo studente del primo anno alcune nozioni processualcivilistiche utili per meglio comprendere istituti fondamentali del diritto privato.

1.1. *Le situazioni giuridiche nel processo. Azione ed eccezione*

Essere titolari di un diritto varrebbe assai poco se nel contempo non si avesse anche la possibilità di farlo valere in giudizio. Pertanto, alla titolarità di una situazione giuridica qualificata come diritto soggettivo deve essere riconnessa anche la possibilità di farlo valere in giudizio, cioè di poter domandare al giudice, mediante l'instaurazione di un processo, l'emanazione di una sentenza che accolga o rigetti la domanda (art. 99 c.p.c.: v. n. 1).

Questo accade per una ragione ben precisa. La **giustiziabilità** dei diritti soggettivi, la loro tutela giurisdizionale, è una qualità indefettibile che ad essi viene garantita dal trovare fondamento in titoli giuridici "validi" (per lo più, ma non necessariamente, contratti); sicché, "validità" e "tutela" descrivono i termini di una relazione pensata sin dall'origine come circolare, scaturente dalla forza coercitiva del diritto statuale.

In ciò si sostanzia l'**azione**, ossia il potere di dare impulso alla funzione giurisdizionale affinché trovino tutela le situazioni giuridiche soggettive. Azione

Ad es., nel caso del diritto di proprietà, accanto ai poteri ed alle facoltà del proprietario, il legislatore regola anche le azioni a difesa della proprietà (l'azione di rivendicazione, l'azione negatoria, ecc.: v. Cap. XII, n. 3). Queste azioni rappresentano lo strumento attraverso il quale il proprietario può ottenere il riconoscimento, da parte del giudice, delle prerogative giuridiche assicurategli dalla titolarità del diritto e, se del caso, farle valere con la forza nei confronti di chi insista nel contestarle o nell'ostacolarne l'esercizio.

Analogamente, il creditore può ottenere la condanna del debitore all'adempimento o, ove questi rimanga inadempiente, sottoporre il suo patrimonio ad esecuzione forzata onde ricavare dallo stesso patrimonio l'utilità spettantegli (v. Cap. XI, n. 10.2).

Le norme di diritto sostanziale vanno correlate a quelle del codice di procedura civile, in particolare all'art. 99 c.p.c. secondo il quale "fuori dei casi espressamente previsti dalla legge, nessuno può far valere nel processo in nome proprio un diritto altrui" e all'art. 100 c.p.c. ai sensi del quale "per proporre una domanda in giudizio è necessario avervi interesse". Ciò significa che non è sufficiente essere titolari di un diritto soggettivo per esercitare un'azione: è necessario altresì che si denunci una lesione di quel diritto soggettivo e che il provvedimento richiesto al giudice sia idoneo a rimuovere in tutto o in parte tale lesione (**interesse ad agire**). In questo senso, il processo è funzione del diritto soggettivo e diretta emanazione delle prerogative accordate al titolare attraverso il riconoscimento della situazione di vantaggio.

Per tornare ad uno degli esempi precedenti, non è sufficiente essere titolari di un credito per adire l'autorità giudiziaria: è necessario che il debitore non abbia adempiuto e che si richieda al giudice l'emanazione di un provvedimento idoneo a rimuovere, in tutto o in parte, gli effetti lesivi dell'inadempimento e cioè, nel caso di specie, una sentenza di condanna ad adempiere.

Speculare all'azione è l'**eccezione**. Eccezione

L'eccezione è lo strumento attraverso il quale si resiste alla pretesa avanzata dalla controparte in giudizio, nel rispetto del **principio del contraddittorio** (art. 24, co. 2, Cost.; art. 101 c.p.c.). Così, ad es., se il creditore fa valere attraverso l'azione il suo diritto all'adempimento dell'obbligazione, il debitore, attraverso l'eccezione, può far valere la circostanza che il pagamento abbia già avuto luogo o che il diritto vantato dalla controparte si sia prescritto (eccezione in senso **stretto** o **processuale**).

Anche per l'eccezione, come per l'azione, opera il limite istituito dall'art. 100 c.p.c., di modo che l'eccezione stessa potrà essere presa in esame dal giudice solo ove sussista un "interesse ad eccepire".

1.2. *L'onere della prova*

Principio dispositivo

Il processo civile è caratterizzato dal **principio dispositivo** per il quale le parti sono libere di esercitare le azioni e di opporre le eccezioni, di transigere la controversia e di rinunciare al giudizio. Questo principio si riflette anche sui poteri del giudice civile che non può ricercare d'ufficio le prove dei fatti posti a fondamento delle pretese delle parti. Un temperamento a questo principio si ha nel processo del lavoro (e cioè nel processo relativo a diritti discendenti dai rapporti di lavoro subordinato o parasubordinato), dove il giudice dispone anche di poteri istruttori d'ufficio (v. art. 421 c.p.c.): tali poteri, tuttavia, debbono essere esercitati nei limiti dei fatti dedotti dalle parti.

Onere della prova

Naturale corollario del principio dispositivo è il principio dell'**onere della prova**, in forza del quale i fatti che si pongono alla base di una azione o di una eccezione devono essere provati dalla parte che agisce o che eccepisce. L'esistenza di questo principio nel processo civile comporta che in assenza di un adeguato apparato probatorio un determinato fatto, anche se realmente avvenuto, viene ritenuto inesistente ai fini della risoluzione della controversia.

La ripartizione dell'onere della prova fra attore e convenuto è regolata dalla legge (art. 2697, co. 1) ma può essere modificata dalle parti mediante un apposito patto, sia pure nei limiti stabiliti dall'art. 2698.

1.3. *Le prove*

Come detto, il giudice può porre a fondamento della propria decisione soltanto i fatti che le parti siano riuscite a provare nel corso del giudizio.

La prova va fornita mediante specifici **mezzi di prova**: le prove documentali, le prove testimoniali, la confessione, il giuramento, le presunzioni.

Tra i mezzi di prova è possibile istituire una classificazione che li divide in prove **dirette** e prove **indirette** a seconda che essi siano destinati a provare direttamente l'esistenza di un fatto o a farlo soltanto presumere. Ad es., la dinamica di un incidente stradale si può ricostruire o sulla base di una prova diretta, come la testimonianza, o sulla base di una prova indiretta, come la perizia eseguita sulle tracce della frenata.

Un'altra importante distinzione tra i mezzi di prova si fonda sulla loro vincolatività per il giudice. Si parlerà allora di prove **libere** con riguardo a quelle che il giudice può valutare liberamente (ad es., prova testimoniale) e di prove **legali** con riguardo a quelle che obbligano il giudice a considerare come effettivamente verificatisi gli atti o i fatti attraverso di esse documentati o rappresentati (ad es., l'atto pubblico o la confessione giudiziale).

Prove documentali

Sono **prove documentali**, o prove scritte, anzitutto l'atto pubblico e la scrittura privata (v. anche Cap. VII, n. 8). In questa sede va precisato che **l'atto pubblico** è il documento redatto, nei modi previsti dalla legge, da un pubblico ufficiale (di regola un notaio) e che fa piena prova, fino a **querela di falso** (art. 221 c.p.c.), della provenienza del documento dal pubblico ufficiale che lo ha redatto, nonché delle dichiarazioni in esso contenute (artt. 2699-2700).

Quanto alla **scrittura privata**, essa è un documento sottoscritto dalla parte, che acquista efficacia di prova legale, al pari dell'atto pubblico, solo quando viene riconosciuta da colui contro il quale la scrittura è prodotta ovvero quando è legalmente considerata riconosciuta, come nel caso in cui la sottoscrizione sia stata autenticata da un notaio o da altro pubblico ufficiale (artt. 2702-2703).

Prova testimoniale

La **prova testimoniale** di un fatto può essere fornita mediante la dichiarazione, resa dinanzi al giudice, che un determinato avvenimento si è verificato alla presenza di colui che rende la dichiarazione (**testimone**). L'ammissibilità della prova per testimoni dei contratti è assoggettata ad una serie di limitazioni (v. artt. 2721-2723), che si applicano anche alla prova del pagamento e della remissione del debito (art. 2726).

Tuttavia, alla prova testimoniale potrà sempre farsi ricorso nelle ipotesi di cui all'art. 2724, e cioè 1) quando vi sia un principio di prova per iscritto, 2) quando il contraente sia stato nell'impossibilità materiale o morale di procurarsi una prova scritta e 3) quando il contraente abbia smarrito senza sua colpa il documento che gli forniva la prova. Ma se il contratto soggiace ad un onere di forma, la prova per testimoni sarà possibile soltanto nell'ultimo dei tre casi indicati dall'art. 2724 (art. 2725).

Confessione

La **confessione** è una dichiarazione resa da un soggetto nell'ambito di un giudizio (confessione **giudiziale**) o fuori dal giudizio (confessione **stragiudiziale**) di fatti a sé sfavorevoli e favorevoli alla controparte (art. 2730). La confessione può avere ad oggetto solo fatti che incidano sui diritti disponibili (art. 2733, co. 2), poiché, essendo una prova legale, i suoi effetti finiscono per equipararla ad un atto di disposizione del diritto.

Giuramento

Il **giuramento** è la dichiarazione della veridicità di un fatto proveniente da una delle parti e resa in giudizio con formula solenne. Il giuramento può essere **decisorio** o **suppletorio**, a seconda che esso venga richiesto da una delle parti ai fini della decisione della causa o sia richiesto dal giudice per integrare le prove o, ancora, per stabilire il valore della cosa domandata quando non sia possibile accertarlo altrimenti (art. 2736, n. 1-2).

Anche il giuramento, al pari dell'atto pubblico e della confessione, ha efficacia di prova legale.

Presunzioni

Le **presunzioni**, come già detto, sono mezzi di prova indiretti e consentono di accertare l'esistenza di un fatto ignoto muovendo da un fatto noto (art. 2727). Le presunzioni possono essere **legali** o **semplici**.

Nelle prime (art. 2728), è la legge stessa che, in presenza di un certo fatto, considera esistente e quindi provato un altro fatto rilevante ai fini della produzione dell'effetto giuridico: così, ad es., in presenza del matrimonio tra la donna che ha partorito il figlio ed il marito, e del concepimento in costanza di matrimonio (a sua volta oggetto di una presunzione: art. 232), il marito si presume padre del figlio ed il figlio è considerato legittimo (art. 231).

Le presunzioni legali sono **assolute** o **relative** a seconda che sia ammessa o meno la prova contraria: un esempio di presunzione assoluta è proprio quella istituita dall'art. 232 relativamente al concepimento in costanza di matrimonio, mentre un esempio di presunzione relativa è quella istituita dal già citato art. 231, che può essere vinta attraverso l'esercizio dell'azione di disconoscimento della paternità (artt. 235, 244).

Le presunzioni **semplici** (art. 2729) rappresentano, in realtà, un limite al ragionamento induttivo del giudice, consentendo a quest'ultimo di farvi ricorso solo in presenza di fatti gravi, precisi e concordanti. Le presunzioni non sono ammissibili nei casi in cui la legge esclude le prove per testimoni (art. 2729).

1.4. *L'efficacia delle sentenze ed il giudicato*

Giudicato

Ai sensi dell'art. 2909 "l'accertamento contenuto nella sentenza passata in giudicato fa stato a ogni effetto tra le parti, i loro eredi o aventi causa". Sono questi i **limiti oggettivi** e **soggettivi** del giudicato, per cui la sentenza non può produrre effetti al di là del caso da essa deciso o su soggetti estranei alla controversia (che non siano eredi o aventi causa delle parti).

Dal giudicato in senso **sostanziale**, che è appunto quello individuato dall'art. 2909, si distingue il giudicato in senso **formale** che si configura allorché la sentenza non possa essere più impugnata con gli ordinari mezzi di gravame (appello, ricorso per cassazione, revocazione, regolamento di competenza: art. 324 c.p.c.).

Una volta che, come si dice, la sentenza sia passata in giudicato non è più possibile riproporre la questione in giudizio, sicché qualsiasi domanda vertente sul medesimo oggetto andrà rigettata. In qualsiasi altra controversia in cui sia pregiudiziale la questione già decisa con sentenza definitiva, il giudice non può riesaminare la questione nel merito, ma deve decidere sulla base del giudicato.

Tipologia delle sentenze

I caratteri che abbiamo appena illustrato sono **comuni** a tutte le sentenze. Queste ultime, però, vengono tradizionalmente distinte in ragione del loro **contenuto** e degli specifici **effetti** che producono a carico della situazione giuridica oggetto dell'accertamento giudiziale. Da questo punto di vista si parla di sentenze di mero accertamento, sentenze di condanna e sentenze costitutive.

Sentenze di mero accertamento

Attraverso le sentenze di **mero accertamento** (ad es., una sentenza che si limiti ad accertare la titolarità di un diritto in capo all'attore: v. art. 2653, n. 1; Cap. XII, n. 3), il risultato pratico che si ottiene è quello di munire la situazione giuridica oggetto dell'accertamento giudiziale della stessa forza del giudicato (in senso sostanziale), così da rendere vane eventuali ulteriori rivendicazioni da parte di terzi.

Sentenze di condanna

Attraverso le sentenze di **condanna,** il risultato che si ottiene è quello di munirsi di un titolo idoneo ad avviare l'esecuzione forzata (art. 474, n. 1, c.p.c.), o ad iscrivere ipoteca (art. 2818: v. Cap. XI, n. 10.1).

Sentenze costitutive

Attraverso le sentenze **costitutive**, infine, il risultato che si ottiene è quello di modificare in senso favorevole all'attore la situazione giuridica oggetto dell'accertamento giudiziale (art. 2932: v. Cap. VII, n. 4.5; Cap. XI, n. 10.2).

È opportuno precisare, però, che questa classificazione delle sentenze, imperniata sulla astratta considerazione dei loro effetti di diritto sostanziale, nulla ci dice in ordine alla tutela in concreto assicurata al titolare del diritto giacché, a tal fine, è necessario tenere conto del tipo di lesione che il diritto stesso subisce. Ad es., una sentenza di condanna può essere strumentale ad una tutela di tipo **risarcitorio**, nella misura in cui impone al danneggiante l'obbligo di risarcire il danno, ad una tutela di tipo **inibitorio**, nella misura in cui impone all'autore della condotta illecita di porvi termine o, infine, ad una tutela di tipo **restitutorio** nella misura in cui impone all'autore della condotta illecita di ripristinare lo stato di cose anteriore alla condotta stessa (ma su questo argomento v. Cap. IX, n. 1.1-1.1.1-1.1.2).

2. *La pubblicità*

Al fine di assicurarne la **conoscibilità** a tutti gli interessati in funzione della **certezza delle situazioni giuridiche**, l'ordinamento prevede che taluni atti o fatti giuridici siano iscritti in **pubblici registri**. È questa la **pubblicità legale**, tradizionalmente distinta, a seconda degli effetti che la legge vi riconnette, in pubblicità notizia, pubblicità dichiarativa e pubblicità costitutiva.

Pubblicità notizia

La **pubblicità notizia** assolve alla funzione di rendere un certo atto **conoscibile**, ma non è determinante né ai fini della sua validità né ai fini della sua opponibilità ai terzi. La pubblicità notizia è fonte di un **obbligo** la cui omissione determina unicamente una sanzione pecuniaria, senza alcuna conseguenza per la validità dell'atto stesso (v., ad es., gli artt. 93, 134 in ordine alle pubblicazioni che devono precedere il matrimonio).

Tuttavia, anche la pubblicità notizia ha una qualche rilevanza sul piano sostanziale nella misura in cui crea una presunzione assoluta di conoscenza del fatto o dell'atto pubblicizzato. Si spiega così, ad es., che mentre per l'annullamento del contratto stipulato dall'incapace naturale è necessario fornire la prova della mala fede dell'altro contraente, posto che l'incapacità naturale è una situazione di mero fatto (art. 428, co. 2: Cap. V, n. 3.2), per l'annullamento del contratto stipulato dall'incapace legale (art. 1425: Cap. VII, n. 12.2) tale condizione non debba essere soddisfatta, giacché sia l'età dell'altro contraente sia l'eventuale sentenza di interdizione risultano dai registri dello stato civile e, quindi, sono date per conosciute da tutti.

Pubblicità dichiarativa

La pubblicità **dichiarativa** svolge la particolare funzione di rendere un determinato atto **opponibile** ai terzi (v. Cap. VII, n. 11). Come si vedrà meglio di seguito parlando della trascrizione (v. n. 2.1), la pubblicità dichiarativa costituisce per l'interessato un **onere**.

Pubblicità costitutiva

La pubblicità **costitutiva** è elemento costitutivo della fattispecie giuridica, indispensabile, dunque, ai fini del suo perfezionamento.

La pubblicità svolge una funzione costitutiva, ad es., in materia di **ipoteca**: infatti, giusta quanto disposto dall'art. 2808, co. 2, l'ipoteca si costituisce mediante iscrizione nei registri immobiliari di un apposito titolo (v. Cap. XI, n. 10.1).

Un altro caso di pubblicità costitutiva è quello dell'usucapione abbreviata nel quale la trascrizione del titolo astrattamente idoneo al trasferimento della proprietà entra a far parte della più complessa fattispecie di acquisto a titolo originario del diritto (v. art. 1159: Cap. XII, n. 6.2).

2.1. *La trascrizione*

Trascrizione

La **trascrizione** è regolata nel Libro VI del codice civile e costituisce una particolare forma di pubblicità dichiarativa tesa ad assicurare la conoscibilità e la opponibilità ai terzi delle vicende traslative riguardanti i beni immobili (e i beni mobili registrati: art. 2683) attraverso un articolato sistema organizzato su base **personale**.

Funzione

La funzione della trascrizione è quella di dirimere gli eventuali **conflitti** fra più aventi causa (a titolo particolare) che abbiano acquistato da un comune dante causa con atto *inter vivos* diritti incompatibili (più in generale sui criteri in uso nell'ordinamento giuridico per la risoluzione di conflitti di questo tipo v. Cap. VII, n. 9.1). Attesi gli effetti che ne derivano, gli atti soggetti a trascrizione sono solo quelli **tassativamente** previsti dalla legge.

Gli atti in questione sono quelli indicati dall'art. 2643. Si tratta, per lo più, di atti aventi ad oggetto beni **immobili** e produttivi di effetti **reali**. Si noterà la sostanziale coincidenza tra l'elencazione dell'art. 2643 e quella dell'art. 1350 relativa agli atti per i quali è prevista la forma **scritta** a pena di nullità (v. Cap. VII, n. 8) e ciò a causa del peculiare regime circolatorio cui sono assoggettati i beni immobili (Cap. VI, n. 1.3). Del resto, non è un caso che la trascrizione possa farsi solo se l'atto riveste la forma dell'**atto pubblico** o della **scrittura privata**, ancorché autenticata o giudizialmente accertata (art. 2657).

Per comprendere il funzionamento dell'istituto occorre considerare che il nostro ordinamento, accogliendo il principio del consenso traslativo (art. 1376), ha optato per una semplificazione delle forme di circolazione dei beni a scapito della sicurezza dei traffici giuridici. Ciò perché, come meglio vedremo più avanti (v. Cap. VII, n. 9.1), in un sistema nel quale il trasferimento del diritto ha luogo indipendentemente dalla materiale consegna della cosa, è molto più facile e frequente che si verifichino casi nei quali dello stesso diritto si disponga più volte a beneficio di almeno due diversi acquirenti.

Quando vengano in considerazione beni immobili (o beni mobili registrati), il conflitto fra i due acquirenti è risolto, in deroga al principio *prior in tempore, potior in iure*, a favore di chi ha trascritto il suo acquisto per primo, con conseguente soccombenza di colui che non ha trascritto affatto o ha trascritto successivamente, ancorché questi avesse acquistato per primo.

Efficacia dichiarativa

La regola si evince dall'art. 2644, co. 1 il quale, con una formulazione in negativo, dispone che gli atti soggetti a trascrizione e non trascritti tempestivamente **non** possono essere fatti valere verso chi ha tempestivamente trascritto il suo acquisto; al co. 2, con una formulazione in positivo, lo stesso art. 2644 stabilisce che, una volta avvenuta la trascrizione, non producono effetto nei confronti del trascrivente le successive trascrizioni, quantunque queste riguardino acquisti risalenti a data anteriore (c.d. efficacia **dichiarativa** della trascrizione).

Esemplificando, se Tizio vende un appartamento prima a Caio che non trascrive, e poi vende lo stesso appartamento a Sempronio che invece trascrive, l'acquisto di quest'ultimo prevarrà (sarà opponibile: v. Cap. VII, n. 11) nei confronti di Caio. Tuttavia, Caio non rimarrà senza tutela, avendo sempre diritto all'esperimento di un'azione risarcitoria nei confronti di Tizio (ed anche nei confronti di Sempronio, in caso di malafede di quest'ultimo).

Continuità delle trascrizioni

Qualora gli acquisti non derivino da un comune dante causa, si renderà necessario risalire l'intera sequenza delle trascrizioni fino ad individuare il comune autore. Infatti, per prevalere su coloro che vantino diritti incompatibili, non basta che l'ultimo acquirente abbia tempestivamente effettuato la trascrizione del suo titolo d'acquisto, ma occorre altresì che questi possa vantare a proprio favore una **serie continua** di trascrizioni (fino a fondare un acquisto a titolo originario). La regola si evince dall'art. 2650, co. 1 a mente del quale le successive trascrizioni o iscrizioni a carico dell'acquirente non producono effetto se non è stato trascritto l'atto anteriore di acquisto (c.d. **principio di continuità delle trascrizioni**).

Quindi, la funzione tipica della trascrizione postula la **completezza** dei registri immobiliari, i quali solo in tal modo possono fornire un quadro d'insieme sufficientemente esaustivo delle vicende attinenti la circolazione dei beni immobili. Proprio al fine di assicurare la completezza dei pubblici registri il legislatore, per un verso, impone a determinati soggetti (pubblico ufficiale o notaio rogante) l'**obbligo** di trascrivere (art. 2671) e, per altro verso, dispone la trascrizione di determinati atti che, a rigore, **non** producono un acquisto *inter vivos* a titolo derivativo.

Rispondono (anche) a questa logica l'art. 2646, riguardante gli atti divisionali; l'art. 2648, relativo agli acquisti a causa di morte, nonché l'art. 2651 relativo alle sentenze da cui risulti l'usucapione o la prescrizione di uno dei diritti indicati dall'art. 2643, n. 1-2, 4.

Efficacia prenotativa

Strumentale all'efficacia dichiarativa sua propria, è l'efficacia **prenotativa** riconosciuta alla trascrizione dei contratti preliminari aventi ad oggetto la conclusione di taluno dei contratti di cui ai n. 1-4 dell'art. 2643 (art. 2645 *bis*: v. Cap. VII, n. 4.5) e delle domande giudiziali previste dall'art. 2652. La trascrizione di tali atti, di per sé privi di efficacia reale, consente al trascrivente, una volta stipulato e trascritto entro un congruo termine il contratto definitivo ovvero ottenuta e trascritta una pronunzia favorevole, di rendere opponibili ai terzi gli effetti del contratto definitivo o della sentenza, rispettivamente, dalla data della trascrizione del preliminare o della domanda giudiziale.

Di regola, la trascrizione, lungi dal svolgere una funzione perfezionativa del negozio, si pone per l'interessato come un **onere,** in quanto si tratta di un adempimento necessario per far valere nei confronti di tutti un determinato acquisto.

Efficacia costitutiva

Peraltro, in alcuni casi la trascrizione sortisce un effetto **costitutivo** dell'acquisto, nel senso che essa rappresenta il coelemento di una più complessa fattispecie acquisitiva del diritto (ad es., trascrizione della domanda giudiziale: art. 2652 e 111, co. 4, c.p.c.; trascrizione del titolo astrattamente idoneo ai fini dell'usucapione abbreviata dei beni immobili: art. 1159, co. 1; v. Cap. XII, n. 6.2).

Efficacia c.d. sanante

La trascrizione può anche dispiegare un effetto, per così dire, stabilizzante dell'acquisto in funzione della sicurezza dei traffici giuridici. Così, ai sensi dell'art. 2652, n. 6, se la domanda intesa a far dichiarare la nullità o a pronunziare l'annullamento del contratto è trascritta dopo cinque anni dalla data di trascrizione dell'atto impugnato, la sentenza che la accoglie non pregiudica i diritti acquistati a qualunque titolo dai terzi di buona fede in base ad un atto trascritto o iscritto anteriormente alla domanda.

Al riguardo si parla, con terminologia tecnicamente imprecisa, di **efficacia sanante** della trascrizione. L'imprecisione è imputabile al fatto che la trascrizione non è idonea a sanare gli eventuali vizi dell'atto, il quale, pertanto rimane invalido anche dopo la trascrizione. Tuttavia, in presenza dei requisiti indicati, tale vizio non pregiudicherà gli acquisti compiuti dai successivi aventi causa dell'acquirente e regolarmente trascritti.

Si tratta, in pratica, di un temperamento del principio *resoluto iure dantis, resolvitur et ius accipientis* generalmente valevole per gli acquisti a titolo derivativo (v. Cap. III, n. 1).

Intavolazione

Infine, è opportuno ricordare che nelle province annesse all'Italia dopo la prima guerra mondiale (e dunque, sostanzialmente, nei territori corrispondenti alle attuali regioni del Trentino Alto Adige e Friuli Venezia Giulia) è rimasto in vigore il sistema dell'**intavolazione**, il quale, a differenza del sistema comune, è organizzato su base **reale**. Tale sistema, secondo quanto disposto dall'art. 230 s. disp. att., prevede che l'iscrizione nel libro fondiario (tenuto presso il Tribunale) abbia efficacia **costitutiva** del diritto configurandosi quindi alla stregua dell'elemento perfezionativo del negozio.

Si tratta di un sistema di pubblicità costitutiva modellato sulla falsariga degli ordinamenti di stampo **germanico** nei quali, a differenza del nostro, l'effetto traslativo del diritto si colloca all'esito di un iter che prende le mosse dal contratto di compravendita con efficacia puramente obbligatoria (*titulus*), passa per l'atto traslativo del diritto (*modus*) e culmina nella materiale consegna del bene (ove si tratti di beni mobili) o, appunto, nella iscrizione dei pubblici registri, ove si tratti di un bene immobile.

Capitolo V

I SOGGETTI

Sezione I

LA PERSONA FISICA

1. *La nozione di soggetto di diritto*

S'è detto che la qualificazione da parte del diritto dell'esperienza economico-sociale avviene attraverso la previsione di fattispecie, realizzandosi le quali si ha l'insorgere di effetti giuridici consistenti ora nell'attribuzione di diritti, ora nella costituzione di obblighi e, più comprensivamente, di situazioni giuridiche soggettive, ora, infine, nella creazione di entità destinate ad assumere il ruolo di centri di imputazione di tali situazioni giuridiche soggettive (v. Cap. II, n. 1; Cap. III, n. 1).

Adesso si tratta, per l'appunto, di vedere come l'ordinamento giuridico provveda alla individuazione ed alla disciplina dei **destinatari** degli effetti giuridici. Questi ultimi prendono il nome di **soggetti di diritto** e si lasciano suddividere in due grandi classi, alla prima delle quali appartengono le **persone fisiche** (v. il Titolo I del Libro I del codice civile) mentre alla seconda appartengono le **persone giuridiche** (v. il Titolo II del Libro I del codice civile).

La locuzione "persone fisiche" designa tutti gli individui appartenenti alla specie umana, mentre la locuzione "persone giuridiche" designa entità caratterizzate dall'aggregarsi di una pluralità di persone fisiche (associazioni, comitati, società) o di un patrimonio (fondazioni) in vista del raggiungimento di un determinato scopo. A proposito delle persone giuridiche, bisogna osservare che l'intitolazione accolta dal legislatore è alquanto riduttiva: come vedremo, infatti, nell'ambito del Titolo II trova posto anche la disciplina di enti collettivi i quali, pur godendo di una forma di soggettività giuridica, non sono persone giuridiche in senso proprio (associazioni non riconosciute, comitati non riconosciuti).

In questa I Sezione ci occuperemo delle persone fisiche; nella II Sezione ci occuperemo delle persone giuridiche e degli enti di fatto; nella III Sezione, infine, parleremo dei diritti della persona in quanto attributi necessari ed indisponibili della persona fisica.

2. *La capacità giuridica*

Capacità giuridica

Ai sensi dell'art. 1, co. 1 "la capacità giuridica si acquista al momento della nascita".

La **capacità giuridica** rappresenta lo strumento attraverso il quale l'ordinamento giuridico costituisce in soggetti di diritto le persone fisiche. Ciò significa che intanto una persona fisica è un soggetto di diritto – ossia, un **potenziale** destinatario di effetti giuridici – in quanto essa è munita della capacità giuridica. È bene prestare la giusta attenzione all'aggettivo "potenziale": esso, infatti, sta a denotare che la soggettività giuridica delle persone fisiche (assicurata attraverso il riconoscimento della capacità giuridica) **non** si traduce nella **immediata** imputazione di un determinato effetto giuridico, ma equivale alla **astratta attitudine** del soggetto alla imputazione di tutti gli effetti giuridici previsti dall'ordinamento.

Titolarità

Da questo punto di vista, è necessario tenere distinta la nozione di capacità giuridica da quella di **titolarità** (di una qualsivoglia situazione giuridica soggettiva) la quale entra in gioco, invece, proprio quando, al seguito del verificarsi di una data fattispecie (compravendita, donazione, ecc.), abbia luogo la concreta imputazione del singolo, puntuale effetto giuridico.

In altri termini, la capacità giuridica **precede** la titolarità: intanto io posso essere titolare di un diritto di proprietà, di un diritto di credito, in quanto sono giuridicamente capace. Il neonato, ad es., ha la capacità giuridica; poi è anche titolare di una serie di diritti fondamentali (alla vita, all'integrità fisica, all'onore): e se sul piano empirico i due momenti, in questo caso, sembrano coincidere, sul piano logico-giuridico l'attribuzione della capacità giuridica, ripetiamo, precede l'imputazione dell'effetto, ossia delle varie situazioni giuridiche soggettive.

Abbiamo visto che l'attribuzione della capacità giuridica è subordinata al solo evento della **nascita**.

Si tratta di un principio fondamentale di tutti gli ordinamenti liberaldemocratici, giacché esso rappresenta il presupposto stesso dell'**eguaglianza** di tutti gli uomini di fronte alla legge (art. 3, co. 1, Cost. il quale, però, adotta una formulazione più restrittiva parlando semplicemente di "cittadini"). È chiaro, infatti, che se ad un gruppo sociale variamente identificato (colore della pelle, religione, attitudini sessuali) fosse negata la capacità giuridica, gli appartenenti a tale gruppo verrebbero esclusi dalla imputazione di effetti giuridici (in altre parole, non sarebbero soggetti di diritto) e, quindi, non sarebbero eguali agli altri di fronte alla legge.

E non è un caso che, in epoca moderna (il precedente del diritto romano e degli schiavi è scarsamente significativo in ragione della assoluta estraneità a tale esperienza dei principi e dei valori della cultura dei diritti fondamentali della persona), il principio di eguaglianza sia stato calpestato da sistemi politici totalitari come il fascismo ed il nazismo proprio attraverso la limitazione della capacità giuridica dei cittadini di "razza" ebraica (per l'Italia v. l'abrogato co. 3 dell'art. 1 il quale, appunto, rinviava alla c.d. legislazione razziale).

Un ulteriore indice della rilevanza costituzionale della capacità giuridica è offerto dall'art. 22 Cost. alla stregua del quale "nessuno può essere privato, per motivi politici, della capacità giuridica, della cittadinanza, del nome".

Acquisto e perdita della capacità giuridica

A proposito della **nascita** come unico presupposto della capacità giuridica, si ritiene sufficiente che dopo il parto l'individuo abbia **respirato** almeno per un attimo, non essendo più richiesta la c.d. vitalità, cioè la continuazione della vita oltre il momento del distacco del bambino dal grembo materno.

L'esatta determinazione di ciò che debba intendersi per nascita può rivestire, in ambito giuridico, una notevole importanza. Si pensi, ad es., alla incidenza di tale profilo sulle vicende ereditarie: la trasmissione dell'eredità seguirà un percorso diverso, a seconda che il chiamato all'eredità possa considerarsi nato oppure no (v. Cap. XIV, n. 3).

La capacità giuridica si perde soltanto a seguito della **morte** della persona fisica. Anche la nozione giuridica di morte non è del tutto pacifica. Un indice normativo al riguardo lo si può ricavare oggi dall'art. 1, l. n. 578/1993 il quale, almeno ai fini dell'espianto degli organi (v. n.

11), fa coincidere l'accertamento dell'avvenuta morte con "la cessazione irreversibile di tutte le funzioni dell'encefalo" (c.d. morte cerebrale).

Commorienza

Un'ipotesi di specifica rilevanza, dal punto di vista giuridico, della determinazione del momento della morte è rappresentato dalla **commorienza**. L'art. 4 stabilisce che, qualora un effetto giuridico dipenda dalla sopravvivenza di una persona ad un'altra, e sia impossibile stabilire quale delle due sia morta per prima, esse si considerano morte nello **stesso** istante. Si parla a tal proposito di **presunzione** di commorienza. Anche questo fenomeno assume un rilievo particolare ai fini della successione *mortis causa*, incidendo sull'ordine successorio e sulla chiamata all'eredità.

Nascituri

Ai sensi dell'art. 1, co. 2 "i diritti che la legge riconosce a favore del concepito sono subordinati all'evento della nascita". Le ipotesi che vengono in esame sono quelle degli artt. 462, co. 1, 3 e 784 dai quali si ricava che la legge riconosce al **concepito** la capacità di **succedere** e di ricevere per **donazione**. Per la verità, anche il nascituro non concepito ha la capacità di succedere, sia pure limitatamente alla successione testamentaria, e quella di ricevere per donazione, sia pure a certe condizioni (artt. 462, co. 3; 784: v. Cap. XIV, n. 3, 12).

Queste disposizioni rivestono una notevole importanza sul piano sistematico perché stanno a significare che l'ordinamento considera la capacità giuridica come suscettibile di essere somministrata in misura anche **parziale**, ossia in relazione a specifiche tipologie di effetti giuridici (nel nostro caso, quelli connessi alla vicenda successoria ed alla donazione).

È vero che la legge subordina l'acquisto del diritto all'evento della nascita: ma è anche vero che dall'art. 320 – il quale affida ai genitori la rappresentanza dei figli nati e **nascituri** e l'amministrazione dei loro beni – è possibile desumere che il nascituro, concepito o meno, è titolare di un'**aspettativa di diritto** (v. Cap. III, n. 1.2.5), cioè di una situazione soggettiva che, in quanto effetto giuridico, postula pur sempre un soggetto di diritto cui essere ricondotta.

Il problema dei diritti del nascituro sembra riproporsi anche nella questione della risarcibilità del **danno da procreazione**, ovvero del danno cagionato da un evento verificatosi prima della nascita (si pensi, per citare un famoso caso giurisprudenziale, alla responsabilità imputata ai genitori per aver trasmesso al figlio, attraverso il concepimento, una grave malattia contagiosa).

Tuttavia, una più attenta riflessione mostra che nella fattispecie in esame la capacità giuridica del concepito **non** assume rilievo alcuno, poiché il danno alla salute dovuto al contagio della malattia viene sofferto dalla persona successivamente alla nascita. Non bisogna infatti pensare che tra condotta illecita ed evento dannoso debba esservi necessariamente coincidenza temporale: il danno può concretizzarsi anche molto tempo dopo la commissione del fatto che lo ha cagionato, purché tra l'uno e l'altro sia configurabile un nesso di causalità (v. Cap. IX, n. 5).

Da ultimo, merita di essere segnalata la disposizione di cui all'art. 1, co. 1, l. n. 40/2004 ("norme in materia di procreazione medicalmente assistita": v. Cap. XIII, n. 4), secondo cui la legge stessa "assicura i diritti di tutti i soggetti coinvolti, compreso il concepito". Tale disposizione riveste una portata più ideologico – programmatica che non propriamente tecnico – giuridica: tuttavia è fuor di dubbio che il legislatore, nell'intento (in sé, peraltro, opinabile) di assicurare il riconoscimento della soggettività giuridica dell'embrione, abbia finito per introdurre qualche elemento di ambiguità in uno dei settori più delicati dell'intero sistema normativo, quello deputato alla selezione dei destinatari degli effetti giuridici.

In generale, l'ordinamento non pone limiti alla capacità giuridica, salvo casi eccezionali riconducibili a ragioni di varia natura.

Capacità giuridica speciale

Si parla, al riguardo, di **capacità giuridica speciale**: collegata ora all'età (ad es., l'infraquindicenne non può acquistare i diritti o assumere gli obblighi derivanti dal contratto di lavoro), alla salute (gli interdetti e gli inabilitati non possono essere nominati tutori o curatori), alla dichiarazione di fallimento (art. 50 l.f.), ora, infine, alla posizione giuridica rivestita da un soggetto nei confronti di un altro soggetto. Quest'ultimo è il caso, ad es., dei genitori che non possono acquistare i beni e i diritti dei figli sui quali esercitano la responsabilità genitoriale (art. 323), o degli amministratori di enti pubblici che non possono acquistare i beni dell'ente a cui appartengono.

2.1. *Scomparsa, assenza e dichiarazione di morte presunta*

Il codice civile disciplina in modo analitico alcuni fatti che riguardano la vita della persona fisica.

Scomparsa

Per prima viene in considerazione la **scomparsa**. Qualora la persona si sia allontanata dal luogo di residenza, non abbia dato più notizia di sé e sia irreperibile, chiunque vi abbia interesse può chiedere al giudice che venga nominato un curatore della persona scomparsa che la rappresenti in giudizio negli atti necessari per la conservazione del patrimonio (art. 48).

Assenza

Se tale situazione si protrae per **due** anni, i presunti successori legittimi e coloro che intendono far valere i propri diritti sui beni dello scomparso possono chiedere che, con sentenza, ne venga dichiarata l'**assenza** (art. 49). Competente è il Tribunale dell'ultimo domicilio o dell'ultima residenza dell'assente.

L'assenza, pur rappresentando una situazione **provvisoria**, è causa di apertura della successione, anche testamentaria, e gli eredi vengono immessi nel possesso temporaneo dei beni. Nel possesso dei beni sono immessi anche i legatari, i donatari e tutti coloro ai quali spetterebbero diritti dalla morte dell'assente. Inoltre, coloro che si sarebbero liberati da obbligazioni per effetto della morte, sono temporaneamente esonerati dall'adempimento delle stesse (art. 50).

Gli eredi possono amministrare i beni dell'assente, ma non possono alienarli, ipotecarli o sottoporli a pegno, salvo casi di necessità o utilità evidente e solo su autorizzazione del Tribunale (art. 54). Se nel frattempo l'assente ritorna o ne è provata l'esistenza (art. 56), cessano gli effetti della dichiarazione di assenza ed i beni andranno restituiti; se, invece, ne è provata la morte (art. 57), la successione produce definitivamente i suoi effetti.

Nel caso in cui siano trascorsi **dieci** anni dall'ultima notizia dell'assente, il Tribunale, su istanza del p.m. o di uno dei soggetti indicati dall'art. 50, ne può dichiarare la **morte presunta** (art. 58). Inoltre, la morte presunta può essere dichiarata anche nei casi previsti dall'art. 60.

Morte presunta

La morte si presume avvenuta nel giorno a cui risale l'**ultima** notizia dell'assente (art. 58, co. 1). Per i casi di dichiarazione di morte presunta diversi dall'assenza, v. art. 61.

A differenza dell'assenza, la dichiarazione di morte presunta produce effetti analoghi alla morte, sia sul piano patrimoniale sia sul piano personale. Così, si apre definitivamente la successione, e si stabilizzano gli effetti già temporaneamente prodottisi in capo agli eredi, ai terzi e ai debitori: chi è già stato immesso nel possesso temporaneo dei beni, potrà disporne liberamente, i debitori saranno liberati definitivamente dalle obbligazioni e il coniuge sarà libero di contrarre un nuovo matrimonio (artt. 63-65).

Se chi è stato dichiarato morto **ritorna,** o se ne è **provata l'esistenza**, avrà diritto ad essere pienamente **reintegrato** nella situazione precedente alla dichiarazione di morte presunta.

Dal punto di vista **patrimoniale**, egli potrà recuperare i beni nello stato in cui si trovano e conseguire il prezzo per quelli già venduti e avrà diritto di pretendere l'adempimento delle obbligazioni considerate estinte (art. 66).

Dal punto di vista **personale,** riacquisterà la sua posizione di coniuge ed il nuovo matrimonio contratto dall'altro coniuge sarà dichiarato **nullo**: si applica qui la disciplina del matrimonio putativo (art. 68, co. 2: v. Cap. XIII, n. 3.1).

2.2. *Domicilio, residenza e dimora*

L'ordinamento detta una disciplina anche dei **luoghi** ove la persona vive e svolge la propria attività.

Il **domicilio** è il luogo in cui la persona ha stabilito la sede **principale** dei suoi affari ed interessi (art. 43, co. 1). Diverso da questo, detto domicilio **generale**, è il domicilio **speciale** o **elettivo** scelto dal soggetto con apposita dichiarazione scritta per il compimento di determinati atti o lo svolgimento di specifiche attività (art. 47). Domicilio **legale** è poi quello del minore, fissato nel luogo di residenza di famiglia, e dell'interdetto, il quale prende il domicilio del tutore (art. 45). Domicilio

La **residenza** è una situazione di fatto che indica il luogo in cui la persona ha fissato la propria dimora abituale. Essa risulta dall'iscrizione in un pubblico registro anagrafico e normalmente coincide con il domicilio (art. 43, co. 2). Residenza e dimora

La **dimora**, invece, indica il luogo in cui la persona ha fissato momentaneamente, ma non occasionalmente, la propria residenza (se mi reco all'estero per un soggiorno di studio di sei mesi, la casa in cui trascorrerò questo periodo sarà la mia dimora). Regole ulteriori il codice civile prevede, infine, per il **trasferimento** della residenza e del domicilio (art. 44).

3. *La capacità d'agire*

Abbiamo visto (n. 2) che la capacità giuridica costituisce la persona fisica in soggetto di diritto fondandone la astratta attitudine alla imputazione di effetti giuridici.

Sappiamo anche, però, che gli effetti giuridici si producono soltanto al verificarsi di date fattispecie istituite dall'ordinamento allo scopo di qualificare l'attività umana (v. Cap. II, n. 1) e che tali fattispecie ora si perfezionano indipendentemente da qualsiasi specifico apporto umano in termini di volontarietà e consapevolezza (fatti giuridici), ora, viceversa, necessitano sia dell'una sia dell'altra, sebbene in misura diversa a seconda che si tratti di atti giuridici in senso stretto o di negozi giuridici (v. Cap. II, n. 2-4).

Il compimento di questi ultimi, in particolare (giacché per gli atti giuridici in senso stretto si ritiene sufficiente la mera capacità di intendere e di volere: v. Cap. II, n. 3), presuppone, dunque, una piena consapevolezza del valore socio-economico del negozio (v. Cap. II, n. 4).

Capacità d'agire

Si spiega così perché il legislatore richieda, per la valida stipulazione di un negozio giuridico la **capacità d'agire** (art. 2; artt. 119, 591, 1425), che può essere definita come l'astratta attitudine al compimento di negozi giuridici i cui effetti siano destinati a prodursi nella sfera giuridico-patrimoniale dell'**autore** dell'atto.

Quest'ultima precisazione è molto importante perché ci consente di comprendere per quale ragione l'art. 1389, co. 1, ai fini della validità del contratto stipulato dal rappresentante **volontario**, si accontenti, date certe condizioni, della mera capacità di intendere e di volere. Come meglio si vedrà più avanti (v. Cap. VII, n. 10), nella rappresentanza si verifica una scissione tra colui che pone in essere l'atto (rappresentante, o parte in senso formale) e colui che viene investito degli effetti di tale atto (rappresentato o parte in senso sostanziale), di guisa che, in questi casi, per la stipulazione del negozio non si richiede la capacità d'agire.

Legittimazione

Anche la capacità d'agire, al pari della capacità giuridica, designa un'attitudine puramente astratta del soggetto. In altri termini, tutti i maggiorenni sono capaci d'agire, ma per compiere quel singolo puntuale atto è necessario esservi legittimati: ad es., soltanto colui che è proprietario del bene X ne può disporre vendendolo, donandolo ecc. La **legittimazione** sta alla capacità d'agire come la titolarità alla capacità giuridica: entrambe postulano il venire in essere di una concreta fattispecie, ulteriore rispetto alla nascita ed al raggiungimento della maggiore età, che si traduca nella imputazione di un effetto giuridico (titolarità) del quale il soggetto possa poi liberamente disporre (legittimazione).

Maggiore età

La capacità di agire si consegue con la **maggiore età** (art. 2), oggi fissata a **diciotto** anni. La scelta della c.d. maggiore età quale presupposto della capacità d'agire nasce dall'esigenza di individuare un momento, uguale per tutti, a partire dal quale si ritiene, sulla base di un giudizio tipico-sociale, che il soggetto sia in grado di provvedere autonomamente alla cura dei propri interessi. Del resto, un ipotetico sistema di controllo caso per caso del grado di maturità delle persone, oltre ad essere poco pratico, presenterebbe margini di discrezionalità tanto ampi da essere incompatibili con quel principio di eguaglianza di fronte alla legge del quale anche il riconoscimento della capacità d'agire è parte integrante.

Una volta raggiunto il diciottesimo anno di età, il soggetto può compiere tutti gli atti per i quali non sia stabilita un'età superiore, come, ad es., nel caso dell'adozione ordinaria dove è necessario che l'adottante abbia compiuto il trentacinquesimo anno di età (art. 291, co. 1). Talvolta, viceversa, con riferimento ad alcuni specifici atti, l'ordinamento si accontenta di un'età inferiore ai diciotto anni: ad es., il sedicenne può riconoscere il figlio nato fuori del matrimonio, salvo che il giudice autorizzi l'infrasedicenne valutate le circostanze e l'interesse del figlio (art. 250, co. 5), il quindicenne può prestare il proprio lavoro (art. 2, co. 2-3: l. n. 977/1967) anche se non può stipulare il correlativo contratto (v. n. 2 a proposito delle capacità giuridiche speciali), nel quale sarà rappresentato dai genitori.

Minore di età

Ovviamente privo della capacità d'agire è il **minore di età**. Questi versa in uno stato di **incapacità legale** che prescinde dalla sua effettiva maturità psico-fisica e gli inibisce la autonoma gestione dei suoi interessi, di talché gli atti compiuti dal minore sono **invalidi**, salva l'ipotesi in cui egli abbia con raggiri occultato la propria età (artt. 1425-1426: v. Cap. VII, n. 12.2).

Il minore d'età è rappresentato nel compimento degli atti giuridici dai genitori esercenti la responsabilità genitoriale o da quello di essi che la esercita in via esclusiva (art. 320, co. 1) ovvero, in assenza dei genitori, da un tutore (art. 343).

Quanto alla circostanza che i minori d'età compiano ordinariamente, nella vita quotidiana, numerosi atti giuridici, sia pure di non grande rilievo economico (si pensi, ad es., all'acquisto di libri o di giornali, di vestiti, ecc.), essa si spiega di solito attraverso il ricorso ad una finzione in base alla quale si ritiene che essi agiscano in qualità di **rappresentanti** volontari dei genitori. D'altra parte, come abbiamo visto, la capacità richiesta nella rappresentanza volontaria è la sola capacità di intendere e di volere (art. 1389, co. 1).

Emancipazione

Un minore d'età, munito di una sia pure limitata capacità d'agire, è l'**emancipato di diritto**, cioè il minore ultrasedicenne che abbia contratto matrimonio (artt. 84, co. 2; 390: sul matrimonio del minore v. Cap. XIII, n. 3).

Con l'emancipazione il minore acquista la capacità di compiere gli atti di **ordinaria** amministrazione e di esercitare una attività commerciale: è invece richiesta l'assistenza di un curatore (v. n. 3.1) e l'autorizzazione del giudice tutelare per gli atti di **straordinaria** amministrazione (v. art. 394).

Curatore del minore possono essere lo stesso coniuge, se maggiorenne, ovvero i genitori (art. 392). In caso di rifiuto da parte del curatore ad assisterlo nel compimento di un atto, il minore potrà ricorrere al giudice tutelare per la nomina di un curatore speciale (art. 395).

3.1. *L'interdizione e l'inabilitazione*

Incapacità legale

Vi sono casi nei quali una persona fisica, sebbene maggiorenne, versa in condizioni tali da renderla inidonea all'autonoma cura dei propri interessi. In questi casi la persona è detta **incapace**, e per la sua protezione l'ordinamento appresta due diversi istituti, in ragione del maggiore o minor grado di incapacità.

Infatti, la patologia psico-fisica che sta all'origine dell'incapacità può manifestarsi in una forma tanto grave da compromettere qualsiasi possibilità di valutare esattamente la portata e gli effetti dell'atto (c.d. **incapacità assoluta**: è il caso della **interdizione**), ovvero in una forma meno grave, compatibile con il permanere di una residua capacità d'agire (c.d. **incapacità relativa**: è il caso dell'**inabilitazione**).

Interdizione ed inabilitazione

A seguito dell'interdizione (art. 414 s.) l'incapace non può compiere alcun atto giuridico, né di ordinaria, né di straordinaria amministrazione: la sua posizione è **equiparata** a quella del minore e, al pari di quest'ultimo, necessita di un soggetto che lo **rappresenti**, detto **tutore** (art. 424, co. 1).

A seguito dell'inabilitazione l'incapace, come dicevamo, conserva una residua capacità d'agire che gli consente di compiere da solo gli atti di ordinaria amministrazione, mentre per quelli di straordinaria amministrazione egli deve essere assistito da un **curatore**. Questi, a differenza del tutore, non è un rappresentante dell'incapace perché non lo sostituisce nel compimento di atti giuridici, ma semplicemente lo affianca integrandone, per così dire, il deficit di capacità d'agire.

Si noti, al riguardo, che la posizione dell'inabilitato è identica a quella del minore emancipato (artt. 424, co. 1; 394).

Presupposti dell'interdizione giudiziale

L'interdizione della quale s'è sin qui discorso è l'interdizione **giudiziale** (v. art. 414). Essa, infatti, viene dichiarata con sentenza allorché si accerti che il soggetto è affetto da un'**abituale infermità di mente** che gli impedisca di provvedere alla cura dei propri interessi (art. 414). Tuttavia, mentre secondo la originaria formulazione codicistica, là dove ricorressero tali presupposti, il maggiore di età o il minore incapace **dovevano** essere interdetti, oggi, a seguito della novella introdotta dalla l. n. 6/2004, in materia di amministrazione di sostegno, l'interdizione andrà pronunciata solo quando ciò sia **necessario** per assicurare l'adeguata protezione dei soggetti interessati.

Come già detto, l'interdizione determina una situazione di incapacità del tutto simile a quella del minore d'età: ne consegue che tutti gli atti compiuti dopo la sentenza sono senz'altro **annullabili** (art. 427), mentre quelli posti in essere prima sono sì annullabili ma alle condizioni stabilite dall'art. 428 per gli atti dell'incapace naturale (v. n. 3.2).

Interdizione legale

Una forma diversa di interdizione, che prescinde completamente dallo stato di infermità, è la c.d. **interdizione legale**. Si tratta di una pena accessoria alla sentenza di condanna alla reclusione per delitto non colposo, e per un periodo di tempo non inferiore a cinque anni. Si differenzia dalla interdizione giudiziale per lo scopo, che **non** è di **protezione** dell'incapace, ma esclusivamente **punitivo**. Essa insorge automaticamente, senza necessità che venga instaurato un giudizio, e dura fino alla completa espiazione della pena (art. 32 c.p., art. 1441, co. 2).

Va precisato che, proprio a causa della sua finalità punitiva, l'interdizione legale limita l'incapacità del soggetto ai soli atti a contenuto **patrimoniale**, ma non si estende alla capacità di contrarre matrimonio, di riconoscere il figlio, ecc.

Presupposti dell'inabilitazione

Anche l'inabilitazione alla quale, come abbiamo visto, sopravvive una parziale capacità d'agire, discende da un provvedimento del giudice. Suoi presupposti sono, a parte il caso di uno stato di infermità meno grave di quello che giustifica l'interdizione, la **prodigalità** e l'**uso abituale** di sostanze stupefacenti o di bevande alcoliche allorché ne possa derivare un pregiudizio economico all'interessato o alla sua famiglia (art. 415, co. 2) nonché il **sordomutismo** o la **cecità** dalla nascita ove sia mancata un'istruzione sufficiente (art. 415, co. 3).

Regole comuni

Tanto l'interdizione quanto l'inabilitazione possono essere richieste, anche nell'ultimo anno della minore età (art. 416), dal coniuge, dai parenti entro il quarto grado e dagli affini entro il secondo, dal tutore o curatore, e, infine, dal p.m. (art. 417). Esse hanno effetto dal giorno di pubblicazione della sentenza (art. 421) e possono essere revocate soltanto su istanza di chi era legittimato a richiederle (art. 429) ma non dell'incapace.

In seguito alla revoca si riacquista completamente la capacità d'agire (salvo il caso in cui si accerti una infermità meno grave, e l'interdizione si trasformi in inabilitazione): la sentenza di revoca, comunque, produce effetto solo dopo il suo passaggio in giudicato (art. 431).

Amministrazione di sostegno

I tradizionali equilibri della disciplina codicistica delle incapacità sono stati significativamente modificati dalla l. n. 6/2004 in materia di **amministrazione di sostegno**, legge che ha novellato gli art. 404 s. La novità più importante introdotta da questa legge è rappresentata dalla possibilità di circoscrivere la privazione o la limitazione della capacità di agire ai **soli** atti con riguardo ai quali è richiesta la nomina dell'amministratore di sostegno (art. 405, co. 5, nn. 3 e 4). In tal modo, il legislatore ha inteso correggere le rigidità della normativa codicistica originaria, la quale, come si è visto, conosceva le sole figure dell'interdizione e dell'inabilitazione, figure accomunate dalla totale rimozione o da una sostanziale erosione della capacità d'agire.

Da segnalare, poi, che "la scelta dell'amministratore di sostegno avviene con esclusivo riguardo alla cura ed agli interessi della persona del beneficiario e che tale scelta può essere effettuata direttamente dallo stesso interessato in previsione della propria eventuale futura incapacità, mediante atto pubblico o scrittura privata. In mancanza, ovvero in presenza di gravi motivi, il giudice tutelare può designare con decreto motivato un amministratore di sostegno diverso" (art. 408). La norma appena richiamata riveste anch'essa una notevole importanza giacché manifesta l'intenzione del legislatore di finalizzare la misura in oggetto alla tutela dei soli interessi dell'incapace, là dove l'interdizione e l'inabilitazione, pur essendo tradizionalmente considerate incapacità di protezione, in realtà soddisfano anche esigenze diverse, ad es. di salvaguardia della razionalità degli scambi o di preservazione dell'integrità del patrimonio familiare. In quest'ottica si muove anche la nuova formulazione dell'art. 414, ai sensi della quale, come si è già visto, "l'interdizione andrà pronunciata solo quando ciò sia necessario per assicurare la adeguata protezione dei soggetti interessati".

3.2. *L'incapacità naturale*

Può accadere che un soggetto capace d'agire, sia, anche temporaneamente, **incapace di intendere e di volere** al momento del compimento di un atto: ad es., il maggiore d'età in preda ai fumi dell'alcool.

Incapacità naturale

Si dice, in tal caso, che il soggetto versa in uno stato di **incapacità naturale**.

È una **situazione di fatto** assolutamente diversa da quelle esaminate in precedenza. Mentre l'incapacità d'agire, assoluta o relativa, è sempre riconducibile ad una disposizione di legge o ad un accertamento giudiziale, ed è rilevabile attraverso la consultazione dei registri dello stato civile, l'incapacità naturale è, appunto, una situazione di fatto, anche transitoria, e mai dichiarata (v. Cap. IV, n. 2).

La disciplina degli atti posti in essere dall'incapace naturale è dettata dall'art. 428 (per la sua illustrazione rinviamo al Cap. VII, n. 12.2).

SEZIONE II

LA PERSONA GIURIDICA E GLI ENTI DI FATTO

4. *Le organizzazioni collettive e l'idea di personalità giuridica*

La disciplina degli enti collettivi che non perseguono scopi di lucro ha storicamente risentito di un atteggiamento di diffidenza, se non di aperta ostilità, da parte del legislatore.

Tale atteggiamento si trova al punto di incrocio di due diversi autoritarismi: quello di stampo liberale, che ispira il *code Napoléon* e, quindi, anche il codice civile del 1865, e quello di stampo fascista, che ispira il codice civile del 1942.

Nell'ottica del *code Napoléon*, i gruppi sociali intermedi rappresentano un pericoloso retaggio dell'antico regime nella misura in cui, frapponendosi tra l'individuo e lo stato, comprimono la libertà del primo e appannano la sovranità del secondo.

Nell'ottica del codice del 1942, i gruppi sociali intermedi rappresentano una intollerabile sfida allo stato fascista ed alla sua pretesa di controllo totalitario del corpo sociale.

Comune ad entrambi gli indirizzi è, poi, un'esigenza filo-produttivistica che induce il legislatore a considerare con estrema diffidenza tutti quei fenomeni che potrebbero incentivare usi non produttivi della ricchezza, ivi incluse le immobilizzazioni di risorse in capo ad enti che, per definizione, perseguono scopi non lucrativi.

Nonostante l'apertura contenuta nella Costituzione del 1948 (v., in particolare, l'art. 2 Cost.), questo quadro è rimasto per lungo tempo immutato.

Solo negli ultimi anni si è potuto assistere ad una parziale inversione di tendenza che ha posto capo, per un verso, ad alcuni ritocchi della originaria disciplina codicistica (v. n. 5) e, per altro verso, ad un'estesa regolamentazione, che però significa anche riconoscimento, di tutta la vasta area dell'associazionismo a scopi solidaristici (c.d. ***non profit***) e, più in generale, dell'associazionismo a scopi non lucrativi (ONLUS). Questi ultimi fenomeni hanno trovato più compiuta regolamentazione da ultimo nel d.lgs. n. 117/2017 (sul cts v. n. 9), il quale detta una disciplina generale per la categoria degli enti del Terzo settore (gli "ETS") e provvede altresì a dettare apposite norme per tipologie di ETS – ad es. le associazioni e le fondazioni del Terzo settore –.

Come abbiamo già detto (v. n. 1), gli enti collettivi (che ricomprendono le persone giuridiche ma non si lasciano esaurire da queste), sono aggregati di persone fisiche accomunate dal perseguimento di uno scopo determinato.

Nell'ambito degli enti collettivi, il codice opera, appunto, una prima distinzione tra gli enti **personificati** (o persone giuridiche) e gli enti **non** personificati, cioè privi di personalità giuridica. Esso opera, poi, una seconda distinzione tra gli enti a scopo **ideale** (Libro I) e quelli a scopo **lucrativo** (Libro V). Una terza distinzione investe il profilo strutturale, di modo che avremo enti a struttura **associativa** (le associazioni, le società), ed enti a struttura istituzionale (le fondazioni). Un'ultima distinzione, poi, attiene alla natura privata o pubblica dell'ente (v. artt. 11-12).

Personalità giuridica ed autonomia patrimoniale perfetta

Venendo subito alla prima di tali distinzioni, va osservato che, secondo le opinioni oggi più accreditate, la persona giuridica rappresenterebbe un mero espediente linguistico che il legislatore utilizza per riassumere, in forma sintetica, una complessa normativa di fenomeni diversi ma accomunati dalla c.d. **autonomia patrimoniale perfetta**. Quest'ultima, a sua volta, sta ad indicare la circostanza in forza della quale i creditori dell'ente possono fare valere le proprie pretese **solo** sul patrimonio dell'ente stesso, mentre i creditori dei singoli membri dell'organizzazione possono fare valere le proprie pretese **solo** sul patrimonio individuale del loro debitore.

In altri termini, la personalità giuridica crea uno **schermo** che preserva il patrimonio dell'ente dalle pretese dei creditori individuali ed il patrimonio individuale dalle pretese dei creditori dell'ente e che quindi, ancora, permette sia all'ente sia al singolo associato di aggirare il disposto dell'art. 2740, co. 1 secondo il quale "il debitore risponde delle obbligazioni con tutti i suoi beni presenti e futuri" (v. Cap. XI, n. 10).

È evidente, infatti, che se non sussistesse tale schermo, i creditori del singolo potrebbero fare valere le loro pretese anche sulla quota di patrimonio dell'ente corrispondente al conferimento del loro debitore; mentre i creditori dell'ente potrebbero fare valere le loro pretese anche sul patrimonio dei singoli, così come del resto accade là dove l'ente non rivesta la personalità giuridica e, dunque, non goda di autonomia patrimoniale perfetta (v. artt. 2267, 2291 e Cap. X, n. 1.3).

Bisogna, però, rifuggire da un approccio troppo schematico a questa materia nel senso che il difetto di personalità giuridica **non** sempre e non necessariamente si traduce nella assenza totale di autonomia patrimoniale.

Emblematico, al riguardo, è il caso delle associazioni non riconosciute (v. n. 6.1) le quali, pur prive di personalità giuridica, godono di una forma embrionale o **imperfetta** di autonomia patrimoniale. Infatti, ai sensi dell'art. 38, i creditori dell'associazione possono fare valere le loro pretese sul **fondo comune** (art. 37) – ossia, il patrimonio sociale – e, solo ove questo risulti incapiente, potranno agire nei confronti di coloro che hanno agito in nome e per conto dell'associazione. Autonomia patrimoniale imperfetta

È chiaro che se fosse vera l'equazione personalità giuridica = autonomia patrimoniale perfetta; assenza di personalità giuridica = assenza totale di autonomia patrimoniale, i creditori dell'associazione non riconosciuta potrebbero aggredire non soltanto il fondo comune, ma anche il patrimonio di tutti i singoli associati e non solo quello di coloro che hanno agito in nome e per conto dell'associazione.

L'autonomia patrimoniale imperfetta di cui godono alcuni enti non personificati rappresenta l'indice più vistoso del riconoscimento di una forma di soggettività giuridica, sia pure **parziale**. In questa stessa direzione, del resto, si muovono quelle norme per le quali anche gli enti non personificati agiscono tramite loro rappresentanti e sono considerati **autonomi** centri di imputazione di effetti giuridici (art. 36, co. 2; art. 2659, n. 1): e ciò conferma l'atteggiamento pragmatico del legislatore il quale mostra di voler graduare l'attribuzione della soggettività giuridica in ragione degli obiettivi di volta in volta avuti di mira (si pensi a quanto già osservato in ordine alla capacità giuridica dei nascituri: v. n. 2).

4.1. *Lo scopo e gli altri elementi delle organizzazioni collettive*

S'è detto che una seconda, tradizionale, distinzione, operata all'interno della categoria delle organizzazioni collettive, riguarda la natura **ideale** o **lucrativa** dei fini da esse perseguiti. La distinzione assume una grande importanza, perché su di essa si regge l'intera architettura codicistica: s'è già ricordato, infatti, che mentre gli enti a scopo non lucrativo trovano posto nel Libro I del codice civile, le società vengono disciplinate nell'ambito del Libro V. Scopo

A proposito dello scopo come criterio identificativo delle varie tipologie di enti collettivi, l'opinione oggi dominante è nel senso che tale funzione debba essere riconosciuta al c.d. **scopo-fine**, cioè allo scopo ultimo avuto di mira dai membri dell'organizzazione. Si spiega, così, come sia possibile che un ente non di lucro svolga un'attività d'impresa, oggettivamente redditizia e assoggettata al correlativo statuto (v. Cap. X, n. 1.1): è il caso, ad es., di un'associazione che offra spettacoli cinematografici a Scopo-fine prezzo di mercato, ma che per statuto destini gli utili in tal modo ottenuti al restauro del patrimonio cinematografico italiano.

Del tutto diverso è, invece, lo scopo-fine degli enti di cui al Libro V del codice civile. Tutti questi enti (le società di persone, di capitali, consortili, cooperative e le mutue assicuratrici) sono, infatti, accomunati da un dato comune: che l'attività dei soci è volta, in modo diretto o indiretto, ad ottenere un vantaggio economico proprio (c.d. scopo **egoistico**). Che poi questo vantaggio possa assumere la forma dell'**utile** (nelle società di persone o di capitali) o del **vantaggio mutualistico** (nelle cooperative, nelle mutue assicuratrici o nei consorzi), è del tutto irrilevante al riguardo (v. Cap. X, n. 1.3).

Tipicità

Il legislatore non pone limiti alla scelta dello scopo se non quello della liceità (v. anche art. 18, co. 1, Cost.). Una volta individuato lo scopo, però, non si potrà che scegliere tra gli schemi associativi previsti dall'ordinamento (c.d. **tipicità**): è infatti ancora molto controversa la possibilità per l'autonomia privata di creare formule organizzatorie nuove e diverse rispetto a quelle legali.

Elemento personale ed elemento patrimoniale

Infine, gli enti collettivi sono necessariamente caratterizzati dall'elemento **personale**, soddisfatto, di regola, dalla presenza di una pluralità di soggetti (v. n. 6 e Cap. X, n. 1.3), ma, talvolta, anche di uno solo (Cap. X, n. 1.2) e dall'elemento **patrimoniale** da identificarsi, invece, con una base patrimoniale che funge da sostrato per il raggiungimento dello scopo-fine.

Tanto il primo, quanto il secondo elemento devono essere idonei a garantire, almeno in astratto, il conseguimento dello scopo prefissato. Se nel corso della vita dell'ente tale possibilità dovesse venir meno, ciò si tradurrebbe in una causa di **estinzione** (v. art. 27 per le associazioni e le fondazioni) o di **scioglimento** (v. artt. 2272, 2308, per le società).

Diverse da quelle appena riferite sono le ipotesi, ora riconosciute dall'art. 42 *bis*, della **trasformazione**, o della **fusione** o della **scissione** di associazioni (riconosciute o non) e di fondazioni. Detti mutamenti nella forma e nella struttura dell'ente sono possibili anche reciprocamente, a condizione che ciò non sia espressamente escluso dall'atto costitutivo o dallo statuto. La disciplina è in gran parte ricavabile da un esteso rinvio operato dalla disposizione alle ipotesi di trasformazione, fusione e scissione delle società (art. 42 *bis*, co. 2 e 3) disciplinate nel Libro V, titolo V, capo X del codice civile.

Persone giuridiche, pubbliche e private

Quanto alla distinzione tra persone giuridiche di diritto pubblico (che non sono soltanto gli enti territoriali come lo Stato, le Regioni, le Province ed i Comuni, ma anche gli enti non territoriali come le Università) e persone giuridiche di diritto privato, essa rileva fondamentalmente ai fini della disciplina cui le une e le altre vanno assoggettate. Così, ad es., mentre per le società la normativa in tema di bilanci è quella del codice civile, per gli enti pubblici è quella della contabilità generale dello Stato.

Tuttavia, nella misura in cui il diritto privato tende a diventare il diritto comune a tutti i soggetti dell'ordinamento (Cap. I, n. 5), la distinzione in esame, pur non venendo del tutto meno, si attenua fortemente.

5. *L'attribuzione della personalità giuridica ed i suoi effetti. Il regime degli acquisti*

Il tradizionale atteggiamento di disfavore nei confronti delle formazioni sociali intermedie si rifletteva, anzitutto, sulle modalità di **conferimento** della personalità giuridica.

Quest'ultima, infatti, veniva attribuita sulla base di un riconoscimento formale promanante da organi della p.a. (il Presidente della Repubblica, il Presidente della Regione, il Prefetto, a seconda della ubicazione dell'attività sociale), chiamati ad effettuare una valutazione in ordine alla particolare meritevolezza degli scopi perseguiti e alla adeguatezza delle risorse in rapporto a quegli scopi.

Modelli di attribuzione della personalità giuridica

Tale sistema (**concessorio**) era caratterizzato da una forte dose di **discrezionalità**, posto che la p.a. veniva chiamata ad esercitare un controllo sul **merito** delle condizioni di accesso alla personalità giuridica. In ciò esso si contrapponeva diametralmente a quello previsto per le società di capitali, nel quale il conferimento della personalità giuridica consegue alla mera iscrizione nel registro delle imprese, previa omologazione dell'atto costitutivo, sulla base di un controllo di **mera legittimità** (sistema **normativo**: v. Cap. X, n. 1.3).

La radicale diversità tra i due modelli trova la propria spiegazione, invero, oltre che nel già richiamato sfavore legislativo nei confronti dei fenomeni associativi, anche nella oggettiva esigenza di tutelare i creditori dell'ente. Mentre, nel caso delle società di capitali, la limitazione della responsabilità patrimoniale discendente dall'attribuzione della personalità giuridica è in parte compensata dal loro assoggettamento alla **procedura fallimentare** (Cap. X, n. 1.1), nel caso degli enti non lucrativi l'autonomia patrimoniale perfetta rischia di rappresentare una terribile minaccia per le pretese dei creditori ove il patrimonio dell'organizzazione si riveli insufficiente. Da qui, appunto, il controllo sui fini e sui mezzi esercitato, in sede di riconoscimento della personalità giuridica, da parte della p.a.

Il legislatore (d.P.R. n. 361/2000) è intervenuto a semplificare il procedimento di attribuzione della personalità giuridica agli enti non lucrativi. Questi ultimi oggi acquisiscono la personalità giuridica in virtù della iscrizione nell'apposito registro istituito presso tutte le prefetture (artt. 3-4, d.P.R. n. 361/2000), ma pur sempre sulla base di un vaglio preventivo e, in una certa misura, discrezionale affidato ora al Prefetto della provincia in cui l'ente è destinato ad operare.

Regime degli acquisti

Quanto al regime degli acquisti degli enti collettivi, anche qui l'impianto originario del codice civile rivelava una marcata diffidenza del legislatore nei confronti del fenomeno associazionistico, accentuata dal timore di una estesa immobilizzazione della ricchezza sulla falsariga della c.d. **manomorta ecclesiastica**. Sicché gli acquisti di beni immobili e quelli a titolo **gratuito** (donazioni, successioni e legati) degli enti personificati venivano subordinati ad un'autorizzazione della p.a. (art.17), mentre per quanto riguarda gli enti non personificati, gli acquisti a titolo gratuito erano subordinati all'istanza di **riconoscimento** da farsi entro un anno decorrente dal momento in cui il testamento era eseguibile (art. 600, co. 1) o dalla stipula della donazione (786, co. 1).

Questa macchinosa disciplina, per altro fortemente sospetta di incostituzionalità, è stata, in tempi recenti, spazzata via. Infatti, l. n. 127/1997 prima, e la l. n. 192/2000 poi, hanno abrogato, rispettivamente l'art. 17 e gli artt. 600, 786. D'altra parte, già l'art. 1, l. n. 52/1985 aveva modificato l'art. 2659, n. 1 consentendo la **trascrizione di acquisti immobiliari** a favore delle associazioni non riconosciute con l'indicazione delle persone che la rappresentano, in tal modo risolvendo implicitamente in senso affermativo il problema (in precedenza assai controverso) della capacità degli enti non riconosciuti di essere titolari di diritti reali immobiliari.

6. *Le associazioni riconosciute*

L'**associazione** è una organizzazione stabile di uomini e mezzi diretta al raggiungimento di uno scopo non lucrativo.

Caratteri

Elemento caratterizzante è la base di tipo **personale**: la presenza, cioè, di una pluralità di soggetti che si organizzano al fine di raggiungere uno scopo comune.

Il vincolo associativo ha natura **contrattuale**. Per l'esattezza, il contratto costitutivo dell'associazione è un contratto con comunione di scopo (v. Cap. VII, n. 7.5) a **struttura aperta**. Ciò significa che è sempre possibile l'adesione di nuove parti al contratto, pur non potendo il singolo aspirante vantare un diritto soggettivo all'ingresso nell'associazione anche quando sia in possesso dei requisiti astrattamente individuati nell'atto costitutivo e nello statuto. In altri termini, non esiste in capo all'associazione un obbligo a contrarre (v. Cap. VII, n. 2) e ciò, probabilmente, a causa del carattere intrinsecamente fiduciario del vincolo associativo (v. art. 24, co. 1 in ordine alla tendenziale **intrasmissibilità** della qualità di associato).

Il codice distingue nettamente tra associazioni **riconosciute** ed associazioni **non** riconosciute. Alle prime riserva una disciplina alquanto minuziosa (art. 14 s.), mentre per le seconde si limita a tre sole disposizioni (artt. 36-38), per il resto lasciando campo libero all'autonomia degli associati.

Associazioni riconosciute

Conviene, dunque, iniziare con l'esposizione della disciplina delle associazioni riconosciute, e dedicare poi qualche considerazione a quella delle associazioni non riconosciute.

Le finalità e l'organizzazione interna dell'associazione sono stabilite nell'**atto costitutivo** (che deve rivestire la forma dell'atto pubblico: art. 14, co. 1) e nello **statuto**, che possono esser contenuti in un unico documento o far parte di documenti distinti.

Contenuto dell'atto costitutivo e dello statuto

L'atto costitutivo contiene gli **elementi necessari** per l'identificazione dell'ente: la denominazione, l'indicazione dello scopo e del patrimonio, la sede, le norme sull'ordinamento e sull'amministrazione. In esso sono determinati anche i diritti e gli obblighi degli associati e le condizioni per la loro ammissione. Può, inoltre, contenere le norme sull'estinzione dell'ente e sulla conseguente devoluzione del patrimonio. Lo statuto determina, invece, la composizione dell'organo amministrativo e le modalità di nomina dei componenti (art. 16).

Organi

Il funzionamento di un'associazione necessita di almeno due organi: l'assemblea e gli amministratori, ai quali può aggiungersi, con funzione di controllo, il collegio sindacale.

Assemblea

L'**assemblea** è un organo collegiale con funzione **deliberante**. Tra i suoi compiti spiccano l'**approvazione del bilancio** e la **nomina degli amministratori**. Essa delibera, di regola, a maggioranza (c.d. **principio maggioritario**: art. 21, co. 1) e le sue deliberazioni possono essere **impugnate** dinanzi alla autorità giudiziaria "se contrarie alla legge, all'atto costitutivo o allo statuto" (v. art. 23, co. 1).

Un problema di grande rilievo riguarda la delibera di **esclusione** degli associati: è infatti possibile che la maggioranza si sbarazzi di soci scomodi o sgraditi deliberandone, appunto, l'esclusione. Il problema è risolto dall'art. 24, co. 3, per il quale la delibera sarà valida soltanto se adottata dall'**assemblea** sulla base di **gravi motivi**: in ogni caso, essa potrà essere impugnata, su istanza dell'escluso, entro sei mesi dalla sua notificazione.

A proposito dell'esclusione, altra causa di scioglimento del vincolo associativo è il **recesso** dell'associato che è sempre possibile, a meno che questi non abbia assunto l'obbligo di fare parte dell'associazione per un tempo determinato (art. 24, co. 2). In entrambi i casi (esclusione o recesso), l'associato non può ripetere i contributi versati, né ha alcun diritto sul patrimonio sociale (art. 24, ult. co.).

Amministratori

Gli **amministratori** sono i soggetti cui è demandata, in concreto, la **gestione** dell'ente. Ad essi spetta, inoltre, la rappresentanza dell'associazione alla quale verranno imputati gli effetti dell'atto compiuto da coloro che agiscono in suo nome e per suo conto (rappresentanza detta **organica** proprio perché gli amministratori sono organi dell'ente).

La loro responsabilità nei confronti dell'ente è regolata dalle norme sul **mandato**: essi, dunque, devono gestire l'associazione con la diligenza del buon padre di famiglia; ma, se l'attività è gratuita, la responsabilità per colpa è valutata con minor rigore (v. artt. 18, 1710). È, tuttavia, esente da responsabilità l'amministratore che non abbia partecipato all'atto che ha cagionato il danno, salvo il caso in cui, essendo a conoscenza della circostanza che l'atto stava per essere compiuto, non abbia fatto constare il proprio dissenso (art. 18).

Eventuali limiti al potere di rappresentanza devono risultare dal registro delle persone giuridiche: altrimenti, salvo che non si provi che il terzo ne fosse comunque a conoscenza (art. 19), essi non potranno essergli opposti (c.d. **pubblicità dichiarativa**: v. Cap. IV, n. 2).

Estinzione

Le associazioni, oltre che per le cause indicate nell'atto costitutivo, si **estinguono** quando lo scopo sia stato raggiunto o sia divenuto impossibile (art. 27, co. 1). Inoltre, stante la sua base personale, l'associazione si estingue quando tutti gli associati siano venuti a mancare (art. 27, co. 2).

Liquidazione e devoluzione

All'estinzione fa seguito la **liquidazione** del patrimonio (art. 30), e poi, ove residuino dei beni, la **devoluzione**. Quest'ultima ha luogo in conformità alle prescrizioni dell'atto costitutivo o dello statuto; in mancanza di tali prescrizioni, è l'autorità amministrativa a decidere la destinazione dei beni residui, attribuendoli ad enti che perseguano finalità analoghe (art. 31).

Ricordiamo, infine, che l'associazione riconosciuta, in quanto ente personificato, gode, in punto di responsabilità patrimoniale, di autonomia patrimoniale **perfetta** (v. n. 4). Per il regime degli acquisti v. n. 5.1.

6.1. *Le associazioni non riconosciute*

Associazioni non riconosciute

Come abbiamo già detto, a fronte della analitica disciplinata riservata alle associazioni riconosciute, il codice civile si limita, per quanto attiene alle **associazioni non riconosciute**, a tre sole disposizioni (artt. 36-38).

Ciò nonostante, o forse proprio per questo, le associazioni non riconosciute hanno sperimentato nel nostro paese un grande successo: basti pensare che tutti i **partiti politici** e tutti i **sindacati**, che pure sono delle associazioni e, in quanto tali, potenzialmente candidate all'attribuzione della personalità giuridica, si sono sempre ben guardati dal chiederne il riconoscimento.

Le ragioni di questo successo vanno rintracciate nella maggiore **autonomia** di cui le associazioni non riconosciute dispongono (art. 36, co. 1).

Si prenda, ad es., il caso dell'esclusione dell'associato che, ove abbia luogo nell'ambito di un'associazione riconosciuta (v. n. 6), è soggetta a vincoli procedurali (la necessità che essa venga deliberata dall'assemblea), a vincoli sostanziali (la sussistenza di gravi motivi) ed è, per di più, suscettibile di impugnativa in sede giurisdizionale. Tutti vincoli e limiti che, invece, non appesantiscono la procedura di esclusione del membro di un'associazione non riconosciuta la quale può adottare sul punto, nell'esercizio dei poteri di autonomia statutaria, una disciplina più snella e sbrigativa (come accade, appunto, nel caso dei partiti politici i quali, evidentemente, mal tollerano ingerenze nella loro vita interna).

A proposito dell'esclusione dell'associato, è opportuno però ricordare che, secondo taluno, qui dovrebbe applicarsi analogicamente l'art. 24, co. 3 in quanto norma che appresta un corredo minimo di garanzie a tutela del singolo nell'ambito delle formazioni sociali (art. 2 Cost.).

Oltre che di una maggiore autonomia, le associazioni non riconosciute godono anche di una maggiore libertà derivante dal non dovere venire a contatto con la p.a. a causa o a seguito del riconoscimento della personalità giuridica. Va detto che, dopo l'abrogazione, per un verso, dell'art. 17 e, per altro verso, degli artt. 600, 786 (v. n. 5) le differenze sotto questo profilo si sono attenuate, anche se resta fermo che l'ottenimento della personalità giuridica, per quanto semplificato nella sua procedura, implica pur sempre un vaglio preventivo e non puramente formale da parte di un organo dello Stato (v. n. 5). Ciò, appunto, può aiutare a comprendere perché numerose ed importanti associazioni non siano interessate al riconoscimento della personalità giuridica.

Atto costitutivo e statuto

Le associazioni non riconosciute sorgono sulla base di un **atto costitutivo** per il quale non è richiesta alcuna forma particolare. In genere, anche qui, all'atto costitutivo si affianca uno **statuto**: questi due atti forniscono le regole di base per la gestione e l'ordinamento interno dell'associazione (art. 36, co. 1).

Organi sociali

Per quanto concerne gli **organi sociali**, si ritiene che anche le associazioni non riconosciute non possano fare a meno di un'**assemblea** e di **amministratori**.

Le associazioni non riconosciute hanno anche un loro patrimonio, detto **fondo comune**, costituito dai contributi degli associati e dagli acquisti dell'associazione. Esso è indivisibile né gli associati possono, in caso di recesso, pretenderne la quota.

Ai sensi dell'art. 36, co. 2, poi, le associazioni non riconosciute **stanno in giudizio** per il tramite del loro presidente o direttore.

Responsabilità patrimoniale

Infine si ricordi (n. 4) che, per quanto prive della personalità giuridica, le associazioni non riconosciute godono *ex* art. 38, di un regime di **autonomia patrimoniale** ancorché **imperfetta** in forza del quale i creditori dell'associazione – oltre naturalmente a poter soddisfare le loro ragioni sul fondo comune – possono rivolgersi per ottenere l'adempimento soltanto a coloro che abbiano agito in nome e per conto dell'associazione (e non ai singoli associati).

7. *Le fondazioni*

Le fondazioni sono enti creati da un soggetto, denominato **fondatore**, che destina il proprio patrimonio, o parte di esso, al raggiungimento di uno scopo di utilità generale.

Atto di fondazione

La fondazione nasce da un atto c.d. di **fondazione**, che tradizionalmente si suole distinguere dall'atto di **dotazione** in quanto con il primo il fondatore provvederebbe ad individuare lo **scopo** da raggiungere configurando, in pari tempo, la struttura organizzativa dell'ente, con il secondo appresterebbe i mezzi patrimoniali necessari.

In realtà, si tratta di un unico atto (quello, appunto, di fondazione): un atto di disposizione patrimoniale con il quale un privato si spoglia in modo definitivo ed irrevocabile del proprio patrimonio, o di parte di esso, per destinarlo al raggiungimento di uno scopo di utilità pubblica, e nel quale vengono indicate le modalità da seguire a tal fine.

Le più importanti differenze tra la fondazione e l'associazione riguardano l'**atto costitutivo** che nella prima ha natura di **atto unilaterale** (*inter vivos* – in questo caso sarà necessaria la forma dell'**atto pubblico** – o *mortis causa* – il testamento –: art. 14, co. 1-2), mentre nelle seconde ha natura contrattuale. Nelle fondazioni, poi, prevale l'elemento **patrimoniale**, a differenza delle associazioni, ove prevale l'elemento personale. Le fondazioni, infine, godono sempre di **personalità giuridica**: è infatti ancor oggi molto discussa la possibilità di dar luogo a fondazioni non riconosciute.

Amministratori

La gestione del patrimonio e la realizzazione dello scopo sono affidate agli **amministratori**, i quali rispondono verso l'ente secondo le norme del mandato (art. 18). Gli amministratori agiscono in piena autonomia rispetto al fondatore, sulla base delle sole direttive contenute nell'atto costitutivo, e ciò, insieme con l'assenza di un'assemblea, spiega perché le fondazioni siano soggette ad un penetrante controllo da parte della p.a. (art. 25).

Le cause di **estinzione** della fondazione in larga parte coincidono con quelle previste per le associazioni (art. 27). Da segnalare, però, che la p.a. può, invece che dichiarare estinta la fondazione, **trasformarla**, allontanandosi il meno possibile dalla volontà del fondatore (art. 28, co. 1). Ciò è consentito, però, solo se i fatti che darebbero luogo alla trasformazione non siano previsti nell'atto costitutivo come cause di estinzione o di devoluzione (art. 28, co. 2). Estinzione

Anche nel caso della fondazione, all'estinzione fanno seguito la **liquidazione** ed, eventualmente, la **devoluzione** secondo regole (artt. 30-31) grosso modo coincidenti con quelle che si applicano alle associazioni riconosciute (v. n. 6). Liquidazione ed estinzione

8. *I comitati*

Il **comitato** è un ente collettivo costituito per raccogliere fondi presso il pubblico in vista del raggiungimento di uno scopo annunciato in via preventiva (ad es., comitati di soccorso, di beneficenza, ecc.: v. art. 39). Sulle risorse così rastrellate esiste un vero e proprio **vincolo di destinazione**: ciò si desume dall'art. 40 alla stregua del quale "gli organizzatori e coloro che assumono la gestione dei fondi raccolti sono responsabili personalmente e solidalmente della conservazione dei fondi e della loro destinazione allo scopo annunziato". Nozione

Da questo punto di vista, il comitato, specie se riconosciuto, sembra potersi avvicinare ad una fondazione. A giudicare dall'art. 41, ove si parla dei **componenti** come di figure distinte dai **promotori** e dai **gestori** di cui all'art. 40, sembrerebbe, viceversa, potersi ritenere che il comitato abbia, al pari dell'associazione, una base personale. Ad ogni modo, se il comitato è privo della personalità giuridica, i suoi componenti rispondono **personalmente** e **solidalmente** delle obbligazioni assunte (art. 41, co. 1).

Una terza tipologia di soggetti collegati alla vita del comitato è quella dei **sottoscrittori**, esterni all'ente e che rispondono solo delle oblazioni promesse (art. 41).

Anche nel caso del comitato, è possibile dare corso alla **devoluzione** dei fondi residui sulla base dei presupposti e secondo le modalità stabiliti dall'art. 42.

9. *Gli enti del Terzo settore*

Non profit Abbiamo già anticipato (n. 4) che la disciplina delle formazioni intermedie non lucrative (c.d. enti *non profit*) è stata oggetto negli ultimi anni di una significativa, graduale, revisione.

Quest'ultima si è tradotta, in primo luogo, nella eliminazione di alcune norme particolarmente sintomatiche del tradizionale sfavore legislativo nei confronti del fenomeno (artt. 17, 600, 786 co. 1: v. n. 5); nonché, negli anni, nella emanazione di alcuni provvedimenti normativi dai quali è emersa la chiara volontà del legislatore di promuovere ed incentivare gli enti *non profit*. Così ad es., la l. n. 266/1991 (e le successive leggi regionali d'attuazione) ha disciplinato le associazioni di volontariato; il d.lgs. n. 460/1997 le ONLUS (organizzazioni non lucrative di utilità sociale); la l. n. 383/2000 ha poi istituito le associazioni di promozione sociale.

Ora il d.lgs. n. 117/2017, noto come "**Codice del Terzo settore**", è intervenuto per riorganizzare la materia degli enti non lucrativi con finalità di interesse generale, nel tentativo di dettare regole uniformi e costituire, anche normativamente, una categoria unitaria degli stessi.

Gli ETS È stata a tal proposito fornita una definizione normativa di **enti del Terzo settore (ETS).** In tale categoria rientrano: le organizzazioni di volontariato; le associazioni di promozione sociale; gli enti filantropici; le imprese sociali (incluse le cooperative sociali); le reti associative; le società di mutuo soccorso. Vi rientrano inoltre le associazioni (riconosciute o non riconosciute) nonché le fondazioni e gli altri enti di carattere privato (purché diversi dalle società) costituiti per perseguire, senza scopo di lucro, finalità civiche, solidaristiche e di utilità sociale per mezzo dello svolgimento, in via esclusiva o principale, di una o più attività di interesse generale in forma di azione volontaria o di erogazione gratuita di denaro, beni o servizi, o di mutualità o di produzione o scambio di beni o servizi (art. 4, co. 1 cts).

Altre tipologie di enti non lucrativi (come ad es. i sindacati) ne sono invece espressamente escluse (art. 4, co. 2 cts).

Degli ETS è conservato un **registro unico nazionale del Terzo settore** (art. 11 cts).

Gli elementi che accomunano gli ETS, oltre all'assenza di fine di lucro, sono il perseguimento di **finalità solidaristiche, civiche o sociali** attraverso lo svolgimento delle attività dell'ente (c.d. "**attività di interesse generale**") come, ad es. lo svolgimento di attività di ricerca scientifica di particolare interesse sociale, l'accoglienza umanitaria ed integrazione sociale dei migranti, l'organizzazione e gestione di attività sportive dilettantistiche, beneficenza, ecc. (v. art. 5 cts). Non è escluso che l'ente possa comunque svolgere anche attività diverse, purché esse siano secondarie e strumentali – secondo taluni parametri normativi di riferimento – rispetto alle attività di interesse generale e consentite dall'atto costitutivo o dallo statuto. In particolare, attraverso forme di partenariato pubblico-privato gli ETS possono costituire uno strumento per realizzare politiche pubbliche in forme alternative a quelle proprie del diritto amministrativo (v. C. Cost. n. 52/2021).

Destinazione del patrimonio

Per tali ragioni tra le finalità e il patrimonio degli ETS è posto un **vincolo normativo di destinazione** (artt. 8 ss. cts), sicché – oltre ad essere vietata la distribuzione, anche indiretta, di utili e di ulteriori guadagni a fondatori o componenti dell'ente – il patrimonio degli ETS e le diverse entrate devono essere utilizzati per lo svolgimento dell'attività statutaria ai fini dell'esclusivo perseguimento di finalità civiche, solidaristiche e di utilità sociale. Peraltro, dopo l'estinzione o lo scioglimento dell'ETS il patrimonio residuo è normalmente devoluto, secondo procedimenti di legge, ad altri ETS.

SEZIONE III

I DIRITTI DELLA PERSONA

10. *Persona ed ordinamento giuridico*

La tutela della persona umana, in tutti i suoi molteplici aspetti, è un compito fondamentale di ogni ordinamento giuridico moderno.

La società moderna, infatti, con la complessità delle relazioni che in essa si intrecciano, espone la sfera personale di ciascun soggetto a continue aggressioni: da qui un'esigenza sempre più forte di apprestare strumenti giuridici di protezione della salute, della dignità, dell'integrità morale, dell'identità personale e della riservatezza di ogni individuo.

Tutela penale della persona

La prima risposta dell'ordinamento a tale esigenza è la sanzione **penale**: le forme più gravi di lesione della incolumità fisica, dell'onore e della libertà individuale costituiscono infatti specifiche ipotesi di reato (art. 575 s. c.p.).

La tutela penale tuttavia non esaurisce il quadro della protezione offerta dall'ordinamento, poiché ne rappresenta solo la reazione estrema. Gli interessi afferenti la sfera personale assumono rilievo già nei rapporti interprivati, ove gli attributi della personalità, ovvero gli elementi costitutivi della persona quale individuo – si pensi al nome, all'immagine o all'onore – sono tutelati elevandoli ad oggetto di veri e propri diritti assoluti: i **diritti della persona**.

Caratteri dei diritti della persona

La riconducibilità dei diritti della persona allo schema del diritto soggettivo (v. Cap. III, nn. 1.2.1-1.2.2) non deve farne dimenticare, però, i tratti loro peculiari. Essi infatti sono **indisponibili**, **intrasmissibili**, **irrinunciabili** e **imprescrittibili**. Ciò li contrappone agli altri diritti assoluti, di natura patrimoniale, i quali invece sono tipicamente disponibili e, ad esclusione del diritto di proprietà (art. 948, co. 3), sono soggetti a prescrizione (v. Cap. XII, n. 1.1, 4).

Queste caratteristiche discendono dall'ovvia considerazione che gli attributi della personalità, quali elementi costitutivi della sfera individuale, ineriscono inscindibilmente ad essa e non possono distaccarsene.

Tuttavia la tenuta delle costruzioni dogmatiche, anche delle più tradizionali e consolidate, deve essere verificata costantemente alla luce dell'evoluzione giuridico-sociale. Nella realtà odierna, accade sempre più frequentemente, ad es., che personaggi famosi si prestino per campagne pubblicitarie o concedano in esclusiva le immagini di momenti della loro vita privata, ovviamente in cambio di un corrispettivo: ciò dimostra che beni come l'immagine, il nome, i quali in sé non hanno natura patrimoniale, perché attengono alla personalità morale dell'individuo, possono assumere rilievo patrimoniale nella misura in cui divengano oggetto di uno **scambio negoziale**.

Un vero ambito di indisponibilità può essere individuato solo là dove norme specifiche, con una evidente finalità di tutela dell'individuo, lo prevedano: si pensi agli **atti di disposizione** del proprio corpo, vietati ove cagionino una diminuzione permanente dell'integrità fisica (art. 5: v. Cap. VI, n. 2); o ai dati personali c.d. "**sensibili**" attinenti, per esempio, alla salute o alla sfera sessuale della persona il trattamento dei quali, salvo eccezioni (come ad es. l'aver prestato specifico ed esplicito consenso) in via generale è vietato (art. 9 rgdp che, con rifermento a tali dati parla di "categorie particolari di dati": v. n. 12.4 ed anche Cap. VI, n. 3.1).

Diritti della persona e Costituzione

I diritti della persona trovano nel codice civile una disciplina scarna, che offre una tutela limitata, circoscritta ai profili dell'integrità fisica, del nome e dell'immagine (artt. 5-10). Ben maggiore è, invece, l'attenzione ad essi dedicata nel disegno costituzionale, che, ponendo la dignità della persona umana come valore cardine di tutto l'ordinamento, "riconosce e garantisce i diritti inviolabili dell'uomo, sia come singolo sia nelle formazioni sociali ove si svolge la sua personalità" (art. 2 Cost.), e dichiara "la libertà personale è inviolabile" (art. 13, co. 1, Cost.).

Si comprende, pertanto, come dottrina e giurisprudenza abbiano ricostruito il sistema dei diritti della persona attraverso un costante riferimento alla Carta costituzionale. In essa l'interprete trova non solo il riconoscimento esplicito dei diritti della persona, ma, ancora prima, l'affermazione di principi fondamentali alla luce dei quali egli è chiamato a rileggere le norme codicistiche. Queste infatti sono figlie di una temperie culturale, quella del regime fascista, superata dagli ideali democratici ai quali la Costituzione si ispira, e assumono nel rinnovato contesto ordinamentale nuova luce, ponendosi non più come frammenti disarticolati di una tutela parziale e limitata, ma come aspetti, suscettibili di interpretazione **analogica**, del valore centrale assunto dalla persona umana.

Peraltro, il valore della dignità della persona umana viene affermato non solo attraverso il riconoscimento dei suoi diritti inviolabili ma, soprattutto, promuovendo lo svolgimento della personalità di ogni individuo come singolo e nelle formazioni sociali (art. 2 Cost.) e impegnando il legislatore ordinario alla rimozione degli "ostacoli di ordine economico e sociale che, limitando di fatto la libertà e l'eguaglianza dei cittadini, impediscono il pieno sviluppo della persona umana" (art. 3 Cost.).

L'accento posto dalla Costituzione sullo svolgimento della personalità degli individui mostra come i diritti della persona nel rinnovato contesto democratico non presentino solo un contenuto negativo, modellato sullo schema dello *jus excludendi alios* (cioè, del diritto di escludere chiunque altro dal godimento del bene sulla falsariga del diritto di proprietà: v. Cap. III, n. 1.2.2; Cap. XII, n. 1.1), e consistente nella garanzia della intangibilità della sfera individuale, ma assumano anche una **valenza positiva**, ponendosi come garanzia delle attività in cui trova realizzazione la persona umana.

Promuovere lo sviluppo della personalità degli individui implica, infatti, il superamento di una visione statica dei diritti della persona e l'approdo ad una prospettiva dinamica, nella quale, alla pretesa di non subire alcuna ingerenza nella propria sfera individuale, si accompagna il riconoscimento di istanze di partecipazione e di controllo su tutte le attività in grado di incidere sulla sfera personale e sul suo svolgimento.

Esemplare al riguardo è la vicenda del diritto alla riservatezza, che non si esaurisce nella pretesa di non subire violazioni della propria *privacy*, ma si traduce anche in un potere di controllo su ogni informazione relativa alla propria persona, da chiunque e per qualunque scopo essa sia stata raccolta, secondo quanto previsto dalla recente legge sul trattamento dei dati personali.

In sede di ricognizione dei dati normativi rilevanti in materia di tutela della persona umana non può essere trascurata, infine, la Carta dei diritti fondamentali dell'Unione Europea del 7 dicembre 2000, che contiene un'elencazione articolata dei diversi profili di emersione della protezione della dignità umana.

Teoria pluralistica

Secondo una impostazione ormai risalente, avrebbero rilievo giuridico solo i diritti della persona espressamente consacrati da disposizioni normative (c.d. teoria **pluralistica**).

È evidente come tale teoria, in nome della tipicità dei diritti della persona, costituisca un limite ad una tutela ampia della persona, poiché essa, a fronte di una coscienza collettiva sempre più sensibile ad ogni invasione lesiva della persona umana, non è in grado di offrire adeguata protezione agli interessi, alle esigenze e alle istanze afferenti la sfera individuale che continuamente emergono nella realtà sociale, ma che non sempre sono riconducibili ai diritti espressamente previsti.

Peraltro, confinare la tutela della persona al numero chiuso dei diritti normativamente individuati significa pervenire ad una frammentazione della tutela giuridica del valore inscindibile della dignità dell'individuo. Ciò appare in contrasto con il disegno costituzionale che, riconoscendo con una formula aperta ed elastica i diritti inviolabili dell'uomo (art. 2 Cost.), impone una tutela ampia della persona, che non può essere cristallizzata in schemi prefissati ed impermeabili ad ogni nuova istanza non espressamente individuata da una norma.

Teoria monistica

L'avvertita inadeguatezza di questa impostazione tradizionale, incapace di cogliere la portata innovativa e le implicazioni del principio personalista sancito dalla Costituzione, ha spinto la dottrina più recente a configurare un unico diritto della persona, dal contenuto indefinito, in grado di offrire una tutela generale e di riassumere in sé ogni interesse afferente la sfera individuale (c.d. teoria **monistica**).

I diritti della persona normativamente previsti, secondo questa diversa impostazione, non sarebbero altro che momenti emergenti di una tutela ben più ampia, riconducibile al valore della dignità della persona umana.

Peraltro, l'elaborazione di un diritto della persona unitario implica apertura alle istanze che continuamente emergono nella realtà sociale, e consente di fornire protezione immediata a quei profili della sfera individuale che l'evoluzione delle dinamiche sociali e il progresso delle tecnologie informatiche espongono alla minaccia di aggressioni un tempo sconosciute.

Non sempre, tuttavia, è facile fissare i confini della tutela della persona: spesso infatti l'interesse del soggetto all'intangibilità della propria sfera individuale si scontra con interessi confliggenti, anche essi costituzionalmente rilevanti, richiedendo un difficile **bilanciamento** tra i valori in gioco.

Diritti della personalità e doveri di solidarietà

Esemplare è al riguardo la tensione dialettica tra **diritto di cronaca** e tutela della **riservatezza** (v. n. 12.4), il cui continuo riproporsi impone una riflessione sul confine superato il quale l'interesse pubblico all'informazione deve cedere al dovuto rispetto della *privacy* altrui. E parimenti problematico, per citare un altro esempio, è stabilire fino a qual punto il diritto alla salute, che è anche diritto alla salubrità dell'ambiente, possa essere sacrificato all'esercizio di attività industriali inquinanti, ma socialmente utili, se non addirittura necessarie.

Il criterio che deve guidare l'interprete nella ricerca di questo difficile equilibrio è ancora una volta il dato costituzionale, nel quale al riconoscimento dei diritti inviolabili dell'uomo si accompagna il richiamo all'adempimento dei "doveri inderogabili di solidarietà politica, economica e sociale" (art. 2 Cost.).

Viene così individuato un punto di mediazione tra esigenze di tutela dei diritti dei singoli e necessità sociali: è il principio **solidaristico**, che, assoggettando il soddisfacimento degli interessi del singolo alla salvaguardia dell'utilità altrui, in una prospettiva di reciprocità e di piena tutela della dignità umana, fissa il limite oltre il quale l'intangibilità della sfera personale sconfina e scade in un anacronistico individualismo.

La tutela della persona investe sia la sua integrità **psicofisica**, sia la sua personalità **morale**.

Invero quando si parla di diritti della personalità si fa riferimento – più propriamente – ai diritti che attengono alla sfera morale dell'individuo. Pertanto, ove ci si voglia riferire alla tutela non solo degli attributi della personalità, ma anche della vita e della salute appare più corretto parlare non più di diritti della personalità, ma di diritti della persona.

Si deve rammentare da ultimo, che taluni profili di tutela della persona sono riferibili non solo alle persone fisiche ma anche alle persone giuridiche ed agli enti di fatto: certamente configurabile è, ad es., una tutela della reputazione o dell'identità personale degli enti diversi dagli uomini (e v. anche, con riguardo alla nozione di dato personale, n. 12.4).

11. *La vita, la salute e l'integrità fisica*

Dalla tutela dell'integrità fisica alla tutela della salute

L'art. 5 disciplina gli atti di disposizione del proprio corpo, vietandoli quando cagionino una diminuzione permanente dell'integrità fisica, nonché quando siano contrari alla legge, al buon costume e all'ordine pubblico (sul punto v. anche Cap. VI, n. 2).

La prospettiva del codice, figlio della temperie culturale del fascismo, era invero quella della tutela dell'integrità fisica della persona non come valore in sé considerato, ma come bene **strumentale** allo svolgimento delle attività che impegnano l'uomo come soldato, padre, lavoratore, secondo la logica totalitaria dell'asservimento dell'individuo allo Stato.

Tale logica è stata del tutto superata dalla Costituzione, che ha posto come valore centrale dell'ordinamento la dignità della persona umana, imponendo una rilettura dell'art. 5.

L'art. 32 Cost. infatti riconosce "la salute come fondamentale diritto dell'individuo e come interesse della collettività": pertanto, alla tutela della mera integrità fisica si sostituisce la tutela della salute, intesa come **benessere psicofisico** della persona.

Inoltre, alla prospettiva codicistica in cui il corpo è considerato come un oggetto sul quale la persona esercita un vero e proprio potere di disposizione, si è sostituito il riconoscimento della libertà di disporre del proprio corpo quale diritto inviolabile fondato sull'art. 2 Cost.

Libertà di disposizione del proprio corpo

Tale libertà presenta un aspetto **attivo**, nel quale rileva la libertà della persona di autodeterminarsi nel disporre del proprio corpo, e un aspetto **negativo**, nel quale rileva invece il diritto di non subire interventi sul proprio corpo contro la propria volontà.

Il primo profilo – quello attivo – è implicato nella delicata materia dei **trapianti d'organo**.

Trapianti d'organo

La legge ha consentito – in deroga al dettato dell'art. 5 – il trapianto tra viventi del rene (l. n. 458/1967) e di parte del fegato (l. n. 483/1999) e la possibilità di disporre a titolo gratuito di parti di polmone, pancreas e intestino al fine esclusivo del trapianto tra persone viventi (art. 1, l. n. 167/2012). Naturalmente è vietata qualunque forma di cessione a titolo **oneroso** di tali organi: la disciplina dei trapianti si ispira infatti alla logica della **donazione**.

Ancora più complessa è la problematica dei **trapianti da cadavere**. In questo caso, infatti, la crescente domanda di organi si scontra con la libertà – costituzionalmente garantita – di disporre del proprio corpo anche *post mortem*.

Il legislatore, alla ricerca di una soluzione al drammatico problema della scarsa disponibilità di organi da trapiantare ha dettato una nuova disciplina (l. n. 91/1999), che introduce il meccanismo del **silenzio-assenso**, in forza del quale tutti i cittadini ai quali sia stato notificato, nelle forme previste dalla legge, l'invito a manifestare la propria volontà in ordine alla donazione di organi, e che non abbiano effettuato tale dichiarazione, vengono considerati automaticamente come **donatori** (art. 4, l. n. 91/1999).

Questa disciplina, alla luce della quale non assume più alcun rilievo la volontà dei congiunti, rappresenta un delicato compromesso tra la garanzia della libertà di autodeterminazione di ogni soggetto e l'adempimento degli inderogabili doveri di solidarietà posti dall'art. 2 Cost.

Aspetto nevralgico della nuova normativa è la promozione di una vasta campagna di **informazione** (art. 2, l. n. 91/1999), la quale appare condizione essenziale affinché la scelta compiuta da ogni cittadino sia espressione di un consenso libero e consapevole e, soprattutto, affinché il delicato meccanismo del silenzio-assenso non si traduca in una grave violazione della incoercibilità di una scelta personale quale quella di donare i propri organi.

Libertà di autodeterminazione del malato e eutanasia

Nel suo aspetto **negativo**, la libertà di disporre del proprio corpo si traduce nel principio per cui nessuno può essere obbligato a sottoporsi ad un **trattamento medico-chirurgico**, se non nei casi previsti dalla legge (esempio tipico sono le vaccinazioni alle quali i neonati devono sottoporsi nell'interesse della salute pubblica). Peraltro, i trattamenti sanitari obbligatori non devono mai violare i limiti posti dal rispetto della dignità della persona umana (art. 32, co. 2, Cost.).

Da tale norma, e dal principio della inviolabilità della libertà personale (art. 13 Cost.), discende il pieno riconoscimento della libertà di autodeterminazione, che costituisce peraltro aspetto fondamentale della dignità della persona.

Tale libertà incontra, però, un limite nel divieto di ricorrere alla pratica dell'**eutanasia**, divieto ricostruibile alla luce dell'art. 579 c.p., il quale configura come reato l'omicidio del consenziente. Essa discende peraltro dal carattere indisponibile che assume nel nostro ordinamento il valore della vita.

Diritto e bioetica

Invero, il problema della tutela della vita è oggi al centro di questioni di grande delicatezza quali l'eutanasia, l'aborto, la clonazione per fini terapeutici e la tutela dell'embrione. Tali questioni impegnano oggi diritto ed etica in un acceso dibattito al quale, in attesa di un intervento del legislatore in materie tanto delicate, è affidato il difficile compito di individuare quali risposte sia possibile offrire – in termini giuridici – alle domande che la coscienza collettiva si pone dinanzi alle prospettive aperte dai grandi progressi della ricerca scientifica. Con la l. n. 219/2017 il legislatore ha dettato norme in materia di **consenso informato** e di disposizioni anticipate di trattamento, nel tentativo di conciliare il diritto alla salute e all'autodeterminazione con la tutela della vita umana.

In particolare, è stato riconosciuto ad ogni persona capace di agire il diritto di **rifiutare**, in tutto o in parte, qualsiasi accertamento diagnostico o trattamento sanitario, nonché di **revocare** in qualsiasi momento il consenso prestato.

Ogni persona maggiorenne e capace di intendere e di volere inoltre può dettare **disposizioni anticipate di trattamento** (art. 4, l. n. 219/2017) mediante atto pubblico o per scrittura privata autenticata ovvero per scrittura privata consegnata personalmente dal disponente presso l'ufficio dello stato civile del comune di residenza del disponente (con annotazione in apposito registro, ove istituito). Nel caso in cui le condizioni fisiche del paziente non lo consentano, le disposizioni anticipate di trattamento possono essere espresse attraverso videoregistrazione o dispositivi che consentano alla persona con disabilità di comunicare.

Si parla di disposizioni "anticipate" perché le volontà del soggetto sono espresse in un momento anteriore a quello in cui dovrebbe svolgersi il trattamento sanitario e destinate ad operare nell'ipotesi in cui il soggetto si trovi in un'eventuale futura incapacità di autodeterminarsi a riguardo. Contestualmente, il soggetto disponente indica un fiduciario, che accetta la funzione mediante la sottoscrizione delle disposizioni anticipate di trattamento, chiamato a curarne gli interessi e a rappresentarlo nelle relazioni con il medico e con le strutture sanitarie.

12. *La personalità morale*

La personalità morale dell'individuo rileva sotto molteplici profili: l'**identità personale**, l'**integrità morale**, la **riservatezza**.

Come è già stato detto, la configurazione di un unico diritto della persona, di carattere generale, consente di garantire protezione a tutte le manifestazioni della personalità, ben più di una tutela circoscritta ai soli diritti normativamente previsti.

Tuttavia, ragioni di comodità espositiva rendono opportuno sviluppare il discorso concentrando l'attenzione sui singoli diritti elaborati dalla dottrina e dalla giurisprudenza, con riguardo ai diversi profili in cui la personalità morale si articola.

12.1. *L'identità personale*

La protezione dell'identità personale trova il suo nucleo centrale nella tutela del **nome** (art. 6; art. 22 Cost.), il quale assume rilievo non solo come mezzo necessario di **individuazione** del singolo all'interno dell'ordinamento, ma anche come segno riassuntivo della **personalità individuale**. Diritto al nome

Ciò trova conferma nel fatto che alla tutela del nome si aggiunge una eguale tutela dello **pseudonimo**, purché esso "abbia acquistato l'importanza del nome" (art. 9).

L'art. 7 predispone a protezione del nome **due** distinte azioni, nelle quali la legittimazione ad agire è estesa anche a coloro che abbiano "un interesse alla tutela del nome fondato su ragioni familiari degne di essere protette" (art. 8): la c.d. azione di **reclamo**, diretta a reagire alla **contestazione** da parte di terzi del diritto all'uso del proprio nome, e la c.d. azione di **usurpazione**, con cui invece ci si oppone all'uso **indebito** e **pregiudizievole** che altri faccia del proprio nome. Tutela giurisdizionale

La giurisprudenza ha progressivamente ampliato i confini di applicabilità dell'azione di usurpazione dall'ipotesi in cui il terzo usi il nome altrui come proprio, a quella in cui il terzo usi il nome altrui senza appropriarsene, il che accade quando esso viene attribuito al personaggio di un'opera teatrale, letteraria o cinematografica.

Peraltro, ad un primo indirizzo che condizionava il ricorso all'azione di usurpazione alla circostanza che vi fosse una concreta possibilità di **confusione**, ne è seguito un secondo che tende a considerare indebita l'attribuzione del nome di una persona reale ad un personaggio inventato quando, indipendentemente da ogni rischio di confusione, questo venga presentato in atteggiamenti **ridicoli** o **spregevoli**.

Questa progressiva estensione dell'ambito di operatività dell'azione di usurpazione denota una chiara tendenza a ricorrervi non più solo in funzione della protezione del nome quale segno distintivo dell'individuo, ma anche nell'ottica della tutela dell'identità personale e dell'integrità morale del soggetto. Infatti, nel momento in cui si prescinde da ogni concreta possibilità di confusione, l'illiceità dell'attribuzione del nome ad un personaggio connotato negativamente si risolve nella lesione dell'immagine sociale, cioè dell'identità personale, del soggetto, e insieme nell'offesa del suo onore e della sua reputazione.

Tanto l'azione di reclamo, quanto quella di usurpazione sono dirette alla cessazione del fatto lesivo: esse, pertanto, configurano una forma tipica di tutela **inibitoria** (v. Cap. IX, n. 1.1.1) alla quale si aggiunge, ove ricorrano tutti gli elementi costitutivi dell'illecito extracontrattuale, la tutela risarcitoria *ex* art. 2043 (v. Cap. IX).

Diritto all'identità sessuale

La l. n. 164/1982 ha previsto la possibilità che il Tribunale autorizzi con sentenza il ricorso ad un trattamento per il **cambiamento** dei caratteri sessuali e disponga, conseguentemente, la **modifica** dell'attribuzione del sesso negli atti dello stato civile. Peraltro, secondo la giurisprudenza il trattamento medico-chirurgico non è necessario ai fini della rettificazione anagrafica del sesso.

Tali disposizioni tutelano **l'identità sessuale** della persona, intesa come diritto di rivendicare la propria identità sessuale, di assumerne i relativi connotati e di essere riconosciuti dall'ordinamento in senso conforme ad essa.

Particolarmente significativo è anche l'art. 5, l. n. 164/1982, il quale stabilisce che le attestazioni dello stato civile, in seguito alla rettifica dell'attribuzione del sesso, devono essere rilasciate solo con l'indicazione del nuovo sesso e del nuovo nome, così riconoscendo un diritto del soggetto a cancellare ogni traccia della vecchia identità sessuale. Tale norma, peraltro, sembra riconducibile piuttosto al diverso profilo della tutela della **riservatezza**.

Diritto morale d'autore

La disciplina normativa delle opere dell'ingegno (l.a.) distingue tra diritto **patrimoniale** e diritto **morale** d'autore, ricollegando all'uno la facoltà di utilizzazione economica dell'opera e all'altro le facoltà poste a presidio della personalità dell'autore (v. Cap. VI, n. 3; Cap. X, n. 2.1).

Il diritto morale d'autore (art. 20 s. l.a.), in particolare, protegge la paternità della creazione e, in tal modo, risponde ad un'esigenza di tutela dell'**identità personale** del soggetto quale autore dell'opera dell'ingegno: per tale motivo esso può esser fatto valere dall'autore anche quando questi abbia ceduto i diritti di utilizzazione economica dell'opera.

Il diritto morale d'autore, il quale, a differenza del diritto patrimoniale, è **indisponibile** ed **imprescrittibile** (art. 22, co. 1, l.a.), si specifica innanzitutto nel diritto di rivendicare in ogni momento la **paternità** dell'opera (art. 20 l.a.) – anche quando essa sia stata pubblicata originariamente in forma anonima o con uno **pseudonimo** (art. 21 l.a.) –, e nel diritto di non rivelare di esserne l'autore.

Inoltre la legge riconosce il diritto dell'autore di "opporsi a qualunque deformazione, mutilazione od altra modificazione, e ad ogni atto a danno dell'opera stessa, che possano essere di pregiudizio al suo onore e alla sua reputazione" (art. 20 l.a.; art. 2577, co. 2). È interessante notare che la norma non garantisce l'assoluta intangibilità dell'opera – intangibilità ricostruita peraltro dalla dottrina sulla base dell'art. 18, ult. co., ai sensi del quale l'autore "ha il diritto esclusivo di introdurre nell'opera qualsiasi modificazione" –, ma consente all'autore di impedire solo le modifiche che possano recare pregiudizio al suo onore e alla sua reputazione. Sembrerebbe, pertanto, che l'oggetto della tutela sia non tanto l'identità personale dell'autore, quanto la sua **integrità morale**.

Il diritto morale d'autore ricomprende poi il diritto di **inedito** (art. 24, co. 1), ovvero il diritto di impedire, o di differire nel tempo, la pubblicazione dell'opera (art. 24, co. 2): tali facoltà, e lo stesso è da dirsi per il diritto di mantenere l'anonimato o di celarsi dietro ad uno pseudonimo, rispondono indiscutibilmente ad una esigenza di tutela della **riservatezza** dell'autore e mostrano ancora una volta quanto siano legati, tanto da risultare spesso inscindibili, i diversi profili della personalità dell'individuo.

Infine, la legge riconosce, sempre nell'ambito del diritto morale d'autore, il diritto di **ritiro** dell'opera dal commercio (art. 142 l.a.; art. 2582), il cui esercizio, tuttavia, è subordinato al risarcimento dei danni arrecati a coloro ai quali siano stati eventualmente ceduti i diritti di utilizzazione economica dell'opera. Il ritiro postula la ricorrenza di "gravi ragioni morali": tipico è il caso dell'autore che, non riconoscendosi più in essa, sconfessi la propria opera. Sotto tale profilo, la norma in questione assume rilievo poiché, nel tutelare l'identità personale dell'autore, ne presuppone una visione dinamica e riconosce il diritto dell'individuo ad una rappresentazione attuale di sé e delle proprie convinzioni che rifletta il continuo mutare e maturare della propria personalità.

Diritto all'immagine

Il diritto della persona alla tutela della propria **immagine** ha il proprio fondamento normativo nell'art. 10 e negli art. 96 s. l.a.

L'immagine assume rilievo nell'ambito della tutela della personalità morale non solo quale mera **rappresentazione** delle sembianze del soggetto, ma in quanto ad essa si ricollega intimamente l'**identità** della persona, che in essa trova ciò che maggiormente la contraddistingue.

Il diritto all'immagine si concretizza nel divieto di **esporre** o **pubblicare** l'immagine altrui senza il consenso dell'interessato.

Eccezioni

Costituiscono **eccezioni** a tale principio le ipotesi previste dall'art. 97 l.a., in forza del quale "non occorre il consenso della persona ritratta quando la riproduzione dell'immagine è giustificata dalla notorietà e dall'ufficio pubblico ricoperto, da necessità di giustizia o di polizia, da scopi scientifici, didattici o culturali, o quando la riproduzione è collegata a fatti, avvenimenti, cerimonie di interesse pubblico o svoltisi in pubblico".

Particolare rilievo assume, tra le ipotesi previste, quella della **notorietà** della persona ritratta: in questo caso l'interesse pubblico all'informazione giustifica il sacrificio del diritto del singolo alla propria immagine, ma non legittima alcuna violazione della *privacy*, proprio perché la curiosità per la vita privata dei personaggi famosi non rappresenta in alcun modo un interesse meritevole di tutela. Analogamente, nel caso di personalità che ricoprono uffici pubblici, la pubblicazione dell'immagine senza il consenso dell'interessato è lecita solo se il contesto è attinente al ruolo pubblico svolto.

Peraltro, anche nelle ipotesi in cui non sia necessario il consenso dell'interessato, il diritto all'immagine non resta privo di tutela: la persona ritratta infatti potrà sempre impedire la diffusione delle immagini che rechino pregiudizio al suo **decoro** o alla sua **reputazione** (art. 10).

Tutela giurisdizionale

È da dirsi che in questa ipotesi l'abuso dell'immagine altrui assume rilievo quale lesione del diritto all'**identità personale**, non del diritto all'immagine. Infatti la tutela – di carattere inibitorio e risarcitorio – che l'art. 10 predispone a protezione del diritto all'immagine, tutela che segna i confini dell'oggetto di tale diritto, si preoccupa di difendere il decoro e la reputazione della persona ritratta, ma è insensibile alle rappresentazioni dell'immagine che alterino i caratteri essenziali della personalità del soggetto senza offenderne l'integrità morale o la riservatezza, non prevedendo in tale circostanza la possibilità di ricorrere al giudice perché questi disponga la cessazione dell'abuso.

Diritto all'identità personale

L'elaborazione di un diritto all'**identità personale** rappresenta l'esito ultimo di un travagliato percorso compiuto dalla dottrina e dalla giurisprudenza a partire dagli anni '70.

Il diritto all'identità personale è il diritto ad una rappresentazione **fedele** di sé, delle proprie convinzioni etiche, politiche, religiose e intellettuali e del proprio operato; è il diritto a non vedersi attribuite falsamente azioni o affermazioni che alterino, nella percezione altrui, i caratteri essenziali della propria personalità.

Le basi della configurazione di tale diritto sono individuabili, ancora una volta, nel principio **personalista** sancito dalla Costituzione. Il dettato dell'art. 2 Cost., nel riconoscere i diritti inviolabili della persona, non è, secondo la lettura ormai prevalente, formula meramente riassuntiva dei diritti altrove riconosciuti, ma norma **elastica** in grado di ricomprendere interessi afferenti la sfera personale non espressamente consacrati da altre disposizioni costituzionali.

Diritto di rettifica

Il diritto all'identità personale trova comunque un chiaro supporto normativo nell'art. 8 della legge sulla stampa (l. n. 47/1948, modificata dalla l. n. 416/1981), il quale attribuisce un diritto di **rettifica** ai soggetti "di cui siano state pubblicate immagini o ai quali siano stati attribuiti atti o pensieri o affermazioni da essi ritenuti lesivi della loro dignità o contrari a verità". Tale disposizione infatti, oltre a presentare evidenti profili di tutela dell'onore e della reputazione, offre al soggetto uno strumento per imporre una rappresentazione **fedele** e **corretta** della propria personalità anche quando l'immagine che ne viene data non abbia alcuna carica diffamatoria, ma sia semplicemente contraria al vero.

Il diritto all'identità personale ha trovato un riconoscimento espresso nell'art. 1, l. n. 675/1996 (v. n. 12.4), poi trasfuso sostanzialmente nel codice in materia di protezione dei dati personali (cdp: d.lgs. n. 196/2003) il quale si è preoccupato di disciplinare il trattamento dei dati personali nel rispetto non solo della **riservatezza**, ma, appunto, anche dell'**identità personale**. Codice in materia di protezione dei dati personali

Il pieno controllo che la legge assicura a ciascun individuo sui propri dati personali è infatti funzionale ad impedire che le informazioni raccolte offrano una rappresentazione distorta, o semplicemente parziale, di sé.

Assume rilievo al riguardo non solo il diritto dell'interessato ad ottenere la **correzione** dei dati non veritieri – diritto che garantisce l'identità personale da ogni rappresentazione deformata –, ma anche il diritto ad ottenere l'**integrazione** dei dati (art. 16, rgdp): la tutela dell'identità, infatti, esige una rappresentazione non solo corretta, ma anche integrale della persona, perché fornirne un'immagine limitata solo ad alcuni aspetti, frammentaria, decontestualizzata, significa fornirne un'immagine distorta.

L'ampiezza dei poteri che la legge riconosce a ciascun individuo sui propri dati – poteri che giungono fino al diritto di chiederne in qualunque momento la cancellazione – risponde inoltre all'esigenza di garantire una rappresentazione **attuale** della propria personalità.

12.2. *L'integrità morale*

La tutela dell'integrità morale della persona, ovvero dell'**onore** – inteso come sentimento del proprio valore – e della **reputazione** – cioè della stima di cui ogni individuo è circondato nel contesto sociale in cui è inserito –, è garantita in primo luogo sanzionando come reati l'**ingiuria** (art. 594 c.p., di recente depenalizzata) e la **diffamazione** (art. 595 c.p.). Onore e reputazione

Alla tutela penale si accompagna, sul piano privatistico, la tutela **risarcitoria**: la lesione dell'onore e della reputazione configura infatti un tipico illecito extracontrattuale (v. Cap. IX). Tutela giurisdizionale

Invero il danno cagionato da tale lesione ha carattere prevalentemente non patrimoniale: la perdita del decoro, della stima, del prestigio sociale non è valutabile in termini economici, se non nella misura in cui il discredito subito si traduca concretamente nella perdita di potenziali affari, e delle relative prospettive di guadagno.

Normalmente, pertanto, il risarcimento riguarderà solo i profili **patrimoniali** del danno subito, mentre il danno non patrimoniale potrà essere riparato – con una valutazione equitativa rimessa al giudice (art. 1226, richiamato dall'art. 2056) – solo nei casi previsti dalla legge (art. 2059), ossia quando l'illecito configuri gli estremi del reato (art. 185 c.p.: sul danno non patrimoniale, Cap. IX, n. 4).

Altre disposizioni normative predispongono poi meccanismi di tutela **inibitoria** dell'integrità morale della persona, finalizzati ad ottenere la cessazione del fatto lesivo prima che se ne consolidino le conseguenze.

È il caso dell'art. 10 il quale prevede che l'esposizione e la pubblicazione dell'immagine altrui, anche quando la legge la consenta indipendentemente dall'assenso dell'interessato, può essere da questi impedita ove sia pregiudizievole per il suo decoro e per la sua reputazione. Analogamente, l'art. 2577 riconosce all'autore il diritto di opporsi a qualsiasi modificazione dell'opera che possa ledere il suo onore e la sua reputazione (v. già n. 12.1).

L'esigenza di una tutela piena dell'integrità morale dell'individuo, ancor prima che dalle norme poste a presidio dei suoi specifici profili, discende comunque dal principio personalista sancito dalla Costituzione: l'affermazione del valore della dignità della persona impone infatti, quale sua condizione essenziale, di difenderne l'onore e la reputazione.

Diritto di cronaca e tutela della persona

Tuttavia spesso tale esigenza si scontra con le ragioni del diritto di **cronaca**: in particolare, accade frequentemente che nell'esercizio dell'attività giornalistica vengano divulgati fatti e circostanze lesivi dell'onore e della reputazione altrui.

Anche il diritto di cronaca è un valore costituzionalmente rilevante, quale tipica espressione della **libertà di manifestazione del pensiero** (art. 21 Cost.). Pertanto, si pone all'interprete il difficile compito di individuare un compromesso tra tutela della persona e diritto di cronaca coerente con l'equilibrio tracciato dal disegno costituzionale.

Al riguardo una giurisprudenza consolidata ritiene lecita la diffusione di notizie potenzialmente lesive della sfera personale di terzi – anche sotto il profilo della tutela della riservatezza – ove l'informazione sia resa nel pieno rispetto dei limiti propri dell'attività giornalistica, limiti individuati nella **veridicità** delle notizie riferite, nella loro **utilità sociale** e nella **forma civile** che deve contrassegnare la narrazione dei fatti. Questa, in particolare, deve avvenire con toni equilibrati, ispirati a chiarezza e obiettività, e non deve mai ricorrere ad accostamenti, sottintesi o insinuazioni che rendano tendenziosa la notizia.

Diritto all'oblio

Il diritto di cronaca deve essere bilanciato anche con il **diritto all'oblio (Cass. Sez. U. n. 19681/2019)**. Quest'ultimo è il diritto soggettivo che tutela l'interesse dell'individuo a che non vengano ulteriormente divulgate notizie che, per il trascorrere del tempo, risultino ormai dimenticate o ignote alla generalità dei consociati. Il diritto è stato riconosciuto dalle Corti nazionali e internazionali chiamate a giudicare il delicato tema delle notizie presenti nella rete *Internet*, e relative ad un determinato individuo, che continuino a rimanere facilmente reperibili in rete nel corso del tempo, anche allorquando il soggetto ha interesse acché vengano dimenticate. In questo contesto, la Corte di giustizia ha avuto modo di stabilire che anche il gestore del motore di ricerca, quale responsabile del trattamento svolto nell'ambito della ricerca *on line*, deve assicurare che lo stesso si svolga nel rispetto del diritto all'oblio. Da ultimo, il Reg. Ue n. 679/2016 che detta la nuova disciplina uniforme in materia di trattamento dei dati personali, parla espressamente di "diritto all'oblio" nella rubrica dell'art. 17, relativa al diritto di cancellazione dei dati personali dell'interessato. Il diritto alla **cancellazione dei dati**, infatti, è espressamente previsto dal Regolamento non solo per le ipotesi di trattamento illecito, ma altresì nei casi in cui i dati personali non sono più necessari rispetto alle finalità per le quali sono stati raccolti o trattati, nonché nel caso in cui l'interessato revoca il consenso o si oppone al trattamento e non vi siano altri fondamenti giuridici per il trattamento (art. 17, par. 1, rgdp).

12.3. *La riservatezza*

Diritto alla riservatezza

La Costituzione non pone espressamente la **riservatezza** tra i diritti della persona, né il codice civile vi fa riferimento alcuno: solo a partire dagli anni '70 sono apparsi i primi timidi segnali di una evoluzione legislativa sensibile ad una esigenza di tutela della sfera privata.

Così, dallo Stat. lav. – in particolare dagli artt. 4-6, 8 – emerge la preoccupazione di proteggere la riservatezza del lavoratore; l'art. 5, l. n. 164/1982 – con evidenti finalità di tutela della *privacy* – prevede che in seguito alla modifica dell'attribuzione del sesso, gli atti dello stato civile siano rilasciati con la sola indicazione del nuovo nome; analogamente l'art. 28 l. ad. dispone che gli atti dello stato civile del minore che sia stato adottato vengano rilasciati senza alcun riferimento alla paternità e alla maternità.

Evoluzione normativa

Un passo significativo poi è stato compiuto con la l. n. 98/1974 che ha introdotto un nuovo reato diretto a punire chiunque "si procura indebitamente notizie o immagini attinenti alla vita privata svolgentesi nell'abitazione altrui o in un altro luogo di privata dimora" (art. 615 *bis* c.p.).

Invero non mancavano anche in precedenza indizi, per quanto frammentari, di una rilevanza normativa alla *privacy*: si pensi agli artt. 14-15 Cost., i quali tutelano rispettivamente la inviolabilità del domicilio e la libertà e la segretezza della corrispondenza; all'art. 126 l.a., che sancisce il diritto dell'autore dell'opera di occultare la paternità intellettuale della medesima; agli artt. 93, 95 della medesima legge, i quali vietano in via di massima la pubblicazione di corrispondenze epistolari e di altri scritti di natura personale "allorché abbiano carattere confidenziale o si riferiscano all'intimità della vita privata"; all'art. 8 della **Convenzione per la salvaguardia** dei diritti dell'uomo e delle libertà fondamentali (ratificata con l. n. 848/1955). La stessa tutela dell'immagine è sempre stata ricostruita tradizionalmente come espressione di un interesse della persona al riserbo della propria immagine.

Disciplina del trattamento dei dati personali

Tutte le disposizioni richiamate rappresentano segmenti disarticolati di una tutela della *privacy* e – insieme – costituiscono indici dell'inequivocabile rilievo che, complessivamente, il diritto alla riservatezza ha oggi assunto nel nostro ordinamento: rilievo consacrato in modo inequivocabile dalla sua previsione espressa nelle normative dettate in tema di **trattamento dei dati personali** (l. n. 675/1996 e, poi, cdp: v. n. 12.4).

Si deve, infine, rammentare che la natura di "diritto fondamentale" del diritto al rispetto della vita privata e familiare è ribadita, da ultimo, dalla Carta dei diritti fondamentali dell'Unione Europea (art. 7).

12.4. *La tutela della riservatezza nella società dell'informazione*

È un dato ormai acquisito che l'**informazione**, intesa nel suo significato più ampio, ha assunto un valore sempre maggiore nell'ambito di una società il cui livello di civiltà dipende anche da un controllo sulle informazioni stesse da parte dei diretti interessati.

Questo tipo di società è stata definita **società dell'informazione**, proprio ad indicare l'importanza che le nuove tecnologie, i *mass media*, le nuove forme di comunicazione, ormai rivestono.

Trattasi di un fenomeno molto esteso, che coinvolge l'intero globo: le informazioni viaggiano per tutto il mondo attraverso Internet o altri sistemi di comunicazione talmente complessi (almeno per un normale utente) da rendere difficile, se non impossibile, controllare tutte le informazioni che su di essi viaggiano.

Da qui il rischio di gravi interferenze nella sfera giuridica del singolo; da qui, anche, l'esigenza di apprestare nuove forme di tutela specie in considerazione del crescente valore economico che l'informazione in sé considerata viene assumendo (si pensi, solo per fare un esempio banale, alle informazioni raccolte nei supermercati attraverso carte di sconto, sulla base delle quali è possibile tracciare il profilo di ciascun consumatore da utilizzare in occasione di campagne pubblicitarie mirate).

La l. n. 675/1996 (e successive modificazioni) che ha recepito la dir. n. 95/46 è stata sostanzialmente trasfusa nel codice in materia di protezione dei dati personali (cdp) emanato con d.lgs. n. 196/2003.

La normativa in materia di trattamento dei dati personali è stata oggetto, da ultimo, di una generale riforma per mezzo del Reg. Ue n. 679/2016. Quest'ultimo, noto anche come Regolamento generale sulla protezione dei dati personali (rgdp), è direttamente applicabile in tutti gli Stati membri i quali, dunque, possiedono oggi una disciplina uniforme in materia di dati personali. Il rgdp ha comunque lasciato agli Stati margini più o meno significativi di adattamento delle discipline interne, laddove un adattamento si fosse reso necessario. In Italia il legislatore è intervenuto modificando ampiamente il cdp il quale, dunque, opera ora un ampio rinvio generale al rgdp e dispone in relazione a particolari profili dei trattamenti dei dati personali (come ad es., la disciplina del trattamento dei dati personali delle persone decedute che, non essendo dettata dal rgdp, si rinviene invece nell'art. 2-*terdecies* cdp).

Il sistema delle fonti normative sul trattamento dei dati personali è dunque un c.d. **sistema multilivello**, in cui accanto a norme sovranazionali (rgdp) operano norme nazionali più puntuali (cdp) nonché prassi e regolamenti di vari organismi di vigilanza (es. il Garante per la protezione dei dati personali).

L'ambito di applicazione della normativa sui dati personali va oltre il sistema informatico della raccolta e conservazione dei dati personali, estendendosi anche ai casi in cui il trattamento avvenga senza l'ausilio dei mezzi elettronici relativamente a dati contenuti in archivi o destinati a figurarvi; inoltre, la disciplina prescinde dalla quantità dei dati trattati, dalla professione del detentore e dal numero delle operazioni di trattamento da svolgere. Tuttavia, il rgdp precisa che esso non si applica ai trattamenti effettuati da una persona fisica per l'esercizio di attività a carattere esclusivamente personale o domestico (art. 2, rgdp).

Banche dati e archivi

Il rgdp fornisce alcune definizioni, tra le quali va ricordata, innanzi tutto la definizione di **archivio** contenuta all'art. 4, par. 1, n. 6, rgdp, a norma del quale si definisce archivio "qualsiasi insieme strutturato di dati personali accessibili secondo criteri determinati, indipendentemente dal fatto che tale insieme sia centralizzato, decentralizzato o ripartito in modo funzionale o geografico". Già in precedenza il cdp disciplinava le banche dati intese come "qualsiasi complesso organizzato di dati personali, ripartito in una o più unità dislocate in uno o più siti" (così la precedente formulazione dell'art. 4, co. 1, lett. *p*), cdp).

Dati personali

Qualunque informazione relativa ad una persona fisica, identificata o identificabile, costituisce un **dato personale** (art. 4, n. 1, rgdp). Tale generica nozione include dati in qualsiasi forma, ivi compresa quella documentale. Così come qualunque operazione o insieme di operazioni compiute con o senza l'ausilio di processi automatizzati applicate a dati personali rappresenta un'attività di **trattamento** dei dati personali (art. 4, n. 2, rgpd).

Consenso dell'interessato

Tali dati possono essere cancellati, rettificati, trasformati in forma anonima, ceduti, bloccati o integrati su richiesta dell'interessato ovvero di colui al quale i dati fanno riferimento (art. 7, co. 3 e 4, cdp; ora v. altresì artt. 16, 17, 18, rgdp). Il rgdp ha inoltre previsto il diritto dell'**interessato** (vale a dire della persona fisica alla quale si riferiscono i dati personali) di opporsi al trattamento o chiedere la sua limitazione (art. 18 e 21 rgdp). Ai fini del loro trattamento è di norma necessario il **consenso** dell'interessato ultrasedicenne (o quattordicenne, per l'ordinamento italiano: v. art. 8 rgdp e 2-*quinquies* cdp), la cui manifestazione deve essere preceduta da un'esatta informativa sull'uso che se ne intende fare (e artt. 6 e 7, rgdp: c.d. **consenso informato**. V. anche Cap. VI, n. 3.1).

Dati sensibili

Particolare rilievo hanno i c.d. dati sensibili (ora indicati quali categorie particolari di dati: art. 9, rgdp), ovvero quei dati relativi all'origine razziale, alla salute, alle convinzioni religiose e politiche alla vita sessuale che, per la loro capacità di rivelare aspetti particolarmente intimi e riservati, possono ancora più pesantemente incidere sulla vita delle persone. Il loro trattamento è di norma vietato salvo in taluni casi, come in presenza di un consenso specifico ed esplicito dell'interessato al loro trattamento.

Ricordiamo, infine, che l'art. 15 cdp equiparava, ai fini del risarcimento del danno, il trattamento dei dati personali all'esercizio di **attività pericolose**, contemplato dall'art. 2050. Il riferimento a tale ipotesi è ora venuto meno, in quanto la disciplina del risarcimento del danno trova specifica considerazione nell'art. 82 rgdp (sul punto si rinvia al Cap. IX, n. 3.6, 4).

Diritto alla riservatezza e tutela dei dati personali

Si può dire, alla luce delle novità introdotte dal cdp, prima, e dal rgdp, dopo, che la *privacy* mostra così un volto nuovo.

Esso non può più essere ricostruito come mera pretesa di chiudersi in sé, di celarsi dietro alla impenetrabile barriera della propria *privacy*, ma assume un ulteriore significato, una diversa portata.

L'interesse a preservare la propria intimità è indubbiamente un aspetto della tutela della riservatezza, ma sarebbe fuorviante considerare il diritto alla riservatezza come il diritto a isolarsi e a reclamare il silenzio su di sé, facendone un momento di rottura del legame sociale tra il singolo e la comunità.

I poteri attribuiti al singolo sui propri dati personali infatti non sono funzionali semplicemente alla tutela della sua *privacy*, ma mirano a restituire all'individuo la piena sovranità sulla propria persona, liberandolo dai condizionamenti che discendono dall'altrui controllo della propria sfera privata.

Questo è il motivo per cui tra i dati sensibili sono collocati quelli che maggiormente definiscono la sfera pubblica della persona: attraverso una protezione forte di questi dati, si intende garantire al singolo la possibilità di sviluppare liberamente la propria personalità anche nella sua dimensione pubblica, senza correre il rischio di essere stigmatizzato o discriminato per le proprie opinioni politiche, per il proprio credo religioso o per l'azione che egli svolge in seno alle organizzazioni a cui egli aderisce.

In questo senso la tutela della riservatezza, realizzata attraverso la protezione dei dati personali, diviene condizione perché la persona sia libera di essere se stessa all'interno della comunità: così il diritto alla riservatezza cessa di apparire come un momento di rottura del legame sociale, e diventa occasione per rinsaldarlo.

La patrimonializzazione dei dati personali

L'evoluzione della materia, anche alla luce dei nuovi mercati digitali (si pensi all'offerta di servizi di *social network*, all'offerta digitale di contenuti audiovisivi, alle piattaforme telematiche, ecc.) pone ora un ulteriore profilo di rilevanza dei dati personali. Questi ultimi acquistano un valore economico per l'impresa che offre detti servizi e contenuti digitali: essa, infatti, raccoglie, tratta e condivide con terzi i dati dei soggetti utenti con fini di profilazione e *marketing*. Dal suo canto l'utente acconsente al trattamento dei propri dati in cambio della possibilità di utilizzare il servizio o il contenuto offerto. Accanto alla tutela del dato personale come aspetto connesso alla realizzazione della persona vi è dunque quella del dato personale come valore economico di scambio. Il fenomeno, noto come **patrimonializzazione** dei dati personali, apre la strada all'applicabilità nelle ipotesi di circolazione dei dati personali anche delle tutele contrattuali e consumeristiche.

CAPITOLO VI

I BENI

SOMMARIO: 1. Le "cose" ed i beni. – 1.1. Le pertinenze. – 1.2. Classificazione delle cose. – 1.3. Beni mobili e beni immobili. – 1.4. I beni produttivi ed i frutti. – 1.5. Le universalità di mobili. – 2. Il corpo umano tra i beni giuridici. – 3. I beni immateriali. – 3.1. I nuovi beni immateriali. Il *software*, le banche dati, il *know-how*, i dati personali.

1. *Le "cose" ed i beni*

Funzione della disciplina dei beni

Il codice civile contiene, agli artt. 810 s., una serie di norme relative alla disciplina dei beni; tali norme si collocano in apertura del III Libro, dedicato alla proprietà.

Occorre tenere presente che fra i compiti di un ordinamento giuridico vi è anche quello di disciplinare le modalità di appropriazione e di utilizzazione delle risorse, ossia le modalità attraverso le quali i consociati gestiscono la ricchezza. Dettare una tale disciplina richiede di aver preventivamente definito il suo oggetto, vale a dire quali sono le risorse, le entità che costituiscono la ricchezza dei consociati e rispetto alle quali si pongono i problemi di appropriazione e di utilizzazione.

Beni in senso giuridico

L'art. 810 stabilisce che "sono beni le cose che possono formare oggetto di diritti". La nozione giuridica di bene viene quindi costruita su quella, naturalistica, di cosa, là dove per cosa si intende abitualmente una porzione individuata della realtà materiale. In altri termini, il legislatore seleziona, fra le entità che costituiscono l'arredamento del mondo (appunto, le cose), quelle suscettibili di formare oggetto di diritti; le entità così selezionate sono i **beni in senso giuridico**.

Questa impostazione potrebbe indurre a ritenere che la nozione di bene giuridico sia riferibile solo ed esclusivamente ad elementi dotati del requisito della fisicità e della corporeità, con la conseguenza di escludere, dal novero dei beni giuridici, tutto ciò che non abbia una consistenza naturalistica. Tale conclusione non è esatta: il nostro sistema giuridico consente di riferire la qualifica di bene giuridico anche ad entità che **non** sono cose in senso fisico (v. n. 3).

Restando sul terreno dell'analisi dell'art. 810, va sottolineato che il criterio sulla base del quale si ha il passaggio di una cosa al rango di bene giuridico risiede nella sua idoneità a formare oggetto di diritti. In prima approssimazione, tale criterio consente di escludere dalla nozione di bene giuridico quelle entità che, non dando luogo a conflitti di tipo **appropriativo** in ragione della loro illimitata disponibilità (Cap. I, n. 1.2), non individuano un interesse giuridicamente rilevante: ad es., la luce solare o l'acqua del mare.

Costruzione del bene giuridico nel sistema vigente

Per meglio apprezzare la norma è utile soffermarsi sull'antecedente storico dell'art. 810, ossia l'art. 406 del codice civile del 1865, il quale definiva i beni come le "cose che possono formare oggetto di proprietà pubblica o privata". Nel previgente ordinamento privatistico, quindi, il criterio di selezione dei beni era più ristretto: solo l'idoneità a divenire oggetto del **diritto di proprietà** consentiva il passaggio di una cosa al rango di bene giuridico. In altri termini, la proprietà veniva intesa come l'unico strumento di appropriazione delle risorse.

Il legislatore del 1942, invece, ha utilizzato un criterio più ampio, in quanto impiega il più generico termine "diritto", lasciando così intendere che anche diritti diversi da quello di proprietà possono comportare il passaggio di una cosa al rango di bene. Secondo la formulazione in esame, quindi, la qualifica di bene giuridico va attribuita a quelle entità idonee a costituire il punto di riferimento di situazioni giuridiche che l'ordinamento tutela in termini di diritto soggettivo; più esattamente, tutte le volte in cui è configurabile un **diritto soggettivo**, (v. Cap. III, n. 1.2.1) lì potrà essere ravvisata l'esistenza di un **bene**. Conseguentemente, non solo il diritto di proprietà, ma anche altri diritti soggettivi, quali i diritti di credito, i diritti della persona e i diritti sui beni immateriali, possono fondare l'esistenza di beni in senso giuridico. Questa maggiore apertura del codice civile vigente denota il superamento della dimensione meramente proprietaria ed attesta una visione più articolata e complessa della realtà.

Beni pubblici

Da ultimo, va precisato che sarebbe riduttivo impostare la teoria dei beni secondo una prospettiva esclusivamente privatistica. Ai sensi dell'art. 42 Cost., infatti, i beni possono appartenere anche allo Stato; anche il codice civile detta una serie di norme relative ai beni appartenenti allo Stato ed agli enti pubblici (art. 822 s.).

In estrema sintesi, i beni dello Stato sono inquadrabili in due categorie.

La prima è costituita dai **beni demaniali**. Essa, a sua volta, comprende i beni del demanio **naturale** o necessario, quali il lido del mare, la spiaggia, le rade e i porti; i fiumi, i torrenti, i laghi e le altre acque definite pubbliche dalle leggi in materia, le opere destinate alla difesa nazionale (art. 822, co. 1); nonché i beni del demanio **artificiale** o accidentale, quali le strade, le autostrade e le strade ferrate, gli aerodromi, gli acquedotti, gli immobili riconosciuti d'interesse storico, archeologico e artistico, le raccolte dei musei, delle pinacoteche, degli archivi, delle biblioteche (art. 822, co. 2). Beni demaniali

Mentre i beni del demanio necessario non possono in nessun caso formare oggetto di proprietà privata, i beni del demanio accidentale possono anche appartenere a privati, ma, se appartengono allo Stato, sono soggetti alla medesima disciplina dei beni demaniali.

In sintesi, i beni demaniali sono **inalienabili** e possono formare oggetto di diritti di terzi solo in conformità alle leggi che li riguardano (art. 823).

La seconda categoria di beni pubblici è costituita dai beni che fanno parte del **patrimonio dello Stato**; anche in tal caso si ravvisa una sottocategoria costituita dal **patrimonio** c.d. **indisponibile** (art. 826), nella quale rientrano foreste, miniere, cave e torbiere, fauna selvatica, cose d'interesse storico, archeologico, paletnologico, paleontologico e artistico, i beni costituenti la dotazione della presidenza della Repubblica, le caserme, gli armamenti, gli aeromobili militari e le navi da guerra, nonché gli edifici destinati a sede di uffici pubblici, con i loro arredi, e gli altri beni destinati a pubblico servizio. Patrimonio dello Stato

I beni che fanno parte del patrimonio dello Stato sono soggetti alla ordinaria disciplina codicistica (art. 828, co. 1), con la precisazione che quelli facenti parte del patrimonio indisponibile non possono essere sottratti alla loro destinazione, se non in forza di una legge (art. 828, co. 2). Un cenno merita, infine, in materia la l. n. 410/2001, recante disposizioni urgenti in materia di privatizzazione e valorizzazione del patrimonio immobiliare pubblico.

1.1. *Le pertinenze*

Le pertinenze sono definite all'art. 817 come "le cose destinate in modo durevole a servizio o ad ornamento di un'altra cosa": è il caso, ad es., della cantina rispetto ad un appartamento.

Le pertinenze sono, dunque, beni autonomi i quali vengono posti in **rapporto di accessorietà** rispetto ad un altro bene, che costituisce il bene **principale**. Il vincolo di accessorietà si colloca sul piano del fat- Nozione to, nel senso che esso va ravvisato in concreto, indipendentemente da particolari requisiti formali e/o esteriori. La destinazione di una cosa a servizio od ornamento di un'altra può essere compiuta **soltanto** dal proprietario della cosa principale o dal titolare di altro diritto reale sulla stessa (art. 817, co. 2).

Regime circolatorio

L'esistenza del vincolo di accessorietà rileva sul piano delle vicende circolatorie, in quanto – in linea di principio – le pertinenze **seguono** la cosa principale (art. 818, co. 1): pertanto, il trasferimento della proprietà della cosa principale comporta di per sé anche il trasferimento della proprietà della pertinenza. Ciò solleva una serie di problemi nel caso di beni immobili, con riferimento al regime della trascrizione: infatti, per tornare all'esempio iniziale, si ritiene che la trascrizione del trasferimento della proprietà dell'appartamento ricomprenda anche la cantina pure nel caso in cui dall'atto trascritto ciò non risulti espressamente.

Naturalmente, dal fatto che la pertinenza sia pur sempre una cosa distinta rispetto a quella principale deriva che la pertinenza può circolare anche in maniera **autonoma** (art. 818, co. 2); in tale ipotesi, è evidente che il vincolo pertinenziale verrà meno. Ciò, tuttavia, non può avvenire in pregiudizio di coloro che in buona fede sono precedentemente divenuti titolari di diritti sulla cosa principale (art. 818, co. 3). Il vincolo pertinenziale assume talora rilevanza a proposito degli spazi di **parcheggio**, in presenza di determinati presupposti, i parcheggi non potevano essere ceduti separatamente dall'unità immobiliare cui sono legati da vincolo pertinenziale (art. 9, co. 5, l. n. 133/1989, da ultimo, però, modificato con d.l. n. 212/2014, convertito con l. n. 164/2014; ma vedi anche art. 12, co. 9, l. n. 246/2005.

Più in generale, i conflitti fra titolari di diritti sulle pertinenze e titolari di diritti sulla cosa principale sono risolti alla stregua della regola secondo la quale l'impressione su una cosa del vincolo pertinenziale in favore di un'altra non pregiudica i diritti dei terzi preesistenti sulla prima. Tali diritti, tuttavia, se non risultanti da atto scritto avente data certa anteriore, non possono essere opposti ai terzi di buona fede quando il bene principale sia un immobile o un mobile iscritto in pubblici registri (art. 819).

1.2. *Classificazione delle cose*

Classificazione delle cose

L'ampia nozione di cosa si presta a numerose distinzioni. Riportiamo qui di seguito quelle di uso più frequente.

a) Cosa **generica** e cosa **specifica**: la cosa generica è individuata con riferimento ad un *genus* (ad es., tutto il vino ricavato dalle varie zone di produzione del Chianti nell'annata 1997). La cosa specifica è, invece, individuata in concreto (quella certa bottiglia di Brunello di Montalcino dell'annata 1997). La distinzione rileva in punto di disciplina del trasferimento della proprietà: non è infatti possibile trasferire la proprietà di una cosa generica, essendo necessaria la sua individuazione (v. art. 1378).

b) Cosa **fungibile** e cosa **infungibile**: fungibile è la cosa che può essere sostituita con un'altra appartenente allo stesso genere; cosa fungibile per eccellenza è il denaro. Infungibile è la cosa che non può essere sostituita: ad es., quel determinato quadro del pittore Picasso. La distinzione rileva sul piano dei rapporti obbligatori e, in particolare, degli obblighi di restituzione discendenti da taluni contratti. Ad es., il mutuo è un contratto che ha ad oggetto cose fungibili e, pertanto, il mutuatario è tenuto a restituire una certa quantità di cose dello stesso genere, ma non necessariamente proprio quelle consegnategli dal mutuante (art. 1813). Viceversa, nel deposito e nel comodato il depositario ed il comodatario sono tenuti a restituire esattamente la cosa che avevano ricevuto, rispettivamente, in custodia ed in prestito (artt. 1766, 1803).

c) Cosa **deteriorabile** e cosa **non deteriorabile**: deteriorabile è la cosa che può subire deterioramenti con il decorso del tempo, fino al suo perimento (ad es., un macchinario). La distinzione si avvicina a (ma non coincide completamente con) quella fra cose **consumabili** e cose **inconsumabili**, là dove per consumabile si intende la cosa che perisce immediatamente a seguito dell'uso (una partita di generi alimentari), mentre per inconsumabile si intende la cosa suscettibile di godimento ripetuto nel tempo (il macchinario che però, come abbiamo visto, è deteriorabile). Tali distinzioni rilevano in sede di disciplina, ad es., dell'usufrutto (artt. 995-996), della locazione (art. 1590), del contratto di trasporto (art. 1690).

d) Cosa **divisibile** e cosa **indivisibile**: divisibile è la cosa suscettibile di formare oggetto di divisione (art. 720 s., ovvero art. 1112 s.), ossia di dar vita a più cose tra loro uguali o comunque tali da mantenere la stessa destinazione d'uso della cosa divisa. Divisibile è, ad es., un appezzamento di terreno, così come può esserlo un appartamento. Indivisibile è, invece, ad es., un animale vivo.

È opportuno precisare che le due nozioni non si esauriscono all'interno di una dimensione puramente naturalistica della divisibilità e della indivisibilità ma si estendono fino a ricomprendere il modo in cui in concreto la cosa è stata considerata dalle parti (art. 1316): così, per tornare ad uno degli esempi precedenti, due piani di un edificio, per volontà dei comproprietari costituiti in un unico appartamento e collegati da una scala che assicuri anche la stabilità dell'immobile, risulteranno in concreto indivisibili.

e) Cosa **semplice** e cosa **composta**: semplice è la cosa unitariamente considerata e non suscettibile di essere divisa o comunque frazionata (ad es., una porta). Composta è la cosa formata da più elementi semplici, fra loro diversi, i quali perdono la loro individualità fondendosi in una cosa unitaria (esempio classico è l'automobile, formata da più cose semplici quali portiere, finestrini, pneumatici, ecc.).

f) Cosa **produttiva** e cosa **non produttiva**: produttiva è la cosa che ha attitudine a produrre frutti. Su tale distinzione si innesta, ad es., la differenza fra due tipi contrattuali quali l'affitto (art. 1615) e la locazione (art. 1571). Sul punto si tornerà al successivo n. 1.4.

1.3. *Beni mobili e beni immobili*

Nozione

Sul piano storico come, del resto, anche sul piano della disciplina positiva, la distinzione più importante resta tuttavia quella fra beni **mobili** e beni **immobili**. A tale proposito l'art. 812 stabilisce che: "sono beni immobili il suolo, le sorgenti e i corsi d'acqua, gli alberi, gli edifici e le altre costruzioni, anche se unite al suolo a scopo transitorio, e in genere tutto ciò che naturalmente o artificialmente è incorporato al suolo. Sono reputati immobili i mulini, i bagni e gli altri edifici galleggianti quando sono saldamente assicurati alla riva o all'alveo e sono destinati ad esserlo in modo permanente per la loro utilizzazione. Sono mobili tutti gli altri beni".

In sostanza, quindi, sono immobili i beni **incorporati al suolo**, anche artificialmente ed anche solo transitoriamente.

I beni mobili vengono invece individuati in via **residuale**: sono mobili tutti i beni diversi da quelli immobili. In particolare il codice, risolvendo un problema in precedenza molto controverso, ha qualificato espressamente come beni mobili le **energie naturali** aventi valore economico, ossia in quanto trasformate e rese immediatamente fruibili (art. 814: ad es., l'energia solare nel momento in cui viene trasformata in energia elettrica).

Regime circolatorio

La distinzione tra beni immobili e beni mobili deve ritenersi vincolante ed è inderogabile da parte dei privati. Fondamentalmente tale distinzione rileva sul piano del regime circolatorio: per i beni immobili è infatti previsto un sistema di **pubblicità dichiarativa**, che consiste nella **trascrizione** in pubblici registri degli atti traslativi o, più in generale, dispositivi (art. 2643 s.), idonea, tra l'altro, a risolvere controversie fra posizioni confliggenti (v. Cap. IV, n. 2.1). A sua volta, l'esistenza di tale sistema di pubblicità presuppone che gli atti relativi a beni immobili siano muniti della forma scritta (art. 1350 in relazione all'art. 2657 che individua il titolo idoneo ai fini della trascrizione).

Nel caso dei beni mobili, invece, il criterio che presiede alle vicende circolatorie ed alla risoluzione dei conflitti cui esse possono dare vita va ravvisato in una situazione di fatto quale è il **possesso** (Cap. XII, n. 6.1). Da questo punto di vista, la trascrizione ed il possesso rappresentano le due diverse tecniche attraverso le quali l'ordinamento, con riguardo ora ai beni immobili ora ai beni mobili, soddisfa e, in pari tempo, contempera le esigenze di certezza degli acquisti e di celerità negli scambi (in argomento v. anche Cap. VII, n. 9.1).

È poi opinione comune che il diverso regime previsto per i beni immobili rifletta la loro considerazione in termini di maggiore importanza sul piano socioeconomico. In altre parole, il legislatore del 1942 avrebbe ritenuto che la ricchezza dei consociati dovesse essere individuata prevalentemente con riferimento ai beni immobili; da qui la previsione di un sistema idoneo a favorire il controllo sulla loro circolazione. Si è soliti aggiungere che questa impostazione, probabilmente giustificata all'epoca in cui il codice civile entrò in vigore, ha perso oggi buona parte del suo significato, dal momento che l'importanza della proprietà immobiliare è andata progressivamente scemando a favore della ricchezza mobiliare: basti pensare al ruolo svolto oggi dalla proprietà azionaria e da quella industriale ed intellettuale.

Beni mobili registrati

Ricordiamo, infine, che per alcune tipologie dei beni mobili (navi, aerei, automobili) il codice civile prevede un regime circolatorio in parte simile a quello dei beni immobili, giacché gli atti relativi a tali beni vanno trascritti in pubblici registri istituiti *ad hoc* (artt. 815, 2683: **beni mobili registrati**).

1.4. *I beni produttivi ed i frutti*

Come già accennato in precedenza (v. n. 1.2), determinati beni (c.d. produttivi) hanno l'attitudine a produrre frutti. La legge distingue frutti naturali e frutti civili.

Frutti naturali

I **frutti naturali** sono "quelli che provengono direttamente dalla cosa, vi concorra o no l'opera dell'uomo, come i prodotti agricoli, la legna, i parti degli animali, i prodotti delle miniere, cave e torbiere" (art. 820, co. 1). I frutti naturali diventano beni solo a seguito di **separazione** dalla cosa madre. Tuttavia, di essi si può disporre come di cosa mobile futura (artt. 820, co. 2; 1472, co. 1), anche se l'efficacia dell'atto dispositivo è subordinata, ancora una volta, alla separazione.

Acquisto

In linea di principio, la proprietà dei frutti spetta al **proprietario** della cosa madre (art. 821, co. 1), il quale è tenuto a rimborsare delle spese fatte colui al cui lavoro si deve la loro produzione (art. 821, co. 2). Ciò significa che il titolo per l'acquisto della proprietà dei frutti è la proprietà della cosa madre e non il lavoro svolto. In tal modo, la norma risolve secondo una logica squisitamente proprietaria un'ipotesi di conflitto fra capitale e lavoro.

Naturalmente, il proprietario può disporre dei frutti in favore di terzi. Costoro ne acquistano la proprietà con la separazione e sono anch'essi tenuti al rimborso delle spese in favore di colui che si è adoperato per la produzione dei frutti.

Frutti civili

I **frutti civili**, invece, sono "quelli che si ritraggono dalla cosa come corrispettivo del godimento che altri ne abbia". Si tratta, ad es., degli interessi dei capitali, dei canoni enfiteutici, delle rendite, del corrispettivo delle locazioni (art. 820, co. 3).

È opportuno precisare che il godimento di cui parla la legge può trarre origine ora da un atto di autonomia privata a ciò specificamente rivolto (si pensi, appunto, al caso del contratto di locazione), ora dall'esigenza di riattribuire ad un soggetto le utilità negategli dalla mancata utilizzazione di un bene (ad es., il mutuatario, che tardi a restituire la somma avuta in prestito, sarà tenuto a corrispondere gli interessi legali anche se il mutuo era stato stipulato a titolo gratuito).

I frutti civili si acquistano **giorno per giorno**, in ragione della durata del rapporto (art. 821, co. 3).

1.5. *Le universalità di mobili*

Per **universalità di mobili** si intende una pluralità di beni mobili che appartengono allo **stesso** proprietario e che hanno una destinazione unitaria (art. 816, co. 1): ad es., una biblioteca.

Disciplina delle universalità di mobili

Analogamente a quanto osservato a proposito delle pertinenze, anche nel caso delle universalità di mobili si assiste ad un fenomeno di **unificazione di una pluralità di beni**, che trova il suo fondamento in una situazione di fatto. Tale unificazione viene in rilievo sul piano circolatorio, nel senso che il complesso di beni in quanto tale può formare oggetto di atti di disposizione. Ciò non esclude, naturalmente, che anche i singoli beni possano circolare in maniera autonoma (art. 816, co. 2). Sul piano della disciplina applicabile, poi, l'universalità di mobili talvolta viene assimilata ai beni immobili (art. 1156 in tema di usucapione; art. 1170 in tema di tutela del possesso).

Universitas iuris

Nella tradizione del linguaggio giuridico si è soliti designare la universalità di mobili rientrante nella nozione codicistica come *universitas facti*. A questa viene contrapposta la diversa nozione di *universitas iuris*, la quale si caratterizza in quanto l'unificazione non si realizza sul piano del fatto, ma viene operata dall'ordinamento, il quale ritiene opportuno considerare in maniera unitaria un insieme di beni, mobili ed anche immobili.

Esempi di *universitas iuris* sono costituiti dall'eredità (v. Cap. XIV, n. 1.1) e dall'azienda (v. Cap. X, n. 2), vale a dire due fattispecie nelle quali si registra un complesso di beni che il legislatore mostra di disciplinare in maniera unitaria, quanto meno sotto determinati profili (vendita di eredità, art. 1542 s.; cessione di azienda, art. 2557 s.).

2. *Il corpo umano tra i beni giuridici*

Si discute, con sempre maggiore vivacità, se entro la nozione di bene giuridico possa ricomprendersi anche il corpo umano; la questione sottende l'interrogativo se il corpo umano, o una singola parte di esso, possano formare oggetto di una situazione di appropriazione esclusiva e in che misura siano ammissibili atti di disposizione del corpo o di sue singole parti.

Atti di disposizione

Il riferimento normativo più immediato si trova all'art. 5, il quale recita: "gli atti di disposizione del proprio corpo sono vietati quando cagionino una diminuzione permanente dell'integrità fisica, o quando siano altrimenti contrari alla legge, all'ordine pubblico o al buon costume". La regola sembra dunque chiara: sono **ammissibili** atti di disposizione di parti del corpo umano che incidano in maniera **non permanente** sull'integrità fisica; esempio classico è quello della donazione di sangue (v. al riguardo la l. n. 107/1990, che ne vietava la vendita e ora l'art. 22, l. n. 219/2005 che prevede sanzioni per chiunque cede il proprio sangue o i suoi componenti a fini di lucro). **Non** è invece **ammissibile** quell'atto di disposizione che leda in maniera **definitiva** l'integrità fisica della persona: ad es., non si possono vendere ma neppure donare un occhio o una mano.

Resta poi salvo, in ogni caso, il limite costituito dal rispetto della legge, dell'ordine pubblico e del buon costume, nel senso che vi sono atti i quali, pur non provocando una diminuzione permanente dell'integrità fisica, sono considerati illeciti (ad es., se taluno si impegna ad erogare le proprie prestazioni sessuali a beneficio di talaltro, questo impegno integra gli estremi di un atto di disposizione del proprio corpo contrario al buon costume e, quindi, illecito).

Trapianti

La norma codicistica deve tuttavia fare i conti con l'evoluzione della medicina e della chirurgia, le quali hanno progressivamente sviluppato tecniche sempre più sofisticate per il **trapianto di organi**. Di conseguenza, il legislatore è intervenuto per legittimare il trapianto di quegli organi la cui asportazione non determina lesioni irreversibili all'integrità fisica dell'individuo (ad es., il trapianto di rene: v. l. n. 458/1967 o, ancora, il trapianto parziale di fegato: v. l. n. 483/1999). Questione parzialmente diversa, attiene all'espianto di organi da cadavere per il quale oggi è sufficiente il consenso presunto del defunto (l. n. 91/1999: v. Cap. V, n. 11).

Sembra dunque riduttivo esaurire la rilevanza giuridica e la tutela del corpo umano entro gli schemi qualificatori propri della teoria dei beni giuridici. È chiaro, infatti, che le scelte del legislatore al riguardo obbediscono fondamentalmente ad un'esigenza di tutela della dignità della persona nelle sue varie manifestazioni. Ma, come ovvio, il problema nella sua complessità non si risolve nel solo profilo giuridico, ma presenta varie e delicate implicazioni di natura scientifica, filosofica e religiosa (più in generale, sull'argomento v. Cap. V, n. 12).

3. *I beni immateriali*

Caratteri

I beni **immateriali** sono quei beni giuridici caratterizzati dall'**incorporeità**, ovvero dal fatto di non appartenere alle *res* esistenti in natura; si tratta, ad es., delle invenzioni, dei marchi, delle opere dell'ingegno, e di altre entità su cui si tornerà più avanti.

Si insegna abitualmente che nei beni immateriali ricorrono i due seguenti profili:

a) **intellettualità**: alla base del bene immateriale si colloca necessariamente un'idea creativa. In altri termini, il bene immateriale è una creazione di natura intellettuale, un frutto dell'intelletto umano;

b) **riproducibilità**: la creazione intellettuale, così configurata, deve essere idonea ad estrinsecarsi in un *quid* di materiale e di tangibile, ossia – in altri termini – ad essere riprodotta in un numero indefinito di esemplari "concreti".

I beni immateriali, dunque, non esistono in *rerum natura*, come accade, invece, per i beni corporali; mentre questi ultimi vengono "trovati" dall'uomo, i beni immateriali sono il frutto di una creazione *ex novo*. Per altro verso, l'idea creativa che sta alla base del bene immateriale non è oggetto di tutela in quanto tale ma acquista rilevanza giuridica nel momento in cui prende corpo nell'opera dell'ingegno o nell'invenzione, ecc.

Tutela dei beni immateriali

Proprio sotto il profilo della tutela, la distanza tra beni immateriali e beni materiali si attenua giacché la tutela accordata all'artefice della creazione pone capo, pur sempre, all'attribuzione di un'**esclusiva** in ordine alla possibilità di sfruttare economicamente la creazione stessa secondo uno schema appropriativo non dissimile da quello proprietario. Non è un caso, infatti, che storicamente il diritto di proprietà abbia rappresentato il paradigma di riferimento per la elaborazione della teoria dei beni immateriali.

In estrema sintesi sono configurabili due schemi attraverso i quali l'ordinamento procede alla individuazione dei beni immateriali e ne struttura la tutela:

a) lo schema del **diritto d'autore**. Esso opera con riferimento alle opere letterarie, musicali, figurative, cinematografiche, ecc. (v. art. 2575 e artt. 1, 2 l.a.) e fa perno sulla paternità della creazione intellettuale: *ratio* della tutela, infatti, è quella di proteggere l'originalità dell'espressione creativa. La tutela si articola in un **diritto morale** (in primo luogo, il diritto ad essere riconosciuto autore dell'opera) ed in un **diritto patrimoniale** (il diritto a sfruttarla economicamente attraverso la sua pubblicazione);

b) lo schema della **brevettazione**. Esso opera con riferimento alle invenzioni industriali, ai modelli industriali ed ai marchi registrati (artt. 2569, 2584, 2592; art. 1 l.b.; art. 5, r.d. n. 1411/1940; art. 1 l.m.) e fa perno sulla idoneità della creazione ad essere sfruttata economicamente nell'ambito di un'attività produttiva.

Per una più ampia disamina della disciplina positiva in materia v. Cap. X, n. 2.1.

3.1. *I nuovi beni immateriali. Il* software, *le banche dati, il* know-how, *i dati personali*

Sviluppo tecnologico e beni immateriali

L'impetuoso sviluppo tecnologico che ha caratterizzato la seconda metà del XX secolo ha progressivamente condotto all'individuazione di altri beni immateriali (oltre a quelli individuati nel codice civile e dalle leggi speciali ad esso coeve), astrattamente idonei ad essere inquadrati negli schemi di tutela predisposti dall'ordinamento: programmi per elaboratori elettronici, banche dati, informazioni personali, idee pubblicitarie, ecc.

a) *Il* software

Comunemente si intende per *software* un programma per elaboratore, ossia una serie di indicazioni o di istruzioni da utilizzarsi direttamente o indirettamente in un elaboratore (ad es., un *computer*) per lo svolgimento di determinate funzioni, quali, ad es., gestire la contabilità di un'impresa, oppure elaborare documenti (ad es., il testo di questo capitolo); oppure, ancora, assicurare il servizio di prenotazione su treni o aerei, ecc.

Il *software* presenta quindi tutte le caratteristiche del **bene immateriale**: corrisponde ad un'idea **creativa**, è idoneo ad essere riprodotto in un numero indefinito di esemplari, ed è suscettibile di sfruttamento economico, in quanto chi mette a punto il programma può cedere a terzi – verso corrispettivo – il diritto di utilizzo. Si è così posto il problema di tutelare colui che crea ed elabora il programma per il *computer*. Per quanto riguarda il profilo contrattuale, recentemente l'Unione europea ha emanato una direttiva sulla base della quale dovranno essere disciplinati dal legislatore nazionale determinati aspetti dei contratti di fornitura di servizi e contenuti digitali (dir. 770/2019).

Software e diritto d'autore

Al riguardo, la scelta legislativa è caduta sullo schema del diritto d'autore: il d.lgs. n. 518/1992 (sulla scorta della dir. n. 91/250), ha inserito nella l.a. una serie di disposizioni che estendono questo modello di tutela anche ai programmi per computer (v. art. 1, co. 2, e art. 2, n. 8 e art. 64 *bis*-64 *quater*, l.a.).

La scelta legislativa comporta talune significative implicazioni, in quanto lo schema del diritto d'autore si cura solo dell'originalità dell'idea creativa, e non anche del suo contenuto applicativo. Ne consegue che sono sufficienti anche lievi differenze fra due diversi programmi per ritenere sussistente in entrambi un profilo di originalità e, pertanto, tutelarli in maniera autonoma.

b) *Le banche di dati*

Si intende per **banca di dati** "una raccolta di opere, dati od altri elementi indipendenti, sistematicamente o metodicamente disposti ed individualmente accessibili grazie a mezzi elettronici o in altro modo" (art. 1, co. 2, dir. n. 96/9, recepita con il d.lgs. n. 169/1999 che ha novellato la l.a.). Si tratta di strumenti particolarmente utili e preziosi nell'odierna società dell'informazione. Basti pensare, per fare solo alcuni esempi, alle raccolte di giurisprudenza, in cui i singoli provvedimenti giurisdizionali vengono ordinati sulla base di vari criteri quali la pertinenza ad uno stesso argomento, ovvero la provenienza da una determinata autorità giudicante; oppure ad una banca di dati costituita dall'insieme degli elementi identificativi delle imprese che operano in un certo settore, o che esportano in un determinato paese, che impiegano abitualmente un certo prodotto, ecc.

La banca di dati rappresenta il risultato di un lavoro di raccolta e disposizione di dati ed informazioni (in senso lato) che, singolarmente, possono essere acquisiti da chiunque: il "valore" della banca di dati, quindi, risiede nel fatto che essa consente di acquisire determinate informazioni in maniera più rapida ed efficiente, posto che queste si presentano già ordinate secondo un certo criterio. La banca di dati, pertanto, reca un valore in sé, superiore a quello rappresentato dalla somma dei singoli elementi costitutivi.

Si ritrovano quindi anche in questo caso i tratti caratterizzanti i beni immateriali: l'intellettualità dell'idea creativa, la sua riproducibilità in supporti materiali da inserire nel commercio giuridico, la sua idoneità ad essere sfruttata economicamente.

Tutela binaria della banca di dati

In sede di conformazione degli strumenti di tutela, il legislatore ha dovuto considerare le particolari caratteristiche che il bene "banca di dati" presenta. La tutela della banca di dati si articola diversamente a seconda che essa soddisfi o meno il requisito della originalità (art. 1, co. 2, l.a.). Nel primo caso, al suo artefice viene riconosciuto il **diritto d'autore** (art. 64 *quinquies* l.a.); là dove, viceversa, la banca di dati sia priva del requisito della originalità ma abbia comportato investimenti rilevanti, al suo costitutore viene attribuito il c.d. **diritto** *sui generis* (art. 102 *bis* l.a.).

Come già osservato, il diritto d'autore di regola protegge solo l'originalità della forma espressiva, che, nel caso di specie, va identificata nella scelta o nella disposizione dei singoli elementi costitutivi della banca di dati. Tuttavia, questo schema non si presta a tutelare il **contenuto** della banca di dati, nel senso che gli elementi costitutivi di quest'ultima resterebbero liberamente appropriabili ed acquisibili da parte dei terzi.

Proprio per ovviare a questo potenziale pregiudizio, che rischierebbe di vanificare totalmente lo sforzo creativo compiuto dall'autore o quello economico sopportato dal costitutore, all'uno e all'altro viene riconosciuto il potere di vietare operazioni di **estrazione** o **riutilizzo** del contenuto della raccolta, qualora tali operazioni investano la totalità ovvero una parte sostanziale della stessa (v. artt. 102 *bis*-102 *ter* l.a.).

c) *Il* know-how

Il *know-how* (letteralmente "sapere come") designa un complesso di informazioni e conoscenze che ineriscono allo svolgimento di una determinata attività imprenditoriale. Ad es., l'insieme di conoscenze tecniche rilevanti in un processo produttivo, quali formule chimiche e/o accorgimenti tecnici (c.d. *know-how* **industriale**), oppure le tecniche di vendita proprie di un'impresa che produce determinati beni (c.d. *know-how* **commerciale**).

Non brevettabilità del *know-how*

Dal punto di vista funzionale, il *know-how* presenta alcuni tratti caratteristici degli altri beni immateriali: infatti, esso si caratterizza sia per il fatto di consistere in un'idea creativa, sia per il fatto di essere suscettibile di sfruttamento economico. Anche se il *know-how* sembra potersi accostare all'invenzione, in realtà se ne discosta per il fatto di non essere brevettabile a causa della sua **irriproducibilità** in un supporto materiale (art. 12 l.b.).

Il *know-how* forma abitualmente oggetto di transazioni negoziali: ad es., con il contratto di licenza di *know-how* un soggetto che ha elaborato un determinato processo produttivo attribuisce, verso corrispettivo, ad un altro soggetto, il diritto (esclusivo o non esclusivo) di utilizzare quelle informazioni e quelle conoscenze nello svolgimento della propria attività. Elemento fondamentale di questi schemi contrattuali è la **segretezza**: il soggetto a cui le informazioni vengono trasmesse si obbliga a non comunicarle a terzi né a divulgarle in altro modo.

Ci si chiede se il *know-how* possa essere comunque considerato un bene in senso giuridico. La questione è discussa, ma sembra preferibile rispondere negativamente apparendo decisivo il fatto che esso non forma oggetto di quel processo di "tipizzazione" (di individuazione da parte dell'ordinamento) che, invece, caratterizza i beni immateriali. Il *know-how*, dunque, vive solo all'interno di fenomeni contrattuali e, pertanto, non può beneficiare della tutela *erga omnes* accordata dall'ordinamento per quelle idee che formano oggetto di brevettazione.

d) *I dati personali*

Trattamento dati personali

La nozione di **dato personale** (informazione relativa ad una persona fisica individuata o individuabile) ha richiamato l'attenzione dei giuristi soprattutto a seguito dell'entrata in vigore della l. n. 675/1996 che ha recepito, ampliandola, la dir. n. 95/46 e che è stata, poi rifusa nel cdp. L'Unione europea ha infine emanato un nuovo Regolamento che riordina e disciplina la materia del trattamento dei dati (Reg. Ue n. 679/2016, rgdp). In estrema sintesi (sul punto v. anche Cap. V, n. 12.3-12.4) la disciplina così introdotta ha inteso sottoporre l'**attività di trattamento** dei dati personali ad una serie di regole, allo scopo di garantire il rispetto dei diritti fondamentali degli interessati (vale a dire dei soggetti cui si riferiscono le informazioni oggetto del trattamento stesso) e di consentire la libera circolazione dei dati personali. Una delle regole fondamentali è quella secondo cui l'attività di trattamento può svolgersi solo in presenza del **consenso** dell'interessato (artt. 6, 7 e 8, rgdp).

Dati personali e beni giuridici

I dati personali diventano così oggetto di due contrapposte pretese, facenti capo, da un lato, al c.d. **interessato** e, dall'altro lato, al **titolare** del trattamento, ossia il soggetto che tratta quei dati per lo svolgimento di un'attività professionale (ad es., un giornalista, una banca o una compagnia di assicurazione). Ci si chiede se i dati personali siano suscettibili di appropriazione e se quindi, sotto questo profilo, possano configurarsi alla stregua di un bene giuridico.

La risposta appare **negativa** con riferimento ad entrambe le prospettive. Dal lato dell'interessato, infatti, non sussiste una posizione di esclusiva, nel senso che l'interessato non è titolare di un potere assoluto che lo abiliti ad impedire che i terzi trattino i suoi dati nell'ambito di relazioni contrattuali e/o di procedimenti amministrativi. All'interessato l'ordinamento riconosce soltanto la tutela di situazioni soggettive riconducibili ai diritti fondamentali, fra i quali *in primis* la **riservatezza** e l'**identità personale** (v. Cap. V, n. 12.1, 12.3-12.4).

Ma anche impostando la questione dal punto di vista dell'autore del trattamento, si giunge alla conclusione secondo cui **non** è configurabile una situazione appropriativa: neanche l'autore del trattamento, infatti, gode di un'esclusiva rispetto ai dati personali di terzi, giacché lo stesso consenso prestato dall'interessato al trattamento, nella misura in cui è sempre suscettibile di revoca, non può certo considerarsi fonte di uno stabile effetto attributivo.

CAPITOLO VII

L'AUTONOMIA PRIVATA

SEZIONE I

AUTONOMIA PRIVATA ED ORDINAMENTO GIURIDICO

1. *La funzione dell'autonomia privata ed il suo riconoscimento da parte dell'ordinamento giuridico*

Funzione dell'autonomia privata

Si è già detto (Cap. I, n. 5), che l'ordinamento giuridico prende atto della opportunità di riservare ai consociati una sfera all'interno della quale essi possano disciplinare in maniera **autonoma** i propri interessi.

Ambito di operatività dell'autonomia privata

Questa scelta si basa su una serie di considerazioni che sono già state in parte accennate (v. Cap. I, n. 5).

In primo luogo, può ritenersi che – fino a quando tale attività autoregolatrice non si ponga in contrasto con fini o valori superiori – essa realizzi un assetto di interessi più soddisfacente rispetto a quello che potrebbe discendere dalla imposizione di regole eteronome.

Così, ad es., si può reputare che in un ipotetico mercato perfetto – un mercato, cioè, cui partecipino soggetti che ispirano le loro scelte a criteri del tutto razionali – la decisione di Tizio di vendere a Caio un determinato bene a fronte del pagamento di un corrispettivo (e di non attribuirlo invece a Sempronio o a Mevio, che hanno offerto un prezzo inferiore) realizzi un assetto economico **ottimale** quanto all'utilizzazione di quel bene. Infatti, chi offre il prezzo più alto è anche colui che annette al bene il valore maggiore e che, dunque, saprà trarne le maggiori utilità.

Naturalmente, una spiegazione di questo genere delle ragioni del riconoscimento dell'autonomia privata può essere sufficiente solo in via di prima approssimazione al problema. Non soltanto perché si basa sull'ipotesi di un mercato perfettamente funzionante (e sul presupposto, tutto ideologico, che la somma delle utilità individuali corrisponda ad una maggiore utilità generale), ma anche perché l'autonomia privata non si esaurisce in ambito patrimoniale, estendendosi anche a sfere di interessi non patrimoniali.

Si pensi, ad es., agli accordi tra genitori intesi a regolare aspetti della vita familiare come l'educazione dei figli o le modalità di esercizio della potestà in caso di separazione; o, ancora, a tutti quegli atti di autonomia privata che si traducono nella adesione del singolo ad associazioni che perseguano scopi ideali, di tipo assistenziale, politico, culturale, ecc.

Emerge, allora, un chiaro **nesso** tra autonomia privata e sviluppo della personalità individuale rilevante anche ai fini della individuazione di un possibile fondamento costituzionale della stessa autonomia privata.

Autonomia privata e Costituzione

Infatti, enfatizzando l'idoneità della autonomia privata a consentire lo sviluppo della **personalità umana**, essa rinverrà il proprio fondamento nell'art. 2 Cost. Ove, viceversa, si volesse circoscrivere il suo ambito di operatività alla sfera dei **rapporti patrimoniali**, l'autonomia privata troverebbe il proprio fondamento nell'art. 41, co. 1, Cost., incontrando così gli stessi limiti che la norma pone all'iniziativa economica privata (v. Cap. X, n. 1; sui limiti dell'autonomia privata v. n. 2).

L'alternativa tra efficienza economica e tutela della libertà individuale come chiave di lettura del problema dell'autonomia privata perde, in una certa misura, di significato di fronte alla ovvia constatazione della impossibilità per l'ordinamento giuridico di farsi carico delle decisioni in ordine al modo di amministrare le risorse o di soddisfare i bisogni di tutti i singoli consociati: impossibilità che rappresenta la costante anche storica del riconoscimento dell'autonomia privata (v. Cap. I, n. 5).

2. *Le manifestazioni ed i "limiti" dell'autonomia privata*

L'autonomia privata si estrinseca in una serie di **prerogative** (libertà di concludere o non concludere il contratto, libertà di determinare il contenuto del contratto, libertà di contrarre, di stipulare contratti atipici), ciascuna delle quali va incontro a taluni **limiti**, funzionali alla tutela di interessi superiori e che rappresentano la cornice all'interno della quale essa può effettivamente esplicarsi.

La prima fondamentale manifestazione dell'autonomia privata è da rinvenirsi nella libertà di **stipulare** o meno il negozio giuridico. È ovvio, infatti, che non avrebbe senso parlare di autoregolamentazione dei propri interessi se la scelta di introdurre tale regola fosse obbligata. Libertà di negoziare

In realtà, anche tale aspetto dell'autonomia privata può essere escluso o fortemente limitato, come, ad es., accade nel caso degli obblighi **legali** a contrarre (artt. 1679, 2597: Cap. X, n. 2.2).

Tuttavia, anche i contratti stipulati a seguito dell'adempimento di obblighi legali vengono generalmente considerati atti di autonomia privata in quanto assoggettabili alla correlativa disciplina: ad es., al rapporto di somministrazione, che intercorre tra l'impresa fornitrice dell'energia elettrica e l'utente, si applicheranno senz'altro le norme in materia di risoluzione del contratto (v. n. 15-15.3). ... e suoi limiti

Se poi l'obbligo a contrarre ha origine in una manifestazione dell'autonomia privata (contratto preliminare: n. 4.5), non v'è neppure ragione di ravvisare in tale obbligo un limite alla libertà di contrarre.

Le parti poi sono libere di **determinare** il contenuto del negozio nel modo più congruo rispetto ai propri interessi, ad es., stabilendo il corrispettivo del bene scambiato, ovvero circoscrivendo nel tempo l'efficacia del contratto (art. 1322, co. 1). Libertà di determinazione del contenuto del negozio

Per quanto cruciale, anche questa manifestazione dell'autonomia privata va incontro a limiti molto penetranti. ... e suoi limiti

Questi limiti si manifestano ora in **negativo**, attraverso norme imperative (v. Cap. I, n. 5) che inibiscono la previsione di clausole illecite (si pensi, ad es., alla clausola che fissa un saggio di interesse usurario: art. 1815, co. 2), ora in **positivo**, attraverso norme imperative che fissano in parte il contenuto del negozio (si pensi, ad es., al prezzo c.d. imposto in una compravendita, o all'inserimento di un termine minimo di durata in un contratto di locazione di immobili urbani ad uso abitativo).

In tale ultima ipotesi, il regolamento negoziale subisce l'**inserzione** di frammenti di una disciplina **eteronoma** (art. 1339: v. 6.1). Il sacrificio dell'autonomia privata che in tal modo si realizza trova la propria giustificazione nell'esigenza di assicurare un accesso generalizzato a beni primari, altrimenti difficilmente acquisibili da chi non disponga delle risorse economiche necessarie.

Altra manifestazione dell'autonomia privata è il potere dei privati di predisporre schemi negoziali **atipici**, ossia non riconducibili ad un modello legislativo prefissato, o tipo legale (art. 1322, co. 2). Infatti, la varietà degli interessi che emergono dalla realtà socio economica rende spesso inadeguati gli schemi predisposti dal legislatore e, dunque, sollecita i privati a crearne di nuovi. Libertà di creare schemi negoziali atipici

Ciò può avvenire, in primo luogo, modificando o combinando variamente gli schemi già disponibili (si pensi, ad es., al c.d. *leasing*, frutto di una combinazione degli schemi della vendita con patto di riservato dominio – art. 1523 – e del contratto di locazione – art. 1571 –, da ultimo tipizzato dal legislatore, nella sua variante della locazione finanziaria, dall'art. 1, co. 136-140, l. n. 124/2017). Può avvenire, in secondo luogo, utilizzando schemi che, pur privi di riconoscimento normativo, siano già diffusi nella prassi (c.d. tipicità sociale); mentre è più che altro teorica l'ipotesi del privato che crei *ex novo* uno schema negoziale.

Anche in questo caso l'autonomia privata incontra limiti di varia natura.

... e suoi limiti

In primo luogo, viene in considerazione il limite della **meritevolezza** dell'interesse perseguito attraverso la predisposizione dello schema atipico (art. 1322 cpv.), limite che dovrà ritenersi soddisfatto allorché tale interesse risulti apprezzabile sulla base di una più generale valutazione socio-economica da condursi alla stregua dei criteri desumibili dall'ordinamento giuridico.

Limiti specifici al potere di utilizzare negozi atipici si riscontrano, poi, in alcuni ambiti dominati da principi di rigorosa **tipicità**. Si pensi, ad es., ai negozi costitutivi degli *status* familiari (matrimonio, adozione) o anche, in materia successoria, al testamento. Qui, la particolare natura degli interessi da regolare ha indotto il legislatore a costringere l'autonomia privata entro moduli prefissati: donde, appunto, il divieto di creare negozi atipici.

3. *La disciplina legislativa dell'autonomia privata: la categoria del contratto*

Disciplina generale del contratto

Il codice civile del 1942, che **non** ha recepito la categoria del negozio giuridico (Cap. II, n. 4), ha invece fatto oggetto di una disciplina organica il **contratto** (Titolo II del Libro IV "Dei contratti in generale"), disciplina suscettibile di essere estesa – nei limiti della compatibilità – anche agli atti unilaterali tra vivi aventi contenuto patrimoniale (art. 1324: v. n. 3.2).

Oltre a predisporre la disciplina del contratto in generale, il codice individua alcune specifiche figure di contratto (i **tipi contrattuali**) assoggettando anch'esse ad una normativa analitica (la vendita, la locazione, l'affitto, ecc.: artt. 1470-1986; v. Cap. VIII).

Le norme sui contratti in generale trovano applicazione a "tutti i contratti, ancorché non appartengano ai tipi che hanno una disciplina particolare" (art. 1323). In altre parole, un contratto, ancorché irriducibile ad uno dei tipi legali, verrebbe comunque assoggettato agli artt. 1321-1469 nonché agli artt. 33-37 cdc, se si trattasse di un contratto tra professionista e consumatore, anche se l'ipotesi di un contratto integralmente atipico deve ritenersi quasi esclusivamente teorica (v. anche n. 7.3).

Contratto e *status*

Sempre più di frequente accade, poi, che il legislatore regoli fattispecie, o gruppi di fattispecie, contrattuali individuate in relazione allo *status* dei contraenti: ciò costituisce un elemento di grande novità rispetto alla disciplina tradizionale dell'autonomia privata, ispirata alla premessa dell'assoluta eguaglianza e irrilevanza delle caratteristiche soggettive delle parti.

Il richiamo è, in particolare, alla materia dei contratti dei consumatori (v. n. 4.2).

3.1. *Contratto e negozio giuridico*

Contratto e negozio giuridico

La nozione di negozio giuridico a suo tempo fornita (v. Cap. II, n. 4) lascia intendere che il contratto è una *species* del *genus* negozio giuridico. Infatti, il contratto è un atto di autoregolamentazione di interessi privati, che si caratterizza in quanto **accordo** di **due** o **più** parti inteso a **costituire**, **modificare** od **estinguere** un rapporto giuridico avente natura **patrimoniale** (art. 1321).

Parti del contratto

I tratti caratteristici del contratto, nell'ambito della categoria negoziale, sono dunque: a) la necessaria presenza di due o più parti, cioè di due o più centri di interessi, destinatari degli effetti ricollegati dalla legge all'atto di autonomia (si noti che ciascuna parte può essere composta da più soggetti: ad es., se tre fratelli – proprietari in comunione di un'abitazione – la vendono a Tizio, i tre fratelli costituiscono l'unitaria parte venditrice: v. anche Cap. III, n. 1); b) la necessaria patrimonialità del rapporto che attraverso il contratto si intende costituire, modificare o estinguere (ed infatti per designare i negozi bilaterali o plurilaterali che non hanno contenuto patrimoniale si è soliti usare il termine **accordo**).

Patrimonialità del rapporto

La scelta del legislatore di imperniare la disciplina dell'autonomia privata sulla categoria del contratto potrebbe indurre a ritenere superata quella del negozio giuridico, trovando così conferma le opinioni critiche relative ad una sua eccessiva astrattezza (Cap. II, n. 4).

Utilità della categoria negoziale

Si deve tuttavia ritenere che tale scelta – dettata dalla centralità del contratto nella prassi degli affari – non abbia sminuito l'importanza del negozio giuridico il quale, viceversa, consente di individuare un denominatore **comune** a tutte le manifestazioni dell'autonomia privata.

Negozio giuridico e codice civile

A conferma di ciò può essere richiamato l'art. 1324, il quale, come già detto, estende – sia pure entro il limite della compatibilità – le norme dettate per i contratti agli atti **unilaterali** (cioè quelli che, a differenza del contratto, si perfezionano in virtù della dichiarazione di volontà di una sola parte: ad es., remissione del debito) tra **vivi** aventi contenuto **patrimoniale**. Infatti, in quel contesto, e come chiarisce la Relazione al codice, il termine "atti" è sinonimo del termine "negozi" e, dunque, esso potrà riferirsi, ad es., al negozio unilaterale nel quale si risolve la promessa al pubblico – art. 1989 – ovvero al recesso – art. 1373 –: e salva sempre, poi, la possibilità – sia pure più limitata – di estendere la disciplina del contratto anche a negozi a contenuto non patrimoniale (ad es., al matrimonio).

Del resto, la censura di astrattezza che viene rivolta alla costruzione del negozio giuridico potrebbe essere mossa alla stessa categoria del contratto. Quest'ultima è, a sua volta, un'astrazione rispetto alla realtà socio economica, la quale non conosce "il" contratto in generale, bensì i singoli, concreti, contratti, a loro volta quasi sempre arricchiti e modificati anche rispetto al tipo contrattuale di riferimento (ad es. attraverso la previsione dei c.d. elementi accidentali: v. n. 6.2).

3.2. *La disciplina del contratto ed i negozi giuridici unilaterali*

Disciplina del contratto e negozi unilaterali

La regola stabilita dall'art. 1324, circa l'estensione della disciplina del contratto – in quanto compatibile – ai negozi giuridici unilaterali tra vivi aventi contenuto patrimoniale, pone il problema dei **limiti** entro i quali tale estensione può avere luogo.

Il limite principale attiene all'impossibilità di applicare ad atti unilaterali disposizioni che presuppongono invece l'esistenza di un accordo tra due o più parti. Ad es., la norma fondamentale in materia di interpretazione del contratto, secondo la quale quest'ultima deve accertare la comune intenzione delle parti (art. 1362, co. 1), non può in quanto tale applicarsi là dove non vi sia una "comune intenzione", bensì una dichiarazione unilaterale di volontà.

Tipicità dei negozi unilaterali

Si ritiene poi da taluno che non sarebbe consentito all'autonomia privata dare vita a negozi unilaterali **atipici**, in quanto i negozi unilaterali sarebbero intrinsecamente idonei a produrre effetti anche nella sfera giuridica di terzi a tutela della quale opererebbe, appunto, la regola di tipicità. La questione è, però, ancora aperta e si interseca con il problema della tipicità delle promesse unilaterali (dove l'accoglimento della regola di tipicità obbedisce ad esigenze in parte diverse: v. Cap. XI, n. 11).

SEZIONE II

STRUTTURA ED EFFICACIA DEL CONTRATTO

4. *La conclusione del contratto*

Poiché il contratto è l'accordo di due o più parti inteso a costituire, modificare o estinguere un rapporto giuridico patrimoniale, esso potrà perfezionarsi, di regola, soltanto quando si sia verificata una corrispondenza tra le manifestazioni di volontà delle parti. Fino a quando tale corrispondenza non si sia verificata, il contratto non può dirsi perfezionato. Ad es., se io dichiaro a Tizio di voler comprare la sua automobile al prezzo di 5.000 € e Tizio si dichiara disposto a venderla, ma al prezzo di 6.000 €, il contratto di compravendita non si perfeziona, non essendovi congruenza tra l'una e l'altra manifestazione di volontà e risultando anzi un dissenso tra le stesse.

Perfezionamento del contratto

Il problema principale da risolversi in materia è, dunque, proprio quello di individuare il momento in cui la congruenza delle manifestazioni di volontà possa dirsi verificata e, conseguentemente, il contratto perfezionato.

Vengono in rilievo, a questo fine, la **proposta** e **l'accettazione**, ossia le manifestazioni di volontà il cui combinarsi dà luogo alla conclusione del contratto.

Proposta ed accettazione

Proposta ed accettazione possono essere definite come dichiarazioni **prenegoziali** di volontà, in quanto – ciascuna di per sé considerata – non possiedono ancora quell'efficacia vincolante tipica dell'atto di autonomia privata: non a caso, esse possono essere revocate, sia pure entro certi limiti temporali.

... e loro requisiti

Tuttavia, poiché proposta ed accettazione sono destinate a dare vita al contratto, per esse valgono i requisiti di **capacità** richiesti per quest'ultimo: in particolare, sia il proponente sia l'accettante dovranno avere la capacità legale di agire (art. 1425: v. n. 12.2). Infatti, la morte o, appunto, la sopravvenuta incapacità del proponente o dell'accettante privano di efficacia la proposta o l'accettazione, a meno che l'una o l'altra non siano state fatte dall'imprenditore nell'esercizio dell'impresa (art. 1330: ciò perché, in tal caso, si ritiene che esse siano funzionali all'espletamento dell'attività imprenditoriale oggettivamente considerata), ovvero la proposta sia stata dichiarata irrevocabile dallo stesso proponente (art. 1329).

La proposta deve essere **completa**, nel senso che deve contenere tutti gli elementi necessari alla conclusione del contratto: ad es., se la proposta è finalizzata alla conclusione di una compravendita dovrà contenere l'indicazione del bene che si vuole vendere o acquistare e del prezzo che si vuole richiedere o offrire.

Perfezionamento del contratto e scambio di proposta ed accettazione

Lo schema fondamentale di perfezionamento del contratto è quello previsto dall'art. 1326, co. 1, secondo il quale il contratto è concluso nel momento in cui chi ha fatto la proposta (il **proponente**) viene a conoscenza dell'accettazione dell'altra parte (l'**oblato**: destinatario della proposta contrattuale).

Questo schema, ricorrente, nella sua essenza logica, anche nei contratti conclusi da soggetti presenti in un medesimo contesto spazio-temporale (ad es., se vedo un amico per strada in sella ad una bicicletta e gli propongo di vendermela a 100 €, incontrando subito la sua accettazione, il contratto si sarà perfezionato nell'istante in cui tale accettazione giunge a mia conoscenza), assume un rilievo particolare nel caso di contratti conclusi tra persone lontane (anche perché, qui, l'individuazione del momento e del luogo di conclusione del contratto servirà a risolvere questioni di notevole importanza, come ad es. la fissazione della competenza in caso di controversia giudiziaria).

Si consideri l'ipotesi di Tizio, domiciliato a Roma, il quale, sapendo che Sempronio, domiciliato a Firenze, è proprietario della rara edizione di un volume al cui acquisto egli è interessato, invii allo stesso, per raccomandata, la proposta di comprare quel volume al prezzo di 200 €; orbene, se Sempronio risponderà, inviando un'altra raccomandata nella quale manifesta la propria accettazione, il contratto di compravendita si perfezionerà nel luogo e nel tempo in cui il proponente (e cioè Tizio) ha conoscenza dell'accettazione dell'altra parte (e cioè presso il domicilio di Tizio, nel giorno in cui la raccomandata arriva al suo indirizzo).

Presunzione di conoscenza

Al riguardo, viene in esame la **presunzione** di conoscenza istituita dall'art. 1335 in forza della quale la proposta, l'accettazione e la loro revoca – oltre che ogni altra dichiarazione diretta ad una persona determinata – si reputano conosciute nel momento in cui esse giungono all'**indirizzo** del destinatario, a meno che questi non provi di essere stato, senza sua colpa, nell'impossibilità di averne notizia. Ad es., se la raccomandata contenente l'accettazione della proposta giunge all'indirizzo del proponente e questi, sbadatamente, omette di aprire la cassetta delle lettere, il contratto dovrà in ogni caso considerarsi concluso.

Tempestività e forma dell'accettazione

La proposta può indicare il **termine** entro il quale l'accettazione deve giungere al proponente (ad es., entro quindici giorni dal momento in cui giunge la proposta: art. 1326, co. 3) o la **forma** nella quale l'accettazione dovrà avvenire (ad es., solo in forma scritta: art. 1326, co. 4). In tali casi, l'accettazione tardiva o in una forma diversa sarà inefficace, a meno che – ma tale possibilità è prevista dall'art. 1326, co. 3 solo per l'accettazione tardiva – il proponente non dichiari di volerla considerare comunque efficace.

In mancanza di un termine fissato dal proponente, l'accettazione dovrà pervenire entro il termine "ordinariamente necessario secondo la natura dell'affare o secondo gli usi" (art. 1326, co. 2).

Può tuttavia accadere che l'oblato, invece di manifestare la propria adesione alla proposta così come formulata dal proponente, formuli una dichiarazione difforme (ad es., Sempronio si dichiara disponibile a vendere il volume, ma ad un prezzo di 500 €). In questo caso, l'accettazione non conforme alla proposta varrà come **controproposta** (art. 1326 ult. co.): si invertono, dunque, le posizioni delle parti e la controproposta, se accettata dall'originario proponente, potrà condurre alla conclusione del contratto (art. 1326, ult. co.).

Revoca di proposta ed accettazione

Come già accennato, la proposta e l'accettazione sono, di regola, revocabili (art. 1328).

In particolare, la revoca della proposta deve intervenire prima della conclusione del contratto. Ad ogni modo, ove il destinatario della proposta abbia in buona fede avviato l'**esecuzione** del contratto, confidando nella circostanza che la proposta non sarebbe stata revocata, egli avrà diritto ad essere indennizzato delle spese fatte e delle perdite subite (art. 1328, co. 1).

Anche l'accettazione può essere revocata, ma la revoca deve giungere a conoscenza dell'altra parte **prima** dell'accettazione stessa (art. 1328, co. 2), poiché altrimenti essa verrebbe ad incidere su un contratto già concluso. Ad es., se ho inviato l'accettazione a mezzo raccomandata, dovrò inviare la revoca a mezzo telegramma o fax, onde farla arrivare a conoscenza dell'altra parte prima dell'accettazione.

Proposta irrevocabile ed opzione

Il proponente può dichiarare la proposta **irrevocabile** per un certo periodo di tempo. In tal caso, la revoca della proposta che intervenga entro quell'arco temporale sarà **inefficace** (art. 1329, co. 1), così come – secondo quanto già accennato – non incideranno sull'efficacia della proposta la morte o la sopravvenuta incapacità del proponente (art. 1329, co. 2).

Qualora l'irrevocabilità della proposta discenda da un accordo saremo in presenza di un'**opzione** (art. 1331, co. 1). In questo caso, ove le parti non abbiano individuato il termine di efficacia dell'opzione, esso potrà essere stabilito dal giudice (art. 1331, co. 2).

Altre modalità di perfezionamento del contratto

Lo schema di conclusione del contratto attraverso lo scambio di proposta ed accettazione non è l'unico predisposto dal legislatore. Vengono in considerazione, infatti, altri modelli di conclusione del contratto, variamente articolati rispetto a quello descritto dall'art. 1326, co. 1.

Vi sono, in particolare, settori dell'esperienza economico sociale nei quali – a fronte dell'invio della proposta – è normale e ragionevole attendersi che l'oblato esegua senz'altro la prestazione contrattuale.

Conclusione del contratto mediante inizio dell'esecuzione

In casi come questi (art. 1327, co. 1), il contratto è concluso nel tempo e nel luogo in cui ha avuto **inizio** l'esecuzione, ma l'oblato deve darne prontamente avviso al proponente, essendo altrimenti tenuto al risarcimento del danno (art. 1327, co. 2): danno che potrebbe insorgere qualora il proponente, nell'incertezza, concluda un contratto con un terzo al fine di procurarsi la stessa prestazione.

Contratto con obbligazioni a carico del solo proponente

Uno schema estremamente semplificato di formazione del contratto è poi quello previsto dall'art. 1333 con riguardo al contratto con **obbligazioni a carico del solo proponente** (ad es., un contratto con il quale ci si obblighi nei confronti del creditore a garantire un debito altrui senza alcun corrispettivo: fideiussione gratuita). In questo caso, la proposta intesa a concludere tale contratto è irrevocabile dal momento in cui giunge a **conoscenza** del destinatario ed il contratto si perfeziona qualora **non** intervenga il rifiuto dell'oblato nel termine richiesto dalla natura dell'affare o dagli usi.

Si tratta, dunque, di un'ipotesi di eccezionale rilevanza negoziale del **silenzio** (Cap. II, n. 4.2), giustificata dalla circostanza che dalla conclusione del contratto deriveranno all'oblato solo effetti favorevoli.

Offerta al pubblico

Quanto all'**offerta al pubblico**, molto diffusa nella pratica degli affari, essa varrà come proposta contrattuale quando contenga gli estremi essenziali del contratto, salvo che diversamente risulti dalle circostanze o dagli usi (art. 1336, co. 1). Ad es., l'esposizione della merce in vetrina con l'indicazione del prezzo, è un'offerta al pubblico, in quanto contiene gli estremi essenziali del contratto (v., sul punto, anche l'art. 3, d.lgs. n. 114/1998).

L'offerta al pubblico può essere revocata nella **stessa** forma nella quale era stata posta in essere o in forma equivalente (art. 1336, co. 2): in questo caso, la revoca è **efficace** anche nei confronti di chi non ne abbia avuto notizia (ad es., l'aspirante acquirente, che aveva visto la merce esposta in vetrina col prezzo al mattino e ripassa a fine giornata per acquistarla, non può pretendere di concludere egualmente il contratto se, nel frattempo, il commerciante l'ha ritirata dalla vetrina).

Contratti reali

Una modalità particolare di conclusione del contratto è rappresentata dai contratti **reali**, categoria che si contrappone a quella dei contratti **consensuali**.

Infatti, mentre questi ultimi si perfezionano con il semplice consenso, i contratti reali richiedono – accanto al consenso – anche la **consegna** della cosa.

Nel nostro ordinamento, la regola – desumibile, oltre che dalla elencazione dei requisiti del contratto contenuta all'art. 1325 (accordo delle parti, causa, oggetto e forma, ove prescritta dalla legge a pena di nullità) anche dall'art. 1376, in tema di immediata efficacia traslativa del consenso (v. n. 9.1) – è quella per cui, ai fini del perfezionamento del contratto, è **sufficiente** il consenso delle parti legittimamente manifestato.

Da questo punto di vista, i contratti reali sono, dunque, figure eccezionali (si tratta di mutuo, art. 1813 s.; deposito, art. 1766 s.; comodato, art. 1803 s.; pegno, art. 2786; riporto, art. 1548 s.), nelle quali la consegna della cosa viene attratta nella fase di perfezionamento del contratto a causa della funzione che quest'ultimo è chiamato a svolgere. Ad es., poiché la funzione del mutuo è quella di attribuire il godimento e il potere di consumo di una certa quantità di danaro o di cose fungibili, tale funzione può realizzarsi solo attraverso la consegna della cosa; la finalità tipica del deposito di assicurare la custodia della cosa da parte del depositario non può realizzarsi se la cosa non viene consegnata, e così via.

Tuttavia, almeno nel caso del mutuo, il legislatore sembra avere prefigurato una modalità di perfezionamento del contratto che prescinde dalla consegna (art. 1822: v. Cap. VIII, n. 6).

Adesione al contratto plurilaterale

Un cenno merita anche l'ipotesi cui ha riguardo l'art. 1332, che disciplina il caso del contratto al quale possano aderire **altre** parti (ad es., il contratto plurilaterale costitutivo di un'associazione non riconosciuta): se non sono determinate le modalità di adesione, la correlativa richiesta va diretta all'organo costituito per l'attuazione del contratto o, in sua assenza, a tutti i contraenti originari.

Contratto telematico

Va, infine, considerata l'ipotesi del contratto concluso per via **telematica** (v. anche n. 8.1), sempre più frequente nella pratica in relazione alla diffusione del c.d. commercio elettronico (ad es., acquisti via internet), che registra già interventi normativi di fonte comunitaria (v. in particolare la dir. n. 00/31 e l'art. 31 della l. n. 39/2002 recante la delega per l'attuazione della stessa nonché il d.lgs. n. 190/2005 sulla commercializzazione a distanza di servizi finanziari ai consumatori, ora trasfuso negli artt. 67 *bis* s. cdc.).

Perfezionamento del contratto telematico

In realtà, le modalità formative del contratto che si riscontrano nelle operazioni di commercio elettronico si presentano assai diversificate, corrispondendo ad altrettanti schemi "tradizionali" di conclusione del contratto.

Così, se la tecnologia telematica consente un immediato dialogo – orale e/o visivo – tra proponente ed oblato, il contratto potrà considerarsi concluso tra presenti, salva la necessità di stabilire chi sia il proponente e chi l'oblato quando rilevi il luogo di conclusione del contratto.

Si configurerà un'ipotesi di contratto tra persone distanti, nel caso in cui la proposta e l'accettazione vengano trasmesse a mezzo della rete telematica: e qui l'indirizzo del destinatario può ritenersi coincidente, anche ai fini dell'individuazione del luogo di conclusione del contratto, con quello del *server*.

Infine, se l'acquisto *on line* è subordinato all'immediato pagamento del corrispettivo (ad es., attraverso l'indicazione degli estremi della propria carta di credito), potrà trovare, di regola, applicazione la disciplina dell'art. 1327 in materia di contratto concluso mediante inizio dell'esecuzione.

4.1. *Le condizioni generali di contratto*

Condizioni generali di contratto

L'assetto contemporaneo della produzione e della distribuzione di massa ha evidenziato – già dai primi decenni del secolo scorso – l'esigenza che gli atti di scambio di beni o di erogazione di servizi siano assoggettati ad una disciplina **uniforme**, predisposta dallo stesso imprenditore.

Questi, infatti, deve poter pianificare la propria attività in modo da ridurre al minimo i costi, compresi quelli che deriverebbero da una negoziazione individualizzata e ripetuta per centinaia se non per migliaia di volte.

Da qui il ricorso alle c.d. **condizioni generali di contratto**, cioè a schemi regolamentari uniformi, predisposti unilateralmente dall'imprenditore e destinati a trovare applicazione sempre eguale a ciascuno dei contratti stipulati con l'utenza (si pensi al contratto di somministrazione dell'energia elettrica o di abbonamento telefonico).

Il ricorso alle condizioni generali di contratto pone due problemi fondamentali: rendere **conoscibile** alla controparte (l'aderente) il contenuto del contratto e tutelarla contro clausole particolarmente **onerose**.

Il codice civile del 1942, con uno sforzo apprezzabile tenuto conto dell'epoca, offre una soluzione a tali problemi che, nelle intenzioni del legislatore, avrebbe dovuto rappresentare un **compromesso** tra le esigenze di razionalizzazione dell'attività di impresa e quelle di tutela dell'aderente.

In particolare, l'art. 1341, co. 1 prevede che "le condizioni generali di contratto predisposte da uno dei contraenti sono efficaci nei confronti dell'altro, se al momento della conclusione del contratto questi le ha conosciute o avrebbe dovuto conoscerle usando l'ordinaria diligenza". Efficacia delle condizioni generali di contratto

Il predisponente ha l'**onere**, dunque, di rendere quanto meno conoscibili le condizioni generali di contratto (ad es., esponendole nei locali dell'impresa); l'aderente, dal canto suo, deve fare uso dell'ordinaria **diligenza** per conoscerle, restando altrimenti comunque vincolato ad esse.

La **parificazione** di conoscenza effettiva e conoscibilità è molto importante dal punto di vista sistematico poiché incrina la regola del consenso come corrispondenza della volontà manifestata da entrambe le parti. Infatti, l'aderente può essere vincolato ad un determinato assetto contrattuale senza neppure conoscere tutte le regole che lo compongono.

La tutela dell'aderente contro clausole particolarmente svantaggiose si realizza, invece, subordinandone l'efficacia alla loro specifica **approvazione** per iscritto (art. 1341, co. 2: c.d. clausole **vessatorie**). Tutela dell'aderente

Questa tutela ha carattere esclusivamente **procedimentale** o formale, giacché la clausola vessatoria non è oggetto di una valutazione in sé negativa. Al riguardo, del tutto diversa è la soluzione seguita dagli art. 33 s. cdc, in materia di contratti dei consumatori (v. n. 4.2), la cui entrata in vigore circoscrive l'ambito applicativo dell'art. 1341 essenzialmente ai rapporti tra imprenditori e non consumatori.

Una forma di tutela sostanziale, ancorché **indiretta**, si realizza, invece, attraverso l'art. 1370, secondo il quale le clausole inserite nelle condizioni generali di contratto si interpretano, nel dubbio, a favore dell'aderente. In tal modo, viene di fatto sanzionato il comportamento del predisponente che non abbia formulato in modo chiaro le proprie condizioni generali. Interpretazione delle condizioni generali

Va distinta dall'ipotesi delle condizioni generali di contratto quella dei contratti conclusi mediante **moduli** o **formulari**, cui ha riguardo l'art. 1342. Contratti conclusi mediante moduli o formulari

Qui, infatti, o il modulo è predisposto sì da una delle parti ma in vista della conclusione di un singolo contratto, ovvero è predisposto da terzi sulla base della prassi consolidata in un certo settore degli affari (ad es., i moduli che si acquistano in cartoleria per la stipula dei contratti di locazione di immobili).

I problemi derivanti dall'impiego di tali moduli sono solo in parte coincidono con quelli posti dalle condizioni generali di contratto. Comune ad entrambe le ipotesi è sia l'esigenza di richiamare l'attenzione dei contraenti sulle clausole vessatorie, donde l'applicazione anche ai contratti conclusi mediante moduli o formulari dell'art. 1341, co. 2 (art. 1342, co. 2), sia quella di tutelare l'aderente nel caso di modulo unilateralmente predisposto, donde l'applicazione dell'art. 1370.

Si tenga presente, infine, che nel caso di contrasto tra le clausole contenute nel modulo o nel formulario e quelle eventualmente aggiunte, saranno queste ultime a prevalere in quanto espressione più genuina della volontà delle parti.

4.2. *I contratti del consumatore e le altre forme di tutela previste dal codice del consumo*

Ambito di applicazione

La disciplina dei contratti del consumatore, introdotta anni or sono nel codice civile in attuazione della dir. n. 93/13 (artt. 1469 *bis*-1469 *sexies* poi trasfusi nel cdc artt. 33-37, restando affidata, come vedremo all'art. 1469 *bis* una funzione di raccordo tra la disciplina dei contratti in generale, quella del cdc e le altre disposizioni in materia di tutela del consumatore), mira a tutelare i **consumatori**, cioè coloro che contraggano, per scopi estranei all'attività imprenditoriale o professionale eventualmente esercitata (art. 3, co. 1, lett. *a*), cdc), con il c.d. **professionista**, cioè con colui che stipuli il contratto nel quadro della sua attività imprenditoriale o professionale (art. 3, co. 1, lett. *c*), cdc).

Tale disciplina, come già osservato (v. n. 3), segna il passaggio da una regolamentazione uniforme del contratto ad una regolamentazione diversificata in relazione allo *status* dei contraenti e costituisce il punto di approdo di una legislazione ormai molto abbondante che fa perno sulla figura del consumatore.

Fondamento della disciplina a tutela del consumatore

Quest'ultimo reclama una specifica tutela perché, da un lato, deve accedere ai beni o ai servizi offerti dal professionista e, dall'altro, non può incidere sulle condizioni alle quali quei beni o quei servizi sono offerti. E questo non tanto sotto il profilo economico, perché la determinazione del prezzo è, in linea di principio, affidata alla concorrenza, quanto sotto il profilo **normativo**, cioè dei poteri riconosciuti in contratto all'una ed all'altra parte (potere di sollevare eccezioni, di recedere dal contratto, ecc.), poiché, da questo punto di vista, le imprese operanti all'interno di un certo settore tendono a predisporre standard contrattuali tra loro più o meno uniformi, per cui al consumatore è preclusa la possibilità di scegliere l'offerta più conveniente.

Va segnalato che la regolamentazione dei contratti del consumatore ha trovato, di recente, un riassetto per mezzo del d.lgs. n. 21/2014, emanato in attuazione della dir. 2011/83. In particolare, è stata modificata la parte dedicata alla disciplina del rapporto di consumo (artt. 45-67), attraverso l'elencazione dei diritti dei consumatori; in questo modo, le regole sulle informazioni precontrattuali da dare al consumatore hanno acquisito una valenza generale per tutti i contratti in cui sia parte il consumatore, che non avevano nella disciplina originaria del cdc.

Controllo sulla vessatorietà della clausola

La tutela predisposta dagli art. 33 s., cdc, abbandona l'approccio esclusivamente formale o procedimentale caratteristico dell'art. 1341 e si impernia invece su un controllo **sostanziale** delle clausole vessatorie: queste ultime sono definite in via generale come "le clausole che, malgrado la buona fede, determinano a carico del consumatore un significativo squilibrio dei diritti e degli obblighi derivanti dal contratto" (art. 33, co. 1, cdc).

Buona fede e contratti del consumatore

Nonostante l'infelice formulazione della norma, che lascerebbe pensare ad un riferimento alla buona fede in senso soggettivo (v. Cap. XII, n. 6.1), è opinione comune che qui la buona fede debba essere intesa in senso **oggettivo**, come metro di misura dell'operato del professionista, in termini analoghi, dunque, a quanto previsto dall'art. 1375 (v. n. 6.1 ed anche Cap. XI, n. 1.1).

La legge (art. 33, co. 3, cdc) prevede poi un elenco piuttosto articolato di clausole che si **presumono** vessatorie fino a prova contraria. In tale elenco sono comprese, tra le altre, clausole che limitano la responsabilità del professionista, clausole che prevedano penali di ammontare eccessivo, clausole istitutive di un potere di recesso a favore del professionista ma non del consumatore, ecc.

Quanto ai criteri di accertamento della vessatorietà della clausola (art. 34, co. 1, cdc), essi hanno riguardo alla **natura** del bene o del servizio oggetto del contratto, tenuto conto delle circostanze esistenti al momento della sua conclusione, delle altre clausole contenute nel contratto o in un contratto collegato.

Vessatorietà della clausola e squilibrio normativo

Va, tuttavia, precisato che l'accertamento della vessatorietà della clausola **non** attiene alla determinazione dell'oggetto del contratto, né all'adeguatezza del corrispettivo dei beni e dei servizi, purché tali elementi siano individuati in modo chiaro e comprensibile (art. 34, cdc, co. 2). Questa norma è molto importante perché da essa si trae conferma del fatto che la tutela predisposta dal legislatore non attiene alla equivalenza oggettiva delle prestazioni, ma all'**equilibrio** di poteri e di diritti attribuiti all'una o all'altra parte: equilibrio che può, appunto, essere alterato da clausole del genere di quelle ricomprese nell'elenco dell'art. 33, co. 2, cdc.

La vessatorietà della clausola – da escludersi, ovviamente, quando si tratti di clausole riproduttive di disposizioni normative – viene meno, di regola, anche quando essa sia stata oggetto di **trattativa individuale**: circostanza, quest'ultima, che va provata dal professionista (art. 34, co. 3-5, cdc).

La trattativa individuale non vale ad escludere la vessatorietà di clausole ritenute particolarmente onerose (art. 36, co. 2, cdc).

Inefficacia delle clausole vessatorie

La clausola vessatoria è **nulla**, ma tale nullità non si estende all'intero contratto (art. 36, co. 1, cdc). Inoltre, essa opera soltanto a vantaggio del consumatore (nel senso che il professionista non può né farla valere né eccepirla) ed è rilevabile **d'ufficio** dal giudice (art. 36, co. 3, cdc). Correttamente, dunque, la rubrica dell'art. 36 cdc, fa riferimento al concetto di nullità di protezione (del consumatore), che costituisce un'ipotesi di **nullità speciale** (v. n. 11).

Sul professionista grava, poi, un più generale obbligo di redigere le clausole in modo chiaro e comprensibile (art. 35, co. 1, cdc), potendosi dunque configurare una sua responsabilità risarcitoria allorché la clausola, indipendentemente dalla vessatorietà, sia ambigua od oscura.

Interpretazione

Anche qui, come nel caso dell'art. 1370 (v. 4.1), in caso di dubbio sul senso di una clausola, prevale l'interpretazione più favorevole all'aderente (art. 35, co. 2, cdc).

Azione inibitoria collettiva

È prevista poi un'azione inibitoria c.d. **collettiva** (art. 37: sull'inibitoria v. Cap. IX, n. 1.1.1), esperibile cioè dalle associazioni rappresentative dei consumatori e dei professionisti o dalle camere di commercio, con la quale può essere richiesto al giudice competente di inibire l'uso nei contratti delle clausole delle quali sia accertata l'abusività. Questa azione va tenuta distinta dalla c.d. azione di classe, un tempo disciplinata dagli artt. 139, 140 e 140 *bis* cdc, ed ora, a seguito dell'entrata in vigore della l. n. 31/2019, che ha abrogato le predette disposizioni del cdc, regolamentata all'interno del c.p.c. (in particolare, nell'ambito del titolo VIII-*bis*, introdotto nell'occasione).

È da notare, comunque, che, ai contratti dei consumatori, si applicano pur sempre le disposizioni del codice civile (art. 38 cdc) e, in particolare, quelle del Titolo II del Libro IV "Dei contratti in generale", ove non derogate dal cdc o da altre disposizioni più favorevoli per il consumatore (art. 1469 *bis*).

Numerose altre disposizioni, introdotte, in particolare, a partire dai primi anni '90, sono specificamente volte alla tutela del consumatore ed hanno trovato, da ultimo, collocazione nel cdc. A parte il caso della responsabilità del produttore (Cap. IX, n. 6), possono qui ricordarsi le norme in materia di contratti conclusi **fuori** dai locali commerciali (emanate con d.lgs. n. 52/1990 ed ora inserite agli art. 50 s. cdc), che attribuiscono al consumatore il diritto di **recedere** dal contratto a fronte di decisioni negoziali non meditate (regole analoghe vigono in materia di contrattazione a distanza, come quella per corrispondenza, o, in alcuni casi, quella telematica: d.lgs. n. 185/1999; attualmente, e dopo le modifiche introdotte con il d.lgs. n. 21/2014, la disciplina della contrattazione a distanza è essenzialmente imperniata sulla individuazione delle informazioni precontrattuali che debbono essere fornite al consumatore prima della conclusione del contratto e sul diritto di recesso, nonché d.lgs. n. 70/2003 di attuazione della direttiva n. 2000/131 sul commercio elettronico); le norme in materia di **pubblicità ingannevole** (d.lgs. n. 74/1992, ora rifuso agli art. 19 s. cdc); nonché, le norme in materia di tutela dell'acquirente dei beni di consumo (art. 1519 *bis* s., ora trasfusi agli art. 128 s. cdc), le norme in tema di tutela degli acquirenti di immobili da costruire (d.lgs. n. 122/2005), la disciplina della vendita diretta a domicilio (l. n. 173/2005), la disciplina della commercializzazione a distanza di servizi finanziari (artt. 67 *bis* s. cdc). Un cenno a parte merita la vicenda normativa della disciplina in materia di viaggi, vacanze e circuiti tutto compreso che, dapprima inserita anch'essa nel cdc, è stata poi fatta oggetto di un ulteriore intervento di codificazione di settore attraverso il d.lgs. n. 79/2011 (cdt).

La tutela del consumatore si estende, però, ben al di là del momento strettamente contrattuale. Infatti, il cdc contiene, a monte, una analitica disciplina (introdotta con il d.lgs. n. 146/2007 che ha recepito la dir. 2005/29) dei comportamenti ai quali si deve ispirare il professionista in una fase che certamente precede la conclusione del contratto (artt. 18- 32 cdc: pratiche commerciali); e, a valle, una parimenti dettagliata regolamentazione di taluni rimedi giurisdizionali a carattere collettivo (artt. 136-141 cdc), sui quali è intervenuta, come già accennato, la l. n. 31/2019, trasferendo la disciplina dell'azione di classe all'interno del c.p.c.

Pratiche commerciali scorrette

Le pratiche commerciali sono definite come qualsiasi azione, omissione, condotta o dichiarazione, comunicazione commerciale, ivi compresa la pubblicità e la commercializzazione, posta in essere da un professionista in relazione alla promozione, vendita o fornitura di un prodotto ai consumatori (art. 18, lett. *d*), cdc). Esse sono **vietate se scorrette**, ovvero contrarie alla diligenza professionale, e false o idonee a falsare in misura apprezzabile il comportamento economico del consumatore medio. In particolare, sono **scorrette** le pratiche ingannevoli che fanno assumere al consumatore una decisione di natura commerciale che non avrebbe altrimenti preso, o inducendolo in errore (azioni **ingannevoli**: art. 21 cdc), ovvero omettendo informazioni rilevanti di cui il consumatore necessita per adottare una scelta consapevole di natura commerciale (omissioni ingannevoli: art. 22 cdc). Sono parimenti scorrette le pratiche **aggressive**, cioè quelle che, attraverso il ricorso a molestie, coercizione, forza fisica o indebito condizionamento, limitano o sono idonee a limitare la libertà di scelta o di comportamento del consumatore medio in relazione al prodotto, facendogli assumere una decisione che non avrebbe altrimenti preso (art. 24 cdc).

Il legislatore ha poi previsto alcune tipologie di pratiche commerciali considerate **in ogni caso** ingannevoli (art. 23 cdc) o aggressive (art. 26 cdc): non è richiesta, in tali ipotesi, la prova della contrarietà alla diligenza professionale o la idoneità di tali pratiche a falsare le scelte del consumatore.

La competenza ad applicare la disciplina sulle pratiche scorrette è devoluta all'Autorità Garante della Concorrenza e del Mercato (Cap. X, n. 2.2) che, d'ufficio o su istanza di chiunque vi abbia interesse, inibisce la continuazione delle pratiche scorrette, ne elimina gli effetti e irroga le relative sanzioni amministrative.

La tutela collettiva del consumatore; azione inibitoria, azione restitutoria

I diritti dei consumatori, alcuni dei quali proclamati solennemente nell'art. 2 cdc, tra cui il diritto "ad un'adeguata informazione e ad una corretta pubblicità" (art. 2, co. 2, lett. *c*) cdc), "all'esercizio delle pratiche commerciali secondo principi di buona fede, correttezza e lealtà" (art. 2, co. 2, lett. *c*) *bis* cdc) ed "alla correttezza alla trasparenza e all'equità nei rapporti contrattuali art. 2, co. 2, lett. *e*) cdc), godono, infine come già anticipato, di una tutela in forma **collettiva** attraverso le azioni promosse dalle **associazioni dei consumatori e utenti.**

Pur essendo la materia ormai regolamentata all'interno del c.p.c., a seguito dell'entrata in vigore della l. 31/2019, avvenuta il 19 maggio 2021, è opportuno illustrare brevemente la disciplina contenuta negli ormai abrogati artt. 139, 140 e 140 *bis* cdc, poiché – secondo la previsione dell'art. 7, co. 2 l. 31/2019 – la stessa è destinata ad applicarsi a tutte le condotte illecite verificatesi nel vigore della medesima. Si deve, dunque, ricordare che le associazioni iscritte nell'elenco tenuto presso il Ministero dello sviluppo economico sono legittimate (art. 139 cdc) a proporre contro il professionista che compia atti e comportamenti lesivi degli interessi dei consumatori e degli utenti un'azione **inibitoria** (art.140, co. 1, lett. *a*) cdc); esse sono altresì legittimate a chiedere la condanna del professionista ad adottare le misure idonee a **correggere** o **eliminare** gli effetti delle violazioni (art.140, co. 1, lett. *b*) cdc). Inoltre, sempre su istanza delle associazioni dei consumatori che abbiano agito in giudizio, il giudice può ordinare che il provvedimento a carico del professionista sia pubblicato su uno o più quotidiani (art. 140, co. 1, lett. *c*) cdc).

Azione risarcitoria

Nel sistema originario del cdc, il panorama degli strumenti di tutela collettiva messi a disposizione dei consumatori era ulteriormente arricchito dalla previsione dell'**azione collettiva risarcitoria**, introdotta all'art. 140 *bis* cdc dalla l. n. 244/2007.

Attraverso l'esercizio di questo rimedio esperibile, oltre che dalle associazioni legittimate ai sensi dell'art. 139 cdc, anche dalle associazioni e dai comitati adeguatamente rappresentativi degli interessi collettivi fatti valere, è possibile ottenere dal Tribunale una sentenza che contenga l'accertamento del diritto dei consumatori o utenti al risarcimento del danno e alla restituzione delle somme derivanti da rapporti contrattuali o da illeciti extracontrattuali, da pratiche commerciali scorrette o da comportamenti anticoncorrenziali dell'imprenditore, lesivi dei diritti di una pluralità di consumatori o utenti. La sentenza ottenuta dall'ente esponenziale "fa stato anche nei confronti dei consumatori e utenti che abbiano aderito" (art. 140 *bis*, co. 5, cdc) e la liquidazione della somma da corrispondere o restituire a ciascun consumatore o utente avverrà in una seconda fase sulla base dei criteri stabiliti nella sentenza dal giudice che, se possibile, fissa anche l'importo minimo dovuto a ciascuno.

Con l'introduzione dell'azione collettiva risarcitoria, il consumatore si trova così a beneficiare di tutte le tecniche di tutela offerte dall'ordinamento giuridico, quella inibitoria, quella restitutoria e quella risarcitoria (v. Cap. IV, n. 1.4; Cap. IX, n. 1.1-1.1.1-1.1.2): e ciò a riprova del peso decisivo riconosciuto dal legislatore, prima comunitario, e poi nazionale, agli interessi di cui egli è portatore.

Da ultimo, come si è già detto, l'istituto dell'azione di classe ha trovato una nuova regolamentazione per mezzo della l. n. 31/2019. Le novità principali di quest'ultima possono ravvisarsi nello spostamento della materia all'interno del c.p.c. e nella generalizzazione del rimedio, non più circoscritto alla tutela dei diritti dei consumatori, ma esperibile tutte le volte in cui venga in considerazione l'esigenza di risarcire danni derivanti dalla lesione di diritti individuali omogenei.

Una disciplina quadro dei diritti dei consumatori e degli utenti era, poi, prefigurata già nella l. n. 281/1998, anch'essa ora trasfusa in sostanza nel cdc. In tale prospettiva, è da segnalare, in particolare, la proclamazione di una serie di **diritti fondamentali**, tra i quali, quello "ad un'adeguata informazione e ad una corretta pubblicità" (art. 1, co. 2, lett. *c*), cdc), "all'esercizio delle pratiche commerciali secondo principi di buona fede, correttezza e lealtà" (art. 1, co. 2, lett. c-*bis*), all'educazione al consumo (art. 1, co. 2, lett. *d*), cdc) ed "alla correttezza, alla trasparenza ed all'equità nei rapporti contrattuali" (art. 1, co. 2, lett. *e*), cdc).

È da notare, comunque, che, ai contratti dei consumatori, si applicano pur sempre le disposizioni del codice civile (art. 38 cdc) e, in particolare, quelle del Titolo II del Libro IV "Dei contratti in generale", ove non derogate dal cdc o da altre disposizioni più favorevoli per il consumatore (art. 1469 *bis*); mentre l'art. 67 cdc, così come introdotto dal d.lgs. n. 21/2014, richiama opportunamente le disposizioni del c.c. in tema di validità, formazione o efficacia dei contratti, per quanto non previsto dalle sezioni da I a IV del Capo I del Titolo III del cdc.

4.3. *Le trattative e la responsabilità precontrattuale*

Funzione delle trattative

La conclusione del contratto può essere preceduta da una fase più o meno lunga e complessa di **trattative** durante la quale le parti si scambiano notizie, informazioni, punti di vista in ordine al futuro contratto.

Naturalmente, l'esigenza di trattative è particolarmente pressante nei contratti di maggiore importanza economica o, comunque, nei contratti che non si riducano ad atti di scambio seriali, quali sono invece, ormai in prevalenza, gli scambi della vita quotidiana. Inoltre, per i motivi già indicati (n. 4.1), la fase delle trattative sarà di norma assente anche nella contrattazione basata su condizioni generali unilateralmente predisposte.

Interessi in conflitto nella fase delle trattative

Nella fase delle trattative vengono in considerazione, ed in conflitto, due contrapposti interessi. Da un lato, la **libertà** delle parti di abbandonare in ogni momento la trattativa per cogliere eventuali occasioni più favorevoli; dall'altro, l'**affidamento** che l'una o l'altra abbiano potuto riporre sull'effettiva conclusione del contratto, affidamento che può averle indotte a rifiutare altre proposte e a sostenere tutte le spese che una lunga trattativa talora comporta.

Buona fede nelle trattative

Tali interessi trovano un punto di equilibrio nella **buona fede** in senso oggettivo alla quale l'art. 1337 affida il governo della fase delle trattative e della formazione del contratto.

Sulla buona fede come clausola generale rinviamo al Cap. XI, n. 1.1.

Ipotesi tipiche di comportamento contrario a buona fede

Per quanto attiene alla nostra materia, qui il comportamento che tipicamente integra gli estremi di una violazione dell'obbligo di buona fede è quello di colui che **receda** in modo arbitrario dalle trattative quando queste siano andate tanto avanti da legittimare l'affidamento della controparte nella conclusione del contratto.

Un'ipotesi specifica di responsabilità precontrattuale è poi quella contemplata dall'art. 1338, secondo il quale la parte che, conoscendo o dovendo conoscere una causa di invalidità del contratto, non ne abbia dato notizia all'altra parte, è tenuta al risarcimento del danno da quest'ultima subito per avere senza sua colpa confidato nella **validità** del contratto.

Natura della responsabilità precontrattuale

Si discute se la responsabilità precontrattuale rappresenti un'ipotesi di responsabilità extracontrattuale o di responsabilità contrattuale: un problema non soltanto teorico, viste le significative differenze che caratterizzano la disciplina dell'una e dell'altra forma di responsabilità (v. Cap. IX, n. 1.2).

Nonostante il diverso orientamento della giurisprudenza fino a poco tempo fa consolidata, sembra preferibile considerare la responsabilità precontrattuale come un'ipotesi di responsabilità **contrattuale**. Essa, infatti, nasce dall'inadempimento dell'obbligo di comportarsi secondo buona fede, e quest'ultima si risolve qui in un obbligo di **protezione** dell'integrità della sfera giuridico patrimoniale della controparte, esposta al rischio di danno in ragione del contatto sociale cui la trattativa dà luogo.

Tale ricostruzione è stata accolta da una recente – e, a quanto pare, in via di definitivo accreditamento – giurisprudenza, che ha escluso la natura extracontrattuale della *culpa in contrahendo*, sulla base della considerazione che, con l'avvio delle trattative, le parti non si confrontino l'una con l'altra come estranee", ma si pongano su un piano relazionale, dando vita ad un rapporto giuridico che trova la sua fonte nell'obbligo di comportarsi secondo buona fede, da cui scaturiscono specifici obblighi di comportamento, alla cui violazione non può non riconnettersi una responsabilità, a questo punto, da inadempimento dell'obbligo di salvaguardare la sfera giuridica della controparte nella fase precontrattuale.

Nella fase precontrattuale, la fonte di responsabilità non è il principio generale del *neminem laedere*, ma la violazione dello specifico vincolo *inter partes*, che sorge in un momento antecedente al verificarsi dell'illecito e non dopo il concretizzarsi dell'evento lesivo.

Responsabilità precontrattuale e risarcimento del danno

Proprio perché la responsabilità precontrattuale si configura come inadempimento non già di un obbligo di prestazione, bensì di un obbligo di protezione, il risarcimento del danno è limitato al c.d. interesse **negativo**, cioè alle spese sostenute ed alle occasioni perdute per avere confidato nella conclusione del contratto.

4.4. *La formazione progressiva del contratto*

Durante le trattative le parti possono stipulare accordi in vario modo strumentali alla conclusione del contratto (c.d. accordi **preparatori**).

Può accadere, ad es., che le parti, pur non avendo raggiunto un accordo definitivo, intendano cristallizzare i punti sui quali vi è già un'intesa e che, quindi, non vanno rimessi in discussione.

Minuta o puntuazione

Si parla, al riguardo, di **minuta** o **puntuazione**. Sono, questi, accordi che non vincolano alla conclusione del contratto, ma che, nella misura in cui comprovano lo stato di avanzamento delle trattative, vincolano alla loro prosecuzione. Pertanto, colui che – dopo avere sottoscritto la minuta o puntuazione – abbandoni, senza un giustificato motivo, le trattative ovvero le prosegua, ma pretendendo arbitrariamente di rimettere in discussione i punti su cui era stato raggiunto un accordo, incorrerà in responsabilità **precontrattuale**.

Opzione e lettera di intenti

Rientrano nella categoria degli accordi preparatori anche l'**opzione** (v. n. 4), nonché la c.d. **lettera di intenti**, con la quale una parte manifesta all'altra la propria disponibilità ad avviare trattative in vista della conclusione di un contratto: con la conseguenza, ancora una volta, che la parte la quale smentisca senza ragione tale disponibilità incorrerà in responsabilità precontrattuale.

Prelazione convenzionale

Un cenno merita – in quanto accordo che comunque interviene nella fase di formazione del contratto – il patto di **prelazione**, o prelazione **convenzionale**, in quanto contrapposta alla prelazione legale.

Col patto di prelazione – oggetto solo di talune specifiche previsioni (art. 1566: patto di preferenza in materia di somministrazione) – una parte si obbliga nei confronti dell'altra a **preferirla** (di solito, a parità di condizioni) nel caso in cui decida di stipulare un contratto.

Il patto di prelazione si distingue dal contratto preliminare (n. 4.5) poiché non obbliga a concludere un futuro contratto, bensì soltanto a preferire taluno al momento della (eventuale) stipulazione del contratto: ad es., se accordo una preferenza a Tizio per il caso mi risolva a vendere un certo bene, è con Tizio che dovrò stipulare il contratto di compravendita nell'ipotesi in cui effettivamente decida di vendere il bene.

Efficacia del patto di prelazione

L'inadempimento dell'obbligo di preferire dà luogo a responsabilità contrattuale, mentre il contratto concluso in violazione del patto rimarrà valido ed efficace giacché il patto di prelazione **non** può produrre effetti nei confronti dei terzi (v. n. 9.3).

Sulla prelazione **legale** v. Cap. XIV, n. 7.

4.5. *Il contratto preliminare*

Nell'ambito degli accordi che in vario modo preparano la conclusione del contratto un posto a sé deve essere riservato al contratto **preliminare**: e cioè al contratto con il quale le parti si **obbligano** a stipulare, in un momento successivo, un contratto che, in opposizione al preliminare, prende il nome di **definitivo**.

Effetti del contratto preliminare

Il contratto preliminare produce un effetto ben più intenso di quanto non lo siano gli effetti che discendono dagli accordi preparatori esaminati in precedenza (v. n. 4.4): si tratta, appunto, dell'obbligo di porre in essere un futuro contratto e non già, semplicemente, dell'obbligo di proseguire le trattative o di dare la preferenza a taluno nel caso in cui ci si risolva a stipulare un contratto.

Tale obbligo potrà essere assunto da entrambe le parti (preliminare

bilaterale), ovvero da una sola di esse (preliminare c.d. **unilaterale**). A differenza dell'opzione (n. 4), che attribuisce al suo beneficiario un diritto **potestativo** a seguito dell'esercizio del quale il contratto sarà senz'altro concluso, il preliminare unilaterale conferisce alla controparte un diritto di **credito**, avente ad oggetto la prestazione del consenso necessario alla stipulazione del contratto definitivo.

Funzione del contratto preliminare

Le parti ricorrono alla sequenza preliminare – definitivo quando sono ormai sicure di voler concludere l'affare ma vogliono riservarsi di esaminare, o risolvere, alcune questioni complementari. Ad es., in una compravendita immobiliare, la stipula del preliminare può essere funzionale alla verifica della continuità delle trascrizioni in capo al futuro alienante, o all'accertamento dell'inesistenza di trascrizioni o iscrizioni pregiudizievoli.

Il ricorso alla sequenza preliminare – definitivo può interessare sia contratti con effetti **reali** (e cioè traslativi o costitutivi della proprietà o di altro diritto: v. n. 9.1) – dove la diversificazione tra l'effetto obbligatorio proprio del preliminare e l'effetto reale proprio del definitivo emerge con particolare chiarezza (e del resto, la figura di preliminare più diffusa nella prassi è quella del preliminare di compravendita immobiliare, detto **compromesso**) – sia contratti con effetti **obbligatori**.

È dubbia, invece, la configurabilità di un preliminare di donazione, poiché il vincolo alla stipula del definitivo comprometterebbe lo spirito di liberalità (v. Cap. XIV, n. 12).

Disciplina positiva del contratto preliminare

Il codice civile si occupa del preliminare sotto il profilo della **forma**, che deve essere quella prevista per il definitivo (art. 1351: v. n. 8), sotto il profilo della tutela **giurisdizionale** del creditore per il caso di inadempimento dell'obbligo di stipulare il definitivo (art. 2932: v. Cap. XI, n. 10.2) e, infine, sotto il profilo della **trascrizione** (art. 2645 *bis*).

Trascrizione del contratto preliminare

Quanto a quest'ultima, essa è prevista solo per quei preliminari che hanno ad oggetto la conclusione di contratti che trasferiscono, costituiscono o modificano la proprietà o altri diritti reali su beni immobili (art. 2643, n. 1-4: v. Cap. IV, n. 2.1).

La previsione della trascrivibilità del contratto preliminare ha finito per accostare nella pratica il contratto preliminare ad un comune contratto traslativo con effetti obbligatori.

Tale processo di avvicinamento è ancora più marcato nella c.d. contrattazione preliminare ad effetti **anticipati** nella quale, a seguito alla stipula del preliminare, si producono tutti gli effetti che, di regola, deriverebbero dal definitivo (consegna della cosa, pagamento del prezzo), salvo che il trasferimento della proprietà. Una disciplina particolare del contenuto del contratto preliminare stipulato in vista della conclusione di un contratto definitivo di compravendita su un immobile da costruire è ora contenuta nel d.lgs. n. 122/2005.

5. *L'interpretazione del contratto*

Funzione

L'**interpretazione** del contratto è il procedimento giuridico attraverso il quale si ricostruisce il **significato** della regola introdotta dall'autonomia privata.

Si tratta di un momento di fondamentale importanza nella dialettica tra autonomia privata ed ordinamento giuridico, in quanto l'interpretazione costituisce il presupposto per procedere, in sequenza, alla **qualificazione** dcl contratto (cioè, alla sua riconduzione ad uno dei tipi contrattuali predisposti dalla legge), alla sua **valutazione** (in termini di conformità o meno degli interessi avuti di mira dalle parti ai valori recepiti dall'ordinamento: ciò che rileva ai fini del giudizio di validità), nonché all'accertamento di eventuali vizi del consenso e all'esatta **individuazione** dei diritti e degli obblighi scaturenti dal contratto.

Ripartizione delle regole in materia di interpretazione

Per l'interpretazione del contratto, il codice civile detta una serie di criteri (artt. 1362-1371) che si è soliti distinguere in criteri di interpretazione soggettiva e criteri di interpretazione oggettiva.

Interpretazione e comune intenzione delle parti

Attraverso l'interpretazione **soggettiva**, il giudice dovrà procedere a ricostruire la **volontà** delle parti per come quest'ultima si è in concreto manifestata. In questo ambito, la regola fondamentale è, appunto, quella enunciata dall'art. 1362, co. 1 che impone di "indagare quale sia stata la comune intenzione delle parti e di non limitarsi al senso letterale delle parole".

Anche il **comportamento** delle parti – anteriore o successivo alla conclusione del contratto – assume rilevanza in sede interpretativa (art. 1362, co. 2), potendo fornire elementi circa il senso che esse hanno inteso attribuire al loro accordo: ad es., in presenza di un contratto di somministrazione di olio di oliva, senza ulteriori specificazioni, l'accettazione da parte del creditore delle prime partite di un olio di qualità comune potrà ragionevolmente lasciare intendere che per le parti non era cruciale che l'olio fosse extra vergine.

Interpretazione complessiva

Le clausole del contratto debbono poi essere interpretate le une per mezzo delle altre, assegnando a ciascuna di esse il senso che risulta dal complesso dell'atto (c.d. interpretazione **complessiva**: art. 1363).

Tale criterio può trovare applicazione anche all'ipotesi di contratti collegati (v. n. 7.3).

Anche i criteri individuati dagli artt. 1364-1365 vanno inquadrati tra i canoni di interpretazione soggettiva, in quanto il dubbio ermeneutico viene risolto sulla base di indici desumibili dal contratto.

Espressioni generali ed indicazioni esemplificative

Così, nel caso dell'art. 1364, per quanto generali siano le espressioni usate nel contratto, questo non può andare al di là dell'oggetto su cui le parti si erano proposte di contrattare; mentre, nel caso dell'art. 1365, la "ragione" che consente di estendere la regola negoziale al di là delle indicazioni esemplificative usate dalle parti altro individua l'insieme degli obiettivi perseguiti dai contraenti.

Interpretazione secondo buona fede

L'art. 1366 (interpretazione di **buona fede**) rappresenta il punto di **sutura** tra interpretazione soggettiva ed interpretazione oggettiva, al contempo partecipando di aspetti propri dell'una e dell'altra.

Il criterio della buona fede, infatti, da un lato consente di valorizzare quegli interessi che, pur non esplicitati, sono per le parti comunque rilevanti (v. anche n. 7.1); dall'altro, impone di assegnare al contratto un significato conforme al ragionevole affidamento nutrito da contraenti leali sulla base del contesto socio-economico di riferimento.

Principio di conservazione

Nell'art. 1367, che individua il primo dei criteri di interpretazione oggettiva, trova espressione il più generale principio di **conservazione** del negozio giuridico (ma v. anche l'art. 1424: n. 13.1). Tale principio risponde all'esigenza di consentire all'atto di autonomia privata di dispiegare i propri effetti: sicché tra due possibili esiti interpretativi, egualmente plausibili, andrà sempre preferito quello che **preservi** la validità del contratto o della singola clausola.

Pratiche generali interpretative

Un'esigenza analoga a quella che sta alla base dell'interpretazione di buona fede, ossia di intendere il contratto alla luce del contesto socio-economico in cui esso si inserisce, ispira l'art. 1368, co. 1 alla stregua del quale "le clausole ambigue si interpretano secondo ciò che si pratica generalmente nel luogo in cui il contratto è stato concluso": si parla, al riguardo, di pratiche generali interpretative o usi interpretativi.

Quanto al co. 2 dell'art. 1368, che adatta lo stesso criterio al caso in cui una delle parti sia un imprenditore, esso **non** potrà trovare applicazione là dove la clausola ambigua ricorra all'interno di condizioni generali di contratto predisposte dallo stesso imprenditore perché in questo caso prevarranno o l'art. 1370 (v. n. 4.1) o l'art. 35, co. 2, cdc (n. 4.2).

Interpretazione secondo la natura o l'oggetto del contratto

Ulteriore criterio di interpretazione oggettiva è quello che prescrive, in caso di espressioni plurivoche, di intenderle nel senso meglio conveniente alla **natura** e all'**oggetto** del contratto (art. 1369). Si può osservare che qui natura del contratto sta per **tipo** contrattuale: e ciò implica che questa regola potrà applicarsi solo quando l'interpretazione si sia già in parte compiuta pervenendo, appunto, alla individuazione del tipo cui il contratto va ricondotto.

Regole finali

In caso di perdurante **oscurità** del contratto, dovrà farsi ricorso all'art. 1371 secondo cui il contratto deve essere inteso nel senso meno gravoso per l'obbligato se a titolo gratuito, e nel senso che realizzi un equo contemperamento degli interessi delle parti, se a titolo oneroso.

6. *Regolamento contrattuale ed oggetto del contratto*

Regolamento e contenuto del contratto

L'insieme delle regole poste dalle parti a disciplina dei propri interessi rappresenta il **contenuto** del contratto (alla costruzione del quale, però, possono concorrere fonti eteronome: v. n. 6.1).

Clausole del contratto

A loro volta, le singole determinazioni in cui il contenuto del contratto si articola, quando siano dotate di autonomia, prendono il nome di **clausole**: ad es., la clausola relativa al termine di pagamento del prezzo nella compravendita integra un'unità precettiva autonoma rispetto alla clausola che stabilisca il luogo in cui il bene va consegnato.

Alcune clausole, in ragione della loro importanza, sono oggetto di specifica disciplina. Si tratta della clausola penale e della caparra confirmatoria, da un lato, della caparra e multa penitenziale, dall'altro lato, per l'esame delle quali rinviamo, rispettivamente, ai n. 15.1 e 9.2.

Elementi essenziali, naturali ed accidentali

Tradizionalmente, si suole distinguere tra elementi **essenziali** (quelli individuati dall'art. 1325: accordo, oggetto, causa, forma quando prescritta a pena di nullità), la cui assenza determina la nullità del contratto (n. 13), elementi **naturali** (corrispondenti all'insieme delle norme dispositive o suppletive) ed elementi **accidentali** (condizione, termine ed onere), inseriti dalle parti allo scopo di meglio soddisfare i propri interessi.

Essenzialità delle clausole, economia dell'affare e tipo

Questa distinzione, tuttavia, può dare luogo a qualche fraintendimento. Scontato, infatti, che l'assenza di uno dei requisiti essenziali del contratto dà sempre luogo a nullità, può accadere che, in concreto, ossia avuto riguardo al singolo specifico affare, anche un elemento c.d. accidentale risulti essenziale. Ad es., Tizio acquista un appartamento a Roma sotto la condizione sospensiva di un suo trasferimento per ragioni di lavoro in quella città: è chiaro che, qui, la condizione diventa un elemento essenziale della compravendita.

Ma una clausola può essere considerata essenziale anche in un altro senso, in quanto, cioè, da essa dipenda la possibilità di ricondurre il singolo contratto ad un tipo contrattuale o ad un altro: ad es., la concessione in godimento di un immobile, in assenza di una clausola che preveda un corrispettivo, integrerà la fattispecie del comodato; viceversa, saremo in presenza di una locazione.

Oggetto del contratto e suoi requisiti

Distinto dal contenuto è l'**oggetto** del contratto, ossia il bene della vita (e, dunque, la concreta utilità economica) che le parti intendono conseguire.

L'oggetto del contratto deve essere, a pena di nullità, possibile, lecito, determinato o determinabile (artt. 1346, 1418).

Impossibilità

La **possibilità** dell'oggetto può essere intesa sia in termini naturalistici sia in termini giuridici. L'oggetto sarà impossibile in senso **naturalistico** quando individui un bene della vita, non suscettibile di essere conseguito sulla base delle cognizioni tecniche o scientifiche disponibili (ad es., sarà nulla la vendita avente ad oggetto l'elisir dell'immortalità), ovvero quando esso sia già andato irrimediabilmente distrutto (ad es., vendo il tal quadro dipinto dal pittore Tizio, ma la tela è già bruciata in un incendio).

L'oggetto sarà impossibile in senso **giuridico**, invece, allorché esso individui un bene della vita la cui negoziazione sia esclusa dalla legge: ad es., vendita da parte dello Stato di un bene demaniale, per il quale viga un divieto di alienazione (art. 823).

Illiceità

Il contratto, poi, sarà nullo per **illiceità** dell'oggetto allorché quest'ultimo individui un bene sul quale si appunta un giudizio di disvalore da parte dell'ordinamento (ad es., compravendita di armi da guerra), ovvero, quando sia la prestazione, in sé considerata, ad essere illecita (ad es., la richiesta di interessi usurari nel mutuo: art. 1815). Estendendo le ipotesi di illiceità dell'oggetto al di là di quelle appena descritte si finisce per rifluire nell'area dell'illiceità della causa (v. n. 7.2: art. 1343).

Determinatezza o determinabilità

Infine, l'oggetto deve essere **determinato** o **determinabile**: infatti, il contratto può trovare attuazione, solo se le parti hanno individuato esattamente i beni della vita oggetto dello scambio e le correlative prestazioni.

L'oggetto sarà determinato quando il bene della vita viene individuato **direttamente** dal contratto (ad es., vendita delle azioni della società X al prezzo di 5 € l'una); viceversa, sarà determinabile quando il contratto si limiti a dettare i **criteri** per individuarlo (ad es., vendita delle azioni della società X al prezzo che risulterà dalla media dei listini delle borse di Londra e Milano nel giorno y).

Determinazione dell'oggetto ad opera del terzo

Le parti possono anche rimettere la determinazione dell'oggetto all'opera di un terzo (c.d. **arbitratore**: art. 1349). Ciò avverrà, naturalmente, quando le parti nutrano fiducia nella competenza e nella imparzialità del terzo, così da ritenere che questi possa trovare un apprezzabile punto di equilibrio tra i loro interessi (ad es., compravendita delle azioni della società X al prezzo che Tizio, agente di cambio presso la Borsa di Milano, vorrà indicare).

Il terzo dovrà procedere alla determinazione con equo apprezzamento, a meno che non risulti che le parti abbiano inteso rimettersi al suo mero arbitrio.

La determinazione rimessa all'equo apprezzamento del terzo, ove sia manifestamente **iniqua** od **erronea**, è impugnabile. In questo caso, così come nel caso in cui il terzo non abbia provveduto, la determinazione potrà essere devoluta al giudice (art. 1349, co. 1).

La determinazione rimessa al mero arbitrio del terzo, invece, è impugnabile solo quando si provi la sua **mala fede**: ad es., l'agente di cambio si mette d'accordo con Sempronio per fargli conseguire le azioni ad un prezzo di molto inferiore al loro valore di mercato.

6.1. *Le fonti eteronome di integrazione del contratto*

Come abbiamo già anticipato (n. 6), alla determinazione del contenuto del contratto possono concorrere anche fonti **eteronome**, cioè non riconducibili a manifestazioni dell'autonomia privata.

Fonti di integrazione del contratto

Secondo l'art. 1374, le fonti di integrazione del contratto sono la legge o, in mancanza della legge, gli usi e l'equità.

L'integrazione ad opera della **legge** può assumere forme molto diverse.

Norme suppletive e lacune del contratto

Si può, infatti, trattare di un'integrazione puramente **suppletiva**, volta a colmare eventuali lacune della regola privata: ad es., ai sensi dell'art. 1475, le spese del contratto di compravendita e le altre accessorie sono a carico del compratore, se non è stato pattuito diversamente. Qui, dunque, l'integrazione legislativa mira a consentire l'efficiente funzionamento del contratto.

Norme imperative

Talora, viceversa, l'integrazione avviene per il tramite di norme **imperative** (cioè, inderogabili dalle parti in quanto esprimono valori ritenuti fondamentali dall'ordinamento), che si sovrappongono alle difformi determinazioni dell'autonomia privata.

Questo secondo modello di integrazione legale si rinviene, in particolare, all'art. 1339, alla stregua del quale sono di diritto inseriti nel contratto, anche in sostituzione di quanto previsto dalle parti, le clausole ed i prezzi di beni o servizi imposti dalla legge: un esempio può essere rappresentato dalla clausola che fissa in quattro anni la durata della locazione di immobili adibiti ad uso abitativo, stipulata ai sensi dell'art. 2, co. 1, l. n. 431/1998, mentre sono ormai decisamente recessive, in ossequio ai principi di libertà della concorrenza, le ipotesi di prezzi imposti da parte della legge o di provvedimenti amministrativi.

Sostituzione automatica di clausole

Il meccanismo descritto dall'art. 1339 riveste una notevole importanza perché esso consente la sostituzione **automatica** della clausola pattizia difforme con la norma imperativa, anche quando la sostituzione non sia espressamente prevista dal legislatore.

... e nullità parziale

Inoltre, tale meccanismo impedisce che la nullità delle singole clausole si estenda all'intero contratto (art. 1419, co. 2: v. n. 13). Ciò sarebbe in evidente contraddizione con l'obiettivo di agevolare alla parte economicamente più debole (v. n. 2) l'accesso al bene o al servizio: ad es., la propagazione all'intero contratto della nullità della clausola relativa al prezzo di vendita obbligherebbe l'acquirente a restituire il farmaco.

Integrazione secondo gli usi

In mancanza della legge, il contratto potrà essere integrato dagli **usi**. Si tratta degli usi **normativi** i quali, come già sappiamo, possono entrare in gioco solo nelle materie che non siano oggetto di disciplina legale o quando espressamente richiamati dalla legge (art. 8 Prel.: v. Cap. I, n. 2.2).

Diversi dagli usi normativi richiamati dall'art. 1374 sono gli usi **negoziali** (o clausole d'uso: art. 1340), che consistono in prassi consolidate nel contesto socio economico nel quale si inserisce il singolo affare, ovvero nell'ambito dei rapporti che intercorrono tra quei particolari contraenti. La peculiarità delle clausole d'uso sta nel fatto che esse si intendono inserite nel contratto, se non risulta che non sono state volute dalle parti.

Infine, quale residuale fonte di integrazione del contratto, abbiamo l'**equità**.

Equità ed integrazione del contratto

È bene precisare che l'equità di cui parla l'art. 1374 non svolge una funzione correttiva degli effetti del contratto (come accade alla buona fede o alla stessa equità in altre ipotesi, quale quella dell'art. 1384, dove il giudice è abilitato a ridurre equamente la penale eccessivamente onerosa) ma, appunto, una semplice funzione **integrativa** delle eventuali lacune del regolamento pattizio. In altre parole il giudice, valorizzando tutte le peculiarità del caso concreto, perviene alla creazione di una regola in grado di garantire un assetto equilibrato del rapporto.

Buona fede tra esecuzione ed integrazione del contratto

La buona fede (sulla quale, in generale, v. Cap. XI, n. 1.1) non figura tra le fonti di integrazione del contratto: ad essa, viceversa, si richiama l'art. 1375 con riguardo alla esecuzione del contratto stesso.

In questa prospettiva, la buona fede si configura come criterio di controllo della **discrezionalità** di cui godono le parti in sede di attuazione del programma contrattuale: sicché un comportamento, pure in astratto ammissibile alla luce della regola pattizia, potrà invece risultare contrario a buona fede quando sia tale da avvantaggiare ingiustificatamente la parte che lo pone in essere e svantaggiare irragionevolmente l'altra.

Secondo l'orientamento ormai prevalente, tuttavia, la buona fede costituisce altresì criterio di **integrazione** del contratto, secondo le due direttive della lealtà e della salvaguardia delle ragioni della controparte, pur nei limiti imposti dalla tutela degli interessi del contraente obbligato.

Sulla base di queste premesse sarà possibile imporre alle parti anche comportamenti ulteriori rispetto a quelli desumibili dalla sola regola patrizia; ad es., l'alienante di un fondo dovrà prestarsi alla rettificazione dell'indicazione erronea dei dati catastali dell'immobile eventualmente richiestagli dall'acquirente. Tuttavia, anche l'integrazione secondo buona fede non potrà dare luogo ad una arbitraria riscrittura del contratto di cui, viceversa, andrà preservato il generale equilibrio.

Proprio nella prospettiva del ripristino di un equilibrio all'interno del singolo contratto, in ipotesi sconvolto dal sopravvenire di circostanze imprevedibili, la regola di buona fede è stata talora considerata anche come un possibile fondamento normativo dell'obbligo, a carico delle parti, di rinegoziare, in quelle ipotesi, le condizioni contrattuali. La questione presenta peraltro anche profili di interferenza con l'istituto della risoluzione per eccessiva onerosità sopravvenuta (v. n. 15.3).

6.2. *Gli elementi accidentali del contratto e gli interessi dei contraenti*

Elementi accidentali del contratto

Secondo l'impostazione tradizionale, i c.d. elementi **accidentali** sono quelli che le parti inseriscono nel contratto al fine di assicurare il soddisfacimento di loro specifici interessi, inevitabilmente estranei alla disciplina legale del tipo (v. n. 6).

Tale funzione è comune alle tre figure classiche della condizione, del termine e dell'onere o *modus* (per il quale v. Cap. XIV, n. 9.1, 12).

Condizione

Attraverso la previsione di una **condizione**, le parti subordinano l'efficacia – o il venire meno dell'efficacia – del contratto al verificarsi di un avvenimento **futuro** e **incerto** (art. 1353).

È proprio in ragione dell'incertezza dell'evento che la condizione si distingue dal termine, il quale si riferisce ad un evento o momento futuro, ma **certo**. L'evento si considera certo anche quando ne sia incerta la collocazione nel tempo: ad es., si ha termine e non condizione quando l'efficacia del contratto sia ricollegata alla morte di una persona.

Termine dell'efficacia e termine dell'adempimento

Il termine può essere **iniziale** o **finale** a seconda che, al suo sopravvenire, gli effetti del contratto si producano o vengano meno. A differenza del termine dell'adempimento (v. Cap. XI, n. 3.4) che incide soltanto sulla **esigibilità** della prestazione, il termine come elemento accidentale del contratto incide sulla **efficacia** di quest'ultimo, sospendendola o risolvendola.

L'introduzione di un termine, dunque, è funzionale a circoscrivere nel tempo l'efficacia del contratto, in conformità ad un corrispondente interesse delle parti: ad es., ho bisogno di un appartamento in Firenze per i soli tre anni nei quali dovrò lavorarvi e così stipulo una locazione triennale.

Il codice civile non contiene una disciplina specifica del termine: l'unico cenno ad esso si rinviene in materia di impossibilità sopravvenuta della prestazione nei contratti ad effetti traslativi o costitutivi (art. 1465: v. n. 9.1, 15).

Tornando alla condizione, essa può essere sospensiva o risolutiva.

Condizione sospensiva o risolutiva

La condizione **sospensiva** sospende gli effetti del contratto fino al verificarsi dell'evento: ad es., prendo in locazione un appartamento a Firenze, sotto la condizione di un mio trasferimento in quella città.

Viceversa, nella condizione **risolutiva**, al verificarsi dell'evento, gli effetti del contratto sin lì prodottisi verranno meno: ad es., prendo in locazione un appartamento in Roma, convenendo tuttavia che, se il mio datore di lavoro mi trasferirà altrove, il contratto cesserà di produrre i propri effetti.

L'evento dedotto in condizione deve essere possibile e lecito.

Condizione impossibile o illecita

In caso di **impossibilità** dell'evento (v. n. 6 a proposito dell'impossibilità dell'oggetto), il contratto, in presenza di una condizione sospensiva, sarà **nullo** poiché in tal caso esso non potrebbe comunque dispiegare i propri effetti. Al contrario, la condizione risolutiva impossibile si considera non apposta e non intacca, dunque, l'efficacia del regolamento contrattuale (art. 1354, co. 2).

L'**illiceità** dell'evento dedotto in condizione rende invece sempre **nullo** il contratto poiché in tal caso le parti hanno inteso vincolarne l'efficacia alla realizzazione di un interesse che si pone in contrasto con quelli tutelati da norme imperative (art. 1354, co. 1).

Condizione casuale, potestativa o mista

La condizione è **casuale** se il verificarsi dell'evento dipende dal caso o anche dal fatto di un terzo completamente sottratto al controllo delle parti (nell'esempio in precedenza fatto, il datore di lavoro che decida in piena autonomia se trasferire o meno il suo dipendente); è **potestativa** se il verificarsi dell'evento dipende dalla volontà di una delle parti per la quale, tuttavia, non sia del tutto indifferente porre in essere il comportamento che realizza la condizione (sempre assumendo l'esempio poc'anzi proposto, la domanda di trasferimento del dipendente); è **mista** se al verificarsi dell'evento concorrono il caso e la volontà dell'interessato.

Allorché l'alienazione di un diritto o l'assunzione di un'obbligazione siano fatte dipendere dalla mera volontà dell'alienante e, rispettivamente, del debitore, esse saranno nulle perché si ritiene che in questo caso manchi una reale volontà della parte di impegnarsi (art. 1355: condizione **meramente** potestativa). Invece, una condizione meramente potestativa dal lato dell'acquirente, o del creditore, si risolve nella attribuzione di un diritto di recesso e, in quanto tale, è valida.

Pendenza della condizione

Durante la **pendenza** della condizione – cioè prima che l'evento si verifichi o emerga con certezza la sua impossibilità – le parti (a seconda della loro posizione rispetto al verificarsi dell'evento stesso) potranno compiere atti **conservativi** del diritto (art. 1356): ad es., chiedere al giudice competente un sequestro giudiziario del bene che il contratto condizionato deve trasferire, qualora si tema che l'altra parte voglia sottrarlo.

Sempre in pendenza della condizione, possono essere compiuti atti dispositivi del diritto, ma i loro effetti saranno subordinati alla stessa condizione (art. 1357): ad es., se ho acquistato un diritto sottoposto a condizione risolutiva e lo alieno, ove la condizione si verifichi, ne verrà travolto il mio acquisto e, per conseguenza, quello del mio avente causa (*resoluto iure dantis, resolvitur ius accipientis*: v. Cap. III, n. 1).

Infine, durante la pendenza della condizione, la parte controinteressata al verificarsi della condizione (cioè, chi ha alienato un diritto o assunto un'obbligazione sotto condizione sospensiva o chi ha acquistato un diritto sotto condizione risolutiva) deve comportarsi secondo **buona fede** onde non pregiudicare le ragioni della controparte (art. 1358).

Buona fede e finzione di avveramento della condizione

Una specifica sanzione della violazione di tale obbligo è costituita dalla c.d. **finzione** di avveramento prevista dall'art. 1359: la condizione si considera avverata quando essa non si sia verificata per una causa imputabile alla parte controinteressata al suo realizzarsi.

Retroattività

L'avveramento della condizione ha effetto **retroattivo** (art. 1360), nel senso che il contratto si considera efficace (in caso di condizione sospensiva) o inefficace (in caso di condizione risolutiva) fin dal momento della sua stipulazione. Trattasi, comunque, di regola derogabile per volontà delle parti o in ragione della natura del rapporto.

Restano in ogni caso fermi gli atti di amministrazione compiuti dalla parte cui spettava l'esercizio del diritto in pendenza della condizione (art. 1361).

Condicio iuris

La condizione di cui si è parlato sin qui è una clausola introdotta dalle parti nel contratto. A volte, però, accade che l'efficacia del contratto sia condizionata non per volontà delle parti ma per volontà della legge (ad es., quando, per un contratto della p.a., sia prevista un'autorizzazione o un'approvazione da parte dell'autorità di controllo). In casi di questo genere si parla di condizione **legale** o *condicio iuris*.

7. *La causa del contratto*

Nozione

La **causa** può essere definita come la **funzione** che il contratto è chiamato ad espletare per essere riconosciuto dall'ordinamento giuridico.

Infatti, tale riconoscimento – che si traduce, in primo luogo, nell'attribuire al contratto "forza di legge tra le parti" (art. 1372, co. 1) e nel mobilitare la risorsa della forza, attraverso il sistema di tutela giurisdizionale dei diritti, per il caso in cui una delle parti venga meno agli impegni assunti (v. Cap. I, n. 5) – si giustifica soltanto nella misura in cui il contratto sia in grado di svolgere una funzione economicamente e socialmente significativa, non solo dal punto di vista dei contraenti ma anche dal punto di vista dell'ordinamento.

Si spiega, così, perché la causa figuri, all'art. 1325, accanto agli altri elementi essenziali del contratto: lo stesso accordo, se non sorretto dal perseguimento di una funzione socialmente rilevante, non sarebbe in grado, da solo, di perfezionare la fattispecie.

Causa del contratto e causa delle attribuzioni patrimoniali

Il ruolo che alla causa spetta tra gli elementi essenziali del contratto corrisponde, del resto, al più generale principio di necessaria **causalità** delle attribuzioni patrimoniali: ogni spostamento patrimoniale deve essere giustificato da una causa, poiché altrimenti chi lo ha posto in essere ne potrà chiedere la eliminazione (art. 2033: Cap. XI, n. 11.2).

È consentita, tuttavia, la c.d. astrazione **processuale** dalla causa nelle ipotesi di promessa di pagamento o di ricognizione di debito (v. Cap. XI, n. 11).

Causa e prestazioni isolate

In alcuni casi, la causa dell'attribuzione patrimoniale può ricollegarsi a circostanze o a rapporti preesistenti e di per sé esterni all'atto (c.d. **prestazioni isolate**): ad es., il ritrasferimento della proprietà dell'immobile da parte del mandatario senza rappresentanza a beneficio del mandante (art. 1706, co. 2) trova la sua giustificazione nell'adempimento dell'obbligo scaturente dal contratto di mandato.

Causa e negozi traslativi della proprietà

Del tutto eccezionali sono, invece, le ipotesi di negozi senz'altro astratti (tale è, ad es., la cambiale: v. Cap. XI, n. 11). Tali ipotesi sono comunque circoscritte all'area dei negozi con effetto **obbligatorio**, in quanto i contratti traslativi della proprietà debbono essere sempre "causati".

Si tratta di una regola che, certamente, incide sulla circolazione dei diritti rendendola meno sicura. La mancanza della causa, infatti, determina la nullità dell'atto per il tramite del quale si è attuato lo spostamento patrimoniale, nullità che può essere fatta valere anche contro i terzi subacquirenti.

Ciò spiega perché in altri ordinamenti (ad es., quello tedesco) il trasferimento della proprietà è astratto, non risentendo dunque della eventuale nullità del sottostante negozio giustificativo.

Causa e funzione economico-sociale

Tradizionalmente, la causa del contratto è stata identificata con la sua funzione **economico-sociale**. Questo modo di intendere la causa rimandava ad una generica esigenza di socialità (nel senso di utilità sociale) del contratto, quale presupposto del suo riconoscimento da parte dell'ordinamento giuridico e ragione giustificatrice del controllo esercitato da quest'ultimo sull'autonomia privata.

In realtà, come emerge dalla lettura della Relazione al codice civile, dove si parla della causa come funzione economico-sociale eguale e coincidente per tutti i contratti appartenenti ad un certo tipo (e cioè per tutti i contratti di compravendita, di locazione, di appalto, ecc.), il richiamo alla causa come funzione economico-sociale finisce per tradursi in una sua **sovrapposizione** al tipo contrattuale.

Causa e tipo

Peraltro, tale sovrapposizione non è stata neppure coerentemente svolta dal legislatore.

Infatti, se l'equiparazione tra causa e tipo spiega la nullità del contratto che già in partenza non possa assolvere alla sua funzione (ad es., acquisto da Tizio una cosa che è già di mia proprietà: è chiaro che qui la funzione della compravendita è irrealizzabile), essa, viceversa, appare del tutto incongrua rispetto all'ipotesi di contratti a causa illecita di cui all'art. 1343 (v. n. 7.2: per un esempio di contratto tipico a causa illecita, v. art. 2126).

Ciò perché se davvero la causa individuasse la funzione economico-sociale tipica ed eguale per ogni contratto, la sua illiceità sarebbe semplicemente inconcepibile. La funzione di scambio cosa/prezzo propria della compravendita, in astratto, è sempre lecita: semmai, saranno illeciti i concreti interessi che hanno indotto le parti stipulare quella singola compravendita.

Causa e funzione economico-individuale

Tali considerazioni inducono a ritenere che la causa possa essere più opportunamente descritta in termini di funzione **economico-individuale** del contratto. In questa prospettiva, la causa non si configura più come il tipo astratto, bensì come la concreta funzione che le parti hanno ritenuto di imprimere al contratto e che ora ben potrà risultare illecita se illeciti sono gli interessi effettivamente perseguiti.

7.1. *La distinzione tra causa e motivi*

Causa del contratto e motivi dei contraenti

La concezione tradizionale della causa rende agevole distinguere tra la causa stessa e le ragioni individuali dei contraenti, i c.d. **motivi** del contratto. È evidente, infatti, che tutto ciò che è estraneo alla funzione tipica corrisponderà ad un motivo tendenzialmente irrilevante: così, ad es., il fatto che io acquisti un immobile per andarci a trascorrere le vacanze estive.

Accogliendo, invece, la nozione di causa come funzione economico-individuale (v. n. 7), sarà necessario individuare criteri di selezione degli interessi dei contraenti onde stabilire quando questi siano rimasti allo stadio di mere prospettazioni soggettive o quando, viceversa, integrino la causa del contratto.

Causa, motivi ed economia del contratto

Il criterio più attendibile è quello che si propone di verificare se l'interesse sia penetrato o meno nell'**economia** del contratto e cioè nella ripartizione di costi, vantaggi e rischi che le parti hanno realizzato. In altri termini, se è stato sopportato un costo per ottenere la protezione di un interesse, si potrà ritenere che quest'ultimo concorra ad integrare la funzione economico-individuale di quel contratto.

Questa impostazione ha notevoli ricadute sia sul problema relativo alle conseguenze derivanti del **mancato** soddisfacimento di quegli interessi che siano penetrati nell'economia del contratto, sia sul problema relativo alla **illiceità** degli stessi.

Presupposizione

Il primo problema coincide, sostanzialmente, con quello della rilevanza da assegnare alla c.d. **base negoziale** o **presupposizione**. Quest'ultima è la situazione di fatto comune ad entrambe le parti, sulla base della quale il regolamento contrattuale è stato edificato: di talché, la sua originaria insussistenza o il suo successivo venire meno precludono la realizzazione del programma negoziale. Ad es., se risulta che il prezzo pattuito per l'acquisto di un fondo è pari alla media dei prezzi dei fondi edificabili sarà lecito ritenere, anche se il contratto tace al riguardo, che le parti lo abbiano stipulato nel presupposto che il fondo fosse edificabile. Ne consegue che se il fondo dovesse, invece, risultare non edificabile, lo "scopo" del contratto sarebbe irraggiungibile.

Lo strumento privilegiato attraverso il quale definire l'ambito di rilevanza della presupposizione è quello della interpretazione secondo **buona fede** (art. 1366: v. n. 5).

Conseguenze dell'insussistenza o del venir meno della presupposizione

Si tratterà poi di determinare quali conseguenze possano discendere dalla frustrazione dello scopo contrattuale.

Qui risulta evidente come la funzione economico-individuale non possa in alcun modo farsi coincidere con la funzione economico-sociale. Infatti, l'originaria insussistenza di quest'ultima dà luogo alla nullità del contratto, mentre la corrispondente situazione sul versante della funzione economico-individuale legittima, semmai, il ricorso ad un rimedio analogo alla risoluzione per sopravvenuta **parziale** impossibilità della prestazione (art. 1464), cioè la riduzione della prestazione dovuta, ovvero il **recesso**, allorché la parte per la quale lo scopo sia diventato, o si sia rivelato, irraggiungibile, non abbia interesse ad un adempimento parziale.

7.2. *La causa illecita ed il contratto in frode alla legge*

Illiceità della causa

Il secondo problema – quello relativo alla illiceità degli interessi in concreto perseguiti dalle parti – coinvolge l'illiceità della causa, l'illiceità dei motivi e la frode alla legge.

Secondo l'art. 1343 la causa del contratto è illecita quando risulti contraria a norme imperative (n. 6.1), all'ordine pubblico o al buon costume.

Ordine pubblico

L'**ordine pubblico** rappresenta la sintesi di quei principi desumibili dalla Costituzione, dai Trattati comunitari, dal codice civile, ecc. che attengono a profili ordinanti della vita **politica** o **economica** della collettività. Così, ad es., si lasciano ricondurre all'ordine pubblico sia la libertà di concorrenza, sia la libertà contrattuale, di modo che saranno nulli per contrarietà all'ordine pubblico eventuali accordi che limitino in modo troppo penetrante tali libertà.

Buon costume

Il **buon costume**, dal canto suo, si risolve in un complesso di principi **etici**, costituenti la morale sociale vigente in un dato contesto storico e che possono attenere, ad es., alla sfera della morale sessuale (v. art. 2035: Cap. XI, n. 11.2), o anche alla sfera dell'etica civile (si pensi ad atti con i quali si disponga della propria libertà di voto).

Una volta chiarito (v. n. 7) che la causa è funzione economico-individuale, risulterà abbastanza facile immaginare ipotesi di contratto a causa illecita: così, ad es., un contratto di lavoro subordinato nel quale le prestazioni del lavoratore siano funzionali allo svolgimento di un'attività illecita come la raffinazione di sostanze stupefacenti.

Illiceità della causa e dei motivi

L'avvicinamento, già segnalato, tra causa come funzione economico-individuale e concreti interessi che hanno determinato le parti alla stipula del contratto, renderà inevitabilmente **contigua** l'ipotesi di illiceità della causa rispetto a quella di illiceità del **motivo** comune, esclusivo e determinante (art. 1345), la quale dà luogo, a sua volta, alla nullità del contratto. Ad es., può ritenersi illecito, comune all'altro contraente, esclusivo e determinante, il motivo che induca il locatore a stipulare quando questi, locando un immobile destinato a fungere da base per operazioni terroristiche, abbia conseguito un corrispettivo particolarmente elevato.

Frode alla legge

All'area dell'illiceità della causa il codice civile riporta anche l'ipotesi della frode alla legge, secondo quanto previsto dall'art. 1344.

Il contratto in **frode alla legge** è quello che viene piegato dai contraenti al fine di **eludere** una norma imperativa: in altre parole, il contrasto con la norma imperativa qui non è diretto, ma è il frutto di un aggiramento della norma imperativa, che si può realizzare – in particolare – attraverso il collegamento o la combinazione tra più contratti (v. n. 7.3).

Paradigma del contratto in frode alla legge è la vendita con **patto di**

riscatto utilizzata per eludere il divieto del patto commissorio (art. 2744: v. Cap. XI, n. 10.1). La vendita con patto di riscatto consente, infatti, di raggiungere in sostanza lo stesso risultato pratico vietato dalla norma. È il caso di Tizio il quale, invece di prendere in prestito una somma di denaro, abbia venduto un bene a Caio ricevendone in cambio il prezzo, con l'intesa che se egli, nel termine prefissato, non sarà in grado di restituire la somma e di esercitare il riscatto, la proprietà del bene passerà definitivamente a Caio.

Naturalmente, anche il contratto in frode alla legge, proprio perché la frode alla legge si risolve pur sempre in un profilo di illiceità della causa, è **nullo**.

7.3. *Causa del contratto ed operazione economica: contratti misti e collegamento negoziale*

L'interesse concretamente perseguito dalle parti può risultare anche da una **combinazione** di più schemi negoziali tipici. In tal modo, si dà vita ad un contratto caratterizzato da elementi di atipicità, ma riconducibile comunque a frammenti di due o più schemi tipici. È proprio con riguardo ad ipotesi di questo genere che si parla di contratti **misti**. Contratto misto

Ad es., prima di diventare un contratto tipico (art. 1839), il deposito in cassette di sicurezza si configurava come un contratto atipico che risultava dalla combinazione della locazione (della cassetta) e del deposito nella stessa dei valori di proprietà del cliente.

Il problema principale sollevato dai contratti misti è quello della individuazione della disciplina ad essi applicabile, potendosi ricorrere ora alla tecnica dell'**assorbimento** (con applicazione della disciplina propria del tipo contrattuale prevalente nell'ambito del contratto misto), ora alla tecnica della **combinazione** (che assegna a ciascuno dei frammenti dell'operazione contrattuale la disciplina propria del singolo tipo). Contratto misto e disciplina applicabile

Anche nel negozio **indiretto**, l'interesse concretamente perseguito dalle parti non è immanente allo schema tipico utilizzato: ad es., la vendita di un bene ad un prezzo obiettivamente irrisorio finisce per soddisfare un interesse che, di regola, dovrebbe realizzarsi per il tramite di una donazione. Naturalmente, tale interesse ulteriore potrà rilevare quando esso permei di sé l'affare e divenga, quindi, il punto di attrazione di una specifica disciplina: ad es., quella del contratto in frode alla legge (v. 7.2) ove tale interesse risulti illecito. Negozio indiretto

Talora, ai fini dell'esatta individuazione della funzione del contratto (e dunque, ancora una volta, dell'interesse concretamente perseguito dal- Contratto ed operazione economica le parti) è necessario prendere in esame più contratti, tutti intesi a raggiungere il medesimo risultato pratico.

È questo il c.d. **collegamento negoziale**, che si ha appunto quando due o più contratti – di per sé autonomi – sono avvinti da un nesso di interdipendenza funzionale, nel senso che attraverso di essi si persegue un risultato unitario: ad es., vendo un immobile di mia proprietà all'associazione che ho appena, insieme con altri, costituito per farne la sede della stessa.

Rilevanza del collegamento negoziale

La rilevanza del collegamento negoziale si lascia apprezzare da un duplice punto di vista.

Il primo è quello dell'**interpretazione**. Infatti, allo stesso modo in cui le clausole contrattuali debbono interpretarsi le une per mezzo delle altre, al fine di intendere il senso complessivo dell'atto (art. 1363: v. n. 5), così – nel caso di contratti collegati – la portata complessiva dell'operazione potrà desumersi solo dalla lettura combinata dei singoli contratti in cui essa si articola.

Sotto il secondo profilo, l'**invalidità** o l'**inefficacia** di uno dei contratti collegati, nella misura in cui pregiudica la funzionalità complessiva dell'operazione, colpirà anche il contratto di per sé immune da vizi; così come, del resto, l'inadempimento dell'obbligazione scaturente da un contratto legittimerà la controparte a sollevare la relativa eccezione (art. 1460), onde sottrarsi alla esecuzione del contratto collegato.

7.4. *Causa e simulazione del contratto*

Simulazione del contratto

Talvolta, la stipulazione di un contratto pone capo ad uno stato di cose soltanto fittizio, dietro il quale si cela un assetto di interessi diverso da quello che appare all'esterno o, addirittura, un assetto di interessi per nulla innovativo della preesistente realtà giuridica.

È questa la c.d. **simulazione** del contratto (art. 1414 s.).

La simulazione può essere relativa o assoluta.

Simulazione relativa

La simulazione è **relativa** (art. 1414, co. 2) quando cade sulla **natura** del contratto (ad es., voglio donare un bene a Tizio, ma per sottrarre l'atto al più rigoroso regime previsto per la revocatoria degli atti a titolo gratuito, d'intesa con Tizio simulo una compravendita e quindi creo l'apparenza di un atto diverso da quello che realmente intendevo porre in essere), o sul suo **oggetto** (ad es., voglio vendere l'immobile di mia proprietà a 50.000 €, ma al fine di assoggettare l'acquisto ad un'imposta di registro inferiore, mi metto l'accordo con l'acquirente per dichiarare un prezzo di 25.000 €).

... e simulazione assoluta

La simulazione è **assoluta** quando – al di là dell'apparenza creata dal contratto – non si intende modificare la preesistente realtà giuridica:

ad es., al fine di sottrarre i miei beni all'aggressione dei creditori simulo di alienarli ad un terzo, ma in realtà ne rimango proprietario.

Interposizione fittizia di persona

La simulazione può investire anche le **parti** del contratto: ad es., Caio finge di stipulare un rapporto di lavoro con Tizio, ma in realtà presto la sua opera in favore di Sempronio. In questo caso si parla di **interposizione fittizia di persona**, e Sempronio, vero destinatario degli effetti giuridici scaturenti dal contratto sarà l'interponente mentre Tizio, parte solo apparente, sarà l'interposto.

Intesa simulatoria

La simulazione presuppone un accordo tra le parti (la c.d. intesa **simulatoria** o controdichiarazione) in forza del quale si crea la situazione di apparenza divergente da quella reale.

Simulazione e negozi unilaterali

Tale accordo può intervenire anche tra l'autore di un negozio unilaterale recettizio ed il destinatario di quest'ultimo (art. 1414, co. 3: ad es., il creditore simula, d'intesa con il debitore, la remissione del debito onde farlo apparire estinto e, quindi, sottrarre il credito alle pretese dei suoi creditori).

La simulazione non di per sé è vietata dall'ordinamento ma solo quando, suo tramite, si intendano perseguire interessi illeciti. Così, nella prassi è frequente il ricorso alla simulazione per frodare i creditori o per eludere le norme tributarie: tuttavia, in nessuno di questi casi il contratto simulato sarà nullo, potendo il creditore frodato soltanto esperire l'azione di accertamento della simulazione o l'amministrazione finanziaria irrogare sanzioni.

Disciplina del contratto simulato

Il contratto **simulato** (ossia, quello che appare all'esterno) non produce effetti tra le parti (art. 1414, co. 1), mentre tra queste ultime produce effetto il contratto **dissimulato** (ossia, quello realmente voluto), a condizione che ne sussistano i requisiti di **sostanza** e di **forma** (art. 1414, co. 2: ad es., se la vendita occulta una donazione, la vendita dovrà essere stipulata per atto pubblico con due testimoni e non potrà avere ad oggetto beni futuri).

Simulazione e tutela dei terzi

Occorre, però, tutelare la posizione di quanti, a seguito della simulazione, possano subire un pregiudizio.

La disciplina di questa materia è affidata alle regole di cui agli artt. 1415-1416.

Tali regole prevedono la generale possibilità per i terzi di far **valere** la simulazione che pregiudichi i loro diritti (art. 1415, co. 2); l'**inopponibilità** della simulazione (sia ad opera delle parti sia ad opera di coloro che abbiano acquistato diritti o siano creditori del simulato alienante) a quanti abbiano acquistato diritti dal titolare apparente, salvi gli effetti della trascrizione della domanda di simulazione (art. 1415, co. 1); l'**inopponibilità** della simulazione da parte dei contraenti ai creditori del titolare apparente che in buona fede abbiano compiuto atti di esecuzione sui beni oggetto del contratto simulato (art. 1416, co. 1); la possibilità per i creditori del simulato alienante di far **valere** la simulazione che pregiudichi i loro diritti (art. 1416, co. 2).

Conflitto tra creditori

Naturalmente, una situazione di conflitto può sorgere anche tra terzi appartenenti alla stessa categoria.

Si consideri l'ipotesi tipica del conflitto tra i creditori del simulato alienante (che hanno evidentemente interesse a far valere la natura apparente dell'atto) ed i creditori del simulato acquirente (che avranno un interesse opposto, poiché è in virtù dell'atto simulato che essi possono trovare nel patrimonio del loro debitore il cespite da aggredire).

Tale conflitto è risolto dall'art. 1416, co. 2 il quale fa prevalere – rispetto ai creditori chirografari (non assistiti da causa di prelazione: v. Cap. XI, n. 10.1) del simulato acquirente – i creditori del simulato alienante, quando il credito di costoro sia **anteriore** all'atto simulato. E ciò perché si ritiene che essi, al momento della costituzione del rapporto, abbiano legittimamente confidato sulla esistenza di quel cespite nel patrimonio del debitore.

Prova della simulazione

Poiché la simulazione rappresenta per i terzi un mero fatto giuridico, essi ne potranno fornire la prova anche a mezzo di testimoni, in deroga ai limiti stabiliti in via generale dall'art. 2721 (art. 1417: Cap. IV, n. 1.3).

Le parti, dal canto loro, potranno provare la simulazione senza limiti soltanto se intendano far valere **l'illiceità** del contratto dissimulato, dovendo, altrimenti, fare ricorso alla c.d. controdichiarazione (art. 1417).

Negozio fiduciario

Nel negozio **fiduciario** un soggetto (**fiduciante**) trasferisce la proprietà di dati suoi beni ad un altro soggetto (**fiduciario**), con l'intesa che quest'ultimo faccia di detti beni un certo uso, per poi ritrasferirli allo stesso fiduciante ovvero ad un terzo.

Il negozio fiduciario assolve ad una duplice funzione, di **mandato** (v. Cap. VIII, n. 3.1) o di **garanzia**. Nel primo caso (c.d. fiducia *cum amico*), il fiduciario acquista la proprietà dei beni fiduciati con l'obbligo di preservarli o gestirli in modo produttivo e poi ritrasferirli al fiduciante, ovvero al terzo da questi indicato. Nel secondo caso (fiducia *cum creditore*), il fiduciario, creditore del fiduciante, acquista i beni fiduciati in garanzia del credito con l'obbligo di ritrasferirli al fiduciante una volta ottenuta la prestazione.

Dal punto di vista **strutturale**, il negozio fiduciario risulta dalla **combinazione** di due negozi: un contratto con effetti reali (n. 9.1), che comporta il trasferimento della proprietà dei beni dal fiduciante al fiduciario; ed un contratto con effetti obbligatori, c.d. *pactum fiduciae*, che ha per contenuto l'obbligo a carico del fiduciario di utilizzare i beni fiduciati in conformità agli scopi pattuiti.

Da questa combinazione di due negozi discende quella che suole chiamarsi l'**eccedenza** del mezzo (trasferimento della proprietà) rispetto allo scopo (mandato o garanzia), la quale instaura in capo al fiduciario la c.d. **potestà di abuso**, vale a dire il potere di disporre dei beni andando oltre gli scopi pattuiti e astenendosi dal ritrasferire il bene al fiduciante.

Tutela del fiduciante

Questi, dal canto suo, potrà agire giudizialmente contro il fiduciario onde ottenere non solo il risarcimento del danno, ma anche una sentenza, *ex* art. 2932, che surroghi l'atto di ritrasferimento (v. n. 4.5; Cap. XI, n. 10.2). Qualora, poi, il ritrasferimento abbia ad oggetto beni immobili, attraverso la tempestiva trascrizione della domanda giudiziale (art. 2652, n. 2: v. Cap. IV, n. 2.1), il fiduciante renderà opponibile la sentenza anche al terzo acquirente. Diversamente, e proprio per l'efficacia soltanto obbligatoria dell'accordo tra fiduciante e fiduciario, residuerà soltanto una pretesa risarcitoria in favore del primo, restando invece salvi gli acquisti dei terzi.

Il negozio fiduciario rappresenta un classico esempio di negozio **indiretto** (v. 7.3) e va tenuto distinto dal contratto simulato. Mentre, infatti, nel negozio fiduciario le parti vogliono l'effetto del trasferimento dei beni pur con le limitazioni scaturenti dal *pactum fiduciae*, nella simulazione le parti non vogliono alcun effetto del contratto simulato.

7.5. *Causa del contratto e classificazioni dei contratti*

I contratti sono oggetto di talune tradizionali classificazioni che si fondano, per lo più, sulla **funzione** da essi svolta e quindi, in definitiva, sulla loro causa.

Contratti a prestazioni corrispettive e contratti c.d. unilaterali

Così è, ad es., per la distinzione tra contratti a **prestazioni corrispettive** e contratti c.d. **unilaterali** (cioè, con prestazioni a carico di una sola parte): infatti, il contratto a prestazioni corrispettive assolve ad una funzione di scambio, presentandosi le prestazioni in tale prospettiva come funzione l'una dell'altra mentre, ovviamente, altrettanto non può dirsi per i contratti unilaterali.

Ne discende che, nei contratti a prestazioni corrispettive, i vizi o difetti di una delle due prestazioni si ripercuotono anche sull'altra, proprio per il legame che tra di esse intercorre. Si parla, al riguardo, di **sinallagma** – a denotare, appunto, il nesso di corrispettività tra le prestazioni – e di contratti sinallagmatici i quali sono suscettibili di risoluzione per inadempimento allorché una delle due prestazioni non venga eseguita (v. n. 15).

I contratti unilaterali, dal canto loro, possono caratterizzarsi per le modalità di perfezionamento (art. 1333: v. n. 4). Inoltre, pur non essendo suscettibili di risoluzione a causa della mancanza del sinallagma godono, talora, di un rimedio inteso ad attenuare la gravosità dell'unica prestazione dovuta (art. 1468: v. 15.3).

Contratti a titolo oneroso e contratti a titolo gratuito

La distinzione appena esaminata non coincide – nonostante le apparenze – con quella tra contratti a titolo oneroso e contratti a titolo gratuito.

Nei contratti a titolo **oneroso**, come nei contratti sinallagmatici, vantaggi e sacrifici si distribuiscono fra entrambe le parti. Tuttavia, qui non sempre è dato riscontrare il nesso di corrispettività tra le prestazioni (ad es., nel mandato oneroso, la prestazione del mandatario non si ricollega sinallagmaticamente al compenso, ma si giustifica in relazione alla fiducia che sta alla base del rapporto).

Dal canto loro, i contratti a titolo gratuito si caratterizzano in quanto il sacrificio viene sopportato da una **sola** parte, a vantaggio dell'altra. L'acquirente a titolo gratuito, proprio perché dal contratto trae soltanto benefici, godrà di una tutela meno intensa di quella riservata all'acquirente a titolo oneroso (v., ad es., l'art. 1445, in materia di opponibilità dell'annullamento del contratto ai terzi: n. 12.3; o l'art. 2901, in materia di azione revocatoria ordinaria: Cap. XI, n. 10).

Contratto a titolo gratuito ed atti di liberalità

Il contratto a titolo gratuito, tuttavia, può in concreto presentare qualche utilità per chi sopporta il sacrificio: ad es., il trasporto a titolo gratuito offerto dall'imprenditore alla futura clientela è sorretto dall'interesse a pubblicizzare la sua azienda.

Ciò permette di distinguere il contratto a titolo gratuito dall'atto di **liberalità** (v. Cap. XIV, n. 12): tutti gli atti di liberalità sono atti a titolo gratuito, mentre non tutti gli atti a titolo gratuito sono atti di liberalità, in quanto essi – come si è visto – possono essere sorretti da un interesse ulteriore rispetto a quello di arricchire la controparte.

Contratti di scambio e contratti associativi

Sempre su base funzionale si instaura la distinzione tra contratti di **scambio** e contratti **associativi**. In questi ultimi, le prestazioni non si incrociano, essendo piuttosto finalizzate al perseguimento di uno scopo **comune** ai contraenti (ad es., il contratto con cui si dà vita ad un'associazione non riconosciuta). Lo scopo, qui, rappresenta il fulcro dell'operazione: ne consegue che le eventuali patologie del singolo vincolo contrattuale non travolgono l'intero rapporto, salvo il caso in cui la prestazione colpita non debba ritenersi essenziale (artt. 1420, 1459, 1466).

Contratti commutativi e contratti aleatori

Ha a che vedere con la funzione del contratto anche la distinzione tra contratti **commutativi** e contratti **aleatori**. I primi sono quelli nei quali vantaggi e svantaggi possono essere previsti e calcolati fin dal momento della conclusione del contratto. I secondi sono quelli nei quali vantaggi e svantaggi sono incerti (ad es., la vendita di cosa futura, allorché il corrispettivo sia dovuto anche quando la cosa non venga ad esistenza: art. 1472, co. 2).

L'aleatorietà può discendere dalla natura del contratto (è il caso, ad es., del gioco e della scommessa) o dalla **volontà** delle parti (è il caso appunto, della vendita di cosa futura nell'ipotesi dell'art. 1472, co. 2).

L'incertezza connaturata ai contratti aleatori spiega perché agli stessi non si applichino i rimedi che presuppongono un originario equilibrio tra le prestazioni: la risoluzione per eccessiva onerosità sopravvenuta, – art. 1469 – e la rescissione per causa di lesione – art. 1448, co. 4.

8. *La forma del contratto e le sue funzioni*

"Forma" ed esternazione della volontà

Si è già visto (Cap. II, n. 4.1) che tutti gli atti di autonomia privata necessitano di una forma che esteriorizzi, nel senso di rendere percepibile all'esterno, la volontà di negoziare.

Forma quale requisito essenziale del contratto

Diverso, e più ristretto è, invece, il significato che la forma assume quando se ne parla come di un **requisito** del contratto (art. 1325, n. 4). Qui, infatti, si tratta non già di una generica modalità di esternazione della volontà, bensì di una forma specifica (la forma **scritta**, nelle due varianti della scrittura privata o dell'atto pubblico: art. 1350) che il contratto deve rivestire qualora risulti che essa è prescritta a pena di **nullità** (art. 1325, n. 4: c.d. forma *ad substantiam*).

Principio generale della libertà della forma

La forma in questo significato più ristretto rappresenta l'eccezione, dovendo per il resto ritenersi che le parti siano libere di dare all'atto di autonomia la forma (in senso lato) da esse giudicata più congrua (principio della **libertà delle forme**).

Le ragioni per le quali la legge impone la forma scritta possono essere le più varie.

Ragioni dell'imposizione del requisito di forma

Talora, può trattarsi del particolare peso **economico** dell'atto. Ciò spiega, ad es., la forma scritta richiesta per i contratti ed i negozi che trasferiscano o costituiscano **diritti reali immobiliari** (art. 1350, n. 1-6, 11, 12). E sebbene oggi la proprietà immobiliare abbia perso gran parte della sua importanza, i beni immobili continuano ad essere assoggettati ad un regime circolatorio speciale che, di quegli stessi atti per i quali è prevista la forma scritta, impone la trascrizione nella forma, ancora una volta, dell'atto pubblico o della scrittura privata, sia pure autenticata (art. 2657: v. Cap. IV, n. 2.1; Cap. VI, n. 1.3).

Forma vincolata e gravità delle conseguenze dell'atto

L'esigenza della forma scritta può discendere anche dalla particolare **natura** dell'atto e dalla gravità delle **conseguenze** che esso comporta per chi lo pone in essere. È questo il caso della **donazione** (v. Cap. XIV, n. 12).

Forma vincolata e tutela del contraente debole

Più in generale, la forma scritta può essere prevista a tutela della parte **debole** del rapporto onde assicurarle il massimo di certezza in ordine al contenuto del contratto (v., ad es., l'art. 117, d.lgs. n. 385/1993, secondo il quale i contratti tra la banca ed i suoi clienti vanno redatti per iscritto a pena di nullità).

Nell'ottica della tutela del contraente debole, la forma scritta può servire anche a richiamare l'attenzione di quest'ultimo su una clausola particolarmente svantaggiosa: emblematico il caso della specifica approvazione per iscritto delle clausole vessatorie (art. 1341, co. 2: v. n. 4.1).

"Forma" ed obbligo di chiarezza

Viceversa, non sembrano integrare gli estremi di una forma vincolata quelle ipotesi nelle quali, secondo la più recente legislazione, la forma scritta rappresenta la modalità di adempimento dell'obbligo, gravante sull'imprenditore, di presentare in modo chiaro e trasparente il contenuto del contratto (artt. 35, co. 1 e 8, dove si afferma l'obbligo di fornire le informazioni in modo chiaro e comprensibile, cdc, ecc.). L'inosservanza di tale obbligo, infatti, darà luogo non alla nullità del contratto – esito questo che contraddirebbe l'esigenza di tutela che ispira la previsione dell'obbligo stesso – quanto piuttosto al **risarcimento** del danno.

Forma *per relationem*

Allorché tra due atti giuridici esista un nesso di **strumentalità**, nel senso che l'uno è prodromico alla conclusione dell'altro o ne condiziona l'efficacia, la forma del primo si determina in relazione alla forma prevista per il secondo (c.d. forma *per relationem*). Casi tipici sono quelli del preliminare, che deve rivestire la stessa forma del definitivo (art. 1351), della *electio amici* e della accettazione nel contratto per persona da nominare (art. 1403, co. 1), della procura nella rappresentanza volontaria (art. 1392).

Forma convenzionale

Talvolta può accadere che siano le parti stesse ad introdurre la forma scritta (c.d. forma **convenzionale**) onde assicurare ai loro futuri rapporti un adeguato grado di certezza (ad es., Tizio e Caio stabiliscono che tutti i loro futuri contratti saranno stipulati per iscritto). L'ipotesi è regolata dall'art. 1352 secondo il quale "se le parti hanno convenuto per iscritto di adottare una determinata forma per la futura conclusione di un contratto, si presume che la forma sia stata voluta per la validità di questo".

Forma per la prova

L'utilizzazione di una determinata forma può essere poi richiesta dall'ordinamento non per la validità del contratto, ma per la sua **prova**.

Anche qui, le ragioni sottese alla scelta legislativa di imporre una forma per la prova (o, come pure si dice, *ad probationem*) sono le più varie: ad es., può trattarsi dell'esigenza di evitare che l'assetto di un determinato rapporto venga rimesso in discussione (ciò che spiega, probabilmente, la forma scritta richiesta per la prova della transazione, art. 1967: v. Cap. VIII, n. 4), ovvero dell'esigenza di informare le parti, e soprattutto quella in ipotesi più debole, sui contenuti del rapporto (v. art. 1742, co. 2).

Le conseguenze della mancata osservanza della forma *ad probationem* sono completamente diverse da quelle dell'omesso rispetto della forma *ad substantiam*: il contratto sarà perfettamente valido, ma – nel caso in cui sulla sua esistenza o sul suo contenuto insorga una controversia – **non** potrà essere provato per testimoni o per presunzioni (art. 2725), a meno che non si dimostri l'incolpevole perdita del documento che forniva la prova (art. 2724, co. 3: v. Cap. IV, n. 1.3).

8.1. *La forma e l'accordo telematico*

Come si è già accennato (n. 4) la recente evoluzione tecnologica ha condotto alla sempre più larga diffusione di contratti o accordi stipulati per via telematica.

Per quello che concerne più specificamente il problema della forma, le questioni principali attengono alla configurabilità di un documento su supporto informatico, alla sua idoneità a soddisfare il requisito della prova scritta e alla possibilità di individuare una tecnica idonea a consentire l'attribuzione della paternità del documento informatico, sulla falsariga della sottoscrizione nella scrittura privata. Documento informatico

Si deve rammentare, al riguardo, che da tempo è stata recepita, nel nostro ordinamento, la nozione di **documento informatico**, definito da ultimo (art. 1, lett. *b*), d.P.R. n. 445/2000) come "la rappresentazione informatica di atti, fatti o dati giuridicamente rilevanti".

Quanto alla attribuzione della paternità del documento informatico, il problema è stato risolto attraverso i concetti di firma elettronica, firma elettronica qualificata e firma digitale, definita, quest'ultima, come "un particolare tipo di firma elettronica qualificata basata su un sistema di chiavi crittografiche, una pubblica ed una privata, correlate tra loro, che consente al titolare, tramite la chiave privata e al destinatario tramite la chiave pubblica, rispettivamente, di rendere manifesta e di verificare la provenienza e l'integrità di un documento informatico o di un insieme di documenti informatici" (art. 1, co. 1, lett. *s*) cad).

Per quanto attiene, poi, alla sua rilevanza, sul piano della forma contrattuale, "il documento informatico sottoscritto con firma elettronica qualificata o con firma digitale, formato nel rispetto delle regole tecniche stabilite ai sensi dell'art. 71 cad, che garantisce l'identificabilità dell'autore, l'integrità e l'immodificabilità del documento, si presume riconducibile al titolare del dispositivo di firma ai sensi dell'art. 21, co. 2 cad e soddisfa comunque il requisito della forma scritta, anche nei casi previsti, sotto pena di nullità, dall'art. 1350, co. 1, numeri da 1 a 12 del codice civile" (art. 20, co. 2, cad, come modificato dall'art. 8, co. 3, l. n. 159/2006).

Ai fini della prova, poi, "il documento informatico, sottoscritto con firma digitale o con un altro tipo di firma elettronica qualificata, ha l'efficacia probatoria dell'art. 2702 c.c. L'utilizzo del dispositivo di firma si presume riconducibile al titolare, salvo che questi dia prova contraria" (art. 21, co. 2 cad, come modificato dall'art. 9, co. 2, l. n. 159/2006).

9. *Gli effetti del contratto nei confronti delle parti*

Il contratto, in quanto atto di autonomia privata, rappresenta per le parti una regola vincolante alla quale esse non possono sottrarsi (n. 9.2).

È alla luce di questo che deve intendersi l'enunciazione dell'art. 1372, co. 1, secondo cui il contratto ha **forza di legge** tra le parti. Con tale formula, infatti, non si vuole sancire un'equiparazione in senso tecnico tra l'efficacia vincolante della legge e quella dell'autonomia privata, bensì soltanto esprimere il senso della **irrevocabilità** per le parti del vincolo scaturente dal contratto.

Efficacia del contratto

L'efficacia del contratto, al di là del comune denominatore rappresentato, appunto, dalla irrevocabilità del vincolo, si può diversamente atteggiare a seconda delle modificazioni della realtà giuridica da esso prodotte.

Contratti ad effetti obbligatori e contratti ad effetti reali

In particolare, alla categoria dei contratti ad effetti **obbligatori** – ossia, dei contratti che instaurano rapporti obbligatori (v. art. 1173: Cap. XI, n. 2) – si contrappone la categoria dei contratti ad effetti **reali** – ossia, dei contratti che trasferiscono la titolarità di un diritto (artt. 922, 1376).

Non si deve, però, dimenticare che i contratti ad effetti reali producono spesso anche effetti obbligatori: ad es., la compravendita, contratto ad effetti reali in quanto traslativo del diritto di proprietà, determina, per il venditore, il sorgere dell'obbligazione di consegnare la cosa, per l'acquirente, di corrispondere il prezzo, ecc. (artt. 1470, 1476, 1498).

La categoria dei contratti ad effetti obbligatori non è oggetto di una specifica disciplina legislativa; ai contratti ad effetti reali, invece, è dedicata la disposizione dell'art. 1376 in tema di immediata efficacia traslativa del consenso (n. 9.1).

Viene talora riportata al piano degli effetti del contratto una distinzione che – dal punto di vista terminologico – sembra riferirsi più propriamente al momento della sua esecuzione: quella tra contratti ad esecuzione **istantanea** (o ad effetti istantanei) e contratti ad esecuzione **continuata**, periodica o differita.

Contratti ad esecuzione istantanea e contratti ad esecuzione differita

Nella prima categoria rientrano quei contratti che sono eseguiti appunto istantaneamente (ad es., compravendita, quando non sia pattuito il differimento nell'adempimento delle obbligazioni a carico dell'una o dell'altra parte); nella seconda, quelli in cui l'esecuzione sia rinviata ad un momento successivo rispetto alla conclusione del contratto, ovvero si protragga in maniera continuativa o periodica (ad es., contratto di somministrazione, contratto di appalto).

La distinzione rileva, tra l'altro, con riferimento all'ambito di applicabilità della risoluzione per **eccessiva onerosità sopravvenuta**, circoscritta appunti ai soli contratti ad esecuzione differita, ovvero continuata o periodica (v. anche n. 9.2 per quel che concerne il **recesso** dai contratti ad esecuzione continuata o periodica).

Si discute, infine, se al contratto (e, più in generale, all'atto di autonomia privata) possa attribuirsi anche un'efficacia di accertamento di situazioni giuridiche incerte, che, secondo taluni, sarebbe invece propria soltanto della sentenza emanata dal giudice all'esito del processo (v. Cap. IV, n. 1). Tale esplicazione dell'autonomia privata, ove ritenuta ammissibile, assume la denominazione di **negozio d'accertamento**.

9.1. *L'effetto reale*

Alcuni tipi contrattuali sono idonei a produrre un particolare effetto, denominato effetto **reale** e che consiste – secondo la nozione che se ne può ricavare dall'art. 1376 – nel **trasferimento** della proprietà di una cosa determinata, nella costituzione o nel trasferimento di un diritto reale ovvero nel trasferimento di un altro diritto.

Per questi tipi contrattuali vale la regola della c.d. **immediata** efficacia **traslativa** del consenso legittimamente manifestato: è, in altre parole, sufficiente il consenso – rivestito della forma in ipotesi richiesta dall'ordinamento e sorretto da una causa (n. 7) – a produrre l'effetto reale.

Efficacia traslativa del consenso

Tale regola (c.d. **principio consensualistico**) rappresenta il frutto di un'evoluzione secolare ed è stata sancita, per la prima volta, nell'ambito del *code Napoléon* (v. Cap. I, n. 5.1).

Origini e ragioni del principio consensualistico

Essa corrisponde certo ad un'istanza di tipo ideologico, tesa ad enfatizzare la forza creatrice della volontà dei privati: non va tuttavia trascurato che l'efficacia traslativa del consenso è altresì funzionale ad un'esigenza di carattere economico, particolarmente avvertita in sistemi (come quelli ottocenteschi di capitalismo nascente) caratterizzati da un'accentuata "mobilizzazione" della ricchezza. In tale prospettiva, infatti, appare necessario rendere il più possibile celere la circolazione della proprietà (ma anche dei diritti di credito: pure la cessione dei crediti – Cap. XI, n. 5 – è un contratto ad effetti reali), affrancandola dalle formalità e dai rituali che in precedenza la rendevano invece lenta e complicata.

Sue conseguenze pratiche

La regola di cui all'art. 1376 riveste una grande rilevanza anche sul piano pratico.

Infatti, è in virtù del principio consensualistico che, ad es., nella compravendita la proprietà della cosa si trasferisce dal venditore al compratore sulla base del solo consenso legittimamente manifestato dalle parti; ed altrettanto avviene nella cessione di credito per quanto concerne la titolarità del diritto di credito.

La consegna della cosa venduta resta, invece, **irrilevante** ai fini del perfezionamento dell'effetto traslativo, individuando semplicemente l'oggetto di un'obbligazione (art. 1476, n. 1); così come la consegna dei documenti probatori del credito costituisce l'oggetto di un obbligo del cedente, ma è irrilevante ai fini del perfezionamento della cessione (art. 1262).

La compravendita, dunque, non è un contratto reale (v. n. 4), bensì un contratto consensuale ad effetti reali.

Individuazione

Va detto, però, (v. anche Cap. VIII, n. 1.1) che, se il contratto ha ad oggetto il trasferimento di cose determinate soltanto nel **genere**, "la proprietà si trasmette con l'individuazione fatta d'accordo tra le parti o nei modi da esse stabiliti" (art. 1378); tale individuazione può anche avvenire mediante la consegna al vettore o allo spedizioniere, ove si tratti di cose che debbono essere trasportate da un luogo o da un altro.

Al trasferimento di una **massa** di cose, anche se omogenee, torna ad applicarsi, invece, il principio dell'immediata efficacia traslativa del consenso, "ancorché, per determinati effetti, le cose debbano essere numerate, pesate o misurate" (art. 1377).

Contratti traslativi o costitutivi ed impossibilità della prestazione

Dal principio dell'immediata efficacia traslativa del consenso discende, in particolare, che, nel caso di perimento della cosa oggetto della compravendita per causa non imputabile al venditore, l'acquirente non è liberato dall'obbligo di eseguire la controprestazione (art. 1465, co. 1). Ad es., se Tizio acquista da Caio un quadro che, nell'intervallo di tempo tra la conclusione del contratto e la consegna, va distrutto per una causa non imputabile a Caio, Tizio sarà comunque tenuto a corrispondere il prezzo.

L'inconveniente pratico più grave connesso al principio consensualistico risiede in ciò che l'alienante, rimasto nella materiale disponibilità del bene, potrebbe **ulteriormente** trasferirlo ad un terzo.

Problemi e limiti del principio consensualistico

Sulla base dell'art. 1376, sembrerebbe ovvio doversi attribuire rilevanza esclusiva al primo acquisto, in quanto tutti gli atti di disposizione successivi al primo andrebbero considerati come posti in essere da chi, a partire già dal secondo, non era più titolare del diritto.

Una soluzione di questo genere, però, sebbene perfettamente coerente con il principio consensualistico, rappresenterebbe un sacrificio troppo grande per i terzi i quali abbiano riposto un legittimo **affidamento** sulla efficacia del contratto proprio in ragione della circostanza che l'alienante ha mantenuto la materiale disponibilità della cosa.

Temperamenti al principio consensualistico e criteri di soluzione dei conflitti

Da qui alcuni temperamenti al principio dell'immediata efficacia traslativa del consenso, temperamenti che poi si risolvono nella individuazione di criteri in base ai quali risolvere il conflitto tra più acquirenti dello stesso diritto.

Tali criteri variano a seconda che si tratti di beni **immobili** o **mobili registrati**, nel qual caso prevarrà chi per primo abbia **trascritto** l'acquisto (art. 2644: v. Cap. IV, n. 2.1); ove si tratti di **diritti personali** di **godimento**, prevarrà colui che per primo abbia acquisito il **godimento** della cosa (art. 1380: v. Cap. III, n. 1.2.2); ove si tratti di beni **mobili**, prevarrà colui che per primo ne abbia ottenuto il **possesso** in buona fede (art. 1155: v. Cap. XII, n. 6.1); infine, ove si tratti di **crediti**, prevarrà colui che per primo abbia **notificato** la cessione al debitore o che si sia procurato un'**accettazione** da parte del debitore avente data certa anteriore (art. 1265, co. 1: v. Cap. XI, n. 5).

9.2. *L'irrevocabilità del vincolo negoziale ed il recesso*

Abbiamo già detto (v. n. 9) che l'efficacia di legge tra le parti che l'art. 1372, co. 1 riconosce al contratto deve intendersi nel senso della **irrevocabilità** del vincolo negoziale.

Il contratto, pertanto, potrà sciogliersi soltanto quando le parti manifestino concordemente la loro volontà in tal senso (c.d. **mutuo consenso** o mutuo **dissenso**), ovvero per le **altre** cause ammesse dalla legge (art. 1372, co. 1).

Fonti e natura del diritto di recesso

In particolare, la legge o il contratto possono attribuire ad una o ad entrambe le parti il diritto di **recesso**, che talvolta prende anche il nome di **revoca** (del mandato da parte del mandante: art. 1722, n. 2) o di **rinunzia** (al mandato da parte del mandatario: art. 1722, n. 3).

Si tratta di un diritto potestativo (v. Cap. III, n. 1.2.3), l'esercizio del quale comporta lo scioglimento del vincolo contrattuale.

Recesso e contratti di durata

Il diritto di recesso può essere esercitato, in linea di massima, soltanto fino al momento in cui il contratto **non** abbia avuto un principio di esecuzione (art. 1373, co. 1). Tale regola, però, non vale per i contratti ad esecuzione **continuata** o **periodica**, dove il recesso può essere esercitato anche dopo l'inizio dell'esecuzione senza, tuttavia, che ciò pregiudichi le prestazioni sin lì eseguite, salva una diversa volontà delle parti (art. 1373, co. 2).

Sempre nei contratti ad esecuzione continuata o periodica (c.d. contratti di durata) non assistiti da termine finale, l'esercizio del diritto di recesso non necessita di una specifica previsione.

In tal caso, infatti, il recesso assolve alla funzione di integrare il regolamento contrattuale di un elemento originariamente mancante (il termine finale di efficacia, appunto), così facendo salva anche la fondamentale esigenza di prevenire la costituzione di rapporti obbligatori **perpetui**. Questi ultimi comprimerebbero oltre misura le sfere giuridico patrimoniali dei privati e – vincolando in maniera tendenzialmente perpetua le prestazioni dedotte in contratto – impedirebbero a tali risorse di affluire lì dove le stesse possano essere utilizzate in modo più proficuo.

Recesso ed inadempimento della controparte

Attraverso il recesso, inoltre, una parte può reagire avverso un **grave** inadempimento altrui (ad es., art. 2119 in tema di recesso per **giusta causa** dal rapporto di lavoro: v. Cap. X, n. 4).

Recesso e tutela del consumatore

Nella più recente legislazione a tutela del consumatore, infine, il recesso rappresenta per quest'ultimo un **rimedio** contro decisioni che – per il contesto in cui sono assunte – rischiano di essere scarsamente ponderate. Possono richiamarsi, a tal proposito, le ipotesi di recesso dai contratti negoziati **fuori** dai locali commerciali (art. 52 s. cdc: la relativa disciplina si applica anche ai contratti conclusi a distanza; di recesso dell'investitore dai contratti di **collocamento** di strumenti finanziari o di gestione di portafogli individuali conclusi fuori sede ovvero collocati a distanza (art. 30, co. 6, d.lgs. n. 58/1998); di recesso dell'incaricato alla vendita diretta o a domicilio (art. 4, co. 3, l. n. 173/2005).

In ogni caso, il recesso – come ogni potere discrezionale attribuito dal contratto – deve essere esercitato secondo buona fede e, dunque, in maniera leale e senza mirare al raggiungimento di vantaggi ingiustificati a danno dell'altra parte.

Caparra e multa penitenziale

Talora il diritto di recesso viene attribuito ad una parte verso un corrispettivo, rappresentato in genere da una somma di denaro che, a seconda dei casi, viene consegnata sin dal momento della conclusione del contratto (c.d. **caparra penitenziale**: art. 1386), oppure nel momento in cui il diritto di recesso viene esercitato (**multa penitenziale**: art. 1373, co. 3).

9.3. *Il contratto ed i terzi*

Relatività degli effetti contrattuali

Di regola, il contratto produce effetti **soltanto** tra le parti (art. 1372, co. 2). Del resto, se così non fosse ne sarebbe pregiudicata la stessa idea di autonomia privata giacché l'atto in ipotesi produttivo di effetti nei confronti dei terzi sarebbe, per questi ultimi, un atto eteronomo e, per chi lo avesse posto in essere, un atto inefficace.

Il principio della intangibilità della sfera giuridica dei terzi è assoluto per quanto attiene a possibili effetti svantaggiosi derivanti dal contratto (ad es., costituzione di obblighi).

Promessa del fatto del terzo

Significativa, in tal senso, è la disciplina della **promessa del fatto del terzo** (art. 1381) e cioè del contratto sulla base del quale una parte abbia promesso l'obbligazione o il fatto di un terzo (ad es., Tizio promette a Caio che Sempronio stipulerà con lo stesso Caio una locazione).

In tal caso, il terzo **non** è in alcun modo obbligato ad adempiere, mentre il promittente sarà tenuto ad indennizzare l'altro contraente per il pregiudizio patito a seguito del rifiuto del terzo.

Non rappresenta una deroga al principio in esame neppure il c.d. contratto **in danno** del terzo (ad es., patto di boicottaggio tra due imprenditori a danno di un concorrente) perché in questo caso l'effetto dannoso non discende dal contratto in quanto tale ma dalla sua attuazione ad opera delle parti: attuazione che, semmai, potrà integrare gli estremi di un illecito *ex* art. 2043.

Anche la disciplina del **divieto di alienazione** stabilito per contratto (art. 1379) è in sintonia con il principio della inefficacia del contratto nei riguardi dei terzi. Il divieto di alienazione, infatti, non soltanto esaurisce la sua efficacia tra le parti, ma in più è valido solo se circoscritto entro un limite di tempo ragionevole e se soddisfa un apprezzabile interesse di una delle parti: limiti, questi, che rispondono ad un'esigenza di tutela della circolazione della ricchezza.

Il principio di cui stiamo discorrendo conosce invece qualche eccezione là dove dal contratto scaturiscano per il terzo effetti **favorevoli** (ad es., l'acquisto di un diritto), salva comunque la facoltà del terzo di opporsi, mediante rifiuto, ad un'attribuzione patrimoniale indesiderata.

Contratto a favore del terzo

Questo risultato viene, di regola, raggiunto attraverso la stipulazione del **contratto a favore del terzo** (artt. 1411-1413), che non è un autonomo tipo contrattuale ma uno schema idoneo a consentire la produzione a beneficio del terzo di qualsivoglia effetto contrattuale (esempio tipico di contratto a favore di terzo è quello di assicurazione sulla vita, nel quale l'assicurato stipula una prestazione a favore di un familiare in caso di sua morte).

Le parti del contratto a favore di terzo sono lo **stipulante** (cioè colui che, attraverso la stipulazione, induce l'altra parte a disporre o ad obbligarsi nei confronti del terzo) ed il **promittente** (cioè colui che, appunto, dispone del diritto o si obbliga nei confronti del terzo). Il rapporto tra promittente e stipulante prende il nome di rapporto di **provvista**, in quanto da esso normalmente il promittente ricava la "provvista" necessaria ad eseguire la prestazione, mentre il rapporto tra promittente e terzo prende il nome di rapporto di **valuta**.

Interesse dello stipulante

Requisito fondamentale di validità della stipulazione in favore del terzo è l'esistenza di un **interesse** dello stipulante all'attribuzione del diritto in favore del terzo (art. 1411, co. 1). Tale interesse, dalla legge richiesto ai fini della giustificazione causale dell'attribuzione a favore del terzo (v. n. 7), può essere anche di natura non patrimoniale e consistere, ad es., nell'intento di arricchire il terzo (è questo un caso di donazione indiretta: Cap. XIV, n. 12).

L'interesse dello stipulante può ricondursi anche ad un suo obbligo nei confronti del terzo: ad es., un datore di lavoro, sul quale gravi l'obbligo di versare una somma di danaro ai propri dipendenti al momento della cessazione del rapporto, stipula un contratto con un'impresa assicuratrice affinché questa provveda a tali erogazioni.

Acquisto del diritto da parte del terzo

L'acquisto del diritto da parte del terzo avviene – salvo patto contrario – per effetto della sola stipulazione in suo favore, **non** essendo necessaria una sua **accettazione** (art. 1411, co. 2). Non è, infatti, un'accettazione la c.d. **adesione** del terzo alla stipulazione in suo favore (la dichiarazione di volerne profittare: art. 1411, co. 2) la quale produce il solo effetto di inibire allo stipulante la revoca o la modificazione della stipulazione.

A seguito della stipulazione in suo favore il terzo, pur rimanendo estraneo al rapporto contrattuale, acquisisce comunque il **diritto** di esigere la prestazione da parte del promittente. Da questo punto di vista, il contratto a favore di terzo si distingue da tutte quelle ipotesi nelle quali, invece, il terzo sia un mero destinatario della prestazione (ad es., l'accollo interno: v. Cap. XI, n. 5.1).

Rifiuto del terzo

Come si è già accennato, il terzo può **rifiutare** la stipulazione in suo favore: in questo caso, così come in quello di revoca della stipulazione, la prestazione rimarrà a **beneficio** dello stipulante, salvo che diversamente risulti dalla volontà delle parti o dalla natura del contratto (art. 1411, co. 3).

Il potere di revoca subisce alcuni adattamenti nel caso in cui la prestazione a favore del terzo debba eseguirsi **dopo** la morte dello stipulante: ciò al fine di evitare possibili interferenze con la disciplina delle attribuzioni patrimoniali per causa di morte (v. Cap. XIV, n. 2.1). In questa ipotesi, infatti, lo stipulante potrà revocare il beneficio per il tramite di una disposizione **testamentaria** anche qualora il terzo abbia dichiarato di volerne profittare, salva l'eventualità di una sua rinuncia scritta al potere di revoca (art. 1412, co. 2). Prestazione da eseguirsi dopo la morte dello stipulante

La circostanza che il rapporto contrattuale tra promittente e stipulante rappresenti la provvista dalla quale il terzo deriva il proprio diritto, spiega perché il promittente possa opporre al terzo le eccezioni fondate sul **contratto** dal quale questi tragga il proprio diritto, ma non quelle fondate su **altri** rapporti tra promittente e stipulante (art. 1413). Eccezioni opponibili dal promittente

9.4. *Cessione del contratto. Subcontratto*

Il discorso sugli effetti del contratto si estende anche alla **cessione del contratto**.

A differenza di quanto accade nel caso delle modificazioni del lato attivo e del lato passivo del rapporto obbligatorio (Cap. XI, n. 5-5.1), la cessione del contratto (art. 1406 s.) non incide su **singoli** diritti o obbligazioni, ma trasferisce l'**intera** posizione contrattuale comprensiva, ad es., del potere di agire in giudizio per chiedere la nullità, l'annullamento o la risoluzione del contratto stesso.

Ciò spiega perché l'ambito della cessione sia circoscritto ai soli contratti a **prestazioni corrispettive non** ancora eseguite (art. 1406): infatti, sia nel caso di contratti con obbligazioni a carico di una sola parte, sia nel caso di contratti a prestazioni corrispettive già eseguite per l'intero da una delle parti, finirebbe per essere trasferito il solo diritto alla controprestazione e non anche l'intera posizione contrattuale. Oggetto ed effetti della cessione del contratto

La cessione del contratto è, a sua volta, un **contratto** che postula – oltre che naturalmente l'accordo tra cedente e cessionario – il consenso del contraente ceduto (ed è pertanto un contratto **trilaterale**): tale consenso può essere manifestato anche in via preventiva, ed in questo caso la cessione sarà efficace nei confronti del contraente ceduto dal momento in cui essa gli venga notificata (art. 1407, co. 1). Natura della cessione del contratto

Quanto ai rapporti tra cedente e cessionario, il primo è tenuto a garantire soltanto la **validità** del contratto (art. 1410, co. 1); qualora abbia invece assunto la garanzia dell'adempimento del contratto, risponderà come un fideiussore per le obbligazioni del contraente ceduto (art. 1410, co. 2). Rapporti tra cedente e cessionario

Rapporti tra ceduto e cedente

Nei rapporti tra ceduto e cedente, invece, vige la regola secondo la quale il cedente è liberato dalle sue obbligazioni nel momento in cui la sostituzione diviene **efficace** nei confronti del ceduto (art. 1408, co. 1). Il contraente ceduto può, tuttavia, dichiarare di non liberare il cedente ed agire contro lo stesso qualora il cessionario non adempia le obbligazioni assunte (art. 1408, co. 2). In tale ipotesi, egli ha l'obbligo di dare notizia al cedente dell'inadempimento del cessionario entro quindici giorni da quello nel quale si è verificato, altrimenti sarà tenuto al risarcimento del danno (art. 1408, co. 3).

Rapporti tra ceduto e cessionario

I rapporti tra ceduto e cessionario, infine, sono retti dalla regola secondo cui il primo può opporre al secondo tutte le eccezioni derivanti dal contratto oggetto di cessione, ma non quelle che si ricollegano ad altri rapporti col cedente, salvo che ne abbia fatto espressa riserva al momento in cui ha prestato il proprio consenso (art. 1409).

Sulla cessione del contratto collegata alla cessione dell'**azienda** v. Cap. X, n. 2.

Subcontratto

Diversa dall'ipotesi di cessione del contratto è quella del **subcontratto**. Qui, infatti, viene stipulato un contratto che ha ad oggetto non il trasferimento della posizione contrattuale di una delle parti, ma molto più semplicemente una situazione giuridica **collegata** ad un rapporto ancora in corso e scaturente da un precedente contratto: ad es., Tizio, conduttore di un appartamento sulla base di una locazione stipulata con Caio, attribuisce il godimento di quel bene a Sempronio.

In taluni casi, si può subcontrattare soltanto procurandosi il consenso dell'altra parte del contratto di base (ad es., art. 1624, in tema di subaffitto; art. 1656, in tema di subappalto); altre volte, tale consenso non è richiesto (art. 1594, in tema di locazione). Quanto, poi, ad eventuali rapporti diretti tra la parte estranea al subcontratto e l'altro subcontraente si rammenti, ad es., che l'art. 1595 attribuisce al locatore un'azione nei confronti del subconduttore al fine di esigere il prezzo della sublocazione.

10. *La rappresentanza*

Scissione tra parte formale e sostanziale

Mentre, di regola, vi è perfetta **coincidenza** tra chi pone in essere l'atto (parte in senso **formale**) e chi viene investito degli effetti scaturenti da quell'atto (parte in senso **sostanziale**), in alcuni casi tale coincidenza viene meno perché la parte sostanziale non può o non vuole stipulare in prima persona l'atto.

Ciò può accadere, ad es., quando si diano condizioni di tempo e di luogo tali da rendere particolarmente oneroso per la parte il diretto svolgimento dell'attività giuridica. Ad es., Tizio, da tempo stabilitosi in Australia, è proprietario di un appartamento a Roma, che vorrebbe vendere. Per Tizio è molto più vantaggioso farsi sostituire da Caio nella conclusione del contratto che non affrontare una dispendiosa trasferta nella Capitale.

In altri casi, potrà trattarsi di una vera e propria impossibilità giuridica a compiere direttamente atti di autonomia privata: è il caso degli incapaci di agire (minori d'età o interdetti: Cap. V, n. 3-3.1).

Per ovviare ad inconvenienti di questo tipo, l'ordinamento appresta uno strumento grazie al quale è possibile realizzare la **sostituzione** della parte sostanziale nel compimento degli atti di autonomia privata.

Rappresentanza

Tale strumento è la **rappresentanza** (artt. 1387-1400), che può interessare tutti gli atti di autonomia privata, con la sola eccezione dei c.d. negozi **personalissimi** (matrimonio, Cap. XIII, n. 3; testamento, Cap. XIV, n. 9.1; donazione, Cap. XIV, n. 12).

Rappresentanza diretta

La disciplina codicistica della materia ha riguardo specificamente alla c.d. rappresentanza **diretta**. Quest'ultima è caratterizzata dal fatto che l'effetto discendente dal contratto posto in essere da colui (c.d. **rappresentante**) che abbia agito in nome e per conto dell'interessato (c.d. **rappresentato**) si ripercuote **immediatamente** nella sfera giuridica di quest'ultimo, a condizione, beninteso, che il rappresentante si sia mantenuto nell'ambito dei poteri conferitigli dal rappresentato (art. 1388).

Spendita del nome

Decisiva, ai fini della diretta produzione dell'effetto giuridico in capo al rappresentato, è – oltre che ovviamente l'esistenza della legittimazione rappresentativa – la c.d. spendita del nome o *contemplatio domini*, che può avvenire anche in forma tacita. Ad es., se Tizio, rappresentante di Caio, al momento della conclusione del contratto non indica in Caio stesso il destinatario degli effetti, questi ultimi investiranno la sua sfera giuridica e non quella del rappresentato, a meno che dalle circostanze non risulti comunque che Tizio agiva in nome e per conto di Caio.

Capacità del rappresentante

L'immediata produzione degli effetti del contratto concluso dal rappresentante nella sfera giuridica del rappresentato spiega perché – nel caso di rappresentanza **volontaria** – per la validità del contratto si richieda la capacità legale del rappresentato, mentre è sufficiente la capacità di **intendere e di volere** del rappresentante, avuto riguardo alla natura ed al contenuto del contratto (art. 1389, co. 1).

Nello stesso ordine di idee, si comprende perché il rappresentato – parte sostanziale del contratto – non possa validamente compiere neppure a mezzo del rappresentante un contratto a lui vietato (art. 1389, co. 2).

Rappresentanza indiretta

Si contrappone alla rappresentanza diretta la c.d. rappresentanza **indiretta** (o interposizione gestoria o, ancora, interposizione reale): in quest'ultimo caso, non vi è attribuzione di legittimazione rappresentativa, bensì semplicemente conferimento ad un soggetto dell'incarico di svolgere attività giuridica nell'interesse di un altro soggetto e non anche nel suo nome.

Tale situazione può ricorrere, in particolare, nel caso del mandato senza rappresentanza (Cap. VIII, n. 3.1).

Legittimazione rappresentativa

Il potere di rappresentanza, o legittimazione rappresentativa, è una **potestà** giacché il suo titolare non è anche il portatore dell'interesse in vista del quale tale potere viene conferito (Cap. III, n. 1.3). Esso può discendere (art. 1387) o da una manifestazione di volontà dell'interessato (c.d. rappresentanza **volontaria**) o dalla legge (c.d. rappresentanza **legale**): quest'ultima ipotesi coincide, sostanzialmente, con l'area dell'incapacità legale d'agire.

Procura

In particolare, la fonte della rappresentanza volontaria è un negozio unilaterale detto **procura** il quale rivestirà la stessa forma del contratto che il rappresentante deve concludere (art. 1392: v. n. 8). Se il contratto da concludersi è a forma libera, anche la procura può essere conferita nella forma ritenuta più congrua allo scopo: essa potrà risultare anche da un comportamento concludente, ovvero da una situazione obiettiva creata dal rappresentato (ad es., attraverso la preposizione, da parte del titolare, di un proprio dipendente all'esercizio dell'impresa: art. 2203).

Sua natura

La procura è un negozio **recettizio** (v. Cap. II, n. 4.1) nei confronti del rappresentante, ma non nei confronti dei terzi. Questi ultimi, tuttavia, possono sempre chiedere al rappresentante di giustificare i suoi poteri e, se la rappresentanza risulta da un atto scritto, pretendere una copia firmata dell'atto (art. 1393).

Il rappresentante, dal canto suo, è obbligato a restituire il documento dal quale risultino i suoi poteri, allorché queste siano cessati: altrimenti, si rischierebbe di ingenerare nei terzi il convincimento che tali poteri siano ancora in essere (art. 1397).

Il rappresentato, poi, deve, con mezzi idonei, portare a conoscenza dei terzi le eventuali **modificazioni** e la **revoca** della procura (art. 1396). In caso contrario, queste non saranno loro opponibili, a meno che non si dimostri che essi ne erano comunque a conoscenza al momento della conclusione del contratto (art. 1396, co. 1). Quanto alle altre cause di estinzione della rappresentanza, esse **non** sono opponibili ai terzi che le abbiano senza colpa ignorate (art. 1396, co. 2).

Il rappresentante non si limita a dichiarare all'esterno una volontà già integralmente formata dal rappresentato (come, ad es., accade nel matrimonio per procura: c.d. *nuncius*), ma si sostituisce a quest'ultimo nel compimento dell'atto esercitando, di regola, anche una certa discrezionalità.

Vizi della volontà e stati soggettivi rilevanti

Si spiegano così le regole che impongono di avere riguardo alla persona del **rappresentante** in ordine alla sussistenza di un vizio della volontà o di uno stato **soggettivo** rilevante (artt. 1390-1391). Opposta è invece la soluzione allorché si tratti di elementi predeterminati dal rappresentato, fermo restando che in nessun caso il rappresentato in mala fede può giovarsi dell'ignoranza o della buona fede del rappresentante (art. 1391, co. 2).

Conflitto di interessi

Il rappresentante deve esercitare il suo potere nell'interesse del rappresentato. Ove il rappresentante sia portatore di un interesse in conflitto con quello del rappresentato, il contratto è **annullabile** ad istanza di quest'ultimo, nel caso in cui il conflitto fosse conosciuto o riconoscibile dal terzo (**conflitto di interessi**: art. 1394). Ad es., il rappresentante Tizio stipula con il proprio fratello, Sempronio, una compravendita per la conclusione della quale gli era stata conferita procura dal rappresentato Caio: Tizio, a causa del legame di parentela con il terzo con il quale ha contrattato, è in questo caso portatore di un interesse in conflitto con quello del rappresentato.

L'annullabilità del contratto concluso in conflitto di interessi non postula l'effettivo verificarsi di un pregiudizio a carico del rappresentato, essendo sufficiente la **mera** potenzialità di tale pregiudizio.

Contratto con se stesso

Un'ipotesi specifica di contratto concluso in conflitto di interessi è quella del **contratto con se stesso** (art. 1395).

L'apparente contraddizione in termini racchiusa nella formula "contratto con se stesso" (essendo, per definizione, il contratto l'accordo di due o più parti) è superata attraverso la distinzione tra parte formale e parte sostanziale. Infatti, nel contratto con se stesso, ad un'unica parte formale corrispondono **due** parti sostanziali: ad es., Tizio, cui era stata conferita procura a vendere l'automobile di proprietà di Caio, acquista per sé l'automobile, agendo così sia in proprio sia quale rappresentante della controparte. In tal caso, pertanto in Tizio, unica parte formale, si concentrano due parti sostanziali, l'alienante e l'acquirente.

Il contratto con se stesso è, di regola, **annullabile** su istanza del solo rappresentato (art. 1395, co. 2) a meno che questi non abbia specificamente autorizzato il rappresentante a contrattare anche con se stesso (ad es., per la particolare fiducia che egli nutre sulla sua correttezza), ovvero allorché il contenuto del contratto sia stato determinato in modo tale da **escludere** in radice un conflitto di interessi (riprendendo l'esempio di prima, se Caio avesse stabilito, nel dare la procura a Tizio, che la sua automobile andava venduta a 10.000 €, ogni rischio di conflitto di interessi sarebbe stato scongiurato dal momento che per Caio è indifferente che la somma gli venga pagata da Tizio, il quale abbia contrattato per sé, o da chiunque altro).

Carenza o eccesso di potere

Dalle ipotesi di contratto concluso in conflitto di interessi o di contratto con se stesso – nelle quali si realizza un **abuso** del potere di rappresentanza – vanno nettamente distinti i casi della **carenza** o dell'**eccesso** di potere rappresentativo (art. 1398). Ad es., Tizio, del tutto privo di poteri rappresentativi, conclude con Sempronio un contratto in nome e per conto di Caio; oppure – ipotesi dell'eccesso di potere – Tizio, cui è stata conferita da Caio una procura a locare, in realtà stipula una compravendita.

Inefficacia del contratto

Il contratto concluso dal c.d. *falsus procurator* non produce effetti né per la sfera giuridica dello pseudo-rappresentato né per la sfera giuridica dello stesso falso rappresentante: quest'ultimo, infatti, pur non essendo legittimato a farlo, ha comunque speso il nome altrui, sicché è chiaro che non intendeva vincolare se stesso.

Ratifica

Tale contratto è dunque valido ma inefficace. Lo pseudo-rappresentato può, tuttavia, appropriarsi dei suoi effetti attraverso la **ratifica**: si tratta di un negozio unilaterale, recettizio nei confronti del terzo che abbia contrattato con il *falsus procurator* e che deve essere rivestito della stessa forma richiesta per la conclusione del contratto da ratificare (art. 1399, co. 1).

La ratifica ha effetto **retroattivo**, ma sono salvi i diritti dei terzi, che abbiano acquistato direttamente dallo pseudo-rappresentato (art. 1399, co. 2).

Nell'attesa che intervenga l'eventuale ratifica il terzo si trova – quanto alla possibile efficacia del contratto – in una situazione di **incertezza**, che egli può avere interesse a sciogliere al più presto, onde procurarsi altrove la prestazione che avrebbe dovuto ricavare dal contratto con il *falsus procurator*. Si spiega, così, la regola secondo la quale "il terzo contraente può invitare l'interessato a pronunziarsi sulla ratifica, assegnandogli un termine, scaduto il quale, nel silenzio, la ratifica si intende negata" (art. 1399, co. 4).

Il terzo ed il *falsus procurator*, qualora vogliano evitare gli effetti della ratifica, possono d'intesa **sciogliere** il contratto prima che questa intervenga (art. 1399, co. 3). Trova qui conferma la circostanza che il contratto concluso dal falso rappresentante è valido, ancorché inefficace, non avendo evidentemente senso ipotizzare lo scioglimento consensuale di un contratto nullo.

Infine, il terzo potrà chiedere al *falsus procurator* il risarcimento del danno per avere senza sua colpa confidato nella validità (in senso lato) del contratto (art. 1398). La responsabilità del *falsus procurator* nei confronti del terzo costituisce un'ipotesi di responsabilità precontrattuale (art. 1338: v. n. 4.3).

Responsabilità del *falsus procurator*

10.1. *Il contratto per persona da nominare*

Alla materia della rappresentanza può essere ricondotto il contratto per **persona da nominare** (si parla, infatti, di rappresentanza in *incertam personam*): esso non costituisce un tipo contrattuale, ma dà luogo ad una peculiare tecnica di individuazione di una delle parti in senso sostanziale del contratto.

Qui, infatti, uno dei contraenti – all'atto della conclusione del contratto – si riserva il potere "di nominare successivamente la persona che deve acquistare i diritti e assumere gli obblighi nascenti dal contratto stesso" (art. 1401).

Funzione dell'istituto

Questa tecnica è utilizzata soprattutto nei contratti traslativi della proprietà, quando l'acquirente abbia intenzione di ritrasferire ad un terzo il diritto. In tal caso, procedendo alla nomina del terzo, l'acquirente consegue l'obiettivo di evitare le spese di un doppio trasferimento (ma, agli effetti fiscali – art. 32, d.P.R. n. 131/1986 – il trasferimento si considera unico solo se la nomina sia stata eseguita entro tre giorni dalla conclusione del contratto: v. anche art. 1402, co. 1), in quanto la persona nominata acquista i diritti ed assume gli obblighi derivanti dal contratto con effetto dal **momento** della stipula (art. 1404).

Il contratto per persona da nominare può essere utilizzato anche da chi intenda coprire il proprio interessamento all'affare. A tal fine, ci si può avvalere di un proprio mandatario, il quale – contrattando con la formula per sé o per persona da nominare – consegue l'effetto del subingresso del mandante nel rapporto contrattuale.

Dichiarazione di nomina

La **dichiarazione di nomina** ha effetto soltanto se accompagnata dall'**accettazione** del nominato o se integrata da una sua **procura** anteriore al contratto (art. 1402).

La dichiarazione di nomina o l'accettazione o la procura debbono rivestire la stessa forma che le parti hanno usata per il contratto, anche se non prescritta dalla legge (art. 1403, co. 1); inoltre, se per il contratto è richiesta a determinati effetti una forma di pubblicità (ad es., la trascrizione), anche la dichiarazione di nomina – recante l'indicazione della procura o dell'atto di accettazione della persona nominata – andrà trascritta (art. 1403, co. 2).

Nel caso in cui la dichiarazione di nomina non venga validamente e tempestivamente fatta, il contratto produrrà i propri effetti tra i contraenti originari (art. 1405).

SEZIONE III

PATOLOGIE STRUTTURALI E FUNZIONALI DEL CONTRATTO

11. *L'invalidità del contratto: la nullità e le nullità. L'annullabilità*

Talora l'ordinamento giuridico può compiere una valutazione così negativa dell'atto di autonomia privata da indurlo a negargli qualsiasi efficacia.

In altri casi, meno gravi, al contratto viene riconosciuta un'efficacia provvisoria ed interinale, che però può essere rimossa su iniziativa di una delle due parti.

Invalidità del contratto

Queste due ipotesi corrispondono all'area dell'**invalidità** del contratto. La categoria dell'invalidità è di elaborazione dottrinale e non trova riscontro nella sistematica del codice, che si impernia invece sulle due figure della **nullità** e dell'**annullabilità**.

Da questo punto di vista, la nozione di invalidità soddisfa un'esigenza puramente descrittiva, ricomprendendo al suo interno tutte le varie ipotesi di difformità del contratto rispetto al paradigma normativo.

Inesistenza del contratto

Quando, invece, il contratto non sia semplicemente difforme rispetto allo schema legale ma del tutto irriducibile allo stesso, esso sarebbe **inesistente**. La distinzione tra invalidità ed inesistenza si giustificherebbe perché soltanto nel primo caso troverebbero applicazione quelle norme che annettono una pur eccezionale rilevanza al contratto nullo (ad es., conversione, art. 1424; c.d. pubblicità sanante, art. 2652, n. 6).

Le ipotesi di inesistenza del contratto solitamente proposte hanno, tuttavia, una scarsissima rilevanza pratica (ad es., il contratto concluso sulla scena, nell'ambito di una rappresentazione teatrale; il contratto concluso per scherzo; il contratto concluso a seguito di una violenza fisica: v. 12.1.3), e risultano difficilmente distinguibili rispetto ai casi di nullità del contratto per difetto di accordo (v. n. 13).

Ipotesi di invalidità del contratto

Tornando alle ipotesi di invalidità, esse possono consistere, in via di prima approssimazione:

a) in un'imperfezione **strutturale** della fattispecie: ad es., difetto di determinatezza o determinabilità dell'oggetto; difetto di causa (art. 1418, co. 2);

b) nel **contrasto** tra l'interesse concretamente perseguito dalle parti e gli interessi ritenuti fondamentali dall'ordinamento giuridico: ad es., illiceità della causa; contratto in frode alla legge (art. 1418, co. 2);

c) nella **contrarietà**, altrimenti riscontrabile, del contratto rispetto a norme imperative (art. 1418, co. 1);

d) nella **violazione** di norme poste a tutela di un contraente, ritenuto debole, e finalizzate ad impedire, o a circondare di particolari cautele, l'inserimento nel contratto di clausole in grado di pregiudicarne la posizione (ad es., il vizio che colpisce le clausole vessatorie nei contratti con i consumatori, non a caso legislativamente definito come nullità di protezione dall'art. 36 cdc, v. n. 4.2);

e) in un **vizio** del consenso (artt. 1427-1440);

f) nella **assenza**, in uno dei contraenti, dei requisiti di capacità richiesti dall'ordinamento giuridico (incapacità legale di agire o incapacità naturale: art. 1425; art. 428);

g) in generale, nella presenza di **vizi** del contratto ritenuti dal legislatore di minore gravità, avuto riguardo alla consistenza ed alla qualità dell'interesse da proteggere (così, ad es., nel caso del contratto concluso in conflitto di interessi: art. 1394).

La riconduzione alla categoria generale dell'invalidità di queste ipotesi ha, come si accennava, un valore puramente descrittivo. Infatti, la disciplina predisposta per i casi da a) a c) – che corrispondono all'area della **nullità** – è del tutto diversa rispetto a quella prevista per i casi elencati da e) a g), che corrispondono, invece, all'area dell'**annullabilità**.

Una considerazione a sé meritano, poi, le ipotesi *sub* d), irriducibili sia alla nullità sia all'annullabilità: tanto che, al riguardo, si è ormai soliti parlare di nullità **speciali**.

Caratteri generali della nullità

Venendo alla nullità, si può dire, in via di prima approssimazione, che essa può anche essere **virtuale**, nel senso che – ove ne ricorrano i presupposti – non è necessaria una norma che espressamente la commini; il contratto nullo è assolutamente **inefficace** e **non** può essere sanato o convalidato dalle parti; la legittimazione processuale a far valere la nullità del contratto spetta a **chiunque** vi abbia interesse, potendo altresì il vizio essere rilevato d'ufficio dal giudice, e la relativa azione è **imprescrittibile**; la sentenza che ravvisi sussistente una causa di nullità del contratto ha efficacia puramente **dichiarativa** in quanto si limita ad accertare una realtà giuridica già in essere, e cioè, appunto, la radicale inidoneità del contratto a produrre effetti giuridici.

... e dell'annullabilità

Al contrario, l'annullabilità è **testuale**, nel senso che essa insorge solo in presenza di un'esplicita previsione normativa; il contratto annullabile è bensì **produttivo** di effetti giuridici, ma si tratta di effetti interinali e provvisori. In quanto tali, essi possono essere rimossi, anche se soltanto su iniziativa della parte a tutela della quale la causa di annullabilità era prevista. Questa stessa parte potrà, altresì, **convalidare** il contratto. L'azione intesa a far valere la causa di annullabilità del contratto (c.d. azione di **annullamento**) è soggetta a **prescrizione**; la sentenza di annullamento, a sua volta, ha efficacia **costitutiva**, poiché, nella misura in cui rimuove gli effetti del contratto, muta la realtà giuridica preesistente.

"Nullità speciali"

Dal canto suo, l'area, inevitabilmente eterogenea, delle c.d. nullità **speciali** (anche questa categoria puramente descrittiva) presenta taluni profili tipici della nullità (ad es., nella nullità di protezione, la insanabilità del vizio, la rilevabilità d'ufficio dello stesso: v. n. 4.2), altri più prossimi al regime dell'**annullabilità** (ad es., la legittimazione a far valere il vizio attribuita alla sola parte contrattuale che il legislatore si propone di tutelare: così, il cliente della banca, *ex* art. 127, co. 2, d.lgs. n. 385/1993 nonché art. 36, co. 3, cdc); altri ancora, infine, assolutamente **peculiari** e dettati dall'esigenza di non vanificare la finalità di tutela del contraente protetto (ad es., la non propagabilità all'intero contratto della nullità "di protezione" della clausola vessatoria: v. n. 4.2).

Fondamento della nullità

Dunque, in linea di principio si può dire che della nullità la legge si avvale, ora per colpire le ipotesi di più grave e radicale difformità della concreta fattispecie contrattuale rispetto allo schema normativo, ora per sanzionare la illiceità degli interessi perseguiti dalle parti, cioè la loro contrarietà a valori giudicati fondamentali dall'ordinamento.

... e dell'annullabilità

Dal canto suo, l'area dell'annullabilità coincide, di regola, con i casi nei quali l'interesse pregiudicato dal contratto è quello individuale di una delle parti.

Il discrimine appena tracciato, però, è tutt'altro che sicuro, come dimostra proprio la categoria delle c.d. nullità speciali.

Infatti, nell'ambito di quest'ultima, l'esigenza di protezione di interessi individuali dei contraenti si manifesta, come si è visto, attraverso meccanismi di tutela almeno sotto alcuni profili assimilabili a quelli propri della nullità secondo quanto del resto confermato, da ultimo, proprio dalla scelta non nativa della formula "nullità di protezione". E ciò si spiega perché, da un lato, si vuol evitare che il contraente protetto possa rinunciare alla tutela predisposta dalla legge (ad es., il consumatore che, sollecitato dal professionista con la prospettiva di altri vantaggi, "convalidi" la clausola vessatoria di per sé inefficace); dall'altro perché – attraverso la tutela del singolo contraente – l'ordinamento persegue altresì finalità istituzionali come l'efficiente funzionamento del mercato.

Non può assimilarsi all'invalidità la **rescissione** del contratto (v. n. 14) che si fonda su un'ipotesi, davvero eccezionale, di rilevanza dello **squilibrio** in senso oggettivo delle prestazioni dedotte in contratto.

L'invalidità va tenuta distinta dalla **inefficacia** del contratto (v. n. 6.2). Inefficacia ed invalidità

Infatti, il contratto invalido non è necessariamente inefficace, ben potendo essere efficace, sia pure in modo provvisorio ed interinale (è il caso del contratto annullabile).

Dal canto suo, la circostanza che il contratto sia inefficace non implica che lo stesso sia invalido. Infatti, un contratto perfettamente valido può tuttavia essere inefficace, qualora non si sia ancora verificata la condizione sospensiva, o non sia sopraggiunto il termine iniziale.

Un contratto valido (ed efficace tra le parti) potrà invece essere inefficace nei confronti di taluni **terzi** o ad essi **inopponibile**, senza che tale circostanza ne intacchi in alcun modo la validità. Così, ad es., Tizio non potrà opporre a Caio, che abbia trascritto per primo, il suo titolo d'acquisto dal comune dante causa (art. 2644: v. Cap. IV, n. 2.1) o, ancora, l'atto di disposizione posto in essere da Mevio in favore di Filano ed in pregiudizio delle ragioni del creditore Cneo è inopponibile o relativamente inefficace nei confronti di quest'ultimo, ove egli abbia con successo esperito l'azione revocatoria (art. 2901: v. Cap. XI, n. 10). Inefficacia relativa ed inopponibilità

12. *Le cause di annullabilità del contratto*

Si è già osservato che l'annullabilità del contratto può discendere: a) dall'esistenza di un **vizio** nella formazione del consenso contrattuale (errore, violenza, dolo: v. n. 12.1.1, 12.1.2, 12.1.3); b) dalla condizione di incapacità **legale** di agire o di incapacità **naturale** (art. 1425; art. 428) nella quale si sia trovata una delle parti al momento della conclusione del contratto (v. 12.2); c) da ulteriori situazioni, che debbono tuttavia essere oggetto di specifica previsione normativa.

Il gruppo di ipotesi accennate *sub* c) è eterogeneo. Vi rientrano, ad es., gli acquisti vietati ai genitori di beni o diritti di proprietà dei figli minori (art. 323, co. 2); il contratto concluso in conflitto di interessi e il contratto con se stesso (artt. 1394-1395: v. n. 10); le compravendite stipulate in violazione dell'art. 1471, n. 3-4 (art. 1471, co. 2); gli atti di straordinaria amministrazione aventi ad oggetto beni immobili o mobili registrati in comunione legale e compiuti senza l'assenso dell'altro coniuge (art. 184, co. 1-2: v. Cap. XIII, n. 3.2). Come è agevole constatare, si tratta di fattispecie tutte accomunate da una esigenza di tutela di un interesse individuale come è, del resto, nella logica della annullabilità del contratto.

12.1. *I vizi della volontà*

Un primo gruppo di cause di annullabilità è rappresentato, come si è già detto, dai vizi della **volontà**, o vizi del **consenso**, suscettibili di insorgere, appunto, nella fase formativa del consenso contrattuale.

Tutela della volontà e tutela dell'affidamento

La disciplina dei vizi del consenso deve tenere conto di una duplice esigenza. Per un verso, va assicurata l'integrità del consenso di ciascuno dei contraenti, in quanto esso rappresenta il nucleo fondamentale del contratto; per altro verso, va tutelato l'**affidamento** riposto dalla controparte sulla validità del contratto.

Le regole accolte in materia dal codice civile vigente appaiono ispirate – rispetto a quelle fatte proprie dal codice del 1865 – ad una più **accentuata** tutela dell'affidamento: ciò si desume, in particolare, dalla previsione della **riconoscibilità** come requisito di rilevanza dell'errore.

12.1.1. *L'errore*

Errore vizio

L'**errore** può consistere, innanzi tutto, in una **falsa** rappresentazione ovvero in un'**ignoranza** della realtà alla quale il contratto si riferisce, tale da pregiudicare la corretta formazione del consenso. Ad es., acquisto un mobile dall'antiquario Caio, ritenendo che sia un pezzo originale del XVI secolo, mentre si tratta soltanto di una rifacitura del XXI secolo; stipulo un contratto d'opera con Tizio avente ad oggetto la progettazione di un ponte, ritenendo che egli sia un ingegnere, mentre in realtà è semplicemente un geometra. Si parla, in tali casi, di errore **vizio** o di errore **motivo**.

È ovvio, però, che se ogni errore portasse alla annullabilità del contratto, ne verrebbe pregiudicato l'affidamento della controparte e, più in generale, ne risulterebbe messa a repentaglio la sicurezza dei traffici giuridici.

Requisiti di rilevanza dell'errore

Di qui la scelta del legislatore di fissare requisiti di **rilevanza** dell'errore, consistenti nell'**essenzialità** e **riconoscibilità** dell'errore stesso (art. 1428); e di qui, anche, la diversità della disciplina in materia di **donazione** (Cap. XIV, n. 12) e di **testamento** (Cap. XIV, n. 9), dove la unilateralità dell'atto e la gratuità dell'acquisto affievoliscono l'esigenza di tutela dell'affidamento.

Essenzialità dell'errore

L'errore può, dunque, ritenersi essenziale quando:

a) cada sulla **natura** o sull'**oggetto** del contratto (ad es., stipulo una locazione convinto di avere stipulato una compravendita: art. 1429, n. 1);

b) cada sulla **identità** dell'oggetto della prestazione o su talune sue **qualità** che, in base al comune apprezzamento o in relazione alle circostanze, debbano ritenersi **determinanti** del consenso (art. 1429, n. 2). Ad es., acquisto un quadro convinto che si tratti di un Picasso mentre invece è una volgare "crosta"; acquisto una partita di "Brunello di Montalcino" del 2002 convinto che si tratti dell'assai più pregiata annata 2015, ecc.

Errore sul valore

Il c.d. errore sul **valore** è rilevante nei limiti in cui si traduca in errore sulle **qualità** dell'oggetto della prestazione: ad es., compro, e pago, un quadro ritenendolo opera originale di Picasso, mentre si tratta soltanto di una copia. Viceversa, l'errore sul valore è irrilevante quando si presenti sotto forma di una stima erronea dell'effettivo valore di un bene: ad es., pago 10.000 € una macchina usata che ne vale al massimo 7.000;

c) cada sull'**identità** o sulle **qualità** della persona dell'altro contraente, ove l'una o le altre siano **determinanti** del consenso (art. 1429, n. 3). Ad es., dovendomi sottoporre ad un delicato intervento chirurgico, mi rivolgo a Tizio, convinto che si tratti di un luminare della materia ed invece è soltanto un neolaureato, omonimo del grande cattedratico;

d) quando, trattandosi di errore di **diritto**, sia stata la ragione unica o **principale** del consenso (art. 1429, n. 4). Ad es., acquisto un fondo per costruirvi un palazzo ignorando, però, che esso è gravato da un vincolo di inedificabilità.

Come risulta anche dagli esempi proposti, l'errore è essenziale nella misura in cui cade su circostanze **intrinseche** al contratto. Non è invece essenziale e non conduce all'annullamento del contratto l'errore che, pur essendo stato in concreto determinante del consenso, cada su circostanze **estrinseche**. Tale è, in particolare, l'errore sui **motivi** (ad es., prendo in locazione un appartamento a Roma perché convinto che lì sarò presto trasferito, mentre invece vengo trasferito a Palermo) o, anche, l'errore di **previsione** (ad es., prenoto una settimana in albergo a Vulcano perché convinto che il tempo sarà bellissimo; al contrario, piove tutti i giorni).

Errore sui motivi

Errore di previsione

Anche l'errore di diritto, per risultare essenziale, deve riferirsi a circostanze intrinseche al contratto, nonostante che l'art. 1429, n. 4 possa lasciar credere ad un'ipotesi di eccezionale rilevanza dell'errore sul motivo (ad es., se acquisto una tenda speciale per campeggiare in una zona desertica di un paese mediorientale, ignaro della circostanza che l'ingresso in quel paese è temporaneamente interdetto, l'errore sarà di certo determinante del mio consenso, ma sarà anche irrilevante in quanto cade su un motivo estrinseco al contratto).

Errore di calcolo

Una disciplina particolare è riservata all'errore di **calcolo** (art. 1430). In realtà, non si tratta di un vero e proprio errore ma di una imperfetta applicazione dei criteri di calcolo: ad es., in una compravendita di grano, pattuito il prezzo di 0,5 € al chilo e la cessione di 100 chili, il prezzo complessivo viene fissato in 60 €.

Rettifica

In tal caso, non si fa luogo ad annullamento del contratto, ma soltanto alla sua **rettifica**, da tenersi ben distinta dalla rettifica prevista dall'art. 1432 come rimedio alternativo all'annullamento.

Se, però, l'errore di calcolo si risolve in errore sulla **quantità**, a sua volta determinante del consenso, saremo in presenza di un errore sull'oggetto del contratto (art. 1429 n. 1), come tale essenziale. Ad es., il prezzo di una partita di grano viene fissato a 1.000 € nel presupposto che dentro il silos ve ne siano 5 tonnellate e invece ve ne sono solo 3.

Errore riconoscibile

Ulteriore requisito di rilevanza dell'errore è la sua **riconoscibilità** che sussiste quando la controparte, tenuto conto del contenuto e delle circostanze del contratto, nonché della qualità dei contraenti, avrebbe potuto accorgersi dell'errore usando l'ordinaria diligenza (art. 1431). Ad es., l'esperto antiquario può facilmente accorgersi dell'errore in cui sta incorrendo il cliente che acquista al prezzo dell'originale una banale riproduzione.

Tutela dell'affidamento

Come, e più, della essenzialità, la riconoscibilità dell'errore è funzionale alla tutela dell'**affidamento** legittimamente riposto dalla controparte nella stabilità del contratto. Ne consegue che ove l'errore sia stato in concreto riconosciuto, ogni indagine sulla sua astratta riconoscibilità sarà superflua.

Del tutto irrilevante, a differenza di quanto previsto dal codice civile del 1865, è la **scusabilità** dell'errore: un errore inescusabile, purché essenziale e riconoscibile, può, dunque, dare luogo all'annullamento del contratto (per la diversa regola accolta in tema di ripetizione dell'indebito soggettivo v. Cap. XI, n. 11.2).

A differenza dell'errore-vizio, l'errore **ostativo** cade non sul processo di formazione della volontà ma sulla sua **dichiarazione** o **trasmissione**: ad es., nella proposta trasmessa via telegrafo dall'ufficio postale risulta un prezzo diverso da quello da me indicato. Errore ostativo

L'errore ostativo, purché essenziale e riconoscibile, dà luogo all'annullamento del contratto (art. 1433). Si tratta di una soluzione innovativa rispetto a quella accolta nel codice civile del 1865 e che, ancora una volta, risponde ad un'esigenza di tutela dell'affidamento fortemente avvertita dal legislatore del 1942: qui, infatti, il dichiarante, ove l'errore non sia essenziale o non sia riconoscibile, rimarrà vincolato ad una dichiarazione difforme rispetto a quanto realmente voluto.

L'azione di annullamento può essere preclusa dalla offerta della controparte di eseguire il contratto in modo conforme a quanto voluto da chi è caduto in errore (c.d. **rettifica** del contratto: art. 1432). Rettifica dell'errore

12.1.2. *Il dolo*

Il **dolo** è anch'esso un vizio del consenso. In quanto tale, va tenuto rigorosamente distinto dal dolo come elemento soggettivo dell'illecito contrattuale (v. Cap. XI, n. 9) o extracontrattuale (v. Cap. IX, n. 3.1). Dolo

Il dolo consiste in una **falsa rappresentazione** o **ignoranza** della realtà non spontaneamente determinatasi, bensì indotta da un **raggiro** o da un **artifizio** della controparte (art. 1439, co. 1) o di un terzo (ma in questo caso il contratto sarà annullabile solo se i raggiri erano noti al contraente che ne ha tratto vantaggio: art. 1439, co. 2).

Ai fini della annullabilità del contratto, il raggiro o l'artifizio debbono essere tali da indurre in errore una persona normalmente ragionevole e sensata. Non integra, pertanto, gli estremi del dolo il c.d. *dolus bonus*, e cioè l'enfatizzazione – largamente diffusa nella pratica commerciale – delle qualità della prestazione o della merce offerta, poiché chiunque è in grado di rendersi conto che si tratta di semplici espedienti pubblicitari (v., però, la tutela apprestata dagli art. 19 s. cdc, a fronte della **pubblicità ingannevole**). Irrilevanza del *dolus bonus*

Anche il semplice **silenzio** (c.d. **reticenza**) può integrare gli estremi del dolo quando la natura del contratto, o le concrete circostanze dello stesso, impongano ad una parte di comunicare all'altra informazioni essenziali nell'economia dell'affare (ed in tal caso il silenzio potrà anche essere fonte di responsabilità **precontrattuale**: v. n. 4.3). Ad es., Caio, famoso antiquario, pur sapendolo, omette di informare il cliente che l'opera che questi sta acquistando è una copia e non l'originale. In taluni casi è poi la stessa legge ad attribuire rilevanza ad una reticenza particolarmente qualificata (v. art. 1892 in materia di assicurazione).

Proprio perché nel dolo l'errore è indotto dalla controparte e, dunque, viene meno ogni esigenza di tutela dell'affidamento, esso rileverà anche quando dovesse cadere su circostanze **estrinseche** al contratto: ad es., Tizio, per indurmi ad acquistare un appartamento a Roma, mi fa credere di aver saputo dal mio datore di lavoro, suo caro amico, che presto sarò trasferito in quella città.

Dolo determinante ...

Ai fini della annullabilità del contratto, il dolo deve essere stato **determinante**, tale cioè da indurre la controparte a stipulare (art. 1439, co. 1). Nel caso in cui, invece, i raggiri non siano stati tali da indurre la stipula del contratto, ma abbiano fatto sì che il contratto venisse concluso a condizioni diverse, il dolo è definito **incidente**: resta in tal caso esclusa l'annullabilità del contratto, ma il contraente in **mala fede** è tenuto al **risarcimento** del danno (anche qui siamo in presenza di un'ipotesi di responsabilità pre-contrattuale: v. n. 4.3).

... e dolo incidente

Dolo e risarcimento del danno

Un obbligo risarcitorio potrà configurarsi anche nel caso di dolo determinante, essendo comunque contrario a buona fede (e rilevante, dunque, quale fonte di responsabilità precontrattuale) il comportamento di chi carpisca con l'inganno il consenso altrui. Nel caso in cui il dolo venga posto in essere da un terzo, con la responsabilità di questi concorrerà quella del contraente che abbia tratto vantaggio dall'inganno.

12.1.3. *La violenza*

Violenza morale e violenza fisica

L'ulteriore ipotesi di vizio del consenso, causa di annullabilità del contratto, è la **violenza morale**, così detta per distinguerla dalla **violenza fisica**. Quest'ultima ricorrerebbe nel caso, quasi soltanto teorico, in cui una parte sia fisicamente costretta alla conclusione di un contratto (ad es., la mano del contraente viene forzata alla sottoscrizione in calce al testo del contratto) e darebbe luogo alla nullità (se non alla inesistenza) del contratto per mancanza dell'accordo delle parti (v. n. 11).

Caratteri della violenza

Ai fini dell'annullabilità del contratto, "la violenza deve essere di tal natura da fare impressione sopra una persona sensata e da farle temere di esporre sé o i suoi beni a un male ingiusto e notevole" (art. 1435).

L'idoneità della minaccia va commisurata alle caratteristiche del destinatario: ad es., la minaccia di interrompere una lunga amicizia può non condizionare una persona matura ed autosufficiente, ma potrebbe, viceversa, influenzare in modo decisivo un anziano, bisognoso di affetto e di assistenza morale. Opportunamente, dunque, il codice civile prevede che si abbia riguardo, in questa materia, all'età, al sesso ed alla condizione delle persone (art. 1435, ult. parte).

La violenza dà luogo all'annullabilità del contratto anche quando sia rivolta contro il **coniuge**, un **ascendente** o un **discendente** della controparte o i loro beni (art. 1436, co. 1). Nel caso, invece, in cui essa si indirizzi contro altre persone, l'annullamento del contratto è rimesso al prudente apprezzamento del **giudice** (art. 1436, co. 2).

Minaccia nei confronti di terzi

La violenza può provenire anche da un **terzo**. In questo caso, a differenza di quanto accade nel dolo (n. 12.1.2), il contratto sarà **sempre** annullabile anche quando la parte che ha beneficiato della violenza ne fosse all'oscuro (art. 1434): e ciò si spiega in ragione della maggiore gravità della minaccia (che, se attuata, può mettere a repentaglio anche la vita o l'integrità fisica della controparte) rispetto ai raggiri o artifizi del dolo.

Minaccia posta in essere da terzi

Anche la **minaccia** di far valere un **diritto** può dare luogo all'annullabilità del contratto, ove sia diretta a conseguire vantaggi **ingiusti** (art. 1438). Ad es., minaccio Tizio di sottoporre il suo patrimonio ad esecuzione forzata se egli non mi venderà la sua casa ad un prezzo inferiore a quello di mercato: qui il vantaggio che mi riprometto di ottenere è ingiusto perché non vi è alcun rapporto tra il diritto fatto valere ed il vantaggio stesso.

Minaccia di far valere un diritto

Sarebbe invece giusto, in quanto congruo rispetto all'interesse tutelato, il vantaggio perseguito da chi minacci di richiedere un decreto ingiuntivo onde indurre il debitore a costituire un'ipoteca.

Non dà luogo alla annullabilità del contratto il **timore reverenziale** (art. 1437: ad es., il desiderio di non scontentare una persona verso la quale si abbia un sentimento di soggezione psicologica), poiché qui il condizionamento non proviene dall'esterno ma è un frutto di un processo psichico interno alla parte.

Timore reverenziale

12.2. *Le incapacità*

Qualora una delle parti del contratto sia affetta da incapacità **legale** d'agire, il contratto è annullabile (art. 1425).

Incapacità di agire ed annullabilità

In questo caso, il fondamento dell'annullabilità è da ravvisarsi nell'esigenza di proteggere quanti non siano in grado di provvedere da sé alla cura dei propri interessi (minori di età; interdetti giudiziali: v. Cap. V, n. 3).

Diversa è invece la *ratio*, squisitamente sanzionatoria, dell'annullabilità dei contratti posti in essere dall'**interdetto legale** (v. 12.3).

Sono annullabili anche gli atti di **straordinaria** amministrazione compiuti dai soggetti limitatamente capaci (inabilitato, minore emancipato), senza l'assistenza del curatore (artt. 396, 427, co. 2).

L'annullabilità del contratto concluso dagli incapaci legali di agire, dipendendo da una valutazione legale della loro condizione, **prescinde** dalla circostanza che essi fossero, in concreto, perfettamente consapevoli della natura e della portata economica dell'operazione: si pensi, ad es., al caso di un sedicenne espertissimo di finanza *on line*.

Raggiri usati dal minore

Tuttavia, nel caso in cui il minore abbia occultato con **raggiri** la sua età (raggiri che non possono consistere nella mera dichiarazione di essere maggiorenne), il contratto non è annullabile (art. 1426). In tal modo si intende sanzionare la condotta di un minorenne che abbia dimostrato, ricorrendo ai raggiri, una precoce, ancorché diabolica, maturità.

Annullamento degli atti di straordinaria amministrazione dei rappresentanti degli incapaci

Annullabili sono anche i contratti relativi ad **affari** di c.d. **straordinaria** amministrazione (ad es., atti di alienazione di diritti, mutui o locazioni ultranovennali) conclusi dai rappresentanti legali degli incapaci in **assenza** delle previste autorizzazioni (v., ad es., artt. 320, 374-375, 377).

Incapacità naturale

Il contratto è altresì annullabile per incapacità **naturale** di uno dei contraenti (art. 428).

Si è già detto in che cosa consista l'incapacità naturale (Cap. V, n. 3.2).

Qui dobbiamo occuparci della sorte degli atti posti in essere dall'incapace naturale.

Incapacità naturale e contratti

Per quanto attiene ai **contratti**, ai fini del loro annullamento, oltre allo stato di incapacità naturale, andrà provata la malafede dell'altro contraente (art. 428, co. 2) e ciò, ancora una volta, a tutela dell'**affidamento** da questi riposto nella stabilità del contratto (v. anche Cap. IV, n. 2).

Ai sensi dello stesso art. 428, co. 2, la malafede può risultare dal **pregiudizio** che all'incapace naturale derivi dalla conclusione del contratto (ad es., Tizio conclude un contratto di vendita di un bene di sua proprietà ad un prezzo inferiore a quello di mercato), dalla **natura** del contratto (ad es., Tizio, è un ultracentenario che, sotto i fumi dell'alcool, stipula un vitalizio assistenziale – Cap. VIII, n. 5 – con Caio cedendogli l'intero suo patrimonio), ovvero da altre circostanze.

Incapacità naturale e negozi unilaterali

Trattandosi di negozi giuridici **unilaterali** (art. 428, co. 1), l'annullamento non richiede ovviamente la prova della malafede di una controparte che, in questo caso, neppure esiste: l'autore del negozio, che ne voglia ottenere l'invalidazione, dovrà tuttavia dimostrare, oltre allo stato di incapacità naturale nel quale egli versava al momento dell'atto, che da questo gli sia derivato un grave pregiudizio.

Per il regime dell'incapacità naturale nel testamento, nella donazione e nel matrimonio v., rispettivamente, Cap. XIV, n. 9; n. 12 e Cap. XIII, n. 3.1.

12.3. *L'azione di annullamento*

Legittimazione all'azione di annullamento

L'annullabilità del contratto può essere fatta valere solo dalla parte nel cui interesse è stabilita dalla legge (art. 1441, co. 1: legittimazione **relativa**). Quindi, ad es., l'annullamento del contratto può essere domandato solo da chi sia incorso in un errore essenziale e riconoscibile, o da colui il cui consenso sia stato estorto con la violenza o carpito con il dolo, ecc.

Eccezionalmente, la **legittimazione** a far valere l'annullabilità è **assoluta** nel caso del contratto concluso dal condannato in stato di **interdizione legale** (art. 32 c.p.), poiché qui l'annullabilità ha una finalità non protettiva ma punitiva (art. 1441, co. 2: v. Cap. V, n. 3.1).

In taluni casi eccezionali, l'azione di annullamento può essere promossa anche dal p.m. (art. 23).

Prescrizione

L'azione di annullamento si prescrive in **cinque** anni (art. 1442, co. 1) ed il termine decorre – in caso di vizio del consenso – dal giorno in cui sia cessata la violenza, sia stato scoperto l'errore o il dolo, ovvero – in caso di incapacità legale – dal giorno in cui sia cessato lo stato di interdizione o di inabilitazione ovvero il minore abbia raggiunto la maggiore età (art. 1442, co. 2).

In tutti gli altri casi il termine decorre dalla **conclusione** del contratto (art. 1442, co. 3).

Imprescrittibilità dell'eccezione

L'annullabilità del contratto può essere **eccepita** dalla parte legittimata ad esercitare l'azione anche quando quest'ultima sia ormai prescritta (art. 1442, ult. co.). Ad es., stipulata una compravendita tra Tizio, alienante, e Caio, acquirente, se il consenso del primo è stato estorto con violenza, Tizio, a fronte della pretesa di Caio di ottenere la consegna della cosa, potrà far valere in via d'eccezione l'annullabilità del contratto anche dopo che siano trascorsi più di cinque anni dal momento in cui è cessata la violenza.

Effetti dell'annullamento

Esperita con successo l'azione di annullamento, gli effetti del contratto vengono rimossi **retroattivamente**. Ne consegue che la parte che abbia già eseguito la sua prestazione, potrà chiederne la restituzione in base alle norme sulla ripetizione dell'indebito (art. 2033: v. Cap. XI, n. 11.2).

Ripetizione a carico del contraente incapace

Tuttavia, nel caso in cui il contratto sia stato annullato a causa dell'**incapacità** di una delle parti, quest'ultima **non** è tenuta a restituire la prestazione ricevuta se non nei limiti in cui la stessa sia stata rivolta a suo vantaggio (art. 1443).

Questa regola costituisce espressione di un più generale principio di tutela dell'incapace (art. 1190: v. Cap. XI, n. 3.6; art. 2039: v. Cap. XI, 11.2). Si ritiene, infatti, che l'incapace, proprio per la sua condizione soggettiva, possa non essere stato in grado di acquisire definitivamente al suo patrimonio la prestazione, cosicché sarebbe irragionevole obbligarlo alla restituzione della stessa nella sua interezza.

Retroattività dell'annullamento e tutela dei terzi

La retroattività dell'annullamento potrebbe pregiudicare i diritti eventualmente acquisiti dai **terzi subacquirenti**, e cioè da quanti abbiano acquistato diritti da colui che, a sua volta, aveva acquistato sulla base del contratto poi annullato.

Onde evitare questo effetto, che frustrerebbe il legittimo affidamento sulla stabilità del loro acquisto, l'art. 1445, co. 1 sancisce l'**inopponibilità** (v. n. 11) dell'annullamento ai terzi di **buona fede** acquirenti a titolo **oneroso**: la buona fede, unita all'onerosità dell'acquisto, rende qui l'affidamento del terzo particolarmente meritevole di tutela.

Se, però, l'annullabilità dipende da incapacità legale (che è situazione conoscibile attraverso la consultazione dei registri dello stato civile), la buona fede è esclusa in radice e l'annullamento del contratto sarà sempre opponibile (v. Cap. IV, n. 2), così come sarà sempre opponibile, quale che sia la causa di annullabilità, agli acquirenti di mala fede e a quelli a titolo gratuito, ancorché di buona fede. In quest'ultimo caso, però, potrà trovare applicazione l'art. 2652, n. 6 (v. Cap. IV, n. 2.1).

Naturalmente, come sempre, sono fatti salvi gli effetti della trascrizione per quanto attiene agli acquisti immobiliari, e dell'applicazione della regola possesso vale a titolo per quanto attiene agli acquisti mobiliari.

Convalida del contratto annullabile

Come già anticipato, il contratto annullabile può essere **convalidato** dalla parte legittimata ad esercitare l'azione di annullamento (art. 1444).

La convalida può essere **espressa** o **tacita**.

Convalida espressa

Nel primo caso, il contratto annullabile viene sanato mediante un **atto** che contiene la menzione del contratto e del motivo di annullabilità, nonché la dichiarazione che si intende convalidarlo (art. 1444, co. 1).

Convalida tacita

Nel secondo caso, il contratto annullabile viene sanato quando la parte che avrebbe potuto esercitare l'azione di annullamento vi dà **volontaria esecuzione** pur conoscendo il motivo di annullabilità (sulla nozione di comportamento concludente v. Cap. II, n. 4.2). Ad es., l'acquirente, il cui consenso era viziato da errore, consapevole di quest'ultimo, paga egualmente il prezzo.

La convalida è un negozio giuridico **unilaterale** per il quale valgono le ordinarie regole in materia di capacità d'agire: si spiega così quanto disposto dall'art. 1444, ult. co. alla stregua del quale "la convalida non ha effetto, se chi l'esegue non è in condizione di concludere validamente il contratto".

Annullabilità e contratto plurilaterale con comunione di scopo

Nel caso di contratti **plurilaterali** con comunione di scopo, l'annullamento del vincolo contrattuale relativo ad una sola parte non determina l'annullamento dell'intero contratto, salvo che la partecipazione della stessa non debba considerarsi **essenziale** (art. 1446: v. n. 7.5).

13. *Le cause di nullità del contratto*

Nullità ed incompletezza della fattispecie

La nullità discende, innanzi tutto, dalla **difformità** del contratto rispetto allo schema legale (art. 1418, co. 2).

In primo luogo, determina nullità del contratto la mancanza dell'**accordo** tra le parti.

Rientrano in quest'ambito – e sempre che non si voglia parlare di inesistenza del contratto (v. n. 11) – le ipotesi nelle quali difetti totalmente l'intento delle parti di dar vita ad una regola giuridicamente vincolante (ad es., i già menzionati casi del contratto concluso per scherzo o per le esigenze di una rappresentazione teatrale), ovvero manchi un sia pur minimo elemento volitivo ascrivibile al dichiarante (ad es., il già citato caso estremo della violenza fisica o quello, altrettanto estremo, del contratto concluso in stato di ipnosi, di sonnambulismo, ecc.).

Anche le ipotesi di contratto concluso in nome di un soggetto inesistente o non più esistente perché defunto, o quelle, di maggiore rilevanza pratica, del contratto concluso dallo **straniero** non ammesso al godimento dei diritti civili nell'ambito dell'ordinamento giuridico italiano (art. 16 Prel.), danno luogo a nullità per mancanza dell'accordo tra le parti.

Il contratto è altresì nullo per difetto di **causa** (v. n. 7.2), da intendersi nel senso della irrealizzabilità della sua funzione tipica (ad es., assicurazione contro il rischio di incendio di un immobile già andato distrutto). Viceversa, l'irrealizzabilità o il venir meno della funzione in concreto svolta dal contratto possono dare luogo soltanto alla risoluzione (v. n. 15).

La nullità del contratto può discendere, poi, dalla mancanza dell'**oggetto** o dalla mancanza nell'oggetto dei requisiti di possibilità, determinatezza o determinabilità (v. n. 6); o ancora, dal difetto della **forma scritta** *ad substantiam* (v. n. 8).

Nullità del contratto per illiceità degli interessi

Ma la nullità del contratto può discendere anche dalla **illiceità** degli interessi perseguiti dalle parti.

In tale ambito si collocano le ipotesi già esaminate dell'illiceità della **causa** o del **motivo** nonché della **frode alla legge** (v. n. 7.2), ed ancora, i casi di illiceità dell'**oggetto** (v. n. 6).

Nullità e norme imperative

Nello stesso ordine di idee, debbono essere inquadrati i casi di nullità del contratto per **contrarietà a norme imperative** (art. 1418, co. 1) e cioè, appunto, a norme non derogabili dai privati, in quanto espressione di interessi o valori ritenuti fondamentali dall'ordinamento giuridico. Si parla, qui, di nullità **virtuali**, in quanto la nullità del contratto non è testualmente posta dal legislatore, bensì è ricavata dall'interprete in ragione della imperatività o meno della norma con la quale il contratto si pone in contrasto.

Nullità virtuale

Proprio per evitare questo, talvolta può accadere che sia la legge, in considerazione della particolare natura degli interessi coinvolti, ad escludere che dalla contrarietà ad una norma imperativa discenda la nullità del contratto (v., ad es., art. 2098, co. 1, per il quale l'assunzione di un lavoratore in violazione delle norme sul collocamento dà luogo non a nullità ma ad annullabilità).

Vi sono, infine, casi nei quali la nullità del contratto è espressamente prevista (art. 1418, co. 3). Si tratta, tuttavia, di ipotesi che non danno luogo a particolari difficoltà né pratiche (proprio perché la sanzione di nullità è espressamente comminata), né sistematiche (in quanto si ricollegano pur sempre alla incompletezza strutturale della fattispecie o alla illiceità dell'interesse perseguito dai contraenti).

Nullità parziale ...

La nullità può colpire anche solo singole clausole del contratto (nullità **parziale**: art. 1419).

In casi di questo genere si tratta di stabilire se la nullità della singola clausola si propaghi, o meno, all'intero contratto. Secondo la regola accolta dall'art. 1419, co. 1 ciò si verificherà soltanto quando "risulti che i contraenti non lo avrebbero concluso (il contratto) senza quella parte del suo contenuto che è colpita dalla nullità".

Dunque, deve trattarsi di una clausola **essenziale** nell'economia dell'affare: e tali saranno non soltanto quelle clausole che ineriscono ad elementi essenziali del contratto, ma tutte quelle che, in concreto, appaiono determinanti ai fini del soddisfacimento degli interessi perseguiti dalle parti (ad es., una clausola istitutiva di una condizione sospensiva se il verificarsi dell'evento è il fulcro attorno al quale ruota l'intera operazione).

... e sostituzione automatica di clausole

La nullità della singola clausola non si propaga mai all'intero contratto quando la clausola nulla sia **sostituita di diritto** da norme imperative (art. 1419, co. 2), secondo il meccanismo previsto dall'art. 1339

(v. n. 6.1 nonché n. 4.2, a proposito della non propagabilità all'intero contratto della inefficacia della singola clausola vessatoria).

Nel caso di contratto **plurilaterale** con comunione di scopo, la nullità che colpisce il singolo vincolo non si estende all'intero contratto, salvo che quella partecipazione debba ritenersi **essenziale** (art. 1420). Nullità e contratto plurilaterale con comunione di scopo

13.1. *L'azione di nullità*

Sono stati già richiamati (v. n. 11) i caratteri principali della nullità e dell'azione intesa a farla valere.

Il contratto nullo è assolutamente **improduttivo** di effetti e **non** può essere convalidato (art. 1423).

Non possono considerarsi eccezioni a questa regola generale la conferma o l'esecuzione volontaria di donazioni (art. 799) o disposizioni testamentarie (art. 590) nulle, perché qui non si ha una vera e propria sanatoria del negozio giuridico, quanto piuttosto una mera **preclusione** a far valere la nullità nei confronti di chi al negozio stesso abbia dato volontaria esecuzione. Conferma o esecuzione volontaria di donazioni o disposizioni testamentarie nulle

Neppure integrano un'eccezione al principio di insanabilità della nullità le ipotesi nelle quali viene circoscritta **temporalmente** l'efficacia della sentenza di nullità. È questo il caso, ad es., dell'art. 2126, co. 1 (v. Cap. X, n. 4) o dell'art. 2332, co. 2, il quale fa salvi gli atti compiuti dalla società dichiarata nulla dopo la sua iscrizione nel registro delle imprese.

Alla nullità del contratto le parti possono rimediare attraverso una manifestazione di volontà, sostitutiva di quella viziata: si parla, in tal caso, di **rinnovazione** del contratto. Ad es., Tizio e Caio, accortisi di avere stipulato una compravendita nulla per mancata determinazione del prezzo, concludono un nuovo contratto di compravendita che contiene invece l'indicazione del corrispettivo: l'effetto traslativo, ed ogni altro effetto, decorrono dalla stipula del contratto "rinnovato". Rinnovazione del contratto nullo

Fenomeno ben diverso dalla rinnovazione, è la **conversione** del contratto nullo (art. 1424), istituto nel quale trova espressione il più generale principio di conservazione degli atti giuridici (n. 5). Conversione del contratto nullo

Perché possa darsi luogo a conversione, debbono ricorrere due presupposti: a) il contratto nullo deve avere i requisiti di **sostanza** e di **forma** di un diverso contratto; b) si possa ritenere, avuto riguardo allo **scopo** delle parti, che queste, ove fossero state a conoscenza della causa di nullità, avrebbero voluto il contratto diverso. Ad es., una locazione immobiliare ultranovennale stipulata verbalmente, e come tale nulla *ex* art. 1350, n. 8, può essere convertita in una locazione infranovennale, sempre che sia possibile desumere che le parti, tra la locazione ultranovennale nulla e quella infranovennale valida, avrebbero preferito quest'ultima.

La conversione del contratto nullo va tenuta rigorosamente distinta dalla convalida del contratto annullabile (v. n. 12.3) per due ragioni fondamentali. La prima è che, mentre nella convalida vi è perfetta **identità** tra il contratto viziato e il contratto sanato, nella conversione il contratto produttivo di effetti è **diverso** da quello stipulato dalle parti; la seconda è che mentre la convalida discende da una manifestazione di volontà della **parte** che avrebbe potuto chiedere l'annullamento, la conversione è posta in essere dal **giudice**, sia pure sulla base di una corrispondente eccezione della parte interessata, una volta che ne abbia accertato i presupposti.

Legittimazione a far valere la nullità

La nullità può essere fatta valere da **chiunque** vi abbia interesse (art. 1421), e cioè da chiunque si trovi in una situazione giuridica tale che gli consenta di ricavare un vantaggio dalla declaratoria di nullità del contratto. Ad es., Tizio vende a Caio lo stesso immobile che aveva in precedenza venduto a Sempronio il quale, però, procede alla trascrizione in ritardo rispetto a Caio. Ovvio l'interesse di Sempronio a far valere una eventuale nullità della seconda compravendita.

Rilevabilità d'ufficio della nullità

La nullità può anche essere rilevata **d'ufficio** dal giudice (art. 1421). Ciò significa che non è necessaria un'eccezione di parte affinché il giudice dichiari la nullità del contratto. Ad es., Tizio agisce in giudizio per ottenere la condanna di Caio all'esecuzione di un contratto nullo. Caio si difende eccependo la prescrizione del diritto ma non la nullità del contratto che, però, viene autonomamente rilevata dal giudice.

Nel solco di tali principi – affermati ormai da tempo dalla dottrina – si sono poste di recente anche le Sezioni Unite che – nel comporre il contrasto giurisprudenziale in ordine alla questione della rilevabilità d'ufficio della nullità del contratto, in giudizio nell'ambito del quale fosse stata domandata la risoluzione – si sono pronunciate nel senso che il giudice di merito, investito della domanda di risoluzione del contratto, ha il potere-dovere di rilevare dai fatti allegati e provati, o comunque emergenti *ex actis*, una volta provocato il contraddittorio sulla questione, ogni forma di nullità del contratto stesso, fermo restando che egli accerta la nullità *incidenter tantum*, senza effetto di giudicato, a meno che sia stata proposta la relativa domanda, anche a seguito di rimessione in termini. Tale conclusione trova peraltro la sua ragione nella considerazione che il giudizio di nullità è volto ad impedire che il contratto nullo, il quale costituisce oggetto di un giudizio di disvalore da parte dell'ordinamento, possa spiegare i propri effetti, cosicché negare la rilevabilità d'ufficio della nullità del contratto di cui si sia domandata la risoluzione finisce per svilire la categoria della nullità, la cui specificità deve essere ravvisata nella tutela di interessi generali e di valori fondamentali che trascendono quelli del singolo.

Questa regola è stata da ultimo estesa anche alle ipotesi di domanda di annullamento e di rescissione, affermandosi anche in questo caso il potere officioso del giudice di rilevare la nullità del contratto. Anche con riguardo al potere del giudice di rilevare d'ufficio una causa di nullità differente da quella dedotta in giudizio, l'orientamento da ultimo accreditato è nel senso della rilevabilità d'ufficio da parte del giudice di una causa di nullità diversa da quella invocata dall'attore.

Imprescrittibilità dell'azione di nullità

L'azione di nullità è **imprescrittibile**. Sono fatti salvi, tuttavia gli effetti dell'usucapione e della prescrizione delle azioni di ripetizione (art. 1422). Ad es., Tizio trasferisce la proprietà di un immobile a Caio sulla base di un contratto nullo perché stipulato verbalmente: ora, questo contratto potrà in ogni tempo essere dichiarato nullo, ma se sono maturati i presupposti dell'usucapione (v. Cap. XII, n. 6.2), Caio non potrà essere condannato alla restituzione del bene.

Opponibilità ai terzi della nullità

La nullità del contratto è sempre **opponibile a tutti i terzi**, in applicazione del principio generale in materia di acquisti a titolo derivativo *resoluto iure dantis, resolvitur et ius adquirentis* (v. Cap. III, n. 1).

Tale principio trova qui un parziale temperamento all'art. 2652, n. 6 (c.d. **trascrizione sanante**: v. Cap. IV, n. 2.1).

Resta comunque ferma, anche in caso di nullità del contratto e per ciò che concerne gli acquisti mobiliari, l'operatività del principio possesso vale titolo (art. 1153: v. Cap. XII, n. 6.1).

14. *La rescissione del contratto*

Normale irrilevanza dell'equilibrio oggettivo tra le prestazioni

L'ordinamento, in linea di massima, non si preoccupa della circostanza che tra le prestazioni dedotte in contratto vi sia un equilibrio oggettivo.

In altre parole, la libertà di cui ciascuna parte gode trae con sé il rischio che si concluda un contratto economicamente anche molto svantaggioso, senza che ciò, di per sé, possa costituire motivo di doglianza (c.d. principio di equivalenza **soggettiva** delle prestazioni).

Tuttavia, è dato oggi cogliere alcuni, sia pure timidi, segnali che vanno nel senso di un parziale superamento di tale principio. Il discorso non riguarda tanto la disciplina dei contratti del consumatore, dove la vessatorietà della clausola prescinde dall'adeguatezza del corrispettivo (v. n.

4.2), quanto piuttosto la materia dell'**abuso di dipendenza economica** (art. 9, l. n. 192/1998: Cap. X, n. 2.2) e, soprattutto, quella dell'**usura** dove l'art. 644, co. 3, c.p., come novellato dalla l. n. 108/1996, ha introdotto una nozione tanto ampia di vantaggi e compensi usurari, da identificarli con quelli che "risultano comunque sproporzionati rispetto alla prestazione di danaro o di altra utilità, quando chi li ha dati o promessi si trova in condizione di difficoltà economica o finanziaria".

Nello stesso senso paiono, del resto, orientati i *PECL* (v., ad es., l'art. 4: 109 in materia di "ingiusto profitto o vantaggio iniquo").

Di recente, l'art. 62 della l. 24 marzo 2012, n. 27 che ha convertito in legge il d.l. 24 gennaio 2012, n. 1 (c.d. decreto "*cresci Italia*"), ha previsto per i contratti concernenti la cessione dei prodotti agricoli e alimentari, ad eccezione di quelli conclusi con il consumatore finale, *l'esigenza che i contratti stessi siano informati a principi di trasparenza, correttezza, proporzionalità e reciproca corrispettività delle prestazioni, con riferimento ai beni forniti.*

Rilevanza genetica del sinallagma

Il principio di equivalenza soggettiva può operare, tuttavia, nei limiti in cui l'equilibrio tra le prestazioni sia il frutto di una libera valutazione delle parti non alterata da peculiari circostanze soggettive o oggettive. Quando ciò non si verifichi, saremo in presenza di un vizio **genetico** del **sinallagma**, ossia del nesso di corrispettività tra le prestazioni: ciò che, per altro, spiega perché la rescissione – come la risoluzione (v. n. 15-15.3) – si applichi ai soli contratti a **prestazioni corrispettive** (v. n. 7).

Rescissione

In tale prospettiva si colloca il rimedio della **rescissione**. Esso si articola nelle due ipotesi – differenti quanto ai presupposti e, in parte, anche quanto alla disciplina – della rescissione del contratto concluso in stato di pericolo, e dell'azione generale di rescissione per lesione.

Contratto concluso in stato di pericolo

Il contratto concluso in stato di **pericolo** è rescindibile allorché una parte abbia assunto obbligazioni a condizioni **inique** per la necessità, **nota** alla controparte, di salvare sé od altri dal **pericolo** attuale di un danno grave alla persona (art. 1447, co. 1). Ad es., Tizio, il cui figlio Caio è bloccato in alta montagna, si vede chiedere dalla guida alpina Sempronio, a conoscenza della situazione, un compenso di 5.000 € per raggiungere il congiunto e trarlo in salvo, là dove, in condizioni normali, il compenso per la scalata non supera i 500 €.

In questo caso il giudice, nel pronunciare la rescissione, può assegnare alla parte in mala fede un **equo** compenso per l'opera comunque prestata (art. 1447, co. 2).

L'azione generale di rescissione **per lesione** può essere proposta nel caso in cui vi sia tra le due prestazioni una **sproporzione**, dipendente dallo **stato di bisogno** di una parte, del quale l'altra abbia approfittato per trarne vantaggio (art. 1448, co. 1). Lo stato di bisogno deve essere inteso non come generica esigenza di acquisire la prestazione offerta dall'altra parte (poiché altrimenti il rimedio avrebbe un ambito di applicazione vastissimo), ma come condizione di **grave difficoltà** economica o finanziaria. Azione generale di rescissione per lesione

Dal canto suo, l'approfittamento non richiede una specifica iniziativa del contraente che abbia beneficiato dello stato di bisogno, giacché è sufficiente che questi si sia reso conto della circostanza che la controparte ha accettato di stipulare condizioni palesemente inique proprio a causa della situazione in cui si trovava al momento della conclusione del contratto.

Quanto alla lesione, essa è rilevante nella misura in cui ecceda la **metà del valore** che la prestazione eseguita o promessa dalla parte danneggiata aveva al tempo del contratto, e deve perdurare fino al tempo in cui la domanda è proposta (art. 1448, co. 2-3). Ad es., Tizio, trovandosi sprovvisto di liquidi e dovendo far fronte a pagamenti indifferibili, aliena al prezzo di 10.000 € a Caio, che approfitta della situazione, un immobile che ne vale effettivamente 30.000. Lesione *ultra dimidium*

Non possono essere rescissi per causa di lesione i contratti **aleatori** (art. 1448, co. 4: v. Cap. VIII, n. 5), in quanto qui l'incertezza in ordine a vantaggi e svantaggi derivanti dall'affare è immanente al tipo contrattuale.

Problemi assai complessi di coordinamento sorgono, soprattutto a seguito delle modifiche introdotte dalla l. n. 108/1996, tra l'azione generale di rescissione per lesione, la disciplina penalistica del reato di **usura** e la disciplina del mutuo **usurario**. Rescissione ed usura

Infatti, ai sensi dell'art. 644, co. 1, c.p., la convenzione usuraria può consistere non soltanto in un contratto di credito, ma anche in un qualsiasi contratto a prestazioni corrispettive, in cui le prestazioni siano affette da una sproporzione tale da consentire di qualificare come usurari i vantaggi o compensi conseguiti da una delle due parti.

Dal canto suo, in materia di mutuo, l'art. 1815, co. 2 prevede che – in caso di pattuizione di interessi usurari (questi ultimi sono individuati sulla base del c.d. tasso soglia, periodicamente fissato dalle autorità monetarie) – la clausola è **nulla** e non sono dovuti interessi.

Può dirsi al riguardo, sinteticamente, che – qualora si tratti di un mutuo con interessi usurari – troverà applicazione proprio l'art. 1815, co. 2.

Allorché, invece, il contratto usurario sia diverso dal mutuo, la maggiore latitudine della fattispecie penale (v. art. 644, co. 3, c.p.) rispetto alla disciplina civilistica della rescissione rischia di dare luogo a risultati paradossali nel senso che, ad es., ove la lesione non ecceda la metà, potrà trovare applicazione l'art. 644, co. 3 c.p. ma non l'azione generale di rescissione. È vero che, in questo caso, la parte danneggiata potrebbe far valere la nullità del contratto: ma ciò significherebbe privare la rescissione di ogni autonomo margine operativo in quanto il contratto rescindibile, proprio perché integrante comunque la fattispecie dell'usura, sarebbe invariabilmente nullo.

Rescissione e riduzione ad equità

La disciplina positiva della rescissione conferma che il fulcro dell'istituto è rappresentato dall'eccezionale rilevanza attribuita all'equilibrio oggettivo delle prestazioni e non già dalla tutela della volontà contrattuale cui hanno riguardo, viceversa, le norme in materia di vizi del consenso (v. n. 1-12.1.3).

Infatti, la rescissione può essere inibita dall'offerta, proveniente dalla parte che si è avvantaggiata, di ricondurre il contratto ad **equità** (art. 1450), mentre, per converso, è **inammissibile** la convalida del contratto rescindibile (art. 1451).

Prescrizione dell'azione

Ulteriori differenze rispetto al regime dell'annullabilità ineriscono al termine di **prescrizione** dell'azione di rescissione (**un** anno, salva l'applicazione del termine di prescrizione previsto per il reato, se il fatto è anche penalmente rilevante: art. 1449, co. 1), alla **impossibilità** di eccepire la rescissione, una volta che si sia prescritta l'azione (art. 1449, co. 2) e,

Rescissione e terzi

infine, alla generale **inopponibilità** della rescissione ai terzi, salvi sempre gli effetti della trascrizione della domanda di rescissione (art. 1452).

15. *La risoluzione del contratto*

Il vincolo che lega le parti del contratto può essere sciolto (oltre che per le cause a suo tempo esaminate: recesso unilaterale, nei limiti in cui esso sia ammesso; mutuo dissenso: v. n. 9.2), anche in relazione al sopravvenire di circostanze che compromettono, o rendono senz'altro impossibile, la realizzazione dell'assetto di interessi concordato.

Fondamento generale della risoluzione

Tali evenienze sono considerate idonee ad influire sulla permanenza del vincolo contrattuale perché il loro verificarsi ne mette in discussione la stessa ragion d'essere: non ha più molto senso tenere impegnate le parti se l'obiettivo che queste si erano date è diventato irraggiungibile.

Anche sotto il profilo dell'efficienza, è opportuno "liberare" la risorsa impegnata nel contratto la cui funzionalità sia stata ormai compromessa, onde consentirne un'utilizzazione alternativa.

Vizi funzionali del sinallagma

Qui, dunque, non vengono in considerazione patologie **strutturali** dell'atto, come nel caso della nullità o della annullabilità (o, anche, entro certi limiti, della rescissione), bensì patologie **funzionali**, inerenti all'attuazione del rapporto contrattuale. Per usare la formula classica, si tratta di ipotesi di rilevanza **funzionale** del sinallagma o nesso di corrispettività tra le prestazioni.

La **risoluzione**, che è dunque un modo di scioglimento dei contratti a prestazioni corrispettive, può ricollegarsi all'inadempimento di uno dei contraenti (artt. 1453-1462), all'impossibilità sopravvenuta della prestazione (artt. 1463-1466) nonché all'eccessiva onerosità sopravvenuta della prestazione (artt. 1467-1469).

Secondo un certo orientamento, potrebbe rilevare ai fini della risoluzione del contratto anche il venir meno della **presupposizione** (v. n. 7.1), inquadrabile tra le ipotesi di impossibilità parziale (art. 1464) ovvero di sopravvenuta, eccessiva onerosità della prestazione (art. 1467).

15.1. *I rimedi preventivi e successivi a fronte dell'inadempimento. La risoluzione per inadempimento*

Inadempimento e tutela del contraente adempiente

L'inadempimento delle obbligazioni scaturenti dal contratto può attivare una pluralità di meccanismi di tutela del creditore.

Alcuni di essi hanno carattere **preventivo** e costituiscono oggetto di una disciplina pattizia.

Caparra confirmatoria

Così, già al momento della conclusione del contratto, una parte può chiedere all'altra la dazione di una certa quantità di danaro o di cose fungibili (c.d. **caparra confirmatoria**: art. 1385).

La caparra soddisfa una pluralità di esigenze diverse: confermare la serietà dell'impegno assunto, costituire un acconto sulla prestazione cui è tenuta la parte che la versa e, infine, assicurare un risarcimento del danno forfettizzato alla parte non inadempiente, in caso di inadempimento dell'altra parte.

Infatti, nel caso di inadempimento della parte che ha versato la caparra, la controparte può recedere dal contratto e trattenere la caparra; se inadempiente è, invece, la parte che ha ricevuto la caparra, l'altra può pretendere il doppio della caparra data e recedere dal contratto (art. 1385, co. 2).

È fatta salva, comunque, la possibilità per la parte non inadempiente di domandare l'esecuzione o la risoluzione del contratto. In questo caso, il danno sarà liquidato secondo le regole ordinarie in materia (art. 1385, co. 3: v. Cap. XI, n. 9).

Clausola penale

Un'altra modalità di difesa preventiva avverso l'inadempimento è rappresentata dalla **clausola penale**: si tratta di una pattuizione in forza della quale si conviene che, in caso di inadempimento o di ritardo nell'adempimento, uno dei contraenti è tenuto ad una determinata prestazione (art. 1382). Qui, dunque, la prestazione non viene immediatamente eseguita – come nella caparra confirmatoria – ma costituisce oggetto di un obbligo assunto nei confronti dell'altra parte.

Funzioni della penale

Anche la clausola penale si presta ad una varietà di usi. Accanto ad una funzione di preventiva determinazione **forfettaria** del danno (art. 1382, co. 1), si può cogliere anche una finalità **sanzionatoria** dell'inadempimento, che avvicina la clausola penale alle c.d. **pene private**: infatti, la penale è dovuta a prescindere dalla prova del danno (art. 1382, co. 2).

Il creditore non può, però, domandare insieme la prestazione principale e quella dedotta nella penale, a meno che quest'ultima non sia stata pattuita per il semplice **ritardo** (art. 1383).

Ove la penale risulti manifestamente **eccessiva** avuto riguardo all'interesse del creditore, il giudice può disporne, in via equitativa, la riduzione (art. 1384).

Clausole limitative della proponibilità di eccezioni

Altra tecnica di tutela anticipata contro l'inadempimento è la previsione di clausole **limitative** della facoltà per il debitore di proporre eccezioni tese ad evitare o ritardare la prestazione dovuta. Tali clausole incontrano una certa ostilità da parte del legislatore: intanto esse non possono riguardare le eccezioni di **nullità**, **annullabilità** e **rescissione** (art. 1462, co. 1) e poi, anche se efficaci, il giudice può, per gravi motivi, sospendere la condanna e imporre, se del caso, una cauzione (art. 1462, co. 2).

In altre ipotesi, la tutela avverso l'inadempimento costituisce manifestazione di un eccezionale potere di **autotutela del privato**, immediatamente attivabile, salvo sempre il successivo controllo circa la legittimità del suo esercizio da parte degli organi giurisdizionali.

Eccezione di inadempimento

Può essere inquadrata in quest'ambito la c.d. **eccezione di inadempimento** (art. 1460). Ciascuna delle parti di un contratto a prestazioni corrispettive può rifiutarsi di adempiere la propria obbligazione se l'altra non adempia o non offra di adempiere contemporaneamente la propria, a meno che termini diversi per l'adempimento siano stati stabiliti dalle parti o risultino dalla natura del contratto. Ad es., Caio, lavoratore subordinato alle dipendenze di Tizio, può astenersi dall'eseguire la prestazione lavorativa se il datore di lavoro omette di corrispondergli la retribuzione.

L'esecuzione della prestazione non può essere rifiutata, però, se tale rifiuto, avuto riguardo alle circostanze del caso, risulti **contrario** alla buona fede (art. 1460, co. 2: v. Cap. XI, n. 1.1).

Ciò può accadere, in particolare, se l'inadempimento al quale si pretende di reagire rifiutando del tutto di eseguire la propria prestazione rivesta una importanza secondaria nell'economia del rapporto: così, per riprendere l'esempio precedente, sarà contrario a buona fede il rifiuto da parte di Caio di eseguire la prestazione lavorativa se l'inadempimento datoriale non investe l'intera retribuzione, ma soltanto l'erogazione di una specifica indennità di circoscritto importo.

Sospensione della prestazione

Rappresenta, del pari, esercizio di un potere di autotutela la possibilità accordata ad un contraente di **sospendere** l'esecuzione della prestazione se le **condizioni patrimoniali** dell'altro sono divenute tali da porre in evidente pericolo il conseguimento della controprestazione, e sempre che non gli sia prestata idonea garanzia (artt. 1461, 1822).

Sugli strumenti di tutela preventiva, più che contro l'inadempimento, contro l'**insolvenza** del debitore, v. Cap. XI, n. 10.

Una volta verificatosi l'inadempimento, la parte non inadempiente dispone di un'ulteriore gamma di strumenti di tutela (art. 1453): l'**azione di esatto adempimento**, la **risoluzione del contratto** (giudiziale o stragiudiziale), il **risarcimento del danno**.

L'azione di esatto adempimento e l'azione di risoluzione del contratto sono finalizzate ad ottenere due risultati evidentemente inconciliabili e vanno, dunque, coordinate.

Coordinamento tra azione di risoluzione e di esatto adempimento

La risoluzione può essere domandata anche quando il giudizio sia stato promosso per ottenere l'adempimento, mentre non può chiedersi l'adempimento quando sia stata domandata la risoluzione (art. 1453, co. 2). Qui deve ravvisarsi un profilo di tutela della stessa parte inadempiente, che – una volta proposta la domanda di risoluzione – ha ragione di ritenere che l'altro contraente non abbia più interesse all'adempimento e può, dunque, disporre diversamente della prestazione.

L'adempimento è, poi, definitivamente precluso a far data dalla domanda di risoluzione, ossia dal momento in cui è chiaro che il creditore vi ha perso interesse (art. 1453, co. 3).

Importanza dell'inadempimento

Presupposto della risoluzione del contratto non è un qualsiasi inadempimento, ma soltanto l'inadempimento che risulti di **non** scarsa importanza, avuto riguardo all'**interesse** del creditore (art. 1455). In altre parole, si dovrà verificare – ancora una volta alla luce del canone di buona fede – se l'inadempimento fosse **obiettivamente** idoneo a pregiudicare la funzionalità del rapporto: ad es., nel contratto di noleggio di un'automobile, il mancato funzionamento dell'impianto di climatizzazione potrà integrare gli estremi di un inadempimento di non scarsa importanza, avuto riguardo al clima o alle condizioni di salute dell'utilizzatore.

Risoluzione di diritto del contratto

L'esigenza di pervenire ad un rapido scioglimento del vincolo contrattuale che abbia ormai perso la propria funzionalità spiega perché – accanto alla risoluzione giudiziale – siano previste ipotesi di risoluzione **stragiudiziale** (o **di diritto**) del contratto.

Infatti, la risoluzione **giudiziale** consegue all'accertamento, appunto ad opera del giudice, dei suoi presupposti (in particolare, la non scarsa importanza dell'inadempimento *ex* art. 1455), affidato ad una sentenza **costitutiva** (v. Cap. IV, n. 1.4) che scioglie il vincolo contrattuale.

Al contrario, la risoluzione stragiudiziale si produce di diritto (e cioè senza la mediazione del giudice) in **tre** casi.

Diffida ad adempiere

La parte non inadempiente può, innanzi tutto, intimare per iscritto all'altra parte di adempiere entro un termine che non può essere inferiore a quindici giorni (salvo che un termine inferiore risulti congruo in relazione alla natura dell'affare o agli usi), con l'avvertenza che – spirato inutilmente il termine – il contratto si intenderà senz'altro risolto (**diffida ad adempiere**). Se entro il termine indicato il debitore non adempie, il contratto è risolto di diritto (art. 1454).

La diffida ad adempiere può, tuttavia, legittimamente intimarsi solo per un inadempimento di non scarsa importanza, ai sensi dell'art. 1455.

Clausola risolutiva espressa

Le parti possono poi convenire, in sede di stipula del contratto, che il contratto si risolva nel caso in cui una determinata obbligazione non sia adempiuta secondo le modalità stabilite: è questa la **clausola risolutiva espressa** (art. 1456).

Le parti dovranno individuare in modo **specifico** l'obbligazione o le obbligazioni il cui inadempimento determinerà la risoluzione (un generico riferimento a tutte le obbligazioni scaturenti dal contratto integra gli estremi di una **clausola di stile**, come tale priva di effetti). Qui il limite della non scarsa importanza dell'inadempimento non opera giacché la rilevanza di quest'ultimo è consacrata, in via preventiva, nella stessa clausola risolutiva.

La risoluzione del contratto opera di diritto allorché la parte interessata dichiari all'altra che intende **avvalersi** della clausola (art. 1456, co. 2).

Termine essenziale

Il contratto si risolve di diritto anche nel caso di inutile decorrenza del **termine essenziale** (art. 1457).

L'essenzialità del termine va accertata, ancora una volta, avuto riguardo all'**interesse** del creditore: è chiaro che se la cerimonia nuziale è fissata per il 9 luglio e l'abito della sposa viene consegnato soltanto il 10, il creditore non ha più interesse a ricevere la prestazione ed il contratto è risolto di diritto.

Scaduto il termine essenziale, il creditore che conservi pur sempre un interesse alla prestazione (ad es., il matrimonio è rinviato di un mese) deve darne notizia all'altra parte entro **tre** giorni: in caso contrario, il contratto è, ancora una volta, risolto di diritto (art. 1457, co. 2).

Anche qui il legislatore mostra attenzione per la posizione dell'inadempiente il quale, scaduto il termine, potrebbe del tutto ragionevolmente considerare risolto il contratto e disporre della prestazione a favore di terzi.

Risoluzione di diritto ed accertamento giudiziale

È ben possibile che sorgano contestazioni in ordine alla sussistenza dei presupposti richiesti per ciascuna delle tre forme di risoluzione stragiudiziale esaminate: ad es., il debitore potrebbe contestare l'essenzialità del termine. Ma qui la sentenza che verifichi la sussistenza di quei presupposti avrebbe natura di **mero accertamento** (v. Cap. IV, n. 1.4) di un effetto risolutivo già prodottosi.

Effetti della risoluzione

La risoluzione ha effetto **retroattivo** tra le parti, determinando quindi l'obbligo dell'una e dell'altra parte di restituire le prestazioni eseguite; tuttavia, nei contratti ad esecuzione continuata o periodica l'effetto della risoluzione non travolge le prestazioni già eseguite, che rimangono ferme (art. 1458, co. 1).

Risoluzione e diritti dei terzi

I diritti dei terzi **non sono pregiudicati** dalla risoluzione del contratto che è, dunque, ad essi inopponibile, salvi in ogni caso gli effetti della trascrizione della domanda di risoluzione (art. 1458, co. 2: si tratta di una regola analoga a quella esaminata in materia di rescissione).

Risoluzione e contratti plurilaterali con comunione di scopo

Nei contratti **plurilaterali** con comunione di scopo – secondo un principio già più volte illustrato – la risoluzione del singolo vincolo contrattuale non dà luogo alla risoluzione dell'intero contratto, a meno che la prestazione mancata non debba considerarsi **essenziale** secondo le circostanze (art. 1459).

15.2. *La risoluzione per impossibilità sopravvenuta*

Impossibilità sopravvenuta e risoluzione

L'impossibilità sopravvenuta della prestazione per causa non imputabile al debitore è una delle cause di estinzione dell'obbligazione (art. 1256: v. Cap. XI, n. 4).

Se essa si verifica all'interno di un rapporto a prestazioni corrispettive, il debitore liberato **perde** il diritto alla controprestazione e deve restituire quella che abbia già ricevuto (art. 1463).

Impossibilità parziale della prestazione

Nell'ipotesi in cui l'impossibilità della prestazione sia soltanto **parziale**, l'altra parte ha diritto ad una corrispondente riduzione della prestazione da essa dovuta. Criterio decisivo di valutazione della situazione è comunque sempre l'**interesse** del creditore, in quanto ove egli non abbia interesse a ricevere un adempimento parziale, potrà recedere dal contratto (art. 1464).

Contratti con effetti traslativi o costitutivi ed impossibilità: rinvio

Del regime dell'impossibilità sopravvenuta della prestazione nei contratti con effetti reali si è già detto altrove (v. n. 9.1). Qui bisogna soltanto aggiungere che se il contratto era sottoposto a condizione **sospensiva**, l'acquirente è liberato dalla controprestazione (art. 1465, ult. co.), mentre non è così là dove il contratto fosse sottoposto a **termine iniziale** (art. 1465, co. 2). La diversa soluzione accolta nelle due ipotesi si spiega tenuto conto della circostanza che, in presenza di una condizione sospensiva, l'effetto traslativo non è soltanto differito ma anche incerto, mentre in presenza di un termine iniziale tale effetto è differito ma è certo (v. n. 6.2).

Quanto all'incidenza dell'impossibilità della singola prestazione sul contratto **plurilaterale** (art. 1466) ed all'opponibilità della risoluzione nei confronti dei **terzi**, vigono regole del tutto coincidenti con quelle previste in materia di risoluzione per inadempimento (v. 15.1).

15.3. *La risoluzione per eccessiva onerosità sopravvenuta*

Ambito di applicazione del rimedio

Il rimedio della risoluzione per **eccessiva onerosità sopravvenuta** (artt. 1467-1469) può essere esperito, nell'ambito della categoria dei contratti a prestazioni corrispettive, con riguardo ai contratti ad esecuzione **continuata o periodica** (c.d. contratti di durata: v. 9.2), ovvero ad esecuzione **differita**.

È chiaro, infatti, che se il contratto trovasse immediata esecuzione, l'eventuale sopravvenienza verrebbe ad incidere su rapporti già esauriti, risolvendosi allora nella fisiologica maggiore o minore convenienza dell'affare per chi l'ha posto in essere, in relazione alla sua capacità di prevedere al meglio gli sviluppi del mercato. Ad es., concludo, ed eseguo immediatamente, un contratto di acquisto di microprocessori molto sofisticati, ma – dopo poche settimane – un'imprevedibile scoperta tecnica azzera il valore di quei microprocessori: in questo caso, nulla posso fare per rimediare al cattivo affare.

Sono esclusi dall'applicazione del rimedio i **contratti aleatori** (art. 1469: v. Cap. VIII, n. 5).

Presupposti dell'eccessiva onerosità sopravvenuta

Presupposto della risoluzione per eccessiva onerosità sopravvenuta è che la prestazione di una delle parti sia divenuta eccessivamente onerosa per il verificarsi di avvenimenti **straordinari** ed **imprevedibili** (art. 1467, co. 1): ad es., in un contratto di somministrazione di petrolio, nel quale era stato pattuito un prezzo fisso, l'incremento dei prezzi del greggio dovuto ad una guerra in Medio Oriente può dar luogo ad eccessiva onerosità della prestazione del debitore.

Alea normale del contratto

Il parametro di valutazione dell'eccessiva onerosità non è ancorato ad un criterio quantitativo preciso, dovendo ritenersi eccessiva l'onerosità che esorbiti dall'alea normale del contratto (ad es., in un contratto di finanziamento la cui provvista debba avvenire in dollari, rientra nell'alea normale del contratto un'oscillazione anche significativa dei tassi di cambio).

È appena il caso di notare che la rilevanza dell'eccessiva onerosità sopravvenuta di una delle prestazioni non intacca, ma anzi conferma, quanto osservato (v. n. 14) in ordine alla generale vigenza nel nostro sistema del principio di equivalenza soggettiva delle prestazioni: infatti, il rimedio entra in gioco a fronte di uno sconvolgimento **radicale** del rapporto di scambio pattuito in contratto.

Gli **effetti** della risoluzione sono, ancora una volta, quelli stabiliti dall'art. 1458 (art. 1467, co. 1: v. n. 15.1).

Riduzione ad equità

La parte convenuta con l'azione di risoluzione per eccessiva onerosità sopravvenuta può evitarla, offrendo di modificare **equamente** le condizioni del contratto (art. 1467, co. 3).

Contratti con obbligazioni a carico di una sola parte

Nell'ambito dei contratti con obbligazioni di **una sola parte**, ai quali non si applica il rimedio risolutorio, la parte obbligata può comunque chiedere una **riduzione** della sua prestazione ovvero una **modificazione** nelle modalità di esecuzione, sufficiente a ricondurla ad **equità** (art. 1468).

Eccessiva onerosità e sopravvenienza

L'istituto della risoluzione per eccessiva onerosità sopravvenuta è stato talora considerato il punto di emersione – all'interno del sistema del c.c. – di una regolamentazione del fenomeno delle c.d. sopravvenienze contrattuali nei rapporti di durata, ancorché si tratti di una regolamentazione sbilanciata sul piano dei rimedi risolutori, a detrimento, dunque, di quelli conservativi reputati tendenzialmente di maggiore efficienza nella misura in cui consentono di preservare l'operazione economica dedotta in contratto, ad onta appunto delle circostanze sopravvenute.

Il problema delle sopravvenienze contrattuali è stato, da ultimo, portato al centro della riflessione dottrinale e dell'elaborazione giurisprudenziale dalle conseguenze, dirette ed indirette, della pandemia Covid-19. Infatti, il legislatore è intervenuto con una serie di norme, alcune di portata generale (v. cap. XI, n. 3.6) altre riferite a singoli tipi o sottotipi contrattuali (v. cap. VIII, n. 2.1) al fine di tenere conto degli sconvolgimenti che la pandemia in quanto tale ovvero i provvedimenti normativi adottati per contenerla abbiano prodotto sui singoli rapporti.

CAPITOLO VIII

ALCUNI CONTRATTI TIPICI

1. *I contratti di scambio*

Atto di scambio e realtà economica

Una delle esigenze più frequentemente avvertite nella realtà socio-economica è quella di scambiare un bene, del quale si dispone, con un altro bene, del quale non si dispone e che risulta invece necessario per soddisfare un proprio bisogno.

Lo **scambio** corrisponde anzi ad una modalità caratteristica dell'attività economica, nel momento in cui ad un assetto primitivo, basato sull'autosufficienza del singolo individuo (che produce e consuma senz'altro i beni necessari alla propria esistenza), se ne sostituisce un altro, imperniato invece sulla circolazione della proprietà dei beni da una sfera giuridica all'altra al fine di consentire il soddisfacimento degli interessi – inevitabilmente diversificati – di ciascuno dei consociati.

Scambio tra beni ovvero tra un bene e danaro

A sua volta, lo scambio può presentarsi in termini più o meno sofisticati, a seconda che i termini dello stesso siano beni (ad es., il pastore che "baratta" la lana della pecora di sua proprietà con il grano prodotto dall'agricoltore), ovvero un bene, da un lato, ed il danaro dall'altro. Quest'ultima modalità di scambio è di solito predominante in assetti economici maggiormente evoluti, dove il danaro ha già assunto la funzione, che gli è propria, di strumento generale di determinazione del valore delle cose che sono offerte sul mercato.

Nel vigente sistema giuridico, una **funzione di scambio** è assolta da una pluralità di schemi contrattuali tipici. Oltre alla compravendita ed alla permuta (v. n. 1.1), vengono presi in considerazione tra gli altri, la somministrazione nonché – almeno in parte, nel senso che in essi accanto alla funzione di scambio sono presenti altre funzioni – il riporto ed il contratto estimatorio.

Sommini-strazione

La **somministrazione** (art. 1559) è il contratto con il quale una parte (**somministrante**) si obbliga verso corrispettivo di un prezzo ad eseguire, a favore dell'altra (**somministrato**), prestazioni periodiche o continuative di cose.

La differenza con la compravendita si coglie sotto il profilo della **periodicità** della consegna, caratteristica esclusiva della somministrazione: infatti, nella somministrazione la periodicità o la continuità delle prestazioni rappresentano elementi essenziali del contratto, in funzione del fabbisogno del somministrato. La somministrazione costituisce, dunque, un esempio caratteristico di contratto ad esecuzione **continuata** o **periodica** (c.d. contratto di **durata**).

Riporto

Il **riporto** (art. 1548) è un contratto di **borsa** (nel senso che è un tipo contrattuale utilizzato nell'ambito delle contrattazioni di borsa), attraverso il quale il **riportato** trasferisce in proprietà al riportatore titoli di credito di una data specie per un determinato prezzo, ed il **riportatore** assume l'obbligo di trasferire al riportato, alla scadenza del termine stabilito, la proprietà di altrettanti titoli della stessa specie, verso **rimborso** del prezzo, che può essere aumentato o diminuito nella misura convenuta.

Realità

Il riporto è un contratto **reale**, in quanto si perfeziona con la consegna dei titoli (art. 1549).

La funzione di scambio attraverso di esso realizzata presenta la peculiarità che le attribuzioni dei beni scambiati sono soltanto **temporanee**, in quanto gli stessi sono destinati a ritornare ai patrimoni dei rispettivi titolari originari: ciò in relazione alle finalità ulteriori, rispetto al mero scambio (acquisizione della disponibilità di una somma di danaro; speculazione sulle variazioni di valore dei titoli nel corso dell'esecuzione del contratto) che le parti intendono perseguire.

Contratto estimatorio

Il contratto **estimatorio** (art. 1556) è quello a mezzo del quale una parte (*tradens*) consegna una o più cose mobili all'altra (*accipiens*), mentre questa si obbliga a pagare il prezzo, salvo che restituisca le cose nel termine stabilito: la facoltà di **scelta** attribuita all'*accipiens* (restituire la cosa nel termine pattuito ovvero pagarne il prezzo) costituisce elemento essenziale per la configurabilità del tipo contrattuale.

Natura del contratto

È dubbio se tale contratto postuli, per il proprio perfezionamento, la consegna delle cose ovvero semplicemente il consenso delle parti e, dunque, se sia reale o consensuale.

La sua ragione economica risiede nell'utilità che entrambe le parti traggono dall'immettere in commercio una cosa, senza che il *tradens* sia onerato della ricerca del compratore e senza che l'*accipiens* sia obbligato al pagamento del prezzo, nel caso in cui la vendita a terzi non avvenga (si consideri, ad es., il rapporto che si instaura tra l'editore del giornale ed i singoli distributori).

1.1. *La compravendita e la permuta*

Compravendita

La **compravendita** (art. 1470) è il contratto con il quale una parte (**venditore** o **alienante**) trasferisce all'altra parte (**compratore** o **acquirente**) la **proprietà** di una cosa o un altro diritto a fronte del corrispettivo di un prezzo.

L'**oggetto** della compravendita, dunque, può consistere sia nel trasferimento della proprietà di un bene, mobile o immobile, sia nel trasferimento di un altro diritto (reale o di credito).

Onerosità

La circostanza che la compravendita postuli l'esistenza di uno scambio tra cosa e prezzo rende evidente che si tratta di un contratto a titolo **oneroso** (Cap. VII, n. 7.5): ciò consente di differenziare la compravendita dalla **donazione** (art. 769: Cap. XIV, n. 12), attraverso la quale possono del pari essere trasferiti diritti ma per spirito di liberalità e, dunque, senza alcun corrispettivo.

Permuta

Il contratto di **permuta** si distingue dalla compravendita, in quanto lo stesso ha ad oggetto lo scambio reciproco della proprietà di cose o di altri diritti da un contraente all'altro (ad es., Tizio trasferisce a Caio la proprietà della sua automobile usata non a fronte del corrispettivo di un prezzo, ma dell'attribuzione della proprietà della motocicletta di Caio).

Disciplina

La disciplina della permuta è, comunque, in larga misura coincidente con quella della compravendita, entro il limite di compatibilità imposto dal diverso oggetto dello scambio (artt. 1553, 1555).

Natura della compravendita

Il contratto di compravendita è un contratto **consensuale** ad **effetto reale**, che si perfeziona, dunque, secondo la regola generale dell'art. 1376, in virtù del consenso delle parti legittimamente manifestato (v. Cap. VII, n. 9.1).

Effetti reali ed effetti obbligatori

Il contratto di compravendita non produce soltanto **l'effetto** reale (il trasferimento della proprietà), ma anche effetti **obbligatori**, a carico, rispettivamente, del venditore o del compratore.

Obblighi del venditore

In particolare, può rammentarsi l'obbligo del venditore di **consegnare** la cosa al compratore (art. 1476, n. 1).

Infatti, come a suo tempo si è osservato (v. Cap. VII, n. 9.1), la consegna, proprio per la natura consensuale del contratto, non attiene al momento perfezionativo del medesimo, bensì a quello della sua esecuzione.

Inoltre, a carico del venditore, può esservi l'obbligazione **di far acquistare** al compratore la proprietà della cosa o il diritto, qualora l'acquisto non sia effetto immediato del contratto.

Compravendita ad effetti obbligatori

Vi sono, infatti, ipotesi in cui la compravendita produce effetti **soltanto** obbligatori e non già immediatamente traslativi della proprietà: si tratta della vendita di cose generiche, della vendita di cose future e della vendita di cose altrui.

Vendita di cose generiche

Nella vendita di **cose generiche** (art. 1378), la proprietà si acquista con l'**individuazione** fatta d'accordo tra le parti o nei modi da esse stabiliti.

Vendita di cose future

Nella vendita di **cose future** (art. 1472), invece, la proprietà si acquista non appena la cosa viene ad esistenza; nel caso in cui la vendita abbia ad oggetto gli alberi o i frutti di un fondo, la proprietà si acquista al momento in cui gli alberi sono tagliati o i frutti separati. In caso di mancata venuta ad esistenza della cosa, la vendita è nulla, a meno che le parti non abbiano inteso concludere un contratto **aleatorio** (v. Cap. VII, n. 7.5).

Vendita di cosa altrui

Nella vendita di **cosa altrui** (art. 1478), la proprietà si acquista dal compratore nel momento in cui il venditore la acquisti, a sua volta, dall'attuale titolare.

Si deve sottolineare che la vendita di cose altrui è un contratto perfettamente valido, ma inefficace per difetto, in capo all'alienante, della **legittimazione** (v. Cap. V, n. 3) a disporre del bene.

Nel caso in cui l'acquirente fosse a conoscenza del fatto che l'alienante non era titolare del diritto di proprietà, egli può risolvere il contratto – secondo le regole generali in materia di risoluzione per inadempimento – soltanto quando l'alienante non adempie l'obbligazione di far acquistare la proprietà del bene.

Vendita di cosa altrui e tutela del compratore

È invece consentito al compratore che, al momento della conclusione del contratto, fosse ignaro che la cosa non era di proprietà del venditore chiedere la **risoluzione**, sempre che nel frattempo il venditore non gliene abbia fatto acquistare la proprietà (art. 1479, co. 1). Inoltre è prevista una tutela restitutoria in favore dell'acquirente, cui si affianca l'ordinaria tutela risarcitoria (art. 1479, co. 2-3).

Nell'ipotesi di vendita di **cosa parzialmente altrui** (art. 1480), il compratore può chiedere la risoluzione del contratto ed il risarcimento del danno, secondo le disposizioni appena rammentate, nell'ipotesi in cui debba ritenersi che – alla luce delle circostanze del caso – egli non avrebbe acquistato la cosa senza la parte della quale non è divenuto proprietario. In caso contrario, può solo ottenere la riduzione del prezzo, oltre al risarcimento del danno.

Regole analoghe si applicano nel caso in cui la cosa sia gravata da **oneri** o **da diritti reali o personali non apparenti** che ne diminuiscano il libero godimento e non siano stati dichiarati in contratto (art. 1489, co. 1; ma v. anche il co. 2 che richiama, entro i limiti di applicabilità, la disciplina in materia di evizione).

Cosa gravata da oneri o da diritti di godimento di terzi

Un ulteriore obbligo del venditore è quello di garantire il compratore dall'**evizione** (art. 1476, n. 3).

Garanzia per evizione

L'evizione si verifica nel caso in cui un terzo, dopo la stipula del contratto, **rivendichi** con successo la proprietà della cosa nei confronti del compratore.

L'evizione può essere **totale** (art. 1483) o **parziale** (art. 1484).

Nel primo caso, il venditore deve innanzi tutto risarcire il danno subito dal compratore secondo la disciplina già richiamata dell'art. 1479 (co. 2-3: ma v. anche, per le obbligazioni poste a carico del venditore, l'art. 1483, co. 2).

Nell'ipotesi di evizione parziale, trova applicazione la disciplina, già rammentata, relativa alla vendita di cosa parzialmente altrui (artt. 1484, 1480).

Le regole in materia di evizione possono essere oggetto di deroga **pattizia**, con gli effetti previsti dall'art. 1488: tuttavia, il venditore è sempre tenuto per l'evizione derivante da fatto suo proprio (ad es., nel caso in cui l'evizione discenda da una doppia alienazione), essendo **nullo** il patto contrario (art. 1487, co. 2).

Derogabilità della garanzia per evizione

Il venditore, ancora, è tenuto a garantire il compratore per i **vizi materiali** della cosa che la rendano inidonea all'uso a cui è destinata, ovvero ne diminuiscano in modo apprezzabile il valore (art. 1490, co. 1): ad es., acquisto un materasso che si rivela tanto duro da non consentirmi di dormire. Si tratta, anche in questo caso, di una garanzia **derogabile**, salva l'ipotesi in cui il venditore abbia in mala fede taciuto al compratore i vizi della cosa (art. 1490, co. 2).

Garanzia per vizi

Derogabilità della garanzia

La garanzia si riferisce ai vizi **occulti**, e cioè a quelli che il compratore non conosceva o non poteva conoscere con l'ordinaria diligenza, a meno che il venditore non avesse dichiarato che la cosa era esente da vizi: in tal caso, la garanzia opera anche per i vizi **conoscibili** (art. 1491).

Vizi occulti

In virtù della garanzia per i vizi della cosa, l'acquirente ha diritto di ottenere la risoluzione del contratto (c.d. **azione redibitoria**), con le conseguenze previste dall'art. 1493, ovvero la riduzione del prezzo (c.d. **azione estimatoria** o *quanti minoris*): la scelta è irrevocabile quando sia fatta con la domanda giudiziale (art. 1492, co. 1-2).

Tutela del compratore

Azione redibitoria ed estimatoria

Inoltre, il venditore è tenuto al **risarcimento del danno** nei confronti del compratore, se non dimostri di avere ignorato senza colpa i vizi della cosa e deve altresì risarcire al compratore i danni derivati da tali vizi (art. 1494).

Decadenza

La garanzia è soggetta ad un termine di **decadenza** (v. Cap. III, n. 2), in quanto l'acquirente decade dal diritto di farla valere se non denuncia i vizi al venditore entro **otto** giorni dalla scoperta (salvo che un termine diverso sia stato stabilito dalle parti o dalla legge: art. 1495, co. 1). La denunzia non è necessaria, se il venditore ha riconosciuto l'esistenza del vizio ovvero lo ha occultato (art. 1495, co. 2).

Prescrizione

Il diritto alla garanzia è soggetto altresì ad un termine di **prescrizione** (v. Cap. III, n. 2) di un **anno** dalla consegna. Tuttavia, il compratore convenuto per l'esecuzione del contratto può far valere la garanzia in via d'eccezione, a condizione che il vizio della cosa sia stato denunciato entro otto giorni dalla scoperta e, comunque, entro un anno dalla consegna (art. 1495, co. 3).

La garanzia per vizi non deve essere confusa con la garanzia di **buon funzionamento** cui ha riguardo – in materia di vendita di cose mobili – l'art. 1512.

Garanzia di buon funzionamento

La garanzia di buon funzionamento non è infatti oggetto di una disciplina, sia pure derogabile, di legge, in quanto va **espressamente** pattuita, come accade di frequente soprattutto per prodotti di largo consumo (elettrodomestici, automobili, ecc.) (e v., da ultimo, sulla tutela dell'acquirente di beni di consumo, gli art. 1519 *bis* s., ora trasfusi agli art. 128 s. cdc, sui quali si ritornerà anche *infra*), a meno che non vi siano **usi** che la stabiliscano pure in mancanza di un patto espresso (art. 1512, co. 3).

Nel caso in cui la garanzia di buon funzionamento sia stata pattuita, il compratore, salvo il patto contrario, deve **denunziare** al venditore il difetto di funzionamento entro **trenta** giorni dalla scoperta, mentre l'azione si prescrive in **sei** mesi. Salvo il diritto dell'acquirente al risarcimento del danno, il giudice può – secondo le circostanze – assegnare al venditore un termine per sostituire o riparare la cosa in modo da assicurarne il buon funzionamento (art. 1512, co. 2).

Difetto di qualità

Un'ipotesi distinta (art. 1497) da quella di vizi della cosa si ha quando quest'ultima manchi delle qualità **promesse** ovvero di quelle **essenziali** per l'uso cui è destinata: ad es., Tizio acquista un'automobile nuova dal concessionario Caio, che gliene consegna invece una usata; Sempronio acquista da Mevio un fondo del quale gli era stata promessa l'edificabilità e che risulta invece vincolato a "verde" agricolo.

In tal caso, il compratore può avvalersi della tutela prevista dalle disposizioni generali sulla risoluzione per inadempimento, a condizione che il difetto di qualità ecceda i **limiti** di tolleranza stabiliti dagli usi (art. 1497, co. 1).

Il diritto alla risoluzione è soggetto ai termini di decadenza e di prescrizione già richiamati (art. 1497, co. 2).

Aliud pro alio

Si ritiene, invece, che spetti all'acquirente l'ordinaria tutela prevista dalle disposizioni in materia di risoluzione per inadempimento nel caso di consegna del c.d. *aliud pro alio*. Si tratta di una figura frutto dell'elaborazione giurisprudenziale, finalizzata a sottrarre le ipotesi più gravi di inadempimento del venditore ai ristretti termini di decadenza e di prescrizione stabiliti in materia di garanzia per vizi e di difetto di qualità.

L'*aliud pro alio*, secondo l'impostazione prevalente, ricorre nel caso di consegna di una cosa di genere **diverso** rispetto a quella compravenduta, ovvero mancante delle qualità **necessarie** a soddisfare la sua destinazione economico sociale: ad es., consegna di acqua non potabile in luogo di acqua potabile; consegna di immobile privo del certificato di abitabilità in luogo della casa di abitazione oggetto del contratto.

Si deve, infine, rammentare che la tutela spettante all'acquirente a fronte di vizi o difetti di qualità della cosa può dare luogo ad interferenze con la disciplina dell'errore (ad es.: errore sulle qualità dell'oggetto del contratto), oltre che con quella della responsabilità del produttore (v. Cap. IX, n. 6) ed è oggetto, da ultimo, della disciplina posta dagli art. da 1519 *bis* a 1519 *nonies* inseriti dal d.lgs. n. 24/2002, in sede di attuazione della dir. n. 99/44, ora trasfusi agli art. 128 s. cdc.

Tutela dell'acquirente di beni di consumo

La normativa in questione, che si inserisce a pieno titolo nel quadro della tutela del consumatore (v. Cap. VII, n. 4.2), è imperniata sull'affermazione di un generale obbligo del venditore di consegnare al consumatore beni conformi al contratto di vendita (art. 129, cdc); sulla individuazione analitica dei diritti del consumatore (art. 130, cdc); sulla previsione dei contenuti minimi essenziali della garanzia convenzionale offerta (art. 133, cdc); sulla espressa affermazione di nullità – suscettibile di essere fatta valere dal solo consumatore e rilevabile d'ufficio dal giudice – dei patti volti ad escludere o limitare i diritti riconosciuti al consumatore (art. 134, co. 1, cdc).

Obbligazioni del compratore

Per quello che concerne le obbligazioni gravanti sul compratore, questi deve, fondamentalmente, corrispondere il **prezzo** (art. 1498).

Sono altresì a carico dell'acquirente le **spese** del contratto: ma è consentito alle parti di regolarsi diversamente (art. 1475).

La disciplina della compravendita contempla, poi, talune ipotesi che si caratterizzano in relazione alla peculiarità dell'oggetto della stessa.

Si tratta, in particolare, della vendita di **cose mobili** (art. 1510 s.: v. anche, per la vendita **internazionale** di cose mobili, la Convenzione di Vienna dell'11 aprile 1980 ratificata con l. n. 765/1985); della vendita a **termine di titoli di credito** (art. 1531-1536), della vendita di **cose im-**

mobili (artt. 1537-1541) e della vendita di **eredità** (artt. 1542-1547).

Regole specifiche, poi, sono dettate anche in relazione ad alcune particolari clausole che possono variamente arricchire o articolare gli effetti del contratto.

Vendita con patto di riscatto

In questa prospettiva, merita di essere ricordato, innanzi tutto, il **patto di riscatto** (art. 1500), con il quale il venditore si riserva il diritto di riavere la proprietà della cosa venduta mediante la restituzione del prezzo ed i rimborsi stabiliti dagli art. 1502 s. Ad es., Tizio vende la sua abitazione a Caio poiché confida di poterne reperire una più grande ed adatta alle proprie esigenze in breve tempo: ma si cautela contro il cattivo esito della ricerca riservandosi di riscattare la proprietà dell'appartamento venduto.

Il patto di riscatto può espletare anche una funzione di **garanzia**, prospettandosi in tal caso la possibilità di interferenze con il **divieto del patto commissorio** (art. 1500, co. 2: v. Cap. VII, n. 7.2).

Il riacquisto della proprietà da parte del riscattante si ha mediante una sua **dichiarazione unilaterale**, attraverso la quale egli esercita un diritto potestativo. Tale dichiarazione deve essere effettuata entro un **termine** che non può essere superiore a quelli previsti dalla legge (art. 1501: due anni per i beni mobili e cinque per i beni immobili): la *ratio* di tale previsione va ravvisata nell'esigenza di evitare il protrarsi della situazione di incertezza nella quale si trova l'acquirente circa la stabilità del suo acquisto.

L'esercizio del diritto di riscatto consente al riscattante di ottenere il rilascio della cosa anche dai **subacquirenti**, a condizione che il patto sia ad essi opponibile (art. 1504, co. 1).

Vendita con riserva di gradimento

Può poi rammentarsi la vendita con **riserva di gradimento** (art. 1520), che si caratterizza in quanto essa non si perfeziona fino a quando il gradimento non si comunicato al venditore: l'ipotesi può, dunque, essere ricondotta entro lo schema dell'opzione (Cap. VII, n. 4).

Vendita a prova

La vendita a **prova** è, invece, quella che si presume fatta sotto la condizione **sospensiva** che la cosa abbia le qualità pattuite o sia idonea all'uso cui è destinata (art. 1521).

Vendita su campione

Viceversa, non incide né sul perfezionamento del contratto né sull'efficacia del medesimo la vendita su **campione** o su **tipo** di campione (art. 1522): la caratteristica di quest'ultima deve ravvisarsi, infatti, nell'assunzione di un campione quale termine di riferimento **esclusivo** per la qualità della merce. Da ciò deriva che qualsiasi difformità dal campione, attribuisce al compratore il diritto alla **risoluzione** del contratto (art. 1522, co. 1).

Vendita a rate con riserva della proprietà

Nella compravendita, poi, può convenirsi una **rateazione** del prezzo di modo che la proprietà passerà all'acquirente soltanto al momento del pagamento dell'ultima rata di prezzo (vendita con **riserva della proprietà**: artt. 1523-1526).

La funzione pratica di tale figura va ravvisata nella possibilità, in questo modo offerta all'acquirente, di (cominciare a) godere di un bene, pur **non** avendone ancora pagato integralmente il prezzo: di regola, infatti, la consegna del bene avviene già al momento del pagamento della prima rata o, comunque, ben prima del trasferimento della proprietà. Ad es., Tizio acquista a rate un'automobile, che gli viene subito consegnata; l'effetto traslativo della proprietà si produce solo al momento del pagamento dell'ultima rata di prezzo, ma Tizio comincia subito ad utilizzare l'automobile.

Rischio del perimento della cosa

Tuttavia, la vendita con riserva della proprietà presenta l'ulteriore, rilevante peculiarità che il compratore assume i **rischi** relativi alla cosa già al momento della consegna (riprendendo l'esempio di prima: la distruzione dell'automobile di Tizio, ancorché senza colpa di quest'ultimo, non lo esonera dall'obbligo di pagare le rate di prezzo ancora a scadere).

Tutela del venditore

In caso di inadempimento del compratore, il venditore può ottenere la **risoluzione** del contratto. Occorre, tuttavia, che l'ammontare della rata non pagata superi l'**ottava** parte del prezzo, poiché diversamente il contratto non può essere risolto ed il compratore conserva anche il beneficio del termine rispetto alle rate non ancora scadute (art. 1525).

Quando sia pronunciata la risoluzione del contratto, l'effetto di caducazione delle attribuzioni patrimoniali eseguite si estende anche alle rate di prezzo già pagate, salvo il diritto del venditore ad un **equo compenso** per l'uso della cosa ed al **risarcimento del danno** (art. 1526, co. 1).

Nell'ipotesi in cui il contratto stabilisca l'acquisizione al venditore delle rate già riscosse a titolo di indennità, il giudice, tenuto conto delle circostanze, può **ridurre** l'indennità pattuita (art. 1526, co. 2-3): si tratta di una concretizzazione del generale principio di riducibilità in via equitativa della clausola penale (v. Cap. VII, n. 15.1).

2. *I contratti di godimento*

Funzione di godimento

L'esame della realtà economico-sociale permette di individuare ipotesi in cui il bisogno, che si intende realizzare attraverso la stipula di un contratto, è quello di conseguire (e, correlativamente, di attribuire) il **godimento** di un bene, senza porre in essere il trasferimento della proprietà di quest'ultimo.

Si consideri, ad es., il caso di Tizio che, proprietario di un'abitazione in una località di villeggiatura, sa che non potrà utilizzarla nella stagione estiva 2020 a causa di gravosi impegni lavorativi: pur non volendosi privare della proprietà della villa, egli potrà avere interesse ad attribuirne il godimento, a fronte di un corrispettivo, a Sempronio, ovvero, in ipotesi, a

Mevio pure in assenza di corrispettivo (poiché, in tal modo, conseguirà quanto meno l'obiettivo di far conservare e custodire l'appartamento).

Dal lato di colui che ha necessità di conseguire il godimento di un certo bene, l'acquisizione della proprietà potrebbe risultare in taluni casi eccessiva rispetto ad un'esigenza di utilizzazione soltanto temporanea (ad es., Tizio deve trasferirsi in un'altra località soltanto per un anno), ovvero troppo onerosa.

La funzione di godimento può essere realizzata attraverso una pluralità di schemi contrattuali, tipici o atipici.

Tra i contratti di godimento viene in considerazione, per primo, il comodato.

Comodato

Il **comodato**, o **prestito d'uso** (per contrapporlo al mutuo – v. n. 6 – che è detto prestito di **consumo**), è il contratto col quale una parte (**comodante**) consegna all'altra (**comodatario**) una cosa mobile o immobile affinché quest'ultima se ne serva per un tempo o per un uso determinato, con l'obbligo di restituire la stessa cosa avuta in prestito (art. 1803). Dalla definizione emerge chiaramente che il comodato è un contratto **reale** (v. Cap. VII, n. 4), il quale si perfeziona con la consegna della cosa: consegna necessaria, appunto, a realizzare la funzione di godimento sua propria.

Gratuità

Il comodato è **essenzialmente** gratuito (art. 1803, co. 2). Ciò implica che la pattuizione di un corrispettivo determina la fuoriuscita da quel tipo contrattuale e l'applicazione della disciplina propria della locazione o dell'affitto (v. n. 2.1).

Obblighi del comodatario

Il comodatario è obbligato a custodire ed a conservare la cosa con la **diligenza del buon padre di famiglia** e non può servirsene per usi diversi rispetto a quello determinato in contratto o in relazione alla natura della cosa stessa (art. 1804, co. 1). Inoltre, il comodatario non può concedere ad un terzo il godimento della cosa senza il consenso del comodante (art. 1804, co. 2) e l'inadempimento di questi obblighi legittima il comodante a richiedere l'immediata **restituzione** della cosa, oltre che il **risarcimento** del danno (art. 1804, co. 3).

Responsabilità del comodatario

La **gratuità** del comodato è alla base di taluni aspetti della disciplina del tipo: la possibilità per il comodante di ottenere la restituzione della cosa prima della scadenza del termine eventualmente pattuito o prima che il comodatario abbia cessato di servirsene, nel caso in cui sia sopravvenuto per il comodante un urgente ed impreveduto bisogno di disporre della cosa stessa (art. 1809, co. 2); la responsabilità del comodatario per il perimento della cosa oggetto di comodato, nell'ipotesi in cui questa perisca per un caso fortuito a cui avrebbe potuto sottrarla sostituendola con la cosa propria, ovvero nell'ipotesi in cui, potendo salvare una delle due cose, abbia preferito la propria (art. 1805, co. 1); la responsabilità del comodante per danni derivanti al comodatario da vizi della cosa comodata soltanto nell'ipotesi in cui il comodante, conoscendo tali vizi, non abbia avvisato il comodatario (art. 1812). Responsabilità del comodante

Una funzione di godimento può essere realizzata anche attraverso il c.d. *leasing*, che, nella sua variante di *leasing* finanziario (o locazione finanziaria) ha trovato di recente – come si è già accennato – una tipizzazione, ed una disciplina, nell'art. 1, co. 136-140, l. 124/2017. *Leasing*

Il *leasing* può essere operativo o finanziario.

Nel *leasing* **operativo**, una parte concede all'altra, a fronte del corrispettivo di un canone periodico e per un tempo determinato, il godimento di un bene, con la pattuizione che – alla scadenza del contratto – il conduttore potrà scegliere se **restituire** la cosa ovvero **rinnovare** il contratto (in relazione allo stesso bene, nel qual caso il canone sarà ridotto stante la diminuzione di valore del bene, derivante dalla sua utilizzazione, oppure in relazione ad un bene diverso, ancorché analogo dal punto di vista della destinazione economica) ovvero, ancora, **acquistare** la proprietà del bene, a fronte del pagamento di un'ulteriore somma di danaro. *Leasing* operativo

L'inserimento di queste clausole in uno schema contrattuale – per il resto assai simile alla locazione – è giustificato dalla circostanza che, in genere, il bene oggetto del contratto è un bene strumentale (macchinari industriali) o di consumo (autoveicoli, elettrodomestici), esposto ad una rapida obsolescenza.

Nel caso, invece, in cui colui che acquisisce il godimento abbia di mira l'acquisto finale della proprietà del bene, lo schema contrattuale si accosta notevolmente all'ipotesi della vendita con riserva di proprietà (v. n. 1.1).

Nel *leasing* **finanziario** (ormai legislativamente denominato locazione finanziaria) alla funzione di godimento si giustappone quella di **finanziamento** dell'**utilizzatore**. Quest'ultimo, infatti, indica al **concedente** (solitamente, un imprenditore esercente professionalmente operazioni di *leasing*) il bene del quale ha interesse ad acquisire il godimento; il concedente, dal canto suo, acquista (attraverso un contratto di compravendita, distinto da quello di *leasing*, ancorché ad esso collegato) il bene presso il **fornitore** – in tal modo anticipando il capitale necessario per l'operazione – e conviene con questi che il bene stesso sia installato presso l'utilizzatore che ne viene, dunque, a godere per il periodo stabilito, pagando correlativamente un canone periodico. *Leasing* finanziario

Il pagamento dei canoni, a fronte del godimento da parte dell'utilizzatore, assume anche la funzione di **restituzione** del finanziamento accordato, dal concedente, il quale – alla scadenza del termine – avrà di fronte a sé le possibilità già viste per il *leasing* operativo.

La disciplina normativa di questo schema contrattuale ripercorre, nella sostanza, le linee fin qui illustrate, con una particolare attenzione al problema della definizione delle ipotesi di inadempimento dell'utilizzatore quanto al pagamento dei canoni che possano rilevare ai fini della risoluzione del contratto e della regolamentazione delle conseguenti, reciproche pretese (quanto al concedente, alla restituzione del bene; quanto all'utilizzatore, al ricavato della vendita o della diversa collocazione del bene, detratti gli importi pari ai canoni scaduti e non pagati, a quelli maturandi fino alla scadenza nonché le spese di conservazione e di vendita del bene).

Sale and lease back ...

Ancora più spiccata è la funzione di finanziamento nel c.d. *sale and lease back*, che ricorre quando il proprietario di un bene (di solito, beni immobili o macchinari industriali di notevole valore) lo **aliena** all'impresa esercente l'attività di *leasing*, la quale subito dopo concede lo stesso bene in **godimento** all'alienante, a fronte del pagamento di un canone.

... e possibile violazione del divieto del patto commissorio

Il vantaggio per l'alienante consiste nell'acquisizione di un finanziamento, che viene restituito di fatto attraverso il pagamento dei canoni; l'impresa di *leasing* consegue poi l'obiettivo di acquisire la garanzia della proprietà del bene a fronte del finanziamento erogato.

In questa prospettiva, il *sale and lease back* può integrare un'ipotesi di violazione del divieto del patto commissorio, con conseguente nullità del contratto *ex* art. 2744 (Cap. XI, n. 10.1).

2.1. *La locazione. L'affitto*

Schema generale della locazione: locazione ed affitto

La **locazione** costituisce – secondo la sistematica del codice vigente (v. l'intestazione del Capo VI del Titolo III) – un *genus* all'interno del quale si collocano disposizioni destinate a disciplinare due *species*: la **locazione**, propriamente intesa, e l'**affitto**, che dunque si configurano come sotto – tipi del (generale) tipo locazione.

La disciplina normativa si articola poi ulteriormente, sia per la locazione sia per l'affitto, in relazione alla natura della cosa della quale viene concesso il godimento: ad es., **locazione di fondi urbani**, art. 1607 s. o **affitto di fondi rustici**, art. 1628 s.

Incidenza della legislazione speciale

Va subito notato che queste ultime materie sono caratterizzate da un'incidenza particolarmente marcata della **legislazione speciale**, introdotta per assicurare tutela agli specifici interessi di volta in volta coinvolti in relazione alla natura del bene del quale viene attribuito il godimento (ad es., immobili urbani ad uso abitativo o fondi rustici). Pertanto, la disciplina codicistica, pur ancora formalmente vigente nella sua interezza, riveste qui una portata poco più che residuale.

Locazione: nozione

La **locazione** è il contratto con il quale una parte (**locatore**) si obbliga a far godere all'altra (**locatario**-conduttore) un bene mobile o immobile verso un determinato corrispettivo e per un dato tempo (art. 1571). La locazione di beni mobili è usualmente detta **noleggio** (ad es., noleggio di un autoveicolo), ma va, comunque, tenuta distinta dal tipo contrattuale omonimo, oggetto di una specifica disciplina (art. 384 s. c.n.).

Noleggio

Nel codice civile la **durata** della locazione non può eccedere i trenta anni e, se pattuita per un periodo più lungo o addirittura in perpetuo, si riduce al termine predetto (art. 1573). Si tratta di una regola finalizzata a tutelare l'esigenza di **libertà** dei beni.

Durata

Nel caso in cui la locazione sia pattuita **senza** che ne venga predeterminata la durata, si applicheranno alcune regole che consentono egualmente di stabilire la durata del contratto (art. 1574).

La distinzione tra l'ipotesi in cui il termine di durata sia stato pattuito dalle parti, ovvero sia stato determinato sulla base dei criteri posti dall'art. 1574, ha rilievo sotto il profilo della **cessazione** del rapporto. Infatti, nel primo caso, la locazione cessa **senza** necessità di disdetta (art. 1596, co. 1) (salva la rinnovazione tacita del contratto, ove il conduttore rimanga e sia lasciato nel godimento del bene: art. 1597, co. 1); mentre nel secondo caso – **in mancanza** di disdetta nel termine fissato dalle parti o dagli usi –, la locazione **non** cessa (art. 1596, co. 2), in quanto la mancata disdetta vale come tacita rinnovazione (art. 1597, co. 2).

Durata del contratto e cessazione del rapporto

Tra le obbligazioni principali del locatore viene innanzi tutto in considerazione quella di **consegnare** al conduttore la cosa locata in buono stato di manutenzione (art. 1575, n. 1).

Obbligazioni del locatore

Nel caso in cui, al momento della consegna, la cosa locata risulti affetta da **vizi** suscettibili di diminuirne in modo apprezzabile l'idoneità all'uso pattuito, il conduttore può domandare la **risoluzione** del contratto, ovvero una **riduzione** del corrispettivo, a meno che non si tratti di vizi conosciuti o facilmente riconoscibili (art. 1578, co. 1). Il locatore, dal canto suo, deve **risarcire** il danno subito dal conduttore in relazione ai vizi della cosa, se non provi di averli ignorati senza colpa al momento della consegna (art. 1578, co. 2).

Vizi della cosa locata

La responsabilità stabilita dalla legge a carico del locatore per i vizi della cosa può essere **convenzionalmente** esclusa o limitata, ma la limitazione non ha effetto nel caso in cui il locatore abbia in **mala fede** taciuto i vizi al conduttore, ovvero se gli stessi erano di entità tale da rendere impossibile il godimento della cosa (art. 1579). Inoltre, se i vizi della cosa, o di una sua parte notevole, espongono a serio pericolo la **salute** del conduttore (o dei suoi familiari o dipendenti), il conduttore può chiedere la risoluzione del contratto, ancorché i vizi gli fossero noti e nonostante qualunque rinunzia (art. 1580).

Clausole limitative della responsabilità del locatore

Manutenzione della cosa locata

Il locatore è inoltre obbligato a mantenere la cosa in condizioni tali da servire all'uso **convenuto** (art. 1575, co. 2). Pertanto, egli è tenuto ad eseguire tutte le riparazioni necessarie durante la locazione, salvo quelle di piccola manutenzione, le quali sono invece a carico del conduttore (ma, in caso di cose mobili, le spese di conservazione e di ordinaria manutenzione gravano, salvo patto contrario, sul conduttore: art. 1576).

Il conduttore è comunque tenuto a dare avviso al locatore del fatto che la cosa abbisogna di riparazioni che non siano a suo carico: qualora si tratti di riparazioni **urgenti**, il conduttore può comunque eseguirle direttamente, salvo rimborso, ma è tenuto a darne contestuale avviso al locatore (art. 1577).

Il locatore è, infine, tenuto a garantire al conduttore il **pacifico** godimento della cosa (art. 1575).

Garanzia di pacifico godimento

Tale garanzia si riferisce, in particolare, alle pretese di **terzi** che vantino diritti sulla cosa locata, arrecando così molestie che diminuiscono l'uso o il godimento della cosa (art. 1585). In questo caso, il conduttore deve darne pronto avviso al locatore, sotto pena del risarcimento dei danni (art. 1586).

Nel caso, invece, in cui la molestia patita dal conduttore sia solo **di fatto** – non si accompagni, cioè, all'affermazione di diritti sulla cosa – il locatore non è tenuto a garantire il conduttore, il quale può, tuttavia, agire contro i terzi in **nome proprio** (art. 1585, co. 2: v. Cap. XII, n. 6.3).

Obblighi del conduttore

Il conduttore, dal canto suo, è obbligato a prendere in consegna la cosa, osservando la **diligenza del buon padre di famiglia** nel servirsene per l'uso determinato in contratto o per quello che può presumersi secondo le circostanze. Egli è responsabile della **perdita** o del **deterioramento** della cosa che avvengono nel corso della locazione, a meno che non provi che essi si sono verificati per una causa a lui **non imputabile** (art. 1588, co. 1).

Responsabilità del conduttore

Il conduttore è inoltre obbligato al **pagamento** del corrispettivo e deve, infine, **restituire** la cosa nello stesso stato in cui l'ha ricevuta, sulla base della descrizione fattane dalle parti (art. 1590, co. 1). Non danno luogo a responsabilità del conduttore il deterioramento o il consumo derivanti dall'uso della cosa in conformità del contratto, così come non implicano una sua responsabilità il deterioramento o il perimento dovuti a **vetustà** (art. 1590, co. 3).

Ritardo nella restituzione

In caso di inadempimento dell'obbligo di restituzione, il conduttore è tenuto a dare al locatore il corrispettivo convenuto fino al momento dell'**effettiva riconsegna**, salvo comunque l'obbligo di risarcire il maggior danno (art. 1591).

Il conduttore, salvo il patto contrario, può **sublocare** la cosa, ma è necessaria l'autorizzazione del locatore o l'esistenza di usi conformi, se la locazione abbia ad oggetto una cosa mobile: si tratta di un'ipotesi di **subcontratto** (v. Cap. VII, n. 9.4). È prevista un'azione **diretta** del locatore nei confronti del subconduttore al fine di esigere il prezzo della sublocazione e di ottenere l'esatto adempimento delle altre obbligazioni derivanti dal contratto di sublocazione: ciò non pregiudica, tuttavia, la possibilità del locatore di far valere i propri diritti nei confronti del conduttore (art. 1595). Sublocazione

Secondo la regola generale in materia di **cessione del contratto** (v. Cap. VII, n. 9.4), il conduttore non può cedere il contratto senza il consenso del locatore (art. 1594, co. 1). Cessione del contratto di locazione

In caso di alienazione del bene locato, il contratto di locazione è **opponibile** all'acquirente a condizione che esso abbia data certa anteriore all'alienazione della cosa (art. 1599, co. 1): si tratta di un'eccezione al principio della **relatività degli effetti contrattuali**, giustificata dall'esigenza di tutelare la posizione del conduttore ed il suo affidamento in ordine al godimento del bene. Opponibilità del contratto di locazione

Tuttavia, nel caso di locazione di beni mobili non iscritti in pubblici registri, la regola non si applica nel caso in cui l'acquirente ne abbia conseguito il possesso in buona fede (art. 1599).

La **locazione di immobili urbani**, già oggetto di una specifica disciplina codicistica, ha costituito negli ultimi decenni il punto di riferimento di una abbondante **legislazione speciale** concernente, in particolare, la locazione di immobili ad uso abitativo (v. Cap. I, n. 5.1). Del resto, in questo caso la locazione coinvolge un bisogno **fondamentale** della persona, quello di disporre di una casa nella quale vivere. Locazione di immobili urbani

La materia ha trovato una prima sistemazione organica nella l. n. 392/1978, ispirata sostanzialmente all'idea di realizzare un meccanismo di determinazione legale del canone ritenuto **equo** sulla base di una serie di parametri oggettivi. Questa impostazione dirigistica ha causato gravi distorsioni del mercato delle abitazioni (da un lato, rarefacendo il numero degli immobili messi a disposizione sul "mercato ufficiale", stante la scarsa convenienza per i locatori a concedere gli stessi in locazione, dall'altro, dando vita ad un rigoglioso "mercato nero", elusivo della disciplina di legge), cosicché il legislatore, in sintonia con la rinnovata fiducia nei confronti del mercato (v. Cap. I, n. 5.1), ha realizzato un radicale ripensamento dell'intera materia attraverso la l. n. 431/1998 ("Disciplina delle locazioni e del rilascio degli immobili urbani ad uso abitativo"). Legge sull'equo canone e legge n. 431/1998

Linee dell'attuale assetto normativo della materia

Quest'ultima si impernia, essenzialmente, su una **duplice** modalità di contrattazione.

Il locatore ed il conduttore possono, infatti, stipulare il contratto sulla base di **modelli tipo**, frutto di accordi definiti in sede locale fra le organizzazioni della proprietà edilizia e le organizzazioni dei conduttori maggiormente rappresentative (art. 2, co. 3, l. n. 431/1998): in tal caso, i contratti di locazione non possono avere durata inferiore ai **tre** anni (salvo quelli di natura transitoria, così come individuati dall'art. 5, l. n. 431/1998), con proroga **automatica**, alla scadenza, di altri due anni.

Nel caso in cui invece le parti ritengano di **prescindere** dai modelli contrattuali predisposti dalle organizzazioni di categoria, la durata del contratto non può essere inferiore a **quattro** anni, con rinnovo **automatico**, alla scadenza, per un ulteriore periodo di quattro anni (art. 2, co. 1, l. n. 431/1998).

Inoltre, in questo secondo caso, il conduttore può far valere un **diritto di prelazione**, nel caso in cui il locatore manifesti il proposito di vendere onde potersi sottrarre al rinnovo del contratto (art. 3, co. 1, lett. g), l. n. 431/1998) ed ha diritto al ripristino del rapporto nell'ipotesi in cui il locatore, pur essendosi legittimamente opposto al rinnovo, entro dodici mesi non destini l'immobile agli usi invocati per giustificare il diniego di rinnovo (art. 3, co. 5, l. n. 431/1998).

Sinteticamente, può dirsi che la **conformità** del contratto ai modelli tipo predisposti dalle organizzazioni di categoria costituisce, per il legislatore, garanzia dell'equilibrio complessivo dell'assetto di interessi realizzato dalle parti e giustifica una maggiore elasticità di disciplina sotto altri profili.

Forma del contratto

Sempre a proposito della l. n. 431/1998, meritano poi di essere ricordate la regola che impone la forma scritta, sotto pena di **nullità**, dei contratti di locazione di immobili adibiti ad uso abitativo (art. 1, co. 4), nonché una serie di disposizioni che sanciscono la nullità di eventuali patti contrari a norme imperative (art. 13, co. 1, 3-4).

Taluni profili della materia sono, però, ancora disciplinati dalla l. n. 392/1978.

Successione nel contratto di locazione

Si pensi, in particolare, alla regola in materia di **successione** nel contratto di locazione (art. 6, l. n. 392/1978), secondo la quale – in caso di morte del conduttore – gli succedono nel contratto il coniuge, gli eredi ed i parenti ed affini con lui abitualmente conviventi (nonché – sulla base della sent. Corte cost. n. 404/1988 – anche il convivente, che pure abbia cessato la convivenza, nel caso in cui vi sia prole naturale); ed ancora alla generale previsione di **nullità** della clausola che stabilisca la risoluzione del contratto in caso di alienazione della cosa locata (art. 7, l. n. 392/1978).

Locazione di immobili urbani non abitativi

Alla l. n. 392/1978 è tutt'ora affidata, poi, la disciplina dei contratti di locazione di immobili urbani adibiti ad uso **diverso** rispetto a quello abitativo (art. 27 s.).

La disciplina di questa sottocategoria risponde all'esigenza di favorire la **continuità** dell'attività svolta nell'immobile, con la previsione di una durata minima di **sei** anni delle locazioni e sublocazioni, in caso di destinazione degli immobili ad attività industriali, commerciali e artigianali ovvero ad attività di interesse turistico, e di **nove** anni nel caso di immobili adibiti ad uso alberghiero. Ad ogni modo, il mancato rinnovo alla prima scadenza è legittimo soltanto nei casi espressamente previsti dal legislatore (artt. 28-29, l. n. 392/1978).

Diritto di prelazione e di riscatto

L'art. 38, l. n. 392/1978 attribuisce al conduttore un **diritto di prelazione** assistito, nel caso di sua violazione ad opera del locatore, da un **diritto di riscatto** nei confronti dell'acquirente o di ogni successivo avente causa (art. 39).

La locazione di immobili urbani destinati ad uso commerciale è stata incisa in modo particolarmente significativo dai provvedimenti normativi di contenimento della pandemia Covid-19, che, determinando la sospensione di numerose attività (in ipotesi esercitate appunto in immobili condotti in locazione), hanno pregiudicato la posizione dei conduttori, nella misura in cui questi ultimi restavano obbligati a pagare il canone, pur non potendo utilizzare l'immobile per la destinazione commerciale prefigurata (v., in generale, sulla disciplina normativa in materia di impatto delle conseguenze della pandemia sull'adempimento delle obbligazioni, cap. XI n. 3.6).

Il problema – che costituisce un punto di emersione della più generale questione delle sopravvenienze contrattuali (v. cap. VII, n. 15.3) – è stato oggetto di uno specifico intervento normativo da parte dell'art. 216 d.l. n. 34/2020 conv. in l. n. 77/2020 per quel che concerne in particolare il contratto di locazione di palestre, piscine e impianti sportivi di proprietà di soggetti privati. Si è, infatti, previsto – in ragione dello squilibrio che la sospensione delle attività aveva determinato nell'economia del contratto – il diritto del conduttore, "limitatamente alle cinque mensilità da marzo 2020 a luglio 2020, ad una corrispondente riduzione del canone locatizio che, salva la prova di un diverso ammontare a cura della parte interessata, si presume pari al cinquanta per cento del canone contrattualmente stabilito".

Più di recente, l'art. 6-*novies* del d.l. n. 41/2021 conv. in l. n. 69/2021 ha previsto un percorso condiviso per la ricontrattazione delle locazioni commerciali, nella prospettiva, appunto, della "condivisione dell'impatto economico derivante dall'emergenza epidemiologica ... a tutela delle imprese e delle controparti locatrici ... nei casi in cui il locatario abbia subito una significativa diminuzione del volume d' affari, del fatturato o dei corrispettivi, derivante dalle restrizioni sanitarie, nonché dalla crisi economica di taluni comparti e dalla riduzione dei flussi turistici legati alla crisi pandemica in atto". Si tratta, com'è evidente, di una formulazione piuttosto vaga e priva di reale contenuto precettivo; mentre è stato più incisivo, nell'esperienza delle controversie innescate dallo scatenarsi della pandemia, l'intervento della giurisprudenza, spesso affidato alla concretizzazione della clausola generale di buona fede, tale da qualificare come sleale, e dunque meritevole di essere inibita, la condotta del locatore che continuasse a pretendere il pagamento dell'intero canone, pure in presenza di una sostanziale inutilizzabilità del bene per lo scopo originariamente programmato.

Affitto: natura produttiva del bene

L'**affitto** si differenzia dalla locazione a causa della natura **produttiva** del bene che ne costituisce oggetto (art. 1615: ad es., affitto di un'azienda, di un fondo rustico).

Obblighi dell'affittuario

La natura produttiva del bene spiega i peculiari **obblighi** che gravano sull'affittuario, sotto il profilo della gestione della cosa in conformità alla sua destinazione economica (artt. 1615, 1618).

Correlativamente, molto stringenti sono i poteri di controllo attribuiti all'affittante (art. 1619); questi, poi, in caso di inadempimento degli obblighi da parte dell'affittuario, può chiedere la **risoluzione** del contratto (art. 1618).

Rilevanza dell'elemento fiduciario

La rilevanza dell'elemento **fiduciario**, che fortemente connota l'affitto, si traduce nel divieto di **subaffitto** (art. 1624) e nello **scioglimento** del contratto in caso di interdizione, inabilitazione e o insolvenza dell'affittuario (art. 1626).

Affitto di fondi rustici

Anche l'affitto dei **fondi rustici** – paradigma dei contratti agrari – è oggetto di una disciplina speciale (l. n. 203/1982), le cui linee ispiratrici possono essere ravvisate nell'**equilibrio**, nella **stabilità** e nella tendenziale **trasformazione** del rapporto (v. la disciplina della **prelazione** a favore, tra gli altri, dell'affittuario coltivatore diretto di cui all'art. 8, l. n. 590/1965).

La recente legislazione speciale (art. 23 d.l. n. 133/2014, convertito nella l. n. 164/2014), al fine di dare uno stimolo al rilancio dell'edilizia, ha introdotto la disciplina dei contratti di godimento in funzione della successiva alienazione di immobili (c.d. *rent to buy*), tipo contrattuale che può inserirsi nell'ambito, qui esaminato, dei contratti che realizzano il risultato della concessione del godimento di un bene.

3. *I contratti di prestazione di servizi*

Accanto allo scambio ed al godimento si colloca una terza macrocategoria, quella della **collaborazione**, che ricomprende tutti quei contratti nei quali una parte esegua un servizio o presti un'attività a beneficio dell'altra.

La disciplina legislativa di questa vasta area di schemi contrattuali si caratterizza per alcuni profili, che possono essere individuati nel modo che segue.

In primo luogo, l'esecuzione del servizio o la prestazione dell'attività assumono connotati differenti in fatto, e ricevono un diverso trattamento, a seconda che l'uno o l'altra siano posti in essere mediante un'attività prevalentemente **personale**, ovvero per il tramite di un'**organizzazione imprenditoriale** (si tratta, come vedremo, del profilo che differenzia il contratto d'opera dall'appalto).

Prestazione di servizi ed oggetti dell'attività

In secondo luogo, la disciplina normativa si diversifica in relazione alla circostanza che il servizio prestato si risolva in un'attività **materiale** (ad es., la confezione di un abito), ovvero in un'attività **giuridica** (ad es., la conclusione di un contratto): in quest'ordine di idee, si coglie la differenza tra contratto d'opera e mandato.

Catering

Contratto di vendita di pacchetti turistici

Anche nell'ambito della prestazione dei servizi, la prassi contrattuale conosce numerosi **schemi atipici** (come ad es. il c.d. *catering*, e cioè il contratto con il quale si fornisce il servizio di ristorazione ad alberghi, navi, aerei, organizzazioni aziendali e che risulta da una combinazione tra appalto di servizi e somministrazione), ovvero schemi che, pur essendo nati come atipici, hanno trovato poi una disciplina normativa specifica (ad es., il contratto di vendita di **pacchetti turistici**: v. Cap. VII, n. 4.2).

3.1. *Il contratto d'opera. L'appalto. Il trasporto. Il deposito. Il mandato. L'agenzia. La mediazione*

Nozione

Nel contratto **d'opera** (c.d. *locatio operis*), una parte (**prestatore d'opera**) si obbliga a compiere, con lavoro prevalentemente proprio e senza vincolo di subordinazione, un'opera o un servizio in favore dell'altra (**committente**), verso il pagamento di un corrispettivo (art. 2222).

Questa nozione si presta in realtà a ricomprendere una serie di molteplici schemi contrattuali, sicché la disciplina dettata per il contratto d'opera finisce per essere **residuale**, in quanto essa troverà applicazione soltanto nei limiti in cui non si debba invece riconoscere, nel caso concreto, l'esistenza dei tratti di altri tipi contrattuali (ad es., mandato, agenzia, ecc.).

Differenze con l'appalto

La circostanza che l'opera eseguita dal prestatore debba essere, almeno in prevalenza, frutto del suo lavoro, consente di cogliere la differenza con l'appalto, che postula invece un'organizzazione imprenditoriale.

Per le stesse ragioni, il contratto d'opera si basa sul c.d. *intuitus personae*, nel senso che rilevano sia l'identità sia le qualità personali del prestatore d'opera.

È da segnalare, di recente, la l. n. 81/2017, la quale si applica a «i rapporti di lavoro autonomo che hanno una disciplina particolare ai sensi dell'art. 2222 del codice civile», ma non agli imprenditori ed ai piccoli imprenditori. Tra le novità introdotte, vi è l'estensione dell'applicazione delle disposizioni del d.lgs. n. 231/2002 anche alle transazioni commerciali tra lavoratori autonomi e imprenditori, e la previsione di abusività delle clausole che attribuiscono al committente la facoltà di modificare unilateralmente le condizioni contrattuali e di recedere senza congruo preavviso e del rifiuto del committente di stipulare il contratto in forma scritta.

Contratto d'opera e lavoro subordinato

L'assenza del vincolo della **subordinazione**, invece, vale a distinguere il contratto d'opera dal rapporto di lavoro subordinato (v. Cap. X, n. 4): proprio per questa ragione, il contratto d'opera viene anche denominato contratto di lavoro **autonomo** (Titolo III del Libro V) e rappresenta un'altra delle possibili forme giuridiche di collaborazione nell'impresa.

Lavoro parasubordinato

In particolare, si configurano come contratti di lavoro autonomo i contratti a mezzo dei quali venga resa una prestazione **coordinata** e **continuativa**, di natura prevalentemente **personale** (art. 409, n. 3, c.p.c.). Si parla, al riguardo, di rapporti di lavoro **parasubordinato**, ma la formula ha un rilievo prevalentemente processualistico nella misura in cui la parasubordinazione implica l'assoggettamento del rapporto alle regole del c.d. **processo del lavoro** (art. 409 s. c.p.c.). L'area del lavoro parasubordinato è stata, nel tempo, fortemente incisa dal d.lgs. n. 276/2003 (v. Cap. X, n. 4), a sua volta modificato sul punto dalla l. n. 92/2012: il d.lgs. n. 276/2003 – facendo sempre salva la disciplina in materia di agenti e rappresentanti di commercio – aveva introdotto un principio di necessaria riconducibilità dei rapporti parasubordinati ad un progetto, difettando il quale il rapporto parasubordinato si qualifica come subordinato.

L'assetto più recente della materia si trova nel d.lgs. n. 81/2015 (uno dei decreti dei quali si compone il c.d. *Jobs Act*), secondo il quale, con decorrenza dal 1° gennaio 2016, la disciplina del rapporto di lavoro subordinato trova applicazione «anche ai rapporti di collaborazione che si concretano in prestazioni di lavoro esclusivamente personali e le cui modalità di esecuzione sono organizzate dal committente anche con riferimento ai tempi e al luogo di lavoro», con la precisazione – introdotta dal d.l. n. 101/2019 convertito in l. n. 128/2019 e di particolare importanza nella prospettiva di regolamentare i problemi della c.d. *gig economy* – che «le disposizioni di cui al presente comma si applicano anche qualora le modalità di esecuzione della prestazione siano organizzate mediante piattaforme anche digitali».

Contratto d'opera e vendita

Nel caso in cui la **materia** per l'esecuzione dell'opera o servizio sia fornita dal prestatore stesso (ad es., l'elettricista cui ho commesso la realizzazione dell'impianto elettrico di casa fornisce le prese, i contatori ecc.), ci si può chiedere se la fattispecie vada inquadrata nello schema del contratto d'opera ovvero in quello della compravendita. Il problema è risolto nel senso dell'applicabilità delle norme sul contratto d'opera, salvo il caso che le parti abbiano avuto prevalentemente riguardo alla **fornitura** della materia, poiché allora troveranno applicazione le norme in materia di compravendita (art. 2223).

Modalità e criteri di determinazione del corrispettivo

Quanto al **corrispettivo,** se non è stato convenuto dalle parti, e non sia possibile determinarlo sulla base delle tariffe professionali o degli usi, viene stabilito dal giudice in relazione al risultato ottenuto e al lavoro normalmente necessario per ottenerlo (art. 2225).

Obblighi di esecuzione della prestazione

Il prestatore è tenuto ad eseguire l'opera a **regola d'arte**, e cioè in conformità agli standards qualitativi accreditati per quel particolare tipo di prestazione (art. 2224).

Accettazione della prestazione e responsabilità per vizi

Nel caso in cui il committente accetti espressamente o tacitamente la prestazione, il prestatore è liberato da responsabilità per **vizi** o **difformità** della medesima, ove gli stessi – all'atto dell'accettazione – fossero noti o facilmente conoscibili e sempre che egli non li abbia dolosamente occultati (art. 2226).

Onere di denuncia dei vizi

Là dove l'opera presenti vizi **occulti**, ovvero **difformità** rispetto a quanto pattuito, il committente – secondo una regola sostanzialmente analoga a quella esaminata in materia di compravendita – ha l'onere di **denunciarli** al prestatore entro **otto** giorni dalla scoperta (art. 2226, co. 2), salva in ogni caso la prescrizione dell'azione nel termine di un anno dalla consegna.

La tutela spettante al committente è la stessa rispetto a quella riconosciuta all'appaltante, della quale tra breve si dirà.

Recesso dal contratto

Il committente può **recedere** dal contratto anche dopo l'inizio dell'esecuzione dell'opera, ma deve tenere indenne il prestatore d'opera delle spese, del lavoro eseguito e del mancato guadagno (art. 2227).

Impossibilità sopravvenuta

L'**impossibilità sopravvenuta** dell'opera per causa non imputabile alle parti non esclude il diritto del prestatore ad un compenso per il lavoro prestato, in relazione all'utilità della parte di opera compiuta (art. 2228).

Professioni intellettuali

Sotto il Titolo III del Libro V del codice civile trova posto anche la disciplina delle **professioni intellettuali**, per l'esercizio delle quali sia necessaria l'**iscrizione** in appositi albi o elenchi: ad es., avvocati, ingegneri, architetti (art. 2229).

La disciplina ricalca sostanzialmente quella dettata per il contratto d'opera, salve alcune disposizioni che si ricollegano appunto al necessario presupposto dell'iscrizione in albi o elenchi (v., ad es., artt. 2231-2233, co. 2-3).

In particolare, va segnalata la regola secondo la quale, ove la prestazione implichi la soluzione di problemi tecnici di **speciale** difficoltà, il prestatore d'opera risponde soltanto limitatamente ai casi di dolo o colpa grave (art. 2236: v. Cap. XI, n. 8).

I rapporti di lavoro autonomo cui ha riguardo il Titolo III del V Libro del codice civile sono ora assoggettati anche alla disciplina normativa introdotta dalla l. n. 81/2017 (c.d. Jobs Act dei lavoratori autonomi) le cui disposizioni, riguardanti la materia della tutela del lavoro autonomo, si applicano, anche a «i rapporti di lavoro autonomo che hanno una disciplina particolare ai sensi dell'art. 2222 del codice civile»; al contrario, per esplicita scelta del legislatore, non si applicano agli imprenditori ed ai piccoli imprenditori.

Appalto

L'**appalto** è il contratto con il quale una parte (**appaltatore**) assume – con organizzazione dei mezzi necessari e gestione a proprio rischio – il compimento di un'opera (appalto d'**opere**) o di un servizio (appalto di **servizi**) a beneficio della controparte (**committente**) la quale, dal canto suo, è tenuta al pagamento di un corrispettivo in danaro (art. 1655). Come già osservato, il carattere **imprenditoriale** dell'attività svolta dall'appaltatore vale a distinguere l'appalto dal contratto d'opera.

Appalto e somministrazione

Nel caso in cui l'appalto abbia ad oggetto prestazioni continuative o periodiche di servizi, la sua disciplina si integra con quella dettata in materia di somministrazione (art. 1677: v. n. 1).

Subfornitura

Affine all'appalto dal punto di vista funzionale è, poi, un contratto oggetto di recente tipizzazione normativa: la **subfornitura** nelle attività produttive (l. n. 192/1998: v. Cap. X, n. 2.2).

Appalto di lavori pubblici

L'**appalto di lavori pubblici**, molto diffuso nella prassi, è oggetto di una normativa *ad hoc* (v., in particolare, da ultimo, il d.lgs. n. 50/2016), che tiene conto della natura pubblicistica degli interessi coinvolti.

Differenza rispetto alla compravendita

L'appaltatore è, di norma, tenuto a fornire la **materia** necessaria per l'esecuzione dell'opera o servizio (art. 1658). È chiara, però, la linea di discrimine tra **appalto** e **compravendita**, in quanto nell'appalto ciò che rileva non è tanto l'attribuzione in proprietà di uno o più beni, bensì la realizzazione di un'opera o servizio. Ad es., è un appalto il contratto con cui Tizio dà incarico a Caio di realizzare un impianto di depurazione degli scarichi della propria industria; è invece compravendita il contratto con il quale si acquista un macchinario già disponibile nel magazzino dell'altra parte o che, comunque, va costruito sulla base di modalità rigidamente standardizzate.

Anche nel contratto d'appalto assume rilievo la **fiducia** che il committente ripone sull'appaltatore e sulla sua organizzazione **imprenditoriale**: ciò spiega la regola che vieta il **subappalto**, salvo che il committente non ritenga di autorizzarlo (art. 1656). Elemento fiduciario Subappalto

Tuttavia, la circostanza che l'appaltatore esegua la prestazione dovuta a mezzo di un'organizzazione imprenditoriale fa sì che la fiducia rilevi qui in termini in parte diversi rispetto a quelli propri di altri schemi contrattuali.

Infatti, il contratto d'appalto, di regola, non si scioglie a causa della **morte** dell'appaltatore, poiché si reputa che per la controparte siano state decisive le caratteristiche dell'impresa, la quale ben può essere proseguita da altri dopo la morte dell'imprenditore. Può accadere, tuttavia, che la considerazione della persona dell'appaltatore sia stata motivo **determinante** per la conclusione del contratto ed in tal caso il contratto si scioglie; è fatto salvo, in ogni caso, il diritto del committente di **recedere** dal contratto, nell'ipotesi in cui gli eredi dell'appaltatore non diano affidamento per la buona esecuzione dell'opera o del servizio (art. 1674). Morte dell'appaltatore e recesso del committente

Poiché normalmente l'esecuzione dell'opera si prolunga nel tempo, possono verificarsi aumenti o diminuzioni nel costo dei materiali o della mano d'opera dovuti a **sopravvenienze** imprevedibili. In tal caso, ove le sopravvenienze siano tali da dare luogo ad un aumento o ad una diminuzione superiori al **decimo** del corrispettivo complessivamente pattuito, l'appaltatore o il committente possono richiedere, per la differenza eccedente il decimo, la **revisione** del prezzo (art. 1664, co. 1). Sopravvenienza

Nel caso in cui l'appaltatore debba fronteggiare difficoltà di esecuzione derivanti da cause **geologiche** o **idriche** non previste, e che ne rendano notevolmente più onerosa la prestazione, egli ha diritto ad un **equo** compenso (art. 1664, co. 2). "Sorpresa geologica"

La circostanza che, nel corso dell'esecuzione dell'opera, possa rendersi necessario variare l'originario programma contrattuale, è alla base della disciplina delle **variazioni** in corso d'opera (artt. 1659-1661). Variazioni in corso d'opera

La **verifica** circa la conformità dei lavori a quanto pattuito può avvenire in corso d'opera (art. 1662), ovvero appena prima di ricevere la consegna dell'opera (art. 1665: c.d. **collaudo**): se il committente riceve senza riserve la consegna, l'opera si considera accettata indipendentemente dalla verifica. Verifica e collaudo

Accettazione dell'opera e diritto al corrispettivo

L'**accettazione** dell'opera da parte del committente costituisce, salvo patto o uso contrario, il presupposto per il sorgere del diritto dell'appaltatore al pagamento del corrispettivo (art. 1665, co. 5).

Garanzia per vizi e difformità

Il committente ha diritto ad essere garantito a fronte delle **difformità** e dei **vizi** dell'opera, a meno che egli non abbia accettato l'opera e le difformità, ovvero i vizi, fossero conosciuti o riconoscibili. La riconoscibilità del vizio non incide sulla garanzia, se il vizio era stato in **mala fede** taciuto dall'appaltatore (art. 1667, co. 1).

Onere di denuncia

Anche in questo caso il committente ha un onere di **denuncia** dei vizi o delle difformità: la denuncia, che non è necessaria nel caso in cui l'appaltatore abbia riconosciuto le difformità o i vizi o li abbia occultati, va fatta entro **sessanta** giorni dalla scoperta (art. 1667, co. 2).

L'azione contro l'appaltatore si prescrive invece in **due** anni dalla consegna dell'opera. La prescrizione dell'azione, tuttavia, non toglie al committente la possibilità di far valere i vizi in via d'**eccezione**, sempre che la denunzia fosse stata fatta entro sessanta giorni dalla scoperta e prima dei due anni dalla consegna (art. 1667, co. 3).

Tutela del committente

La tutela accordata al committente tiene conto del suo ovvio interesse a conseguire l'opera o il servizio immuni da vizi. È previsto, infatti, che il committente possa chiedere che le difformità o i vizi siano eliminati **a spese** dell'appaltatore; egli può anche chiedere una corrispondente **diminuzione** del prezzo, salvo il risarcimento del danno in caso di colpa dell'appaltatore (art. 1668, co. 1).

Il committente può invece domandare la **risoluzione** del contratto, quando le difformità o i vizi dell'opera siano tali da renderla del tutto inadatta alla sua destinazione (art. 1668, co. 2).

La disciplina del **recesso** (art. 1671) e dell'**impossibilità** di esecuzione dell'opera (art. 1672) ricalca quella del contratto d'opera.

Realizzano parimenti una prestazione di servizi anche altri tipi contrattuali, cui è opportuno dedicare qualche cenno essenziale.

Trasporto

Con il contratto di **trasporto**, una parte (**vettore**) si obbliga, verso corrispettivo, a trasferire **persone** o **cose** da un luogo ad un altro (art. 1678).

La disciplina codicistica si impernia sulla distinzione fra trasporto di **persone** e trasporto di **cose**.

Trasporto di persone

Nel trasporto di persone, il vettore è gravato da uno specifico obbligo di **protezione** della persona del viaggiatore, rispondendo dei sinistri che si verifichino durante il viaggio e della perdita, o dell'avaria, delle cose che il viaggiatore portava con sé (art. 1681). Il vettore si libera da tale responsabilità solo se dimostra di avere adottato **tutte** le misure idonee ad evitare il danno.

Sono poi senz'altro **nulle** le clausole che limitano la responsabilità del vettore per i sinistri dai quali sia colpito il viaggiatore (art. 1681, co. 2).

Per il ritardo o l'inadempimento nell'esecuzione del trasporto v., invece, art. 1681, co. 1.

Trasporto di cose

In tema di trasporto di cose, opera, per contro, con riguardo alla responsabilità del vettore per perdita o avaria, una regola sostanzialmente corrispondente a quella dell'art. 1218 (v. Cap. XI, n. 8): la **responsabilità del vettore** sussiste dal momento in cui riceve le cose a quello in cui le riconsegna al destinatario, salvo che non provi che la perdita o l'avaria dipendano dal caso fortuito, dalla natura o dai vizi delle cose, dal loro imballaggio, ovvero dal fatto del mittente o da quello del destinatario (art. 1693, co. 2).

Deposito

Attua la prestazione di un servizio anche il **deposito**, contratto con il quale una parte (**depositario**) riceve dall'altra (**depositante**) una cosa mobile con l'obbligo di custodirla e di restituirla in natura (art. 1766): il servizio consiste qui, appunto, nella **custodia** della cosa.

Realità del deposito

Il deposito è un contratto **reale**, e si perfeziona dunque con la consegna della cosa (v. Cap. VII, n. 4).

Deposito irregolare

Il deposito è detto **irregolare** (art. 1782) ove abbia ad oggetto una quantità di danaro o di cose fungibili, con facoltà per il depositario di servirsene. In questo caso, infatti, il depositario acquista la **proprietà** delle cose depositate, con obbligo di restituirne altrettante della stessa specie e qualità: la disciplina applicabile è, in quanto compatibile, quella del mutuo.

Presunzione di gratuità

Il deposito si presume **gratuito**, a meno che dalla professionalità del depositario, o da altre circostanze, non si debba desumere una diversa volontà delle parti (art. 1767).

Responsabilità ed obblighi del depositario

Nel custodire il depositante deve usare la diligenza del buon padre di famiglia (art. 1768, co. 1), ma nel caso di deposito **gratuito** la responsabilità del depositario è valutata con minor rigore (art. 1768, co. 2).

Il depositario non può servirsi della cosa custodita, né darla in deposito ad altri senza il consenso del depositante (art. 1770); egli, inoltre, è tenuto a **restituire** la cosa non appena il depositante gliela richieda, a meno che non sia convenuto un termine nell'interesse del depositario (art. 1771).

Regole specifiche sono dettate, poi, quanto al deposito in **albergo** (art. 1783 s.) e al deposito nei **magazzini generali** (art. 1787 s.).

Sequestro convenzionale

Un peculiare servizio, connesso ad una lite tra le parti, è quello reso dal sequestratario nel sequestro convenzionale. Si tratta del contratto con cui due o più persone affidano ad un terzo una cosa, o una pluralità di cose, oggetto di una controversia, con l'obbligo per il sequestratario di conservarle e di restituirle alla parte che risulterà vittoriosa (artt. 1798-1800).

Un discorso a parte meritano i tipi contrattuali nei quali il servizio prestato consiste nell'esecuzione, da parte di un contraente, di **atti giuridici**.

Mandato: nozione

In primo luogo dobbiamo occuparci del contratto di **mandato** (art. 1703), che è appunto quello in forza del quale una parte (**mandatario**) si obbliga a compiere uno o più atti giuridici per conto dell'altra parte (**mandante**): ad es., Tizio, dovendo acquistare un immobile in una città diversa dalla sua, conclude con Caio un mandato, avente ad oggetto la stipula da parte di quest'ultimo di una compravendita immobiliare.

Mandato e procura

Come si è visto (v. Cap. VII, n. 10), al mandato può accedere una **procura** (art. 1704).

Non si debbono confondere **mandato** e **procura**.

Vi è innanzi tutto tra essi una differenza strutturale, giacché il mandato è un **contratto**, mentre la procura è un negozio **unilaterale**.

In secondo luogo, l'esistenza di un mandato non implica di per sé il conferimento di una procura, né il conferimento di una procura postula necessariamente che i rapporti tra rappresentante e rappresentato siano disciplinati da un contratto di mandato: anche se quest'ultima è certo l'ipotesi più ricorrente, il conferimento di una procura può innestarsi anche su altri schemi contrattuali idonei a realizzare una funzione gestoria (ad es., l'imprenditore può conferire una procura a vendere ad un proprio dipendente).

Mandato senza rappresentanza

Nel caso in cui il mandato sia **senza** rappresentanza, e dunque il mandatario agisca in proprio nome, egli acquista i diritti ed assume gli obblighi derivanti dagli atti compiuti con i terzi, anche se questi abbiano avuto conoscenza dell'esistenza del mandato (art. 1705, co. 1).

Obbligo di ritrasferimento degli acquisti

Naturalmente, il mandatario è tenuto a **riversare** gli effetti dell'attività svolta nella sfera giuridica del mandante: in particolare, per quel che concerne gli acquisti di beni **immobili** e di beni mobili **registrati**, il mandatario dovrà ritrasferirli al mandante e quest'ultimo, in caso di inadempimento del primo, potrà ottenere una sentenza che produca gli effetti del contratto non concluso (artt. 1706, co. 2, 2932; v. Cap. VII, n. 4.5; Cap. XI, n. 10.2).

Mandato ad acquistare beni mobili

Una regola diversa si applica là dove il mandato abbia ad oggetto beni **mobili**: in tal caso, il mandante può rivendicare **direttamente** la proprietà delle cose stesse, salvi i diritti acquistati dai terzi per effetto del possesso di buona fede (art. 1706, co. 1).

Esercizio dei diritti di credito

Pur **non** essendovi rapporti tra i terzi ed il mandante, questi può esercitare – sostituendosi al mandatario – i diritti di credito derivanti dall'esecuzione del mandato, nei limiti imposti dagli artt. 1705, co. 2 e 1721.

La circostanza che il contratto abbia ad oggetto il compimento di atti giuridici rende particolarmente intensa la rilevanza dell'elemento **fiduciario**. Elemento fiduciario

Si spiegano così aspetti della disciplina, quali – in particolare – la normale **revocabilità** del mandato (artt. 1722, n. 2, 1723), il suo **scioglimento** per la morte, l'interdizione o l'inabilitazione del mandatario (art. 1722, n. 4), nonché i limiti posti alla facoltà del mandatario di sostituire altri a sé nell'esecuzione del mandato (art. 1717). Revocabilità del mandato Morte del mandatario e scioglimento del mandato

Il mandato si presume **oneroso** (art. 1709), ma non è un contratto a prestazioni corrispettive (v. Cap. VII, n. 7.5), poiché non vi è un rapporto sinallagmatico tra l'attività svolta dal mandatario ed il compenso in suo favore pattuito.

Ciò non esclude naturalmente che dal contratto discendano **obblighi** anche a carico del mandante. Questi, infatti, è tenuto non solo a somministrare al mandatario i mezzi **necessari** per l'esecuzione del mandato e per l'adempimento delle obbligazioni assunte dallo stesso mandatario in proprio nome (art. 1719), ma anche a rimborsare le **anticipazioni** da lui eseguite, a corrispondergli il compenso ed a **risarcirgli** il danno che abbia subito a causa dell'esecuzione dell'incarico (art. 1720). Obblighi del mandante

Una rilevanza peculiare della posizione del mandatario si ha poi quando il mandato venga pattuito anche nel suo **interesse**: ad es., Tizio, debitore di Caio, conferisce a questi un mandato ad incassare i crediti che lo stesso Tizio vanta verso Sempronio, autorizzandolo ad incamerare il ricavato fino a concorrenza del soddisfacimento del suo credito. In tal caso la normale (art. 1723, co. 1) revocabilità del mandato cede alla opposta regola di **irrevocabilità**, salva un'espressa pattuizione di segno contrario o la sussistenza di una giusta causa (art. 1723, co. 2). Regola analoga vale per il mandato conferito anche nell'**interesse** del terzo (art. 1723, co. 2). Mandato anche nell'interesse del mandatario

Oltre al già rammentato obbligo di ritrasferimento degli acquisti, il mandatario è tenuto ad eseguire l'incarico con la diligenza del buon padre di famiglia; la responsabilità per colpa del mandatario è valutata con minor rigore in caso di mandato **gratuito** (art. 1710, co. 1). Ulteriori obblighi del mandatario

Il mandatario deve inoltre mantenere la propria attività gestoria nei **limiti** dell'incarico conferitogli: di talché resterà a suo carico, in difetto di ratifica del mandante, l'attività svolta eccedendo tali limiti (art. 1711, co. 1). Nello stesso ordine di idee, il mandatario è obbligato ad attenersi alle **istruzioni** ricevute dal mandante: da esse potrà discostarsi solo nell'ipotesi di cui all'art. 1711, co. 2.

Dal mandato va tenuto distinto, nonostante qualche analogia, il contratto di agenzia.

Agenzia: nozione

Nel contratto d'**agenzia**, una parte (**agente**) assume stabilmente nei confronti dell'altra (**preponente**), verso retribuzione, l'obbligo di promuovere la **conclusione** di contratti in una zona determinata (art. 1742).

Funzione

Si tratta di una figura contrattuale molto importante dal punto di vista economico, in quanto attraverso di essa l'imprenditore provvede a **distribuire** presso la clientela i propri prodotti (ad es., l'imprenditore vinicolo Tizio attribuisce a Caio l'incarico di promuovere la conclusione di contratti di vendita del suo vino presso tutti i ristoranti di una data regione).

Differenze rispetto al lavoro subordinato

Il contratto d'agenzia realizza, dunque, una forma di **collaborazione** all'attività imprenditoriale: tuttavia, al contrario di quanto accade per il lavoro subordinato (v. Cap. X, n. 4), l'agente **non** opera alle dipendenze dell'imprenditore.

Agenzia e parasubordinazione

Pur non essendo l'agente un lavoratore subordinato, il carattere prevalentemente **personale** dell'attività, la sua **continuità** ed il suo intenso **coordinamento** all'attività imprenditoriale, sono alla base della riconduzione di questa fattispecie all'area della c.d. **parasubordinazione** (v. n. 3). Ciò spiega perché, specie negli ultimi anni, numerose norme di origine comunitaria abbiano notevolmente rafforzato la tutela spettante all'agente (v., ad es., l'art. 1751, in materia di **indennità** in caso di cessazione del rapporto o, ancora, l'art. 1751 *bis*, che attribuisce un'indennità all'agente che stipuli un patto di **non concorrenza** per il periodo successivo alla cessazione del rapporto).

Agente con rappresentanza

L'attività dell'agente si differenzia da quella del mandatario poiché egli, di regola, si limita a **promuovere** la conclusione del contratto alla stipulazione del quale, invece, provvederà direttamente l'imprenditore. Se, però, all'agente è conferita la **rappresentanza**, si applicano comunque le norme dettate in tema di agenzia (art. 1752).

Obblighi dell'agente

L'obbligo principale dell'agente consiste nell'adempiere l'incarico affidatogli in conformità alle **istruzioni ricevute** e, dunque, in particolare, di promuovere la conclusione di contratti nella **zona** che gli sia stata assegnata (art. 1746).

Provvigione

L'agente è remunerato attraverso una **provvigione**, che gli è riconosciuta nel caso in cui il contratto venga effettivamente concluso (art. 1748).

Obblighi del preponente

Il preponente, oltre ad essere obbligato a corrispondere la provvigione all'agente, deve mettergli a disposizione la documentazione relativa ai beni e servizi trattati e fornirgli le informazioni necessarie all'esecuzione del contratto (art. 1749).

Mediazione

Ancora diversa sia dall'agenzia, sia dal mandato, è la **mediazione** (art. 1754), che – secondo alcuni – non sarebbe neppure un contratto.

Infatti, il mediatore è colui che **mette in relazione** due o più parti per la conclusione di un affare senza essere legato ad alcuna di esse da rapporti di collaborazione, di dipendenza o di rappresentanza (ad es., Tizio, avendo saputo che Caio intende vendere e che Sempronio intende acquistare, mette in contatto l'uno e l'altro).

La disciplina della mediazione è affidata, per lo più, a **leggi speciali** (art. 1765; e v. l. n. 39/1989).

Qui si può rammentare che il mediatore ha diritto alla **provvigione** nei confronti di entrambe le parti, qualora il contratto venga **effettivamente** concluso in virtù del suo intervento (art. 1755); egli, inoltre, è tenuto a comunicare alle parti tutte quelle circostanze, relative alla valutazione ed alla sicurezza dell'affare, che possano influire sulla sua conclusione (art. 1759).

3.1.1. *Il* franchising

Franchising o affiliazione commerciale

Deve trovare probabilmente collocazione all'interno della macroarea dei contratti volti a realizzare una forma di collaborazione anche il ***franchising***: infatti, pur presentando lo stesso – come si dirà – aspetti riconducibili altresì ad una funzione di godimento di peculiari beni o diritti, prevalente appare, all'interno di tale schema, il momento della collaborazione.

Disciplina legislativa

Il *franchising*, da tempo accreditato nella prassi degli affari come schema socialmente tipico (v. Cap. VII, n. 2), ha trovato, in epoca relativamente recente, una specifica disciplina legislativa nella l. n. 129/2004, che lo denomina altresì – ed anche qui nel solco dell'uso linguistico invalso nella prassi – contratto di affiliazione commerciale.

Nel contratto di *franchising*, o affiliazione commerciale, così come elaborato nella realtà degli affari, una parte, il c.d. ***franchisor*** (o **affiliante**) concede all'altra parte, il c.d. ***franchisee*** (o **affiliato**), di affiliarsi alla propria catena distributiva; a tal fine, l'affiliante attribuisce all'affiliato anche il diritto di sfruttare il proprio marchio, il *know how* del quale sia titolare, eventuali invenzioni industriali ed ancora l'insegna della ditta.

Si realizza, in tal modo, un'ipotesi di **collaborazione** tra imprese, una delle quali, nella normalità dei casi l'affiliante, ha un potere economico e contrattuale di gran lunga superiore all'altra.

La stessa attribuzione all'affiliato del potere di godimento dei beni o diritti cui si è fatto cenno appare strumentale alla creazione di un rapporto di collaborazione: in particolare, mentre l'affiliante consegue il vantaggio di un'ulteriore penetrazione della propria impresa sul mercato, l'affiliato si assicura la possibilità di svolgere un'attività distributiva, avvalendosi, appunto, del marchio e, più in generale, del patrimonio di conoscenze proprio della controparte contrattuale. Di regola, l'affiliato corrisponde all'affiliante, oltre che un corrispettivo in cifra fissa a fronte dell'autorizzazione all'ingresso nella rete distributiva, anche un compenso parametrato al giro d'affari che il primo riesca a realizzare a seguito dell'inserimento nella rete distributiva del secondo.

I principali problemi pratici che l'utilizzazione di tale schema contrattuale determina, sullo sfondo della già rilevata disparità di potere contrattuale tra le parti, possono essere ravvisati nell'esigenza di **completezza** e **veridicità** delle informazioni che l'una e l'altra parte si scambiano, nella fase delle trattative (alla luce della rilevanza che, soprattutto per l'affiliato, assume l'esatta conoscenza della struttura e delle potenzialità dell'impresa dell'affiliante), nella tutela dell'affiliato a fronte della determinazione dell'affiliante di recedere dal contratto e nell'esigenza di **riservatezza** che si pone per le notizie ed i dati posti dall'affiliante a disposizione dell'affiliato.

Forma

La disciplina legislativa introduce, in tale prospettiva, puntuali requisiti di contenuto e di **forma** (scritta, sotto pena di nullità) del contratto (art. 3, l. n. 129/2004), sancendo altresì obblighi precontrattuali di comportamento (in termini di lealtà, correttezza e buona fede) a carico dell'affiliante e dell'affiliato; la falsità delle informazioni rese dall'una all'altra parte legittima l'esperimento dell'azione di **annullamento** del contratto alla stregua dell'art. 1439 (art. 8 l. cit.), venendo così senz'altro tale ipotesi equiparata a quella del dolo.

False informazioni ed annullamento del contratto

È poi previsto l'obbligo dell'affiliato di osservare e di far osservare ai propri collaboratori, anche dopo lo scioglimento del contratto, la massima riservatezza in ordine al contenuto dell'attività oggetto dell'affiliazione commerciale.

La tutela dell'affiliato in caso di recesso imprevisto dell'affiliante dal contratto pattuito a tempo indeterminato resta invece affidata, nell'assenza di una specifica disciplina di legge, all'operare della clausola generale di **buona fede** (art. 1375).

4. *I contratti nelle liti*

L'autonomia privata può esercitarsi anche al fine di prevenire o far cessare una lite, cioè quella situazione che si determina allorché, in ordine ad un dato rapporto giuridico, vengano fatte valere pretese contrapposte.

Transazione: nozione

Il più importante dei contratti nelle liti è la **transazione**, ossia il contratto con il quale le parti, facendosi reciproche concessioni, pongono fine ad una lite già incominciata o prevengono una lite che può sorgere tra loro (art. 1965). Ad es., Tizio sostiene che la cosa vendutagli da Caio non abbia le qualità promesse e chiede sia la risoluzione del contratto sia il risarcimento del danno; qualora Caio accetti di sostituire la cosa e Tizio rinunzi al risarcimento del danno, saremo in presenza di una transazione.

La transazione postula, dunque, la **reciprocità** delle concessioni (se la concessione fosse unilaterale si avrebbe semplice rinuncia ad un diritto) e l'**esistenza** di una lite, sia pure solo potenziale. Presupposti

La transazione può essere conclusa da coloro che abbiano la capacità di **disporre** dei diritti che formano oggetto della lite e non può incidere che su diritti **disponibili** (art. 1966: ad es., sarebbe radicalmente nulla una transazione conclusa relativamente allo stato delle persone).

La transazione deve essere provata **per iscritto** (v. Cap. VII, n. 8), e dovrà rivestire la forma scritta *ad substantiam* allorché abbia ad oggetto controversie relative alla proprietà su beni immobili o ad altri diritti reali immobiliari (art. 1350, n. 12). Forma

La funzione propria della transazione spiega talune peculiarità della sua disciplina. Disciplina

In particolare, è irrilevante l'errore di **diritto** relativo alle questioni che siano state oggetto di controversia tra le parti (art. 1969), poiché, altrimenti, verrebbe vanificato l'effetto preclusivo di ulteriori contestazioni sul rapporto controverso.

Neppure rileva la **lesione**, e cioè la sproporzione tra le prestazioni convenute dalle parti che transigano (art. 1970).

Vi sono, però, alcune cause di invalidità tipiche della transazione. Invalidità

La transazione conclusa relativamente ad un contratto **illecito** è **nulla**, ancorché le parti abbiano trattato della nullità di questo (art. 1972, co. 1). In altre ipotesi di transazione relativa ad un titolo **nullo**, la legittimazione ad agire per l'annullamento della transazione è attribuita alla sola parte che ignorava la causa di nullità (art. 1972, co. 2).

La transazione è poi **annullabile**, su istanza di una parte, se l'altra era consapevole della **temerarietà** della sua pretesa (art. 1971); nel caso in cui essa sia stata conclusa, in tutto o in parte, sulla base di documenti poi riconosciuti **falsi** (art. 1973); o quando la lite sia stata già decisa con sentenza passata in **giudicato** e della quale le parti o una di esse non avevano notizia (art. 1974); e, infine, quando, vertendo su un affare determinato, un documento scoperto **successivamente** dimostri che una delle parti non aveva alcun diritto (art. 1975).

Nel caso di una transazione che intervenga tra il creditore ed uno dei debitori solidali, secondo un recente orientamento giurisprudenziale qualora la transazione abbia avuto ad oggetto la sola quota del condebitore che ha preso parte alla transazione, il relativo debito gravante sui condebitori estranei si riduce in misura corrispondente all'importo pagato dal debitore che ha transatto, se quest'ultimo ha pagato una somma pari o superiore alla propria quota ideale; qualora, invece, il pagamento sia stato inferiore alla quota ideale, il debito residuo deve essere ridotto in misura proporzionale alla quota del debitore transigente. Opererà invece la previsione di cui all'art. 1304 nell'ipotesi di transazione avente ad oggetto l'intera obbligazione solidale e non la sola quota del debitore stipulante, nel qual caso, gli altri condebitori avranno il diritto di profittare della transazione.

Compromesso

L'esercizio dell'autonomia privata in ordine alle liti può anche esaurirsi nella devoluzione di una data controversia ad **arbitri**, cioè giudici privati, che, in forza dell'accordo delle parti, si sostituiscono ai giudici statali (v. Cap. IV, n. 1). Tale risultato viene raggiunto per il tramite del **compromesso** (art. 806 c.p.c.), da stipularsi per iscritto sotto pena di **nullità** (art. 807, co. 1, c.p.c.).

Non tutte le controversie sono suscettibili di essere deferite alla decisione di arbitri: non lo sono, in particolare, quelle non transigibili e le altre specificamente elencate dall'art. 806 c.p.c.

Clausola compromissoria

La devoluzione ad arbitri della controversia può essere realizzata anche in via preventiva, inserendo nel contratto la c.d. **clausola compromissoria** (art. 808 c.p.c.).

Cessione dei beni ai creditori

Nella **cessione dei beni ai creditori**, il debitore incarica i suoi creditori, o alcuni di essi, di liquidare tutte o alcune sue attività e di ripartirsi il ricavato in soddisfacimento dei loro crediti (art. 1977). In tal modo si previene il ricorso dei creditori all'esecuzione forzata (v. Cap. XI, n. 10.2), nell'ambito della quale i beni del debitore potrebbero essere venduti ad un prezzo non corrispondente al loro valore reale.

Forma

Il contratto deve essere fatto per iscritto sotto pena di **nullità**.

Effetti

A seguito della cessione, il debitore è privato del potere di disporre dei beni (art. 1980, co. 1). L'amministrazione dei beni ceduti passa ai creditori cessionari, che possono esercitare tutte le azioni di carattere patrimoniale relative ai beni stessi (art. 1979); non possono invece agire su beni estranei alla cessione, ove questa non abbia interessato tutti i beni, se non hanno prima liquidato quelli ceduti (art. 1980).

La stipula della cessione non preclude ai creditori **anteriori** alla cessione, che non vi abbiano partecipato, di agire in via esecutiva anche sui beni ceduti (art. 1980, co. 2).

5. *I contratti aleatori. L'assicurazione*

Anche la categoria dei contratti aleatori (Cap. VII, n. 7.5) ricomprende una pluralità di figure diverse per contenuto e disciplina.

Rendita vitalizia onerosa

L'incertezza per l'una e per l'altra parte dei vantaggi o degli svantaggi che derivano dal contratto si rinviene, innanzi tutto, nella **rendita vitalizia onerosa** (art. 1872, co. 1), attraverso la quale una parte (**vitaliziante**), a fronte di un corrispettivo, si obbliga a corrispondere all'altra (**vitaliziato**) una prestazione periodica per tutta la durata della vita del beneficiario o di altra persona (art. 1873).

L'alea consiste in ciò, che la misura del sacrificio del vitaliziante dipenderà dalla durata della vita del vitaliziato o della persona contemplata.

Vitalizio alimentare

Affini alla rendita vitalizia onerosa sono anche alcuni contratti atipici, quali il vitalizio **alimentare** o **assistenziale**, con i quali si assume l'obbligazione di mantenere o assistere una persona per tutta la durata della sua vita.

La differenza rispetto alla rendita è da ravvisare nel fatto che la prestazione dovuta dall'obbligato si risolve qui in un *facere* (ad es., accogliere in casa propria il beneficiario, accudendolo ed assistendolo), piuttosto che in un *dare*.

Evidente è, anche qui, l'aleatorietà, essendo la misura del sacrificio dell'obbligato strettamente collegata alla vita del beneficiario.

Gioco e scommessa

Contratti aleatori sono pure il **gioco** e la **scommessa**, là dove abbiano efficacia obbligatoria.

La precisazione è necessaria perché, di regola, il debito da gioco o da scommessa è un'**obbligazione naturale** (v. Cap. XI, n. 1).

Possono invece dare luogo ad **azione in giudizio** le pretese derivanti dai giochi che addestrino al maneggio delle armi, dalle corse di ogni specie e da ogni altra competizione sportiva (art. 1934, co. 1).

Danno infine luogo ad azione in giudizio le lotterie **legalmente** autorizzate (ad es., lotto, "bingo", lotterie nazionali).

Assicurazione: nozione

Aleatoria è poi l'**assicurazione** (art. 1882 s.), e cioè il contratto in forza del quale una parte (**assicuratore**) si obbliga a rivalere l'altra parte, (**assicurato**), a fronte del pagamento di un premio ed entro i limiti pattuiti, del danno ad esso prodotto da un sinistro (assicurazione contro i danni), ovvero a pagare un capitale o una rendita al verificarsi di un evento relativo alla vita umana (assicurazione sulla vita).

Natura aleatoria

L'aleatorietà si coglie in relazione al fatto che il rapporto di valore tra le prestazioni rispettivamente dovute dalle parti è **originariamente** incerto, dipendendo ora dal concretizzarsi o meno del rischio assicurato (ad es., l'incendio della casa), ora dal momento in cui si verifichi l'evento attinente alla vita umana (ad es., la morte del contraente).

L'aleatorietà dell'assicurazione è confermata altresì dal fatto che il contratto è nullo, per **difetto** di causa (v. Cap. VII, n. 7.2), se il rischio non esisteva al momento della conclusione del contratto: ad es., assicurazione contro i danni derivanti dalla distruzione di un edificio che, prima della stipula del contratto, è già crollato (art. 1895).

L'assicurazione si configura altresì come un contratto a prestazioni **corrispettive**, in quanto – a fronte del premio corrisposto dall'assicurato – l'assicuratore eroga la prestazione consistente nell'assunzione del rischio.

Inoltre, l'assicurazione è un contratto di **durata**, in quanto l'assunzione del rischio da parte dell'assicuratore si protrae nel tempo.

Forma

L'assicurazione deve essere stipulata per iscritto, ma ai soli fini della **prova** (art. 1888).

Contratto d'assicurazione ed impresa di assicurazione

L'assicurazione è un tipico contratto di **impresa**: l'attività assicurativa può essere svolta, oltre che da istituti di diritto pubblico, solo da società per azioni (art. 1883). La disciplina delle imprese esercenti l'attività assicurativa è ora largamente dettata dal cdass.

Il **rischio**, oltre ad afferire al profilo causale, incide anche sullo svolgimento del rapporto.

Incidenza del rischio ed attuazione del rapporto

Infatti, ove il rischio si dissolva in pendenza del contratto, quest'ultimo si scioglie, ma l'assicuratore conserva il diritto al pagamento dei premi fino a quando la cessazione del rischio non gli sia stata comunicata o non sia in altro modo venuta a sua conoscenza (art. 1896).

La **diminuzione** del rischio in una misura tale che, ove conosciuta al momento della conclusione del contratto, avrebbe dato luogo alla pattuizione di un premio minore, fa sì che l'assicuratore non possa richiedere, per il prosieguo, se non quel minor premio, fermo restando il suo diritto di **recesso** (art. 1897).

Anche l'**aggravamento** del rischio in misura tale che l'assicuratore non avrebbe affatto concluso il contratto, o l'avrebbe concluso per un premio superiore, può dare luogo al recesso dell'assicuratore (art. 1898).

Assicurazione "danni" ed assicurazione "vita"

La definizione del contratto di assicurazione di cui all'art. 1882 ha riguardo ai due grandi ambiti (nel linguaggio corrente, "rami") in cui si espleta l'attività assicurativa: ramo danni e ramo vita.

Funzione dell'assicurazione danni

L'assicurazione contro i **danni** ha la funzione di coprire rischi che possono determinare ora la **perdita** di un valore attivo già presente nel patrimonio dell'assicurato (ad es., la distruzione di un bene, ma anche l'impossibilità di soddisfare un credito), ora il venir meno di un profitto sperato (ad es., assicurazione contro il rischio di un'inondazione che distrugga il raccolto: art. 1905, co. 2).

Assicurazione della responsabilità civile

Un sottotipo particolarmente importante di assicurazione contro i danni è rappresentato dall'assicurazione della **responsabilità civile**, con la quale l'assicuratore si obbliga a tenere indenne l'assicurato dal risarcimento dovuto da quest'ultimo per avere commesso un illecito. L'assicurazione non copre, tuttavia, i danni che derivino dal fatto **doloso** dell'assicurato (art. 1917, co. 1).

Secondo la regola generale in materia di relatività degli effetti contrattuali, l'indennizzo va pagato all'assicurato e non al terzo danneggiato: tuttavia, l'assicuratore può comunque pagare **direttamente** al terzo danneggiato, dandone previa comunicazione all'assicurato, ed è senz'altro obbligato a farlo quando sia quest'ultimo a richiederlo (art. 1917, co. 2).

Assicurazione obbligatoria della r.c.a. ed azione diretta

L'azione **diretta** del terzo nei confronti dell'assicuratore rappresenta, invece, uno dei profili più significativi della disciplina dell'assicurazione obbligatoria per la responsabilità civile **automobilistica** (l. n. 990/1969): essa è imposta da ovvie esigenze di tutela delle vittime degli incidenti stradali.

Funzione dell'assicurazione vita

Il ramo assicurativo sulla vita è caratterizzato da una funzione **previdenziale**. Come già detto, l'assicurato si cautela a fronte di eventi relativi alla vita umana e che possono consistere nella morte (ad es., stipulo con l'assicuratore un contratto che preveda l'attribuzione di un capitale a mio figlio al momento della mia morte) o, anche, nella stessa sopravvivenza oltre una certa soglia anagrafica (ad es., stipulo con l'assicuratore un contratto in base al quale mi sarà versata una somma capitale al compimento del sessantesimo anno di età).

Le due modalità possono anche combinarsi (riprendendo l'ultimo esempio: se morrò prima dei sessant'anni, il capitale dovrà essere erogato a mio figlio).

La disciplina della designazione del **beneficiario** della prestazione per il caso di morte (artt. 1920-1922) è sostanzialmente coincidente con quella già esaminata in tema di contratto a favore di terzi (art. 1412: v. Cap. VII, n. 9.3).

È da notare, infine, che il cdass, nel fare salve – fermo quanto in ipotesi diversamente disposto dallo stesso – la disciplina codicistica generale dei contratti di assicurazione, coassicurazione e riassicurazione, introduce, all'art. 166, l'obbligo di redigere il contratto ed ogni altro documento consegnato dall'impresa al contraente in modo chiaro ed esauriente nonché l'obbligo di riportare, mediante caratteri di particolare evidenza, le clausole che indicano decadenze, nullità o limitazione delle garanzie ovvero oneri a carico del contraente o dell'assicurato (art. 166, cdass): si tratta di una disposizione interessante, perché la tutela è qui riferita al contraente, a prescindere dalla sua qualità di consumatore o meno.

6. *I contratti di credito. Il mutuo*

Anche la funzione **creditizia** – che consiste nell'apprestare ad un soggetto la disponibilità di una somma di denaro – è comune ad una pluralità di schemi contrattuali, tipici o atipici, i quali si differenziano poi l'uno dall'altro sotto ulteriori profili.

Così, si è visto in precedenza (v. n. 2) che anche il *leasing* finanziario svolge una funzione di credito, accanto a quella di attribuzione del godimento di un bene; ed una funzione di credito è naturalmente ravvisabile nella maggior parte dei contratti **bancari** (apertura di credito, art. 1842; anticipazione bancaria, art. 1846), giacché l'erogazione del credito rappresenta, insieme con la raccolta del risparmio, il cuore dell'attività bancaria.

Ma il contratto paradigmatico della funzione creditizia rimane il mutuo.

Mutuo: nozione

Nel **mutuo**, una parte (**mutuante**) consegna una determinata quantità di danaro o di altre cose fungibili, all'altra (**mutuatario**), che si obbliga a restituire altrettante cose della stessa specie e qualità (art. 1813).

Realità del contratto

Il mutuo è un contratto **reale**, che si perfeziona con la consegna del danaro o delle cose mutuate (Cap. VII, n. 4).

Effetto reale

Il mutuatario acquista la **proprietà** delle cose dategli a mutuo (che è, dunque, un contratto reale con effetti **reali**: art. 1814), le quali entrano nel suo patrimonio e possono essere da lui anche integralmente consumate (per la differenza tra mutuo e comodato v. n. 2).

Obblighi di restituzione

Ciò spiega perché il mutuatario sia tenuto a restituire non esattamente quanto ha ricevuto in prestito, ma l'**equivalente** in quantità e qualità.

Promessa di mutuo

Anche se il mutuo è un contratto reale, le parti possono stipulare una promessa di **mutuo** e cioè un contratto **consensuale**, dal quale discenda l'obbligo di dare successivamente a mutuo (v. Cap. VII, n. 4). Ciò è quanto si desume dall'art. 1822, ove è previsto che chi ha promesso di dare a mutuo può rifiutarsi di adempiere se le condizioni economiche della controparte siano divenute tali da rendere notevolmente difficoltosa la restituzione e non gli vengano offerte idonee garanzie.

Interessi

Salva una diversa volontà delle parti, il mutuo è un contratto a titolo **oneroso** (art. 1815, co. 1), sicché il mutuatario dovrà corrispondere al mutuante gli interessi nella misura del tasso **legale**, ove non sia stata pattuita una misura diversa. In questa ultima ipotesi, se la misura degli interessi è superiore a quella legale, essa andrà determinata per iscritto a pena di **nullità** (art. 1284, co. 3: v. Cap. XI, n. 6).

Nel caso in cui siano stati pattuiti interessi **usurari** (art. 1815, co. 2: v. Cap. VII, n. 14), la clausola è nulla e non sono dovuti interessi: si tratta di una norma istitutiva di una **sanzione civile** a carico dell'usuraio. Interessi usurari

Un cenno meritano infine i c.d. mutui di **scopo**, largamente diffusi nella legislazione che prevede forme di accesso agevolato al credito da parte delle imprese. Mutui di scopo

I mutui di scopo si discostano dal mutuo codicistico, in primo luogo, quanto alle modalità di **perfezionamento**: non si tratta, infatti, di contratti reali, bensì **consensuali.** Perfezionamento

Un ulteriore tratto distintivo è rappresentato dall'obbligo di **destinazione** della somma mutuata alle finalità di volta in volta individuate dalle leggi d'incentivo. Causa del mutuo di scopo

Ne consegue che l'originaria pattuizione ad opera delle parti di uno scopo diverso rispetto a quello legislativamente predeterminato dà luogo a **nullità** del contratto, mentre l'inadempimento dell'obbligo di destinazione ne può determinare la **risoluzione**.

CAPITOLO IX

IL FATTO ILLECITO

1. *Le funzioni della responsabilità civile*

Responsabilità civile

L'istituto della **responsabilità civile** (ovvero "aquiliana", dalla *Lex Aquilia de damno*, che la disciplinava in epoca romana o, ancora, **extracontrattuale**, per contrapporla alla responsabilità contrattuale: n. 1.2) entra in gioco quando si verifichi un'interferenza tra due sfere giuridico-patrimoniali, le quali **non** siano legate da un preesistente rapporto obbligatorio.

Ove tale interferenza determini una **perdita di utilità** a carico dell'una, ed ascrivibile all'altra, e qualora tale perdita, sulla base dei criteri di valutazione espressi dall'ordinamento e riassunti nella formula normativa del **danno ingiusto** di cui all'art. 2043 (v. n. 2), non risulti giustificata, la responsabilità civile interviene a **trasferire** dalla prima alla seconda sfera giuridica il costo necessario a riparare il danno, sulla base di meccanismi di traslazione del danno, i c.d. **criteri di imputazione** dell'obbligo risarcitorio, previsti dall'ordinamento giuridico.

La considerazione della realtà di tutti i giorni ci consente di avere un immediato riscontro di tale modo di operare della responsabilità aquiliana: è proprio invocando le norme in materia di responsabilità civile, ad es., che l'automobilista, il quale sia stato tamponato dal conducente di un'altra autovettura, richiede che quest'ultimo sia condannato a pagargli il costo delle riparazioni, gli esborsi fronteggiati per acquisire una vettura sostitutiva durante il periodo necessario alle riparazioni ed ogni altra perdita di utilità riconducibile a quel fatto.

Allo stesso modo, è sulla base delle regole in tema di responsabilità civile che l'imprenditore, la cui reputazione economica sia stata lesa dalle notizie pubblicate da un periodico (con conseguente calo della clientela e decremento degli introiti), farà valere nei confronti dell'editore della pubblicazione, dcl direttore della medesima e del giornalista la sua pretesa al risarcimento del danno corrispondente ai minori guadagni conseguiti.

Funzione primaria della responsabilità civile

L'istituto della responsabilità civile soddisfa, dunque, un'esigenza di immediata percezione empirica. Tale esigenza consiste nell'accordare il diritto a ricevere una prestazione (di solito, una prestazione pecuniaria che integra gli estremi del risarcimento per **equivalente**: v. n. 5) a chi abbia subito una perdita di utilità giuridicamente rilevante (**danno ingiusto**), ponendo correlativamente in capo al danneggiante un'**obbligazione risarcitoria**. L'attitudine del **fatto illecito** a fondare l'obbligazione risarcitoria trova conferma, del resto, nella sua collocazione tra le fonti delle obbligazioni (art. 1173: v. Cap. XI, n. 2).

La **riparazione** del danno è la funzione centrale della responsabilità civile e vale, dunque, a caratterizzarla nel quadro delle diverse tecniche di tutela dei diritti (n. 1.2). Non bisogna però dimenticare che l'istituto in esame può soddisfare anche altre esigenze, sebbene accessorie rispetto a quella riparatoria.

Altre funzioni della responsabilità civile

In particolare, la responsabilità civile esercita una funzione **deterrente**, nel senso che scoraggia l'adozione di comportamenti potenzialmente dannosi. Tale funzione della responsabilità civile è stata molto valorizzata nell'ambito dell'**analisi economica del diritto** (v. Cap. I, n. 4) in quanto idonea a promuovere il valore dell'**efficienza economica**. In questa prospettiva, infatti, il danno è un costo sociale che va fatto gravare su colui che meglio di chiunque altro era in grado di prevenirlo e che, evidentemente, si è astenuto dal farlo perché i costi della prevenzione erano superiori a quelli implicati dal risarcimento del danno. In entrambi i casi si registrerà un incremento netto della ricchezza collettiva che è, appunto, l'obiettivo perseguito dalla *law and economics*.

Più discutibile, invece, ed infatti il punto è tuttora controverso, è che tra le funzioni tipiche della responsabilità civile possa annoverarsi anche quella di **sanzionare** comportamenti illeciti e cioè difformi dalle prescrizioni dell'ordinamento giuridico. Non si deve dimenticare, infatti, che la semplice circostanza di porre in essere un comportamento difforme dal diritto non dà luogo all'insorgere dell'obbligazione risarcitoria in favore della vittima se non vi sia anche una perdita di utilità in capo a quest'ultima. La più recente giurisprudenza della Corte di Cassazione ha comunque posto l'accento sulla polifunzionalità della responsabilità civile, accreditandone così una (quanto meno concorrente con le altre in precedenza elencate) funzione sanzionatoria.

Anche prima di questo intervento era peraltro già abbastanza diffusa, l'opinione che la responsabilità civile potesse svolgere una funzione anche, se non prevalentemente, sanzionatoria in presenza di fatti produttivi di **danno non patrimoniale**, rispetto ai quali il rimedio risarcitorio non viene in considerazione come mezzo per ricostituire il saldo negativo verificatosi nella sfera giuridica della vittima (v. n. 5.2).

1.1. *La tutela risarcitoria nel quadro delle tecniche di tutela dei diritti*

Responsabilità civile ed altre tecniche di tutela dei diritti

L'avere individuato nella riparazione del danno la funzione primaria della responsabilità civile consente di distinguere l'istituto in esame dalle altre tecniche di tutela dei diritti.

La tutela giurisdizionale delle situazioni giuridiche soggettive (per le nozioni generali v. Cap. IV, n. 1- 1.4), si articola in una pluralità di **rimedi** che variano a seconda del modo di atteggiarsi della lesione subita o minacciata. Ciò al fine di rendere **effettiva** la tutela stessa: ossia, più congrua all'obiettivo di rimediare alla lesione e di restaurare la situazione lesa, secondo la direttiva desumibile anche dall'art. 24 Cost.

1.1.1. *La tutela inibitoria*

In particolare, allorché la lesione si risolva nella **violazione** (in atto, o anche soltanto preannunciata) della situazione giuridica soggettiva, il rimedio più congruo consiste nell'adozione di un ordine che **inibisca** il comportamento lesivo, determinandone la **cessazione**. Tale ordine presuppone, dunque, la semplice violazione del diritto, restando invece irrilevante che la violazione del diritto abbia, o meno, determinato una perdita di utilità.

Ad es., se qualcuno utilizza in modo illecito la mia immagine, io potrò chiedere al giudice di ordinare la cessazione di tale condotta indipendentemente dalla circostanza che un danno si sia prodotto oppure no.

Tutela inibitoria

Tale rimedio prende il nome di **azione inibitoria** (ovvero azione di cessazione o in cessazione), e tutela **inibitoria** si denomina quella assicurata attraverso l'esercizio di tale azione.

L'azione inibitoria è espressamente prevista in diversi luoghi dell'ordinamento giuridico. Ad es., a presidio di taluni **diritti della persona**, in particolare il diritto al nome ed il diritto all'immagine (artt. 7, 10, dove risulta particolarmente chiara la differenza di funzione rispetto alla tutela risarcitoria, essendo i due rimedi contemplati distintamente: v. Cap. V, n. 12.1), in presenza di fatti di **concorrenza sleale** (art. 2599: v. Cap. X, n. 2.2), in presenza dell'utilizzazione da parte di un professionista o di una associazione di professionisti di condizioni contrattuali **abusive** nei contratti dei consumatori (artt. 37 cdc: v. Cap. VII, n. 4.2).

Da ultimo, nel quadro della disciplina dei procedimenti collettivi, introdotta con il Titolo VIII-*bis* del Libro IV del c.p.c., è stata introdotta, all'art. 840-*sexdecies* un'ipotesi di azione inibitoria collettiva che può essere promossa da chiunque abbia interesse alla pronuncia di un'inibitoria di atti e comportamenti posti in essere in pregiudizio di una pluralità di individui o di enti.

Nonostante talune perduranti riserve, dettate da preoccupazioni di tipo garantistico, è oggi opinione abbastanza diffusa che il rimedio inibitorio abbia portata **generale**, e cioè che sia attivabile anche in assenza di una specifica previsione di legge (e v. ora l'art. 9, co. 3, l. n. 192/1998: "Disciplina della subfornitura nelle attività produttive").

1.1.2. *La tutela restitutoria*

Tutela restitutoria

La lesione della situazione giuridica soggettiva può, altresì, manifestarsi sotto il profilo della sottrazione al titolare della disponibilità del bene oggetto del diritto.

Ad es., il proprietario di un bene illecitamente privato della disponibilità del medesimo potrà, attraverso l'azione di rivendica (art. 948: v. Cap. XII, n. 3), chiedere la condanna della controparte sia alla **restituzione** del bene sottratto, sia al **risarcimento** del danno che abbia subito a seguito della sottrazione. Così, dall'art. 948 emerge in modo netto che quello restitutorio e quello risarcitorio sono due rimedi ben distinti.

La circostanza che la tutela restitutoria sia finalizzata a rimediare ad una lesione della situazione sotto il profilo della **disponibilità** del bene – e non del suo godimento, come accade nel risarcimento del danno – consente di distinguere tale modalità di tutela anche dal risarcimento del danno **in forma specifica** (n. 5.3), il quale reagisce pur sempre ad una perdita delle utilità ricavabili dal bene.

1.2. *Responsabilità contrattuale ed extracontrattuale*

L'individuazione dei contesti nei quali entra in gioco la responsabilità extracontrattuale ci permette di chiarire la differenza tra quest'ultima e la responsabilità contrattuale.

Differenza tra responsabilità contrattuale ed extracontrattuale

Infatti, come si vedrà meglio più avanti (Cap. XI, n. 9), mentre la responsabilità contrattuale (più correttamente, da inadempimento di un'obbligazione preesistente) postula l'esistenza di un **previo** rapporto obbligatorio, la responsabilità extracontrattuale ne prescinde completamente.

Tale differenza giustifica le diversità di regime delle due forme di responsabilità, in particolare sotto il profilo dell'onere probatorio, del termine prescrizionale e della sfera dei danni risarcibili.

Onere della prova

Per quello che concerne l'**onere probatorio**, infatti, in sede di responsabilità c.d. contrattuale, il creditore dovrà limitarsi a provare la fonte, negoziale o legale, del suo diritto ed a dedurre il mancato soddisfacimento dell'interesse che il rapporto obbligatorio doveva invece realizzare nonché il ricollegarsi a ciò di un danno, spettando invece al debitore di dedurre e provare che l'inadempimento è dipeso da impossibilità sopravvenuta e non imputabile della prestazione.

Al contrario, in sede di responsabilità extracontrattuale, il danneggiato dovrà dimostrare di avere subito una perdita patrimoniale derivante da un fatto illecito così come descritto dall'art. 2043 c.c.

Tuttavia, bisogna precisare che in numerose ipotesi (artt. 2048-2054: v. n. 3.4-3.6) l'onere probatorio si articola diversamente, nel senso che mentre al danneggiato spetterà sempre di provare l'ingiustizia del danno, la perdita patrimoniale ed il nesso di causalità (v. n. 5), al danneggiante spetterà di provare il fatto di volta in volta considerato dal legislatore idoneo ad inibire la formulazione del giudizio di responsabilità (si tratti, ad es., del caso fortuito degli artt. 2051-2052, o dell'adozione di tutte le misure idonee a prevenire il danno dell'art. 2050).

È significativo, dunque, che allorquando in ambito extracontrattuale venga utilizzato un criterio di imputazione (n. 3.4) diverso dal dolo o dalla colpa, l'onere probatorio si distribuisca secondo modalità che riecheggiano molto da vicino quelle operanti in materia di responsabilità contrattuale che, come si dirà, è una responsabilità di tipo oggettivo (v. Cap. XI, n. 8).

Prescrizione

Per quello che attiene, poi, al termine prescrizionale, il diritto al risarcimento del danno extracontrattuale si prescrive in soli **cinque** anni (art. 2947, co. 1), che si riducono addirittura a **due** là dove si tratti di danni derivanti dalla circolazione di autoveicoli (art. 2947, co. 2).

Danni risarcibili

Infine, per quanto attiene alla **sfera del danno risarcibile**, il limite posto dall'art. 1225 alla risarcibilità dei danni non prevedibili al momento in cui è sorta l'obbligazione (v. Cap. XI, n. 9), limite in forza del quale tali danni saranno risarcibili solo se l'inadempimento dipende da dolo o colpa grave, vale per la responsabilità contrattuale ma non anche per quella extracontrattuale. Del resto, l'esigenza di preservare il calcolo economico fatto dal debitore al momento dell'insorgere dell'obbligazione non sussiste in ambito aquiliano, dove l'obbligazione nasce a seguito ed a causa del verificarsi del danno.

Concorso di responsabilità contrattuale ed extracontrattuale

Sul piano operativo, un importante corollario della distinzione tra le due forme di responsabilità, e delle differenze di disciplina che le caratterizzano, viene ravvisato nella regola, solidamente accreditata in giurisprudenza, che ammette il **concorso** delle due forme di responsabilità.

In altre parole, quando uno stesso fatto può qualificarsi come inadempimento di un'obbligazione e come illecito extracontrattuale, spetta al danneggiato **scegliere** il rimedio più favorevole: con la conseguenza, ad es., che egli potrà esperire l'azione di responsabilità contrattuale quando quella aquiliana sia ormai prescritta o, viceversa, nell'ipotesi – si pensi al caso del contratto di trasporto (v. art. 2951) – in cui il termine prescrizionale risulti più favorevole sul versante della responsabilità extracontrattuale.

I casi classici di concorso sono quello dell'**albergatore**, per le lesioni riportate dal cliente a causa della caduta da una scala scarsamente illuminata; o quello del **medico**, per le lesioni riportate dal paziente, ad es., a seguito di un intervento chirurgico sbagliato.

Nonostante la strutturale diversità delle due figure di responsabilità, il fatto che in entrambi i casi si debba porre rimedio ad una perdita di utilità spiega, infine, perché la determinazione della concreta entità della prestazione risarcitoria venga affidata a regole tendenzialmente coincidenti. Infatti, l'art. 2056 richiama, ai fini della stima del danno extracontrattuale i criteri fissati dagli artt. 1223, 1226-1227 con riguardo al danno contrattuale (v. Cap. XI, n. 9).

2. *L'ingiustizia del danno*

Ingiustizia del danno

Si è già avuto modo di osservare che il rimedio della responsabilità aquiliana entra in funzione quando la perdita di utilità subita dal danneggiato risulti non giustificata sulla base dei criteri di valutazione espressi dall'ordinamento.

Si tratta, in tale prospettiva, di selezionare quali siano i beni/interessi giuridicamente rilevanti ai fini dell'attivazione della responsabilità extracontrattuale, poiché non ogni pregiudizio in senso **economico** può considerarsi un danno in senso **giuridico**.

Si consideri l'esempio di un avvocato che operi – in situazione di sostanziale monopolio – in una piccola località. L'ingresso sulla scena da parte di un altro avvocato più bravo, il quale riesca ad acquisire la clientela già assistita dal collega, causerà a quest'ultimo un pregiudizio economico: ma tale pregiudizio non sarà un danno in senso giuridico, almeno fino a quando il secondo avvocato non si sia avvalso di mezzi illeciti o scorretti (ad es., denigrando l'attività del "concorrente").

Dal punto di vista normativo, la selezione dei beni o interessi la cui lesione può attivare il rimedio risarcitorio si risolve nella ricostruzione del significato dell'attributo **ingiusto**, che troviamo – riferito al danno risarcibile – nella formulazione dell'art. 2043.

Secondo la ricostruzione che pare preferibile, ingiusto deve ritenersi il danno arrecato tramite la **lesione** di una altrui **situazione giuridica soggettiva** che privi il titolare delle utilità riservategli dalla norma giuridica: e sempre che tale lesione non risulti altrimenti giustificata (v. n. 2.1).

Esemplificando, la norma che attribuisce al proprietario il diritto di godere della cosa (art. 832) gli riserva, al contempo, le utilità derivanti dal godimento. È, dunque, in linea di principio ingiusto il danno che si sostanzi nella privazione di quelle utilità, cosicché Tizio, proprietario dell'automobile, che se la veda sottratta da Caio, potrà chiedere a quest'ultimo il risarcimento del danno, commisurato – in particolare – al costo del noleggio di un mezzo di trasporto sostitutivo.

2.1. *La portata operativa dell'ingiustizia del danno*

Art. 2043 come norma generale

Se questo è il significato da attribuirsi all'ingiustizia del danno, sarà possibile ravvisare nell'art. 2043 una **norma generale** che, nella misura in cui contiene un rinvio a tutte le situazioni soggettive giuridicamente protette, estende a ciascuna di esse la tutela risarcitoria.

Pertanto, il sistema di responsabilità civile disciplinato dal codice civile del 1942 può essere descritto, piuttosto che come un sistema decisamente **atipico** (e cioè come un sistema nel quale l'individuazione delle ipotesi di illeciti giuridicamente rilevanti è affidata essenzialmente all'opera del giudice, in sede di concretizzazione di una **clausola generale** di responsabilità), come un sistema a **tipicità evolutiva**. Dove tipicità evolutiva vuole appunto significare che il sistema è strutturato in modo da attribuire rilevanza, ai fini risarcitori, alle situazioni giuridiche soggettive, di volta in volta, riconosciute in seno all'ordinamento giuridico: a cominciare dalla Costituzione, che, anzi, ha esercitato una notevole influenza sulla recente evoluzione in materia di responsabilità civile, come vedremo parlando, in particolare, del danno biologico (v. n. 4.1).

Da questo punto di vista, il nostro sistema della responsabilità civile differisce sia da quelli che accolgono una regola di atipicità (v. l'art. 1382 *code Napoléon*), sia da quelli che accolgono una regola di tipicità **enumerativa**, in base alla quale possono essere risarcite solo le lesioni prodottesi a carico delle situazioni soggettive espressamente previste dal legislatore (v. il § 823 *BGB*).

Sulla base di queste premesse, si può convenire con gli indirizzi di giurisprudenza e dottrina ormai prevalenti i quali – superando posizioni generalmente condivise ancora fino a pochi decenni or sono – ritengono senz'altro risarcibile non soltanto il danno da lesione di **diritti assoluti**, ma anche il danno da lesione di **diritti relativi** (in particolare, diritti di credito: si pensi al caso del danno subito dal creditore di una prestazione infungibile a seguito dell'uccisione del proprio debitore), da lesione di **aspettative legittime** e, da ultimo, anche da lesione di **interessi legittimi** (v. Cap. III, n. 1.2.4).

Espansione dell'area del danno risarcibile

Il processo di **espansione** dell'area del danno risarcibile rappresenta una delle linee di tendenza più significative della responsabilità aquiliana e costituisce una conferma della sua particolare **permeabilità** a recepire le istanze di tutela di interessi e valori emergenti dalla realtà socio-economica.

Infatti, così come l'affermazione secondo la quale il danno risarcibile era solo quello derivante dalla lesione di un diritto assoluto risentiva di un sistema economico-sociale, e di un assetto normativo, nel quale la ricchezza veniva riconosciuta proprio attraverso l'attribuzione di diritti assoluti (la proprietà, gli altri diritti reali), l'odierna rilevanza, in sede aquiliana, anche delle altre situazioni giuridiche soggettive costituisce il riflesso di un sistema di appropriazione e distribuzione della ricchezza nella quale sempre maggior peso assumono, in particolare, i diritti di credito e le situazioni di interesse ricollegabili allo svolgimento di attività imprenditoriali.

C.d. diritto all'integrità del patrimonio

Tuttavia, debbono essere considerati con cautela quegli orientamenti che hanno prospettato (anche sulla scorta del principio di libertà di iniziativa economica di cui all'art. 41 Cost.) l'esistenza di una situazione giuridica soggettiva a generale tutela del patrimonio (c.d. **diritto all'integrità del patrimonio**), in virtù della quale ogni perdita patrimoniale giuridicamente ricollegabile ad un comportamento colpevole altrui sarebbe sempre risarcibile.

Infatti, l'affermazione di questa generale situazione giuridica soggettiva determinerebbe il superamento del limite dell'ingiustizia del danno imposto dall'art. 2043: e ciò nella misura in cui non sarebbe più necessario stabilire se l'interesse leso è giuridicamente tutelato o meno.

Non può, dunque, ritenersi risarcibile in sede aquiliana il **danno meramente patrimoniale**, cioè, appunto, la perdita patrimoniale secca derivante da un fatto colposo o doloso altrui, non accompagnata dalla correlativa lesione di una situazione giuridica soggettiva (così, ad es., nel caso di danno da informazioni inesatte somministrate ad un soggetto al quale non si sia legati da un preesistente rapporto obbligatorio).

2.2. *Le cause di giustificazione*

Cause di giustificazione

Può accadere, però, che la perdita di utilità risulti altrimenti giustificata in relazione alle **modalità** della condotta o alle **circostanze** nelle quali la stessa si inserisce. Così, tornando all'esempio proposto in precedenza, se Caio si appropria della macchina di Tizio per portare in ospedale Sempronio, colpito da infarto, egli non sarà tenuto al risarcimento del danno, avendo agito in **stato di necessità** (art. 2045). E, del resto, non è un caso che lo stesso art. 2045 riconosca al danneggiato soltanto un'**indennità**, ossia una prestazione pecuniaria non commisurata – come è invece il risarcimento – all'entità del pregiudizio subito: ciò vale a confermare, appunto, che l'ordinamento giuridico non considera quell'atto come illecito.

Allo stesso modo, per tornare ad un altro esempio già proposto, la privazione che un imprenditore subisca delle utilità assicurategli dalla sua buona reputazione commerciale rappresenta, in linea di principio, un danno ingiusto. Ma se tale lesione è stata cagionata da un giornalista che abbia riferito, in modo corretto, notizie vere e con riguardo alle quali vi fosse un interesse generale a conoscerle, allora essa dovrà considerarsi giustificata e non darà luogo all'obbligo risarcitorio.

Le situazioni che consentono di ritenere giustificato un danno ingiusto prendono il nome di **cause di giustificazione**: alcune di esse sono disciplinate dal codice civile (art. 2044: **legittima difesa**; art. 2045: **stato di necessità**), altre si ricavano dal codice penale (art. 51 c.p.: **esercizio di un diritto** o **adempimento di un dovere**).

Un recente intervento normativo (l. n. 36/2019) ha modificato la disciplina della legittima difesa contenuta nell'art. 2044, coordinandola con la riforma della materia in sede penale, volta ad estendere – sulla base di una scelta connotata da chiare, e discutibili, finalità ideologiche – l'area di operatività di questa causa di giustificazione. In particolare, l'art. 2044, co. 3 prevede ora che, nel caso cui ha riguardo l'art. 55, co. 2, c.p. (e cioè, essenzialmente, nel caso in cui taluno agisca per respingere l'intrusione altrui e si trovi in stato di grave turbamento: ipotesi che esclude, in sede penale, la punibilità) al danneggiato è dovuta un'indennità la cui misura è rimessa all'equo apprezzamento del giudice, tenuto altresì conto della gravità, delle modalità realizzative e del contributo causale della condotta posta in essere dal danneggiato.

3. *L'imputazione dell'obbligo risarcitorio. Colpa e responsabilità oggettiva*

Criteri di imputazione

Affinché insorga l'obbligazione risarcitoria, oltre al danno ingiusto, deve ricorrere uno dei **criteri di imputazione** individuati dal legislatore.

I criteri di imputazione possono essere raffigurati, in generale, come i meccanismi attraverso i quali si realizza la **traslazione** del costo del danno dalla sfera giuridico patrimoniale ove esso si è verificato alla sfera giuridico patrimoniale chiamata a ristorarlo alla quale, dunque, si **imputa** l'obbligo risarcitorio.

Infatti, l'accadimento dannoso, una volta prodottosi, non può più essere eliminato dalla realtà, ma può essere soltanto **spostato** dalla sfera giuridica della vittima a quella di colui che deve risarcirlo.

Nel sistema della responsabilità civile, il momento della traslazione del danno (in altre parole, il momento della scelta della sfera giuridica sulla quale far ricadere il costo necessario per riparare il danno) occupa uno spazio non meno importante di quello riservato alla individuazione degli interessi meritevoli di tutela; e non meno del primo esso è storicamente mutevole, in relazione al modo in cui le istanze maturate al livello della realtà socio – economica vengono recepite dal diritto.

Evoluzione storica dei criteri di imputazione

Esemplificando, si può dire che assetti economico-sociali caratterizzati dalla prevalenza della proprietà terriera (quali quelli conosciuti, in larga parte dell'Europa occidentale, per quasi tutto il XIX secolo) non avvertiranno ragioni per discostarsi dall'applicazione di criteri di imputazione imperniati sulla individuazione di una attitudine **colpevole** del danneggiante. E ciò tanto più in presenza di coordinate ideologiche accentuatamente individualistiche e, quindi, ostili all'idea che la responsabilità possa prescindere da un giudizio di riprovevolezza soggettiva della condotta tenuta.

Una scelta analoga – ma per ragioni diverse – sarà fatta nelle società dell'industrialismo nascente, venendo qui in considerazione l'esigenza di non far ricadere sulle spalle ancora gracili degli imprenditori industriali gli effetti pregiudizievoli della loro attività produttiva, in quanto foriera di benefici in termini di complessivo progresso socio-economico.

La situazione cambia radicalmente quando il maturare dello sviluppo industriale – e dunque l'incremento di forza economica delle imprese – consente di ascrivere sempre più massicciamente alle stesse il costo dei danni che provocano attraverso il processo produttivo. In pari tempo, l'accreditarsi di ideologie solidaristiche impone che le conseguenze del fatto dannoso non siano lasciate a carico della vittima, bensì trasferite a carico di colui alla cui sfera giuridica possano accollarsi anche sulla base di criteri che prescindono da un giudizio di riprovevolezza soggettiva: criteri che si imperniano, piuttosto, sulla **relazione** tra il soggetto che ha svolto l'attività ed il danno che ne sia derivato ovvero sulla **natura** dell'attività stessa.

Assetto normativo attuale dei criteri di imputazione

La disciplina vigente riflette tale evoluzione e si presenta, dunque, caratterizzata da una grande varietà delle regole di imputazione dell'obbligo risarcitorio. Queste ultime, infatti, individuano ora criteri di natura **soggettiva** (il **dolo** e la **colpa**: art. 2043), ora criteri che dall'elemento della colpa si discostano più o meno accentuatamente, essendo invece basati sulla particolare **relazione** del responsabile con il **soggetto** (artt. 2047-2049) o con la **cosa** (artt. 2051-2054, co. 3) che abbiano cagionato il danno o, ancora, sulla particolare **natura** dell'attività esercitata (art. 2050).

Responsabilità oggettiva per rischio d'impresa

La varietà ed articolazione dei criteri di imputazione rende difficile da condividere la tesi, proposta in dottrina, secondo la quale il sistema dei criteri di imputazione si baserebbe, da un lato, sulla colpa, dall'altro su una responsabilità oggettiva per **rischio d'impresa**, una responsabilità cioè che prescinde completamente dalla colpa del responsabile e che si collega allo svolgimento di un'attività imprenditoriale.

Infatti, una tale regola di responsabilità non è posta, né è desumibile, da alcuna delle norme in materia di criteri di imputazione, cosicché la sua proclamazione non può dirsi normativamente fondata. E desta altresì perplessità, anche qui per la difficoltà di fondarla sul dato normativo, la contrapposta concezione che ravvisa nella colpa il criterio **finale** e **residuale** di imputazione dell'obbligo risarcitorio.

3.1. *Dolo e colpa: profili generali*

Dolo e colpa

Le norme sulla responsabilità civile non contengono una definizione del dolo e della colpa, definizione che tradizionalmente si desume dalla disciplina penalistica. Alla stregua di quest'ultima il fatto è **colposo** quando "l'evento, anche se preveduto, non è voluto dall'agente e si verifica a causa di negligenza, imprudenza o imperizia, ovvero per inosservanza di leggi, regolamenti, ordini o discipline", mentre è **doloso** allorché "l'evento dannoso o pericoloso, che è il risultato dell'azione od omissione ... è dall'agente preveduto e voluto come conseguenza della propria azione od omissione" (art. 43 c.p.).

Evoluzione del concetto di colpa

Il criterio della colpa ha tuttavia conosciuto, nel corso del tempo, una significativa evoluzione che ne ha determinato lo sganciamento da un giudizio in termini di riprovevolezza della condotta dell'agente, per approdare a standard **oggettivi**, posti direttamente dalla norma, ovvero desumibili da una considerazione dei modelli di condotta accreditati nella realtà sociale.

Colpa omissiva

La colpa può anche consistere nell'**omissione** di un comportamento che si sarebbe dovuto porre in essere non soltanto sulla base di un'espressa previsione di legge (v. art. 40, co. 2, c.p.: "non impedire un evento che si ha l'obbligo di impedire, equivale a cagionarlo"), ma anche in relazione ad una specifica situazione che imponga una determinata attività a tutela di un diritto altrui (ad es., la banca che ometta di rendere noto con mezzi congrui che un suo dipendente è cessato dal servizio, risponde dei danni subiti dalla clientela per il fatto di avere ritenuto il rapporto di lavoro ancora in essere).

3.2. *Imputabilità e colpevolezza*

Imputabilità

La necessità che il fatto dannoso sia **imputabile**, ossia riconducibile ad una condotta umana, sia sotto il profilo **materiale**, sia sotto il profilo **psicologico**, trova conferma nell'art. 2046, secondo il quale è esclusa la responsabilità di chi non fosse **capace di intendere** o **di volere** al momento in cui ha commesso il fatto (salvo che l'incapacità derivi da colpa dello stesso agente il quale, in tal caso, risponderà del danno cagionato).

Rapporti tra imputabilità e colpevolezza

Ci si chiede se la colpevolezza presupponga l'imputabilità, nel senso che, ad avviso di taluni, non sarebbe neppure possibile formulare quel giudizio di difformità della condotta dai parametri di valutazione della colpa nel caso in cui l'agente **non** fosse capace di intendere e di volere. Appare tuttavia più in linea con l'idea della colpa c.d. **oggettiva** (n. 3.1), ritenere che anche la condotta dell'incapace possa essere oggetto di un giudizio in termini di colpa, là dove quella condotta si discosti dai parametri di diligenza accreditati nella realtà sociale.

Responsabilità per il danno cagionato dall'incapace

Una conferma della bontà di tale soluzione si desume dalla disciplina della responsabilità, per il danno cagionato dall'incapace, di colui che era tenuto alla **sorveglianza** dello stesso (responsabilità che incombe sul sorvegliante, qualora non provi di non aver potuto impedire il fatto: art. 2047, co. 1). Infatti, affermare la responsabilità del sorvegliante per un danno, del quale il soggetto che lo ha materialmente cagionato non sarebbe comunque chiamato a rispondere (perché non in colpa), equivarrebbe ad attribuire al danneggiato un trattamento ingiustificatamente più favorevole rispetto all'ipotesi in cui il danneggiante fosse capace di intendere e di volere.

La necessità di formulare, sia pure in astratto, una valutazione in termini di colpa anche quanto al comportamento dell'incapace consente poi di spiegare la soluzione normativa apprestata con riguardo all'ipotesi in cui la vittima del danno non abbia potuto ottenere il risarcimento. In questo caso è previsto che il giudice, tenuto conto delle **condizioni economiche** delle parti, condanni l'autore del danno ad un'equa **indennità** (art. 2047, co. 2: indennità che si differenzia dal risarcimento in quanto costituisce non già – come quest'ultimo: n. 5. – una riparazione integrale del danno subito dalla vittima, bensì soltanto un **parziale** ristoro dello stesso). Indennità e risarcimento

Ora, tale misura potrà essere adottata, appunto, soltanto nel caso in cui, con riferimento alla condotta del danneggiante, sia comunque possibile formulare un giudizio in termini di **colpa**.

Questa disposizione merita di essere segnalata anche in quanto costituisce una delle rarissime ipotesi nelle quali l'ordinamento giuridico attribuisce rilevanza – al fine di determinare la misura di un'obbligazione – alle condizioni economiche delle parti.

3.3. *Il principio di equivalenza tra dolo e colpa e le sue eccezioni*

La circostanza che il danno derivi da una condotta colposa o dolosa **non** incide, di regola, sulla sussistenza della fattispecie di responsabilità, e neppure sulla determinazione quantitativa dell'obbligo risarcitorio. Equivalenza tra dolo e colpa

Esemplificando, la distruzione da parte di Tizio di un mobile antico di proprietà di Caio comporterà per il primo l'obbligo di risarcire il danno nella stessa misura **indipendentemente** dal fatto che egli abbia agito con dolo o con colpa.

Tale regola incontra tuttavia talune eccezioni, che si riferiscono in particolare ai c.d. **illeciti di dolo**: e cioè a quei fatti che possono qualificarsi illeciti **soltanto** se sorretti da un elemento soggettivo configurabile in termini di dolo, se non addirittura di dolo **specifico** o **qualificato**. Illeciti di dolo

Esempi al riguardo possono essere rinvenuti, tra gli altri, nella materia dei c.d. **atti emulativi** (e cioè i comportamenti del titolare del diritto di proprietà che non abbiano altra finalità se non quella di arrecare danno ad altri: art. 833: v. Cap. XII, n. 2) ed, ancora, con riguardo alle fattispecie di responsabilità processuale aggravata (art. 96 c.p.c.: in quest'ultima ipotesi, tuttavia, rileva anche la **colpa grave**, che viene così equiparata al dolo).

Si tratta, in entrambe le ipotesi, di situazioni nelle quali il danneggiante agisce facendo valere un interesse in astratto protetto dalla norma, sicché la qualificazione di illiceità della condotta può scattare soltanto quando le modalità del comportamento inducono a ritenere che il titolare del diritto abbia **esorbitato** dai limiti posti dall'ordinamento alla tutela di quell'interesse.

3.4. *Criteri di imputazione basati sul rapporto intercorrente con l'autore del danno*

Responsabilità per fatto altrui

In taluni casi, il criterio di imputazione della responsabilità civile opera sulla base del **rapporto** che lega il soggetto, il quale ha materialmente cagionato il danno, ad altro soggetto, sul quale l'ordinamento giuridico reputa opportuno far ricadere il costo del danno.

Questa scelta può derivare dalla circostanza che il responsabile avesse il potere, o il dovere, di **controllare** l'attività altrui (così nella già richiamata ipotesi del danno cagionato dall'incapace – art. 2047, co. 1 –, ovvero nel caso del danno cagionato dai figli minori non emancipati o dalle persone soggette alla tutela – art. 2048, co. 1 – o, ancora, nel caso del danno prodotto dagli allievi ed apprendisti nel tempo in cui si trovavano sotto la vigilanza dei precettori e dei maestri d'arte – art. 2048, co. 2 –), oppure dal fatto che l'agente fosse stato assegnato o "preposto" all'attività che ha costituito occasione per la causazione del danno da altro soggetto, le cui direttive ed istruzioni egli era tenuto a seguire (art. 2049).

In realtà, queste ipotesi si presentano alquanto diversificate al loro interno, sia quanto al **fondamento**, sia quanto al *modus operandi* dei singoli criteri di imputazione.

Infatti, vengono qui in considerazione sia fattispecie certamente qualificabili in termini di **responsabilità oggettiva** (nelle quali, dunque, si prescinde del tutto dalla colpa: art. 2049), sia fattispecie nelle quali invece, stando almeno al tenore testuale della norma, non è dato prescindere da una valutazione in termini di **colpa** del presunto responsabile, sia pure con onere probatorio **invertito** rispetto alla regola generale (art. 2048, ult. co.: n. 1.3): sicché, appunto, sarà il presunto responsabile a dover fornire la prova dell'impossibilità di impedire il fatto.

Occorre tuttavia avvertire che, nella concreta elaborazione giurisprudenziale, il rigore con cui viene intesa la prova liberatoria finisce per accostare anche queste ultime ipotesi a fattispecie di responsabilità oggettiva. Non è estranea a tale scelta interpretativa l'esigenza di far ricadere il costo del danno su soggetti verosimilmente più facoltosi di colui che ha materialmente posto in essere il comportamento dannoso, così da garantire al massimo il soddisfacimento della vittima.

3.4.1. *La responsabilità per il danno cagionato dai figli minori*

Responsabilità dei genitori *ex* art. 2048 …

Per quanto attiene alla responsabilità dei genitori per il danno cagionato dai **figli minori non emancipati**, va detto che il criterio di imputazione stabilito dall'art. 2048, co. 1 si applica, in relazione ai figli minori **coabitanti**, nell'ipotesi in cui il minore fosse comunque capace di **intendere e di volere** al momento del fatto, mentre in caso contrario si applicherà l'art. 2047 (n. 3.2).

… ed il suo coordinamento con l'art. 2047

Da qui una significativa differenza quanto al concreto configurarsi dell'onere probatorio che grava sui presunti responsabili.

Secondo l'interpretazione prevalente, infatti, nel caso in cui trovi applicazione l'art. 2047, il genitore dovrà dimostrare di non avere potuto in concreto impedire il fatto nonostante la diligente sorveglianza esercitata sul figlio (si parla al riguardo, di *culpa in vigilando*), là dove, nell'ipotesi in cui trovi applicazione l'art. 2048, co. 1, l'oggetto della prova consisterà nel fatto di avere dato al figlio un'educazione adeguata al fine di prevenire il compimento di fatti illeciti (ed allora si parlerà di *culpa in educando*).

Si tratta di un onere probatorio particolarmente difficile da assolvere, secondo la già accennata elaborazione giurisprudenziale, ove si consideri – per quel che concerne la c.d. *culpa in vigilando* – che la sua esclusione è affidata alla dimostrazione, da parte del genitore, di non avere mai creato o lasciato permanere, con riferimento allo stato di incapacità del figlio minore, situazioni di pericolo nelle quali questi potesse dare luogo, col proprio comportamento, ad eventi dannosi. Per quel che attiene alla *culpa in educando* (e, dunque, alla prova liberatoria prevista dall'art. 2048), si ritiene che l'inadeguatezza dell'educazione impartita dai genitori possa ricavarsi anche dalla condotta del figlio, ove tale condotta si sia risolta nella violazione di leggi e di regolamenti.

È agevole rendersi conto come, in ambedue i casi, la stessa verificazione dell'evento dannoso finisca per escludere l'assolvimento, da parte dei genitori, degli obblighi di vigilanza o di educazione.

3.4.2. *La responsabilità di precettori e maestri d'arte*

Responsabilità dei c.d. precettori e maestri d'arte

La fattispecie di responsabilità dei **precettori** e dei **maestri d'arte**, per il modo in cui è configurata nell'art. 2048, ha perso oggi gran parte della sua importanza.

Essa, infatti, per un verso, è attratta nell'ambito dell'art. 2049 (essendo la figura del maestro d'arte ormai di fatto scomparsa e potendo, semmai, venire in considerazione profili di responsabilità del datore di lavoro nei riguardi del lavoratore subordinato apprendista), mentre, per quel che attiene la responsabilità del precettore, notevoli sono le interferenze con la **legislazione scolastica** (v. art. 6, l. n. 312/1980, che limita la responsabilità del docente ai soli casi di dolo o colpa grave, ponendo a carico del danneggiato l'onere di provare la sussistenza di tale elemento soggettivo, e, al contempo, individua nella p.a. il solo legittimato passivo all'azione di danno, salvo il regresso nei confronti del docente).

Per quello che concerne la residua area di operatività della fattispecie di responsabilità dei c.d. precettori (docenti di scuole private, ma anche istruttori di attività sportive nell'ambito di organizzazioni diverse dalla scuola statale), va osservato che la responsabilità di costoro è ovviamente limitata al periodo temporale durante il quale gli allievi sono sotto la loro **vigilanza.** Tuttavia, la prova liberatoria comprenderà anche la dimostrazione dell'apprestamento, da parte del c.d. precettore, delle misure **organizzative** e **disciplinari** idonee a prevenire il danno.

Va, infine, segnalato che la responsabilità dei precettori per *culpa in vigilando* può concorrere con quella dei genitori *per culpa in educando*: ad es., là dove il comportamento di un minore imputabile fonte del danno risulti correlato, da un lato, all'inadeguata vigilanza dell'istruttore in una disciplina sportiva, dall'altro, alla carente educazione fornitagli dai genitori.

3.4.3. *La responsabilità dei padroni e dei committenti*

Responsabilità dei c.d. padroni e committenti

Un particolare rilievo va attribuito alla fattispecie descritta dall'art. 2049 in termini (anche qui un po' arcaici) di responsabilità dei **padroni** e dei **committenti** "per i danni arrecati dal fatto illecito dei loro domestici e commessi nell'esercizio delle incombenze cui sono adibiti".

L'importanza di tale criterio di imputazione risulta chiaramente ove si consideri che esso copre tutta l'area dei danni cagionati da **soggetti che operano nell'interesse di altri**, in quanto preposti ad una determinata attività ed assoggettati ad un potere direttivo e gerarchico.

Fondamento del criterio di imputazione

Il fondamento logico ed economico del criterio in parola è abbastanza discusso, facendosi riferimento ora alla generica esigenza che chi trae vantaggio da una certa attività sia chiamato anche a sopportarne i costi, ora al più generale principio di responsabilità oggettiva per rischio d'impresa (v. n. 3).

Entrambe le prospettive, peraltro, sono compatibili con un'istanza di **garanzia** del danneggiato, che si trova in tal modo a poter contare anche sulla responsabilità del padrone o del committente: e ciò spiega perché, in taluni settori della legislazione speciale, un criterio analogo venga riproposto, pur in assenza di un rapporto di preposizione in senso stretto (v., in particolare, l'art. 31, co. 3, d.lgs. n. 58/1998 in ordine alla responsabilità di chi conferisca l'incarico al promotore finanziario).

Responsabilità dei padroni e committenti e responsabilità d'impresa

Va precisato, però, che il criterio di imputazione in esame **non** è affatto circoscritto all'area dei danni cagionati da coloro che operino nell'ambito dell'impresa, ma si estende, ad es., anche ad ipotesi di danni prodotti nell'area del lavoro c.d. **domestico** (i collaboratori familiari), o del lavoro presso soggetti **non** qualificabili tecnicamente come imprenditori (ad es., la segretaria dell'avvocato o l'aiutante di studio del medico): donde, la più volte richiamata inaccoglibilità della teoria della responsabilità oggettiva per rischio di impresa sviluppata proprio a partire dall'art. 2049 (v. n. 3).

D'altra parte, anche la generica esigenza di accollare a colui nel cui interesse si agisce il costo del danno correlativo non è da sola in grado di spiegare il criterio di imputazione in esame. Tale criterio, infatti, è destinato a non operare là dove chi agisce nell'interesse altrui, lo faccia sulla base di un rapporto non qualificabile in termini di preposizione a causa della insussistenza di un potere direttivo. Si consideri l'esempio dell'avvocato che, andando in udienza, investa un pedone: in questo caso, per le ragioni dette, l'art. 2049 non troverà applicazione.

Rapporto di preposizione

Si deve concludere, dunque, che elemento decisivo – per inquadrare la *ratio* dell'art. 2049 – è proprio il **rapporto di preposizione**, da intendersi come **assegnazione** (ancorché non stabile) di un soggetto da parte del preponente all'esecuzione di un certo incarico, con il **potere** in capo al preponente stesso di impartire direttive puntuali circa l'attuazione di tale incarico.

Tale nozione coincide largamente con l'area del **rapporto di lavoro subordinato** (v. Cap. XIV, n. 4), perché è proprio nel contesto di quest'ultimo che si registra l'assoggettamento del preposto al controllo stringente ed alle direttive puntuali del datore di lavoro: anche se non si possono escludere, ed anzi la giurisprudenza ne ha espressamente affermato la configurabilità, ipotesi di rapporti di preposizione non riconducibili alla sfera della subordinazione in senso proprio.

Nesso di occasionalità necessaria

Ulteriore presupposto perché entri in gioco il criterio posto dall'art. 2049 è quello espresso dalla formulazione normativa "nell'esercizio delle incombenze" (riferita appunto all'attività cui il preposto è assegnato). Si parla, al riguardo, di **nesso di occasionalità necessaria** tra il danno cagionato e l'espletamento delle incombenze, nesso che la giurisprudenza intende in termini abbastanza elastici (si pensi al caso della responsabilità del datore di lavoro per la lesione cagionata da un dipendente all'altro nel corso di una rissa, responsabilità che viene affermata quando la rissa tragga origine da questioni pertinenti all'attività lavorativa).

I presupposti fin qui illustrati (rapporto di preposizione e nesso di occasionalità necessaria) vanno provati dal danneggiato. Una volta provato tutto questo, la responsabilità del preponente sorgerà in ogni caso, senza che egli possa andarne esente neppure dimostrando di avere adottato tutte le possibili cautele idonee a prevenire il verificarsi del danno.

Proprio l'irrilevanza della condotta del preponente consente di ascrivere il criterio in esame all'area della **responsabilità oggettiva**.

3.5. *Il danno da cose*

Danno da cose

Un'ulteriore classe di criteri di imputazione si basa sull'esistenza di un rapporto tra una **cosa** – dalla quale, per così dire, scaturisce il danno – ed il responsabile.

L'esigenza comune a tali criteri di imputazione è quella di accollare il costo del danno a chi – trovandosi appunto in una relazione, variamente qualificata, con la cosa – sia meglio in grado di **controllarne** la rischiosità e, dunque, di apprestare le cautele necessarie affinché il rischio non si traduca in danno.

La relazione con la cosa, che deve sussistere affinché operi il criterio di imputazione, non è descritta in termini sempre coincidenti. Si parla, infatti, di danno cagionato da **cose** che si abbiano in **custodia** (art. 2051), di danno cagionato da **animali** dei quali si sia **proprietari** ovvero dei quali ci si sia, a vario titolo, serviti (art. 2052), di danno cagionato dall'**edificio** di cui si sia **proprietari** (art. 2053), di danno cagionato dal **veicolo** di cui si sia **proprietari**, o **acquirenti** con patto di riservato dominio o, ancora, **usufruttuari** (art. 2054).

Danno da cose in custodia

Le maggiori difficoltà ricostruttive sono date dal concetto di custodia, che non corrisponde ad un titolo giuridico specifico, riferendosi invece a tutte le ipotesi nelle quali, come dicevamo, sussista un potere di controllo sulla **rischiosità** della cosa: si consideri il caso della responsabilità della banca per il danno subito dal cliente che scivoli sul pavimento appena lucidato di una sua filiale, responsabilità che sussiste a prescindere dal fatto che l'impresa bancaria operi nei locali di quella filiale in quanto proprietaria, conduttrice o comodataria.

Riassuntivamente, si potrà dire che la custodia coincide con situazioni di potere esercitato sulla cosa nell'**interesse proprio,** restandone così esclusa, in particolare, l'ipotesi della **detenzione nell'interesse al-**

trui (v. Cap. XII, n. 6.3: ad es., Tizio, ospite di Caio, non risponderà *ex* art. 2051 del danno subito da chi scivoli sul pavimento della stanza che egli, momentaneamente, occupa).

Prova liberatoria

Anche la prova liberatoria, ammessa nelle varie ipotesi di danno da cose, non è disciplinata in maniera uniforme e ciò incide sulla qualificazione delle stesse in termini di **responsabilità oggettiva** ovvero di **responsabilità per colpa**, sia pure con onere della prova invertito rispetto alla regola generale (n. 1.3).

Così, nelle ipotesi previste dagli artt. 2051-2052, andrà dimostrato il **caso fortuito**, da intendersi come caso di forza maggiore, ovvero come fatto riconducibile alla stessa vittima o ad un terzo (ad es., il cliente scivola sì sul pavimento sdrucciolevole della filiale, ma perché – distratto dalla lettura del suo *tablet* – non si era accorto della recente lucidatura, pur adeguatamente segnalata).

Nell'ipotesi prevista dall'art. 2053, andrà dimostrato che la rovina di edificio **non** è dovuta a **difetto** di **manutenzione** o a **vizio di costruzione**.

Nell'ipotesi prevista dall'art. 2054, co. 1, andrà provato che **tutto il possibile** era stato fatto per evitare il danno.

Nell'ipotesi dell'art. 2054, co. 3, andrà dimostrato che la circolazione del veicolo è avvenuta **contro la volontà** del proprietario, dell'acquirente con patto di riservato dominio o dell'usufruttuario.

È, infine, **esclusa** ogni prova liberatoria nel caso di danno derivato da vizi di costruzione o da difetti di manutenzione del veicolo (art. 2054, co. 4).

Sulla base di questi dati, si può affermare senz'altro la natura **oggettiva** della responsabilità *ex* art. 2054, co. 3 e ad analoga conclusione può pervenirsi per la responsabilità da cose in custodia e da animali, ove si intenda il caso fortuito nei termini sopra indicati.

Un profilo di **rilevanza** della condotta del responsabile, viceversa, è presente sia nel danno da rovina di edificio, là dove si dimostri (presuntivamente) che il danno stesso non derivi da vizio di manutenzione, sia nel danno da circolazione dei veicoli, là dove al presunto responsabile venga offerta la possibilità di provare di avere compiuto ogni sforzo possibile per prevenire il danno.

L'assolvimento di tale onere probatorio viene di solito ricondotto alla dimostrazione di avere osservato scrupolosamente le norme del codice della strada.

È opportuno poi ricordare che, in caso di scontro tra autoveicoli, si presume che entrambi i conducenti abbiano concorso in eguale misura alla produzione del danno subito dai singoli veicoli (art. 2054, co. 2).

A proposito della responsabilità civile per il danno cagionato da circolazione di autoveicoli, non si può prescindere da un cenno alla disciplina dell'**assicurazione obbligatoria**, contenuta nella l. n. 990/1969 e dettata dall'esigenza di tutela delle vittime dei danni stessi le quali, viceversa, sarebbero sovente destinate a restare insoddisfatte nelle loro pretese risarcitorie, se queste ultime fossero affidate in via esclusiva ai patrimoni dei danneggianti.

3.6. *Il danno da attività qualificate*

Tra i criteri di imputazione disciplinati dal codice civile viene in considerazione, da ultimo, quello imperniato sulla particolare qualificazione – in termini di **pericolosità** – dell'attività espletata dal presunto responsabile (art. 2050).

Ratio del criterio è quella di accollare a colui che svolga un'attività pericolosa tutti i danni che da essa discendano, così da indurlo ad adottare ogni possibile cautela tenuto conto delle risorse tecnologiche in quel momento disponibili.

Attività pericolose e responsabilità

L'applicazione del criterio postula un'**attività** e, dunque, una serie di atti organizzati e coordinati in vista di un fine determinato, restando affidata alla disciplina generale dell'art. 2043 l'ipotesi del **singolo** atto pericoloso: così risponderà *ex* art. 2050 l'impresa che professionalmente si incarichi del trasporto di esplosivi, mentre risponderà *ex* art. 2043 colui che, occasionalmente, si sia trovato a trasportare un carico di dinamite.

Il richiamo all'attività rende evidente la ragione per la quale tale criterio interessi prevalentemente, anche se non esclusivamente, le imprese (art. 2082: v. Cap. X, n. 1).

Concetto di pericolosità dell'attività

L'attività, poi, deve essere **pericolosa**: il giudizio di pericolosità, ove non possa essere formulato sulla base della qualificazione ad altri fini contenuta in leggi speciali (come quelle di pubblica sicurezza o in materia di infortuni sul lavoro), postula una disamina della **natura** dell'attività o della natura dei **mezzi adoperati**. L'attività o i mezzi, per poter dare luogo all'applicazione dell'art. 2050, debbono essere **intrinsecamente** pericolosi, mentre un'attività normalmente innocua, ma che diventi pericolosa in relazione agli errori di chi la svolge, ricade nella previsione generale dell'art. 2043.

Prova liberatoria

L'esercente l'attività pericolosa si libera dalla responsabilità dando la prova di avere adottato **tutte** le misure idonee a prevenire il danno. Tale prova liberatoria è intesa con particolare rigore dalla giurisprudenza, secondo cui è insufficiente la mera prova negativa di non avere violato alcuna norma di legge o di comune prudenza, occorrendo invece la prova positiva di avere impiegato ogni cura o misura volta ad impedire l'evento dannoso.

La rilevanza in tal modo assegnata alla condotta dell'agente preclude la qualificazione di tale fattispecie in termini di **responsabilità oggettiva**. Sotto un altro profilo, è evidente anche la distanza dalla previsione generale dell'art. 2043 dell'ipotesi disciplinata dall'art. 2050, poiché in quest'ultimo caso non è il danneggiato a dover provare la colpa del danneggiante, ma è quest'ultimo a dover fornire la prova di avere adottato ogni possibile cautela per evitare il danno.

4. *Il danno non patrimoniale*

Danno non patrimoniale

Si è visto in precedenza (n. 1) che la funzione della responsabilità civile si articola in termini non coincidenti a seconda che la perdita di utilità lamentata dalla vittima si riferisca ad utilità apprezzabili patrimonialmente o meno: nel caso di utilità non apprezzabili economicamente (per le quali, in altre parole, non sia dato ravvisare, in quel momento storico almeno, un mercato, dove le stesse possano essere offerte e scambiate) non vi è, infatti, un saldo economico negativo da riportare a pareggio nella sfera giuridica della vittima.

Tale articolazione della responsabilità civile – insieme alla tendenza storica del diritto privato a concentrarsi sulla tutela degli interessi e dei beni patrimoniali – spiega perché il nostro ordinamento giuridico accanto ad una regola generale di risarcibilità del danno patrimoniale, conosca una regola di risarcibilità del **danno non patrimoniale** circoscritta invece ad alcune, limitate ipotesi.

Ambito di risarcibilità del danno non patrimoniale

Ai sensi dell'art. 2059, infatti, il danno non patrimoniale è risarcibile nei soli casi previsti dalla legge: dove per danno non patrimoniale deve intendersi ogni perdita di utilità **non suscettibile di un'immediata valutazione in danaro** (per la diversa nozione di danno morale soggettivo: n. 4.1).

Al riguardo, è opportuno sottolineare che **non** vi è un'immediata **correlazione** tra patrimonialità (o non patrimonialità) dell'interesse leso e patrimonialità della perdita, nel senso che dalla lesione di un interesse di natura patrimoniale può anche discendere un danno non patrimoniale e viceversa. Si consideri, sotto il primo profilo, l'esempio della lesione del diritto di proprietà su un bene che abbia per il proprietario un valore affettivo e, sotto il secondo, la lesione di un diritto della personalità (l'onore o la reputazione), di per sé certo costituente un interesse non patrimoniale, ma suscettibile di significative ricadute patrimoniali (la perdita della clientela, qualora la lesione dell'onore o della reputazione sia stata consumata nei confronti dell'esercente un'attività professionale).

Premesso che la risarcibilità del danno non patrimoniale si ricollega, di solito, al particolare disvalore normativo della **condotta** dell'autore dell'illecito ovvero all'esigenza di rafforzare la tutela di una determinata situazione giuridica soggettiva, l'opinione largamente prevalente era, fino a tempi relativamente recenti, nel senso che, alla stregua dell'art. 2059, il danno non patrimoniale fosse risarcibile solo in presenza di una specifica previsione normativa.

Art. 185 c.p. Il più importante di questi luoghi normativi era considerato certamente l'art. 185 c.p., secondo il quale "ogni reato, che abbia cagionato un danno patrimoniale o non patrimoniale, obbliga al risarcimento il colpevole e le persone che, a norma delle leggi civili, debbono rispondere per il fatto di lui".

Da tale disposizione si desumeva, e si desume, dunque, la regola secondo la quale, quando il fatto illecito integri altresì un **reato**, la vittima ha diritto anche al risarcimento del danno non patrimoniale. È tuttavia sufficiente che il reato sia ritenuto sussistente in **astratto**, nel senso che non è necessaria una sentenza penale di condanna a carico del responsabile, ben potendo il giudice civile accertare incidentalmente la ricorrenza del fatto corrispondente a quello descritto dalla norma incriminatrice.

A quest'ultimo proposito, l'opinione fino a poco tempo fa dominante richiedeva che il fatto fosse accertato in tutte le sue componenti, compreso l'elemento soggettivo, il quale, trattandosi di verificare la sussistenza di un reato, non avrebbe potuto essere presunto: e da questa premessa si faceva discendere l'inapplicabilità, al fine di fondare la sussistenza di un danno non patrimoniale risarcibile, dell'art. 2054, co. 2, in quanto, appunto, istitutivo di una presunzione di colpa.

Più di recente, tuttavia, si è sostenuto da autorevole giurisprudenza che alla risarcibilità del danno non patrimoniale sulla base del combinato disposto dell'art. 2059 e dell'art. 185 c.p. non costituisce ostacolo la mancanza del positivo accertamento della colpa dell'autore del danno se la stessa, come nei casi previsti dall'art. 2054, debba ritenersi sussistente in base ad una presunzione di legge e se, ricorrendo la colpa, il fatto sarebbe qualificabile come reato.

Al di fuori del diritto penale, e a parte qualche altra ipotesi di minor rilievo pratico (come ad es. quella del danno derivante da espressioni sconvenienti o offensive contenute in scritti difensivi in giudizio: art. 89, co. 2, c.p.c.; o, più di recente, quella del danno derivante dal mancato rispetto del termine ragionevole del processo, prevista dagli art. 2 s. della l. n. 89/2001 ed ancora la risarcibilità del danno non patrimoniale derivante da atti, comportamenti o condotte discriminatorie a causa della razza o dell'origine etnica delle persone, introdotto dall'art. 4, co. 4, d.lgs. n. 215/2003), l'ambito più ampio di risarcibilità del danno non patrimoniale a livello di previsioni normative è quello rappresentato dalla disciplina in materia di trattamento dei dati personali, a partire dalle disposizioni degli artt. 11 e 15, co. 2, cdp, dalle quali si desumeva già la regola secondo la quale un trattamento di dati personali in violazione della regola di correttezza, ovvero difforme o non pertinente rispetto alle finalità legittime per le quali i dati erano stati raccolti, dà luogo al risarcimento del danno non patrimoniale in favore dell'interessato.

Trattamento dati personali

La portata di tale regola si coglie agevolmente, ove si consideri l'ampiezza della nozione di **dato personale** (v. Cap. V, n. 12.4; Cap. VI, n. 3.1).

Il problema del trattamento dei dati personali e delle conseguenze risarcitorie derivanti da un illegittimo trattamento di tali dati è ora affidato al Regolamento 2016/679/UE relativo alla protezione delle persone fisiche con riguardo, appunto, al trattamento dei dati personali, nonché alla loro libera circolazione ed al d.lgs. n. 101/2018, che ha introdotto le disposizioni necessarie per adeguare al Regolamento la disciplina interna in materia.

Molto più controversa è la risarcibilità del danno non patrimoniale nell'ipotesi di cui all'art. 123, co. 1, lett. *a*), cdc: v. n. 6).

Danno non patrimoniale ed elaborazione della giurisprudenza

Ma l'ampliamento della sfera di risarcibilità del danno non patrimoniale va ricollegato, fondamentalmente, all'elaborazione della giurisprudenza che, nel solco di linee di pensiero dottrinali, aveva accreditato, negli ultimi anni, categorie come quella del c.d. **danno esistenziale**. Si tratta di una figura che è stata costruita al fine di eludere i limiti al risarcimento del danno non patrimoniale posti dall'art. 2059, affermandosi, così, che l'art. 2043, in correlazione con l'art. 2 Cost., dovrebbe essere inteso sino a ricomprendervi il risarcimento di tutti i pregiudizi che ostacolano le attività realizzatrici della persona umana, a prescindere dalle loro ricadute patrimoniali (le c.d. attività areddituali).

In particolare, secondo un indirizzo giurisprudenziale accreditatosi presso la Corte di Cassazione nei primi anni di questo secolo, tutte le volte che si verificasse la lesione di un interesse della personalità costituzionalmente protetto, il pregiudizio consequenziale integrante un danno non patrimoniale o anche un danno morale soggettivo doveva dirsi risarcibile benché il fatto non fosse configurabile come reato.

Questo indirizzo doveva tuttavia essere letto alla luce della precisazione che l'accertamento della protezione costituzionale di un interesse, di per sé certo idonea ad assicurare la rilevanza normativa del medesimo, anche ai fini del giudizio di ingiustizia del danno, non era invece in quanto tale sufficiente a fondare la conclusione della sussistenza di un danno risarcibile, occorrendo, a tal fine, che il soggetto leso desse la prova della perdita di utilità personali di vita, a seguito della lesione lamentata (c.d. principio della effettività del danno, desunto dall'art. 1223).

Pertanto, anche la possibilità di ottenere un risarcimento del danno c.d. esistenziale, derivante dalla privazione – a seguito del fatto illecito – di attività areddituali, fonti di utilità personali di vita per la vittima, postulava che quest'ultima allegasse, e provasse, l'esistenza di tali perdite, che non potevano considerarsi senz'altro insite nel fatto stesso della lesione.

La categoria del danno esistenziale è stata tuttavia oggetto, nel corso degli anni, di serrate critiche che, dal punto di vista sistematico, ponevano l'accento sul fatto che la stessa finiva per determinare un aggiramento della **concezione c.d. bipolare** della responsabilità civile: secondo la quale, nel nostro sistema giuridico, ed appunto in presenza dell'art. 2059, solo il danno patrimoniale sarebbe risarcibile in via generale, in presenza del requisito dell'ingiustizia del danno, oltre che evidentemente di un fatto dannoso sorretto ascrivibile ad un responsabile sulla base del dolo, della colpa o di un altro criterio di imputazione, mentre il danno non patrimoniale sarebbe risarcibile solo in presenza dell'ulteriore requisito della previsione di legge in tal senso.

Dal punto di vista applicativo, poi, gli orientamenti critici della categoria del danno esistenziale sottolineavano che la stessa aveva dato vita ad un proliferare di pretese risarcitorie bagatellari, nelle quali il danno lamentato si ricollegava ad aspetti marginali o del tutto evanescenti della vita della persona (ad es., l'interesse del tifoso ad assistere alla partita della squadra del cuore, leso dalla interruzione colposa del servizio di erogazione dell'energia elettrica; l'interesse del cittadino ad essere lasciato tranquillo rispetto a richieste di pagamento di somme da parte della p.a., in ipotesi infondate).

Di qui, nel 2008, un ulteriore intervento della Corte di Cassazione a Sezioni Unite che ha affermato l'unitarietà della categoria del danno non patrimoniale, insuscettibile di articolazioni al proprio interno, se non sul piano meramente descrittivo, con conseguente tendenziale assorbimento nella categoria unitaria così costruita di ogni profilo di danno non patrimoniale, dal danno biologico (cfr. *infra* § 4.1) a quello morale soggettivo, al pregiudizio di tipo esistenziale (corrispondente alla figura che l'elaborazione in precedenza menzionata aveva denominato danno esistenziale *tout court*): tale affermazione è dichiaratamente funzionale allo scopo di evitare duplicazioni risarcitorie, ma, nella produzione normativa (cfr. art. 1, co. 1, lett. *b*), D.P.R. 30 ottobre 2009, n. 181 e, soprattutto, gli artt. 138 e 138 cdass) così come nell'elaborazione giurisprudenziale successive continuano ad essere largamente utilizzate le categorie del danno morale soggettivo, del danno o pregiudizio esistenziale o del danno biologico, sia pure come aspetti o profili dell'unitaria categoria del danno non patrimoniale.

Inoltre, le Sezioni Unite hanno ritenuto che presupposto per la risarcibilità del danno non patrimoniale sia che lo stesso venga arrecato in violazione di un **diritto inviolabile** della persona costituzionalmente garantito (c.d. ingiustizia del danno costituzionalmente qualificata): non è, dunque, sufficiente la mera protezione costituzionale dell'interesse al fine di fondare la sussistenza di un danno non patrimoniale risarcibile, ma è necessario anche che l'interesse stesso corrisponda ad un diritto inviolabile. Tuttavia, il novero dei diritti inviolabili rilevanti in tale prospettiva non è circoscritto a quelli espressamente definiti come tali nella Carta Costituzionale (ad es., libertà personale, art. 13 Cost.; domicilio, art. 14 Cost.; libertà e segretezza della corrispondenza, art. 15 Cost.), ma comprende anche quelli suscettibili di qualificazione in tal senso in via interpretativa, in quanto funzionali all'esigenza di protezione del nucleo essenziale della personalità umana.

Le Sezioni Unite hanno ancora precisato che il danno non patrimoniale è risarcibile solo in presenza degli ulteriori requisiti della gravità della lesione e della serietà del danno, in tal modo attuandosi il bilanciamento tra il principio di solidarietà verso la vittima e quello di tolleranza, con la conseguenza che il risarcimento del danno non patrimoniale è dovuto solo nel caso in cui sia superato il livello di tollerabilità ed il pregiudizio non sia futile. Questa precisazione è evidentemente rivolta ad evitare appunto il proliferare delle c.d. pretese bagatellari, che, come si è visto, avevano caratterizzato la concretizzazione giurisprudenziale della categoria del danno esistenziale.

L'ultimo aspetto di rilievo del nuovo orientamento giurisprudenziale deve essere ravvisato nella affermazione di risarcibilità del danno non patrimoniale derivante dall'inadempimento di un'obbligazione (c.d. danno non patrimoniale contrattuale) (cfr. cap. XI, Sez. I, § 9).

Risolta, nei termini fin qui esposti, e tuttavia sempre suscettibili di revisione, anche in considerazione della vivacità dell'elaborazione giurisprudenziale in materia, la questione dei limiti di risarcibilità del danno non patrimoniale, il problema di maggiore complessità resta quello della liquidazione: infatti, proprio perché qui vengono in considerazione perdite di utilità irriducibili ad un'immediata valutazione in danaro, non può operare il criterio dell'equivalenza (della condanna risarcitoria alla perdita cagionatasi nella sfera giuridico patrimoniale), che costituisce invece quello largamente utilizzato in materia di risarcimento del danno patrimoniale. Pertanto, al di fuori dell'area del danno biologico, per la quale sono decisivi gli esiti dell'accertamento medico legale dell'entità della lesione dell'integrità psico-fisica, diventa decisiva la commisurazione della condanna risarcitoria a tutte le particolarità del caso, tra le quali possono venire in considerazione anche quelle attinenti all'elemento soggettivo della condotta del responsabile, così delineandosi anche una possibile funzione sanzionatoria del risarcimento del danno non patrimoniale.

4.1. *Il danno biologico*

Danno biologico: le origini della categoria

La categoria del **danno biologico** è il frutto di un'elaborazione dottrinale e giurisprudenziale di particolare interesse, che ha preso le mosse dall'esigenza di predisporre un rimedio risarcitorio a fronte di fatti lesivi dell'integrità psico-fisica della persona umana, che non si risolvano in una diminuzione del suo reddito o della sua capacità lavorativa: si pensi al caso del danno alla salute di soggetti che non producano ancora reddito, come i bambini, o che abbiano cessato di produrlo, come i pensionati. Si tratta, dunque, di ipotesi, di lesione della salute in sé e per sé considerata, senza alcuna ricaduta patrimoniale.

Fondamento costituzionale

Tale esigenza, che rinviene il suo fondamento normativo nell'art. 32 Cost., trova tuttavia un ostacolo nella limitata risarcibilità del danno non patrimoniale (n. 4). Infatti, data la natura non patrimoniale del danno biologico, quest'ultimo poteva essere risarcito solo nei casi in cui il fatto lesivo della salute costituisse altresì un reato.

Natura del danno biologico

Da qui sono originati, per un verso, frequenti dubbi di legittimità costituzionale dell'art. 2059, se interpretato nel senso di non consentire la risarcibilità del danno biologico: dubbi risolti in senso negativo, ma con argomentazioni (Corte cost., sent. n. 184/1986) che miravano ad affermare la risarcibilità del danno biologico, circoscrivendo l'operare dell'art. 2059 ai soli casi di c.d. **danno morale soggettivo** (e cioè al dolore, alla sofferenza, al patema d'animo).

Nello stesso contesto si comprende, per altro verso, il tentativo di parte della dottrina e della giurisprudenza di sottrarre il danno alla salute all'applicazione dell'art. 2059, per ricondurlo invece alla norma generale dell'art. 2043, sulla base di una nozione di patrimonialità imperniata più sul valore d'uso che non sul valore di scambio del bene.

Teoria del danno evento

L'esigenza di assicurare una adeguata tutela risarcitoria alla salute ispira, con ogni probabilità, anche l'orientamento secondo cui la risarcibilità del danno biologico andrebbe ancorata alla lesione della salute, in sé considerata (teoria del danno biologico come c.d. **danno evento**).

Gli sviluppi successivi della giurisprudenza della Corte costituzionale (sent. n. 372/1994) e della Corte di cassazione hanno però riproposto la tesi della natura di danno non patrimoniale del danno biologico, proclamandone comunque la risarcibilità sulla base di un'interpretazione **costituzionalmente orientata** dell'art. 2059. Infatti, si è ritenuto, alla luce degli artt. 24, 32 Cost., che una tutela del bene salute monca del rimedio risarcitorio non garantirebbe un adeguato livello di effettività.

Danno biologico e perdita di utilità personali di vita

La stessa giurisprudenza costituzionale ora richiamata ha anche superato la teoria del danno biologico come danno evento, escludendo la sufficienza del mero fatto lesivo della salute e ribadendo la funzione della responsabilità civile come strumento destinato ad attivarsi soltanto in presenza di perdite di utilità personali di vita, relative appunto all'integrità psico-fisica dell'individuo.

Si è già visto (cfr. § 4) che l'ultima evoluzione giurisprudenziale della categoria del danno biologico è quella che ne fa una componente della complessiva voce di danno non patrimoniale, pur con rilevanti peculiarità, in particolare, in materia di liquidazione.

Infatti, per la valutazione della consistenza del danno biologico assume un particolare rilievo l'**accertamento medico legale**. Ciò emerge anche da due recenti prese di posizione del legislatore in materia di danno biologico, la prima relativa al campo degli infortuni sul lavoro e delle malattie professionali (art. 13, d.lgs. n. 38/2000); la seconda relativa al risarcimento dei danni alla persona di entità variabile (artt. 138-139 cdass).

Prima definizione normativa di danno biologico

L'esigenza di pervenire ad una liquidazione del danno biologico il più possibile uniforme, nell'ambito del territorio nazionale e per evidenti ragioni di eguaglianza, è stata alla base di interventi della giurisprudenza della Corte di Cassazione che hanno affermato la generale utilizzabilità delle c.d. tabelle di liquidazione del danno biologico elaborate presso il Tribunale di Milano; ma anche sul punto si nota, da ultimo, qualche spunto di rimeditazione, avendo la giurisprudenza della Suprema Corte rilevato che – in taluni casi – le tabelle milanesi non appaiono in grado di soddisfare al meglio le esigenze di equità nella liquidazione che si delineano in materia.

5. *Il risarcimento del danno e la causalità giuridica*

Abbiamo visto che, in presenza dei requisiti individuati dalla legge (ingiustizia del danno, imputabilità, configurabilità di uno dei criteri di imputazione normativamente previsti e, per lo più, sussistenza di una perdita di utilità patrimoniali) sorge, a carico del responsabile, l'obbligo

Risarcimento del danno

di risarcire il danno. Il problema successivo è rappresentato dalla **delimitazione** del danno risarcibile.

A tal fine, è necessario compiere una serie di operazioni logico-giuridiche, la prima delle quali consiste nel **selezionare** le conseguenze (in termini, appunto, di produzione di perdite) ascrivibili a quel determinato fatto illecito.

Causalità giuridica e causalità in fatto

È questo il problema della **causalità giuridica**, da non confondersi con quello della c.d. **causalità in fatto**, la quale investe, piuttosto, il piano dell'imputazione del fatto illecito ed è più prossima alla tematica del rapporto di causalità, così come disciplinato dal codice penale (artt. 40-41 c.p.). Ad es., se ferisco una persona, è un problema di causalità in fatto stabilire se il ferimento sia imputabile effettivamente a me e se lo sia sulla base del dolo o della colpa; rappresenta, invece, un problema di causalità giuridica stabilire se la mia condanna al risarcimento del danno debba limitarsi alle spese mediche sopportate dal ferito e ai redditi che questi non ha potuto produrre durante la convalescenza, ovvero estendersi anche al mancato guadagno del coniuge del ferito, che ha abbandonato il lavoro per assisterlo.

Volgendoci, dunque, alla considerazione del problema della causalità giuridica, dobbiamo prendere le mosse dal rilievo che ogni fatto umano – e dunque anche il fatto illecito – si pone come antecedente causale di una serie pressoché infinita di conseguenze a carico della vittima: si tratta, appunto, di stabilire quali di queste conseguenze debbano essere accollate, in termini di risarcimento del danno, al responsabile.

Esemplificando, se Tizio, per la sofferenza ed il dolore causatigli dalla diffamazione di Caio, è costretto a trasferirsi in un'altra città ed ivi, passeggiando per la strada, viene travolto ed ucciso da un automobilista, si potrebbe a prima vista dire che la morte di Tizio rinvenga il proprio originario antecedente causale nella diffamazione.

È già il buon senso a suggerire che una regola siffatta, la quale addebiti al responsabile anche le conseguenze ultime e più remote del suo agire, sarebbe del tutto irrazionale: ognuno di noi verrebbe esposto al rischio di costi risarcitori altissimi per avere commesso un fatto, sia pure illecito, ma in sé di modesta rilevanza, il quale abbia innescato, in maniera mediata ed indiretta, una sequenza causale rovinosa.

Conseguenze immediate e dirette del fatto illecito

Non è un caso, quindi, che l'ordinamento giuridico accolga una regola profondamente diversa da quella in precedenza ipotizzata: esso, infatti, accolla al responsabile, le sole conseguenze **immediate** e **dirette** del suo illecito, secondo quanto previsto dall'art. 1223, dettato in materia di responsabilità contrattuale (v. Cap. XI, n. 9), ma richiamato anche in sede di risarcimento del danno extracontrattuale (art. 2056, co. 1).

Si tratta, ora, di chiarire l'effettivo significato di tale regola.

In primo luogo, l'obbligazione risarcitoria non può estendersi al di là del confine segnato dallo **scopo di protezione** della norma violata dall'illecito. Ad es., se io ferisco gravemente una persona, lasciandola sulla strada con un arto semi-amputato, rispondo naturalmente dei danni derivanti dalla lesione della sua integrità psico-fisica, poiché la situazione giuridica soggettiva che ho leso mirava a presidiare appunto quegli interessi. Non rispondo, invece, del danno alla salute subìto da un passante che, sconvolto per la visione del corpo straziato della vittima, sia colpito da infarto, giacché tale danno deve considerarsi estraneo allo scopo di protezione della norma da me violata.

Causalità giuridica e scopo della norma violata

In secondo luogo, l'obbligazione risarcitoria non può ricomprendere danni ai quali la vittima era **comunque** esposta: è il caso del tamponamento subìto da chi si stava recando all'aeroporto per prendere un aereo e che, a causa del ritardo derivante dal modesto incidente stradale, salga sul volo successivo per la stessa destinazione, finendo coinvolto in un disastro aereo.

Causalità giuridica ed esposizione al rischio

È abbastanza agevole rendersi conto che entrambe tali direttive assecondano un uso razionale della responsabilità civile: sarebbe, infatti, del tutto incongruo accollare al danneggiante il costo di danni che egli non avrebbe mai potuto ragionevolmente prevedere e, dunque, neppure evitare.

5.1. *Il risarcimento del danno ascrivibile a più responsabili*

Inerisce al piano della causazione del fatto dannoso il problema relativo alla sua imputabilità a **più** persone. Ad es., l'incendio che distrugge una casa dipende dalla negligenza di Tizio, che lascia acceso un fornello nella propria abitazione, contigua a quella del danneggiato, ma anche dalla negligenza di Caio, custode dell'immobile, che – pur essendo tenuto a farlo – omette di attivare l'impianto automatico di spegnimento incendi di cui l'immobile è dotato.

Fatto dannoso imputabile a più persone

La regola posta dall'art. 2055 prevede, in tal caso, che **tutti** i responsabili siano obbligati **in solido** al risarcimento del danno. Tale regola è dettata al fine evidente di offrire la massima tutela al danneggiato, che – secondo le regole della responsabilità solidale (cfr. Cap. XI, n. 6) – potrà agire contro uno qualsiasi dei responsabili, ottenendo l'integrale risarcimento del danno.

La ripartizione del peso economico del debito tra i danneggianti è invece affidata ai criteri della gravità della colpa di ciascuno e delle conseguenze che ne sono derivate, presumendosi nel dubbio eguali le singole colpe.

5.2. *Differenze funzionali tra risarcimento del danno patrimoniale e risarcimento del danno non patrimoniale*

Le differenze funzionali in precedenza segnalate tra danno patrimoniale e danno non patrimoniale si riflettono anche in sede di risarcimento del danno.

Funzione del risarcimento del danno patrimoniale ...

Infatti, il risarcimento di un danno che consista nella perdita di utilità patrimoniali sarà tipicamente finalizzato a riattribuire alla vittima – secondo la previsione dell'art. 1223 – tutta la perdita subita (c.d. **danno emergente**) e tutto il mancato guadagno (c.d. **lucro cessante**): è il principio della riparazione integrale del danno, che possiamo desumere ancora una volta dall'art. 1223 e secondo il quale il danneggiato, dopo il risarcimento, deve essere posto, almeno tendenzialmente, nella stessa condizione nella quale si trovava prima del fatto dannoso.

Ad es., se colui che ha visto la propria automobile distrutta in un incidente automobilistico fa il tassista e, a causa di ciò, si è dovuto fermare per quindici giorni, e poi ha dovuto noleggiare una vettura sostitutiva per altri quindici giorni, egli avrà diritto ad ottenere un importo comprensivo del mancato guadagno per i primi quindici giorni (da stimarsi alla luce del guadagno che la vittima aveva realizzato nel corrispondente periodo dell'anno o del mese precedente), del costo dell'automobile sostitutiva per i secondi quindici nonché, naturalmente, dell'importo pari al costo delle riparazioni alla propria automobile (ovvero pari al costo sul mercato di un'automobile dello stesso tipo di quella andata distrutta).

... e del danno non patrimoniale

Invece, le perdite di utilità (non patrimoniali) che la vittima subisce in caso di danno non patrimoniale non sono suscettibili di dare luogo ad un giudizio di equivalenza con valori di mercato, proprio perché non si prestano ad un'immediata valutazione in danaro.

Ne consegue che il risarcimento del danno non patrimoniale **non** avrà qui la funzione di **ricostituire** valori patrimoniali alterati o distrutti: ed è proprio per questo che il risarcimento del danno non patrimoniale finisce, addirittura, per **arricchire** (in termini di saldo monetario) la vittima.

Si consideri l'esempio dell'avvocato Caio che, tacciato pubblicamente di essere un incapace ed avendo sofferto per tal ragione un decremento di reddito pari a 10.000 €, ottenga un risarcimento del danno patrimoniale, pari a tale importo e del danno non patrimoniale, pari a 1.000 €: in termini di saldo monetario, egli – a seguito del fatto dannoso – si sarà arricchito di 1.000 €.

Il risarcimento del danno non patrimoniale potrà allora assumere, come nel caso appena citato, la funzione di soddisfare il senso di giustizia della vittima, ovvero consentire alla vittima stessa di acquisire utilità in grado di ristabilire il suo personale equilibrio di vita (si pensi al caso della vittima di un grave incidente stradale che utilizzi il risarcimento per ritemprarsi con una crociera).

È altresì presente, nel risarcimento del danno non patrimoniale, una componente **sanzionatoria** (n. 1) da ricollegarsi, con ogni probabilità, alla tendenziale coincidenza dell'area della risarcibilità del danno non patrimoniale con quella dei fatti penalmente rilevanti: la prestazione risarcitoria finisce, cioè, per assumere la funzione di una sorta di **pena privata**, finalizzata a prevenire la commissione di futuri illeciti.

Liquidazione del danno non patrimoniale

I rilievi appena svolti circa l'assenza, in materia di risarcimento di danno non patrimoniale, di un parametro pecuniario di immediato riferimento, consentono di comprendere perché la liquidazione del danno non patrimoniale abbia natura intrinsecamente **equitativa**, muovendosi il giudice sulla base di una valutazione complessiva di tutte le circostanze del caso di specie.

Nella prassi giurisprudenziale, tuttavia, l'equità è guidata da una serie di criteri, desunti, ad es., da precedenti resi in casi analoghi: così, negli illeciti di diffamazione, la qualità del soggetto leso, la gravità dell'addebito, la sua diffusione, ecc.

Liquidazione del danno biologico

L'esigenza di armonizzare **equità** (e, dunque, valorizzazione delle circostanze del caso concreto) ed **eguaglianza** nel trattamento di casi simili, è molto avvertita in materia di danno biologico, tuttora in forte evoluzione normativa anche sotto questo profilo.

Si può dire che, allo stato, il metodo di risarcimento del danno biologico largamente prevalente è quello che combina un'**uniformità** risarcitoria di base, assicurata da tabelle in uso presso i vari distretti giudiziari, in relazione ai "punti di invalidità" riscontrati in sede di accertamento medico legale, con un'**individualizzazione equitativa**, che tiene conto delle eventuali peculiarità del singolo caso.

Pubblicazione della sentenza di condanna

La non immediata valutabilità in danaro delle perdite subite dalla vittima di un danno non patrimoniale spiega perché – soprattutto in presenza di fatti lesivi di beni della personalità come l'onore o la reputazione – si utilizzi un rimedio in grado di ripristinare l'integrità della personalità lesa, quale la **pubblicazione della sentenza** di condanna prevista in via generale dall'art. 120 c.p.c.: rimedio da taluno considerato alla stregua di un **risarcimento in forma specifica** del danno non patrimoniale.

5.3. *Il risarcimento del danno in forma specifica*

Risarcimento in forma specifica

Il **risarcimento in forma specifica** (art. 2058) mira ad attribuire al danneggiato lo stesso bene alterato dal fatto dannoso (opportunamente ricostituito nella sua integrità), oppure un bene simile: chi abbia distrutto l'automobile altrui in un incidente stradale potrebbe dunque essere condannato – in alternativa alla corresponsione alla vittima di una somma di danaro, pari al valore dell'automobile – alla riparazione a proprie spese dell'automobile, o all'acquisto di una vettura con caratteristiche simili.

La modalità risarcitoria **ordinaria** (nonostante tendenze dottrinali inclini a valorizzare il risarcimento in forma specifica, in quanto idoneo a realizzare una più specifica e, dunque, più effettiva tutela del danneggiato: e v. n. 6, per quel che concerne il risarcimento del danno ambientale) è tuttavia il risarcimento per **equivalente**, secondo quanto desumiamo proprio dall'art. 2058.

Limiti

Il risarcimento del danno in forma specifica, infatti, potrà essere richiesto solo quando sia in tutto o in parte **possibile** (in senso naturalistico: è precluso il risarcimento in forma specifica consistente nella ricostruzione del pregiato oggetto di ceramica che il fatto illecito del danneggiante abbia disintegrato). Inoltre, il giudice potrà disporre che il risarcimento avvenga per equivalente quando il risarcimento in forma specifica sia troppo **oneroso** per il debitore (art. 2058, co. 2: se l'automobile altrui è stata distrutta gettandola nel fondo di un lago, sarebbe evidentemente troppo oneroso imporre al danneggiante di noleggiare un sottomarino per recuperarla, sicché il danneggiante sarà piuttosto condannato a pagare una somma di danaro che permetta al danneggiato di acquistare un'automobile con caratteristiche simili a quelle della vettura andata distrutta).

È proprio il limite della non eccessiva onerosità a rendere palese che la modalità risarcitoria generale è quella per equivalente. Infatti, il danneggiante va sempre condannato al risarcimento del danno per equivalente per quanto tale condanna risulti onerosa, giacché qui il termine di riferimento dell'obbligazione risarcitoria è la perdita subìta dal patrimonio della vittima. Nel risarcimento in forma specifica, viceversa, si può dare una **sfasatura** (in pregiudizio del responsabile) tra entità del **danno** ed entità del **costo** da sopportare per la reintegra del bene leso.

6. *Le "responsabilità speciali"*

Responsabilità speciali

La legislazione speciale (Cap. I, n. 5.1) ha costruito, negli ultimi decenni, diverse nuove fattispecie di responsabilità civile caratterizzate dalla natura del **bene** leso, dalla **qualità soggettiva** del danneggiante, ovvero ancora dall'**attività** fonte del danno.

Si tratta di fattispecie molto eterogenee, difficilmente riconducibili ad un comune denominatore. Tuttavia, può essere di una qualche utilità segnalarne i profili di più marcata diversificazione rispetto alla normativa codicistica.

Così, in alcune di queste ipotesi, sono i **criteri di imputazione** a seguire regole non riconducibili alla disciplina di diritto comune.

Responsabilità speciali e criteri di imputazione

Ciò accade, in particolare, in materia di responsabilità civile dipendente dall'**impiego pacifico dell'energia nucleare** (art. 15 s., l. n. 1860/1962), ove si configura un'ipotesi di **responsabilità assoluta**, basata sul mero nesso di causalità materiale tra il fatto ed il danno; in materia di responsabilità civile dei **magistrati** (art. 2, l. n. 117/1988, da ultimo modificata dalla l. n. 18/2015), i quali rispondono **solo** per dolo e colpa grave (e le ipotesi di colpa grave sono oggetto di elencazione da parte della stessa legge), anche qui – dunque – con un'accentuazione del profilo **sanzionatorio**; in materia di danno da **prodotti difettosi** (d.P.R. n. 224/1988 ora trasfuso negli art. 144 s. cdc), ove, secondo l'orientamento prevalente, ricorrerebbe un'ipotesi di **responsabilità oggettiva**; in materia di danni derivanti dal **trattamento dei dati personali** (art. 15, co. 1, cdp), ove si richiama il criterio di imputazione previsto, per l'esercizio di **attività pericolose**, dall'art. 2050 (v. n. 3.6). Quest'ultimo ambito di problemi è ora disciplinato dal Regolamento 2016/679/UE, già in precedenza citato, che riconosce, a chiunque subisca un danno materiale o immateriale causato da una violazione del medesimo regolamento, il diritto di ottenere il risarcimento del danno dal titolare del trattamento (o dal responsabile del trattamento), a meno che questi non dimostri che l'evento dannoso "non gli è in alcun modo imputabile"; ne consegue che il meccanismo di esonero dalla responsabilità è nel senso che, in mancanza di tale dimostrazione, una responsabilità sarà comunque ritenuta accertata in capo a detti soggetti.

Responsabilità speciali ed area del danno risarcibile

Talora, poi, è la stessa individuazione dell'ambito del danno **risarcibile** a distaccarsi dallo schema codicistico. È quanto accade, ad es., in materia di danno da **prodotti difettosi** (art. 123 cdc), limitato – oltre che a quello cagionato dalla morte o da lesioni personali – a quello riferito alla "distruzione o al deterioramento di una cosa diversa dal prodotto difettoso, purché di tipo normalmente destinato all'uso o consumo privato e così principalmente utilizzata dal danneggiato", e ciò nella misura in cui ecceda il limite di € 387; in materia di **danno da trattamento dei dati personali**, con la previsione di **generale risarcibilità** del danno non patrimoniale: art. 15, co. 2, cdp ed ora il già citato Regolamento 2016/679 (v. n. 4).

Responsabilità speciali e tecniche risarcitorie

Divergenze rispetto alla regola codicistica si riscontrano, infine, anche sotto il profilo delle **modalità risarcitoria** e dei criteri di **determinazione quantitativa** dell'obbligo risarcitorio.

Al riguardo, qualche cenno più articolato merita la materia del **danno ambientale** (introdotta dall'art. 18, l. n. 349/1986 e più di recente disciplinata, in termini profondamente innovativi anche quanto alle modalità di accertamento del fatto dannoso e di condanna al risarcimento del responsabile, dagli artt. 300 s. d.lgs. n. 152/2006).

In particolare, e lasciando da parte gli aspetti di natura più propriamente pubblicistica della disciplina, quest'ultima definisce il danno ambientale come "qualsiasi deterioramento significativo e misurabile, diretto o indiretto, di una risorsa naturale o dell'utilità assicurata da quest'ultima" (art. 300), attribuendo al Ministro dell'ambiente e della tutela del territorio la legittimazione ad ottenerne il risarcimento "in forma specifica e, se necessario, per equivalente patrimoniale" (art. 311, co. 1). La legittimazione del Ministero ad agire per il risarcimento si spiega in quanto il danno ambientale si configura come il danno subito dalla collettività che vede compresso o addirittura precluso il godimento della risorsa naturale incisa dall'illecito. Proprio per questo, il risarcimento del danno ambientale non interferisce in alcun modo con la pretesa risarcitoria di coloro che abbiano subito, a seguito del medesimo fatto produttivo di danno ambientale, danni su beni di loro proprietà o alla propria salute, pretesa suscettibile di essere fatta valere secondo le regole ordinarie.

Gli aspetti caratteristici della disciplina, rispetto a quella generale racchiusa nel codice civile, possono essere ravvisati: nella definizione della fattispecie produttiva di danno risarcibile (che lo individua nella realizzazione di un fatto illecito ovvero nella omissione di "attività o comportamenti doverosi, con violazione di legge, di regolamento o di provvedimento amministrativo, con negligenza, imperizia, imprudenza o violazione di norme tecniche" tali da arrecare "danno all'ambiente, alterandolo, deteriorandolo o distruggendolo in tutto o in parte"); nella preminenza assegnata al rimedio del risarcimento in forma specifica, definito all'art. 311, co. 2, d.lgs. n. 152/2006, come ripristino della "precedente situazione", rispetto al modello codicistico che – come si è visto – ravvisa nel risarcimento per equivalente la modalità risarcitoria di portata generale.

Capitolo X
L'IMPRESA

Sommario: 1. La nozione di imprenditore e l'attività economica. – 1.1. L'impresa, le imprese e la loro disciplina. – 1.2. L'impresa esercitata in forma collettiva: la società. – 1.3. Società di persone e società di capitali. – 2. L'azienda. – 2.1. I segni distintivi e le invenzioni. Cenni al diritto d'autore. – 2.2. La concorrenza. – 3. I contratti delle imprese. – 4. Le forme giuridiche di collaborazione nell'impresa.

1. *La nozione di imprenditore e l'attività economica*

Il Libro V del codice civile – intitolato "Del lavoro" – contiene la disciplina dell'**attività economica** nelle varie forme che questa può assumere (lavoro subordinato: art. 2094 s.; lavoro autonomo e professioni intellettuali: art. 2222 s.; impresa, individuale e collettiva: artt. 2082 s.; 2247 s.).

Tuttavia, risulta abbastanza evidente che per il legislatore del 1942 la modalità principale di svolgimento di un'attività economica è rappresentata dall'**impresa**: e ciò perché il nostro codice civile, al di là di talune inevitabili concessioni all'ideologia corporativa (si vedano, in particolare, gli artt. 2060, 2085, 2086, 2088 alla stregua dei quali tutti gli agenti della produzione sembrano essere appaiati, pur nella diversità dei ruoli, nella comune subordinazione all'interesse superiore della Nazione), rimane specchio fedele di un'economia di tipo capitalistico che appunto nell'impresa, cioè nella libera organizzazione dei vari fattori della produzione da parte di un soggetto che se ne assume il rischio, trova il suo perno centrale.

Caratteri dell'impresa

Non è un caso, quindi, che l'art. 2082 si impegni nella individuazione dei tratti costitutivi dell'impresa, pur privilegiando un approccio di tipo soggettivo dal momento che l'impresa viene definita attraverso l'**imprenditore**: circostanza, questa, analoga a quanto già accade all'art. 832 (v. Cap. XII, n. 1.2) dove pure si definisce la proprietà attraverso il proprietario, forse in omaggio ad una concezione dell'economia per la quale la volontà e la responsabilità del singolo prevalgono, debbono prevalere, sui freddi meccanismi della produzione e dello scambio.

Resta il fatto, tuttavia, che i predicati individuati dall'art. 2082 vanno riferiti all'impresa piuttosto che all'imprenditore e alla stregua di essi l'impresa è:

a) **attività**. Ciò significa che l'impresa non si esaurisce nel compimento di un singolo atto, ma richiede lo svolgimento di una pluralità di atti tra loro coordinati;

b) **economica**. Tale attività deve consistere nella produzione o nello scambio di beni o di servizi e, pur non essendo necessariamente finalizzata alla realizzazione di un profitto (di guisa che anche enti collettivi istituzionalmente caratterizzati da uno scopo non lucrativo possono esercitare un'impresa: associazioni, fondazioni, ecc.), deve, però rispettare il vincolo della **economicità**, ossia del pareggio tra i costi e i ricavi;

c) **professionale**. Si può parlare di impresa se, e solo se, l'attività in questione viene svolta in modo **regolare** e **continuo** nel tempo, non esaurendosi in iniziative saltuarie o occasionali.

Tuttavia, il requisito della professionalità va inteso in modo adeguato alle caratteristiche che l'attività economica può in concreto assumere: ad es., la gestione di uno stabilimento balneare ha in genere un andamento stagionale ma questo non ne pregiudica la professionalità; così come la realizzazione di una grande infrastruttura può dar vita alla nascita di una società che raccolga tutte le imprese interessate (ad es. la "Società Ponte di Messina") destinata a sciogliersi una volta che l'opera sia realizzata, ma certo non priva del requisito della professionalità;

d) **organizzata**. Non vi è impresa se non vi è organizzazione, cioè un **complesso di beni** (materiali e immateriali) funzionalmente destinati all'esercizio dell'impresa. Il complesso di beni in questione prende il nome di **azienda** ed è oggetto di una specifica disciplina agli art. 2555 s. (sulla quale v. n. 3). Va precisato, però, che la nozione di organizzazione si estende anche al coordinamento dei fattori della produzione, ad es., il lavoro.

Impresa e Costituzione

Questi sono i caratteri che, ai sensi dell'art. 2082, individuano l'impresa. Rimane da aggiungere, prima di passare oltre, che l'impresa, in quanto attività economica, gode del riconoscimento sancito, a beneficio dell'iniziativa economica, dall'art. 41, co. 1, Cost. Tale riconoscimento, però, non è incondizionato giacché il legislatore costituente, pur intravedendo nella libertà di iniziativa economica e, quindi, nell'impresa lo strumento privilegiato attraverso il quale aumentare la ricchezza collettiva, neppure si è nascosto che tale libertà può tuttavia entrare in conflitto con valori di rango superiore come la **sicurezza**, la **dignità** e la **libertà umane**, ovvero non riuscire, in concreto, a massimizzare il benessere sociale (art. 41, co. 2, Cost.).

Da qui l'esigenza, per un verso, di limitare la libertà di iniziativa economica (si pensi a tutte le norme poste a tutela del lavoro subordinato, ma anche a quelle a tutela dell'ambiente) e, per altro verso, di sostituire o affiancare la "mano pubblica" all'impresa privata (artt. 41, co. 3; 43 Cost.).

Se questa seconda esigenza, il soddisfacimento della quale ha portato alla instaurazione di una economia **mista** caratterizzata da una forte presenza di imprese pubbliche, appare oggi declinare a favore di un'economia imperniata sulla **libertà del mercato** e sulla **concorrenza** secondo il modello imposto dai Trattati comunitari (artt. 2, 3, 81, 82 Tr.), e rispetto al quale l'intervento dello Stato si esaurisce in una dimensione puramente regolativa (si pensi alle numerose Autorità amministrative indipendenti sorte anche nel nostro paese proprio a seguito del processo di privatizzazione delle imprese pubbliche), la prima esigenza – quella di porre un argine alla sfrenata ricerca del profitto – rimane vivissima in una realtà planetaria segnata da forti squilibri economici, sociali ed ambientali.

1.1. *L'impresa, le imprese e la loro disciplina*

Già nel codice del 1942 è possibile ritrovare una pluralità di figure imprenditoriali. In altri termini il legislatore, se per un verso ha individuato una nozione generale di impresa – quella desumibile dall'art. 2082 – la quale funge da presupposto per l'applicazione di talune norme comuni a tutti gli imprenditori (si pensi, ad es., all'art. 1330), per altro verso ha provveduto a differenziare la disciplina (lo **statuto**, come pure si usa dire) dell'impresa in ragione di talune caratteristiche – ora di tipo qualitativo, ora di tipo quantitativo – che quest'ultima può assumere.

Distinzioni su base qualitativa

Il ricorso al criterio **qualitativo** genera la distinzione tra imprenditore **commerciale** (art. 2195) e imprenditore **agricolo** (art. 2135). Il criterio in questione si fonda sulla particolare natura dell'attività svolta, nel senso che sarà imprenditore commerciale colui che svolge una delle attività menzionate dall'art. 2195 (attività industriale diretta alla produzione di beni o servizi, attività intermediaria nella circolazione dei beni, attività di trasporto per terra acqua o aria, attività bancaria o assicurativa, attività ausiliarie delle precedenti), mentre sarà imprenditore agricolo colui che svolge una delle attività indicate dall'art. 2135 (coltivazione del fondo, silvicoltura, allevamento di animali ed attività connesse).

Distinzioni su base quantitativa

Il ricorso al criterio **quantitativo**, viceversa, genera la distinzione tra imprenditore **piccolo** (art. 2083) e imprenditore **non** piccolo (o medio-grande). Qui a rilevare non è solo, o tanto, il tipo di attività svolta, quanto piuttosto le modalità di svolgimento dell'attività: ai sensi del già richiamato art. 2083, infatti, sono piccoli imprenditori i **coltivatori diretti**, gli artigiani (per i quali, in verità, esiste una organica disciplina *ad hoc* assicurata dalla l. n. 443/1985 che pone problemi di coordinamento proprio con la nozione di piccolo imprenditore), i piccoli commercianti e coloro che esercitano un'attività professionale organizzata con il lavoro proprio e dei componenti della famiglia.

Come è agevole constatare, il piccolo imprenditore è appunto caratterizzato da un ridotto sviluppo dell'apparato aziendale e da una netta prevalenza dell'apporto **personale** e **familiare** nello svolgimento dell'impresa. Bisogna aggiungere che questi due criteri – il qualitativo e il quantitativo – a volte si combinano posto che talune attività, ad es. quella artigianale, integrano per definizione gli estremi della piccola impresa, anche se ciò non sempre corrisponde esattamente alla realtà delle cose.

Statuto dell'imprenditore commerciale

Come è ovvio, queste distinzioni non hanno un valore puramente classificatorio ma preludono ad una differenziazione della disciplina da applicare. In particolare, nel codice civile, troviamo alcune norme che si applicano al **solo** imprenditore commerciale (non piccolo) e che, prese nel loro insieme, compongono quello che si è usi chiamare lo **statuto** dell'imprenditore commerciale. Queste norme prevedono, a carico dell'imprenditore commerciale, l'obbligo di iscrizione nel registro delle imprese (art. 2195), l'obbligo di tenuta delle scritture contabili (art. 2214) e l'assoggettamento al fallimento e al concordato preventivo (art. 2221). Con riferimento all'imprenditore agricolo va tuttavia segnalato come, dal 2001, l'iscrizione nella sezione speciale del registro delle imprese, prevista già nel 1993 con effetti di pubblicità notizia, ha assunto efficacia di pubblicità legale; tale soggetto può oggi accedere tanto alle procedure di cui agli artt. 182 *bis* e 182 *ter* l.f., quanto a quelle di composizione della crisi da sovraindebitamento disciplinate dalla l. n. 3/2012.

Registro delle imprese

Per quanto attiene al **registro delle imprese** (art. 2188 s.), esso rappresenta una forma di pubblicità attraverso la quale ai terzi è dato conoscere della esistenza, della titolarità, dell'oggetto, della sede e dei rappresentanti dell'impresa (art. 2196). Non si tratta, tuttavia, di una mera pubblicità notizia perché, ai sensi dell'art. 2193, i fatti per i quali la legge prevede l'iscrizione e che siano stati regolarmente iscritti sono sempre **opponibili** ai terzi mentre, se non iscritti, non sono opponibili a meno che non si provi che i terzi ne erano comunque venuti a conoscenza (v. anche artt. 2206-2207).

L'imprenditore commerciale è obbligato anche alla tenuta delle **scritture contabili**, ossia il **libro giornale** (registrazione cronologica delle operazioni compiute), il **libro degli inventari** (valutazione annuale delle attività e delle passività con il bilancio annuale dei profitti e delle perdite) e le altre scritture richieste dalla natura e dalle dimensioni dell'impresa (art. 2214). Poiché l'imprenditore commerciale è obbligato a tenere le scritture contabili nell'interesse dei terzi creditori, esse fanno prova contro di lui (art. 2709), mentre egli se ne può avvantaggiare, a condizione che le abbia regolarmente tenute, solo nell'ambito di controversie relative a rapporti inerenti l'esercizio dell'impresa che lo oppongano ad altri imprenditori (art. 2710). Scritture contabili

Veniamo, infine, al **fallimento** e alle altre **procedure concorsuali**. Si tratta di una materia estremamente complessa che qui sintetizzeremo per sommi capi. Le procedure concorsuali

La disciplina delle procedure concorsuali (con l'esclusione dell'amministrazione straordinaria delle grandi imprese in stato di insolvenza) è contenuta nel r.d. n. 267/1942 (così detta "legge fallimentare"), recentemente oggetto di una riforma organica attuata dal legislatore a più riprese (prima con il d.l. 35/2005, convertito in l. n. 80/2005, che ha modificato la disciplina del concordato preventivo e della revocatoria fallimentare; poi con il d.lgs. n. 5/2006 da ultimo emendato dal d.lgs. n. 169/2007; poi ancora, con il d.l. n. 83/2012 convertito in l. n. 134/2012, il d.l. n. 179/2012 convertito in l. n. 221/2012, con la l. n. 228/2012 e con il d.l. n. 69/2013, convertito in l. n. 98/2013; per finire, ulteriori modifiche sono state operate con il d.l. n. 145/2013, convertito in l. 9/2014 e, da ultimo, con il d.l. n. 1/2015 fino a giungere alla completa riforma della materia con il d.lgs. n. 14/2019 recante il nuovo ccii, ma la cui entrata in vigore è prevista – salvo che per sparute norme già efficaci – per maggio 2022).

Secondo la visione tradizionale, la disciplina delle procedure concorsuali assecondava la necessità di eliminare dal mercato un'impresa ormai dissestata (e, quindi, distruttrice e non più creatrice di ricchezza) mediante la liquidazione del suo patrimonio e la distribuzione del ricavato ai creditori (nel rispetto del c.d. principio della *par condicio creditorum*). La recente novella legislativa (divenuta necessaria per rendere la disciplina delle procedure concorsuali più aderente all'attuale sistema economico) ha affiancato a tale *ratio* quella di evitare, per quanto possibile, la dichiarazione di fallimento, rendendo più agevole l'accesso alle procedure di composizione preventiva della crisi d'impresa (concordato preventivo ed accordi di ristrutturazione dei debiti) e favorendo il salvataggio dei complessi produttivi. Principi di riforma della legge fallimentare

Il nuovo ccii

Proprio nel solco delle recenti riforme della legge fallimentare si colloca il già citato ccii, ancora non entrato in vigore. La nuova normativa non si discosta molto da quella vecchia, ancorché esibisca alcune importanti novità. Tra queste la più vistosa è il cambio di terminologia: non si parlerà più, infatti, di fallimento, bensì di "**liquidazione giudiziale**". Dietro il cambio terminologico si cela l'intento del legislatore di considerare la decozione dell'impresa come un elemento fisiologico dell'attività economica da gestire con strumenti innanzitutto preventivi. In ciò si racchiude la seconda più vistosa novità, ossia la predisposizione di strumenti utili a gestire la crisi d'impresa prima che l'attività scivoli nella decozione tra cui l'obbligo per gli organi societari di controllo e per i c.d. creditori qualificati (Agenzia delle entrate, Inps ecc.) di segnalare la presenza di elementi-spia della crisi al fine di consentire all'impresa di correre per tempo ai ripari.

Il fallimento

Il fallimento è una procedura esecutiva a carattere **collettivo** che ha come presupposti, da un lato, l'**insolvenza** (art. 5 l.f.), cioè l'incapacità da parte dell'imprenditore di fare fronte in modo regolare e con mezzi normali ai propri impegni (che è cosa diversa dall'inadempimento di una o più obbligazioni) e, dall'altro, la qualità di imprenditore commerciale (individuale o collettivo) che rispetti almeno uno dei requisiti dimensionali previsti dalla legge (art. 1, co. 2, l.f.).

Lo stato di insolvenza viene dichiarato dal Tribunale con sentenza, oltre che su istanza dei creditori, anche su richiesta dell'imprenditore decotto o del p.m. (artt. 6, 9 l.f.).

Una volta dichiarato il fallimento, si avvia la relativa procedura che comporta il coinvolgimento di vari soggetti: il **Tribunale fallimentare** (artt. 23-24 l.f.); il **giudice delegato** (artt. 25-26 l.f.), cui spetta di dirigere le operazioni e di vigilare sull'operato del curatore; il **curatore fallimentare** (art. 27-39 l.f.), che amministra il patrimonio del fallito; il **comitato dei creditori** (artt. 40-41 l.f.), con funzioni consultive.

Effetti del fallimento sul fallito

La dichiarazione di fallimento ha come primo effetto di privare il fallito dell'amministrazione dei suoi beni e del potere di disporne liberamente: ne consegue che tutti gli atti da lui compiuti dopo la dichiarazione di fallimento sono **inefficaci**, ossia inopponibili ai creditori (art. 44 l.f.: v. Cap. VII, n. 11).

...e sui creditori

... e su base quantitativa

L'amministrazione del patrimonio del fallito passa nelle mani del curatore perché, da questo momento in poi, l'obiettivo diventa quello di evitare l'ulteriore aggravamento del dissesto onde poter procedere alla liquidazione dei beni del fallito ed alla distribuzione del ricavato ai creditori nel rispetto della *par condicio*. Ciò comporta altresì che nessun creditore potrà più agire **individualmente**, posto che ciascuno di essi verrà soddisfatto, in misura proporzionale al proprio credito e sempre salve le legittime cause di prelazione (artt. 51-52 l.f.), sulla base di un analitico **piano di ripartizione**.

Questa esigenza di cristallizzazione dei rapporti giuridici riconducibili al fallito si manifesta non soltanto con riguardo al futuro (fortemente limitando, come abbiamo visto, il potere di disposizione del fallito), ma anche con riguardo al presente e, addirittura, al passato.

... e sui rapporti contrattuali in corso

Con riguardo al presente, perché la l.f. contempla una serie di norme che regolano gli effetti del fallimento sui rapporti contrattuali in corso al momento della dichiarazione di fallimento (artt. 72-83 *bis* l.f.): effetti che possono consistere, a seconda delle diverse ipotesi, ora nello **scioglimento** del rapporto contrattuale (ad es., nel caso dell'associazione in partecipazione: art. 77 l.f., o del conto corrente, del mandato e della commissione: art. 78 l.f. e, più in generale, in tutti i casi in cui il contratto abbia una base **fiduciaria**), ora nella **prosecuzione** del rapporto da parte del curatore che subentra nella posizione contrattuale del fallito (ad es., nella locazione di immobili, nel caso di fallimento del locatore: art. 80, co. 1, l.f.), ora nello scioglimento o nella prosecuzione del rapporto a seconda delle **scelte** del curatore o dell'altro contraente (si v., ad es., l'art. 81 l.f. in materia di appalto. Per le sorti del contratto di compravendita v., poi, l'analitica disciplina dell'art. 72 l.f.).

...e sugli atti pregiudizievoli ai creditori: l'azione revocatoria fallimentare

Ma, come già detto, la dichiarazione di fallimento si proietta sul passato, cioè sugli atti posti in essere dall'imprenditore in un periodo precedente la dichiarazione di fallimento stessa (artt. 64-70 l.f.). Strumento a ciò deputato è l'**azione revocatoria fallimentare**, la quale può o provocare il semplice **accertamento** della **inefficacia** *ex lege* dell'atto (artt. 64-65 l.f.), ovvero porre capo ad una pronunzia **costitutiva** che determina essa il **venir meno** degli effetti dell'atto (artt. 67-67 *bis* l.f.). L'azione revocatoria fallimentare poggia sul presupposto che l'insolvenza si sia manifestata già in una fase anteriore al suo formale accertamento, di talché deve ritenersi che gli atti compiuti dall'imprenditore decotto avessero ad oggetto beni da destinarsi al soddisfacimento delle ragioni dei suoi creditori e che, dunque, al fallimento debbono essere recuperati.

Differenze con l'azione revocatoria ordinaria

L'azione revocatoria fallimentare si distingue da quella ordinaria (Cap. XI, n. 10.1: si tenga presente, comunque, che ai sensi dell'art. 66 l.f. il curatore può esercitare anche l'azione revocatoria ordinaria) per più riguardi.

Intanto, essa viene esercitata non dal singolo creditore nel proprio interesse, ma dal curatore fallimentare nell'interesse di **tutti** i creditori e ciò perché suo obiettivo primario è il rispetto del principio della *par condicio creditorum*. Per la stessa ragione, mentre l'azione revocatoria ordinaria richiede la prova di uno specifico danno, consistente nella diminuzione della garanzia patrimoniale provocata dall'atto di disposizione del debitore, l'azione revocatoria fallimentare ne prescinde, poiché qui l'esigenza fondamentale è quella di **recuperare** i beni alienati ed i pagamenti effettuati dall'imprenditore insolvente per distribuirne il relativo valore ai creditori, nel rispetto del principio di proporzionalità e delle cause legittime di prelazione.

Infine, mentre nell'azione revocatoria ordinaria è sempre necessaria la prova, quantomeno, della mala fede del debitore (negli atti a titolo gratuito) o anche del terzo (negli atti a titolo oneroso), nell'azione revocatoria fallimentare la prova dell'elemento soggettivo è richiesta soltanto nelle ipotesi di cui all'art. 67, co. 2, l.f. (che sono quelle che si riferiscono ad atti normali), mentre nelle altre ipotesi se ne **prescinde** completamente (ad es., per la revoca degli atti a titolo gratuito *ex* art. 64 l.f.), o si **presume** (come nel caso dei pagamenti con mezzi anomali o degli atti a titolo oneroso fortemente sperequati a danno del fallito di cui all'art. 67, co. 1, l.f.).

Atti soggetti a revocatoria fallimentare

L'azione revocatoria fallimentare colpisce gli atti posti in essere dal fallito prima della dichiarazione di fallimento secondo criteri che variano a seconda della particolare tipologia degli atti stessi.

In sintesi si può dire che più l'atto appare **anomalo**, nel senso di estraneo ad una normale prassi imprenditoriale (si pensi ad atti a titolo gratuito realmente disinteressati e non frutto di politiche promozionali), ovvero nel senso di sintomatico dell'insolvenza (si pensi a pagamenti effettuati con mezzi, appunto, anomali), più esso è instabile, cioè agevolmente revocabile.

Si va così dagli atti a titolo **gratuito** che, se compiuti nei due anni anteriori alla dichiarazione di fallimento, sono senz'altro inefficaci (art. 64 l.f.), agli atti a titolo **oneroso**, ai **pagamenti** e alla costituzione di garanzie **contestuali** all'assunzione del debito che sono revocabili solo se compiuti entro i sei mesi precedenti la dichiarazione di fallimento e sempre che il curatore riesca a provare la mala fede del terzo, e cioè che questi conoscesse lo stato di insolvenza (art. 67, co. 2, l.f.).

Effetti della revocatoria fallimentare

A seguito dell'utile esperimento della revocatoria fallimentare, chi aveva ricevuto un pagamento o acquistato un bene dall'imprenditore poi fallito nel periodo sospetto, dovrà **restituirli** al fallimento per poi essere ammesso al passivo e vedere soddisfatto secondo le regole del concorso con gli altri creditori e quindi, ancora una volta, nel rispetto della *par condicio creditorum*, il proprio credito (art. 70, co. 2, l.f.).

Il d.l. n. 35/2005 (poi convertito con la l. n. 80/2005) ha modificato la disciplina della revocatoria fallimentare riducendo il periodo sospetto (e cioè quel lasso di tempo precedente alla dichiarazione di fallimento nel quale si presume sussistente un danno alla massa dei creditori, ovvero la conoscenza dello stato di insolvenza da parte del creditore che subisce l'azione) da due anni ad un anno per gli atti revocabili ai sensi dell'art. 67, co. 1, l.f.; e da un anno a sei mesi per gli atti revocabili ai sensi dell'art. 67, co. 2, l.f. Il legislatore, inoltre, ha individuato una serie di atti che non possono essere revocati, tra i quali ad es. le rimesse effettuate, a certe condizioni, su un conto corrente bancario (art. 67, co. 3, lett. *b*) l.f.), e le vendite ed i preliminari di vendita trascritti ai sensi dell'art. 2645 *bis* (art. 67, co. 3, lett. c) l.f.).

Chiusura del fallimento

La procedura fallimentare si chiude con la completa **ripartizione** dell'attivo e nelle altre ipotesi di cui all'art. 118 l.f. Con la chiusura del fallimento, vengono meno i suoi effetti sul patrimonio del fallito, decadono gli organi preposti alla procedura fallimentare e ciascun creditore riacquista la possibilità di agire individualmente nei confronti del fallito, per la parte del suo credito rimasta insoddisfatta (art. 120 l.f.). A tal riguardo va segnalato che, tra le novità più importanti introdotte dalla riforma del fallimento, figura l'**esdebitazione** (artt. 142-144 l.f.). Suo tramite la legge consente al solo fallito **persona fisica** di essere ammesso al beneficio della liberazione dai debiti **residui** nei confronti dei creditori concorsuali non soddisfatti, qualora sia in possesso di una serie di requisiti soggettivi che attengono sostanzialmente al comportamento tenuto dal fallito nel corso della procedura.

Concordato fallimentare

Altra modalità di cessazione della procedura fallimentare è il **concordato fallimentare**. Esso consiste nella proposta avanzata dal fallito, da uno o più creditori o da un terzo di proporre un piano variamente articolato e finalizzato alla ristrutturazione dei debiti ed alla soddisfazione dei crediti (privilegiati o chirografari) anche in misura parziale. Nell'ambito del piano è consentito al proponente di suddividere i creditori in diverse classi sulla base della posizione giuridica e degli interessi economici omogenei, prevedendo trattamenti differenziati per i creditori appartenenti a classi diverse.

Il concordato fallimentare, consentendo la chiusura del fallimento sulla base di un accordo fortemente connotato da elementi di negozialità, presenta il vantaggio, per i creditori, di sottrarsi alle lungaggini e alle incertezze della procedura fallimentare, per l'imprenditore di anticipare il momento in cui riacquistare la propria libertà d'azione, per l'impresa di poter essere rilanciata ove, naturalmente, ne sussistano le condizioni.

La proposta di concordato va approvata, secondo le regole di cui agli artt. 127-128 l.f., dalla **maggioranza** dei creditori e, se sono previste diverse classi, anche dalla maggioranza delle classi. La proposta, una volta approvata, deve essere omologata dal Tribunale che esprime un giudizio di mera legittimità: giudizio che atterrà alla convenienza economica della proposta solo nel caso in cui siano state previste diverse classi ed un creditore appartenente ad una classe dissenziente abbia proposto opposizione (art. 129 l.f.).

Infine, il concordato, la cui **omologazione** fa venire meno gli effetti del fallimento (art. 136 l.f.), può essere o **risolto**, quando non vengano adempiute le obbligazioni da esso derivanti (art. 137 l.f.), o **annullato**, quando si scopra che è stato dolosamente esagerato il passivo ovvero sottratta o dissimulata una parte rilevante dell'attivo (art. 138 l.f.).

Le soluzioni negoziate della crisi d'impresa

Come già detto in principio, la riforma delle procedure concorsuali ha anche favorito la soluzione della crisi (o dell'insolvenza) dell'impresa prima ed al di fuori del fallimento. Al fine di perseguire tale obiettivo, il legislatore ha disciplinato due diverse tipologie di accordo tra l'imprenditore-debitore ed i propri creditori.

Gli accordi di ristrutturazione dei debiti

Per la soluzione delle ipotesi di dissesto meno gravi, è stato previsto che importanti effetti giuridici possano derivare dalla conclusione di **accordi di ristrutturazione stragiudiziali** (che vincolano solo i creditori che vi hanno aderito), quando coinvolgano almeno il sessanta per cento dei creditori (art. 182 *bis* l.f.). Una volta ottenuta l'omologazione da parte del Tribunale, da un lato, gli atti e i pagamenti posti in essere in esecuzione dell'accordo non potranno essere assoggettati a revocatoria in caso di successivo fallimento (art. 67, co. 3, lett. *e*) l.f.); dall'altro, per i sessanta giorni successivi alla pubblicazione dell'accordo presso il registro delle imprese, i creditori il cui credito sia sorto anteriormente non potranno iniziare o proseguire azioni cautelari o esecutive sul patrimonio del debitore (art. 182 *bis* l.f.).

Concordato preventivo

Quando invece il dissesto assume dimensioni più ampie e tali per cui la soluzione della crisi non potrà ottenersi se non attraverso un piano che coinvolga tutto il ceto creditorio, l'imprenditore in crisi potrà accedere alla procedura di **concordato preventivo**. Come nel caso del concordato fallimentare, la proposta potrà basarsi su un piano variamente articolato e finalizzato alla ristrutturazione dei debiti ed alla soddisfazione dei crediti (sia privilegiati, sia chirografari) eventualmente in misura parziale; la proposta concordataria potrà avere tanto finalità liquidatoria quanto di risanamento e prosecuzione dell'attività d'impresa (c.d. concordato con continuità aziendale, art. 186 *bis*). Anche in questo caso è consentita la suddivisione dei creditori in diverse classi sulla base della posizione giuridica e di interessi economici omogenei, prevedendo trattamenti differenziati per i creditori appartenenti a classi diverse.

L'approvazione della proposta di concordato (che viene deliberata a maggioranza e che vincola anche i creditori dissenzienti), la sua omologazione da parte del Tribunale (artt. 177-180 l.f.) e le ipotesi di risoluzione o annullamento (art. 186 l.f.) seguono regole analoghe a quelle previste per il concordato fallimentare.

La **liquidazione coatta amministrativa** è la procedura concorsuale **alternativa** al fallimento alla quale sono sottoposte alcune imprese che, per la loro natura o per la particolare rilevanza degli interessi coinvolti (cooperative, banche, assicurazioni) sono soggette alla **vigilanza** della p.a. Nel caso di insolvenza, dichiarata pur sempre dal Tribunale, la liquidazione avviene ad opera appunto della p.a. Il provvedimento di liquidazione produce grosso modo gli stessi effetti della dichiarazione di fallimento (artt. 200-201 l.f.). Liquidazione coatta amministrativa

Infine, regolata adesso dal d.lgs. n. 270/1999, abbiamo l'**amministrazione straordinaria**, una procedura alla quale possono essere assoggettate imprese insolventi con più di duecento dipendenti, con debiti pari a due terzi dell'attivo e del fatturato annuo e che presentino, però, concrete possibilità di **ripresa**. Amministrazione straordinaria

L'insolvenza è dichiarata dal Tribunale al quale pure spetta di decidere se ammettere o meno l'impresa all'amministrazione straordinaria (artt. 8 e 30, d.lgs. n. 270/1999); ma la gestione è affidata alla p.a. nella persona di uno o tre commissari nominati dal Ministro dello Sviluppo Economico (artt. 37-38, d.lgs. n. 270/1999).

Scopo dell'amministrazione straordinaria è quello di sottrarre al fallimento, nei limiti del possibile, imprese che per la loro mole vengono considerate di rilevanza strategica per l'economia del Paese, specie sotto il profilo occupazionale: resta il fatto che se il piano di risanamento presentato dal commissario straordinario non può trovare attuazione perché la crisi dell'impresa è irreversibile, l'amministrazione straordinaria è destinata a convertirsi in fallimento.

Con successivi e recenti interventi (d.l. n. 347/2003, convertito con modificazioni in l. n. 39/2004 e corretto dal d.l. n. 119/2004), il legislatore ha integrato la disciplina di tale procedura.

Al ricorrere di specifici requisiti di ammissione (art. 1, d.l. n. 347/2003), che denotino il rilievo primario per il sistema economico della salvaguardia del complesso produttivo e del mantenimento dei suoi livelli occupazionali, si è prevista una semplificazione ed una accelerazione dell'amministrazione straordinaria con riguardo alle fasi dell'ammissione alla medesima (art. 2, d.l. n. 347/2003), dell'accertamento dello stato di insolvenza (art. 4, d.l. n. 347/2003) e del passivo (art. 4 *ter*, d.l. n. 347/2003). Si è inoltre favorita la conclusione del concordato con i creditori come modalità di attuazione della ristrutturazione economico-finanziaria dell'impresa (art. 4 *bis*, d.l. n. 347/2003).

Sovraindebitamento

Di recente, il legislatore italiano ha introdotto una disciplina delle crisi da **sovraindebitamento** – oggi contenuta nella l. n. 3/2012 come modificata dall'art. 18, d.l. n. 179/2012 convertito in l. n. 221/2012 – applicabile a tutti i debitori non fallibili (piccoli imprenditori, imprenditori agricoli e consumatori) e per certi versi simile a quella del concordato preventivo e dell'accordo di ristrutturazione dei debiti. Per "sovraindebitamento" si intende "la situazione di perdurante squilibrio tra le obbligazioni assunte e il patrimonio prontamente liquidabile per farvi fronte, che determina la rilevante difficoltà di adempiere le proprie obbligazioni, ovvero la definitiva incapacità di adempierle regolarmente" (art. 6, co. 2, lett. *a*). La nozione in esame si rivela, già d'acchito, ben più ampia di quella di insolvenza accolta dall'art. 5, co. 2, l.f. nella misura in cui, qui, la norma, diversamente da quanto accade nel caso avuto presente dal legislatore del fallimento, contempla ipotesi nelle quali sussiste una mera, per quanto rilevante, **difficoltà** ad adempiere (là dove l'insolvenza è sinonimo, di incapacità "di soddisfare regolarmente le proprie obbligazioni").

La l. n. 3/2012 contempla due modalità di composizione della crisi fra loro alternative: l'**accordo** del debitore con i creditori secondo quanto previsto dall'art. 7, co. 1, il **piano** riservato al consumatore (art. 7, co. 1 *bis*). La procedura intesa all'accordo con i creditori, che si esprimeranno a maggioranza, comporta che il debitore possa essere ammesso a pagare i propri debiti anche in misura non integrale, a determinate condizioni e purché rispetti gli impegni assunti con la proposta di accordo. Analogo scopo ha la procedura di composizione consistente nel piano del consumatore, con la differenza che in questo caso non è necessario l'accordo con i creditori, ma il piano può essere omologato (cioè reso efficace nei confronti dei creditori) sulla sola base della valutazione del tribunale. Il debitore deve proporre la ristrutturazione dei propri debiti e la soddisfazione dei creditori in qualsiasi modo, anche con l'eventuale cessione di propri crediti futuri. In entrambi i casi, l'efficacia delle procedure è subordinata alla loro omologazione da parte dell'autorità giudiziaria.

Diversa da quelle intese a promuovere una vera e propria composizione della crisi è la procedura per ottenere la **liquidazione dei beni** (art. 14 *ter*).

Con l'entrata in vigore del ccii e dell'insolvenza, prevista per maggio 2022, la legge fallimentare è destinata ad essere superata, in quanto il nuovo Codice attua una riforma organica di tutta la disciplina delle procedure concorsuali.

1.2. *L'impresa esercitata in forma collettiva: la società*

L'impresa, oltre che individualmente, può essere esercitata anche **collettivamente**: anzi, in un'epoca di capitalismo globalizzato l'esercizio collettivo dell'impresa deve considerarsi la regola, mentre l'impresa individuale tende ad essere relegata dentro spazi sempre più di nicchia.

Esercizio in forma collettiva dell'impresa

La modalità più comune di esercizio in forma collettiva dell'impresa è rappresentato dalla **società**, ma sarebbe un errore considerare i due termini coestensivi giacché è ben possibile un esercizio in forma collettiva dell'impresa che non si traduca in una società: si pensi al caso di un'impresa esercitata da un'associazione o da una fondazione, cioè da soggetti che non perseguono scopi di lucro.

La società, viceversa, rappresenta la modalità di esercizio in forma collettiva caratterizzata dal perseguimento di uno scopo **lucrativo**. Ciò si desume dall'art. 2247 alla stregua del quale "con il contratto di società due o più persone conferiscono beni o servizi per l'esercizio in comune di un'attività economica allo scopo di dividerne gli utili". Da questa definizione è possibile ricavare gli elementi che caratterizzano, o dovrebbero caratterizzare, in modo indefettibile, il contratto di società.

Contratto di società

In primo luogo, appunto, la **divisione degli utili** – cioè, quello che abbiamo chiamato lo scopo lucrativo – che può atteggiarsi in modo diverso a seconda dei tipi di società (ad es., nelle società di persone, il socio, *ex* art. 2262, ha diritto alla distribuzione degli utili dopo l'approvazione del rendiconto, ovvero su base annuale, mentre nelle società di capitali, *ex* art. 2433, co. 1, è l'assemblea a stabilire se e in che misura distribuire gli eventuali utili).

Scopo lucrativo

L'indefettibilità dello scopo lucrativo (indefettibilità, per il vero, solo tendenziale se già nel codice civile sono previste ipotesi di svolgimento in forma societaria dell'attività economica caratterizzate da una programmatica assenza del fine di lucro: si pensi alle cooperative e alle mutue su cui v. n. 1.3) vale a distinguere il fenomeno societario non solo da altre ipotesi di esercizio in forma collettiva dell'impresa (appunto quelle che si realizzano per il tramite di associazioni o fondazioni), ma anche da tutte le ipotesi di **comunione a scopo di godimento**, nelle quali appunto vi è un bene o un patrimonio che appartiene ad una pluralità di soggetti che però si limitano a godere di quel bene, senza destinarlo ad un'attività produttiva per ricavarne degli utili.

In secondo luogo, l'atto giuridico mediante il quale si dà vita ad una società è un **contratto**: dunque, come del resto emerge dallo stesso art. 2247, la costituzione di una società richiede la presenza di almeno due persone.

Tuttavia, sia la regola secondo cui la società trae origine da un atto negoziale, sia la regola secondo cui alla costituzione di una società debbono partecipare almeno due persone, conoscono talune **eccezioni**.

Società "legali"

Per quanto attiene alla prima di tali regole, essa incontra eccezioni in tutti quei casi nei quali la società nasce non sulla base di un atto di volontà delle parti, ma sulla base di un provvedimento di tipo legislativo (**società legali** in senso ampio: all'interno di questa categoria possiamo far rientrare sia il caso delle società imposte per legge, come il Consorzio di credito per le opere pubbliche, sia il caso, molto recente, degli enti pubblici economici – ENEL, ENI, IRI – che sono stati trasformati in società per azioni per effetto del d.l. n. 333/1992, convertito, con modificazioni, dalla l. n. 359/1992).

Società unipersonale

Per quanto attiene alla regola della necessaria bilateralità della fattispecie costitutiva della società, essa incontra una vistosa eccezione nella figura, di origine comunitaria, della **società unipersonale**, ossia della società costituita con atto unilaterale (art. 2745, co. 3). Questa deroga al modello ordinario di società determina l'assoggettamento della società unipersonale – la cui funzione è sostanzialmente quella di consentire anche all'imprenditore individuale di godere del privilegio della responsabilità limitata (v. n. 1.3) – ad alcune regole speciali in ordine al **tipo sociale**, che deve essere necessariamente una società a responsabilità limitata o una società per azioni (art. 2250, co. 4; art. 2362), alla **pubblicità** (artt. 2250, co. 4, 2475 *bis*), ai **conferimenti** (art. 2476, co. 2).

Conferimenti

In terzo luogo, in base al contratto di società, le parti si impegnano a **conferire** beni o servizi per l'esercizio in comune di un'attività economica. I conferimenti sono necessari al fine di dotare la società di un patrimonio che le consenta di svolgere l'attività in vista della quale è stata costituita (vedremo poi – n. 1.3 – che questo patrimonio gode di un'autonomia più o meno grande rispetto a quello dei singoli soci, a seconda del tipo di società).

Come si può desumere dalla lettera della legge, i conferimenti possono avere ad oggetto oltre che beni, anche **servizi** (ma non nella società per azioni): ciò significa che un socio può contribuire all'esercizio in comune dell'impresa mettendo a disposizione di quest'ultima la propria forza lavoro, ad es. impegnandosi a curare il servizio di trasporto delle merci ai clienti.

Quanto all'esercizio **in comune** dell'attività economica, tale locuzione, oltre a rivestire i significati già illustrati in precedenza, sta a denotare, più concretamente, che ciascun socio ha il diritto di **partecipare** alla gestione della società, ancora una volta nei modi e nelle forme propri di ciascun tipo sociale.

Proprio il riferimento all'esercizio in comune dell'attività economica vale a distinguere la società dall'**associazione in partecipazione** (art. 2549), un contratto non associativo ma di **scambio** in forza del quale l'**associante**, ossia l'imprenditore, attribuisce all'**associato**, cioè un soggetto che rimane in linea di massima escluso dalla gestione dell'impresa (art. 2552, co. 1) essendo interessato a quest'ultima in un'ottica puramente speculativa, una **partecipazione** agli utili della sua impresa verso il **corrispettivo** di un determinato apporto.

Associazione in partecipazione

Va precisato che l'associato partecipa alle perdite nella stessa misura in cui partecipa agli utili e, comunque, mai in misura superiore a quella del suo apporto (art. 2553).

1.3. *Società di persone e società di capitali*

A seguito della stipulazione del contratto di società nasce la società come soggetto autonomo e distinto dai singoli soci. La fisionomia che la società può assumere (in altri termini, la disciplina che regola l'esercizio in comune dell'impresa) è determinata in modo tassativo dalla legge, di modo che si può affermare che questa materia è retta da un principio di rigorosa **tipicità**.

Tipi di società

La ragione di questa scelta risiede in ciò, che le società operano sul mercato come autonomi soggetti di diritto, dei quali i terzi con cui esse entrano in contatto debbono poter conoscere preventivamente i meccanismi di funzionamento (ad es., il fornitore che si accinge a stipulare un contratto con la società X deve poter sapere se chi ha di fronte è munito o meno di poteri rappresentativi, così come deve poter sapere se e in che misura i singoli soci rispondano delle obbligazioni assunte in nome e per conto della società).

I tipi di società espressamente e tassativamente previsti dal legislatore sono: la società **semplice** (art. 2251 s.), la società **in nome collettivo** (art. 2291 s.), la società **in accomandita semplice** (art. 2313 s.), la società **per azioni** (art. 2325 s.), la società **in accomandita per azioni** (art. 2462 s.) e la società **a responsabilità limitata** (art. 2472 s.). Società semplice, società in nome collettivo e società in accomandita semplice sono dette società **di persone**, mentre i restanti tipi di società sono dette società di **capitali**.

Le differenze che intercorrono tra i vari tipi sociali investono numerosi profili, dei quali diremo in modo molto sintetico.

Principali differenze tra società di persone e società di capitali

In primo luogo, bisogna osservare che mentre tutte le altre società possono svolgere ogni tipo di attività, alla società semplice è precluso l'esercizio delle attività commerciali (v. art. 2195) di guisa che essa, sostanzialmente potrà esercitare la sola impresa **agricola** (v. art. 2249).

In secondo luogo, mentre nelle società di capitali, in quanto munite della **personalità giuridica** che esse acquistano, previo controllo di legalità affidato al notaio rogante, in virtù della semplice iscrizione nel registro delle imprese (artt. 2331, 2464, 2475 ult. co.: v. Cap. V, n. 5), vige un regime di autonomia patrimoniale **perfetta** (v. art. 2325), cioè di piena separazione tra il patrimonio del singolo socio e il patrimonio della società, nelle società di persone il regime di autonomia è fortemente attenuato (v. artt. 2267, 2291), anche se il socio illimitatamente responsabile gode del beneficio d'escussione (art. 2304: v. Cap. XI, n. 6).

Dal punto di vista delle **modalità di costituzione**, si va dal massimo dell'informalità, nel caso della società semplice, al massimo del formalismo, nel caso della società per azioni dove l'atto costitutivo deve rivestire la forma dell'**atto pubblico**.

Nelle società di persone, in modo del tutto coerente con il regime di responsabilità illimitata, a ciascun singolo socio compete anche il **potere di amministrare** la società (con la sola eccezione della società in accomandita semplice, dove tale potere spetta ai soli soci accomandatari che però sono anche solidalmente e illimitatamente responsabili, a differenza dei soci accomandanti i quali, dal canto loro, godono di un regime di responsabilità limitata al solo conferimento: v. artt. 2313, 2318; analoga distinzione si riscontra nell'ambito della società in accomandita per azioni: artt. 2462, 2465); mentre nelle società di capitali e, fondamentalmente, nella società per azioni, si registra una tendenziale **scissione** tra la figura del socio e quella dell'amministratore.

Le riforme del diritto societario

Il diritto societario è stato oggetto, da ultimo, di due organiche riforme, la prima riguardante le società per azioni che si appellano istituzionalmente al capitale di rischio, quotandosi in borsa o in altri mercati regolamentati (d.lgs. n. 58/1998), la seconda riguardante tutte le società di capitali (d.lgs. n. 6/2003, emanato in attuazione della l. delega n. 366/2001).

Obiettivo della prima riforma è stato di garantire, attraverso la disciplina dei comportamenti delle società quotate, la trasparenza del mercato finanziario nel suo complesso, onde garantire ai risparmiatori maggiori tutele e garanzie: per fare ciò sono stati notevolmente rafforzati i poteri di ispezione e controllo della **Consob**, autorità indipendente deputata, fin dal 1974, a vigilare sul corretto funzionamento della borsa. Sotto questo profilo, la riforma del 1998 corona il percorso di tutela della concorrenza e del mercato iniziato nel 1990 attraverso l'istituzione dell'Autorità garante per la concorrenza ed il mercato (v. Cap. X, n. 2.2).

La seconda e ancor più recente riforma ha invece completamente ridisegnato l'architettura delle società di capitali. Essa è ispirata alla duplice esigenza di garantire la massima autonomia possibile ai soci nell'organizzazione interna della vita societaria (c.d. **autonomia statutaria**) e di rendere più agevole il ricorso al mercato, sia del **capitale di rischio** (apportato dagli azionisti), sia del **capitale di debito** (apportato dai finanziatori esterni, cioè da soggetti terzi, estranei alla compagine sociale).

Con riguardo alle società per azioni, espressione della prima esigenza è l'ampio ricorso a norme dispositive (v. Cap. I, n. 5; Cap. VII, sez. II, n. 6.1): così, ad es., si può oggi optare tra più metodi di **amministrazione e controllo** (le società per azioni possono scegliere tra il sistema c.d. monistico o per il sistema c.d. dualistico: v. art. 2380 s.), applicandosi solo in difetto di espressa previsione statutaria il sistema tradizionale; ovvero assegnare azioni in modo non proporzionale ai conferimenti (v. art. 2346, co. 4).

Per ciò che attiene agli organi di amministrazione della società, di recente la giurisprudenza ha, da ultimo, meglio precisato i caratteri dell'**amministratore di fatto**, cioè di quel soggetto che, pur non essendo investito formalmente della carica di amministratore della società, svolge in modo continuativo l'attività gestoria ed esercita i poteri relativi alla qualifica o alle funzioni dell'amministratore di diritto (su cui v. Cass. n. 2714/2020).

Espressiva della seconda esigenza è, invece, la possibilità di costituire, all'interno del più ampio patrimonio sociale, **patrimoni destinati** ad uno specifico affare (v. art. 2447 *bis* s.), autonomamente finanziabili da parte dei terzi; così come la possibilità di emettere titoli di credito diversi dalle azioni e dalle obbligazioni (c.d. **strumenti finanziari ibridi**: v. art. 2346, co. 6).

Inoltre, sulla falsariga di quanto già in passato previsto per le società a responsabilità limitata (v. Cap. X, n. 1.2), anche le società per azioni possono oggi costituirsi unilateralmente, senza che l'unico socio perda il beneficio della responsabilità limitata (c.d. **società per azioni unipersonale**: v. art. 2362).

Va infine segnalato come di recente, con il d.l. n. 91/2014, convertito in l. n. 116/2014, tra le altre cose: il capitale minimo per la costituzione di una s.p.a. sia stato ridotto da centoventimila a **cinquantamila euro** (art. 2327); sia stato inoltre abolito il divieto di emissione di azioni a voto plurimo (art. 2351).

Modifiche di indubbio rilievo hanno investito anche la disciplina della **società a responsabilità limitata**. In linea con quanto accade in altri contesti socio-economici (primo fra tutti quello tedesco), nell'ottica del legislatore della riforma questo tipo sociale dovrebbe dar veste giuridica alla maggior parte delle iniziative economiche esercitate in forma collettiva. In altre parole l'autonomia privata dovrebbe optare per il tipo "società per azioni" soltanto per intraprese collettive di ingente dimensione economica, che per ciò richiedono facilità di accesso ai finanziamenti del mercato, e scegliere invece il tipo "società a responsabilità limitata" per tutte le intraprese di più modesta entità. Per raggiungere questo traguardo il riformatore del 2003 ha dunque concepito la società a responsabilità limitata come una **cerniera** tra società di persone e società di capitali ed ha offerto dunque all'autonomia privata un modello che, senza perdere il beneficio della limitazione della responsabilità nei rapporti esterni (tipico della società di capitali), si caratterizza anche per una spiccata elasticità nei rapporti interni (tipica delle società di persone). Espressione di questa logica è la possibilità oggi concessa alle società a responsabilità limitata di prescindere dall'organo assembleare, tranne che per le delibere di approvazione del bilancio e di modifica dell'atto costitutivo (v. art. 2479, significativamente rubricato **decisioni dei soci**). La volontà del legislatore di incentivare il ricorso a questo tipo sociale si è tradotta, infine, nell'aver accordato anche alle società a responsabilità limitata la possibilità di trovare finanziamenti esterni attraverso l'emissione di **titoli di debito**, sottoscrivibili tuttavia soltanto dai c.d. investitori istituzionali (v. art. 2483). Da ultimo, accanto alla società a responsabilità limitata tradizionale, è stata prevista la possibilità di costituire una s.r.l. semplificata (art. 2463 *bis*), caratterizzata tra le altre cose dal fatto che per la sua costituzione è richiesto un capitale minimo di ammontare compreso tra 1 euro e 9.999 euro, collocandosi al di sotto della soglia di 10.000 euro richiesta per la costituzione di una s.r.l. tradizionale.

In definitiva, si può dire che alla luce delle recenti, sostanziali trasformazioni normative, il diritto delle società risulta così ricostruibile: alla base stanno le società di persone, in cui prevale l'elemento **personalistico-fiduciario** nei rapporti tra i soci; al gradino intermedio tra società di persone e società per azioni sta poi la nuova società a responsabilità limitata, in cui all'elemento personalistico-fiduciario si affianca il beneficio della limitazione della responsabilità; ancora al di sopra stanno, infine, le società per azioni, connotate invece da un prevalente elemento **tecnocratico-finanziario**: le quali, se destinate a reperire capitale di rischio o di debito in borsa o in altri mercati regolamentati, soggiacciono alle regole di comportamento dettate dal d.lgs. n. 58/1998.

Imprese cooperative e mutue assicuratrici

Quasi a metà, tra enti caratterizzati da una finalità non lucrativa e società, si collocano le **imprese cooperative** e le **mutue assicuratrici** (art. 2511 s.) il cui scopo è quello di far realizzare ai soci un **risparmio** nell'acquisto di determinati beni o servizi, risparmio che si realizza nella misura in cui sono gli stessi soci a produrre quei beni o quei servizi:

ciò che consente di depurare il prezzo finale sia del profitto capitalistico sia della intermediazione commerciale.

Oggi, però, all'originario scopo mutualistico si è **affiancato** uno scopo lucrativo nel senso che molte cooperative, ad es., di consumo, vendono anche a terzi praticando condizioni diverse da quelle praticate ai soci.

Traccia vistosa della ispirazione mutualistica delle cooperative si rinviene nella regola **una testa, un voto**, in forza della quale i diritti di partecipazione sociale sono in linea di massima **sganciati** dall'entità della partecipazione finanziaria (art. 2532). Quanto al regime della responsabilità patrimoniale, le cooperative possono essere a responsabilità **illimitata** (art. 2513) o a responsabilità **limitata** (art. 2514, co. 1) ma con la possibilità di prevedere che, in caso di liquidazione coatta amministrativo o di fallimento, ciascun socio risponda illimitatamente e solidalmente per una somma multipla della propria quota (art. 2514, co. 2).

Infine, alle cooperative si applica la disciplina delle società per azioni in quanto compatibile (art. 2516).

2. *L'azienda*

Come abbiamo già visto (v. n. 1), uno dei tratti distintivi dell'impresa è di essere un'attività economica organizzata (art. 2082). Ciò va inteso nel senso che per svolgere la propria attività, l'imprenditore necessita sempre di beni della più varia specie (capannoni macchine attrezzature informatiche, ecc.) che saranno organizzati, appunto, e utilizzati secondo le esigenze proprie dell'impresa.

Azienda

L'insieme di questi beni, funzionalmente destinati all'esercizio dell'impresa, rappresenta l'**azienda** (art. 2555). È bene precisare subito che non tutti i beni che compongono l'azienda sono necessariamente di proprietà dell'imprenditore: ad es., i locali che ospitano le varie sedi della società "X" nel mondo potrebbero essere stati acquisiti alla disponibilità della società mediante la stipula di contratti di locazione. Ne consegue che l'appartenenza di un bene al complesso aziendale segue regole diverse da quelle proprietarie, derivando tale appartenenza da quella che abbiamo chiamato destinazione funzionale del bene all'esercizio dell'impresa; e ciò si riflette anche sul regime **circolatorio** dell'azienda stessa.

Cessione dei contratti

In particolare, in caso di **cessione dei contratti** (art. 2558, co. 1), l'acquirente dell'azienda subentra nei contratti stipulati per l'esercizio dell'azienda stessa che non abbiano carattere strettamente personale (ad es., ai fini della successione del terzo acquirente l'azienda nei contratti di locazione originariamente stipulati dall'imprenditore per acquisire la disponibilità di locali ove ubicare la sede dell'impresa, non si richiede il consenso del locatore).

La regola in questione **deroga** a quella stabilita dall'art. 1406 per la quale, ai fini della cessione del contratto, si richiede anche il consenso del creditore ceduto (v. Cap. VII, n. 9.4): ciò si spiega in ragione della esigenza di favorire una più agevole e rapida circolazione del compendio aziendale. Un parziale correttivo, tuttavia, è previsto dallo stesso art. 2558, co. 2 il quale accorda al contraente ceduto la possibilità di **recedere** dal contratto entro tre mesi.

Cessione dei crediti

Anche nel caso della **cessione di crediti** relativi all'azienda ceduta (art. 2559), il meccanismo risulta semplificato rispetto alla disciplina ordinaria (v. Cap. XI, n. 5) perché qui la cessione è opponibile al debitore ceduto anche in **mancanza** di notifica o di sua accettazione a partire dalla iscrizione del trasferimento nel registro delle imprese: tuttavia, il debitore che abbia pagato in buona fede è liberato.

Successione nei debiti

Per quanto riguarda, infine, i **debiti relativi all'azienda ceduta**, l'alienante non ne è liberato a meno che i creditori non lo abbiano consentito (art. 2560, co. 1). Ove poi si tratti della cessione di aziende collegate ad un'impresa commerciale, dei debiti risponderà anche l'acquirente nella misura in cui essi risultino dai libri contabili obbligatori (art. 2560, co. 2).

Il contratto mediante il quale si realizza la cessione dell'azienda va provato **per iscritto**, almeno là dove si tratti di imprese soggette a registrazione. Naturalmente, poi, l'alienazione dei singoli beni segue le regole sue proprie: ad es., se all'interno del compendio aziendale si trova un bene immobile di proprietà dell'imprenditore che questi intende vendere all'acquirente l'azienda, sarà necessario rispettare la forma scritta *ad substantiam* (art. 2556, co. 1).

Divieto di concorrenza

Da ultimo, bisogna ricordare che l'art. 2557 pone a carico di colui che aliena l'azienda un **divieto di concorrenza**. Si tratta di una misura finalizzata ad impedire che l'investimento effettuato da chi ha acquistato l'azienda, ripromettendosi di proseguire l'attività d'impresa già avviata dall'alienante, non sia vanificato dal fatto che quest'ultimo, approfittando della sua maggiore esperienza e notorietà, inizi "... una nuova impresa che per l'oggetto, l'ubicazione o altre circostanze sia idonea a sviare la clientela dell'azienda ceduta" (art. 2557).

Le parti possono convenire limiti più ampi, ma il patto di non concorrenza **non** può comunque eccedere i cinque anni dal trasferimento dell'azienda, né impedire all'alienante di svolgere una qualsiasi attività professionale (art. 2557, co. 2).

2.1. *I segni distintivi e le invenzioni. Cenni al diritto d'autore*

Nel corso della sua attività l'imprenditore si avvale di una serie di strumenti idonei a distinguerlo dagli altri imprenditori e riconoscibile dai consumatori. Del resto, sia l'una sia l'altra cosa sono fondamentali ai fini della concorrenza perché soltanto in questo modo il mercato può svolgere la sua basilare funzione di differenziazione dei beni e dei servizi offerti dalle imprese.

Gli strumenti in questione sono il marchio, che individua il prodotto, la ditta che individua l'imprenditore, l'insegna che individua i locali in cui si svolge l'impresa.

Per quanto riguarda il **marchio**-oggetto di disciplina agli artt. 2569-2574 ma anche, e molto più analiticamente, agli artt. 7 s. cpi – esso è costituito da un segno o da una denominazione appunto in grado di individuare il **prodotto** offerto dall'impresa. Per poter soddisfare questa finalità distintiva, il marchio deve possedere il requisito della **novità** e non può limitarsi a indicare una generica classe merceologica (ad es., "Vino" o "penne a sfera"). Marchio

In presenza di questi requisiti, il marchio può essere **registrato**: a seguito della registrazione, il titolare del marchio acquista la facoltà di avvalersene in via **esclusiva** per i prodotti in relazione ai quali è stato registrato (art. 2569). Ove qualcuno abbia fatto uso del marchio non registrato ha facoltà di continuare ad usarne, nonostante la registrazione da altri ottenuta, nei limiti in cui se ne è avvalso sino al momento della registrazione (**preuso**: art. 2571).

Oggi il marchio può essere trasferito **indipendentemente** dall'azienda in ragione della circostanza che esso, di frequente, rappresenta un valore economico autonomo. Tuttavia, per evitare fenomeni di tipo confusorio che pregiudicherebbero la funzione **distintiva** del marchio, dal suo trasferimento **non** deve derivare **inganno** in quei caratteri dei prodotti o servizi che sono essenziali nell'apprezzamento del pubblico (art. 2573, co. 1).

La **ditta**, come già detto, individua l'**imprenditore**. Questi ha diritto all'uso esclusivo della ditta che, comunque formata, deve portare l'indicazione del **cognome** o della **sigla** dell'imprenditore (art. 2563). Se la ditta è uguale o simile a quella di un altro imprenditore, ed esistono le condizioni perché si crei confusione tra il pubblico (ad es., due rivenditori di scarpe che usino la ditta "Rossicalzature"), essa va modificata o integrata così da differenziarla (art. 2564, co. 1). Ditta

Diversamente dal marchio, la ditta non può essere trasferita separatamente dall'azienda: in caso di trasferimento dell'azienda *inter vivos*, la ditta passa all'acquirente solo con il consenso dell'alienante mentre, in caso di trasferimento a causa di morte, la ditta di regola si trasmette automaticamente all'erede (art. 2566).

Insegna

Una disciplina analoga, specie per quanto attiene al caso di confusione, si applica all'**insegna** (art. 2568).

Invenzioni industriali e opere dell'ingegno

Sotto il Titolo II, intestato all'azienda, il codice civile disciplina anche i **brevetti per invenzioni industriali** e il **diritto d'autore** sulle opere dell'ingegno letterarie artistiche. Ora, mentre marchio, ditta e insegna sono i segni distintivi dell'imprenditore, invenzioni industriali e opere dell'ingegno non sono legate in modo costitutivo all'impresa.

Tuttavia, questa loro ubicazione in seno al codice civile (ma si rammenti che esse sono oggetto di una regolamentazione analitica da parte di due leggi speciali, rispettivamente gli artt. 45 s. cpi e 1 s. l.a.), se per un verso è un tributo alla categoria dei **beni immateriali** (v. Cap. VI, n. 3), di cui farebbero parte appunto insieme con marchio ditta e insegna, per altro verso anticipa e registra la tendenza, oggi diventata in larghissima misura realtà, della ricerca scientifica e tecnologica ma anche dell'attività culturale a svolgersi in una dimensione di tipo imprenditoriale.

Esclusiva

Invenzioni industriali e opere dell'ingegno hanno in comune il ricorso alla tecnica dell'**esclusiva**: in entrambi i casi la legge attribuisce, rispettivamente, all'inventore e all'autore il diritto di realizzare o utilizzare il loro ritrovato in via esclusiva, senza doverne condividere i frutti con alcuno (v. artt. 2584, 2577).

Suo fondamento

L'esclusiva risponde alla ben precisa esigenza di incentivare la ricerca in campo scientifico-tecnologico e in campo artistico-culturale: è evidente, infatti, che se la scoperta o la creazione cadessero subito in pubblico dominio, la spinta all'innovazione si attenuerebbe fortemente. Per converso, questa esigenza va temperata con quella di un'utilizzazione da parte della collettività del bene oggetto dell'esclusiva: donde la durata limitata nel tempo dell'esclusiva che è di **venti** anni, calcolati dalla data di deposito della domanda, per le invenzioni industriali (art. 60 cpi) e di **settanta** anni, calcolati dalla data della morte dell'autore, per il diritto d'autore (art. 25 l.a.).

Modalità di attribuzione

Invenzioni industriali e opere dell'ingegno differiscono quanto a modalità di attribuzione dell'esclusiva. Nel primo caso questa discende dal rilascio di un **brevetto** (art. 2585), mentre nel secondo caso il diritto d'autore si acquista per il solo fatto della **creazione** dell'opera (art. 2576).

Variano, ovviamente, anche i **presupposti** per il riconoscimento dell'esclusiva: le invenzioni brevettabili sono le **nuove** invenzioni atte ad avere un'applicazione industriale o anche l'applicazione tecnica di un principio industriale, purché essa dia immediati risultati industriali (art. 2585), mentre formano oggetto del diritto d'autore le **opere dell'inge-**

gno di carattere creativo che appartengono alle scienze, alla letteratura, alla musica ecc. (art. 2575: da ricordare che anche il *software* e le banche di dati godono oggi della tutela apprestata dal diritto d'autore: v. art. 1, co. 2, l.a.; v. Cap. VI, n. 3.1).

Il brevetto, come abbiamo visto, dà all'inventore il diritto di attuare l'invenzione in via esclusiva: peraltro, la mancata utilizzazione protratta per **tre** anni determina una **decadenza** dal brevetto. Il diritto d'autore attribuisce al suo titolare il diritto esclusivo di **pubblicare** l'opera e di utilizzarla economicamente (art. 2577, art. 12 l.a.).

In genere, lo sfruttamento economico dell'invenzione brevettata e dell'opera dell'ingegno non avviene direttamente ad opera del singolo inventore o autore, che non ne avrebbero le risorse economico-imprenditoriali, ma mediante la **cessione** dell'esclusiva dietro pagamento di un corrispettivo. La cessione in oggetto, va precisato, riguarda i soli diritti di utilizzazione economica, e non anche il **diritto morale**, cioè il diritto al riconoscimento della paternità dell'invenzione o dell'opera che, in quanto diritto della persona, è indisponibile (artt. 2589, 2577, co. 2: v. Cap. V, n. 12.1).

Ricordiamo, infine, che brevetto, marchio e diritto d'autore godono di un'ampia tutela giurisdizionale, comprensiva di rimedi inibitori, restitutori e risarcitori (art. 156 l.a.; artt. 124 s. cpi).

2.2. *La concorrenza*

Libertà di iniziativa economica

Nei sistemi ad economia di mercato, l'iniziativa economica è **libera** (per il nostro ordinamento v. l'art. 41, co. 1, Cost.).

È vero che in diversi casi l'avvio di un'impresa è subordinato al rilascio di un'autorizzazione da parte dei pubblici poteri (ad es., l'esercizio dell'impresa bancaria è subordinato al rilascio di un'autorizzazione da parte della Banca d'Italia: art. 14, d.lgs. n. 385/1993). Ma ciò accade perché qui lo svolgimento dell'attività imprenditoriale coinvolge interessi ritenuti meritevoli di una particolare tutela (così, per tornare all'esempio precedente, dalla raccolta del risparmio e dall'esercizio del credito, che appunto rappresentano i due momenti fondamentali dell'attività bancaria, dipende la stabilità monetaria e finanziaria del Paese).

Del resto, è la stessa Costituzione a individuare nell'utilità sociale, sotto la specie di sicurezza, libertà e dignità umana, un limite insuperabile alla libertà di iniziativa economica (art. 41, co. 2, Cost.). Sicché, il principio costituzionale di libertà di impresa va inteso nel significato minimo di impossibilità per lo Stato di subordinare l'esercizio di un'attività economica ad un giudizio di opportunità e convenienza svolto dal punto di vista dell'interesse pubblico (ciò che è tipico, viceversa, dei sistemi ad economia pianificata).

Libertà di iniziativa economica e forma concorrenziale del mercato

Ovvio corollario del riconoscimento della libertà di iniziativa economica è la compresenza sul mercato di una pluralità di imprenditori in rapporto di concorrenza tra loro.

La concorrenza rappresenta il **beneficio** più grande che l'economia di libero mercato assicura alla collettività: essa, infatti, impone a ciascun imprenditore di **migliorare** le proprie prestazioni allo scopo di attirare un sempre più elevato di consumatori, così realizzando profitti sempre maggiori e sbaragliando i propri concorrenti.

Questa continua spinta al miglioramento delle prestazioni imprenditoriali si traduce in un vantaggio per la collettività da molteplici punti di vista: l'esempio più banale è quello della concorrenza di **prezzo**, grazie alla quale i consumatori possono acquistare beni o servizi in competizione tra loro a prezzi sempre più ridotti. Ma in molti altri casi il beneficio per la collettività si traduce in un miglioramento della **qualità tecnologica del prodotto**, nella **disponibilità di una rete di prestazioni accessorie** o una combinazione di tutti questi fattori che induca i consumatori a preferire un imprenditore ad un altro.

Nella letteratura economica, la nozione di concorrenza è tanto diffusa quanto controversa. Secondo l'immagine tradizionale, la concorrenza si identificherebbe con la presenza sul mercato di un **gran numero** di piccoli operatori economici in perenne competizione tra loro, così da escludere che uno di essi possa stabilmente prevalere sugli altri e conquistare in modo definitivo il potere sul mercato. Questo modo di intendere la concorrenza (molto legato all'idea che un'eccessiva concentrazione di potere economico sia incompatibile con la democrazia) appare oggi largamente superato da una realtà nella quale, specie ove si tratti dei settori di punta dell'economia mondiale, si assiste alla continua formazione di grandi multinazionali che sono l'esatto opposto di quella società di piccoli produttori che alimenta la visione classica.

Da qui la necessità di adeguare il modello teorico alla nuova realtà dei fatti e il prevalere dell'idea che adeguate *performances* concorrenziali dipendano non necessariamente da un dato di tipo strutturale (pluralità di concorrenti), ma da un dato di tipo **funzionale** sicché, quale che sia il numero degli operatori presenti sul mercato – al limite, uno solo – essi devono comportarsi **come se** fossero esposti a quella pressione concorrenziale che rappresenta il più potente stimolo a migliorarsi, in tal modo avvantaggiando la collettività dei consumatori.

In sede giuridica, il fenomeno della concorrenza viene in considerazione da un duplice punto di vista.

Un primo punto di vista, più tradizionale, è quello che si riassume nella disciplina della **concorrenza sleale** (artt. 2598-2601). Qui l'obiettivo avuto di mira dal legislatore è quello del rispetto delle regole del gioco da parte di tutti i giocatori (fuor di metafora: da tutti gli imprenditori in concorrenza tra loro). In altri termini, è ben possibile, anzi auspicabile, che un imprenditore prevalga su un altro magari sino al punto di provocarne il fallimento e la fuoriuscita dal mercato: ma se ciò accade, è perché l'uno è più bravo, più innovativo, più dinamico dell'altro e non perché più furbo, più sleale, più scorretto.

Concorrenza sleale

Da qui i divieti istituiti dall'art. 2598 – volti a reprimere comportamenti idonei a creare **confusione** nel pubblico, o ad appropriarsi di **pregi** del concorrente o a gettare **discredito** su quest'ultimo – e culminanti nella clausola generale che impone a tutti gli operatori di uniformarsi allo standard della **correttezza professionale**: divieti la cui inosservanza dà luogo alle sanzioni prevista agli artt. 2599-2601 e che vanno dall'inibitoria al risarcimento del danno.

Ad una analoga esigenza di lealtà nella competizione economica risponde la disciplina della **pubblicità ingannevole** (d.lgs. n. 145/2007, di recepimento della dir. 2005/29) che oggi si applica ai soli professionisti (nozione, peraltro più ampia di quella di imprenditore: v. Cap. VII, n. 4.2), mentre, come si è visto, per i consumatori valgono le disposizioni di cui agli artt. 18 s. cdc in materia di pratiche commerciali (Cap. VII, n. 4.2).

Il secondo punto di vista dal quale il diritto guarda alla concorrenza è quello della disciplina **antitrust** (*trust* è parola inglese che significa, nel linguaggio tecnico, "cartello", "accordo anticoncorrenziale"). L'antitrust, che ha origine nell'esperienza giuridica statunitense, rappresenta una parte fondamentale del diritto comunitario (artt. 81, 82 Tr., oggi artt. 101, 102 TFUE) il quale, a sua volta, ha fornito il modello per la nostra legge.

Diritto antitrust

Il diritto antitrust persegue lo specifico obiettivo di **tutelare** la concorrenza: in altri termini, esso vieta alle imprese di adottare comportamenti che possano **pregiudicare** un efficiente funzionamento del mercato e, dunque, compromettere gli interessi dei consumatori neutralizzando artificiosamente quella spinta all'innovazione che, come abbiamo visto, rappresenta la stessa ragion d'essere della concorrenza.

Le fattispecie tipicamente prese di mira dal diritto antitrust sono: le intese (art. 2 l.at.), l'abuso di posizione dominante (art. 3 l.at.) e le concentrazioni (art. 6 l.at.).

Intese

Il divieto delle **intese** che abbiano per oggetto o per effetto di eliminare restringere o falsare la concorrenza – divieto presidiato dalla **nullità** dell'intesa stessa – risponde all'ovvia esigenza di impedire che le imprese, mettendosi d'accordo, riducano il mercato nell'ambito del quale esse agiscono ad un mercato sostanzialmente monopolistico od oligopolistico privando i consumatori, attraverso accordi di cartello, della possibilità di scegliere tra una pluralità di offerte diverse.

Abuso di posizione dominante

Il divieto dell'**abuso di posizione dominante** – la cui inosservanza può dare luogo al **risarcimento del danno** (art. 33, co. 2, l.at.) – risponde all'esigenza di evitare che un'impresa, la quale abbia acquisito una posizione di forza sul mercato in modo del tutto legittimo, approfitti di tale posizione di forza per vessare concorrenti e consumatori e, in definitiva, sottrarsi a quella pressione concorrenziale almeno tendenziale che costituisce lo specifico oggetto della tutela antitrust.

Concentrazioni

Il divieto delle **concentrazioni** risponde ad un'esigenza analoga a quella che ispira il divieto delle intese, anche se qui la conformazione monopolistica od oligopolistica del mercato viene raggiunta non mediante accordi tra imprese, ma mediante processi di **acquisizione** (della proprietà o del controllo) o di **fusione** di imprese, all'esito dei quali su quel mercato si troverà ad operare un numero notevolmente ridotto di soggetti, se non addirittura uno solo.

È opportuno ricordare che nel nostro ordinamento giuridico (come, del resto, in molti altri sistemi), la tutela del mercato e della concorrenza è affidata non solo all'iniziativa dei singoli concorrenti i quali possono agire sulla base dell'art. 33 l.at., ma anche ad un apposito organismo – l'**Autorità Garante della concorrenza e del mercato** – dotata di poteri di varia natura, compreso quello di irrogare sanzioni a carico di chi abbia violato un divieto antitrust (art. 15 l.at.).

Repressione della concorrenza sleale e diritto antitrust

In linea teorica, risulta abbastanza agevole distinguere tra repressione della concorrenza sleale e diritto antitrust giacché la prima tutelerebbe il singolo concorrente, mentre il secondo tutelerebbe la concorrenza in quanto tale.

In realtà si tratta di una distinzione abbastanza evanescente posto chele condotte che integrano gli estremi di un atto di concorrenza sleale hanno sempre una ricaduta sul funzionamento del mercato, mentre le condotte che integrano gli estremi di un illecito antitrust hanno sempre una ricaduta anche su singole posizioni individuali tanto è vero che, come abbiamo già detto, ai sensi dell'art. 33 l.at., chi abbia risentito delle conseguenze di tale illecito, può chiedere il risarcimento del danno o fare valere la nullità dell'intesa.

La verità è che repressione della concorrenza sleale e diritto antitrust perseguono la tutela dello **stesso** bene giuridico, ossia la concorrenza, avvalendosi di parametri di giudizio diversi: la prima, infatti, si affida alla **scorrettezza** della condotta tenuta dal singolo imprenditore, il secondo si affida alla immediata **incidenza** di talune prassi tipicamente anticoncorrenziali sull'attitudine del mercato a selezionare le imprese migliori.

Abuso di dipendenza economica

La validità della prospettiva appena evocata sembra peraltro confermato da una recente novità legislativa. L'art. 9, l. n. 192/1998 ("Disciplina della subfornitura nelle attività produttive") ha introdotto anche nel nostro ordinamento la figura, già nota all'esperienza tedesca e francese, dell'**abuso di dipendenza economica**. Essa implica il **divieto**, nelle relazioni commerciali tra imprenditori (più precisamente: tra un'impresa o un gruppo di imprese ed i propri fornitori o clienti), di abusare della posizione di maggiore forza economica detenuta da una parte, se questa impone all'altra "un eccessivo squilibrio di diritti e di obblighi".

Tale divieto segna, con ogni probabilità, la prima presa d'atto, a livello legislativo, della disparità di potere economico che può affliggere le relazioni interimprenditoriali, e, soprattutto, il primo tentativo volto ad impedire un simile ordine di cose. Il patto attraverso cui si realizza l'abuso è, infatti, **nullo**, ed è in ogni caso fatta salva la possibilità per la parte vessata di ottenere pronunce di tipo inibitorio (v. Cap. IX, n. 1.2.1) e risarcitorio.

L'istituto dell'abuso di dipendenza economica, pur perseguendo, come dicevamo, la tutela di un unico bene giuridico (la concorrenza), mostra una natura bifronte. Da un lato, è lo strumento per perseguire l'interesse particolare della parte **debole** di un rapporto contrattuale tra imprenditori; dall'altro, è lo strumento per promuovere l'**interesse generale** ad una concorrenza virtuosa, che, pur nel rispetto del principio della libertà contrattuale, non trasformi però questa libertà in abuso (attraverso, ad es., l'interruzione arbitraria di una relazione in atto, l'imposizione di una modifica unilaterale a condizioni contrattuali già stabilite, ecc.).

In altri termini: il divieto di abusare dell'altrui dipendenza economica si colloca al crocevia tra la tutela del **contratto** e quella del **mercato**. Esso muove dalla consapevolezza che il mercato non è altro se non un insieme di contratti, attuali o potenziali. In quest'ottica, si tutela la singola operazione contrattuale al fine di produrre un effetto benefico, diretto o indiretto, sull'intero mercato. Diretto, là dove l'abuso di dipendenza economica abbia un "rilievo per la tutela della concorrenza e del mercato": caso in cui è possibile, infatti, un intervento sanzionatorio dell'autorità antitrust (art. 9, co. 3 *bis*, l. n. 192/1998); indiretto, in tutti gli altri casi, lasciati alla cognizione del solo giudice ordinario.

Limiti convenzionali alla concorrenza

Nel codice civile sono presenti diverse altre disposizioni che riguardano la materia della concorrenza le quali però, diversamente da quelle esaminate sin qui, non soltanto non hanno come obiettivo la tutela della concorrenza, ma addirittura sembrano ispirate da un atteggiamento di segno opposto. In questa direzione si muove, ad es., l'art. 2596 che legittima i **patti di non concorrenza** sia pure entro i limiti di tempo, di spazio, di oggetto e di forma ivi stabiliti (tra l'altro, questa norma pone seri problemi di coordinamento con l'art. 2 l.at. che, come si è detto, vieta le intese tra imprese).

Obbligo a contrarre del monopolista legale

Qualche ambiguità presenta anche l'art. 2597 che pone a carico del monopolista **legale l'obbligo di contrarre** con chiunque richieda le prestazioni che formano oggetto dell'impresa, osservando la parità di trattamento. L'obbligo di contrarre rappresenta qui un temperamento alla mancanza di concorrenza derivante dal fatto che un certo bene o un certo servizio, non essendo divisibili, non possono essere erogati che da un solo operatore (monopolio **naturale**).

Casi classici di monopolio naturale sono le grandi infrastrutture (rete ferroviaria, rete autostradale, rete telefonica, ecc.): ma il recente processo di liberalizzazione di taluni di questi settori – si pensi alla telefonia fissa – ha messo bene in luce come il monopolio della rete non necessariamente debba tradursi nel monopolio del servizio.

... e dell'esercente pubblici servizi di linea

Ad una logica parzialmente diversa obbedisce l'**obbligo a contrarre** posto a carico degli esercenti **pubblici servizi di linea** dall'art. 1679: qui, infatti, il presupposto di tale obbligo è rappresentato non tanto dal monopolio, quanto piuttosto dal carattere di **pubblico servizio** che l'attività espletata dal vettore riveste.

3. *I contratti delle imprese*

Come abbiamo già anticipato (v. Cap. I, n. 5.1), il codice civile del 1942 segnò il superamento del dualismo che aveva sin lì caratterizzato la materia dei rapporti privati, la cui disciplina era suddivisa tra il codice di commercio e il codice civile, a seconda che una delle due parti del rapporto fosse o meno un commerciante. L'unificazione del diritto civile ha come conseguenza l'assoggettamento di tutti i privati a regole comuni che prescindono dalle loro qualità soggettive o dalla attività che essi svolgono.

In effetti, questa aspirazione ad una assoluta uniformità della disciplina civilistica era destinata a rimanere una pura aspirazione: si pensi, solo per fare un esempio, al fallimento, istituto destinato a trovare applicazione nei riguardi del solo imprenditore commerciale.

Ma il discorso non riguarda soltanto norme programmaticamente rivolte a regolare fenomeni connotati dal tratto della specialità (nel caso del fallimento, un'attività tra quelle indicate dall'art. 2195), ma si estende anche a norme in linea di principio pensate come di applicazione generale.

Si pensi all'art. 1330, che introduce una regola derogatoria rispetto a quella che sancisce l'inefficacia della proposta o dell'accettazione in caso di morte del proponente e dell'accettante allorché si tratti di imprenditori non piccoli; o ancora, all'art. 1722, n. 4, che deroga alla regola secondo la quale la morte, l'interdizione o l'inabilitazione del mandante provocano l'estinzione del mandato tutte le volte in cui quest'ultimo abbia ad oggetto il compimento di atti di impresa.

Ma l'incidenza dell'impresa sulla disciplina dei contratti si manifesta in forme ancora più vistose. Già il codice civile prevede intere classi di contratti – i contratti **bancari** (artt. 1834-1860), i contratti **assicurativi** (artt. 1882-1932) – la stipulazione dei quali presuppone che almeno una delle due parti sia un'**impresa**, bancaria o assicurativa.

Questa tendenza alla **ricommercializzazione** del diritto civile – già presente in modo latente nel codice del 1942 – si è poi fortemente accentuata con il diffondersi di normative, generali o di settore, a tutela del consumatore. Infatti, sempre più spesso la figura del consumatore assume rilevanza giuridica in rapporto a quella dell'imprenditore, nel senso che una certa disciplina trova applicazione solo se le parti sono, appunto, un **imprenditore** (o un **professionista**) ed un **consumatore**: emblematico, al riguardo, il caso dei "contratti con i consumatori" (artt. 1469 *bis*-1469 *sexies*: v. Cap. VII, n. 4.2).

4. *Le forme giuridiche di collaborazione nell'impresa*

Lavoro subordinato e lavoro autonomo

Come abbiamo già ricordato, il codice civile del 1942 regola nel Libro V anche il contratto di lavoro **subordinato** (artt. 2094-2134) ed il contratto di lavoro **autonomo** (artt. 2222-2238).

Con il primo, il prestatore d'opera assume l'obbligo di svolgere la sua attività lavorativa alle **dipendenze** e sotto la **direzione** del datore di lavoro, contro il pagamento di una **retribuzione** (art. 2094).

Il contratto di lavoro autonomo si svolge invece nelle due forme principali del contratto **d'opera** (art. 2222) e della **prestazione di opera intellettuale** (art. 2229), ed è oggetto di una disciplina meno estesa di quella riservata al contratto di lavoro subordinato, per lo più rimessa alla libera determinazione delle parti (v. Cap. VIII, n. 3.1).

Subordinazione

Elemento distintivo dei due contratti è l'esistenza o meno del vincolo della **subordinazione**. Questa consiste per il lavoratore in un vincolo di assoggettamento **gerarchico**, e per il datore di lavoro nel potere di imporre direttive non soltanto generali, in conformità alle esigenze organizzative e funzionali della sua organizzazione, ma anche specifiche, concernenti l'intrinseco svolgimento della prestazione. Tale vincolo è in concreto identificabile nell'inserimento del lavoratore in modo continuativo e sistematico nell'organizzazione datoriale e nell'esercizio di una costante vigilanza del datore di lavoro sull'operato del lavoratore.

Genesi storica del lavoro subordinato

Il contratto di lavoro subordinato si caratterizza in origine come un mezzo per **flessibilizzare** l'impiego della forza lavoro. Nel sistema produttivo introdotto dalla rivoluzione industriale, il datore di lavoro si assicura, attraverso tale strumento, la costante fornitura di energie lavorative da parte di persone assoggettate al suo potere direttivo, evitando i costi di transazione altrimenti necessari per il coordinamento dei fattori di produzione attraverso il mercato. Stipulare di volta in volta un contratto avente ad oggetto prestazioni d'opera comporterebbe, infatti, costi superiori per l'impresa, nonché l'impossibilità di programmare l'attività da svolgere.

La prestazione del lavoratore si inserisce in un sistema rigido, estremamente parcellizzato, caratterizzato da compiti prestabiliti e dalla ripetizione di gesti tendenzialmente predefiniti. Tale realtà produttiva si accompagna però, ad una notevole flessibilità nell'impiego della forza lavoro, determinata da un insieme di fattori.

Tra questi possiamo annoverare il cronico **squilibrio** del mercato, nel quale il numero di soggetti che offrono la loro prestazione è tendenzialmente superiore all'offerta di impiego, l'identificazione del lavoro subordinato come fonte esclusiva o prevalente di **sostentamento** per il lavoratore e la sua famiglia, che rende lo stesso vulnerabile nei confronti delle pretese datoriali, e la **debolezza** del prestatore all'interno del contratto, il quale prevede la subordinazione, istituzionalizzata dall'ordinamento, all'altrui potere decisionale ed organizzativo. Lo squilibrio di forza all'interno del contratto rende infatti possibile alla parte più forte di imporre modifiche, anche rilevanti, al contenuto del contratto.

Forme di tutela del lavoro subordinato

Dal canto suo, la concentrazione dei lavoratori sui luoghi di lavoro favorisce il sorgere di loro aggregazioni, dalle quali nascono i moderni **sindacati**, la cui attività è tutelata dal legislatore costituzionale (art. 39 Cost.). I prestatori d'opera possono così porsi nei confronti della controparte datoriale in modo unitario, bilanciando, almeno in parte, lo squilibrio determinato dalla loro posizione deteriore dal punto di vista socioeconomico. L'esito di tale attività può consistere nella stipula di **contratti collettivi**, che fissano in prima battuta i **minimi** di trattamento economico e normativo dei dipendenti dell'impresa.

Nell'evoluzione della disciplina del rapporto di lavoro in Italia, un ruolo fondamentale hanno assunto lo Stat. lav., volto a tutelare la libertà e la dignità del lavoro e dell'attività sindacale, e la l. n. 533/1973, di riforma del processo del lavoro, che nelle intenzioni del legislatore avrebbe dovuto assicurare la celere definizione delle controversie in materia. Disposizioni successive, in attuazione di direttive comunitarie, hanno esplicitato il divieto per il datore di lavoro di adottare atti o comportamenti discriminatori nelle assunzioni, nella gestione del rapporto e nel licenziamento (l. n. 903/1977; l. n. 125/1991; d.lgs. n. 215/2003 e d.lgs. n. 216/2003).

Lo Stat. lav., nel rafforzare la presenza del sindacato sui luoghi di lavoro, ha previsto poi uno speciale procedimento, assai celere, per la repressione dei comportamenti del datore di lavoro volti a **limitare** la libertà sindacale o il diritto di sciopero (garantito dalla stessa Costituzione all'art. 40), che può essere proposto dagli organismi locali delle associazioni sindacali nazionali che vi abbiano interesse, e con il quale è possibile ottenere che il Tribunale ordini la **cessazione** del comportamento e la **rimozione** degli effetti (art. 28 Stat. lav.).

Caratteri del contratto di lavoro subordinato

La tutela introdotta dal legislatore si è caratterizzata in un primo tempo per il favore verso il rapporto a **tempo pieno** e **indeterminato**. A partire dalla fine degli anni '70, peraltro, la disciplina è stata progressivamente modificata, e sono stati introdotti sempre maggiori elementi di gestione flessibile del rapporto, spesso attraverso deroghe da parte della contrattazione collettiva alla disciplina generale, deroghe peraltro autorizzate dalla stessa legge.

Tale evoluzione verso la flessibilità nella disciplina dei rapporti di lavoro è culminata, sotto un primo profilo, nel cospicuo allargamento dell'ambito entro il quale è possibile stipulare contratti di lavoro a tempo determinato (cfr. d.lgs. n. 368/2001, così come modificato dalla l. n. 92/2012 e dal d.l. n. 34/2014, convertito con l. n. 74/2014; in progresso di tempo cfr. d.lgs. n. 81/2015, che ha abrogato il d.lgs. n. 368/2001). In particolare, gli ultimi interventi normativi hanno ulteriormente liberalizzato l'accesso a tale tipologia negoziale, abolendo l'obbligo di indicare, all'interno del contratto, le ragioni legittimanti l'apposizione del termine di durata. Con l. n. 96/2018 si è registrata una parziale inversione di tendenza, essendo previsto l'obbligo di giustificazione causale in caso di proroghe e rinnovi del contratto di lavoro a termine.

Legge Biagi

Sotto un distinto angolo visuale, poi, ed in termini persino più significativi dal punto di vista sistematico, si deve segnalare il d.lgs. n. 276/2003 (c.d. legge Biagi). Quest'ultimo provvedimento normativo – nel contesto di una complessiva rivisitazione della disciplina del mercato del lavoro – ha introdotto tipologie contrattuali di rapporti di lavoro intese a contemperare l'esigenza datoriale di disporre, secondo schemi di accentuata duttilità, delle prestazioni lavorative necessarie al raggiungimento delle finalità dell'impresa, con la necessità di promuovere la crescita dei livelli occupazionali ed apprestare, comunque, un livello minimo di tutela anche per i prestatori di lavoro impegnati sulla base di modelli contrattuali alternativi rispetto a quello del rapporto di lavoro subordinato.

Nuove tipologie contrattuali in materia di lavoro

La filosofia della liberalizzazione del contratto di lavoro propria della legge Biagi è oggi riproposta dal d.lgs. n. 81/2015, che regolamenta le tipologie contrattuali flessibili: vengono dunque in considerazione, nell'ambito della vigente disciplina, schemi di rapporto di lavoro attraverso i quali il lavoratore pone a disposizione del datore di lavoro le proprie energie lavorative per l'esecuzione di prestazioni discontinue o intermittenti (**lavoro intermittente**: artt. 13-18, d.lgs. n. 81/2015); vi è poi la **somministrazione di lavoro** (artt. 30-40, d.lgs. n. 81/2015), particolare contratto di lavoro subordinato che coinvolge tre soggetti ossia il somministratore (un soggetto autorizzato come agenzia di somministrazione), l'utilizzatore e il lavoratore. Il lavoratore viene assunto dal somministratore, ma viene inviato a svolgere la propria attività presso l'utilizzatore. Questa fattispecie era vietata in Italia dall'ormai abrogata l. n. 1369/1960 sul divieto di intermediazione e interposizione nelle prestazioni di lavoro.

Il contratto di lavoro subordinato rientra tra i contratti di durata a prestazioni corrispettive, ed è a tempo indeterminato o a tempo determinato.

Recesso

Nel contratto a tempo indeterminato il **recesso** da parte del datore di lavoro (licenziamento), tranne ipotesi limitate (dirigenti, domestici, lavoratori in prova, lavoratori ultrasessantenni con diritto alla pensione), è ammesso soltanto qualora sussista una giusta causa o un giustificato motivo soggettivo o oggettivo, mentre non vi sono limiti alle dimissioni del lavoratore, tranne l'obbligo di dare un **preavviso** alla controparte, qualora non sussista una giusta causa (l. n. 604/1966).

Per **giusta causa** si intende un **gravissimo** inadempimento contrattuale, o un comportamento, estraneo allo svolgimento della prestazione, che faccia venire meno la fiducia in un corretto adempimento della controparte. Il **giustificato motivo** può essere **soggettivo** o **oggettivo**: il primo consiste in un **notevole** inadempimento degli obblighi contrattuali dal prestatore di lavoro, mentre nel secondo rientrano le **ragioni** inerenti all'attività produttiva, all'organizzazione del lavoro ed al regolare funzionamento di essa (art. 3, l. n. 604/1966).

Per i rapporti alle dipendenze di datori di lavoro che abbiano meno di quindici dipendenti nell'unità produttiva in cui era impiegato il lavoratore licenziato, e meno di sessanta nel complesso, il licenziamento intimato **senza giusta causa o giustificato motivo** risolve comunque il contratto di lavoro. Il datore di lavoro può però scegliere se riassumere il dipendente, ovvero corrispondergli una indennità, determinata dal Giudice in misura variabile da 2,5 a 6 mensilità (che possono arrivare a 14 in particolari casi). Per gli altri datori di lavoro trova applicazione **l'art. 18 dello Stat. lav.**, come modificato dalla l. n. 92/2012, solo per i contratti di lavoro subordinato a tempo indeterminato sottoscritti prima dell'entrata in vigore del *Jobs Act*. In tali circostanze il lavoratore illegittimamente licenziato viene reintegrato nel posto di lavoro, e percepisce una indennità variabile, in misura però non superiore a 12 mensilità della retribuzione globale di fatto, ove il fatto contestato non sussista, ovvero sia considerato dai contratti collettivi punibile con una sanzione meno grave del licenziamento, o ancora il giustificato motivo oggettivo sia manifestamente insussistente. Nei casi di licenziamento discriminatorio invece la somma dovuta è pari a tutte le retribuzioni maturate, dedotto quanto percepito dal lavoratore per altre attività lavorative. Tuttavia, nel caso in cui il licenziamento presenti solo vizi formali, e nelle altre ipotesi in cui non ricorrano gli estremi di una giusta causa o un giustificato motivo, il lavoratore non ha diritto alla reintegrazione, ma solo ad una indennità, in misura variabile da 6 a 24 mensilità della retribuzione globale di fatto.

Nella logica di incentivare la flessibilità anche "in uscita", il legislatore è recentemente intervenuto in materia di licenziamenti prevedendo una sanzione crescente in base all'anzianità del rapporto di lavoro (c.d. contratto a tutele crescenti): per quanti siano stati assunti a partire dal 7 marzo 2015, il d.lgs. n. 23/2015 dispone che, per il caso di licenziamento per giusta causa, giustificato motivo oggettivo e soggettivo illegittimi, il lavoratore non possa essere reintegrato nel posto di lavoro, ma avrà diritto unicamente alla corresponsione di una indennità risarcitoria, il cui ammontare è predeterminato ed aumenta con la maggiore anzianità di servizio maturata: più in particolare, il lavoratore avrà diritto a un'indennità pari a due mensilità dell'ultima retribuzione di riferimento per il calcolo del trattamento di fine rapporto per ogni anno di servizio, in misura comunque non inferiore a sei e non superiore a trentasei mensilità. A seguito di un recente intervento della Corte costituzionale (sent. n. 194/2018), ai fini della determinazione dell'indennità risarcitoria il giudice dovrà tenere conto non solo dell'anzianità di servizio, ma anche di ulteriori criteri desumibili in chiave sistematica dalla evoluzione della disciplina sui licenziamenti (numero dei dipendenti occupati, dimensioni dell'attività economica, comportamento e condizioni delle parti).

Invece, sempre per i licenziamenti per giusta causa e giustificato motivo soggettivo, ai sensi del d.lgs. n. 23/2015 la reintegrazione nel posto di lavoro verrà disposta solo nelle ipotesi di insussistenza del fatto materiale contestato al lavoratore. La tutela reintegratoria permane, invece, sempre nei casi di licenziamento discriminatorio, nullo, ed intimato in forma orale. In tali fattispecie, il giudice dichiara nullo il licenziamento ed ordina al datore di lavoro la reintegrazione del lavoratore nel posto di lavoro, oltre al pagamento di un'indennità risarcitoria commisurata all'ultima retribuzione di riferimento per il calcolo del T.F.R.

Nel caso in cui il licenziamento presenti solo vizi formali il lavoratore non ha diritto alla reintegrazione, ma solo ad una indennità, in misura variabile da 2 a 12 mensilità dell'ultima retribuzione di riferimento per il calcolo del T.F.R.

Il contratto a tempo determinato si risolve, invece, alla **scadenza** del termine.

La cessione dell'azienda non costituisce causa di risoluzione del rapporto di lavoro, che prosegue con l'acquirente (art. 2112).

Categorie di lavoratori subordinati

I lavoratori subordinati vengono distinti dal codice civile in quattro categorie: gli **operai**, gli **impiegati**, i **quadri** ed i **dirigenti** (art. 2095). Mentre per i lavoratori inquadrati nelle prime tre categorie sussistono differenze di trattamento legislativo marginali, i dirigenti sono tuttora assoggettati ad una disciplina particolare, per quanto riguarda l'orario di lavoro, le ferie e la tutela contro i licenziamenti.

Eteronomia della disciplina del rapporto di lavoro subordinato

Il contratto di lavoro si differenzia dagli altri contratti regolati dal codice civile per la circostanza che la sua disciplina è in buona parte sottratta alla disponibilità dei singoli interessati. La maggior parte delle disposizioni contenute nel codice civile e nelle leggi speciali sono norme **imperative**, le quali non possono essere derogate neppure con il consenso dell'interessato. Inoltre, la disciplina del rapporto derivante dal contratto è, almeno nelle aree nelle quali trova applicazione la contrattazione collettiva, rimessa per lo più ad una fonte **eteronoma** (il contratto collettivo, appunto), al quale il contratto individuale, salvo casi indicati dalla legge, non può apportare deroghe peggiorative (art. 2077).

A tutela di tale sistema il codice civile sancisce la **nullità** delle rinunzie e delle transazioni aventi ad oggetto diritti **primari** derivanti da norme inderogabili di legge o di contratto collettivo (ad es., il diritto alle ferie), mentre per i diritti patrimoniali conseguenziali (ad es., il diritto alla indennità per ferie non godute) viene prevista la possibilità di impugnare le **rinunzie** e le **transazioni** entro il termine di sei mesi, decorrente dalla cessazione del rapporto di lavoro, o dalla loro stipula, se posteriore, a meno che le stesse non siano state adottate nelle forme previste dall'art. 2113, co. 4.

In base ad alcune sentenze della Corte costituzionale, inoltre, il termine di prescrizione per fare valere il diritto alla retribuzione rimane sospeso durante il rapporto di lavoro, a meno che il lavoratore non abbia sufficienti garanzie nei confronti di un eventuale licenziamento da parte del datore di lavoro.

L'ordinamento attribuisce inoltre rilievo alle esigenze del datore di lavoro di **conformare** la prestazione del lavoratore in relazione alle esigenze tecnico-produttive, sia riguardo al contenuto delle mansioni ed al luogo di svolgimento della prestazione (art. 2103), sia relativamente alla distribuzione dell'orario di lavoro, attribuendogli un potere **direttivo** (art. 2104) e **disciplinare** (art. 2106) nei confronti della controparte. Poteri del datore di lavoro

Il lavoratore deve osservare l'obbligo di **diligenza** e l'obbligo di **fedeltà** (artt. 2104-2105). È ammessa la stipula di un patto di non concorrenza per il tempo successivo alla conclusione del rapporto, ma questo deve a pena di nullità risultare da atto scritto, prevedere un corrispettivo per il lavoratore ed essere contenuto entro limiti determinati di oggetto, di luogo e di tempo (art. 2125).

La **retribuzione** deve essere **proporzionata** alla quantità ed alla qualità del lavoro prestato, e comunque sufficiente ad assicurare al lavoratore ed alla sua famiglia un'esistenza **libera** e **dignitosa** (art. 36 Cost.). Qualora la retribuzione non fosse conforme al dettato costituzionale, il giudice potrà dichiarare nulla la clausola retributiva, e sostituirla sulla base di una valutazione equitativa, che tenga conto di quanto previsto dai contratti collettivi (art. 2099). Retribuzione

La dichiarazione di nullità o l'annullamento del contratto di lavoro **non** produce effetto nel periodo in cui il rapporto ha avuto esecuzione, per cui al lavoratore spetta comunque la retribuzione, a meno che la nullità derivi dall'illiceità dell'oggetto o della causa. In ogni caso sussiste il diritto al trattamento retributivo se il lavoro è stato prestato in violazione di norme poste a tutela del prestatore d'opera (art. 2126).

Una maggiorazione retributiva viene prevista per il lavoro straordinario (cioè prestato oltre il termine legale) e notturno (art. 2108); è riconosciuto inoltre il diritto al riposo settimanale (art. 2109) ed alle ferie annuali retribuite (art. 36 Cost.).

Al lavoratore è garantita la **conservazione** del posto di lavoro in caso di infortunio, malattia, servizio militare o richiamo alle armi, gravidanza e puerperio (artt. 2110-2111). In queste ipotesi restano **sospesi** gli obblighi principali (prestazione lavorativa e corresponsione della retribuzione), ma il rapporto rimane in vita. Egualmente in caso di **sciopero**, pur costituendo l'astensione dal lavoro sul piano civilistico un inadempimento contrattuale, viene esclusa la responsabilità del dipendente, e dunque ogni conseguenza sul piano del rapporto diversa dalla perdita della retribuzione. Conservazione del posto di lavoro

Al termine del rapporto spetta al lavoratore una particolare indennità, denominata **trattamento di fine rapporto** (art. 2120).

Previdenza sociale

La tutela dei lavoratori oltre la cessazione del rapporto è assicurata tramite un sistema di previdenza sociale (oggetto in questi anni di numerosi interventi di riforma), finanziato attraverso una contribuzione posta a carico del datore di lavoro e, in misura minore, dei lavoratori stessi (art. 38 Cost.). Al raggiungimento dell'età prevista dalla legge, dunque, il lavoratore non presterà più la propria attività lavorativa, e riceverà dagli enti previdenziali un trattamento economico, denominato **pensione**.

CAPITOLO XI

L'OBBLIGAZIONE

SEZIONE I

LA FISIOLOGIA DEL RAPPORTO OBBLIGATORIO

1. *Il concetto di obbligazione e le obbligazioni naturali*

Rapporto giuridico

Lo studio delle situazioni giuridiche soggettive (v. Cap. III, n. 1.2.2) ha messo in luce l'esistenza di almeno due fondamentali tipologie di diritti soggettivi: i diritti assoluti e i diritti relativi. Questi ultimi, a differenza dei primi, sono caratterizzati da ciò, che l'interesse del titolare del diritto può trovare attuazione soltanto attraverso l'adozione, da parte di un altro soggetto, di un comportamento idoneo a soddisfare quell'interesse (se l'interesse di X è quello di ricevere da Y la somma di 100 €, soltanto la consegna dei 100 € da parte di Y a X realizzerà l'interesse di quest'ultimo).

Ricorrendo evenienze di questo tipo, ci troviamo in presenza di un rapporto giuridico (Cap. III, n. 1), dove l'interesse di X a ricevere la somma di denaro è tutelato mediante l'attribuzione allo stesso X di una pretesa alla quale si contrappone l'obbligazione di Y di consegnare la somma di denaro.

Il sistema giuridico contempla diverse ipotesi nelle quali la tutela dell'interesse di cui è portatore un soggetto implica la strutturazione di un rapporto giuridico: ad es., questo accade anche nel caso del matrimonio dal quale scaturiscono, a carico di entrambe le parti, diritti ed obblighi reciproci che rappresentano la trama del rapporto di coniugio (art. 143: v. Cap. XIII, n. 3.2). Tuttavia è fuor di dubbio che il paradigma del rapporto giuridico sia costituito dal **rapporto obbligatorio**, oggetto di una analitica disciplina sia nell'ambito del Libro IV (che non a caso si intitola "Delle obbligazioni"), sia nell'ambito del Libro VI (Titolo III, "Della responsabilità patrimoniale, delle cause di prelazione e della conservazione della garanzia patrimoniale" e Titolo IV, "Della tutela giurisdizionale dei diritti") del codice civile.

Rapporto obbligatorio

Creditore e debitore

Il rapporto obbligatorio, in quanto rapporto giuridico, è caratterizzato in modo essenziale dalla presenza di due parti che prendono il nome di creditore e di debitore. Il **creditore**, titolare di una pretesa che qui prende il nome di diritto di credito, individua il **lato attivo** del rapporto obbligatorio, mentre il **debitore**, sul quale grava il dovere di agire in modo conforme all'interesse del creditore – dovere che qui prende il nome di **obbligazione** – individua il **lato passivo** del rapporto obbligatorio (è interessante rilevare come il legislatore, parlando di "obbligazioni" o di "obbligazione" designi il tutto, cioè il rapporto obbligatorio, attraverso la parte, cioè appunto l'obbligazione, e questo sta a significare il primato del momento della cooperazione del debitore nell'attuazione dell'interesse del creditore).

Determinatezza e determinabilità dei soggetti del rapporto obbligatorio

I soggetti del rapporto obbligatorio sono normalmente **determinati** ma, talvolta, può accadere che, mentre l'obbligazione si va perfezionando, non sia ancora possibile individuare esattamente il creditore: ciò accade, ad es., nel caso della promessa al pubblico (v. n. 11), o anche nelle ipotesi di cui agli artt. 631, co. 2, 778, co. 2 nelle quali la determinazione del creditore è affidata alla scelta di un terzo. Orbene, in evenienze di questo tipo il creditore, pur non essendo attualmente determinato, tuttavia è **determinabile** – ad es., sulla base dei criteri individuati nella promessa o enunciati dal testatore o dal donante – e ciò è considerato dalla legge sufficiente ad avviare il ciclo di perfezionamento del rapporto obbligatorio.

Obbligazioni ambulatorie

Dalle obbligazioni a soggetto indeterminato ma determinabile vanno tenute distinte le obbligazioni **ambulatorie**, cioè quelle che passano da un soggetto ad un altro in dipendenza del trasferimento della situazione giuridica che fa ad esse da supporto (ad es., l'obbligazione cambiaria che circola insieme con il titolo di credito: v. n. 11). Nelle obbligazioni ambulatorie i soggetti del rapporto obbligatorio, più che essere indeterminati, **non** sono **individuati** una volta e per sempre giacché, viceversa, vengono individuati volta per volta sulla base della titolarità della situazione giuridica principale (ad es., nell'obbligazione cambiaria il creditore si identifica con il possessore del titolo di credito legittimato ad esigere la prestazione portata dal titolo sulla base di una serie continua di girate).

Tra le obbligazioni ambulatorie, un particolare rilievo compete alle obbligazioni **reali** (o *propter rem*), nelle quali il debito è collegato alla titolarità del diritto di proprietà (Cap. XII, n. 2), o di un diritto reale di godimento (v. Cap. XII, n. 4). Obbligazioni reali

Classico esempio di obbligazione reale è rappresentato dall'obbligo gravante sul comunista di partecipare alle spese per la conservazione e il godimento della cosa comune (v. art. 1104).

Il solo modo di liberarsi dalle obbligazioni reali consiste nel disfarsi della titolarità del diritto: ciò può avvenire, o mediante il **trasferimento** del bene a terzi (che, a loro volta, si obbligheranno *propter rem*), o mediante **rinunzia** (v., ad es., artt. 882, 1104), di cui l'abbandono del fondo *ex* art. 1070 c.c. costituisce una particolare variante.

Le obbligazioni reali sono un **numero chiuso**, ovvero soltanto quelle espressamente previste dalla legge. Anche qui, come nel caso dei diritti reali (v. Cap. XII, n. 4), la regola di **tipicità** è funzionale all'esigenza di preservare la proprietà da oneri eccessivi.

Infine, dalle obbligazioni reali vanno tenuti distinti gli **oneri reali**, ossia i vincoli che gravano su un immobile e che obbligano il proprietario al pagamento di prestazioni periodiche, per lo più consistenti in somme di denaro o altre cose fungibili. La differenza consiste nel fatto che l'onere reale è un **peso** gravante sull'immobile, il quale è vincolato a garanzia di un credito, che dovrà essere soddisfatto dal titolare di turno: questi sarà tenuto a corrispondere anche le prestazioni maturate precedentemente al suo rapporto con il bene. Oneri reali

Si tratta di una figura desueta, un relitto storico del feudalesimo. Sono oneri reali il censo, i contributi consortili e, secondo una certa lettura, il canone enfiteutico (art. 967 c.c.). Costituiscono anch'essi un numero chiuso.

Creditore e debitore rappresentano l'elemento soggettivo del rapporto obbligatorio che, però, si compone anche di un elemento oggettivo rappresentato dalla **prestazione**, ossia dal comportamento dovuto dal debitore. Ai sensi dell'art. 1174, la prestazione deve rivestire carattere patrimoniale e deve corrispondere a un interesse anche **non** patrimoniale del creditore. Prestazione

Quanto al requisito della **patrimonialità**, esso può intendersi o in senso **oggettivo** o in senso **soggettivo**: nel primo senso, allorché il bene o Sua patrimonialità il servizio che costituiscono, a loro volta, l'oggetto della prestazione, siano normalmente scambiati sul **mercato** e, dunque, dispongano di un consolidato parametro di riferimento monetario; nel secondo senso, allorché il bene o servizio oggetto della prestazione siano valutati economicamente dalle parti nell'ambito di quel **singolo** specifico rapporto (classico l'esempio del violinista al quale il vicino di casa prometta una somma di denaro affinché egli si astenga dal suonare in certe ore della giornata).

La contrapposizione tra questi due modi di intendere la patrimonialità della prestazione è, però, più fittizia che reale dal momento che sempre un bene o un servizio intanto rivestono un valore in quanto vi è qualcuno che glielo attribuisce: da questo punto di vista, tra le due concezioni della patrimonialità intercorre una differenza di tipo quantitativo più che di tipo qualitativo. Così, ad es., oggi esiste un fiorente scambio di carte telefoniche usate il cui valore monetario si determina sulla base di parametri oggettivi, ma è fuor di dubbio che agli albori di questo particolarissimo mercato vi sia stato qualcuno che, sulla base di motivazioni varie – come l'amore per il collezionismo – abbia attribuito un valore economico ad un bene che ne era ormai apparentemente privo e ciò, in assenza di precedenti, non può che essere accaduto in modo del tutto arbitrario.

La regola della patrimonialità della prestazione deve intendersi, piuttosto, alla luce di una duplice esigenza, una **esterna** e l'altra **interna**, al rapporto obbligatorio ed alla sua attuazione.

La prima di queste esigenze – esterna al rapporto obbligatorio – si traduce in un **limite** ai beni o ai servizi deducibili in obbligazione: il loro essere (o, meglio, dover essere) suscettibili di valutazione economica esclude automaticamente dal novero delle prestazioni tutti quei beni o servizi i quali, appunto, in base a standard etici ricavabili sia dal sistema giuridico, sia dalla morale corrente, si sottraggono ad una stima monetaria (organi umani, prestazioni sessuali, ecc.). Da questo punto di vista, la regola della necessaria patrimonialità della prestazione trova un suo corrispondente nella regola che sancisce la nullità del contratto per illiceità dell'oggetto (artt. 1418, 1346: v. Cap. VII, n. 6, 13).

Si spiega così anche la ragione per la quale situazioni formalmente assimilabili alla struttura del rapporto obbligatorio – ad es., quelle scaturenti dal matrimonio caratterizzate dalla reciprocità di diritti e doveri dei coniugi: art. 143 – siano dal legislatore trattate in modo differente proprio perché prive del requisito della patrimonialità (e, del resto, lo stesso **matrimonio**, pur possedendo le caratteristiche strutturali del contratto – accordo bilaterale – viene espunto dal novero dei contratti e disciplinato in modo autonomo ancora una volta a causa della non patrimonialità del suo oggetto: v. Cap. XIII, n. 3).

La seconda esigenza – interna al rapporto obbligatorio – trova fondamento in ciò, che la mancata esecuzione della prestazione pone pur sempre capo a misure di tipo **risarcitorio** (v. n. 9) le quali, a loro volta, presuppongono un danno da stimarsi e liquidarsi in termini monetari (v. art. 1223): è evidente, quindi, che la totale assenza di un qualsiasi indicatore oggettivo, anche stabilito arbitrariamente dalle parti, renderebbe impossibile al giudice la determinazione dell'ammontare del danno, sia pure in via meramente equitativa (art. 1226).

Interesse del creditore

Abbiamo già anticipato che, ai sensi dell'art. 1174, la prestazione deve corrispondere ad un **interesse** anche non patrimoniale del creditore. La circostanza che l'interesse del creditore possa avere carattere non patrimoniale nonostante la necessaria patrimonialità della prestazione non deve suscitare stupore. L'uno e l'altro termine, infatti, stanno su piani diversi, sicché l'asimmetria è soltanto apparente: si pensi alla proiezione di un film in una sala cinematografica, prestazione suscettibile di valutazione economica – il prezzo del biglietto – che però soddisfa un bisogno di ordine culturale.

Più importante è il richiamo alla necessaria presenza di un interesse del creditore che, per un verso, conferma l'impianto ineliminabilmente **bilaterale** del rapporto obbligatorio (prestazione del debitore – interesse del creditore), dall'altro individua un riferimento esterno alla prestazione che ne costituisce la stessa ragion d'essere. Infatti, in assenza di un interesse del creditore, il sorgere o il permanere del rapporto obbligatorio sarebbe considerato dall'ordinamento privo di giustificazione in quanto si tradurrebbe in una limitazione della libertà del debitore del tutto fine a se stessa.

Obbligazioni naturali

Infine, è opportuno sottolineare che tratto fondamentale dell'obbligazione è la sua **coercibilità**. In altri termini, come si vedrà più avanti, la mancata esecuzione della prestazione da parte del debitore dà luogo ad una reazione da parte del sistema giuridico che assume varie forme, inclusa l'esecuzione forzata della prestazione stessa (v. l'intera sez. II e, in particolare, i n. 10-10.2). Ciò vale a distinguere l'obbligazione (detta **civile**) di cui stiamo discorrendo dall'obbligazione **naturale** (v. n. 11.2) che, non essendo coercibile, non è affatto un'obbligazione ma soltanto una **giusta causa** di attribuzione patrimoniale.

1.1. *La buona fede*

Clausola generale di buona fede

Ai sensi dell'art. 1175 "il debitore e il creditore devono comportarsi secondo le regole della correttezza". L'art. 1175 introduce nel nostro sistema giuridico la **clausola generale** di **correttezza** (o buona fede in senso **oggettivo,** per distinguerla dalla **buona fede** in senso **soggettivo** per la quale v. Cap. XII, n. 6.1), ossia un concetto valvola che richiama standard di giudizio extra-normativi, sulla base dei quali è possibile effettuare valutazioni giuridiche. Essa, pertanto, diversamente dalle altre norme, non contiene specifici precetti da rispettare ma fornisce criteri utili ai fini dell'assunzione di una decisione.

La correttezza richiamata dall'art. 1175 non si rivolge solamente ad una delle parti del rapporto obbligatorio, bensì, nell'intenzione del legislatore del 1942, vuole essere il punto di riferimento dell'intera disciplina delle obbligazioni, imponendo a debitore e creditore il dovere di comportarsi in modo da non ledere l'interesse altrui fuori dei limiti della legittima tutela dell'interesse proprio.

Questa clausola abbraccia e comprende tutte le altre norme che richiamano la buona fede nello svolgimento delle trattative e nella formazione del contratto (art. 1337: v. Cap. VII, n. 4.3), in pendenza della condizione sospensiva (art. 1358: v. Cap. VII, n. 6.2), nell'interpretazione (art. 1366: v. Cap. VII, n. 5) e nell'esecuzione (art. 1375: v. Cap. VII, n. 6.1) del contratto, nel ricorso all'eccezione d'inadempimento (art. 1460).

Funzione integrativa

La buona fede può espletare una funzione **integrativa**, dando vita ad obblighi **ulteriori** rispetto a quelli che individuano il contenuto primario del rapporto obbligatorio e che hanno una finalità comune: imporre alle parti del rapporto un atteggiamento di tipo cooperativo. Essi si sostanziano in obblighi di informazione, di lealtà, di assistenza e di custodia, i quali si riferiscono alla prestazione e contribuiscono a precisarne le modalità di esecuzione e a garantire il puntuale soddisfacimento dell'interesse sotteso ad essa. Tali obblighi in funzione integrativa incidono sulla misura dell'esatto adempimento e quindi, in definitiva, sul giudizio di responsabilità *ex* art. 1218.

Obblighi di protezione

La clausola di buona fede è fonte di altri obblighi, che non sono funzionali all'esatto adempimento, bensì mirano a garantire che la persona e/o le cose di ciascun soggetto del rapporto obbligatorio non abbiano a subire danni a causa o in occasione dello svolgimento del rapporto: essi prendono il nome di **obblighi di protezione** (tipici sono gli obblighi di avviso dell'acquirente di un bene dei possibili pericoli legati all'uso di esso). Questi obblighi, rispetto ai precedenti, si caratterizzano per la loro **autonomia**, sicché essi non incidono sull'esatto adempimento, ma fondano azioni autonome per il risarcimento dei danni derivanti dalla loro inosservanza.

Buona fede come limite ai poteri delle parti

L'art. 1175, infine, attraverso la c.d. funzione integrativa *in executivis*, istituisce un limite che si sostanzia nell'impedire alle parti di fare uso di poteri, di eccezioni, di atti unilaterali di rifiuto, che, per quanto in astratto legittimi, in concreto potrebbero integrare gli estremi di un comportamento scorretto ed essere causa per una parte di un pregiudizio non commisurato al vantaggio dell'altra.

Lo strumento tecnico attraverso il quale la buona fede esercita tale funzione non è l'obbligo integrativo, ma il **diniego** di effetti e lo scopo è quello di evitare che una troppo formalistica interpretazione del diritto possa comportare conseguenze pregiudizievoli per una delle parti. Tale funzione sembra consacrata dallo stesso legislatore all'art. 1460, co. 2, relativamente alla eccezione di inadempimento.

2. *Le fonti delle obbligazioni*

Fonti delle obbligazioni

Dal punto di vista della teoria generale del diritto, il rapporto obbligatorio rappresenta un **effetto** giuridico che, in quanto tale, presuppone una fattispecie (v. Cap. II, n. 1). Nel caso delle obbligazioni, le fattispecie idonee a determinarne la venuta ad esistenza prendono il nome di fonti (chiara l'assonanza con la locuzione, a noi già nota, "fonti del diritto") e sono quelle indicate dall'art. 1173, ossia "il contratto, il fatto illecito o ogni altro atto o fatto idoneo a produrle in conformità dell'ordinamento giuridico".

Contratto e fatto illecito: rinvio

Per quanto attiene al contratto e al fatto illecito, non possiamo che rinviare alle parti di questo manuale che ne trattano. Qui può essere utile ricordare che nel nostro ordinamento giuridico il contratto non opera soltanto come fonte di obbligazioni (contratto con **effetti obbligatori**), ma anche come modo di acquisto della proprietà e, più in generale, come strumento di circolazione dei diritti (artt. 922, 1376: contratto con **effetti reali**; v. Cap. VII, n. 9.1).

Tipicità o atipicità delle fonti dell'obbligazione

Qualche parola bisogna spendere a proposito della formula "qualsiasi altro atto o fatto idoneo a produrre obbligazioni in conformità dell'ordinamento giuridico". Questa formula può essere intesa in due modi diversi. Sulla base del primo, per "qualsiasi altro atto o fatto idoneo ..." si deve intendere qualsiasi atto o fatto al quale la legge espressamente riconosca la dignità di fonte delle obbligazioni: ad es., per limitarci al codice civile, la promessa al pubblico (art. 1989 s.), la gestione d'affari (art. 2028 s.), il pagamento dell'indebito (art. 2033 s.), l'arricchimento senza causa (art. 2041 s.: su tali figure v. l'intera sez. III di questo Cap.), ma anche lo stato di bisogno unito al rapporto di coniugio, di parentela o di affinità, da cui scaturisce l'obbligazione alimentare (art. 433 s.: v. Cap. XIII, n. 5).

Viceversa, si può ritenere che la formula indichi una classe aperta di fonti delle obbligazioni, ricomprendente quindi anche figure non espressamente previste dal legislatore, ma rispettose del limite della conformità all'ordinamento giuridico. Volendo ulteriormente semplificare, ci si può chiedere se per le fonti delle obbligazioni vale una regola di atipicità: ciò che implicherebbe per l'autonomia privata la possibilità di porre in essere fonti delle obbligazioni ulteriori rispetto a quelle espressamente contemplate dal legislatore.

Al riguardo si può osservare che se, per un verso, la regola della atipicità desta qualche dubbio perché attraverso di essa si finirebbe per creare un vincolo obbligatorio e, dunque, per limitare la libertà di un soggetto, fuori da una specifica previsione legislativa (v. anche l'art. 23 Cost.), per altro verso, l'insorgere di tale vincolo sarebbe comunque subordinato ad una verifica della **meritevolezza degli interessi** sottesi alla vicenda affidata, in ultima analisi, al giudice.

Né può trascurarsi la circostanza che il vincolo obbligatorio si traduce oggi, a differenza di quanto accadeva in altre e più remote epoche della nostra civiltà, in una responsabilità puramente patrimoniale e non personale del debitore: sicché, da questo punto di vista, le preoccupazioni di stampo garantistico che stanno a fondamento di una lettura restrittiva della formula "ogni altro atto o fatto ..." appaiono in larga misura superabili, anche alla luce del richiamo che nell'art. 1174, così come nell'art. 1322, il legislatore opera all'ordinamento giuridico nel suo insieme, piuttosto che semplicemente alla legge.

A proposito della regola di atipicità sancita dall'art. 1322, co. 2 in materia di contratti, è opportuno precisare che l'analoga regola eventualmente riferibile alla materia delle fonti delle obbligazioni solo in parte potrebbe essere accostata alla prima, giacché un contratto atipico è pur sempre un contratto, in quanto tale assoggettabile alle norme di cui agli artt. 1321-1469 *sexies* (v. art. 1323: v. Cap. VII, n. 3), mentre tra le fonti delle obbligazioni non ve n'è una che svolga una funzione analoga a quella svolta, sul piano sistematico, dal contratto in generale.

3. *L'adempimento*

Adempimento dell'obbligazione

Come abbiamo già detto (v. n. 1), nel rapporto obbligatorio l'attuazione dell'interesse di cui è portatore il creditore dipende dall'operato del debitore: se questi eseguirà la prestazione che costituisce oggetto dell'obbligazione, l'interesse tutelato dalla pretesa creditoria troverà soddisfazione e l'obbligazione si estinguerà.

Questo spiega la ragione per la quale il momento cruciale nella vita del rapporto obbligatorio è rappresentato dall'**adempimento** (a volte il legislatore parla di pagamento – v., ad es., gli artt. 1188-1196 – ma si tratta di una scelta terminologica fuorviante perché la prestazione del debitore non sempre ha ad oggetto una somma di denaro): cioè, appunto, dall'atto in linea di massima proveniente dal **debitore** (v. n. 3.1) mediante il quale quest'ultimo, eseguendo la prestazione, **realizza** l'interesse del creditore ed estingue il vincolo. I due momenti sono strettamente collegati perché in tanto l'obbligazione ha ragione di esistere in quanto vi è un'aspettativa del creditore da soddisfare: si ricordi il disposto dell'art. 1174 ai sensi del quale la prestazione deve corrispondere ad un interesse anche non patrimoniale del creditore.

E, del resto, non è un caso che lo stesso codice civile, dopo avere enunciato le tre norme fondamentali in tema di obbligazioni (artt. 1173-1175), passi immediatamente alla illustrazione della disciplina dell'adempimento (artt. 1176-1217).

Le regole che disciplinano l'adempimento dell'obbligazione possono essere raggruppate nel modo che segue:

a) regole su **chi deve eseguire** la prestazione;
b) regole su **chi può ricevere** la prestazione;
c) regole sull'**oggetto** della prestazione;
d) regole sul **quando** e sul **dove** della prestazione;
e) regole sul **come** deve essere eseguita la prestazione.

I n. successivi saranno dedicati ad una sintetica illustrazione di questa disciplina a conclusione della quale svolgeremo alcune considerazioni in ordine al problema della natura giuridica dell'adempimento.

3.1. *Il soggetto tenuto ad eseguire la prestazione*

Adempimento del debitore

Cominciamo con l'esaminare il profilo relativo al **soggetto** che deve eseguire la prestazione. A prima vista si tratta di una questione banale o, addirittura superflua, perché, come abbiamo già detto, la prestazione costituisce l'oggetto dell'obbligazione che grava sul debitore sicché sarà quest'ultimo che dovrà senz'altro eseguirla.

Ausiliari del debitore

Tuttavia, al riguardo sono necessarie alcune precisazioni. In primo luogo, se è vero che la prestazione deve essere eseguita dal debitore, ciò non deve essere inteso in senso naturalistico ma in senso **giuridico**. In altri termini, se il più delle volte accade che vi sia una perfetta coincidenza tra la persona del debitore e la persona di colui che esegue materialmente la prestazione, può viceversa accadere che tale coincidenza venga meno, senza che questo comprometta la possibilità di imputare comunque l'adempimento al debitore.

L'ipotesi della quale stiamo discutendo si verifica tutte le volte in cui il debitore si avvalga di **ausiliari** (artt. 1228-1229), ossia di soggetti che, operando alle dipendenze del debitore, hanno dato la loro attività per eseguire l'opera o per prestare il servizio (v. l'art. 1676 in tema di appalto). Il fenomeno è molto diffuso là dove il debitore disponga di un'organizzazione **imprenditoriale** anche minima (si pensi al salumiere che effettui consegne a domicilio della merce venduta avvalendosi di un suo dipendente), ma deve essere chiaro che in casi di questo genere l'adempimento, dal punto di vista giuridico, proviene sempre dal debitore poiché la sua materiale esecuzione ha luogo su impulso e sotto il controllo di quest'ultimo.

Adempimento del terzo

Discorso ben diverso deve farsi a proposito dell'**adempimento del terzo** (art. 1180) perché qui siamo al cospetto di una vera e propria eccezione al principio secondo il quale l'adempimento deve essere posto in essere dal debitore.

Il "terzo" di cui parla l'art. 1180, infatti, è un soggetto completamente **estraneo** al rapporto obbligatorio e non è, dunque, neppure un ausiliario del debitore: egli, tuttavia, può egualmente eseguire la prestazione senza che il creditore, dal canto suo, abbia facoltà di opporsi salvo che in due ipotesi delle quali diremo da qui a breve.

Le ragioni che possono indurre un terzo estraneo al rapporto obbligatorio ad eseguire la prestazione sono della più varia specie: ad es., il desiderio di beneficare il debitore, nel qual caso saremo in presenza di una liberalità, sia pure indiretta (v. Cap. XIV, n. 12) o, ancora, la sussistenza di una sua obbligazione nei confronti del debitore, nel qual caso saremo in presenza di una delegazione di pagamento (art. 1269, co. 2: v. n. 5.1).

Quali che siano le motivazioni del terzo, è certo però che il creditore non può opporsi al suo adempimento. In questa regola trova espressione un più generale principio del nostro diritto delle obbligazioni che si riassume nel primato del momento realizzativo dell'interesse creditorio (**tensione all'adempimento**), rispetto al quale considerazioni di qualsiasi altro genere passano in secondo piano (se il creditore deve ricevere 100 € da X e questa stessa somma gli viene offerta da Y, un suo eventuale rifiuto si appalesa del tutto immotivato e, dunque, inefficace).

Rifiuto legittimo da parte del creditore

Abbiamo già anticipato, però, che vi sono due ipotesi nelle quali la legge considera il rifiuto opposto dal creditore al terzo del tutto giustificato e, dunque, in grado di paralizzarne l'adempimento.

La **prima** di queste ipotesi ricorre allorché il creditore "ha interesse a che il debitore esegua personalmente la prestazione" (art. 1180, co. 1). In effetti, può accadere che tra le qualità **soggettive** del debitore e la idoneità della prestazione a soddisfare l'interesse del creditore sussista un nesso così forte che imporre al creditore l'adempimento del terzo equivarrebbe a sacrificarne l'interesse.

Evenienze di questo genere si danno allorché la prestazione non possa essere eseguita da altri che dal debitore prescelto dal creditore (**infungibilità** della prestazione: si pensi al caso classico del concerto affidato al grande artista che non può certo essere eseguito da un mediocre sostituto), ovvero allorché il creditore ritenga che la prestazione richiesta al debitore possa essere adeguatamente svolta solo da quest'ultimo (rapporti *intuitu personae*: si pensi al caso del mandatario cui il mandante si sia rivolto per l'espletamento di un certo incarico oggettivamente espletabile anche da terzi ma che egli, in ragione del peculiare di rapporto di fiducia che lo lega alla persona di quel mandatario, non vuole svolto da altri).

La **seconda** ipotesi nella quale il creditore può (ma, sia chiaro, **non** deve) opporsi all'adempimento del terzo ricorre allorché sia stato il debitore a manifestare la sua **opposizione** (art. 1180, co. 2). Ciò può verificarsi tutte le volte in cui il debitore non voglia contrarre debiti di gratitudine nei confronti del terzo o anche quando, a seguito di una surrogazione di pagamento (art. 1201: v. n. 5), tema di trovarsi il terzo come creditore.

3.2. *Il soggetto legittimato a ricevere la prestazione*

Soggetto legittimato a ricevere la prestazione è senz'altro il **creditore**. Ciò significa che il debitore **si libera dalla sua obbligazione** eseguendo la prestazione nelle mani del creditore. Anche qui, però, è necessaria qualche osservazione ulteriore. Destinatario del pagamento

In primo luogo, va detto che così come il debitore può avvalersi di ausiliari per l'esecuzione della prestazione (v. n. 3.1), analogamente (art. 1188) il creditore può avvalersi di un suo **rappresentante** o di una persona all'uopo indicata (*adiectus solutionis causa*).

La differenza tra le due ipotesi consiste in questo: nella prima, l'"ausiliario" del creditore è un soggetto dotato di poteri rappresentativi che si estendono al di là della mera e occasionale legittimazione a riceversi il pagamento in nome e per conto del creditore (si pensi al caso dei commessi dell'imprenditore preposti alla vendita nei locali dell'impresa i quali sono, ai sensi dell'art. 2213, legittimati, tra l'altro, ad esigere il prezzo delle merci da essi vendute). Nella seconda ipotesi, l'"ausiliario" del creditore è un soggetto investito *ad hoc* del potere di ricevere la prestazione (si pensi al caso di un agente senza rappresentanza "Ausiliari" del creditore al quale però sia stata attribuita dal preponente la facoltà di riscuotere i crediti: art. 1744).

Destinatari dell'adempimento su base giudiziale o legale

Dalle ipotesi appena esaminate – nelle quali il soggetto che riceve la prestazione, pur essendo fisicamente distinto dal creditore, ricava la sua legittimazione da un'investitura di quest'ultimo – vanno tenute distinte quelle, sempre previste dall'art. 1188, nelle quali il destinatario dell'adempimento trae la propria legittimazione da un provvedimento del **giudice** o addirittura direttamente dalla **legge**.

Rientra nella prima di queste due ipotesi il caso contemplato dall'art. 156, co. 6, ove si prevede che il giudice ordini ai debitori del coniuge tenuto al mantenimento di effettuare la prestazione direttamente a beneficio dell'avente diritto; rientra nella seconda ipotesi, viceversa, il caso contemplato dall'art. 494 c.p.c., ove si prevede che il debitore possa evitare il pignoramento versando nelle mani dell'ufficiale giudiziario la somma dovuta al creditore.

Anche la regola, alla stregua della quale il debitore si libera solo quando esegue la prestazione nelle mani del creditore o di altro soggetto legittimato a riceverla, patisce talune eccezioni.

La prima di tali eccezioni, più apparente che reale, ricorre allorché, pur avendo il debitore adempiuto a beneficio di chi non era legittimato a ricevere la prestazione, il creditore abbia **ratificato** l'adempimento o ne abbia comunque **beneficiato** (art. 1188, co. 2). Dicevamo che si tratta di una eccezione più apparente che reale perché o la prestazione, nella sua materialità, perviene comunque al creditore, o il creditore se ne riappropria in senso giuridico trasformando colui che l'ha illegittimamente ricevuta in suo ausiliario attraverso la **ratifica** (sulla ratifica v. Cap. VII, n. 10).

Pagamento al creditore apparente

Vera eccezione alla regola generale più volta richiamata è quella contemplata dall'art. 1189, co. 1 secondo il quale "il debitore che esegue il pagamento a chi appare legittimato a riceverlo secondo circostanze univoche, è liberato se prova di essere stato in buona fede". In questa norma si esprime un principio più ampio – quello dell'**apparenza** – di cui il codice civile fa applicazione in diverse altre ipotesi: ad es., **erede apparente** (art. 535: v. Cap. XIV, n. 6), **possesso vale titolo** (art. 1153: v. Cap. XII, n. 6.1), **simulazione** (art. 1415: v. Cap. VII, n. 7.4).

L'idea a fondamento di tutte queste disposizioni è che, ove ricorra un contrasto tra la situazione di fatto e quella di diritto, a prevalere sarà la prima se colui che se ne avvantaggia è in **buona fede** (in senso soggettivo *ex* art. 1147: v. Cap. XII, n. 6.1). Così, nel caso in esame, il debitore si libererà dell'obbligazione pur adempiendo nelle mani di un soggetto non legittimato a ricevere quando quest'ultimo appaia, sulla base di dati oggettivi difficilmente oppugnabili, legittimato a ricevere (**prevalenza** della situazione di fatto su quella di diritto), e sempreché il debitore stesso, al momento dell'adempimento, ignorasse che il destinatario della prestazione non aveva titolo per riceverla (**buona fede**).

Come si vede, questa fattispecie si compone di due elementi fondamentali, uno di carattere **soggettivo** (la buona fede) e uno di carattere **oggettivo** (le circostanze univoche) che però, in un certo senso, sono rintracciabili già all'art. 1147, co. 2 là dove si dice che la buona fede – ossia l'ignoranza di ledere l'altrui diritto – non giova se dipende da colpa grave: è chiaro, infatti, che ci si potrà utilmente appellare alla buona fede solo quando, pur avendo usato l'ordinaria diligenza, non sia stato possibile accorgersi del contrasto tra situazione di fatto e situazione di diritto, a causa della particolare verosimiglianza della prima (le "circostanze univoche" di cui appunto parla l'art. 1189).

Quietanza

Si ricordi, infine, che il creditore una volta ricevuto il pagamento è tenuto a rilasciare al debitore la **quietanza** e a farne annotazione sul titolo, se questo non viene restituito al debitore (art. 1199, co. 1).

3.3. *L'oggetto dell'obbligazione*

Prestazione

L'oggetto dell'obbligazione può consistere in una prestazione avente ad oggetto un **dare** (si pensi al pagamento di una somma di denaro: art. 1470 o anche alla consegna di una cosa: art. 1476), un **fare**, materiale (si pensi all'obbligazione assunta dall'appaltatore ai sensi dell'art. 1655 e consistente nel compimento di un'opera o di un servizio), o giuridico (si pensi all'obbligazione scaturente dal contratto preliminare di concludere un contratto: art. 2932) o anche un **non fare** (si pensi all'obbligazione scaturente da un patto di non concorrenza *ex* art. 2596).

Le regole attinenti alla prestazione e apprezzabili con riguardo alla materia dell'inadempimento sono le seguenti:

Prestazione in luogo dell'adempimento

a) il debitore si libera solo se esegue la prestazione originariamente dedotta in obbligazione (art. 1197) a meno che il creditore non consenta a ricevere una prestazione diversa. In questo caso saremo al cospetto della **prestazione in luogo dell'adempimento**, disciplinata dagli artt. 1197-1198.

La prestazione in luogo dell'adempimento (detta anche *datio in solutum*) è, appunto, quel fenomeno in virtù del quale al debitore, previo **consenso** del creditore, è permesso liberarsi eseguendo una prestazione **diversa** da quella inizialmente pattuita.

Va precisato che qui l'accordo modificativo dell'oggetto dell'obbligazione non comporta l'estinzione dell'obbligazione, estinzione la quale, viceversa, si produrrà soltanto quando la nuova prestazione sia stata **eseguita** (art. 1197, co. 1, cpv.). Analogamente, là dove la *datio in solutum* consista nella cessione di un credito (v. n. 5), l'effetto liberatorio si produrrà soltanto quando abbia avuto luogo la riscossione del credito, a meno che non risulti una diversa volontà delle parti. Entrambe queste regole significano che, in caso di mancata esecuzione della prestazione, sarà comunque dovuta quella dedotta **originariamente** in obbligazione, anche se non torneranno a rivivere le garanzie prestate dai terzi (art. 1197, co. 3).

La prestazione in luogo dell'adempimento va rigorosamente tenuta distinta sia dalla **novazione** (v. n. 4), nella quale il mutamento dell'oggetto si accompagna alla sostituzione dell'obbligazione originaria con una nuova obbligazione, sia dall'obbligazione **alternativa** (v. n. 6), nella quale vi è, fin dal principio, una **pluralità** di prestazioni, sia, infine, dalla c.d. obbligazione **facoltativa**, nella quale la prestazione dedotta in obbligazione è unica (a differenza di quanto accade nelle obbligazioni alternative), ma al debitore è accordata *ab origine* la facoltà di liberarsi eseguendo una **diversa** prestazione (a differenza di quanto accade nella *datio in solutum* dove tale facoltà è attribuita al debitore in un momento successivo alla nascita dell'obbligazione);

Inammissibilità di un adempimento parziale

b) il debitore deve eseguire la prestazione per l'intero, cosicché il creditore potrà senz'altro rifiutare un adempimento **parziale** (art. 1181) anche quando la prestazione sia divisibile (art. 1314: v. n. 6), a meno che la legge o gli usi non dispongano diversamente. A tal riguardo è opportuno precisare che la regola in esame non può essere invocata dal debitore allorché la prestazione sia divenuta parzialmente impossibile per una causa a lui non imputabile: in questo caso, infatti, egli sarà comunque tenuto ad eseguire la parte di prestazione rimasta possibile (artt. 1258, 1672);

Obbligazione di custodire e obbligazione generica

c) se la prestazione ha per oggetto la **consegna** di una cosa determinata, il debitore è tenuto a custodire la cosa sino al momento della consegna (art. 1177);

d) se la prestazione ha ad oggetto una quantità di **cose determinate** soltanto nel **genere**, il debitore deve dare al creditore cose di qualità non inferiore alla media.

Imputazione del pagamento

In un certo senso, appartengono a questa materia anche le regole relative all'**imputazione del pagamento** (artt. 1193-1194) le quali trovano applicazione allorché il debitore sia gravato, nei confronti di uno stesso creditore, di una pluralità di debiti. In generale, spetterà al **debitore** scegliere a quale debito imputare il pagamento: in assenza di tale indicazione, il pagamento sarà imputato, nell'ordine, al debito **scaduto**, a quello meno **garantito**, a quello più **oneroso**, a quello più **antico**. Non potendosi applicare alcuno di questi criteri, l'imputazione è fatta **proporzionalmente** ai vari debiti.

Bisogna aggiungere che la normale libertà del debitore circa l'imputazione del pagamento viene meno allorché l'alternativa si ponga tra un debito di capitale e un debito di interessi perché in questo caso egli dovrà senz'altro imputare il pagamento agli **interessi**, salvo che il creditore non acconsenta all'imputazione al capitale.

Il senso di questa disposizione è chiaro: poiché gli interessi generano dal capitale, il relativo debito va estinto per primo altrimenti il debitore potrebbe sterilizzare la fonte degli interessi quando invece ci sono già interessi da onorare. Del tutto coerente con la regola in esame è quella per cui il "rilascio della quietanza per il capitale fa presumere il pagamento degli interessi" (art. 1199, co. 2).

3.4. *Tempo e luogo dell'adempimento*

Gli artt. 1182-1187 dettano una disciplina piuttosto analitica del **tempo** e del **luogo** dell'adempimento (le c.d. modalità dell'obbligazione). Tuttavia, è bene precisare che questa disciplina si compone prevalentemente di norme **suppletive**, norme, cioè, destinate a trovare applicazione solo quando manchi una espressa pattuizione privata (Cap. I, n. 5; Cap. VII, n. 6.1). Del resto, ciò che davvero importa al sistema giuridico è che l'obbligazione venga adempiuta e a tal fine, come vedremo, esso è pronto a mobilitare la sua risorsa più importante, ossia la forza (v. n. 10), mentre la scelta del quando e del dove adempiere l'obbligazione non può che essere affidata alla libera valutazione dei diretti interessati. Modalità dell'adempimento

Per quanto attiene al **luogo** dell'adempimento, l'art. 1182, sempre che non sia possibile desumere una regola dalla convenzione (cioè, appunto, dalla volontà delle parti) o dagli usi o, infine, dalla particolare natura della prestazione, dispone che: Luogo dell'adempimento

a) ove la prestazione consista nel consegnare una **cosa certa e determinata**, essa vada eseguita nello **stesso luogo** nel quale la cosa si trovava quando l'obbligazione è sorta (per un'applicazione puntuale di questo criterio si vedano gli artt. 1510, co. 1; 1590, co. 4 rispettivamente in materia di vendita e restituzione della cosa mobile locata; per una sua deroga, si veda l'art. 1774, co. 1 alla stregua del quale la restituzione della cosa depositata deve farsi nello stesso luogo in cui la cosa è stata custodita);

b) ove la prestazione consista nel consegnare una **somma di denaro**, essa andrà eseguita al **domicilio del creditore** (per un'applicazione puntuale di questo criterio si veda l'art. 1498, co. 3 in materia di pagamento del prezzo; per una sua deroga si vedano ad es. l'art. 1498, co. 2 o anche l'art. 1528, co. 1 alla stregua dei quali il prezzo va pagato nello stesso luogo in cui avviene la consegna della cosa o dei documenti).

Tuttavia, se nel lasso di tempo intercorrente tra il momento in cui è sorta l'obbligazione e il momento in cui va eseguita la prestazione il creditore ha cambiato domicilio e questo rende l'adempimento più gravoso, il debitore, previa dichiarazione al creditore, può eseguire la prestazione al **proprio domicilio**;

c) in tutti gli altri casi la prestazione va eseguita al **domicilio** che il **debitore** ha al tempo della scadenza.

Esigibilità della prestazione

Se la disciplina relativa al luogo dell'adempimento serve a individuare chi, tra il debitore e il creditore, dovrà sopportare i costi dell'esecuzione della prestazione derivanti dalla circostanza che quest'ultima abbia luogo qui piuttosto che altrove (è chiaro, infatti, che se al debitore è consentito di eseguire la prestazione al proprio domicilio, sarà il creditore a sopportare i costi necessari per raggiungere il luogo dell'adempimento, e viceversa), la disciplina relativa al **tempo** dell'adempimento serve a individuare chi, tra il debitore e il creditore, possa decidere in ordine al momento in cui va eseguita la prestazione.

Tempo dell'adempimento

Al riguardo è necessario distinguere due ipotesi:

a) la prima è quella nella quale **non** è stato previsto alcun termine: in questo caso il creditore potrà esigere l'adempimento dell'obbligazione anche **immediatamente** (art. 1183, alinea 1: per un'applicazione puntuale di questa regola si vedano gli artt. 1771, 1810 rispettivamente in materia di deposito e comodato);

b) la seconda è quella nella quale un termine è stato previsto (vedremo subito appresso come può arrivarsi alla fissazione di un termine). In questo caso, si presume che il termine sia stato stabilito a favore del **debitore**, a meno che **non** risulti stabilito a favore del **creditore** o di **entrambi** (art. 1184: per alcune applicazioni puntuali della regola in esame, si vedano gli artt. 1563, 1816, rispettivamente in tema di somministrazione e di mutuo).

Ne consegue che se il termine è stabilito nell'interesse del debitore, il creditore **non** potrà chiedere l'esecuzione della prestazione prima della scadenza dello stesso; cosa che invece **potrà** fare se il termine è stato stabilito esclusivamente a suo favore (art. 1185, co. 1). Se poi il termine è stato stabilito nell'interesse di entrambi, entrambi **potranno** decidere, a proprio piacimento, quando esigere (il creditore) o eseguire (il debitore) la prestazione, ovviamente prima della scadenza.

Modalità di determinazione del termine

Il secondo problema sul quale si intrattiene questa disciplina attiene alle **modalità** di determinazione del termine. Competente in tal senso è, ancora una volta, l'**autonomia privata**. In assenza di una determinazione dell'autonomia privata e sempre che, in base agli usi o alla natura della prestazione, un termine sia necessario, esso sarà stabilito dal **giudice** (art. 1183, co. 1). Analogamente, il termine sarà stabilito dal giudice ove esso dipenda dalla mera volontà del debitore o, dipendendo dalla mera volontà del creditore, il debitore che intenda liberarsi chieda, appunto, al giudice di fissare un termine (art. 1183, co. 2).

Per il computo del termine, si applicano le disposizioni dettate dall'art. 2963 in tema di prescrizione (v. Cap. III, n. 2). Quanto alla norma in tema di decadenza dal termine (art. 1186), ad essa accenneremo più avanti nell'ambito del discorso sulla tutela del credito (v. n. 10).

3.5. *Il "come" dell'adempimento: rinvio*

Rinvio

I problemi relativi al **come** il debitore deve eseguire la prestazione si lasciano riassorbire interamente dal discorso sulla responsabilità contrattuale al quale, pertanto, facciamo rinvio (v. n. 9).

3.6. *La natura giuridica dell'adempimento*

Adempimento come mero fatto giuridico: il pagamento del debitore incapace

Abbiamo visto quali regole disciplinano l'adempimento dell'obbligazione. Adesso dobbiamo chiederci se l'adempimento sia un fatto, un atto o un negozio giuridico (v. Cap. II, n. 2-4).

Secondo l'opinione tradizionale, l'adempimento dell'obbligazione andrebbe considerato un mero **fatto giuridico** poiché esso si limiterebbe a dare attuazione al precetto privato sicché, da questo punto di vista, la volontà libera e consapevole del soggetto non avrebbe alcun rilievo. Tale opinione trova conferma nell'art. 1191 alla stregua del quale il pagamento eseguito da un incapace **non** può essere da questi impugnato: si tratta, infatti, di una regola diametralmente opposta rispetto a quella enunciata dall'art. 2 (v. Cap. V, n. 3) e poi ribadita dall'art. 1425 (v. Cap. VII, n. 12.2) la quale, viceversa, subordina la validità dei negozi giuridici in generale e dei contratti in particolare alla sussistenza in capo al soggetto della capacità d'agire.

Adempimenti negoziali

Bisogna dire, però, che una simile conclusione non può essere generalizzata. Si pensi, solo per fare un esempio, all'adempimento dell'obbligazione che scaturisce dal **contratto preliminare** (artt. 1350, 2932:

v. Cap. VII, n. 4.5): esso consiste nella stipulazione di un altro contratto, detto **definitivo**, per la validità del quale, ovviamente, sarà richiesta la capacità d'agire. In questo caso, dunque, troveranno applicazione gli art. 2, 1425 e non certo l'art. 1191.

Si pensi, ancora, all'**atto** con il quale il mandatario privo di rappresentanza **ritrasferisce** al mandante i beni immobili o mobili iscritti in pubblici registri che il primo abbia acquistato per conto del secondo, in tal modo adempiendo alla sua obbligazione gestoria (art. 1706, co. 2: v. Cap. VIII, n. 3.1): anche qui siamo in presenza di un adempimento che molto difficilmente potrebbe essere considerato un mero fatto giuridico.

Eterogeneità strutturale dell'adempimento

Gli esempi si potrebbero moltiplicare ma la conclusione è ormai chiara: il sistema giuridico contempla più modi di atteggiarsi dell'adempimento il quale, se dal punto **funzionale** presenta una fisionomia unitaria in ragione della costante finalità estintiva del vincolo obbligatorio, dal punto di vista **strutturale**, invece, presenta una **pluralità** di schemi operativi irriducibili al solo paradigma del fatto giuridico in senso stretto. In questa prospettiva, dunque, la regola stabilita dall'art. 1191 deve considerarsi non di portata generale, bensì puramente **residuale**, da applicarsi cioè soltanto quando l'adempimento non ricada, a causa di una sua maggiore complessità strutturale, entro l'ambito operativo degli artt. 2, 1425.

Pagamento al creditore incapace

In questa sede merita un cenno anche l'art. 1190, secondo il quale "il pagamento fatto al creditore incapace di riceverlo non libera il debitore, se questi non prova che ciò che fu pagato è stato rivolto a vantaggio dell'incapace". Può apparire bizzarro che per la ricezione della prestazione sia prevista una regola più rigorosa di quella stabilita per l'esecuzione della prestazione stessa. In effetti, qui la capacità anche semplicemente di intendere e di volere (art. 428: v. Cap. V, n. 3.2) del creditore non rappresenta tanto una condizione di **validità** dell'atto, quanto piuttosto la garanzia del fatto che il creditore abbia tratto **vantaggio** dall'adempimento: al punto che, ove il debitore riesca a dimostrare tale circostanza, sarà comunque liberato.

A seguito dell'emergenza insorta nel 2020, dovuta alla pandemia da Covid-19, sono state introdotte alcune misure legislative che hanno portato ad una incisiva temporanea modifica della normativa relativa all'adempimento. Nello specifico, con l'adozione dell'art. 3, co. 6 *bis*, del d.l. n. 6/2020, convertito in n. 13/2020, poi richiamato dall'art. 91 del d.l. n. 18/2020 c.d. "Cura Italia", convertito in l. n. 27/2020, in forza del quale: "il rispetto delle misure di contenimento è sempre valutato ai fini dell'esclusione, ai sensi e per gli effetti degli artt. 1218 e 1223 c.c., della responsabilità del debitore, anche relativamente all'applicazione di eventuali decadenze o penali connesse a ritardati o omessi adempimenti", è stata esclusa la responsabilità per inadempimento del debitore dipeso dal rispetto delle misure di contenimento, che dovrà comunque valutarsi caso per caso.

Pertanto, per fronteggiare la crisi nazionale che ha colpito molte categorie di debitori (si pensi ai conduttori soprattutto dei locali commerciali) è stata esclusa, ai sensi e per gli effetti degli artt. 1218 e 1223 c.c., la responsabilità del debitore, anche relativamente all'applicazione di eventuali decadenze o penali connesse a ritardati o omessi adempimenti.

Ben diverse sono le conseguenze della norma sopra richiamata sui contratti di durata (si pensi ai contratti di fornitura o di abbonamento), i quali, com'è noto, sono caratterizzati dalla centralità rivestita dal tempo. Qui, la causa temporanea di impossibilità, infatti, determina una impossibilità definitiva delle prestazioni che avrebbero dovuto essere eseguite *medio tempore* ma, allo stesso modo, esclude che si possa ritenere che vi sia un'impossibilità definitiva dell'intero rapporto. In questo caso, è più opportuno parlare di una decurtazione della misura oggettiva della prestazione, calcolata sia in funzione del tempo, sia dell'entità del corrispettivo.

4. *Modi di estinzione dell'obbligazione diversi dall'adempimento*

L'adempimento costituisce, agli occhi del legislatore, il modo **normale** di estinzione del rapporto obbligatorio: infatti, solo con l'adempimento si realizza la perfetta coincidenza tra esecuzione della prestazione dovuta dal debitore e soddisfacimento dell'interesse del creditore.

Tuttavia, durante la vita del rapporto obbligatorio si possono verificare eventi a seguito dei quali il vincolo si estingue senza che a ciò si accompagni la piena realizzazione dell'interesse creditorio: tali eventi sono dal codice civile raccolti sotto la denominazione "modi di estinzione dell'obbligazione diversi dall'adempimento" (artt. 1230-1259), una denominazione che sta a indicare il fatto che essi hanno in comune solo la loro **irriducibilità** all'adempimento.

Prima di passare ad un più analitico esame di queste figure, è opportuno ricordare che esse vengono tradizionalmente distinte in modi **satisfattori** (compensazione e confusione) e modi **non satisfattori** (remissione del debito, impossibilità sopravvenuta della prestazione per causa non imputabile al debitore, novazione) di estinzione dell'obbligazione, a seconda che l'interesse del creditore risulti comunque soddisfatto oppure no. Si tratta di una distinzione non solo priva di qualsiasi rilevanza sul piano normativo, ma anche foriera di notevole confusione dal momento che, in ogni caso, ad essere soddisfatto non è mai esattamente l'interesse creditorio ma un interesse diverso ancorché contiguo come, nel caso della compensazione, quello a vedere estinto il proprio debito senza dovere materialmente eseguire la prestazione dovuta.

Novazione

La prima di tali fattispecie è la **novazione oggettiva** (artt. 1230-1234) così detta per distinguerla dalla **novazione soggettiva** (art. 1235) che, però, ha perso ogni autonoma rilevanza in quanto assorbita dalle figure della delegazione, dell'espromissione e dell'accollo (v. n. 5.1).

Funzione pratica della novazione

Dal punto di vista **strutturale**, la novazione oggettiva è un contratto (art. 1230, co. 2) con il quale le parti di un rapporto obbligatorio sostituiscono all'obbligazione originaria una nuova obbligazione, **diversa** dalla prima per l'**oggetto** o per il **titolo** (art. 1230, co. 1).

Le ragioni per le quali le parti di un rapporto obbligatorio potrebbero voler procedere alla novazione dell'obbligazione sono le più varie: ad es., Tizio deve a Caio una somma di denaro della quale non dispone e le parti si accordano nel senso di sostituire alla somma di denaro una pietra preziosa (caso di novazione per diversità dell'oggetto); oppure, quella stessa somma di denaro era originariamente dovuta a titolo di risarcimento del danno *ex* art. 2043 mentre, a seguito della novazione, è dovuta a titolo di mutuo con la conseguenza che il diritto di credito si prescriverà non più in cinque bensì in dieci anni (artt. 2946-2947: caso di novazione per diversità del titolo).

Differenza con la prestazione in luogo dell'adempimento

A proposito della novazione per diversità dell'oggetto, essa, come già detto, va tenuta rigorosamente distinta dalla prestazione in luogo dell'adempimento (v. n. 3.3) nella quale il mutamento della prestazione, e la sua contestuale esecuzione, si accompagnano alla immediata e definitiva estinzione dell'obbligazione, mentre qui l'**estinzione** dell'obbligazione correlata al mutamento dell'oggetto è propedeutica alla nascita di una **nuova** obbligazione.

Volontà di novare

Un altro punto sul quale va richiamata l'attenzione è che la modificazione dell'oggetto o del titolo di per sé non è in grado di determinare l'effetto **novativo** perché essa potrebbe conseguire ad un normale esercizio di poteri di autonomia privata *ex* art. 1321 (si ricordi, infatti, che mediante il contratto le parti possono costituire estinguere ma anche **regolare** un rapporto giuridico patrimoniale: e nel "regolare" rientra certamente anche il "modificare" un rapporto obbligatorio preesistente). Ecco perché, ai fini della novazione, è necessario che alla modificazione dell'oggetto o del titolo si accompagni la inequivoca volontà di **estinguere** l'obbligazione precedente (art. 1230, co. 2).

Irrilevanza delle modificazioni accessorie

Per converso, si deve osservare che **modificazioni accessorie** (ad es., il differimento dell'adempimento) o fatti come il rilascio di un documento o la sua rinnovazione non importano, quale che sia la volontà delle parti, la novazione dell'obbligazione: quest'ultima, in definitiva, implica la compresenza di un elemento **oggettivo** qualificato (la modificazione dell'oggetto o del titolo) e di un elemento **soggettivo** (la volontà di novare).

Da ultimo, si ricordi che, salva diversa volontà delle parti, la novazione porta con sé l'**estinzione** anche delle **garanzie** che accedevano all'obbligazione originaria (art. 1232). Inoltre, la nullità o l'inesistenza dell'obbligazione originaria determina l'inefficacia della novazione (art. 1234, co. 1), mentre se l'obbligazione originaria poggiava su un titolo annullabile, la novazione sarà valida se il debitore ha assunto la nuova obbligazione conoscendo il vizio del titolo originario (art. 1234, co. 2: si tratta di un'applicazione delle regole dettate in materia di convalida del contratto annullabile, *ex* art. 1444: v. Cap. VII, n. 12.3).

Remissione del debito

La **remissione del debito** (artt. 1236-1240) è un atto **unilaterale** con il quale il creditore rinunzia al suo credito nei confronti del debitore: l'effetto estintivo si produrrà nel momento in cui la dichiarazione del creditore venga **comunicata** al debitore (si tratta di un'applicazione della regola enunciata all'art. 1334 con riguardo ai c.d. atti recettizi), sempre che quest'ultimo non dichiari entro un congruo termine di **non** volerne profittare (si tratta di un'applicazione del più generale principio secondo cui nessuno può venire beneficato contro la propria volontà: qui il rifiuto del debitore paralizza l'effetto estintivo dell'obbligazione come, nel contratto a favore di terzo, il rifiuto del terzo paralizza l'effetto acquisitivo del diritto: art. 1411, co. 3: v. Cap. VII, n. 9.3).

La restituzione volontaria del titolo, nelle forme previste dalla legge, fa piena prova della liberazione del debitore (art. 1237), mentre la rinunzia alle garanzie da parte del creditore non fa presumere la remissione del debito (art. 1238).

Compensazione

Un modo di estinzione dell'obbligazione molto diffuso nella prassi è la **compensazione** (artt. 1241-1252) la quale si verifica allorché due persone siano obbligate l'una verso l'altra: in questo caso i due debiti si estinguono per la quantità corrispondente (se X deve 100 € a Y e Y deve 50 € a X, in virtù della compensazione alla fine residuerà solo l'obbligazione di X verso Y pari a 50 €).

Reciprocità

Come vedremo subito, esistono varie forme di compensazione: l'elemento comune, però, è rappresentato dalla **reciprocità** dei debiti che permette di realizzare una notevole **economia** di atti giuridici posto che l'estinzione, totale o parziale, delle obbligazioni si produce indipendentemente dalla materiale esecuzione delle prestazioni (in altri termini, se non operasse il meccanismo della compensazione, X dovrebbe consegnare a Y i 100 € e Y a X i 50 €: viceversa, grazie alla compensazione, l'unica operazione da porre in essere è la consegna dei 50 € residui da parte di X a Y; addirittura, se i due debiti fossero di ammontare equivalente, essi si estinguerebbero senza strascichi ulteriori).

Esistono tre forme di compensazione: la compensazione legale, quella giudiziaria e quella volontaria.

Compensazione legale

La compensazione **legale** – così detta poiché, per il suo verificarsi, non è richiesto altro se non i presupposti espressamente individuati dalla legge – ha luogo allorché i due debiti siano **omogenei** (cioè abbiano ad oggetto una somma di denaro o una quantità di cose fungibili appartenenti al medesimo genere), **liquidi** (cioè siano esattamente determinati nel loro ammontare) ed **esigibili** (cioè, non siano sottoposti a termine, ovvero il termine sia scaduto o sia stato previsto nell'interesse del creditore: art. 1243, co. 1).

Compensazione giudiziale

La compensazione **giudiziale** (art. 1243, co. 2) si verifica allorché, nell'ambito di un giudizio, il debitore convenuto **eccepisca** l'esistenza di un suo credito nei confronti del creditore attore. Va precisato che questo è quello che può accadere anche nel caso di compensazione legale, posto che, ai sensi dell'art. 1242, co. 2, la compensazione non può essere rilevata d'ufficio: ne consegue che il debitore dovrà sempre sollevare l'eccezione di compensazione se vorrà neutralizzare la pretesa della controparte.

Ora, se sussistono i presupposti della compensazione legale, a seguito dell'eccezione il giudice si limiterà a prendere atto dell'avvenuto effetto estintivo (sentenza **dichiarativa**); ove non sussistano tutti i presupposti della compensazione legale, difettando il requisito della liquidità, se il debito opposto in compensazione è di **pronta e facile liquidazione**, il giudice lo liquiderà per poi, ancora una volta, prendere atto della estinzione dell'obbligazione.

In ogni caso, la compensazione ha effetto dal momento della **coesistenza** dei due crediti (art. 1242, co. 1).

Compensazione volontaria

Infine, abbiamo anche la compensazione **volontaria** la quale, per volontà delle parti, può aver luogo anche quando **non** ricorrano i presupposti della omogeneità, esigibilità, liquidità (o pronta e facile liquidabilità).

Va ricordato che in taluni casi, anche là dove ne sussistano i presupposti, la compensazione **non** può avere luogo in ragione della particolare **natura** di uno dei due debiti reciproci (ad es., gli alimenti: ma vedi, più in generale, l'art. 1246).

Questo limite viene richiamato dall'art. 1824 a proposito dei crediti esclusi dal **conto corrente**, ossia dal "contratto col quale le parti si obbligano ad annotare in un conto i crediti derivanti da reciproche rimesse, considerandoli inesigibili e indisponibili fino alla chiusura del conto" (art. 1823): e la circostanza non è casuale dal momento che il conto corrente rappresenta lo strumento idoneo ad agevolare l'applicazione del meccanismo compensativo tra soggetti tra i quali passi un flusso continuo di debiti reciproci (ad es., tra imprese di cui una sia fornitrice dell'altra, ma anche tra banca e cliente per le operazioni bancarie regolate tramite conto corrente: art. 1852).

Conto corrente

L'obbligazione si estingue anche per **confusione**, evento che si verifica allorché la qualità di debitore e quella di creditore si riuniscano nella stessa persona (art. 1253: esempio classico è quello dell'erede già debitore del *de cuius*). La confusione, che ha il suo corrispondente tra i diritti reali nella **consolidazione** (artt. 1014, n. 2; 1072), non pregiudica i diritti dei terzi che abbiano acquistato diritti di usufrutto o di pegno sul credito (art. 1254) e conosce una importante **eccezione** nella materia dei titoli di credito, là dove il debitore giratario del titolo può a sua volta girarlo a terzi prolungandone la circolazione (art. 2011).

Confusione

Infine, l'obbligazione si estingue per **impossibilità sopravvenuta della prestazione per causa non imputabile al debitore** (art. 1256-1259). Si tratta dell'ipotesi esattamente **antitetica** a quella contemplata dall'art. 1218 la quale, come vedremo a suo tempo, lungi dal provocare l'estinzione dell'obbligazione, fonda la responsabilità contrattuale del debitore inadempiente (v. n. 9).

Impossibilità sopravvenuta della prestazione per causa non imputabile al debitore

Posto che la nozione di imputabilità e, specularmente, non imputabilità, della impossibilità sopravvenuta della prestazione sarà oggetto di esame allorché ci occuperemo dell'art. 1218, qui va detto che l'impossibilità **soltanto temporanea** non determina, a carico del debitore, responsabilità per il ritardo, né dà luogo all'estinzione dell'obbligazione almeno sino a quando il creditore conservi interesse a ricevere la prestazione (art. 1256, co. 2), mentre se la prestazione è divenuta impossibile solo **in parte**, il debitore si libera eseguendo la prestazione per la parte che è ancora possibile (art. 1258). Non si tratta di una eccezione alla regola dell'art. 1181 che, come abbiamo visto (n. 3.3) esclude un adempimento parziale giacché, nel caso in esame, il debitore si libera eseguendo l'unica (porzione di) prestazione ancora possibile e dunque, in un certo senso, l'intera prestazione.

Impossibilità temporanea e parziale

Si ricordi che se l'impossibilità sopravvenuta della prestazione per causa non imputabile al debitore si verifica all'interno di un rapporto a prestazioni corrispettive, il debitore liberato dalla sua obbligazione perderà il diritto alla controprestazione: è questa la **risoluzione** del contratto per impossibilità sopravvenuta della prestazione non imputabile al debitore (art. 1463: Cap. VII, n. 15.2).

5. *Modificazioni del rapporto obbligatorio: la cessione del credito*

Vicende dell'obbligazione

Durante il suo ciclo vitale (che va dal momento in cui sorge al momento in cui si estingue), il rapporto obbligatorio può subire modificazioni che interessano o il **lato attivo** o il **lato passivo** del rapporto stesso. In altri termini, può accadere che a seguito di certi fatti (che tradizionalmente prendono il nome di **vicende dell'obbligazione**), la persona del debitore o quella del creditore mutino senza che a ciò si accompagni l'estinzione del rapporto obbligatorio.

Cessione del credito

Cominciando con le modificazioni che interessano il **lato attivo**, viene immediatamente in considerazione la **cessione del credito** (artt. 1260-1267).

La cessione del credito è un **effetto giuridico** che consegue, normalmente (ma non necessariamente), alla stipulazione di un **contratto** a titolo oneroso (compravendita) o a titolo gratuito (donazione) (art. 1260) e che consiste nel trasferimento del diritto di credito dall'attuale titolare (**cedente**) all'acquirente (**cessionario**): da questo punto di vista il contratto mediante il quale si realizza la cessione del credito è un contratto **con effetti reali** giacché, ai sensi dell'art. 1376 (v. Cap. VII, n. 9.1), deve considerarsi tale il contratto che ha per oggetto il trasferimento di un diritto e quindi, anche, di un diritto di credito.

Del resto, che si tratti di un vero e proprio acquisto a titolo derivativo del medesimo diritto è dimostrato dalla circostanza che il diritto stesso passa al cessionario con tutti i suoi accessori (garanzie, privilegi, ecc.: art. 1263).

Irrilevanza del consenso del debitore

La cessione del credito **prescinde** dal consenso del debitore ceduto (art. 1260): ciò significa che il passaggio del diritto di credito dal cedente al cessionario può avvenire perfino contro la volontà del debitore ceduto.

Questa regola, in genere, viene spiegata sulla base dell'assunto secondo cui per il debitore sarebbe del tutto indifferente eseguire la prestazione nei confronti di Tizio o nei confronti di Caio dovendo egli, comunque, adempiere l'obbligazione. In realtà si tratta di una spiegazione poco persuasiva ove si consideri che, ad es., la cessione da parte del lavoratore subordinato, in favore dell'organizzazione sindacale di appartenenza e per sostenerne l'attività, di una quota del proprio credito retributivo nei confronti del datore di lavoro può costringere quest'ultimo a modificare, con i conseguenti costi, il proprio *software* di gestione dell'erogazione delle retribuzioni.

La vera ragione della irrilevanza del consenso del debitore ceduto deve rintracciarsi, piuttosto, nella scelta legislativa di favorire al massimo la **circolazione dei crediti** che rischierebbe, viceversa, di essere pesantemente ostacolata là dove si attribuisse al debito una sorta di potere di veto: vedremo più avanti (v. n. 11) che il favore per una celere e sicura circolazione del credito è alla base anche della disciplina dei titoli di credito. Aggiungiamo che in questa ottica va letta anche la regola alla stregua della quale "le parti possono escludere la cedibilità del credito: ma il patto non è opponibile al cessionario se non si prova che egli lo conosceva al tempo della cessione" (art. 1260, co. 2): è evidente, infatti, che l'efficacia puramente **obbligatoria** e non reale del patto in questione rappresenta un incentivo alla circolazione dei crediti.

Opponibilità della cessione al debitore

Tuttavia, anche se il consenso del debitore ceduto è ininfluente ai fini del trasferimento del diritto, la legge richiede che la cessione gli venga comunque **notificata** (art. 1264). La notificazione risponde all'esigenza di rendere opponibile la cessione al debitore: ciò significa, in altri termini, che fino a quando **non** abbia avuto luogo la notificazione, la cessione è, nei suoi riguardi, del tutto **inefficace** (v. Cap. VII, n. 11). La conseguenza di ciò è che il debitore **si libererà** eseguendo la prestazione nelle mani del cedente, senza che il cessionario possa avanzare alcuna pretesa nei suoi confronti.

La notificazione della cessione può essere surrogata dalla **accettazione** della stessa da parte del debitore (art. 1264, co. 1): ma deve essere ben chiaro che tale accettazione rileva pur sempre al **solo** fine della **opponibilità** della cessione al ceduto e non anche della sua efficacia tra il cedente e il cessionario. Infine, anche quando non abbiano avuto luogo la notificazione o l'accettazione della cessione, quest'ultima sarà comunque opponibile al debitore qualora il cessionario riesca a dimostrare che il debitore stesso, nel momento in cui ha pagato nelle mani del cedente, era in **malafede**, ovvero era comunque venuto a conoscenza dell'avvenuta cessione (art. 1264, co. 2).

Opponibilità della cessione ai terzi

Il meccanismo della notificazione o della accettazione viene impiegato dal legislatore per risolvere l'ulteriore problema rappresentato da una **pluralità** di atti di cessione aventi ad oggetto lo stesso credito. In casi di questo genere che, come è noto, non riguardano soltanto i diritti di credito, è necessario disporre di un criterio in base al quale stabilire chi, tra i più acquirenti del medesimo bene o diritto, debba prevalere (v. Cap. VII, n. 9.1).

Tali criteri, come sappiamo, variano a seconda della natura del bene o del diritto: nel caso della cessione del credito prevarrà il cessionario che per **primo** abbia **notificato** al debitore la cessione o che si sia procurato l'accettazione del debitore stesso risultante da atto di data certa (v. art. 2704), anteriore a qualsiasi altra notificazione o **accettazione** pur essa risultante da atto di data certa ma, appunto, posteriore (art. 1265).

Attraverso la cessione del credito, il cedente trasferisce al cessionario il rischio dell'**insolvenza** del debitore, cioè quel rischio che è fisiologicamente connaturato al rapporto obbligatorio, non disponendo mai il creditore della certezza assoluta che il debitore abbia (o conservi) i mezzi sufficienti a onorare il suo impegno.

Cessione *pro solvendo* e *pro soluto*

Tale rischio può essere almeno in parte neutralizzato allorché il cessionario ottenga dal cedente la **garanzia della solvenza** (cessione *pro solvendo*: art. 1267, co. 1). In questo caso il cedente risponderà nei limiti di quanto ha ricevuto (quindi se Tizio ha ceduto a Caio un credito del valore di 100.000 € per un corrispettivo pari a 50.000 €, egli risponderà per 50.000 €); dovrà inoltre corrispondere gli interessi, rimborsare le spese della cessione e quelle che il cessionario abbia sopportato per escutere il debitore, e risarcire il danno.

Tutto questo a condizione che il cessionario abbia **prima** escusso il debitore ceduto (cioè abbia sottoposto ad esecuzione forzata il patrimonio di quest'ultimo), e sempre che la mancata realizzazione del credito per insolvenza del debitore non sia dipesa da negligenza del cessionario "nell'iniziare o nel proseguire le istanze contro il debitore stesso" (art. 1267, co. 2).

In genere la cessione è *pro solvendo* soltanto se il cedente ha assunto la garanzia della solvenza: altrimenti, essa sarà *pro soluto* e, dunque, il vecchio creditore **non** risponderà dell'insolvenza del debitore. Tuttavia, bisogna ricordare che là dove la cessione del credito abbia luogo nell'ambito di una *datio in solutum*, essa si comporterà, di regola, come una cessione *pro solvendo* (v. n. 3.3: art. 1198).

Garanzia dell'esistenza del credito

Se la garanzia della solvenza (*bonitas nominis*) rappresenta una eventualità, invece il cedente risponde senz'altro della **esistenza del credito** (*veritas nominis*) tutte le volte in cui la cessione avvenga a titolo **oneroso**, a meno che tale garanzia non sia stata esclusa per volontà delle parti nel qual caso, però, il cedente risponderà comunque per il fatto proprio (art. 1266, co. 1). Ove poi la cessione abbia avuto luogo a titolo **gratuito**, la garanzia dell'esistenza del credito sarà dovuta solo nei casi e nei limiti in cui la legge pone a carico del donante la garanzia per l'evizione (artt. 1266, co. 2, 797).

Non tutti i crediti sono suscettibili di cessione: ad es., **non** possono essere ceduti i **crediti alimentari** i quali, come abbiamo già visto, non possono neppure essere dedotti in compensazione (art. 447: in definitiva, si tratta di crediti **indisponibili**), ovvero quelli per i quali esista una espressa proibizione legislativa (art. 1260, co. 1). Infine, la legge contempla il **divieto** per taluni soggetti di farsi **cessionari** di alcune specie di crediti: ad es., gli operatori della giustizia non possono acquistare crediti litigiosi (art. 1261), mentre i genitori non possono farsi cessionari di diritti o ragioni nei confronti dei figli (art. 323, co. 3).

Casi di incedibilità assoluta e di inacquistabilità relativa dei crediti

La l. n. 52/1991 ("Disciplina della cessione dei crediti di impresa") ha introdotto, nel nostro ordinamento giuridico, una figura di cessione del credito modellata sullo schema del *factoring* (contratto ben noto all'esperienza nordamericana) e caratterizzata dalla circostanza che sia il cedente sia il cessionario sono **imprenditori**, dalla possibilità di cedere crediti **futuri** o **in massa**, e dalla **garanzia della solvenza** come effetto naturale della cessione che può essere escluso soltanto dalla rinuncia del cessionario.

Cessione dei crediti di impresa

Altro caso di cessione in blocco di crediti è quello contemplato dalla l. n. 130/1999 ("Disposizioni sulla cartolarizzazione dei crediti"), la quale prevede la possibilità che il titolare di un alto numero di crediti li ceda ad una società cessionaria in cambio di **quote di partecipazione** o **titoli negoziabili** sul mercato finanziario. La **cartolarizzazione** è uno strumento attraverso il quale è possibile conseguire l'obiettivo di una più rapida smobilizzazione dei crediti e dunque, da questo punto di vista, rappresenta un ulteriore incentivo alla loro circolazione.

Cartolarizzazione dei crediti

Una figura affine alla cessione del credito (tanto affine da indurre taluno, in dottrina, ad affermare la piena identità delle due fattispecie) è il **pagamento con surrogazione**. Qui accade che un soggetto, estraneo al rapporto obbligatorio, venga **surrogato** (ovvero si sostituisca) nei diritti del creditore verso il debitore. Esistono **tre** forme di pagamento con surrogazione: la prima (art. 1201) ha luogo per **volontà del creditore** e a beneficio del terzo che abbia adempiuto l'obbligazione (v. n. 3.1); la seconda ha luogo **per volontà del debitore** a beneficio del mutuante che gli appresti le risorse necessarie a soddisfare il suo creditore (art. 1202); la terza ha luogo **per volontà della legge** e a beneficio dei soggetti indicati dall'art. 1203.

Pagamento con surrogazione

5.1. *Delegazione, espromissione e accollo*

Le vicende dell'obbligazione possono interessare anche il **lato passivo** del rapporto determinandone una modificazione che presenta gradi diversi di intensità a seconda che tale modificazione consista nell'**affiancare** al debitore originario un nuovo debitore o, addirittura, nella **sostituzione** del debitore originario con un nuovo debitore. In questa ultima ipotesi, come vedremo, siamo più probabilmente al cospetto di una vera e propria **estinzione** che non di una semplice modificazione del rapporto obbligatorio.

Gli strumenti messi a disposizione dalla legge per realizzare questo risultato sono la delegazione, l'espromissione e l'accollo (artt. 1268-1276).

Delegazione

Nella **delegazione di debito** (così detta per distinguerla dalla **delegazione di pagamento** nella quale il delegato è invitato dal debitore soltanto ad eseguire la prestazione e non anche ad assumere l'obbligazione nei confronti del delegatario: art. 1269) accade che il debitore (**delegante**) **assegni** al suo creditore (**delegatario**) un nuovo debitore (**delegato**), il quale si obbliga nei confronti del creditore stesso (art. 1268, co. 1).

Struttura e funzione della delegazione

Dal punto di vista **strutturale** si tratta di un'operazione alquanto complessa che richiede **tre** manifestazioni di volontà – l'ordine impartito dal delegante al delegato, la promessa del delegato nei confronti del delegatario, l'accettazione da parte del delegatario (art. 1268, co. 2) – ora ricondotte a tre **distinti** negozi giuridici, ora ad un **unico** negozio plurilaterale.

Dal punto di vista **funzionale**, bisogna dire che la delegazione normalmente presuppone l'esistenza di **due** distinti rapporti obbligatori, quello tra il delegante e il delegato, che prende il nome di rapporto di **provvista**, e quello tra il delegante e il delegatario, che prende il nome di rapporto di **valuta**: una volta assunta l'obbligazione da parte del delegato, sulla scena rimane però un solo rapporto obbligatorio (quello tra il delegato, ed eventualmente il delegante, nei confronti del delegatario) con un significativo effetto di **economia** e semplificazione dei mezzi giuridici, effetto che rappresenta la stessa ragion d'essere della delegazione.

Delegazione privativa o cumulativa

Nel momento in cui accetta la promessa del delegato, il delegatario può **liberare** il delegante (delegazione **privativa**: art. 1268, co. 1): in caso contrario, il delegante rimarrà obbligato in solido con il delegato anche se il delegatario dovrà rivolgersi per primo al delegato (delegazione **cumulativa**: art. 1268, co. 2).

Va detto che, probabilmente, nell'ipotesi di delegazione privativa si verifica una vera e propria **estinzione** delle obbligazioni originarie tanto è vero che, ai sensi dell'art. 1275 qualora il creditore liberi il debitore originario, si **estinguono** le garanzie annesse al credito, salvo che il garante non acconsenta espressamente a mantenerle: la previsione è molto significativa perché un analogo effetto estintivo delle garanzie si produce, guarda caso, in materia di novazione (art. 1232: v. n. 4) che, come sappiamo, è uno dei modi di estinzione dell'obbligazione.

Il rapporto che si instaura tra il delegato e il delegatario rappresenta il punto di **confluenza** di due rapporti obbligatori preesistenti, il rapporto di provvista e il rapporto di valuta, all'interno dei quali potrebbero essersi verificati fatti tali da condizionarne l'efficacia (ad es., il credito vantato dal delegante verso il delegato potrebbe essersi prescritto oppure il delegato potrebbe eccepire la compensazione): v'è da chiedersi, pertanto, se tali fatti possano incidere sul rapporto tra delegato e delegatario. Regime delle eccezioni

La risposta a questo interrogativo è contenuta nell'art. 1271. In sostanza, il delegato **non** può opporre al delegatario né le **eccezioni** inerenti al rapporto **di provvista** (ossia, le stesse eccezioni che egli avrebbe potuto opporre al delegante: ad es., la prescrizione del credito vantato da quest'ultimo), né le **eccezioni** inerenti al rapporto **di valuta** (ossia quelle che il delegante avrebbe potuto opporre al delegatario: ad es., ancora una volta, la prescrizione del credito vantato da quest'ultimo).

Si parla al riguardo di delegazione astratta, proprio per segnalare l'autonomia del rapporto instauratosi tra il delegato e il delegatario sia dal rapporto di provvista sia dal rapporto di valuta: un'autonomia che incontra il solo limite della c.d. nullità della doppia causa, cioè della inesistenza sia del rapporto di provvista sia del rapporto di valuta, in considerazione della quale la delegazione appare totalmente priva di un qualsiasi fondamento. A ben vedere, tuttavia, il requisito della doppia causa di nullità sembra ridondante non tanto alla luce del tenore codicistico (art. 1271, co. 2, c.c. "salvo che sia nullo il rapporto tra delegante e delegatario") quanto per la considerazione che la nullità del rapporto tra delegante e delegatario è comunque sufficiente a privare quest'ultimo (creditore) della legittimazione a ricevere la prestazione dal delegato, giustificando l'opponibilità dell'eccezione relativa da parte di quest'ultimo.

Qualora, invece, al momento dell'accettazione della promessa del delegato nei confronti del delegatario, le parti si siano espressamente richiamate al rapporto di provvista o al rapporto di valuta o ad entrambi, il delegato **potrà** opporre al delegatario le **eccezioni** inerenti **all'uno** o **all'altro** dei rapporti originari: in questo caso si parla di delegazione **causale**.

Infine, bisogna ricordare che, ai sensi dell'art. 1271, co. 1, il delegato può opporre al delegatario le eccezioni relative ai suoi rapporti con quest'ultimo: ad es., se egli vantava nei confronti del delegatario un credito maturato in precedenza, glielo può opporre in compensazione.

Espromissione

Effetti del tutto analoghi alla delegazione scaturiscono dalla **espromissione**, la quale si distingue dalla prima perché qui l'iniziativa viene assunta non dal debitore (**espromesso**) ma da un terzo (**espromittente**) il quale assume l'obbligazione nei confronti del creditore (**espromissario**) (art. 1272). Al pari di quanto accade nell'adempimento del terzo (v. n. 3.1), le ragioni che possono indurre l'espromittente ad assumere l'obbligazione dell'espromesso sono le più varie: ad es., potrebbe trattarsi di un padre che corre in aiuto ad un figlio orgoglioso ma spendaccione, oppure del debitore dell'espromesso che intende liberarsi così del suo debito.

Ad ogni modo anche qui il creditore, una volta accettata l'obbligazione del terzo, può liberare o meno il debitore originario (espromissione **privativa** o **cumulativa**) con le conseguenze che abbiamo già visto parlando della delegazione. Quanto al regime delle eccezioni, esso differisce in parte da quello della delegazione, giacché l'espromittente **non** può opporre all'espromissario le eccezioni inerenti al rapporto di **provvista** ma **può** sempre opporgli le eccezioni inerenti al rapporto di **valuta**, sicché l'espromissione sarà soltanto **parzialmente** astratta (art. 1272, co. 2-3).

Accollo

Infine, abbiamo l'**accollo** (art. 1273) che dal punto di vista strutturale si presenta alla stregua di un accordo tra il debitore originario (**accollato**) ed un terzo (**accollante**), in forza del quale quest'ultimo assume l'obbligazione nei confronti del creditore (**accollatario**). Questo effetto può esaurirsi nell'ambito del rapporto tra accollato e accollante, e in tal caso avremo un accollo puramente **interno**; oppure estendersi all'accollatario il quale, aderendo alla convenzione, diviene creditore anche dell'accollante, e in tal caso avremo un accollo **esterno** riconducibile ad un contratto a favore di terzo (v. Cap. VII, n. 9.3).

Accollo esterno

Nell'accollo esterno il creditore, ancora una volta, può liberare o meno il debitore originario (accollo **privativo** o **cumulativo**) con le stesse conseguenze già viste per la delegazione e l'espromissione. Quanto al regime delle eccezioni, bisogna distinguere tra le **eccezioni** inerenti ai rapporti di **provvista** o di **valuta**, rispetto alle quali vale la disciplina dettata dall'art. 1271 con riguardo alla delegazione, e le **eccezioni** inerenti al **contratto** sulla base del quale l'obbligazione è stata assunta, eccezioni che l'accollante può sempre opporre all'accollatario (art. 1273, co. 4).

A conclusione del discorso va ricordato:

Regole comuni

a) che il creditore il quale abbia liberato il debitore originario sopporta il rischio della **sopravvenuta insolvenza** del nuovo debitore, ma se questi era insolvente al tempo in cui assunse l'obbligazione il debitore originario **non** è liberato (art. 1274, co. 2);

b) se l'obbligazione assunta dal nuovo debitore è dichiarata nulla o viene annullata, e il debitore originario era stato liberato, la vecchia obbligazione **rivive** ma il creditore non può valersi delle garanzie prestate da terzi (art. 1276).

6. *Alcuni tipi di obbligazioni*

Il codice civile, dopo avere provveduto alla disciplina dell'obbligazione in generale, individua alcuni tipi di obbligazioni caratterizzati sotto il profilo dei **soggetti** o dell'**oggetto**. Appartengono alla prima categoria le obbligazioni **solidali** (artt. 1292-1313) e le obbligazioni **parziarie** (art. 1314), appartengono alla seconda categoria le obbligazioni **alternative** (artt. 1285-1291), le obbligazioni **divisibili** o **indivisibili** (artt. 1314-1320), le obbligazioni **pecuniarie** (artt. 1277-1284).

Obbligazioni pluri-soggettive: solidarietà e parziarietà

Può accadere che in un rapporto obbligatorio vi siano **più** debitori o **più** creditori: in questo caso l'obbligazione sarà soggetta o alla disciplina della **solidarietà** o a quella della **parziarietà**. La differenza fondamentale tra queste due discipline consiste in ciò: mentre nel caso della solidarietà l'obbligazione si estingue a seguito di un'**unica** prestazione, nel caso della parziarietà l'obbligazione si estingue a seguito di una **pluralità** di prestazioni corrispondenti al numero di debitori o creditori coinvolti nel rapporto obbligatorio.

Solidarietà attiva e passiva

Per quanto attiene alle obbligazioni solidali, bisogna distinguere tra solidarietà **passiva** e solidarietà **attiva**, a seconda che vi sia una pluralità di debitori o una pluralità di creditori.

Nel primo caso, il creditore può rivolgersi ad uno **qualsiasi** dei debitori in solido ed ottenere da questi l'adempimento per l'intero che libera anche gli **altri** condebitori; nel secondo caso, il debitore si libera nei confronti di **tutti** i creditori eseguendo le prestazioni nei confronti di uno solo di essi (art. 1292). È chiaro che la solidarietà passiva rappresenta un vantaggio per il **creditore**, il quale potrà scegliere quello tra i suoi debitori che gli appare più solvibile; là dove la solidarietà attiva rappresenta un vantaggio per il **debitore** il quale, con un solo atto di adempimento, si libera nei confronti di tutti i creditori.

Responsabilità sussidiaria

A proposito della solidarietà passiva, è opportuno precisare che essa può convivere sia con il **beneficio d'ordine** sia con il **beneficio di escussione**. Il primo ricorre allorché il creditore debba **necessariamente** rivolgersi per primo ad uno dei debitori in solido (ad es., nella delegazione cumulativa il delegatario può rivolgersi al delegante solo dopo aver chiesto l'adempimento al delegato: art. 1268, co. 2). Il secondo ricorre allorché il creditore **non** possa rivolgersi ad uno dei debitori in solido senza prima avere escusso, cioè sottoposto ad esecuzione forzata, il patrimonio dell'altro (ad es., ciò è quanto può accadere nella fideiussione *ex* art. 1944, co. 2).

In questi casi, il carattere solidale dell'obbligazione non è comunque pregiudicato dal momento che il creditore potrà sempre chiedere l'adempimento per l'intero della prestazione, indipendentemente dall'ordine che egli dovrà seguire nel rivolgersi ai singoli debitori in solido.

Rapporti interni tra condebitori e concreditori

Le regole che abbiamo appena enunciato riguardano i rapporti che intercorrono tra le parti dell'obbligazione: rimane da vedere che cosa accade sul piano dei rapporti **interni**, cioè sul piano dei rapporti tra i singoli debitori nel caso di solidarietà passiva e tra i singoli creditori nel caso di solidarietà attiva.

Solidarietà tra condebitori

Al riguardo è necessario richiamarsi agli artt. 1298-1299. Per il primo nei rapporti interni l'obbligazione in solido **si divide** tra i diversi debitori o tra i diversi creditori in parti eguali, salvo che non risulti diversamente e l'obbligazione non sia stata contratta nell'interesse esclusivo di uno di essi; per il secondo, il debitore che abbia adempiuto per l'intero ha azione di **regresso** nei confronti degli altri condebitori ma può ripetere **soltanto** la parte gravante su ciascuno di essi (il che significa che nei rapporti interni la regola della solidarietà non trova applicazione) e, qualora uno dei condebitori in solido sia insolvente, la perdita si ripartisce in misura **eguale** (o **proporzionale**) tra tutti gli altri, compreso quello che ha effettuato la prestazione.

Fatti inerenti all'obbligazione solidale e loro efficacia

Tornando al piano dei rapporti **esterni**, il codice disciplina in modo molto analitico la estensione agli altri condebitori in solido degli **effetti** derivanti da fatti intervenuti tra uno di questi ultimi e il creditore (e, specularmente, da fatti intervenuti tra uno dei creditori in solido e il debitore).

Tale complessa disciplina può essere riassunta nella regola alla stregua della quale gli effetti **favorevoli** si propagano ai condebitori (ad es., la remissione del debito *ex* art. 1301, co. 1, nei limiti ivi previsti), quelli **sfavorevoli** non si propagano (ad es., la costituzione in mora: art. 1308), quelli il cui carattere favorevole o sfavorevole è rimesso all'**apprezzamento** dell'interessato, si propagano soltanto se questi dichiara di volerne profittare (ad es., la transazione *ex* art. 1304). Una regola analoga, sia pure con qualche aggiustamento, governa l'estensione degli effetti ai creditori in solido (v., ad es., l'art. 1308, co. 2).

Obbligazioni indivisibili, divisibili e parziarie

Abbiamo già detto che un'obbligazione plurisoggettiva può soggiacere alla regola della solidarietà o a quella della parziarietà. A dirimere ogni dubbio in proposito soccorre l'art. 1294 per il quale "i debitori sono tenuti in solido, se dalla legge o dal titolo non risulta diversamente".

Ciò significa che ove vi sia una pluralità di **debitori**, questi saranno **sempre** tenuti **in solido** a meno che la legge o la fonte dalla quale trae origine l'obbligazione non dispongano diversamente; viceversa, ove vi sia una pluralità di **creditori**, troverà applicazione la **parziarietà**, salvo che, ancora una volta, la legge o il titolo non dispongano diversamente.

In un solo caso, l'alternativa tra solidarietà e parziarietà viene meno in radice e questo accade quando l'obbligazione sia **indivisibile**, ovvero abbia ad oggetto "... una cosa o un fatto che non è suscettibile di divisione per sua natura o per il modo in cui è stato considerato dalle parti contraenti" (art. 1316). È chiaro, infatti, che se la prestazione è indivisibile, essa non potrà essere adempiuta *pro quota*, così come richiesto dalla parziarietà, nella quale ciascun debitore è tenuto per la sua parte e ciascun creditore può esigere soltanto la sua parte (art. 1314), di guisa che troverà applicazione sempre la disciplina della solidarietà (art. 1317).

Obbligazioni alternative

Se le obbligazioni solidali e parziarie si caratterizzano per la pluralità dei soggetti, le obbligazioni **alternative** si caratterizzano per la **pluralità** delle prestazioni. In altre parole, mentre di regola l'obbligazione è **semplice**, cioè ha ad oggetto una sola prestazione, oppure più prestazioni che però debbono essere tutte eseguite (obbligazione **cumulativa**), nell'obbligazione alternativa abbiamo **due** o anche **più** prestazioni (v. art. 1291), ma il debitore si libera eseguendo **una sola** delle prestazioni dedotte in obbligazione.

Facoltà di scelta e impossibilità della prestazione

I due aspetti fondamentali della disciplina delle obbligazioni alternative riguardano: a) la **facoltà di scelta** della prestazione da adempiere, scelta che in genere, ma non necessariamente, compete al **debitore** (artt. 1286-1287), e a seguito della quale si ha la **concentrazione** dell'obbligazione; b) il regime della **impossibilità** della prestazione.

Al riguardo bisogna considerare l'ipotesi nella quale una delle prestazioni non potesse fin dall'**inizio** costituire oggetto dell'obbligazione ovvero sia divenuta **successivamente** impossibile per una causa **non** imputabile ad alcuna delle parti, nel qual caso l'obbligazione alternativa si considera **semplice** (art. 1288); viceversa, qualora l'impossibilità risulti **imputabile** ad una delle parti, la sorte dell'obbligazione alternativa dipenderà dal **soggetto** a cui era stato attribuito il potere di scelta (artt. 1289-1290).

Obbligazioni facoltative

Dalle obbligazioni alternative vanno distinte le obbligazioni **facoltative** le quali nascono **semplici**, ma contemplano la possibilità che il debitore si liberi eseguendo una prestazione **diversa** (ad es., l'acquirente di un bene ipotecario si libera, in primo luogo, pagando i creditori iscritti, ma può liberarsi anche rilasciando i beni o liberando questi ultimi dalle ipoteche: art. 2858).

Le obbligazioni facoltative si **distinguono** dalla prestazione in luogo dell'adempimento (v. n. 3.3), vuoi perché la facoltà di liberarsi eseguendo una prestazione diversa da quella che costituisce l'oggetto primario dell'obbligazione è, di regola, attribuita al debitore dalla legge e non dal creditore, vuoi perché tale facoltà inerisce al rapporto obbligatorio sin dal momento in cui quest'ultimo viene ad esistenza. Inoltre, proprio perché l'obbligazione facoltativa, a differenza di quanto accade nelle obbligazioni alternative, nasce semplice, in caso di impossibilità sopravvenuta dell'**unica** prestazione dovuta, l'obbligazione si estingue.

Infine, bisogna tenere distinti sia dalle obbligazioni alternative sia da quelle facoltative i casi nei quali l'obbligazione è semplice, non è prevista affatto la possibilità per il debitore di liberarsi eseguendo una prestazione diversa, ma è consentito al debitore stesso di scegliere le **modalità** di esecuzione dell'unica prestazione dedotta in obbligazione: ciò accade, ad es., con l'obbligazione alimentare che può essere adempiuta o mediante un assegno alimentare, oppure accogliendo e mantenendo nella propria casa colui che vi ha diritto (art. 443).

Obbligazioni pecuniarie

A differenza di quanto accade nel caso delle obbligazioni solidali parziarie e alternative – rispetto alle quali la specifica attenzione loro riservata dal codice civile deve rinvenirsi nella complessità soggettiva o oggettiva del rapporto obbligatorio – nel caso delle obbligazioni pecuniarie il motivo di tale specifica attenzione deve rinvenirsi nella **natura del bene** oggetto dell'obbligazione, ovvero il **denaro**. Quest'ultimo, infatti, rappresenta un bene *sui generis*: in quanto unico misuratore universalmente riconosciuto del valore delle merci, esso costituisce il principale strumento attraverso il quale si realizzano le contrattazioni sul mercato e da qui nasce, appunto, l'esigenza di assoggettarne la circolazione ad una disciplina speciale.

Due regole fondamentali della disciplina delle o.p.

Le due regole nelle quali si compendia tale disciplina speciale sono entrambe contenute nell'art. 1277, co. 1: alla stregua della **prima**, "i debiti pecuniari si estinguono con moneta avente corso legale nello Stato al tempo del pagamento"; alla stregua della **seconda**, l'ammontare del debito pecuniario è dato dal valore nominale della moneta (**principio nominalistico**).

Moneta avente corso legale nello Stato

Per quanto attiene alla prima delle due regole menzionate, essa significa molto semplicemente che, ad es., a partire dal marzo 2002 nessun creditore di uno stato dell'Unione Europea tra quelli che hanno aderito all'Unione monetaria, è più tenuto ad accettare un pagamento in lire, franchi, marchi, pesetas, ecc. perché la moneta avente corso legale in quegli stati è ormai l'Euro.

Bisogna ulteriormente precisare che se la somma dovuta è determinata in una moneta non avente corso legale nello stato, il debitore ha sempre facoltà di liberarsi corrispondendo l'equivalente in moneta legale ragguagliato al corso di cambio del giorno di scadenza (art. 1278), a meno che la moneta non avente corso legale non sia stata indicata con la clausola "effettivo".

Principio nominalistico: debiti di valuta e debiti di valore

Quanto al principio nominalistico, esso significa che l'ammontare di un debito pecuniario è espresso sempre e soltanto dal **valore nominale** della moneta: ad es., se nel 1980 avevo contratto con il signor X un mutuo per l'importo di L. 100.000.000, alla scadenza del debito, nel gennaio del 2000, io dovrò restituire al signor X sempre L. 100.000.000, anche se nel frattempo il potere d'acquisto della moneta si è notevolmente usurato.

Il principio nominalistico è proprio delle obbligazioni pecuniarie, cioè dei c.d. **debiti di valuta**, nei quali il denaro costituisce in via esclusiva il bene oggetto dell'obbligazione. Là dove, viceversa, il denaro funga da semplice misuratore di un valore economico diverso, il principio nominalistico non troverà applicazione e si parlerà, piuttosto, di **debiti di valore** almeno sino a quando essi non siano stati liquidati, cioè tradotti in una misura monetaria (ad es., il danno arrecato nel 1980 ad un bene di proprietà del signor X e di cui il danneggiante debba rispondere ai sensi dell'art. 2043, sarà commisurato al valore attuale di quel bene: ma una volta avvenuta la liquidazione, il debito di valore si trasforma in debito di valuta con conseguente riespansione del principio nominalistico).

Clausole di rivalutazione

Come si può agevolmente intendere, il principio nominalistico rappresenta un **vantaggio** per il debitore il quale, con il passare del tempo, e grazie alla progressiva perdita del potere d'acquisto della moneta dovuta a fenomeni come l'inflazione, vede diminuire la consistenza del proprio impegno nei confronti del creditore.

Proprio per evitare questo inconveniente, nella prassi si ricorre alle c.d. **clausole di indicizzazione** attraverso le quali il valore del debito pecuniario viene **rapportato** a quello di un bene diverso dal denaro e più sensibile all'andamento dell'economia reale, come ad es. l'oro (mi darai tra dieci anni tanti € quanti ne occorreranno per comperare la quantità di oro che oggi si compera con un milione di €), o il dollaro (mi darai tra dieci anni tanti euro quanti ne occorreranno per comperare i dollari che oggi si comprano con un milione di €), o altri beni o indicatori ancora (ad es., la clausola ISTAT).

Interessi

Bisogna dire, però, che il vero antidoto alla perdita di potere di acquisto della moneta è rappresentato dagli **interessi**.

Come abbiamo già avuto modo di vedere (Cap. VI, n. 1.4), gli interessi appartengono alla categoria dei frutti civili, ossia "quelli che si ritraggono dalla cosa come corrispettivo del godimento che altri ne abbia" (art. 820, co. 3). L'idea che il denaro sia produttivo di frutti civili, esattamente come gli alberi o gli animali lo sono dei frutti naturali è oggi, in un'epoca di capitalismo finanziario trionfante, del tutto ovvia: ma essa, in realtà, si è affermata soltanto dopo una lunga disputa che vide impegnati giuristi, teologi e filosofi fino all'inizio dell'età moderna.

Naturale produttività del denaro

Il principio della **naturale produttività** del denaro (o, per meglio dire, di crediti di somme di denaro **liquidi** – cioè esattamente determinati nel loro ammontare – ed **esigibili** – cioè non (più) sottoposti a termine o condizione) trova espressione negli artt. 1282, co. 1; 1815, co. 1: ne discende che chiunque conceda in godimento ad altri una somma di denaro, avrà diritto al pagamento degli interessi a meno che non sia stato pattuito il contrario.

Misura degli interessi

La determinazione della misura degli interessi è affidata alla **libera** determinazione delle parti la quale, però, qui incontra due limiti: il primo rappresentato dalla necessità di ricorrere alla **forma scritta** tutte le volte in cui tale misura sia superiore a quella legale (art. 1284, co. 3); il secondo rappresentato dalla **invalicabilità** di una certa soglia (stabilita periodicamente dal Ministro del Tesoro ai sensi dell'art. 2, co. 4, l. n. 108/1996), al di sopra della quale il tasso degli interessi deve considerarsi **usurario**, con la conseguenza che la relativa clausola si avrà per non apposta e il prestito sarà considerato gratuito (art. 1815, co. 3: v. Cap. VII, n. 14; Cap. VIII, n. 6).

In assenza di un'espressa pattuizione delle parti al riguardo, si applicherà il tasso di interesse **legale**, oggi corrispondente al 0,8% (art. 1284, co. 1).

Varie tipologie di interessi

Gli interessi di cui abbiamo parlato sin qui sono gli interessi **corrispettivi**: da essi vanno tenuti distinti gli interessi **compensativi** (art. 1499) e quelli **moratori**. Questi ultimi gravano sul debitore a partire dal momento in cui egli viene costituito in **mora** (v. n. 8): per il particolare ruolo che ad essi compete nell'ambito della disciplina del risarcimento del danno, ce ne occuperemo più avanti (v. n. 9).

Alla materia degli interessi si lega, infine, la disciplina dell'**anatocismo**, intendendosi con questo termine il fenomeno della maturazione di interessi sugli interessi già maturati (cioè la loro **capitalizzazione**). L'ordinamento guarda con sfavore questo meccanismo, per ragioni non dissimili rispetto a quelle sottese alla condanna dell'usura, perché esso aumenta esponenzialmente gli interessi di cui il debitore è in ultima istanza gravato. Anzi, la periodica capitalizzazione degli interessi, rendendo calcolabile solo *a posteriori* e, dunque opaco il tasso di interesse realmente applicato, ha sempre rappresentato una via attraverso la quale gli operatori creditizi pongono in essere in modo surrettizio comportamenti sostanzialmente usurari, approfittando della circostanza che il cliente, il più delle volte, non dispone delle competenze tecniche necessarie ad avvedersi della misura effettivamente raggiunta dagli interessi grazie all'effetto moltiplicatore prodotto dalla capitalizzazione.

Il disfavore dell'ordinamento nei confronti dell'anatocismo si esprime nell'art. 1283, alla stregua del quale, infatti, gli interessi già maturati possono essere considerati quale base per la produzione di nuovi interessi solo in due ipotesi: *a*) quando ciò venga chiesto dal creditore con la domanda giudiziale volta ad ottenere la condanna del debitore al pagamento delle somme dovute; *b*) quando la capitalizzazione degli interessi sia frutto di un accordo delle parti, purché essa sia circoscritta agli interessi precedentemente maturati. In entrambe le ipotesi, peraltro, è necessario che gli interessi di cui viene chiesta o convenuta la capitalizzazione siano maturati in relazione ad un arco temporale pari, almeno, ad un semestre.

Questi limiti non operano in presenza di **usi contrari**. A lungo la giurisprudenza ha ritenuto che ad integrare tale presupposto fosse sufficiente una prassi negoziale. Sicché, ad es., venivano considerate lecite le clausole inserite nei contratti bancari che prevedevano in via anticipata la periodica capitalizzazione degli interessi maturati sulle esposizioni debitorie dei clienti: ciò che consentiva un'agevole elusione del divieto legale.

Alla fine degli anni novanta è emerso e si è consolidato un nuovo orientamento giurisprudenziale, secondo il quale gli usi contrari di cui all'art. 1283 sono solo gli usi **normativi**, con la conseguenza che le clausole anatocistiche di cui si è detto prima risultavano, adesso, tutte nulle per illiceità. La necessità di tutelare gli equilibri economici del sistema bancario, improvvisamente esposto ad ingenti pretese restitutorie, ha, così, indotto il legislatore ad intervenire dettando (oltre ad una disciplina transitoria per i rapporti in essere) una norma speciale (art. 120, co. 2, d.lgs. n. 385/1993) ai sensi della quale le clausole di capitalizzazione sono lecite purché **bilaterali**, nel senso che la capitalizzazione medesima deve essere prevista con eguale periodicità per gli interessi passivi e per quelli attivi. Tuttavia, da ultimo, l'art. 17 *bis* d.l. n. 18/2016 ha aggiunto all'art.120, co. 2, d.lgs. n. 385/1993 le lett. *a*) e *b*) che reintroducono l'anatocismo sugli interessi di mora relativamente alle operazioni su carte di credito e aperture di credito in conto corrente.

SEZIONE II

LA PATOLOGIA DEL RAPPORTO OBBLIGATORIO

SOMMARIO: 7. L'inattuazione del rapporto obbligatorio. La mora del creditore. – 8. La mora e l'inadempimento del debitore. – 9. La responsabilità contrattuale e il risarcimento del danno. – 10. La responsabilità patrimoniale e l'esecuzione forzata. I mezzi di conservazione della garanzia patrimoniale. – 10.1. *Par condicio creditorum* e cause di prelazione. – 10.2. La procedura esecutiva.

7. *L'inattuazione del rapporto obbligatorio. La mora del creditore*

Nelle pagine precedenti ci siamo occupati di quella che può considerarsi la "fisiologia" del rapporto obbligatorio. Adesso è tempo di occuparsi della "patologia" del rapporto obbligatorio, ossia di quell'insieme di fatti che impediscono all'obbligazione di attuarsi in modo pacifico e spontaneo e che, dunque, richiedono un intervento del sistema giuridico volto a rimediare e a surrogare la mancata cooperazione tra le parti.

Nella economia della inattuazione del rapporto obbligatorio, il ruolo principale spetta al debitore e questo è ovvia conseguenza della circostanza che al debitore spetta il ruolo principale anche nell'attuazione del rapporto obbligatorio: come si è visto, infatti (v. n. 1), il diritto di credito – in quanto diritto relativo – si realizza soltanto attraverso la cooperazione del debitore, cooperazione che trova la sua massima espressione nell'adempimento, cosicché sarà l'inadempimento (v. n. 8) a mettere in crisi il rapporto obbligatorio e a imporre l'intervento del sistema giuridico.

Mora del creditore

Tuttavia, sebbene in misura assai inferiore, anche il creditore può ostacolare l'attuazione del rapporto obbligatorio, adottando comportamenti contrari alla correttezza (v. n. 1.1). In particolare, egli può **rifiutarsi** in modo del tutto **arbitrario** e **ingiustificato** di ricevere la prestazione, impedendo così al debitore di estinguere l'obbligazione e di liberarsi dal vincolo che lo grava. Il rimedio apprestato dalla legge per ovviare alle conseguenze di questo comportamento ostruzionistico del creditore prende il nome di **mora del creditore** ed è disciplinato agli artt. 1206-1217.

Offerta e deposito

Tale disciplina si articola in **due** momenti fondamentali: l'**offerta** (a seguito della quale il creditore è costituito in mora) ed il **deposito** (a seguito del quale il debitore è definitivamente liberato). È bene precisare che tanto la mora del creditore, quanto la liberazione del debitore si verificano solo quando sia l'offerta (art. 1207, co. 3), sia il deposito (art. 1210, co. 2) vengano accertati con sentenza passata **in giudicato** (v. Cap. IV, n. 1.4), ovvero siano stati **accettati** dal creditore.

Offerta reale e per intimazione

Per quanto riguarda l'offerta, essa deve soddisfare i requisiti indicati dall'art. 1208 (in sostanza essa va congegnata in modo tale da configurare gli estremi di un esatto adempimento così da rendere certamente ingiustificato l'eventuale rifiuto del creditore) e può essere **reale** (quando l'obbligazione ha per oggetto denaro, titoli di credito o cose mobili da consegnarsi al domicilio del creditore: art. 1209, co. 1), o per **intimazione** (quando l'obbligazione ha per oggetto cose mobili da consegnarsi in un luogo diverso dal domicilio del creditore: art. 1209, co. 2 o cose immobili: art. 1216).

Effetti della mora

Una volta avvenuta l'offerta, il creditore è costituito in mora con queste conseguenze:

a) il **rischio** dell'impossibilità sopravvenuta della prestazione per causa non imputabile al debitore sarà a suo carico (art. 1207, co. 1), cioè egli sarà comunque tenuto ad eseguire la prestazione dovuta, in deroga a quanto previsto dall'art. 1463 (v. Cap. VII, n. 15);

b) il debitore **non** dovrà più corrispondere gli interessi corrispettivi né, ovviamente, sarà tenuto a corrispondere gli interessi moratori, e i frutti non ancora percepiti (art. 1207, co. 2);

c) il creditore sarà tenuto a **risarcire** i danni derivanti dalla sua mora e a sopportare le spese per la custodia e la conservazione della cosa (art. 1207, co. 1-2).

Se il creditore rifiuta l'offerta fattagli nelle forme di legge, allora il debitore potrà passare alla seconda fase, effettuare il **deposito** secondo quanto previsto dall'art. 1212 e **liberarsi** dall'obbligazione sempre che, ricordiamolo, il deposito stesso sia stato accettato dal creditore o accertato con sentenza passato in giudicato (art. 1210).

8. *La mora e l'inadempimento del debitore*

Come abbiamo già detto, però, la vera crisi del rapporto obbligatorio è rappresentata dall'**inadempimento**, cioè dalla mancata o inesatta esecuzione della prestazione da parte del debitore.

L'inadempimento dell'obbligazione, allorché sia **imputabile** al debitore, ha **due** distinte conseguenze. Da un lato, esso determina l'insor-

Responsabilità contrattuale e responsabilità patrimoniale

gere della **responsabilità contrattuale** (art. 1218: v. n. 9) con il connesso obbligo, per il debitore, di risarcire il danno. Dall'altro lato, nella misura in cui, come è ovvio, esso, a differenza della impossibilità sopravvenuta della prestazione per causa non imputabile al debitore, non estingue l'obbligazione (v. n. 4), il creditore potrà far valere la **responsabilità patrimoniale** del debitore (art. 2740: v. n. 10) e, attraverso l'esecuzione forzata, ottenere quello che avrebbe ottenuto se l'obbligazione fosse stata spontaneamente adempiuta, più quanto dovuto a titolo di risarcimento del danno.

Dobbiamo aggiungere che se l'inadempimento del debitore ha luogo nell'ambito di un rapporto a prestazioni corrispettive, l'ulteriore rimedio attivabile dal creditore sarà la **risoluzione del contratto** per inadempimento (art. 1453 s.: v. Cap. VII, n. 15).

Prima di affrontare la questione fondamentale, relativa a ciò che debba intendersi per inadempimento imputabile, è opportuno soffermarsi su un'ipotesi meno grave di inottemperanza del debitore al suo obbligo nei confronti del creditore, ossia il **ritardo** nell'inadempimento. Il rimedio messo a disposizione del creditore per neutralizzare gli effetti del ritardo e, anzi, per indurre il debitore a non tardare oltre nell'esecuzione della prestazione è rappresentato dalla **mora del debitore** (artt. 1219-1222).

Mora del debitore

In presenza di un ritardo del debitore, il creditore può costituirlo in mora mediante una **richiesta** o **intimazione** per iscritto (art. 1219, co. 1: *mora ex persona*) la quale non sarà necessaria, nel senso che gli effetti della mora si produrranno egualmente (*mora ex re*), allorché a) il debito derivi da **fatto illecito**; b) il debitore abbia dichiarato per iscritto di **non** volere eseguire la prestazione; c) il termine sia **scaduto** e la prestazione dovesse essere eseguita a domicilio del creditore (art. 1219, co. 2). Nel caso, poi, di obbligazioni **negative**, ossia di obbligazioni di non fare, non sarà necessario costituire in mora il debitore perché ogni fatto compiuto in violazione di esse configurerà già gli estremi di un inadempimento (art. 1222).

Effetti

L'effetto fondamentale della mora del debitore è il c.d. **spostamento del rischio** (art. 1221). Ciò significa che se in condizioni normali l'impossibilità sopravvenuta della prestazione per causa non imputabile al debitore **estingue** l'obbligazione (art. 1256), sicché il rischio di essa viene sopportato dal creditore, allorché la stessa impossibilità si verifichi quando il debitore è stato costituito **in mora**, sarà questi a doverne sopportare le **conseguenze** (in altri termini, non sarà liberato dall'obbligazione): a meno che egli non riesca a dimostrare che, se anche avesse adempiuto tempestivamente e la cosa si fosse trovata presso il creditore, questa sarebbe egualmente perita.

Altro effetto della mora del debitore è l'obbligo, per quest'ultimo, di corrispondere gli interessi **moratori** e gli eventuali ulteriori danni derivanti dal ritardo nell'inadempimento.

Il d.lgs. n. 231/2002, di recepimento della direttiva n. 2000/35, ha introdotto regole speciali per il ritardo dei pagamenti nelle **transazioni commerciali**.

Ritardo dei pagamenti nelle transazioni commerciali

Tale disciplina, che si applica ai soli rapporti tra imprese, o tra imprese e p.a., aventi ad oggetto la consegna di merci o la prestazione di servizi, obbedisce ad un'esigenza di tutela del contraente debole. Infatti, allorché la parte fornitrice del bene o del servizio – e creditrice del relativo prezzo – versi in una condizione di debolezza o di dipendenza economica, può accadere che l'altro contraente riesca ad imporre termini di pagamento ingiustificatamente dilazionati, o tassi di interesse molto bassi: in altri termini, si tratta di circostanze nelle quali il debitore finisce per finanziarsi surrettiziamente a spese del creditore.

La tutela della parte debole del rapporto si attua per il tramite di una serie di disposizioni che derogano, sotto molteplici aspetti, alla normativa di diritto comune.

In primo luogo, è stabilito che dal giorno successivo alla scadenza del termine previsto per il pagamento del prezzo decorrono **automaticamente**, e cioè indipendentemente dalla circostanza che il debitore sia stato costituito in mora, gli interessi moratori (art. 4, co. 1, d.lgs. n. 231/2002).

In secondo luogo, per quanto attiene alla misura degli interessi **moratori** (v. n. 6), essa, in mancanza di un diverso accordo tra le parti, risulterà pari al saggio di interesse applicato dalla Banca centrale europea alle principali operazioni di rifinanziamento, maggiorato di sette punti (art. 5, d.lgs. n. 231/2002). Si tratta di una misura ben superiore a quella, corrispondente al saggio di interesse legale, prevista dall'art. 1224 in materia di risarcimento del danno nelle obbligazioni pecuniarie (v. n. 9) e che, nella prospettiva del legislatore, dovrebbe operare come strumento di coazione all'adempimento.

Inoltre, anche quando le parti abbiano pattuito la misura degli interessi moratori, il creditore, ancora una volta in deroga a quanto disposto dall'art. 1224, conserva pur sempre il diritto al risarcimento del maggior danno (art. 6, d.lgs. n. 231/2002).

Naturalmente, gli interessi di mora sono dovuti alla scadenza del termine previsto dalle parti per il pagamento del corrispettivo. Ove tale termine non sia stato previsto, esso viene fissato dalla legge (art. 4, co. 2, d.lgs. n. 231/2002) allo scadere del trentesimo giorno successivo al ricevimento, da parte del debitore, della fattura o di altra richiesta di pagamento; ovvero alla consegna della merce o alla prestazione del servizio: e anche sotto questo profilo la disciplina in esame rivela la sua specialità rispetto a quella prevista, in via generale, dall'art. 1183 (v. n. 3.4).

Deve aggiungersi, comunque, che le previsioni concernenti la misura degli interessi moratori ed il termine di pagamento hanno carattere dispositivo: possono, cioè, essere derogate dalle parti.

Tuttavia, l'ampio spazio riservato dal legislatore al dispiegarsi dell'autonomia privata incontra un forte limite nel dettato dell'art. 7, d.lgs. n. 231/2002, il quale stabilisce che l'accordo sulla data del pagamento o sulle conseguenze del ritardo nel pagamento è **nullo** se – avuto riguardo alla corretta prassi commerciale, alla natura delle merci o dei servizi oggetto del contratto, alla condizione dei contraenti ed ai rapporti commerciali tra i medesimi, nonché ad ogni altra circostanza – risulti gravemente **iniquo** in danno del creditore. Ed iniquo deve considerarsi proprio l'accordo che, prevedendo termini di pagamento troppo ampi o interessi di mora troppo bassi, consenta al creditore di dilazionare il pagamento del corrispettivo, così giovandosi della disponibilità di somme che, viceversa, competerebbero alla controparte.

È questa una ipotesi di **nullità parziale** (giacché colpisce solo una parte del contenuto del contratto: v. Cap. VII, n. 13), riconducibile alla categoria, di recente conio, delle **invalidità di protezione** (v. Cap. VII, n. 11) poste cioè a tutela della parte debole del rapporto. Soprattutto, trattandosi di nullità, essa sarà rilevabile d'ufficio dal giudice: il quale, peraltro, al fine di sostituire la clausola affetta da nullità potrà, alternativamente, applicare quanto previsto dal decreto, in ordine ai termini di pagamento o alla misura degli interessi moratori; ovvero ricondurre ad equità il contenuto dell'accordo medesimo.

Inadempimento imputabile e art. 1218

Ma veniamo adesso alla questione cruciale, ossia a cosa debba intendersi per inadempimento **imputabile**. Al riguardo, la norma dalla quale è necessario prendere le mosse è quella dell'art. 1218: "il debitore che non esegue esattamente la prestazione dovuta è tenuto al risarcimento del danno se non prova che l'inadempimento o il ritardo è stato determinato da impossibilità della prestazione derivante da causa a lui non imputabile".

Il significato di questa norma, ancora oggi al centro di vivaci dispute dottrinali, appare in realtà abbastanza chiaro: il mancato o inesatto adempimento configurano **di per sé** gli estremi di un inadempimento imputabile, senza che il creditore debba fornire ulteriori prove in ordine alla qualità del comportamento tenuto dal debitore, a meno che quest'ultimo non riesca a dimostrare che l'uno o altro (inadempimento o ritardo) siano dipesi da una **impossibilità sopravvenuta** della prestazione, e che tale impossibilità **non** derivi da una causa a lui **imputabile**.

Preso alla lettera, l'art. 1218 sembrerebbe non lasciare adito a dubbi: l'inadempimento sarà imputabile e, dunque, il debitore dovrà rispondere dei danni, tutte le volte in cui egli, indipendentemente dal modo in cui si è condotto nell'adempiere, o nel tentativo di adempiere, l'obbligazione, non riesca a provare che se adempimento non vi è stato ciò è dipeso soltanto dal verificarsi di un fatto **straordinario** e **imprevedibile**, sottratto alla sua capacità di controllo e di intervento e riconducibile ora al **caso fortuito** (si pensi allo scoppio improvviso di una guerra e ad un provvedimento dell'autorità che, ad es., tolga dal commercio tutti i beni della specie alla quale appartiene anche quello che costituisca oggetto dell'obbligazione), ora alla **forza maggiore** (si pensi ad un terremoto, ad una inondazione, ad una pandemia come il Covid-19, ecc.), ora al ***factum principis*** (si pensi ad un provvedimento autoritativo che vieti di effettuare una prestazione).

Responsabilità contrattuale come responsabilità oggettiva

Saremmo, dunque, in presenza di un'ipotesi di **responsabilità oggettiva** nella quale il criterio di imputazione della responsabilità stessa è rappresentato dal mancato o inesatto adempimento, salva la prova del caso fortuito o della forza maggiore quali cause della sopravvenuta impossibilità della prestazione.

Art. 1176 e la responsabilità contrattuale come responsabilità soggettiva

Tuttavia, questa interpretazione dell'art. 1218 deve tenere conto della presenza di un'altra norma, l'art. 1176 alla stregua della quale "nell'adempiere l'obbligazione il debitore deve usare la diligenza del buon padre di famiglia" (co. 1); "nell'adempimento delle obbligazioni inerenti all'esercizio di un'attività professionale, la diligenza deve valutarsi con riguardo alla natura dell'attività esercitata" (co. 2).

Ora, il problema sollevato dall'art. 1176 è che esso sembrerebbe rimettere in auge un criterio **soggettivo** di imputazione della responsabilità – ossia la **negligenza** –, di guisa che il debitore potrebbe liberarsi semplicemente provando di avere agito in modo diligente, e ciò in contraddizione con quanto stabilito dall'art. 1218.

Diligenza come misura della prestazione dovuta

Una possibile via d'uscita da questa contraddizione apparentemente insuperabile può rinvenirsi nell'idea che l'art. 1176, piuttosto che individuare un criterio di imputazione della responsabilità, stabilisca la **misura** della diligenza dovuta da ciascun debitore nell'adempimento dell'obbligazione. In altre parole, tenuto conto delle caratteristiche che ciascun rapporto obbligatorio in concreto presenta, attraverso il riferimento alla diligenza si potrà stabilire se la prestazione sia ancora **possibile** in quanto suscettibile di essere eseguita da un debitore **diligente**, o seppure essa, per quanto in astratto ancora possibile, richieda al debitore uno sforzo che **ecceda** la diligenza richiesta e, dunque, si traduca in un di più rispetto alla prestazione dovuta.

Obbligazioni di mezzi e obbligazioni di risultato

Del resto, vi è già una classe di obbligazioni – le c.d. **obbligazioni di mezzi** – nella quale la diligenza costituisce ed esaurisce al tempo stesso, il contenuto della prestazione: si pensi al caso dell'obbligazione assunta dal medico, dall'avvocato, ecc. i quali, ovviamente, non si impegnano a guarire il paziente o a far vincere la causa al cliente, trattandosi di eventi sottratti al loro controllo, ma a fare ogni sforzo, in rapporto agli standard di diligenza professionale consolidati (art. 1176, co. 2), affinché tali risultati si verifichino.

Non a caso le obbligazioni di mezzi vengono tradizionalmente contrapposte alle **obbligazioni di risultato** nelle quali, viceversa, il debitore si impegna a far conseguire al creditore il risultato finale (l'acquisto di un diritto, la costruzione di un immobile, ecc.) e dove, quindi, la diligenza torna ad essere solo una parte della prestazione dovuta, senza più identificarsi integralmente con quest'ultima.

Inadempimento imputabile e varie specie di obbligazioni

Nelle obbligazioni che hanno ad oggetto una **somma di denaro** o una quantità di cose determinate soltanto nel **genere** (una tonnellata di grano, un quintale di olio, ecc.), al debitore è **preclusa** per definizione la prova della impossibilità giacché questa va intesa in senso **oggettivo** e il denaro, il grano, l'olio sono beni sempre e ovunque disponibili, non rilevando a tal fine la soggettiva difficoltà del debitore a procurarseli.

Il discorso è già in parte diverso per le obbligazioni che abbiano ad oggetto cose di **specie**.

Si pensi al caso di un antiquario che si sia impegnato a vendere ad un suo cliente l'esemplare raro, ma non unico, di una delle prime edizioni del Principe di Machiavelli e che la copia in suo possesso vada distrutta, insieme con tutto il negozio, a seguito di un devastante terremoto: ebbene, qui teoricamente sarebbe possibile per l'antiquario procurarsi la seconda e ultima copia di quell'edizione ma se il reperimento e l'acquisto di tale copia implicano per il debitore uno sforzo eccessivo, tenuto conto dei costi da sopportare e del compenso pattuito, la prestazione dovrà considerarsi divenuta impossibile per una causa non imputabile al debitore, e l'obbligazione estinta.

Un ragionamento in parte analogo vale per quelle **obbligazioni di fare** che comportino per il creditore il raggiungimento di un **risultato** esattamente corrispondente alle sue aspettative. Si pensi al caso di un contratto di appalto (art. 1655 s.) nel quale, come di regola, la fornitura della materia necessaria a realizzare l'opera sia a carico dell'appaltatore (art. 1658): ebbene, anche qui, se la materia in questione è pregiata e di difficile reperimento e perisce a seguito del solito evento catastrofico non prevedibile né in alcun modo controllabile dall'appaltatore, esigerne da quest'ultimo la sostituzione potrebbe significare, tenuto conto delle circostanze, un ingiustificato aggravio dell'impegno debitorio.

Delle **obbligazioni di mezzi** – che sono obbligazioni di fare nelle quali la prestazione del debitore **non** coincide esattamente con l'aspettativa finale del creditore (essere guarito, vincere la causa, ecc.) la quale rimane all'esterno del rapporto obbligatorio – si è già detto: qui la diligenza **esaurisce** il contenuto della prestazione, di talché spetterà al debitore provare di avere fatto tutto quanto astrattamente reso possibile dalle conoscenze e dalle tecniche della sua professione, a meno che non si tratti di problemi di **speciale difficoltà**, nel qual caso risponderà soltanto per dolo o colpa grave (art. 2236).

Infine, ove si tratti di obbligazioni di **non fare**, ogni fatto compiuto in violazione di quest'ultima costituisce di per sé inadempimento (art. 1222).

Regole speciali

Le regole che abbiano illustrato sin qui hanno una portata generale. Ciò non toglie che, in taluni casi, il legislatore adotti criteri di imputazione della responsabilità contrattuale diversi da quello enunciato dagli artt. 1218, 1176: ora, meno rigorosi, ad es., là dove si tratti di obbligazioni assunte a titolo gratuito (art. 789 in tema di donazione, art. 1710, in tema di mandato, art. 1768 in tema di deposito, ecc.), ora, viceversa, più rigorosi, là dove la responsabilità si estenda persino al caso fortuito (art. 1805, co. 1, in tema di comodato: v. Cap. VIII, n. 2).

Responsabilità del debitore per il fatto degli ausiliari

Infine, va ricordato che il debitore risponde anche dei fatti dolosi o colposi dei suoi **ausiliari** (art. 1228) e cioè dei terzi della cui opera egli si avvale nell'adempimento dell'obbligazione: è tuttavia consentito alle parti del rapporto manifestare una diversa volontà.

9. *La responsabilità contrattuale e il risarcimento del danno*

Come abbiamo già detto (v. n. 8), l'inadempimento imputabile dà luogo alla **responsabilità contrattuale**, cioè all'obbligo per il debitore di **risarcire** il danno derivante, appunto, dalla mancata esecuzione della prestazione.

La formula "responsabilità contrattuale" è alquanto ambigua perché sembra lasciar intendere che soltanto l'inadempimento di un'obbligazione che nasce da un contratto determini, a carico del debitore, l'obbligo di risarcire il danno. In realtà, le cose non stanno per nulla così dal momento che non soltanto il contratto è fonte di obbligazioni, ma anche il fatto illecito e ogni altro atto o fatto idoneo a produrle in conformità dell'ordinamento giuridico (art. 1173: v. n. 2): sicché, **quale che sia** la fonte da cui scaturisce l'obbligazione, l'inadempimento di quest'ultima genera per il debitore responsabilità contrattuale.

Responsabilità contrattuale ed extracontrattuale

Proprio da questo punto di vista è possibile cogliere la radicale diversità che passa tra **responsabilità contrattuale** e **responsabilità extracontrattuale** *ex* art. 2043 (v. Cap. IX, n. 1.2): infatti, mentre la prima presuppone l'**esistenza** di un'obbligazione, la seconda **ne prescinde** completamente ed anzi si ricollega ad un fatto – l'illecito – che si pone a sua volta come fonte di un'obbligazione, consistente nel risarcire il danno che qui discende non dall'inadempimento, ma dalla lesione di una situazione soggettiva giuridicamente protetta.

Componenti del danno

A proposito del danno contrattuale (art. 1223), il codice civile detta una **prima** regola fondamentale in base al quale il debitore deve risarcire al creditore, sia la perdita subita (**danno emergente**), sia il mancato guadagno (**lucro cessante**). In altri termini, il debitore dovrà ristorare il creditore sia delle perdite patrimoniali che questi ha subìto a causa del mancato adempimento (ad es., Tizio aveva costruito un hangar per ospitarvi l'aereo commissionato all'impresa "Aereocostruzioni" che però non è stata in grado di onorare l'impegno assunto e che, quindi, dovrà risarcirgli le spese sostenute per l'hangar), sia dei profitti che egli non ha potuto realizzare (con quell'aereo Tizio avrebbe svolto un servizio di collegamento tra l'isola di Linosa e la terraferma e guadagnato molto denaro: il costo di questo mancato guadagno è, appunto, a carico del debitore).

Va precisato che nel caso in cui l'ammontare del danno non sia esattamente stimabile, esso andrà liquidato sulla base di una valutazione **equitativa** da parte del giudice (art. 1226).

Nesso di causalità

La **seconda** regola in materia di risarcimento del danno contrattuale limita il danno risarcibile a quello che sia **conseguenza immediata e diretta** dell'inadempimento (art. 1223).

Si tratta di un criterio ispirato all'esigenza di prevenire ingiustificati arricchimenti da parte del creditore il quale potrebbe sostenere, per tornare all'esempio precedente, che, grazie ai guadagni realizzati assicurando il collegamento tra l'isola e la terraferma, sarebbe stato possibile effettuare lucrosi investimenti in borsa dai quali ricavare il necessario per acquistare mini appartamenti sulla Costa Azzurra da locare a prezzi altissimi e via dicendo, in una sequenza teoricamente illimitata di mancati guadagni al termine della quale starebbe la rovina economica del debitore e, appunto, un arricchimento del creditore del tutto ingiustificato in rapporto al valore iniziale della prestazione.

Danni prevedibili

Una **terza** regola limita l'ambito dei danni risarcibili ai soli danni **prevedibili** al momento in cui è sorta l'obbligazione, salvo che l'inadempimento sia **doloso** (art. 1225).

Questa regola consente al debitore, nel momento in cui assume l'obbligazione, di effettuare un calcolo economico in ordine ai costi dell'inadempimento che, ovviamente, risulterebbe del tutto stravolto se la sfera dei danni risarcibili si estendesse a quelli che si sottraggono ad una valutazione razionale, cioè appunto i danni imprevedibili (ad es., se la merce da consegnarsi al creditore perisce per causa imputabile al debitore dopo aver subito un improvviso e straordinario incremento di prezzo, il debitore dovrà risarcire il danno sulla base dei valori stabiliti al momento del sorgere dell'obbligazione).

Concorso di colpa del creditore

Una **quarta** regola si riferisce al **concorso di colpa** del creditore (art. 1227). Essa si articola in due distinte ipotesi.

La **prima** di tali ipotesi (art. 1227, co. 1) corrisponde a quella del concorso di colpa **in senso proprio**, nel quale il creditore ha contribuito con il suo comportamento a cagionare il danno; in questo caso, il risarcimento sarà diminuito in ragione della gravità della colpa e dell'entità delle conseguenze che ne sono derivate.

La **seconda** ipotesi (art. 1227, co. 2) è quella nella quale il creditore, una volta prodottosi il danno ad opera esclusivamente del debitore, nulla faccia al fine di evitare che la situazione si aggravi violando in tal modo quel dovere di correttezza che l'art. 1175 (v. n. 1.1) pone a carico di entrambe le parti (si pensi al caso di una partita di merce soltanto in parte avariata che il creditore, dopo la consegna, lasci deteriorare completamente).

L'una e l'altra regola perseguono un disegno di **minimizzazione** dei danni e, quindi, di conservazione della ricchezza sociale, ora attraverso il richiamo al principio di **autoresponsabilità**, ora attraverso il richiamo al canone della **correttezza**.

Clausole di esonero dalla responsabilità

Una **quinta** regola si riferisce alle **clausole di esonero** dalla responsabilità. Esse sono **nulle** nella misura in cui mirano ad escludere o a limitare la responsabilità del debitore per il caso in cui l'inadempimento dipenda da **dolo** o colpa **grave** (art. 1229, co. 1).

Si ricordi che tali clausole, anche quando non siano nulle ai sensi dell'art. 1229, co. 1, se unilateralmente predisposte, dovranno essere specificatamente approvate per iscritto là dove si tratti di contratti stipulati tra professionisti (art. 1341, co. 2), mentre, trattandosi di contratti stipulati tra professionisti e consumatori, esse saranno inefficaci anche se oggetto di trattativa individuale (art. 1469 *quinquies*).

Risarcimento del danno nelle obbligazioni pecuniarie

Infine, è opportuno accennare alla disciplina del risarcimento del danno nelle **obbligazioni pecuniarie** (art. 1224). Come abbiamo già visto (v. n. 8), una volta in mora il debitore è tenuto a corrispondere gli interessi **moratori** e questo, in base al già richiamato principio della naturale produttività del denaro, indipendentemente dalla circostanza che il creditore abbia in concreto subito un danno o meno.

La misura degli interessi moratori può variare a seconda che **non** fossero stati previsti interessi **corrispettivi**, nel qual caso troverà applicazione il tasso legale, ovvero che interessi **corrispettivi** fossero **dovuti**, nel qual caso si applicherà per gli interessi moratori l'**identico tasso**. In entrambe queste ipotesi, il creditore potrà comunque chiedere il risarcimento del **maggior danno** il quale, in genere, si identifica con il danno da inflazione (v., per i crediti di lavoro e previdenziali, gli artt. 429, co. 3, 442 c.p.c.).

Un'ipotesi ancora diversa è quella nella quale le parti abbiano, fin dal sorgere dell'obbligazione, previsto per gli interessi **moratori** una misura **diversa** da quella degli interessi **corrispettivi**: ciò avrà come conseguenza che il creditore **non** potrà chiedere il risarcimento del maggior danno.

Da questo punto di vista, la clausola che stabilisce per gli interessi moratori una misura *ad hoc* può essere avvicinata alla **clausola penale** (art. 1382: v. Cap. VII, n. 15).

Infine, per quanto attiene ai profili di identità e a quelli di differenza della disciplina positiva della responsabilità contrattuale e della responsabilità extracontrattuale, v. Cap. IX, n. 1.2.

Danno non patrimoniale da contratto

A proposito dei rapporti e delle possibili interferenze tra le due forme di responsabilità, merita di essere ricordato che la recente evoluzione normativa conosce anche casi di danno non patrimoniale risarcibile derivante dall'inadempimento di un'obbligazione di fonte contrattuale (c.d. **danno non patrimoniale contrattuale**): ad es., il c.d. danno da vacanza rovinata, da ultimo definito come tale all'art. 46, d.lgs. n. 79/2011: in questo caso, il risarcimento del danno è correlato "al tempo di vacanza inutilmente trascorso ed all'irripetibilità dell'occasione perduta".

Secondo il più recente orientamento delle Sezioni Unite della Corte di Cassazione, il danno non patrimoniale contrattuale, quando discenda dalla lesione di un diritto inviolabile costituzionalmente garantito del contraente, è in generale risarcibile.

Va tuttavia notato che questo indirizzo giurisprudenziale è stato criticato per l'eccessiva ristrettezza dell'area del danno non patrimoniale contrattuale risarcibile, risultando decisiva, in materia di obbligazioni di fonte contrattuale, la scelta dei contraenti circa gli interessi cui gli stessi hanno inteso assicurare protezione.

Il limite del diritto inviolabile, quale presupposto per la risarcibilità del danno non patrimoniale, può invece venire in considerazione quando si tratti del danno derivante dall'inadempimento di un'obbligazione non di fonte contrattuale (cfr., ad es., il caso della violazione dell'obbligo di procurare il consenso informato del paziente che si affidi alle cure del medico e che sussiste prima ancora, ed a prescindere, dalla conclusione del contratto d'opera professionale con il medico stesso).

10. *La responsabilità patrimoniale e l'esecuzione forzata. I mezzi di conservazione della garanzia patrimoniale*

L'eventuale condanna del debitore all'adempimento, a questo punto comprensivo anche del risarcimento del danno, lascia aperta la questione della sua effettiva disponibilità ad adeguarsi al comando del giudice. In altri termini, il debitore, così come non ha adempiuto spontaneamente l'obbligazione originariamente assunta, potrebbe persistere in questo suo atteggiamento non cooperativo anche dopo essere stato condannato a risarcire il danno.

Come è ovvio, il sistema giuridico non può tollerare un simile stato di cose: e ciò non tanto perché l'inerzia del debitore si risolve nella violazione di un ordine dell'autorità (giudiziaria), quanto piuttosto perché, altrimenti, l'intero edificio sia dell'autonomia privata che, in generale, del diritto privato crollerebbe, venendo meno la fiducia dei singoli in ordine alla circostanza che gli impegni assunti o legittimamente posti alla stregua delle regole dell'ordinamento trovino, in un modo (spontaneamente) o nell'altro (coattivamente), attuazione.

Per evitare questo, la legge mette a disposizione del creditore che se ne voglia avvalere (gli interessi coinvolti sono sempre interessi privati sicché spetta al creditore decidere, in concreto, se agire oppure no) la sua risorsa più grande, ovvero la **forza** (v. Cap. I, n. 1.3 e n. 5), in modo da consentirgli di prelevare dal patrimonio il bene dovuto o il suo equivalente monetario.

Questa procedura, che prende il nome di **esecuzione forzata**, è minuziosamente disciplinata agli artt. 2910-2933 e agli artt. 474-614 c.p.c. Responsabilità patrimoniale

Dal punto di vista normativo, il fondamento dell'esecuzione forzata deve ravvisarsi nell'art. 2740, co. 1: "il debitore risponde dell'adempimento delle obbligazioni con tutti i suoi beni presenti e futuri". È questa la **responsabilità patrimoniale** del debitore, in forza della quale i beni del debitore stesso costituiscono la c.d. **garanzia patrimoniale generica**, cioè la massa delle utilità economiche a cui il creditore, tramite appunto l'esecuzione forzata, potrà attingere in caso di inadempimento. Lo stesso art. 2740, al co. 2, prevede la possibilità di **limitazioni** della responsabilità patrimoniale, con ciò alludendo a fenomeni quali l'autonomia patrimoniale perfetta delle persone giuridiche (v. Cap. V, n. 4), o a istituti quali il beneficio d'inventario (v. Cap. XIV, n. 4).

Mezzi di conservazione della garanzia patrimoniale

L'assoggettamento del patrimonio del debitore all'esecuzione forzata rappresenta la manifestazione più vistosa e, in un certo senso, finale della responsabilità patrimoniale.

Quest'ultima, però, può trovare espressione anche *in itinere*, cioè in una fase **precedente** all'inadempimento dell'obbligazione, allorché il debitore ponga in essere comportamenti **lesivi** della integrità del suo patrimonio e quindi, indirettamente, della garanzia patrimoniale: per neutralizzare gli effetti di tali comportamenti, il sistema giuridico mette a disposizione del creditore i "mezzi di conservazione della garanzia patrimoniale", cioè l'azione surrogatoria, l'azione revocatoria ordinaria (così detta per distinguerla dall'azione revocatoria fallimentare: v. Cap. X, n. 1.1) ed il sequestro conservativo (artt. 2900-2906).

Azione surrogatoria

L'**azione surrogatoria** (art. 2900) presuppone l'**inerzia** del debitore in ordine all'esercizio di diritti o di azioni dei quali egli è titolare: in questo caso il creditore gli si può sostituire, onde evitare che tale inerzia si traduca in un pregiudizio per le sue ragioni. Ad es., Tizio, debitore di Caio per 900.000 €, è al contempo creditore di Mevio per un milione di € ma si astiene dall'esigere questo suo credito: orbene, Caio, attraverso l'azione surrogatoria, potrà esigere il credito, recuperare al patrimonio di Tizio 1.000.000 di € e, quindi, creare le condizioni perché domani, in caso di inadempimento di Tizio, nel patrimonio di quest'ultimo vi siano risorse sufficienti a soddisfare il suo credito.

L'unico limite all'esercizio dell'azione surrogatoria è rappresentato dal carattere **patrimoniale** e non personale dell'azione o del diritto nei quali il creditore si surroga: così, ad es., il creditore non potrà far valere, in luogo del debitore, il diritto agli alimenti.

Azione revocatoria: presupposto oggettivo

Molto più complessa è la disciplina dell'**azione revocatoria** (artt. 2901-2904). A differenza della surrogatoria, l'azione revocatoria postula un comportamento **attivo** del debitore il quale pone in essere un **atto di disposizione** del suo patrimonio in grado di pregiudicare le ragioni del creditore (art. 2901, co. 1).

In genere si pensa a tale pregiudizio in termini puramente **quantitativi** (ad es., Tizio cede un suo immobile del valore di un milione di € per soli 500.000 €, in tal modo diminuendo il patrimonio in misura corrispondente alla differenza tra i due valori), ma in realtà il pregiudizio può derivare anche da una diversa composizione **qualitativa** del patrimonio del debitore che renda più difficile per il creditore fare valere le proprie ragioni (per tornare all'esempio precedente, l'atto di disposizione posto in essere da Tizio, non soltanto determina una diminuzione quantitativa del suo patrimonio, ma anche una sua diversa configurazione qualitativa nella misura in cui sostituisce ad un bene immobile una somma di denaro, cioè un bene facilmente occultabile e, quindi, suscettibile di essere sottratto all'esecuzione forzata).

Presupposto soggettivo

Ma, insieme con questo presupposto di carattere **oggettivo**, ne deve concorrere uno di carattere **soggettivo**, il quale diversamente si atteggia a seconda che l'atto sia a titolo **gratuito** o a titolo **oneroso**. Nel primo caso, il creditore dovrà dimostrare la **mala fede** del **debitore**, cioè che questi era a conoscenza della portata pregiudizievole dell'atto; nel secondo caso, il creditore dovrà dimostrare la **mala fede** anche del **terzo acquirente**.

La ragione di questo inasprimento dell'onere probatorio a carico del creditore è abbastanza ovvia: trattandosi di atto a titolo oneroso, che ha comportato per il terzo un sacrifico economico, il legislatore ne subordina la revoca alla **mala fede** dell'acquirente secondo quel principio di meritevolezza dell'**affidamento** nella stabilità dell'atto che trova applicazione in numerose altre ipotesi (si pensi agli artt. 428, co. 2, 1431, 1445: v., rispettivamente, Cap. VII, n. 12.2, 12.1.1, 12.3).

L'atto pregiudizievole potrà essere revocato perfino se posto in essere **prima** del sorgere del credito: ma, in questo caso, soltanto se il creditore riuscirà a dimostrare la **dolosa preordinazione** – quindi non la semplice consapevolezza ma la volontà di arrecargli pregiudizio – da parte del debitore e, ove l'atto sia a titolo oneroso, anche da parte del terzo.

Conseguenze

La conseguenza del vittorioso esercizio dell'azione revocatoria è rappresentata dalla **inefficacia relativa** dell'atto revocato. Quest'ultimo, in altri termini, sarà perfettamente valido e produrrà i suoi effetti nei confronti di **tutti** – ciò significa, ad es., che il terzo acquirente del bene alienato dal debitore ne diventerà proprietario, potendo a sua volta cedere il bene ad un altro soggetto – **tranne** che nei confronti del **creditore**, al quale l'atto revocato non sarà opponibile (v. Cap. VII, n. 11).

Ne discende che il creditore potrà agire in via conservativa o anche esecutiva presso il terzo (art. 2902, co. 1: ma vedi anche gli art. 543 s.; 602 s. c.p.c.) collocandosi in tal modo sullo stesso piano di un creditore pignoratizio o ipotecario (art. 602 c.p.c.: v. n. 10.1) anche se, a partire dai terzi **subacquirenti** – cioè, a partire da coloro che hanno acquistato il bene dall'avente causa del debitore – l'opponibilità della revocatoria sarà subordinata alla **trascrizione** della domanda giudiziale (art. 2901, co. 3).

Analogo effetto produce la cosiddetta "revocatoria semplificata", introdotta recentemente dal legislatore con l'art. 2929 *bis*, che permette, in alcuni ipotesi, al creditore di agire contro il terzo pur non avendo ottenuto la dichiarazione di inefficacia dell'atto dispositivo.

L'azione revocatoria ordinaria si prescrive in **cinque** anni dalla data dell'atto (art. 2903).

È opportuno precisare che dei benefici effetti della revocatoria si potrà avvalere **solo** il creditore che ha esperito l'azione là dove, viceversa, nel caso della surrogatoria saranno **tutti** i creditori, al momento dell'esecuzione forzata, a giovarsi dell'ingresso nel patrimonio del debitore dei beni recuperati da colui che si è sostituto al debitore stesso nell'esercizio dei diritti e delle azioni.

Sequestro conservativo

Terzo, e ultimo, mezzo di conservazione della garanzia patrimoniale è il **sequestro conservativo** (artt. 2905-2906) che sostanzialmente consente al creditore di anticipare gli effetti del pignoramento (v. n. 10.2) ad una fase **anteriore** all'avvio dell'esecuzione forzata nei confronti dei beni del creditore, o anche del terzo acquirente, ove sia già stata proposta l'azione revocatoria.

Altri strumenti di tutela preventiva del credito

Oltre all'azione revocatoria, all'azione surrogatoria e al sequestro conservativo, esistono altri strumenti che perseguono un'analoga finalità di tutela **preventiva** del credito: ricordiamo, in particolare, l'art. 1186 – **decadenza dal beneficio del termine** collegata, tra l'altro, alla sopravvenuta insolvenza del debitore – o il **diritto di ritenzione** riconosciuto al creditore in talune specifiche ipotesi (artt. 748, co. 4; 975, co. 2; 1006; 1011; 1502 cpv.; 1152, 2040) ma al quale si vorrebbe attribuire una portata generale, e grazie al quale il creditore può rifiutarsi di restituire la cosa al debitore sino a quando questi non abbia saldato il suo debito (esempio classico è quello del carrozziere che non riconsegna la macchina al legittimo proprietario sino a quando questi non provveda a saldare il suo debito). Se sulla cosa ritenuta il creditore ha anche un **privilegio** (v. n. 10.1), il diritto di ritenzione è **opponibile** anche al terzo, ad es., all'acquirente della macchina ancora trattenuta in carrozzeria.

Ad una logica parzialmente diversa obbediscono strumenti come quelli contemplati dagli artt. 1461, 1822 rispetto ai quali l'esigenza primaria sembra essere quella di evitare al creditore un depauperamento ormai ingiustificato tenuto conto dell'irreversibile **aggravarsi** delle condizioni patrimoniali del debitore. In ogni caso, essi operano piuttosto sul versante della tutela contro l'**inadempimento** del debitore, che non su quello della tutela contro la sua **insolvenza** (v. Cap. VII, n. 15).

Il sovraindebitamento: rinvio

Il discorso attorno agli strumenti di realizzazione del credito deve oggi tenere conto della introduzione nel nostro ordinamento, ad opera della l. n. 3/2012 della disciplina del **sovraindebitamento**. Si tratta, come meglio si è visto parlando della crisi dell'impresa e delle procedure concorsuali (v. Cap. X, n. 1.1), di un complesso di regole applicabili ai piccoli imprenditori, agli imprenditori agricoli ma anche ai consumatori, in virtù delle quali tutti questi soggetti, ricorrendo l'impossibilità, o una rilevante difficoltà, di adempiere le proprie obbligazioni, possono conseguire, sulla base di un accordo, o di un piano, di ristrutturazione del debito sottoposti a verifica da parte dell'autorità giudiziaria, la liberazione dal vincolo senza dover passare attraverso l'assoggettamento all'esecuzione forzata. In proposito, vanno segnalate le novità introdotte con l. n. 176/2020 alla legge sul sovraindebitamento, che hanno semplificato le procedure di accesso per imprese e consumatori, estendendo la nozione di consumatore anche al socio di una delle società appartenenti ad uno dei tipi regolati nei capi III (s.n.c.) IV (s.a.s.) e VI (s.a.p.a.) del titolo V del libro quinto del codice civile, per i debiti estranei a quelli sociali; nonché prevedendo la possibilità che i membri di una stessa famiglia possano presentare un'unica procedura di composizione della crisi da sovraindebitamento, quando siano conviventi o quando il sovraindebitamento abbia un'origine comune.

10.1. Par condicio creditorum *e cause di prelazione*

Par condicio creditorum

Come abbiamo già detto (v. n. 10), il momento nel quale si attualizza la responsabilità patrimoniale è quello dell'esecuzione forzata. L'accesso forzoso dei creditori al patrimonio del debitore è retto da una regola fondamentale, quella enunciata dall'art. 2741, co. 1 secondo la quale "I creditori hanno eguale diritto di essere soddisfatti sui beni del debitore, salve le cause legittime di prelazione". È questa la *par condicio creditorum*, ossia l'eguale diritto di tutti i creditori a soddisfarsi sul patrimonio del debitore: un diritto che, però come vedremo subito, patisce alcune limitazioni.

Limitazioni in **fatto**, in primo luogo perché il patrimonio del debitore potrebbe non essere sufficiente a soddisfare integralmente tutti i crediti, con la conseguenza che questi ultimi troveranno attuazione in misura soltanto proporzionale rispetto al loro effettivo ammontare; limitazioni di fatto, in secondo luogo, perché l'esecuzione civile, a differenza di quella commerciale (il fallimento: v. Cap. X, n. 1.1), ha carattere **individuale** e non collettivo, sicché il creditore il quale agisca per secondo potrebbe non trovare più nulla nel patrimonio del debitore, interamente assorbito dalle pretese del creditore che abbia agito per primo.

Cause legittime di prelazione

Ma la *par condicio creditorum* incontra limiti istituiti dalla stessa legge: intendiamo riferirci alle cause legittime di **prelazione** – privilegio, pegno e ipoteca (art. 2741, co. 2) – grazie alle quali il creditore può soddisfarsi sul patrimonio del debitore in via **preferenziale** rispetto agli altri creditori (detti chirografari, in quanto non assistiti da legittime cause di prelazione), secondo modalità che passiamo subito ad illustrare.

Privilegio

Il **privilegio** rappresenta la causa di prelazione "accordata dalla legge in considerazione della causa del credito" (art. 2745, co. 1): ciò significa che la prelazione – ovvero, la possibilità accordata ad un creditore di soddisfarsi in via preferenziale rispetto agli altri creditori sul patrimonio del debitore o su un suo bene determinato – trae origine o dalla **particolare natura** del credito che si fa valere, o dal **rapporto** esistente tra il credito fatto valere e il bene sul quale si appunta il privilegio.

Nel primo caso, avremo un privilegio **generale** che, in realtà, si estende ai soli beni **mobili** del debitore (artt. 2751-2754); nel secondo caso, avremo un privilegio **speciale** che può appuntarsi su **determinati** beni, mobili (artt. 2755-2769) o **immobili** (artt. 2770-2776).

Efficacia del privilegio

Sul piano dell'efficacia, bisogna distinguere a seconda che il privilegio entri in conflitto con un diritto acquistato da terzi estranei alla procedura esecutiva, ovvero con una diversa causa di prelazione fatta valere da altro creditore.

Nel primo caso, mentre il privilegio generale **non** è opponibile ai terzi acquirenti (art. 2747, co. 1: v. Cap. VII, n. 11), il privilegio speciale sui beni mobili gode di un **diritto di seguito** grazie al quale esso è, in linea di massima, opponibile ai terzi acquirenti del bene stesso, il quale, dunque, potrà venire sottoposto ad esecuzione forzata anche se fuoriuscito dal patrimonio del debitore (art. 2747, co. 2: è opinione comune che questa stessa regola si applichi anche al privilegio speciale sugli immobili).

Nel secondo caso, il privilegio speciale sui beni mobili, in linea di massima, **soccombe** nei confronti del pegno (art. 2748, co. 1), mentre il privilegio sui beni immobili **prevale** sull'ipoteca (art. 2748, co. 2).

Diritti reali di garanzia

Le altre due cause di prelazione sono il pegno e l'ipoteca. Esse vengono tradizionalmente ascritte alla categoria dei **diritti reali di garanzia** perché, al pari dei diritti reali (v. Cap. XII, n. 4) sono sempre assistite da un **diritto di seguito**, cioè sono sempre opponibili al terzo acquirente presso il quale il creditore (pignoratizio o ipotecario) potrà far espropriare il bene oggetto del pegno o dell'ipoteca, soddisfacendosi in via preferenziale sul ricavato della vendita.

Pegno: oggetto e costituzione

Il **pegno** può avere ad oggetto beni **mobili**, **universalità** di mobili, **crediti** e altri **diritti** aventi ad oggetto beni mobili (art. 2784, co. 2). Esso si costituisce mediante un **contratto** stipulato tra il debitore (o un terzo, datore di pegno) e il creditore: il contratto in questione è un contratto **reale** (v. Cap. VII, n. 4) per il perfezionamento del quale è necessaria la consegna della cosa, o del documento che conferisce l'esclusiva disponibilità della cosa stessa (art. 2786, co. 1).

La consegna svolge una funzione molto importante, analoga a quella svolta dall'iscrizione nel caso dell'ipoteca e consistente nel rendere di pubblico dominio l'avvenuta costituzione del pegno: ne è riprova l'art. 2787, co. 2 ai sensi del quale "la prelazione non si può fare valere se la cosa data in pegno non è rimasta in possesso del creditore o presso il terzo designato dalle parti". Questo non è più vero nel caso del **pegno mobiliare non possessorio** che, introdotto con il d.l. n. 59/2016 (poi convertito in l. n. 119/2016) prevede, in caso di alienazione del bene pignorato, che il vincolo reale si trasferisca sul corrispettivo. È chiaro l'intento del legislatore di agevolare l'accesso al credito degli imprenditori, in pari tempo promuovendo la più agevole negoziazione dei beni pignorati. Qui, appunto, la consegna quale modalità di perfezionamento del pegno viene soppiantata dalla redazione in forma scritta del correlativo contratto e dalla sua iscrizione presso un apposito registro istituito presso l'Agenzia delle Entrate.

Il creditore pignoratizio, allorché il debitore risulti inadempiente, può fare **vendere** la cosa oggetto del pegno e soddisfarsi sul **ricavato** della stessa (art. 2797, co. 2), oppure chiedere che la cosa gli venga assegnata in pagamento fino alla concorrenza del debito sulla base di una perizia o del prezzo corrente, se la cosa ha un prezzo di mercato (art. 2798).

Pegno di credito

Se il pegno ha per oggetto un **credito**, la prelazione non ha luogo se non quando il credito risulti da atto scritto notificato al debitore del credito, e sempre che la costituzione sia stata notificata al debitore del credito dato in pegno o da questi accettata con scrittura avente data certa (art. 2800). Alla scadenza del credito garantito, il creditore pignoratizio deve riscuotere il credito oggetto del pegno nella misura necessaria a soddisfare le sue ragioni; ma se il credito oggetto del pegno non è ancora scaduto, egli – su richiesta del debitore – dovrà depositare la somma ricevuta in un luogo prestabilito (art. 2803).

Ipoteca: oggetto e modi di costituzione

A differenza del pegno, l'**ipoteca** ha ad oggetto beni **immobili**, diritti reali **immobiliari**, beni mobili **registrati** e rendite dello Stato (art. 2810). Proprio per questa ragione, le modalità di costituzione del diritto d'ipoteca prevedono il ricorso alla **iscrizione** di un **titolo** nei pubblici registri (caso classico di pubblicità con efficacia **costitutiva**: v. Cap. IV, n. 2.1).

A seconda del modo in cui si forma il titolo idoneo alla iscrizione nei registri e, dunque, al sorgere dell'ipoteca, si parla di ipoteca legale, ipoteca giudiziale e ipoteca volontaria.

Ipoteca legale

Nell'ipoteca **legale** (art. 2817), il titolo è rappresentato da alcuni atti espressamente individuati dalla **legge**: essa compete all'alienante sui beni alienati a garanzia del pagamento del prezzo, al condividente sui beni assegnati agli altri condividenti a garanzia del pagamento del conguaglio.

Ipoteca giudiziale

Nell'ipoteca **giudiziale** (art. 2818), il titolo è costituito da una **sentenza di condanna** o da provvedimenti giudiziali dalla legge **equiparati** ad una sentenza di condanna (ad es., un decreto ingiuntivo).

Ipoteca volontaria

Infine, nell'ipoteca **volontaria** (art. 2821), il titolo è costituito da un **contratto** o da un **atto unilaterale** (escluso il testamento): anche qui, come nel pegno, il datore dell'ipoteca, oltre al debitore, può essere un terzo, mentre il beneficiario è ovviamente il creditore.

Poteri del creditore ipotecario

Come abbiamo già detto, il diritto di ipoteca sorge nel momento in cui uno dei titoli precedentemente individuati viene **iscritto** nei pubblici registri secondo le modalità indicate dagli art. 2827 s. L'ipoteca, in quanto causa di prelazione, attribuisce al creditore il diritto di soddisfarsi in via **preferenziale** sul bene ipotecato, ossia di appropriarsi di quanto ricavato dalla sua vendita forzata (art. 2808, co. 1); in quanto diritto reale di garanzia, attribuisce al creditore il potere di far espropriare la cosa anche presso il terzo acquirente (c.d. **diritto di seguito**: art. 2808, co. 1).

Questi, dal canto suo, per sottrarsi all'esecuzione forzata, ha tre possibilità:

a) **pagare** il creditore ipotecario (art. 2858);

b) **rilasciare** il bene (art. 2861);

c) **liberare** il bene dall'ipoteca (**purgazione** dell'ipoteca). La purgazione dell'ipoteca consiste nell'offerta di pagare ai creditori una somma equivalente al prezzo d'acquisto del bene, o al suo valore di mercato se il bene è stato acquistato a titolo gratuito: se il creditore non offre un prezzo superiore di almeno 1/10, il bene sarà liberato contro il pagamento del prezzo offerto dal terzo acquirente.

Ovviamente, questi opterà per la prima soluzione (il pagamento del debito), quando l'ammontare dei debiti da pagare, insieme con il prezzo corrisposto al debitore per l'acquisto del bene, sia **inferiore** al valore reale del bene; opterà per la terza soluzione (liberazione dall'ipoteca), nell'ipotesi contraria.

Grado dell'ipoteca

Posto che su un medesimo bene possono essere accese più ipoteche, ciascuna di queste ipoteche prende un **grado** a partire dal momento della sua iscrizione, sulla base, quindi, di un criterio rigorosamente cronologico (l'ipoteca iscritta per prima, sarà l'ipoteca di primo grado, l'ipoteca iscritta per seconda sarà l'ipoteca di secondo grado, ecc.: art. 2852 s.). Il grado dell'ipoteca decide l'**ordine** di accesso ai beni del debitore: cosicché, il primo a soddisfarsi sul bene ipotecato sarà il creditore con ipoteca di primo grado cui farà seguito, per il residuo, il creditore con ipoteca di secondo grado e così via.

Durata dell'ipoteca e sua rinnovazione

L'ipoteca (o, per meglio dire, la sua iscrizione) ha durata **ventennale**: trascorso questo lasso temporale, l'ipoteca si estingue a meno che l'iscrizione non venga rinnovata prima della scadenza (art. 2847). Tuttavia, la **rinnovazione** dell'ipoteca potrà avere luogo anche in un momento successivo allo spirare del ventennio, ma in questo caso essa prenderà grado a partire dal momento della **nuova** iscrizione (art. 2848).

Estinzione

L'ipoteca si **estingue** nei casi indicati dall'art. 2878. Al riguardo bisogna distinguere le cause di estinzione che investono direttamente il diritto di ipoteca (ad es., la cancellazione dell'iscrizione, la sua mancata rinnovazione, la rinunzia all'ipoteca da parte del creditore), da quelle che, viceversa, investono il **rapporto obbligatorio** (adempimento dell'obbligazione, prescrizione del diritto di credito, ecc.).

Divieto del patto commissorio

Le cause legittime di prelazione e, in particolare, il pegno e l'ipoteca esauriscono la loro efficacia nell'ambito della procedura di esecuzione forzata, attribuendo al creditore il diritto di soddisfarsi in via preferenziale sul bene oggetto della garanzia. Nessun altro vantaggio è accordato al creditore privilegiato, tanto meno quello di acquistare la proprietà dell'immobile per il solo fatto che il debitore, alla scadenza, non abbia adempiuto l'obbligazione: da qui la **nullità** del **patto commissorio** sancita dall'art. 2744.

Il divieto del patto commissorio obbedisce ad una duplice *ratio*: da un lato, quella di evitare operazioni speculative in danno del debitore posto che, in genere, il valore della cosa oggetto di pegno o di ipoteca è superiore all'ammontare del credito garantito; dall'altra, quella di tutelare i creditori chirografari impedendo che venga sottratto al patrimonio del debitore un cespite sul quale essi, sia pure in subordine rispetto al creditore privilegiato, si sarebbero comunque potuti soddisfare.

Va detto, però, che nella prassi il divieto in questione viene eluso ricorrendo a veri e propri contratti in frode alla legge (art. 1344), quali la vendita con patto di riscatto o il *lease back* (v. Cap. VII, n. 7.2). Da ultimo, poi, il legislatore, mosso dall'esigenza di agevolare l'accesso al credito da parte di consumatori e imprenditori alle prese con gli effetti della crisi finanziaria, ha introdotto alcune figure che, nella sostanza, rappresentano una deroga al divieto del patto commissorio. In questa prospettiva va segnalato, in primo luogo, il d.lgs. n. 72/2016, di attuazione della dir. n. 2014/17, il quale, in materia di credito per l'acquisto di beni immobili residenziali, prevede che, là dove il consumatore/mutuatario superi il limite delle 18 rate mensili non pagate, la banca possa procedere, previa stima ad opera di un terzo, del valore del bene dato in garanzia, alla sua vendita. Una medesima *ratio*, a segno invertito, presiede alla disposizione di cui all'art. 48-*bis* T.U.B., introdotto dal d.l. n. 59/2016. La nuova disposizione prevede che il contratto di finanziamento concluso tra un imprenditore e una banca o un altro soggetto autorizzato a concedere finanziamenti nei confronti del pubblico possa essere garantito dal trasferimento, sospensivamente condizionato all'inadempimento del debitore, in favore del creditore o di una società dallo stesso controllata o collegata, della proprietà di un immobile o di un altro diritto immobiliare appartenenti allo stesso imprenditore o ad un terzo. Al medesimo ordine di fenomeni può essere ricondotta anche la figura del pegno mobiliare non possessorio al quale si è già accennato più sopra parlando del pegno in generale.

Garanzie personali

Infine, ricordiamo che il creditore può rafforzare la propria posizione attraverso il ricorso a garanzie personali, come la **fideiussione**, la **lettera di *patronage*** o il **contratto autonomo di garanzia** che, a differenza di quanto accade con le cause di prelazione, non gli attribuiscono il diritto di soddisfarsi in via preferenziale sui beni del debitore, ma gli consentono di rivolgersi, ai fini dell'adempimento dell'obbligazione, ad un soggetto ulteriore rispetto al debitore originario.

Fideiussione

In particolare, la fideiussione (artt. 1936-1957) è un contratto in forza del quale un soggetto – detto **fideiussore** – garantisce l'adempimento di un'obbligazione altrui impegnandosi personalmente nei confronti del creditore (art. 1936 c.c.). Ciò significa che il creditore, nel caso in cui il debitore principale dovesse rivelarsi insolvente, potrà agire nei confronti del fideiussore soddisfacendosi sul suo patrimonio *ex* art. 2740 c.c. Quindi, mentre il beneficio assicurato dalle garanzie reali consiste nel destinare in via preferenziale un certo bene al soddisfacimento del credito, il beneficio assicurato dalle garanzie personali consiste nell'offrire al creditore un secondo compendio patrimoniale verso il quale indirizzare le proprie pretese.

L'obbligazione fideiussoria è **accessoria** rispetto a quella principale: sicché la fideiussione non sarà valida se non è valida l'obbligazione principale (art. 1939), non può eccedere ciò che è dovuto dal debitore o essere prestata a condizioni più onerose (art. 1941, co. 1) ed il fideiussore può opporre al creditore tutte le eccezioni inerenti al rapporto principale (art. 1945).

L'accessorietà vale a distinguere la fideiussione dal contratto autonomo di garanzia caratterizzato, viceversa, dalla circostanza che il soggetto garante (per lo più, un istituto di credito o di assicurazione) sarà tenuto ad eseguire la prestazione anche qualora il rapporto principale sia **invalido**.

È possibile prestare fideiussione per obbligazioni condizionate o future (fideiussione ***omnibus***) a patto che, in quest'ultimo caso, sia previsto l'importo massimo garantito (art. 1938).

Fideiussore e debitore principale sono tenuti **in solido** (art. 1944, co. 1); tuttavia le parti possono convenire il **beneficio di escussione** (v. n. 6) a favore del fideiussore nel qual caso quest'ultimo, ove sia richiesto dell'adempimento dell'obbligazione da parte del creditore, se vuole avvalersi del beneficio, dovrà indicare i beni del debitore sui quali il creditore stesso potrà soddisfarsi (art. 1944, co. 2).

Infine, il fideiussore che abbia pagato il debito è **surrogato** nei diritti del creditore (art. 1949 c.c.) ed ha azione di **regresso** nei confronti del debitore (art. 1950 c.c.).

10.2. *La procedura esecutiva*

Due forme di esecuzione

La responsabilità patrimoniale del debitore culmina, infine, nell'assoggettamento del suo patrimonio all'esecuzione forzata (alla quale, per la verità, possono essere sottoposti anche beni di proprietà del terzo come nel caso del terzo datore di pegno o di ipoteca, del terzo acquirente di un bene pignorato o ipotecato, del terzo acquirente sulla base di un atto successivamente revocato *ex* art. 2901).

L'esecuzione forzata si articola in **due** forme distinte, accomunate dalla finalità di attuazione coattiva del diritto di credito: l'esecuzione per espropriazione o in forma generica (artt. 2910-2929; artt. 483-604 c.p.c.) e l'esecuzione in forma specifica (artt. 2930-2933; artt. 605-614 c.p.c.).

Esecuzione in forma generica

L'**esecuzione in forma generica** è servente rispetto a crediti che abbiano ad oggetto – fin dall'inizio o a seguito della condanna al risarcimento per impossibilità sopravvenuta della prestazione per causa imputabile al debitore – una **somma** di denaro. Si tratta di una procedura complessa distinguibile nei momenti del **pignoramento** – a seguito del quale tutti gli atti di alienazione del bene pignorato posti in essere dal debitore non sono più opponibili ai terzi –, della **vendita** o della **assegnazione forzate**, dell'**attribuzione del ricavato** della vendita al creditore o della **distribuzione del ricavato** tra i creditori.

Esecuzione in forma specifica

L'**esecuzione in forma specifica** è servente rispetto a crediti che abbiano ad oggetto la consegna di una cosa **mobile**, il rilascio di una cosa **immobile** (art. 2930), un **fare** (art. 2931), un **non** fare (art. 2933) e, infine, la conclusione di un **contratto** (art. 2932).

A proposito degli obblighi di fare o di non fare, la loro attuazione forzosa si risolve nel porre a carico del debitore i costi della surroga materialmente affidata ad altri (ad es., se l'obbligo violato aveva ad oggetto un non sopraelevare, la sua attuazione forzosa comporta per il debitore il pagamento delle spese che è necessario sostenere per distruggere quanto è stato costruito in dispregio di quell'obbligo).

Nell'esecuzione in forma specifica di concludere un contratto, sempre che sia possibile o non sia esclusa dal titolo (art. 2932, co. 1), la surroga è affidata ad una sentenza **costitutiva** (v. Cap. IV, n. 1.4) che produce gli effetti del contratto non concluso spontaneamente dalle parti.

Il campo elettivo di applicazione di questo meccanismo è rappresentato dalla attuazione forzosa dell'obbligo di concludere un contratto scaturente dal **contratto preliminare** (v. Cap. VII, n. 4.5). Tuttavia, si va ormai facendo strada l'idea che anche obblighi di concludere un contratto di fonte **non** convenzionale (si pensi a quelli gravanti sul monopolista legale *ex* art. 2597, o sull'esercente pubblici servizi di linea in concessione *ex* art. 1679: v. Cap. X, n. 2.2) siano suscettibili di esecuzione forzata *ex* art. 2932.

Più in generale, si deve osservare che queste norme denotano la volontà del legislatore di approntare strumenti di tutela idonei a far conseguire al creditore esattamente ciò che egli avrebbe conseguito se il debitore avesse spontaneamente adempiuto l'obbligazione (nello stesso senso si muovono, ad es., gli artt. 18, 28 Stat. lav.).

In questa direzione si muove anche il rimedio oggi contemplato dall'art. 614 bis c.p.c. a mente del quale "con il provvedimento di condanna il giudice, salvo che ciò sia manifestamente iniquo, fissa, su richiesta di parte, la somma di denaro dovuta dall'obbligato per ogni giorno di ritardo nell'esecuzione del provvedimento. Il provvedimento di condanna costituisce titolo esecutivo per il pagamento delle somme dovute per ogni violazione o inosservanza. … Il giudice determina l'ammontare della somma di cui al primo comma tenuto conto del valore della controversia, della natura della prestazione, del danno quantificato o prevedibile e di ogni altra circostanza utile". In altri termini, in questo modo, sia pure indirettamente (tanto è vero che si parla, al riguardo, di "esecuzione indiretta"), si può ottenere che il debitore, sulla base di un calcolo dei costi che il persistere nell'inadempimento comporterebbe per lui, decida di dare corso all'esecuzione di una prestazione altrimenti non surrogabile. Questa tecnica, che ricalca il modello dell'*astreinte* francese, aveva già trovato applicazione in settori importanti del nostro ordinamento giuridico come quello della proprietà industriale (v, ora, l'art. 124, co. 2, c.p.i.) o quello del diritto d'autore (art. 156, co. 1 la.), ma, grazie alla disposizione normativa prima richiamata, essa ha attinto una portata generale.

Si può parlare, quindi, di un vero e proprio **primato** dell'attuazione specifica del credito, di cui è già traccia all'art. 1453 (dove alla risoluzione del contratto è posta in alternativa la domanda di adempimento del contratto stesso), e che oggi ha trovato aperto riconoscimento su scala transnazionale all'art. 9:102 dei *PECL* il quale riconosce al creditore il diritto a chiedere e ottenere la *specific performance* del suo diritto.

SEZIONE III

LE FONTI DELLE OBBLIGAZIONI DIVERSE DAL CONTRATTO E DAL FATTO ILLECITO

11. *Le promesse unilaterali e i titoli di credito*

Abbiamo già parlato delle fonti delle obbligazioni in generale (n. 2). In quell'occasione richiamammo l'attenzione sul fatto che il sistema delle fonti delineato dall'art. 1173 deve considerarsi tendenzialmente aperto, retto da un principio di atipicità. Ciò non toglie che il codice civile individui e regoli, accanto al contratto e al fatto illecito – oggetto di apposita trattazione ai Capp. VII e IX – alcune altre possibili fonti delle obbligazioni – fonti **tipiche**, dunque – collocandole tutte nell'ambito del Libro IV, a cavallo tra la disciplina del contratto e quella del fatto illecito (artt. 1987-2042).

Tipicità delle promesse unilaterali

Tra le fonti tipiche delle obbligazioni diverse dal contratto e dal fatto illecito vengono in considerazione, in primo luogo, le **promesse unilaterali**. La materia è retta da un principio di rigorosa **tipicità**, enunciato dall'art. 1987 ("la promessa unilaterale di una prestazione non produce effetti obbligatori fuori dei casi ammessi dalla legge"), in cui trova espressione l'ostilità del sistema giuridico nei confronti delle attribuzioni patrimoniali astratte quali, appunto, sarebbero promesse pure e semplici di dare o fare qualche cosa a beneficio di qualcuno ("ti darò 100.000 €"; "costruirò per te una casa", ecc.).

Non è un caso, dunque, che tra le promesse unilaterali l'unica ad avere effetti sostanziali – cioè, a produrre obbligazioni – sia la **promessa al pubblico**, attraverso la quale si realizza un vero e proprio scambio o che, comunque, permette di individuare immediatamente il fondamento dell'attribuzione patrimoniale promessa.

Promessa al pubblico

Nella promessa al pubblico vi è un soggetto – il promittente – il quale si impegna ad eseguire una prestazione a beneficio di chi si trovi in una determinata **situazione** (ad. es., "pagherò la retta degli studi universitari al ragazzo più povero della città di Palermo"), ovvero a chi compia una determinata **azione** (ad es., "darò 10.000 € a chi ritroverà il mio cane") (art. 1989, co. 1).

Irrevocabilità della promessa

La promessa, una volta resa pubblica, è immediatamente **vincolante**: non nel senso che il promittente debba eseguire la prestazione, perché a ciò si oppone la circostanza che il creditore è ancora indeterminato (v. n. 1), ma nel senso che essa **non** è più **revocabile**, a meno che non sopravvenga una giusta causa, ipotesi nella quale, comunque, la revoca va portata a conoscenza del pubblico nella **stessa** forma della promessa o in forma equivalente (art. 1990, co. 1). Al riguardo, bisogna aggiungere che la revoca sarà in ogni caso **inefficace** là dove la situazione prevista nella promessa si sia già verificata o l'azione sia già stata compiuta (art. 1990, co. 2).

Indipendentemente dalla possibile revoca, la promessa perde efficacia allorché sia trascorso un anno – o il diverso termine ad essa apposto dal promittente ovvero ricavabile dalle circostanze – senza che la situazione indicata o l'azione richiesta si siano verificate (art. 1989, co. 2).

Astrazione processuale della causa

Il codice (art. 1988) pone tra le promesse unilaterali anche la **ricognizione di debito** ("ammetto di dover dare a Tizio 10.000 €") e **la promessa di pagamento** ("pagherò a Tizio 10.000 €").

A differenza della promessa al pubblico, però, in questi due casi gli effetti che si producono sono di natura puramente **processuale** determinando essi non l'insorgere di un rapporto obbligatorio, ma soltanto un'**inversione** dell'onere della prova (**astrazione processuale della causa**). Infatti, mentre di regola spetta al creditore provare i fatti che stanno a fondamento del suo diritto (art. 2697: v. Cap. IV, n. 1.2), là dove il debitore abbia effettuato una ricognizione di debito o una promessa di pagamento incomberà su di lui l'onere di provare l'inesistenza del rapporto da cui trae origine la pretesa del creditore.

Circolazione dei crediti: i titoli di credito

A ridosso delle promesse unilaterali, il codice civile disciplina i **titoli di credito**.

Questi ultimi hanno rappresentato, rispetto allo strumento tradizionale della cessione del credito (v. n. 5), una notevole evoluzione nella tecnica di circolazione dei crediti, la quale si è realizzata attraverso l'**incorporazione** del diritto (cioè, della promessa di eseguire la prestazione indicata, donde la contiguità con la materia delle promesse unilaterali) in un documento cartaceo (il **titolo**, appunto) destinato a circolare secondo le modalità proprie dei beni **mobili** (art. 1153 s.: v. Cap. XII, n. 6.1).

Ciò ha due conseguenze fondamentali. La prima è che il **proprietario** del documento è anche il **titolare** del diritto di credito ivi incorporato; la seconda, ancora più importante, è che essendo **legittimato** ad esigere la prestazione indicata nel titolo colui che **possiede** quest'ultimo nelle forme previste dalla legge (art. 1992, co. 1), troveranno applicazione le regole in materia di possesso buona fede (art. 1147) e, in particolare, quella relativa agli acquisti *a non domino* (artt. 1994 e 1153).

In definitiva, quindi, l'acquisto del diritto si presumerà avvenuto sempre a titolo originario, di modo che **non** sarà possibile opporre al portatore del documento nessuna delle eccezioni che, in teoria, sarebbe stato possibile opporre al precedente possessore (ad es., l'avvenuto pagamento del debito, la compensazione, ecc.): ed è questa la basilare differenza rispetto alla circolazione dei crediti tramite cessione del credito.

Regole circolatorie e differenti tipologie di titoli di credito

Quelle appena enunciate sono le regole circolatorie comuni a tutti i titoli di credito, imperniate sulla triade possesso di buona fede – acquisto *a non domino* – legittimazione ad esigere la prestazione. Poi, per ciascuna tipologia di titoli di credito, valgono regole circolatorie specifiche.

Così, i titoli **al portatore** (ad es., titoli del debito pubblico o titoli obbligazionari) si trasferiscono sulla base della semplice **consegna** (art. 2003 s.); i titoli **all'ordine** (ad es., cambiale, assegno bancario) si trasferiscono sulla base di una **girata**, cioè dell'ordine scritto sul titolo dal trasmittente (girante) di eseguire la prestazione a beneficio del prenditore del titolo (giratario) (art. 2008 s.); infine, i **titoli nominativi** (ad es., i titoli azionari) si trasferiscono con la **consegna** e con l'**annotazione** del nome dell'acquirente sul titolo e nel registro dell'emittente, oppure con il **rilascio** di un nuovo titolo intestato al nuovo titolare (art. 2021 s.).

Classificazione in base al contenuto

Un'ulteriore distinzione si fonda sul **contenuto** del titolo di credito. I titoli di credito **in senso stretto** (cambiale, assegno) sono quelli nei quali è incorporato un diritto di credito; i titoli **rappresentativi di merce** (fede di deposito, polizza di carico ecc.) sono quelli che attribuiscono al possessore il diritto alla consegna delle merci in essi specificate, il possesso delle medesime e il potere di disporne mediante trasferimento del titolo (art. 1996); infine, i **titoli di partecipazione** (titoli azionari) sono quelli nei quali è incorporato il diritto di partecipare alla vita di un ente collettivo esercitando il diritto di voto, partecipando alla divisione degli utili, ecc.

Infine, si suole distinguere tra titoli **causali** (fede di deposito o polizza di carico) e titoli **astratti** (cambiale, assegno), a seconda che nel titolo venga fatta menzione, oppure no, del rapporto fondamentale, cioè del rapporto nell'ambito del quale ha luogo l'emissione del titolo stesso.

Regime delle eccezioni

In linea di massima, il rapporto fondamentale rimane **estraneo** alle vicende circolatorie del titolo, nel senso che, come abbiamo già detto, al possessore **non** potrà opporsi nessuna eccezione inerente a tale rapporto o anche a tutti i rapporti successivi che hanno dato causa al trasferimento del titolo (inopponibilità delle eccezioni **personali**), salvo che non si realizzi una perfetta identità tra i soggetti del rapporto cartolare (il possessore del titolo e colui al quale il titolo viene presentato per l'adempimento) e quelli del rapporto fondamentale (il creditore e il debitore), e sempre che l'attuale possessore, nell'acquistare il titolo, non abbia agito **intenzionalmente** a danno del debitore (art. 1993, co. 2).

La regola della inopponibilità delle eccezioni personali si compendia nel principio dell'**autonomia** del titolo di credito e, naturalmente, avvantaggia il portatore del titolo; mentre la regola secondo la quale la prestazione da eseguirsi è solo ed esclusivamente quella indicata nel titolo si compendia nel principio della **letteralità** del titolo di credito e, naturalmente, avvantaggia il debitore.

Sono, viceversa, opponibili a qualunque portatore le eccezioni **reali**, cioè quelle fondate, appunto, sul tenore letterale del titolo, sulla forma, sulla falsità della firma, ecc. (art. 1993, co. 1).

Ammortamento

La legge contempla un'apposita procedura per il caso di **smarrimento** o **sottrazione** del titolo di credito i quali, stante l'incorporazione del diritto di credito nel documento, dovrebbero determinare la **estinzione** del diritto. In realtà, grazie a tale procedura, che prende il nome di **ammortamento** e che non si applica ai titoli al portatore per i quali vigono le diverse regole dell'art. 2006, il titolare del diritto potrà, una volta che essa sia stata esperita con successo, ottenere il pagamento o, se il titolo non è scaduto, la **duplicazione** del titolo stesso (artt. 2016-2019).

Documenti di legittimazione e titoli impropri

Dai veri e propri titoli di credito vanno distinti i **documenti di legittimazione** (ad es., il biglietto del cinema o del teatro, lo scontrino rilasciato al guardaroba) che servono semplicemente ad identificare il titolare del diritto, ed i **titoli impropri** (vaglia postale o polizza di assicurazione), la cui funzione è soltanto quella di rendere più spedita la circolazione del credito che, però, in questi casi, rimane governata dai principi propri della cessione (art. 2002).

Un fenomeno oggi molto diffuso è quello della c.d. **smaterializzazione** dei titoli di credito. Si tratta di un fenomeno che interessa, in modo particolare, i titoli di massa (ad es., azioni quotate in borsa) che non circolano ormai più tramite la materiale consegna del documento, ma attraverso una registrazione elettronica delle operazioni di trasferimento che ha luogo sulla base di ordine, pur essi elettronici. È questo uno dei tanti aspetti della diffusione delle tecnologie informatiche e della nascita di quella che ormai tutti chiamano *new economy*.

In quest'ordine di idee, merita di essere rammentata anche la recentissima novellazione dell'art. 1 del d.lgs. n. 385/1993, ad opera dell'art. 55 l. n. 39/2002, attraverso la quale – in attuazione delle dir. 2000/46 e n. 2000/28 – è stato introdotto l'istituto della c.d. moneta elettronica, definita come "un valore monetario rappresentato da un credito nei confronti dell'emittente che sia memorizzato su un dispositivo elettronico, emesso previa ricezione di fondi di valore non inferiore al valore monetario emesso e accettato come mezzo di pagamento da soggetti diversi dall'emittente".

Ricordiamo, infine, che la disciplina analitica dei più importanti e diffusi titoli di credito, è contenuta in leggi speciali: così il r.d. n. 1669/1933 per cambiale e vaglia cambiario e il r.d. n. 1736/1933 per gli assegni bancario e circolare.

11.1. *La gestione d'affari altrui*

Obbligazioni del gestore

Nella **gestione d'affari altrui** accade che un soggetto, senza esservi obbligato, assuma **scientemente** la gestione di un affare altrui nel presupposto che il diretto interessato non sia in grado di occuparsene (ad es., Tizio si accorge che i vetri della casa del suo dirimpettaio Caio, al momento in viaggio di nozze in uno sperduto atollo polinesiano e, dunque, irraggiungibile, sono tutti andati in frantumi a seguito di un violento temporale e decide di sostituirli per evitare guai peggiori).

Questa ingerenza negli affari altrui, che normalmente sarebbe vietata, qui è addirittura **fonte di obbligazione** nel senso che il **gestore** è tenuto a continuare e a condurre a termine la gestione fino a quando l'interessato non sia in grado di provvedervi autonomamente (art. 2028, co. 1).

Obbligazioni del gerito

Ma la gestione d'affari è fonte di obbligazioni anche per il **gerito** (cioè, l'interessato). Questi, infatti, sarà tenuto ad adempiere le obbligazioni che il gestore ha assunto in nome di lui (gestione detta **rappresentativa**, perché ci si regola come se il gestore fosse un mandatario munito di rappresentanza), dovrà farsi carico delle obbligazioni assunte dal gestore in nome proprio (gestione detta **non rappresentativa** perché ci si regola come se il gestore fosse un mandatario senza rappresentanza) e, infine, rimborsare al gestore tutte le **spese** necessarie o utili con gli interessi (art. 2031, co. 1).

Va detto, però, che l'insorgere di tali obbligazioni a carico del gerito è subordinata al ricorrere di due condizioni:

a) che la gestione sia stata **utilmente iniziata**, cioè che la scelta operata dal gestore di occuparsi dell'affare altrui apparisse, nel momento in cui è stata fatta, giustificata secondo un parametro di ragionevolezza (art. 2028, co. 1);

b) che la gestione non abbia avuto luogo contro l'esplicito **divieto** dell'interessato, a meno che tale divieto non fosse contrario all'ordine pubblico o al buon costume (art. 2028, co. 2).

11.2. *Il pagamento dell'indebito e l'arricchimento senza causa*

Nel pagamento dell'indebito e nell'arricchimento senza causa accade che un soggetto si arricchisca sulla base di un'attribuzione patrimoniale priva di giustificazione causale dal punto di vista del sistema giuridico (v. Cap. VII, n. 7): da qui l'esigenza di eliminare tale anomalia, ponendo a carico di chi si sia arricchito l'obbligo di restituire quanto ricevuto.

Indebito oggettivo

Nel **pagamento dell'indebito**, questo meccanismo si presenta, per così dire, allo stato puro. X riceve da Y una somma di denaro, una cosa determinata o una quantità di cose determinate soltanto nel genere in **assenza** di una causa che sorregga tale attribuzione patrimoniale (ad es., il contratto in forza del quale la consegna doveva avere luogo è stato dichiarato nullo): orbene, egli sarà tenuto a restituire la somma di denaro, la cosa, ecc. e, ove non lo faccia spontaneamente, Y disporrà di un'apposita azione – detta azione **di ripetizione** – che gli consentirà di ottenere quanto gli spetta.

Quello appena descritto è il pagamento dell'indebito **oggettivo** (art. 2033), così detto perché la prestazione eseguita **non** era dovuta in assoluto, ovvero non era dovuta a chi ne ha in concreto beneficiato: in questo ultimo caso, ove ne ricorrano i presupposti, potrà semmai trovare applicazione la norma sul pagamento al creditore apparente (art. 1189: v. n. 3.2).

Indebito soggettivo

Si ha pagamento dell'indebito **soggettivo** allorché la prestazione fosse **dovuta** al soggetto che ne beneficia, ma **non** da parte di colui che l'ha eseguita. Anche in questo caso sorge il diritto alla **ripetizione** dell'indebito, ma solo ove ricorrano **due** presupposti ulteriori: e cioè che chi ha eseguito la prestazione non dovuta (*solvens*) lo abbia fatto sulla base di un errore **scusabile**, e che chi l'ha ricevuta (*accipiens*) **non** si sia liberato del **titolo** e delle **garanzie** del credito (art. 2036).

Del resto, questa maggiore cautela nel prevedere la ripetizione dell'indebito soggettivo si spiega alla luce della contestuale presenza nel sistema della norma sull'adempimento del terzo (art. 1180: v. n. 3.1), adempimento che il creditore può rifiutare soltanto nelle due ipotesi ivi espressamente contemplate.

Là dove la ripetizione dell'indebito non possa avere luogo per difetto dei menzionati presupposti, chi ha eseguito la prestazione è **surrogato** nei diritti del creditore (artt. 2036, co. 3, 1203, n. 5).

L'*accipiens* è tenuto a restituire anche i frutti e gli interessi, dal giorno del **pagamento** se era in mala fede, dal giorno della **domanda** se era in buona fede (art. 2036, co. 2). Se l'adempimento indebito aveva ad oggetto una cosa **determinata**, chi l'ha ricevuta deve **restituirla** (art. 2037, co. 1); se la cosa è perita, anche per un caso fortuito, l'*accipiens* di mala fede è tenuto a corrisponderne il valore (art. 2037, co. 2), l'*accipiens* di buona fede non risponde del perimento se non nei limiti del suo **arricchimento** (art. 2037, ult. co.).

Se la cosa percepita indebitamente, è stata alienata in **buona fede**, l'*accipiens* è tenuto a restituire il **corrispettivo** conseguito. Se questo è ancora dovuto, il *solvens* subentra nei diritti dell'alienante (art. 2038, co. 1). Se la cosa è stata percepita o alienata in **mala fede,** l'*accipiens* è obbligato a restituirla in **natura** o a corrisponderne il **valore**. Tuttavia, il *solvens* potrà esigere il corrispettivo dell'alienazione e agire direttamente per conseguirlo (art. 2038, co. 2).

Infine, l'incapace che abbia ricevuto l'indebito, anche se in mala fede, è tenuto soltanto nei limiti del suo effettivo arricchimento (art. 2039; v. Cap. VII, n. 12.3).

Eccezioni alla ripetibilità dell'indebito

Le regole sul pagamento dell'indebito conoscono **due** eccezioni: l'adempimento di un'obbligazione naturale e la prestazione contraria al buon costume. In entrambi questi casi, infatti, la prestazione eseguita, ancorché non dovuta, non è ripetibile.

Obbligazioni naturali

Obbligazioni naturali (art. 2034: v. n. 1) è la formula con la quale tradizionalmente si designa l'insieme di quelle ipotesi nelle quali un soggetto esegue una prestazione sulla base **non** di un dovere **giuridico**, ma di un dovere **morale** o **sociale**. Orbene, questi doveri morali o sociali sono sforniti di azione – in altri termini, non è possibile ottenerne la realizzazione forzosa come nel caso delle obbligazioni civili – ma una volta **spon-**

taneamente adempiuti da un soggetto capace d'agire, inibiscono la ripetizione della prestazione per il tramite della quale essi hanno trovato attuazione.

Casi tipici – ovvero espressamente previsti dal legislatore – di adempimento di un'obbligazione naturale sono il pagamento di un debito di **gioco** (art. 1933, co. 2), l'esecuzione della **disposizione fiduciaria** (art. 627, co. 2) e, probabilmente, l'adempimento di un debito **prescritto** (art. 2940); casi atipici – ovvero, di creazione giurisprudenziale – il pagamento degli interessi ultralegali anche quando non sia stata rispettato il vincolo di forma previsto dall'art. 1284, co. 3, o le attribuzioni patrimoniali eseguite a beneficio del partner nell'ambito della convivenza *more uxorio*.

L'art. 2034, co. 2 aggiunge che i doveri per i quali la legge non accorda azione ma esclude la ripetizione non producono altri effetti. Questa norma, apparentemente superflua, si spiega a causa del fatto che a lungo le obbligazioni naturali sono state considerate delle obbligazioni **imperfette**, sfornite d'azione, ma per il resto in tutto identiche alle obbligazioni civili e, dunque, suscettibili di novazione, remissione, cessione, ecc.

In realtà, le obbligazioni naturali **non** sono affatto obbligazioni civili imperfette, ma **autonome** cause di giustificazione dell'attribuzione patrimoniale sulla base di esse compiute e, quindi, sotto questo profilo, è perfino improprio considerarle un'eccezione al principio della ripetibilità dell'indebito.

Prestazione contraria al buon costume

Vera eccezione a tale principio deve considerarsi, invece, la regola sancita dall'art. 2035 alla stregua della quale colui il quale ha eseguito una prestazione per uno scopo che, anche da parte sua, costituisca offesa al buon costume non può ripetere quanto ha pagato (**prestazione contraria al buon costume**). L'eccezione, qui, viene tradizionalmente giustificata in nome della esigenza di impedire che il sistema giuridico offra la propria tutela a chi, eseguendo quella prestazione, si è reso responsabile di un atto immorale esattamente nella stessa misura di chi l'ha ricevuta (l'esempio classico è quello del compenso pagato dal cliente alla prostituta).

Arricchimento senza causa

Infine, l'**arricchimento senza causa** (art. 2041). Si tratta di una norma destinata a trovare applicazione tutte le volte in cui taluno si sia arricchito utilizzando risorse spettanti ad un altro soggetto **in assenza** di una causa giustificatrice. In queste ipotesi, sorge a carico del beneficiario dell'arricchimento l'obbligo di **indennizzare** la controparte della correlativa diminuzione patrimoniale (ad es., se X, si avvale di materiale di proprietà di Y per realizzare una certa opera, dovrà indennizzare Y della perdita subita a seguito della impossibilità di utilizzare quel materiale: v., ad es., l'art. 935).

L'azione di arricchimento ha carattere **generale** ma, al contempo, **residuale** o sussidiario, nel senso che sarà esperibile ogniqualvolta l'avente diritto all'indennizzo non disponga di un altro, più specifico, strumento di tutela (art. 2042).

CAPITOLO XII

LA PROPRIETÀ, GLI ALTRI DIRITTI REALI, IL POSSESSO

SEZIONE I

IL DIRITTO DI PROPRIETÀ

1. *Evoluzione storica e fonti normative*

Precedenti storico-culturali

Il più importante codice civile dell'800 (il *code Napoléon*) definisce la proprietà come "il diritto di godere e di disporre delle cose nella maniera più assoluta, purché non se ne faccia un uso proibito dalle leggi o dai regolamenti" (art. 544). La stessa formula si ritrova all'art. 436 del codice civile italiano del 1865.

Si tratta di una nozione che, sul piano teorico, ricalca il paradigma romanistico della proprietà come diritto che attribuisce al proprietario una gamma di poteri tendenzialmente illimitata, grazie ai quali egli può godere e disporre della cosa che costituisce l'oggetto del diritto in modo pieno ed esclusivo (così recita, dal canto suo, l'art. 832 del codice civile vigente).

D'altra parte, quel paradigma ben si attagliava alle esigenze della società e dell'economia del XIX secolo, caratterizzate dal primato della borghesia proprietaria e da una concezione della ricchezza saldamente ancorata al bene terra. E non è un caso, ed anzi per certi versi è perfino più significativo delle declamazioni normative or ora ricordate, che l'intero impianto del codice civile **ruotasse** intorno alla proprietà (Libro II *code Napoléon* e codice civile del 1865), ed ai suoi modi di acquisto (Libro III), di guisa che non soltanto la successione *mortis cau-*

sa, ma anche il contratto e l'obbligazione erano considerati istituti del tutto ancillari rispetto, appunto, al diritto di proprietà.

Se dall'800 ed i suoi codici si passa al '900 ed al codice civile del 1942, il panorama cambia completamente. Non tanto sul piano definitorio (anche se l'art. 832 accoglie una formula meno enfatica rispetto a quella degli artt. 544 *code Napoléon* e 436 del codice civile del 1865: una formula che, probabilmente in omaggio all'ideologia corporativa, individua la proprietà attraverso il proprietario, analogamente a ciò che accade all'art. 2082 in materia di impresa – v. Cap. X, n. 1 –), quanto sul piano **sistematico**.

Infatti, nel codice civile vigente, successione *mortis causa*, contratto ed obbligazione occupano uno spazio **autonomo** rispetto alla proprietà: quest'ultima è disciplinata nel Libro III, mentre alle successioni è dedicato il Libro II ed alle obbligazioni ed ai contratti il Libro IV. Anzi, va sottolineato che il contratto, nel nostro ordinamento giuridico, opera sia come modo di acquisto della **proprietà** (artt. 922, 1376), sia come fonte delle **obbligazioni** (art. 1173): tuttavia, il legislatore ha inteso collocarlo nello stesso Libro dedicato a queste ultime, piuttosto che in quello dedicato alla proprietà.

La proprietà nel codice civile del 1942

Tutto questo è sintomatico di una profonda trasformazione nel modo di intendere la ricchezza: in circa cento anni si era passati da una società di capitalismo ancora allo stato nascente ad una società di capitalismo industriale, fortemente caratterizzata dalle esigenze della produzione e dello scambio. Del resto, ancora una volta non è un caso che il codice civile del 1942 sia quello che realizza l'unificazione del diritto privato, sopprimendo il codice di commercio, assorbendone il contenuto in larghissima parte nel Libro V e dando vita, al contempo, a quel più generale fenomeno di **ricommercializzazione** del diritto civile di cui abbiamo già parlato (Cap. I, n. 5.1; Cap. X, n. 3).

Insomma, con la codificazione del 1942 la proprietà perde il suo ruolo centrale per diventare **uno** tra gli istituti privatistici: certo, sempre importante, ma non più punto archimedeo dell'intero sistema.

Anche il trattamento riservato alla proprietà dalla Costituzione del 1948 è significativo della mutata concezione della stessa. Il diritto di proprietà, infatti, trova un esplicito riconoscimento all'art. 42, co. 1, Cost. ove però, al successivo co. 2, se ne proclama la **funzione sociale**: una formula ambigua, ma che certamente esprime la volontà del legislatore costituente di superare l'immagine classica del diritto di proprietà come diritto a carattere strettamente individualistico, del tutto impermeabile alle esigenze ed ai bisogni della collettività. Tutto ciò, peraltro, trova conferma in una abbondante legislazione speciale (per qualche riferimento, v. n. 1.2).

La proprietà nella Costituzione del 1948

Infine, questo modo, pragmatico di guardare alla proprietà come ad uno strumento di produzione ed accumulazione della ricchezza, piuttosto che come ad un attributo primario ed essenziale della personalità umana, emerge dal fatto che essa, in sede costituzionale, trovi posto, sì nella Parte I, ma sotto il Titolo III dedicato ai "Rapporti economici" e non sotto il Titolo II, dedicato ai "Rapporti civili" e, tantomeno, nell'ambito dei Principi fondamentali.

1.1. *Il contenuto del diritto*

Ai sensi dell'art. 832 "il proprietario ha diritto di godere e disporre delle cose in modo pieno ed esclusivo, entro i limiti e con l'osservanza degli obblighi stabiliti dall'ordinamento giuridico". Diritto di proprietà

Come si può notare, la legge non offre una vera e propria definizione del diritto di proprietà, preoccupandosi piuttosto di individuare i **poteri** riconosciuti al proprietario, e di richiamare gli **obblighi** ed i **limiti** che quest'ultimo deve osservare.

Quanto ai poteri, essi si risolvono nel godere e nel disporre della cosa che costituisce oggetto del diritto di proprietà. Poteri del proprietario

Godere della cosa significa poterne fruire **materialmente**, in tutti i modi ritenuti dal proprietario più congeniali al proprio interesse: così egli potrà utilizzarla o meno, sceglierne la destinazione economico- funzionale, trasformarla o addirittura distruggerla.

Nel godere rientra anche la possibilità di appropriarsi dei **frutti naturali** o **civili** della cosa (v. Cap. VI, 1.4). Frutti

Il potere di **disporre**, dal canto suo, si sostanzia nella prerogativa spettante al proprietario di porre in essere **negozi giuridici** aventi ad oggetto il bene: così, ad es., il proprietario può vendere il bene, donarlo, darlo in locazione, ecc.

Dall'art. 832 emerge, altresì, che il proprietario può godere e disporre della cosa in modo **pieno** ed **esclusivo**. Ciò significa che il proprietario può utilizzare il bene, in senso **materiale** (godere) o **giuridico** (disporre) nel modo che ritiene più opportuno, così realizzando l'interesse di cui è portatore senza dover confidare sulla cooperazione di altri ai quali, anzi, può essere inibito, attraverso il ricorso agli strumenti previsti dalla legge (n. 3), ogni tentativo di appropriarsi indebitamente delle utilità assicurate dalla cosa (v. anche Cap. III, n. 1.2.2).

Sulla pienezza del diritto può incidere una norma che ne limiti l'esercizio, o la costituzione di un diritto reale minore (v. sez. II). Ma il Elasticità diritto di proprietà tornerà a riespandersi (c.d. **elasticità** del diritto di proprietà) ove questi ostacoli vengano meno.

Perpetuità

Ulteriore carattere del diritto di proprietà è la sua **perpetuità**. Esso, infatti, almeno tendenzialmente, non tollera limiti di durata ed è anche **imprescrittibile**, come si ricava dalla disciplina dell'azione di rivendicazione (art. 948): ciò perché, secondo il modo tradizionale di intendere la proprietà, anche l'inerzia è una manifestazione delle prerogative spettanti al proprietario.

Si tenga presente, tuttavia, che se al mancato esercizio da parte del titolare del diritto si accompagna il possesso del bene da parte di altro soggetto quest'ultimo, trascorso un certo numero di anni che varia a seconda del tipo di bene e di altre circostanze, acquisterà il diritto per **usucapione** (v. n. 1.3).

1.2. *Le "proprietà"*

Subito dopo le disposizioni generali, il codice civile passa a disciplinare la proprietà fondiaria e la proprietà edilizia. Anche questo può essere considerato un segno della mutata concezione accolta dal codice del 1942, perché la previsione di un regime differenziato del diritto di proprietà, a seconda della natura del bene che ne costituisce l'oggetto, ne pregiudica i tradizionali caratteri di unitarietà e di monoliticità.

La speciale attenzione riservata alla proprietà fondiaria ed edilizia trova, poi, una ulteriore spiegazione in ciò, che esse hanno ad oggetto beni immobili, ossia una categoria di beni che il legislatore del 1942 continua ad assoggettare ad una disciplina particolare (v. Cap. VI, n. 1.3).

Proprietà fondiaria

Per quanto attiene alla **proprietà fondiaria** (artt. 840-868), ci limiteremo qui a ricordare alcune norme fondamentali.

Secondo l'art. 840, co. 1, la proprietà del suolo si estende anche al **sottosuolo** ed allo **spazio** sovrastante. Il proprietario, tuttavia, non può opporsi ad attività di terzi che si svolgano nel sottosuolo o nello spazio sovrastante (ad es., la navigazione area) ad una profondità o ad un'altezza tali da non pregiudicare i suoi interessi, tenuto conto delle caratteristiche e della destinazione del fondo (art. 840, co. 2).

Il proprietario può **chiudere** il fondo (art. 841) in qualunque tempo, ma egli non potrà impedire l'accesso al fondo a chi vi entri per l'esercizio della **caccia,** a meno che il fondo non sia stato chiuso, o esistano colture che possano essere danneggiate (art. 842, co. 1). Per la **pesca** il consenso del proprietario è, invece, sempre necessario (art. 842, co. 3). Il proprietario deve poi assentire all'accesso al fondo in tutta una serie di ipotesi (recupero di un animale o di una cosa smarrita, costruzione o riparazione di un muro da parte del vicino) indicate dall'art. 843.

Proprietà edilizia

Poche norme il codice civile dedica alla **proprietà edilizia** (artt. 869-872), sicché quest'ultima risulta disciplinata da leggi speciali, cui del resto lo stesso codice si richiama (v. artt. 870-872).

La legislazione speciale, dal canto suo, si è preoccupata di regolare l'utilizzazione del territorio, prevedendo strumenti urbanistici e forme di controllo amministrativo per il caso di abusi edilizi.

Tali strumenti sono innanzitutto i **piani regolatori generali** (art. 869), attraverso i quali i Comuni provvedono alla individuazione nel loro territorio di aree aventi caratteristiche diverse (centro storico, zona agricola, zona industriale, ecc.). La c.d. **zonizzazione** permette così di stabilire dove, e nel rispetto di quali vincoli, sia possibile edificare.

Accanto a quelli generali, abbiamo **i piani regolatori particolareggiati**, deputati all'attuazione dei primi, ed il **programma** di **fabbricazione**. Ciascun Comune è, poi, dotato di un **regolamento edilizio** (art. 871), attraverso il quale si individuano le **aree edificabili** nel rispetto dell'igiene, del decoro e della stabilità degli edifici.

Concessione edilizia

La legge speciale subordina al rilascio di un **permesso di costruire** (art. 10 s., d.P.R. n. 380/2001) la **facoltà di edificare**: essa può ottenersi dietro il pagamento di un **contributo** destinato a coprire, almeno in parte, i costi di urbanizzazione primaria (parcheggi, strade, giardini, reti idriche e fognarie). Ulteriori procedimenti relativi ad interventi edilizi sono stati da ultimo disciplinati con il d.lgs. n. 222/2016 (c.d. decreto "SCIA 2"), il quale, tra l'altro, ha individuato quali interventi possono essere svolti liberamente e quali richiedono preventive comunicazioni o segnalazioni all'autorità.

L'edificazione in assenza di permesso dà luogo a sanzioni penali ed amministrative, quali la demolizione dell'opera ed il ripristino dei luoghi o, ancora, l'acquisizione gratuita al comune, ecc.

La vicenda appena menzionata ha anche una immediata rilevanza civilistica. Sono infatti **nulli**, in tal caso, tutti gli atti aventi ad oggetto trasferimento o costituzione o scioglimento della comunione di diritti reali, relativi ad edifici, la cui costruzione sia iniziata dopo il 1985. Per le costruzioni di epoca precedente, è **nullo** qualsiasi atto di trasferimento o di costituzione di un diritto reale ove non risultino gli estremi della concessione ad edificare.

Peraltro, ove l'opera costruita abusivamente sia fonte di danno per la proprietà di un altro soggetto, questi ha diritto ad essere risarcito, salva la facoltà di chiedere il ripristino della situazione iniziale qualora si tratti della violazione delle norme sul rispetto delle distanze tra costruzioni o della violazione di norme amministrative (art. 872, co. 2).

Proprietà pubblica

Oltre che in ragione della natura del bene su cui insiste il diritto, la proprietà si distingue in ragione della natura del **soggetto** che ne è titolare. Da questo punto di vista, la proprietà può essere privata ma anche **pubblica** (art. 42, co. 1, Cost.). Del resto, abbiamo già visto che alcuni beni possano formare oggetto di diritto solo se il titolare è lo Stato o altro ente pubblico (v. Cap. VI, n. 1).

Interventi dell'autorità pubblica

Lo Stato, poi, dispone di alcuni strumenti di tipo **autoritativo** al fine di acquisire la proprietà di beni appartenenti a privati in vista del soddisfacimento di un superiore interesse collettivo (ad es., la realizzazione di opere pubbliche).

Espropriazione

Primo di tali strumenti è l'**espropriazione**. Ai sensi dell'art. 834 "nessuno può essere privato, in tutto o in parte, dei beni di sua proprietà, se non per causa di pubblico interesse, legalmente dichiarata, e contro il pagamento di una giusta indennità". Dal canto suo, l'art. 42, co. 3 dispone che "la proprietà privata può essere, nei casi previsti dalla legge e salvo indennizzo, espropriata per motivi di interesse generale". La materia trova, da ultimo, disciplina organica in un t.u. (d.P.R. n. 327/2001, più volte oggetto di modifiche ed aggiornamenti).

Dunque, l'espropriazione è lo strumento amministrativo attraverso il quale il diritto di proprietà viene trasferito, per una causa di **pubblico interesse**, dal suo attuale titolare (un privato) ad un soggetto pubblico, ma solo dietro corresponsione di un **indennizzo**.

Determinazione dell'indennizzo

Quanto alla determinazione dell'indennizzo, in origine l'art. 39, l. n. 2359/1865 stabiliva che l'entità della indennità di espropriazione dovesse essere pari al valore **venale** del bene espropriato. In prosieguo di tempo, con la l. n. 865/1971, il criterio del valore venale fu sostituito da quello del valore **agricolo medio**.

Su tale criterio intervenne la Corte costituzionale che dichiarò illegittima l'attribuzione di un valore medio agricolo anche ad aree edificabili e, dunque, a vocazione non agricola.

L'art. 37, co. 1, d.lgs. n. 327/2001 stabilisce che l'indennità di espropriazione di un'area edificabile è determinata nella misura pari al valore venale del bene.

Requisizione

Ad esigenze in parte diverse risponde la **requisizione** (art. 835) della quale la p.a. si può avvalere nei soli casi di emergenza o di grave necessità, come calamità naturali, guerre. Trattasi di una misura a carattere **temporaneo**, per la quale pure è prevista, a beneficio del proprietario, una giusta indennità.

1.3. *I modi di acquisto della proprietà*

La proprietà si può acquistare a titolo **originario** o a titolo **derivativo** (su tali nozioni v. Cap. III, n. 1).

I modi di acquisto a titolo derivativo sono principalmente il **contratto** e la **successione per causa di morte** (art. 922).

I modi di acquisto a titolo originario sono: occupazione, invenzione, accessione, specificazione, unione e commistione, usucapione (v. sempre l'art. 922). Si tratta di un elenco **non** tassativo, rinviando la norma agli altri modi indicati dalla legge tra i quali possono annoverarsi la aggiudicazione, la confisca o, ancora, la fruttificazione naturale.

Possono essere acquistate per **occupazione** – cioè sulla base della **materiale apprensione** del bene unita alla **volontà** di appropriarsene (art. 923) – le cose mobili che non appartengono a nessuno, o perché **mai** appartenute ad alcuno o perché **volutamente** abbandonate: nel primo caso si parla di *res nullius*, nel secondo caso di *res derelictae*. Occupazione

In realtà, possono essere acquistati per occupazione anche beni che non rientrano in nessuna di queste due categorie: si pensi al caso della **selvaggina** che appartiene al patrimonio indisponibile dello Stato ma che, ai sensi dell'art. 12, co. 6, l. n. 157/1992, viene acquistata dal cacciatore, o anche ai fiori ed ai frutti che crescono spontaneamente nei terreni incolti non recintati. Essi divengono di proprietà di chi li raccoglie, a meno che il proprietario del fondo non intenda assicurarsene la disponibilità apponendo, ad es., cartelli di divieto.

Abbiamo visto che possono essere acquistate per occupazione anche le *res derelictae*, cioè le cose intenzionalmente abbandonate. Ove, però, la cosa non sia stata abbandonata volontariamente dal proprietario, ma soltanto **smarrita**, si applicherà la diversa disciplina dell'**invenzione** (art. 927). Invenzione

L'art. 927, appunto, stabilisce che chi trova una cosa mobile deve restituirla al proprietario: qualora ciò non sia possibile, la cosa deve essere consegnata al sindaco che darà avviso del ritrovamento mediante pubblicazione nell'albo pretorio del comune (art. 928). Trascorso un anno dall'avvenuta pubblicazione, senza che il vero proprietario si sia presentato, la proprietà della cosa passa a chi l'ha trovata (art. 929, co. 1). Questi ha comunque diritto ad un premio, pari ad un decimo della somma o del prezzo della cosa ritrovata (art. 930, co. 1).

Il **tesoro** – ossia "qualunque cosa mobile di pregio, nascosta o sotterrata, di cui nessuno può affermare di essere proprietario" (art. 932, co. 1) – appartiene al proprietario del fondo in cui sia stato trovato dallo stesso proprietario. Se, viceversa, il tesoro viene scoperto in un fondo Tesoro altrui, esso spetterà per una metà al proprietario del fondo e per l'altra metà allo scopritore (art. 932, co. 2).

Per il ritrovamento degli oggetti di interesse storico, archeologico, artistico vale quanto contenuto nelle leggi speciali e di settore, sulla tutela delle cose di interesse artistico e storico (art. 932, co. 3).

Accessione

Altro modo di acquisto della proprietà a titolo originario è rappresentato dalla **accessione**, prevista dall'art. 934 per il quale "qualunque piantagione, costruzione od opera esistente sopra o sotto il suolo appartiene al proprietario di questo".

Questa regola si applica allorché vi sia **incorporazione**, **congiunzione** o **aderenza** tra l'opera ed il suolo: ad ogni modo è necessario che l'opera incorporata perda ogni autonomia e non sia più separabile dal suolo. È opportuno precisare che qui l'acquisto si produce **indipendentemente** da qualsiasi manifestazione di volontà da parte del proprietario del suolo. Un cenno meritano, poi, gli artt. 935-937 i quali regolano i rapporti tra il proprietario del suolo, l'artefice dell'opera e il proprietario delle cose mobili impiegate.

Accessione invertita

Di accessione **invertita** (art. 938) si parla allorché taluno, nel costruire un edificio sul proprio fondo, occupi in **buona fede** (nella convinzione, cioè, di costruire sul proprio fondo) una porzione del fondo **attiguo**.

In questo caso, se entro tre mesi dal giorno di inizio dei lavori di costruzione, il proprietario del fondo attiguo non fa opposizione, l'autorità giudiziaria potrà attribuire al costruttore la proprietà dell'edificio, insieme alla proprietà del suolo occupato. Il costruttore dovrà comunque versare al proprietario del fondo su cui ha costruito il doppio del valore della superficie occupata, e tenerlo indenne da tutti i danni subiti.

La norma in esame ha certamente carattere **eccezionale**, in quanto deroga al principio sancito dall'art. 934 in materia di accessione ordinaria.

Merita, poi, di essere ricordato che la giurisprudenza si è servita dell'istituto dell'accessione invertita per risolvere quei casi nei quali la p.a. aveva illegittimamente occupato terreni di proprietà di privati, provocandone una **irreversibile** trasformazione. In ipotesi siffatte, ad avviso dei nostri giudici, la p.a. acquista il terreno illegittimamente occupato (**occupazione acquisitiva**), ma è tenuta a risarcire il privato del danno subìto mediante la corresponsione di una somma pari al valore del fondo.

L'accessione ordinaria è quella che si realizza da **mobile** (l'opera) ad **immobile** (il fondo). Il codice civile, però disciplina anche ipotesi di accessione (in senso lato) **da mobile a mobile** e **da immobile ad immobile**.

Tra le prime rientrano la unione e la commistione (art. 939). Unione

Tali due fattispecie ricorrono quando due cose **mobili** che appartengono a proprietari diversi, si uniscono (**unione**), o si mescolano (**commistione**) così da formare una cosa sola. Se le cose sono **separabili**, la proprietà resta separata, e ciascun titolare potrà chiedere la separazione; viceversa, la proprietà diviene comune ed è ripartita in proporzione di ciascuna cosa. Commistione

Se una delle cose si può considerare **principale**, o è di valore molto superiore, la proprietà del **tutto** passa al proprietario della cosa principale che però dovrà pagare al proprietario della cosa unita o mescolata il valore di quest'ultima, salvo che l'unione o la commistione abbiano avuto luogo senza il suo consenso. In quest'ultimo caso, il proprietario della cosa principale sarà tenuto, semplicemente, a pagare la somma minore tra l'aumento di valore della cosa principale ed il valore della cosa accessoria.

Altra ipotesi di accessione di mobile a mobile è rappresentato dalla **specificazione** (art. 940). È questo il caso di chi utilizzi o manipoli materiale **altrui** per formare una cosa nuova diversa dalla materia prima originale. La proprietà passa all'artefice della trasformazione, che però dovrà pagare al proprietario il prezzo della materia trasformata, salvo che il valore della materia non sorpassi notevolmente quello della mano d'opera. In tal caso sarà il proprietario del materiale a dover pagare il prezzo della mano d'opera. Specificazione

L'accessione di **immobile** ad **immobile** è invece disciplinata agli artt. 941-944.

Si tratta della **alluvione** (art. 941), in forza della quale le **unioni di terra** e gli **incrementi** che si formano successivamente ed impercettibilmente lungo la riva di fiumi e torrenti, così da accrescere l'estensione del fondo, appartengono al proprietario del fondo. Alluvione

O, ancora, della **avulsione** (art. 944), che si verifica quando un fiume o un torrente provochi il distacco di una parte considerevole di un fondo e la **trasporti** verso un fondo inferiore o verso l'opposta riva. Il proprietario del fondo al quale si è unita la parte staccata diventa proprietario di quest'ultima, ma dovrà pagare una indennità pari all'aumento di valore del proprio fondo. Avulsione

Infine, le **isole** e le **unioni di terra** che si formano nel letto dei fiumi e dei torrenti appartengono al demanio pubblico (art. 945), così come appartiene al demanio pubblico l'alveo abbandonato da un fiume o da un torrente che formino un nuovo letto (art. 946). Isole e unioni di terra

Dell'**usucapione**, tradizionalmente il più importante dei modi di acquisto della proprietà a titolo originario, si parlerà allorché ci occuperemo del possesso (n. 6.2).

2. *I limiti al diritto di proprietà*

Si rammenterà (v. n. 1.1) che l'art. 832, nell'individuare le prerogative del proprietario, richiama altresì i limiti e gli obblighi all'osservanza dei quali questi è tenuto.

I limiti, genericamente intesi, a carico del diritto di proprietà, possono essere funzionali alla tutela di un altro interesse privato, di regola **omogeneo** a quello oggetto della limitazione. Di essi ci occuperemo da qui a breve.

Limiti nell'interesse pubblico

Ma la proprietà è circondata anche da limiti funzionali alla promozione di un interesse **collettivo**: si pensi non tanto all'espropriazione per pubblica utilità, che porta ad una definitiva estinzione del diritto in capo al privato, quanto piuttosto alla requisizione o, anche, al più moderno e diffuso strumento della concessione edilizia (v. n. 1.2). Qui il limite introdotto dal legislatore si spinge al punto da **conformare** il diritto in modo da escludere dal suo contenuto la facoltà di edificare, facoltà che il proprietario potrà acquisire solo dietro pagamento di una somma finalizzata a coprire, in parte, i costi di urbanizzazione.

Gli esempi di limiti pubblicistici alla proprietà privata si potrebbero moltiplicare. Qui, però, dobbiamo soffermarci sui limiti previsti dal codice civile, fondamentalmente nell'ottica della regolazione di un conflitto **interproprietario**.

Un primo limite è quello previsto dall'art. 833, ai sensi del quale "il proprietario non può fare atti i quali non abbiano altro scopo che quello di nuocere o recare molestia ad altri".

Atti emulativi

Sono questi gli **atti emulativi** caratterizzati da ciò, che l'atto di esercizio del diritto **non** arreca alcuna **utilità** al proprietario avendo il **solo** scopo di **nuocere** o arrecare molestia ad altri. Dunque, perché si abbia un atto emulativo non è sufficiente che dall'atto discenda per il terzo un nocumento, ma è necessario che esso venga compiuto al solo fine di recare danno, senza che, in pari tempo, il suo autore ne tragga qualche beneficio.

La norma in esame è stata applicata in occasioni assai rare, in quanto per la prevalente giurisprudenza è sufficiente anche una minima utilità per escludere il carattere emulativo dell'atto. Così, ad es., non è considerato emulativo quel comportamento che, per quanto oggettivamente nocivo, sia dal proprietario posto in essere con l'intenzione di ricavarne un vantaggio.

Limiti al diritto di proprietà vengono tradizionalmente considerati anche quelli desumibili dalle norme che disciplinano i c.d. **rapporti di vicinato**.

Tra queste, viene in considerazione per primo l'art. 873 il quale fissa in un minimo di tre metri la **distanza** tra costruzioni, salvo che i regolamenti locali non prevedano una distanza maggiore. Distanza

Il proprietario di un fondo contiguo può chiedere ed ottenere dal giudice la **comunione forzosa** del muro posto sul confine, a patto che paghi la metà del suo valore e di quello del suolo su cui esso è costruito (art. 874) o diversamente costruire in aderenza, senza appoggiarsi al muro costruito sul confine (art. 877). Trattandosi di muro di cinta, di altezza non superiore a tre metri, non troverà applicazione l'art. 873 (art. 878).

Alla disciplina sulle distanze soggiacciono anche i pozzi, le cisterne e i tubi per i quali è prevista una distanza minima di due metri dal confine (art. 889), mentre i fossi (ad es., una piscina) e i canali devono avere una distanza dal confine uguale alla loro profondità (art. 891).

Il proprietario deve rispettare una serie di limiti, inerenti sia alla modalità di costruzione sia alle distanze, nel caso in cui intenda aprire una luce o una veduta sul fondo del vicino (art. 901 s.). Il codice contempera, in tal modo, l'esigenza che ciascun proprietario ha di ricevere luce e aria nel proprio fondo con quella del vicino di essere protetto da ingerenze esterne. A tal fine l'art. 900 distingue tra **luci**, le quali "... danno passaggio alla luce e all'aria, ma non permettono di affacciarsi sul fondo del vicino" e **vedute**, o prospetti, le quali "... permettono di affacciarsi o di guardare di fronte, obliquamente o lateralmente". Luci e vedute

Si rammenti che, in base all'art. 872, co. 2 colui il quale abbia subito un danno per effetto delle norme che regolano i rapporti di vicinato può chiedere, oltre al risarcimento, anche la riduzione **in pristino** (trattasi di un'ipotesi di tutela restitutoria: v. Cap. IX, n. 1.1.2).

Particolare rilievo, ai fini del nostro discorso, riveste poi la disciplina delle **immissioni** (art. 844), anche perché qui, come vedremo subito, il conflitto può allargarsi ad interessi non puramente proprietari, ma riconducibili, viceversa, allo svolgimento di un'attività produttiva in forma di impresa. Immissioni

Ai sensi dell'art. 844, co. 1 "il proprietario di un fondo non può impedire le immissioni di fumo o di calore, le esalazioni, i rumori, gli scuotimenti e simili propagazioni derivanti dal fondo del vicino, se non superano la normale tollerabilità, avuto anche riguardo alla condizione dei luoghi".

A differenza di quanto accade per gli atti emulativi, qui l'illiceità della condotta non deriva dal fatto che essa sia inutilmente e volutamente dannosa, ma dalla circostanza che l'esercizio del diritto determina, a carico del fondo del vicino, un pregiudizio di entità tale da mettere a repentaglio la fruibilità del fondo stesso. Il criterio offerto dalla legge per giudicare

Normale tollerabilità

della illiceità delle immissioni è quello della **normale tollerabilità**.

Questo criterio va, però, contemperato con quello della **condizione dei luoghi**, e con quello delle **esigenze della produzione**, tenuto conto della **priorità** di un determinato uso (art. 844, co. 2).

Per quanto attiene alla condizione dei luoghi, è ovvio l'intento del legislatore di ancorare il giudizio di normale tollerabilità ad una realistica valutazione della situazione di fatto: infatti, una cosa è la normale tollerabilità in un quartiere residenziale, altra cosa è la normale tollerabilità in una zona industriale.

Molto più complesso è il criterio che invoca il **contemperamento** delle esigenze della produzione con le ragioni della proprietà anche perché qui, come anticipato, entrano in conflitto interessi non omogenei (l'impresa e la proprietà, appunto).

In via di estrema sintesi, si può dire che le esigenze della produzione prevarranno tutte le volte in cui si tratti di un'attività produttiva di rilevanza economico-sociale tale che, ove se ne decretasse la cessazione, questo comporterebbe costi insopportabili per la collettività: è ovvio, ad es., che nessuno può illudersi di poter ottenere la chiusura dello stabilimento Fiat di Mirafiori, per quanto in ipotesi intollerabili siano le immissioni prodotte da questo impianto. Anche qui è possibile riscontrare un segno della concezione filoproduttivistica, da capitalismo industriale, accolta dal codice civile, a discapito delle ragioni della proprietà.

Priorità d'uso

Infine, la **priorità d'uso** va considerato un criterio di applicazione residuale e che, al pari di quello relativo allo stato dei luoghi, introduce una misura di buon senso nella valutazione della normale tollerabilità: è evidente, infatti, che se acquisto un appartamento sopra la sede storica di un famoso e frequentatissimo ristorante, dovrò sopportarne tutte le conseguenze, per quanto spiacevoli. In altri termini, si può dire che, rapportato a quello della priorità d'uso, il criterio della normale tollerabilità implica che lo standard al quale fare riferimento sia quello imposto da chi sul luogo si trova da più tempo, tenuto conto, naturalmente, delle caratteristiche oggettive dell'attività svolta.

Tutela giurisdizionale

Ricordiamo, infine, che il proprietario il quale abbia subìto immissioni intollerabili può chiedere il risarcimento del danno ed anche la cessazione delle immissioni stesse (ordine **inibitorio**: v. Cap. IX, n. 1.1.1).

3. *Le azioni a difesa della proprietà*

Gli artt. 948-951 disciplinano le azioni (**petitorie**) a difesa della proprietà.

La prima, e più importante, di tali azioni è l'azione di **rivendicazione** (art. 948). Essa viene esercitata dal proprietario allo scopo di ottenere la **restituzione** della cosa che gli sia stata indebitamente sottratta. A tal fine egli dovrà dimostrare il suo titolo di proprietà (da qui il carattere **petitorio** dell'azione di rivendicazione). Rivendicazione

La prova del diritto di proprietà è particolarmente gravosa (*probatio diabolica*) giacché, anche quando esso sia stato acquistato a titolo derivativo, l'attore dovrà comunque **risalire** ad un acquisto a titolo originario o provare di avere egli acquistato a titolo **originario** (ad es., per usucapione). Solo così, infatti, è possibile avere la certezza che chi agisce in rivendica sia davvero, e incontrovertibilmente, il titolare del diritto, dal momento che anche uno solo dei precedenti acquisti a titolo derivativo potrebbe essere **viziato** (ad es., posto in essere da un soggetto che non era legittimato a disporre) e, quindi, inficiare tutti i trasferimenti successivi. Onere della prova

L'azione di rivendicazione va esercitata contro chiunque possieda o detenga la cosa (**realità** dell'azione): e può essere proseguita contro costui anche se nel frattempo abbia perduto, per fatto proprio, la materiale disponibilità della cosa. In questo caso, il proprietario potrà pretendere che la controparte provveda a recuperargli la cosa o, in mancanza, gli corrisponda una somma pari al valore della cosa stessa, salvo il risarcimento del danno. Legittimati passivi

L'azione di rivendicazione è **imprescrittibile** (art. 948, ult. co.), salvi gli effetti dell'usucapione: donde la imprescrittibilità del diritto di proprietà in quanto tale (v. n. 1.1). Azioni restitutorie

Analoga finalità restitutoria hanno tutte quelle azioni che si basano su un titolo **contrattuale** (ad es., locazione: art. 1590; deposito: art. 1777; ecc.). La differenza fondamentale, rispetto all'azione di rivendicazione, è che qui l'attore **non** fa valere la sua qualità di **proprietario**, ma la sua qualità di **creditore** dell'obbligazione restitutoria per cui dovrà limitarsi a dimostrare il fondamento della sua pretesa, senza dover passare per le forche caudine della prova della proprietà. Queste azioni hanno carattere **personale** (in quanto esperibili nei confronti del solo debitore) e, dunque, non reale e nemmeno petitorio in quanto, come detto, non impongono all'attore la prova del diritto di proprietà.

L'aggressione patita dal diritto di proprietà non necessariamente pone capo ad una materiale sottrazione della cosa, giacché essa può prendere le forme di una mera **contestazione** della titolarità del diritto da parte di terzi. Per casi di questo genere, rispetto ai quali l'azione di rivendicazione, stante la sua finalità restitutoria, sarebbe incongrua, il proprietario dispone di un'azione di **mero accertamento** (art. 2653, n. Mero accertamento

1) volta, appunto, a far accertare con la forza del giudicato (Cap. IV, n. 1.4) l'esistenza del diritto in capo a sé.

Azione negatoria

Di mero accertamento è, almeno di regola, anche l'**azione negatoria** (art. 949, co. 1) con la quale il proprietario mira "a far dichiarare l'inesistenza di diritti affermati da altri sulla cosa, quando ha motivo di temerne pregiudizio" (così, ad es., nel caso in cui un terzo vanti un diritto di servitù sul fondo).

Tuttavia, ove sussistano anche **turbative** o **molestie**, il proprietario potrà chiedere, in aggiunta all'accertamento della inesistenza del diritto vantato dal terzo, anche la cessazione di tali turbative ed il risarcimento del danno (art. 949, co. 2).

Regolamento di confine ed apposizione di termini

Anche quella di **regolamento di confine** (art. 950) è un'azione di mero accertamento, essendo diretta ad eliminare ogni incertezza in ordine al confine tra due fondi. All'azione di **apposizione di termini** (art. 951) si ricorre, viceversa, allorché lo stato del confine sia certo ma sia necessario ristabilirne i segni esteriori (ad es., siepi, staccionate).

Azioni di nunciazione

Infine, abbiamo le **azioni di nunciazione** che, però, non sono azioni a tutela della proprietà in senso stretto, potendo essere esercitate anche dal titolare di un **diritto reale minore** o da un **possessore**.

Esse sono la denunzia di **nuova opera** (art. 1171) e la denunzia di **danno temuto** (art. 1172).

Con la prima l'attore, il quale abbia ragione di temere che da una nuova opera, da altri intrapresa, derivi un **danno** per la cosa oggetto del suo diritto o del suo possesso, può chiedere, a certe condizioni, che la continuazione dell'opera venga vietata o che, quantomeno, vengano adottate le opportune cautele. La denunzia di nuova opera è assoggettata ad un termine di decadenza **annuale**, computato a partire dalla data di inizio dei lavori.

Con la denuncia di danno temuto, si chiede l'**abbattimento** o l'**eliminazione** della cosa dalla quale possa derivare un danno grave e prossimo alla cosa che forma oggetto del diritto o del possesso.

SEZIONE II

I DIRITTI REALI SU COSA ALTRUI

4. *I diritti reali di godimento*

Dopo il diritto di proprietà, il codice civile disciplina gli altri diritti reali (artt. 952-1099) e cioè la superficie, l'enfiteusi, l'usufrutto, l'uso, l'abitazione e le servitù prediali (c.d. **diritti reali di godimento**).

Diritti reali di godimento

Tali diritti permettono di trarre godimento dall'uso della cosa altrui ed hanno un contenuto più limitato rispetto al diritto di proprietà: per questa ragione sono anche detti diritti reali **minori** o **su cosa altrui**.

La contemporanea insistenza dei due diritti (il diritto di proprietà e il diritto reale minore) sulla medesima cosa fa sì che al proprietario sia precluso l'esercizio di talune sue normali prerogative. Così, ad es., nel caso di coesistenza con l'usufrutto, i frutti spetteranno all'usufruttuario e non al proprietario. Tuttavia, nel caso in cui il diritto minore si estingua, il diritto di proprietà riacquisterà la sua originaria pienezza (c.d. **elasticità** del dominio: v. n. 1).

I diritti reali minori incidono sul **godimento** della cosa da parte del proprietario, ma non sul suo potere di disposizione, nel senso che il proprietario potrà comunque disporre del bene, vendendolo, ipotecandolo, ecc.

Diritto di seguito

Il bene, però, circolerà gravato del peso costituito dal diritto minore che sarà sempre opponibile al terzo acquirente (ad es., se Tizio, proprietario di una cosa sulla quale è stato costituito un diritto di usufrutto, la aliena a Caio, questi non potrà appropriarsi dei frutti della cosa, che continueranno a spettare all'usufruttuario Sempronio). È questa una manifestazione della realità del diritto che inerisce alla cosa e la segue nei suoi trasferimenti (**diritto di seguito**).

Si rammenti che i diritti reali di godimento sono tutti soggetti ad un termine di prescrizione **ventennale**.

Alla categoria dei diritti reali minori appartengono, oltre ai diritti reali di godimento, anche i **diritti reali di garanzia**, cioè il pegno e l'ipoteca (per i quali v. Cap. XI, n. 10.1).

Tipicità

Ricordiamo, infine, che tradizionalmente si ritiene che la classe dei diritti reali minori sia a **numero chiuso**, nel senso che non è consentito all'autonomia privata costituire sui beni vincoli di carattere reale al di fuori di quelli espressamente previsti dalla legge (v. Cass., Sez. Un., n. 28972/2020). Questo principio di rigorosa **tipicità** dei diritti reali minori riflette l'esigenza di contenere, entro limiti prestabiliti dal legislatore, i pesi che possono gravare sulla cosa pregiudicandone il godimento da parte del proprietario e, quindi, anche la sua attitudine circolatoria: è chiaro, infatti, che in linea di massima un bene appesantito da un vincolo che ne limita la fruizione è assai meno appetibile di quanto non lo sia un bene libero da qualsiasi gravame.

Naturalmente, questo ragionamento vale per i vincoli di tipo reale che, come abbiamo visto, seguono il bene nella sua circolazione giuridica e sono sempre opponibili al terzo acquirente, ma non anche per i vincoli di tipo **obbligatorio** che esauriscono la loro efficacia tra le parti del rapporto. Ad es., nel caso delle c.d. servitù **personali** – da tenersi distinte dalle servitù **prediali** di cui ci occuperemo al n. 4.4 – Tizio contratta con Sempronio il diritto di lasciarlo passare attraverso il fondo, ma tale diritto ha un'efficacia puramente obbligatoria e, in caso di alienazione del fondo ad un terzo, questi non potrà vederselo opposto.

4.1. *Il diritto di superficie*

Ai sensi dell'art. 952, co. 1 "il proprietario può costituire il diritto di fare o mantenere al di sopra del suolo una costruzione a favore di altri, che ne acquista la proprietà".

È questo il diritto di **superficie**, che rappresenta una vistosa **deroga** al principio dell'accessione ordinaria (art. 934: v. n. 1.3) per il quale tutto ciò che si trova sopra o sotto il suolo appartiene al proprietario di questo.

Contenuto

Ciò che accade qui è che il proprietario scorpori dal suo diritto la facoltà di edificare e la ceda ad un terzo (**superficiario**) il quale, nel momento in cui se ne avvarrà, diventerà proprietario della costruzione (**proprietà superficiaria**). Allo stesso risultato si perviene là dove il proprietario alieni la proprietà della costruzione **separatamente** dal suolo (art. 952, co. 2).

Modi di costituzione

Il diritto di superficie si può costituire per **contratto** o per **usucapione**. Esso può essere **perpetuo** o **a termine**: in questo secondo caso, al sopravvenire del termine, si riespande il principio dell'accessione ed il proprietario del suolo diviene proprietario anche della costruzione (art. 953).

Il diritto di superficie può essere alienato a terzi, ipotecato o trasmesso *mortis causa*.

Estinzione

Esso si estingue: a) per **perimento** del suolo, ma non anche per estinzione della costruzione, giacché il superficiario conserva, salvo patto contrario, il diritto di ricostruire l'opera (art. 954, co. 3); b) per **consolidazione**, che si verifica quando il diritto di proprietà e il diritto di superficie si riuniscono nella stessa persona; c) per **prescrizione**; d) per **scadenza del termine** nella già menzionata ipotesi dell'art. 953.

4.2. *Il diritto di enfiteusi*

Contenuto

L'**enfiteusi** (art. 957 s.) attribuisce al suo titolare (**enfiteuta**) il diritto di godere del fondo altrui e di fare propri i frutti il tesoro e le accessioni (art. 959). Sull'enfiteuta grava, però, l'obbligo di **migliorare** il fondo e di **pagare** al proprietario (**concedente**) un canone periodico (art. 960).

Si tratta di un istituto legato a forme in larga misura premoderne di sfruttamento della terra, e tipico di un assetto latifondistico della proprietà agraria: attraverso la concessione in enfiteusi, difatti, il grande proprietario assenteista si garantiva comunque un reddito.

L'enfiteuta può **disporre** del proprio diritto sia per atto tra vivi (vendita, donazione), sia per testamento (art. 965).

Affrancazione

Cause di estinzione dell'enfiteusi sono, oltre alla prescrizione (art. 970), alla consolidazione ed alla scadenza del termine, anche l'affrancazione e la devoluzione. L'**affrancazione** è il diritto potestativo spettante all'enfiteuta di acquistare la **proprietà** del fondo mediante il pagamento di una somma di denaro pari a quindici volte il canone enfiteutico (art. 9, l. n. 1138/1970).

Devoluzione

La **devoluzione** (art. 972) è il diritto spettante al concedente di liberare il fondo dall'enfiteusi allorché l'enfiteuta non adempia all'obbligo di migliorare il fondo, o sia in mora nel pagamento di almeno due annualità di canone. La domanda di devoluzione, tuttavia, non impedisce all'enfiteuta di affrancare il fondo (art. 972, ult. co.).

4.3. *Il diritto d'usufrutto, d'uso e di abitazione*

Contenuto

L'**usufrutto** attribuisce al suo titolare (**usufruttuario**) il diritto di godere della cosa traendone ogni utilità che questa può dare, ma egli deve rispettarne la destinazione economica (art. 981: ad es., non può trasformare un albergo in una fattoria). Il proprietario (detto **nudo proprietario**) perde del potere di godere della cosa ma conserva il potere di disporne, sia pure gravata dell'usufrutto.

Modi di costituzione

Il diritto di usufrutto si può acquistare in forza della **legge** (ad es., l'usufrutto legale dei genitori sui beni del figlio: art. 324), per **contratto**, per **testamento** o, ancora, per **usucapione** (art. 978).

Durata

Se non è previsto un termine di durata, il diritto si estingue alla **morte** dell'usufruttuario. Se si tratta di persona giuridica, l'usufrutto non può avere una durata superiore ai **trenta** anni (art. 979).

L'usufruttuario può cedere l'usufrutto per un certo tempo o, anche per tutta la sua durata, se ciò non è vietato dal titolo costitutivo (art. 980). In ogni caso, la morte del cedente estingue il diritto anche in capo al cessionario.

L'usufrutto può avere ad oggetto sia beni mobili sia beni immobili. Nel caso in cui si tratti di cose **consumabili** (v. Cap. VI, n. 1.3), l'usufruttuario ha diritto di servirsene e di pagarne il valore alla scadenza del termine stabilito (art. 995: **quasi usufrutto**).

Obblighi dell'usufruttuario

L'usufruttuario ha l'obbligo di comportarsi con la diligenza del buon padre di famiglia durante il godimento del bene e di restituirlo alla scadenza (art. 1001). Egli, inoltre, deve farsi carico delle spese ordinarie e degli oneri relativi all'amministrazione e alla manutenzione ordinaria, delle spese di custodia (art. 1004), deve provvedere ai carichi annuali, come le imposte, i canoni, le rendite fondiarie e gli altri pesi che gravano sul reddito (art. 1008). Le riparazioni straordinarie, invece, sono a carico del proprietario (art. 1005).

Estinzione

L'usufrutto si estingue, oltre che per la scadenza del termine, per prescrizione, per consolidazione o per il totale perimento della cosa (art. 1014). Un modo tipico di estinzione dell'usufrutto è rappresentato dall'**abuso del diritto** che si ha quando l'usufruttuario alieni i beni o li lasci deteriorare o perire per non avere provveduto alle ordinarie riparazioni (art. 1015).

Uso e abitazione

L'uso e l'abitazione sono diritti simili all'usufrutto, ma di contenuto più limitato.

L'**uso** consiste nel potere di servirsi della cosa nei limiti dati dal sodisfacimento dei bisogni propri e della propria famiglia (art. 1021).

Quanto al diritto di **abitazione**, esso attribuisce al titolare il diritto di abitare la casa, nei limiti dei bisogni suoi e della sua famiglia (art. 1022).

Visto il loro carattere strettamente **personale**, questi diritti non possono essere ceduti o dati in locazione (art. 1024).

4.4. *Le servitù prediali*

Nozione

La **servitù prediale** (dal termine latino *praedium*, cioè fondo) consiste nel **peso** imposto ad un fondo (detto fondo **servente**), per l'**utilità** di un altro fondo (detto fondo **dominante**) appartenente a **diverso** proprietario (art. 1027).

L'utilità può consistere anche (e semplicemente) nella maggiore comodità o amenità del fondo dominante, ovvero inerire alla destinazione industriale del fondo (art. 1028). Principio fondamentale è che la servitù non può costituirsi al fine di contingentemente avvantaggiare il proprietario, ma solo in vista di una **oggettiva utilità** per il fondo, sicché il rapporto si instaura, per così dire, tra i due fondi, quello dominante e quello servente, e non tra i due proprietari.

Perché si possa costituire una servitù è necessario che i due fondi appartengano a proprietari **diversi**, e che siano collocati in maniera tale che il fondo servente possa recare utilità al fondo dominante (anche se non necessariamente l'uno vicino all'altro).

Modi di costituzione

Le servitù possono essere costituite per contratto, per testamento, per destinazione del padre di famiglia o per usucapione e, in determinati casi previsti dalla legge, anche per atto amministrativo o per sentenza (art. 1031).

Le servitù **volontarie** sono quelle che si costituiscono per **contratto** o per **testamento** (art. 1058).

Le servitù **coattive** sono quelle alla costituzione delle quali dà diritto la legge, ad es. perché uno dei due fondi è intercluso, comunica cioè con la strada principale solo attraverso l'altro fondo. In ipotesi di questo tipo, può accadere che le parti raggiungano, comunque, un accordo e che la servitù nasca sulla base di un **contratto**.

In caso contrario, il proprietario del futuro fondo dominante potrà rivolgersi al giudice ed ottenere una **sentenza** costitutiva del diritto di servitù, sulla base di un meccanismo simile a quello descritto dall'art. 2932 (v. Cap. XI, n. 10.2): tale sentenza provvederà anche a determinare l'**indennità** dovuta al proprietario del fondo servente e le modalità della servitù.

Infine, nei casi espressamente previsti dalla legge, la servitù coattiva può essere costituita con **atto amministrativo** (art. 1032).

Sono coattive le servitù di **acquedotto** e **scarico coattivo** (artt. 1033-1050), quelle di **elettrodotto** e passaggio di linee telefoniche (artt. 1056-1057 s.) e quella di **passaggio** (artt. 1051-1055).

Servitù apparenti

Quanto all'usucapione ed alla destinazione del padre di famiglia, si tratta di modi di acquisto delle sole servitù **apparenti**, cioè delle servitù per l'esercizio delle quali sono necessarie opere **permanenti** e **visibili**, ad es., la servitù di acquedotto (v. art. 1061).

La costituzione per **usucapione** presuppone l'esercizio continuato del possesso per il tempo richiesto dalla legge (art. 1158 s.: v. n. 6.2).

Quanto alla **destinazione del padre di famiglia**, essa si verifica allorché risulti che due fondi, attualmente divisi, siano appartenuti allo stesso proprietario il quale aveva destinato l'uno al **servizio** dell'altro:

nel momento in cui i due fondi cessano di appartenere alla stessa persona, quel rapporto di servizio si converte automaticamente in servitù, a meno che non esista una disposizione di segno contrario (art. 1062).

Dovrebbe ora essere chiaro perché usucapione e destinazione del padre di famiglia sono modi di costituzione delle sole servitù apparenti: entrambi, infatti, presuppongono una condotta (possesso, destinazione) che assume **evidenza** solo se collegata ad un'opera, appunto, permanente e visibile.

Contenuto

Dal punto di vista del loro **contenuto**, le servitù si distinguono in **affermative** o **negative** a seconda che attribuiscano al proprietario del fondo dominante un potere di **fare** o un potere di **vietare**. Un esempio del primo caso è rappresentato dalla servitù di passaggio, un esempio del secondo caso, dalla servitù di non sopraelevazione. La distinzione rileva ai fini del computo dei termini di prescrizione (art. 1073, co. 2).

Altra distinzione, sempre rilevante ai fini della prescrizione (art. 1073, co. 2), è quella tra servitù **continue** e **discontinue**. Le prime sono quelle il cui esercizio **non** richiede un fatto dell'uomo (ad es., servitù di veduta), le seconde sono quelle che, viceversa, richiedono un'**attività umana** (ad es., servitù di passaggio).

È bene precisare che la servitù **non** può mai tradursi in un fare a carico del proprietario del fondo servente.

L'esercizio del diritto di servitù è disciplinato dal titolo (contratto, testamento, sentenza) o, in mancanza, dalla legge. Regole fondamentali sono che il proprietario del fondo dominante deve comportarsi in maniera tale da non aggravare la condizione del fondo servente, e che il proprietario del fondo servente non deve compiere atti che interferiscano con l'esercizio della servitù o che lo rendano più incomodo (art. 1067).

Estinzione

Le servitù si estinguono per **confusione** (art. 1072), per **prescrizione** (art. 1073) o per **rinuncia** da parte del titolare (art. 1070).

SEZIONE III

LA COMUNIONE

SOMMARIO: 5. La comunione in generale. – 5.1. Il condominio degli edifici. – 5.2. La multiproprietà. – 5.3. Il *trust*.

5. *La comunione in generale*

Comunione

Il regime giuridico della **comunione** trova applicazione là dove più soggetti sono **contitolari** del diritto di proprietà, o di altro diritto reale, sul medesimo bene.

Si distingue la comunione *pro diviso*, nella quale ciascuno dei comunisti è proprietario di una parte individuata della cosa, dalla comunione *pro indiviso*, nella quale invece il diritto di ciascuno dei partecipanti si estende sull'intero bene, concorrendo con l'uguale diritto degli altri comunisti: ed è proprio questa la forma di comunione che il codice disciplina agli artt. 1100-1116.

Godimento e disposizione della quota

La disciplina positiva dettata dal codice riconosce a ciascun comunista il diritto di disporre **autonomamente** della propria quota, alienandola o costituendo su di essa diritti di godimento o di garanzia a favore di terzi (art. 1103). Per quanto attiene al godimento del bene, l'art. 1102 stabilisce che **ciascun** comunista può servirsene, purché non ne alteri la destinazione e non impedisca agli altri partecipanti di farne parimenti uso.

I frutti e le spese relative alla cosa in comunione devono essere ripartiti tra i comproprietari in misura **proporzionale** alle rispettive quote, le quali, peraltro, si presumono **uguali** (art. 1101).

Amministrazione

Le decisioni attinenti alla amministrazione della comunione sono assunte dai comproprietari secondo il principio **maggioritario**, con la conseguenza che, ove una spesa sia deliberata dalla maggioranza prevista dalla legge, i comunisti dissenzienti sono obbligati a contribuirvi, salva la possibilità di liberarsi dall'obbligazione a loro carico rinunziando al proprio diritto (art. 1104) e di impugnare le deliberazioni illegittime (art. 1109). È invece necessario il consenso di **tutti** i partecipanti per gli atti di alienazione o di costituzione di diritti reali sul bene e per le locazioni ultranovennali (art. 1108).

In ogni caso, ove una spesa sia necessaria per la conservazione o per il godimento della cosa e non si raggiunga alcuna maggioranza, è prevista la possibilità di ricorrere al **giudice** perché adotti gli opportuni provvedimenti (art. 1105).

Divisione

Fatta eccezione per le ipotesi in cui, il bene, se diviso, cesserebbe di servire all'uso cui è destinato (art. 1112), la legge attribuisce a ciascuno dei comunisti il diritto potestativo di chiedere in qualunque momento lo **scioglimento** della comunione (art. 1111): pertanto, se gli altri partecipanti non acconsentono ad una divisione negoziale, sarà possibile ricorrere ad una divisione giudiziaria. È però previsto che l'autorità giudiziaria stabilisca una congrua **dilazione**, non superiore ai cinque anni, là dove l'immediato scioglimento possa pregiudicare gli interessi degli altri comunisti.

L'attribuzione a ciascuno dei partecipanti del diritto potestativo di provocare lo scioglimento della comunione è sintomo dell'atteggiamento di **disfavore** con cui il codice guarda tale istituto: ne è prova ulteriore il fatto che la validità di un eventuale patto con cui le parti si impegnano a rimanere in comunione è contenuta entro il limite massimo di dieci anni. Peraltro, anche là dove le parti si siano obbligate a mantenere in vita la comunione, l'autorità giudiziaria può ordinarne lo scioglimento prima del termine convenuto, ove gravi circostanze lo richiedano (art. 1111).

Retroattività

La divisione ha efficacia **retroattiva**: ciascun partecipante viene infatti considerato proprietario esclusivo della parte del bene che gli è stata assegnata in sede di divisione sin dal momento in cui la comunione si è costituita (art. 757, richiamato dall'art. 1116).

È da dire, infine, che la disciplina dettata dal codice per la comunione è **derogabile** (art. 1100). Tali deroghe negoziali richiedono tuttavia il consenso di **tutte** le parti e sfuggono, pertanto, al principio maggioritario.

5.1. *Il condominio degli edifici*

Condominio

Negli edifici con più unità abitative ciascuno dei condomini, oltre ad essere proprietario del proprio appartamento, è comproprietario delle parti **comuni** dell'edificio stesso, anche se oggetto di godimento periodico e se non risulta il contrario dal titolo: fondazioni, muri maestri, tetti, lastrici solari, scale, ingressi, cortili e in genere tutte le parti dell'edificio necessarie all'uso comune, nonché le aree destinate a parcheggio e i locali per i servizi in comune, ascensori, installazioni per il riscaldamento o il condizionamento destinate all'uso comune ecc. (art. 1117).

L'istituto del condominio è stato recentemente riformato dalla l. n. 220/2012 che ha riformulato molti articoli del c.c. e ne ha aggiunto di nuovi, regolando organicamente l'intero fenomeno, anche sulla base di nuovi indirizzi giurisprudenziali ed elaborazioni dottrinali emersi in passato.

Il condominio è una particolare ipotesi di comunione che si caratterizza per il suo carattere **forzoso**: le parti comuni dell'edificio non sono soggette a divisione, "a meno che la divisione possa farsi senza rendere più incomodo l'uso della cosa a ciascun condomino" (art. 1119) e con la necessità, come imposta dalla novellazione dell'articolo con la l. n. 220/2012, che vi sia il consenso di tutti i partecipanti al condominio. Il condomino **non** può rinunciare al proprio diritto sulle parti comuni, ma può rinunciare all'utilizzo dell'impianto centralizzato di riscaldamento o di condizionamento, se dal suo distacco non derivano notevoli squilibri di funzionamento o aggravi di spesa per gli altri condomini, rimanendo a suo carico le sole spese per la manutenzione straordinaria dell'impianto e per la sua conservazione e messa a norma (art. 1118).

Condominio minimo e supercondominio

Ci si trova innanzi ad un condominio quando vi siano almeno due proprietà individuali e una comproprietà su beni strumentali a tali proprietà individuali (c.d. **condominio minimo**). Quest'ultima ipotesi non è specificamente contemplata nel codice, a differenza del **supercondominio**, vale a dire l'ipotesi in cui più edifici hanno parti in comune (ad es., viali, giardini o strade interne di un complesso residenziale con più palazzi). Al supercondominio, in virtù della novella operata dalla l. n. 220/2012, si applicano, in quanto compatibili, le norme in tema di condominio (art. 1117 *bis*).

Otto proprietari

Quando i condomini sono più di otto, l'assemblea deve nominare un **amministratore** (art. 1129): se essa non vi provvede, può esserne chiesta la nomina al giudice.

L'amministratore e la ridefinizione del ruolo ad opera della l. n. 220/2012

L'amministratore è legato all'assemblea da un rapporto **fiduciario** riconducibile al contratto di **mandato** e può essere revocato in qualsiasi momento.

La l. n. 220/2012, risolvendo il dibattito relativo alla possibilità che l'amministratore del condominio possa essere una persona giuridica, ha espressamente previsto che amministratore del condominio possa essere una società.

La riforma ha inoltre ampliato notevolmente l'elenco degli **obblighi** gravanti sull'amministratore in esecuzione del mandato ricevuto, disponendo, ad es., l'obbligo di far transitare le somme ricevute a qualunque titolo su uno **specifico conto corrente** e quello di agire per la **riscossione forzosa** delle somme dovute dagli obbligati entro sei mesi dalla chiusura dell'esercizio nel quale il credito esigibile è compreso (art. 1129).

Per lo svolgimento delle attività previste dal c.c. e delle altre eventualmente previste dal regolamento o dall'assemblea, l'amministratore ha la **rappresentanza** dei **partecipanti** (art. 1131) e può **agire** in giudizio sia contro i condomini sia contro i terzi. Può, invece, essere **con-**

venuto in giudizio per qualunque azione concernente le parti comuni dell'edificio (art. 1131).

L'attività di gestione condominiale è formalmente documentata nei registri condominiali (**registro dei verbali** delle assemblee, **registro di nomina e revoca** dell'amministratore, **registro di contabilità**) tenuti dall'amministratore. Quest'ultimo ha inoltre l'obbligo di conservare tutta la **documentazione** inerente alla propria gestione e di redigere il **rendiconto condominiale** annuale della gestione (art. 1130).

I controlli sull'operato dell'amministratore

I **condomini** e i **titolari di diritti reali** o di **godimento** sulle unità immobiliari hanno il diritto di prendere visione dei documenti di spesa e di estrarne copia; mentre si attribuisce all'assemblea condominiale il potere di nominare un **revisore** (con poteri di verifica della contabilità del condominio) e un **consiglio di condominio** composto da almeno tre condomini negli edifici di almeno dodici unità immobiliari (con funzioni consultive e di controllo).

Dieci condomini. Il regolamento condominiale

Quando il numero dei proprietari è **superiore a dieci**, deve essere predisposto un **regolamento** condominiale che disciplini l'uso delle parti comuni e la ripartizione delle spese, nonché l'amministrazione del condominio.

Le norme del regolamento non possono menomare i diritti dei singoli proprietari, quali risultano dai rispettivi titoli di acquisto. Tuttavia, anche nelle parti di sua proprietà o comunque destinate **all'uso individuale**, il condomino non può eseguire opere che rechino danno alle parti comuni ovvero determinino pregiudizio alla stabilità, alla sicurezza o al decoro architettonico dell'edificio (art. 1122).

L'assemblea

Spetta all'**assemblea** dei condomini assumere le decisioni relative alla **manutenzione** e alla **gestione** dell'edificio. Le deliberazioni adottate con le maggioranze previste dall'art. 1136 sono **obbligatorie** anche per la minoranza dissenziente, astenuta o assente, ma, ove contrarie alla legge o al regolamento condominiale, possono essere impugnate dai condomini dissenzienti o astenuti, oppure dagli assenti entro il termine di trenta giorni decorrente, rispettivamente, dalla loro adozione e dalla loro comunicazione (art. 1137).

L'uso delle parti comuni

La l. n. 220/2012 ha disciplinato le ipotesi di modificazioni delle **destinazioni d'uso** delle **parti comuni** (art. 1117 *ter*), prevedendo uno speciale procedimento rafforzato (con alti *quorum* e garanzie procedurali) per soddisfare esigenze di interesse condominiale. L'amministratore o i condomini, inoltre, possono diffidare colui che esegue attività che incidono negativamente sulle parti comuni, chiedendo la convocazione dell'assemblea per far cessare la violazione o instaurando azioni giudiziarie (art. 1117 *quater*).

Ciascuno dei proprietari è tenuto a partecipare – in misura **proporzionale** alla rispettiva quota, normalmente espressa in millesimi – alle spese necessarie per la **manutenzione** e per il **godimento** delle parti comuni, e a quelle relative alle **innovazioni** deliberate dall'assemblea dei condomini (art. 1136). Le spese

Tuttavia, ove l'innovazione abbia carattere **voluttuario** e comporti una spesa molto gravosa, i condomini che non intendano trarne vantaggio sono esonerati dal contribuirvi e la maggioranza che la ha approvata deve sopportarne integralmente la spesa (art. 1121). Sono in ogni caso vietate le innovazioni che possano recare pregiudizio alla stabilità o alla sicurezza del fabbricato, che ne alterino il decoro architettonico o che rendano talune parti comuni dell'edificio inservibili all'uso anche di uno solo dei proprietari (art. 1120).

5.2. *La multiproprietà*

Il termine **multiproprietà** è formula riassuntiva di un fenomeno, diffusosi nella pratica negoziale a partire dagli anni '80, che ha la propria caratteristica fondamentale in ciò, che esso realizza forme di godimento **turnario** dello stesso immobile da parte di più soggetti.

Il multiproprietario acquista infatti il diritto di godere e di disporre del bene – nel rispetto del **vincolo di destinazione** previsto – per un determinato periodo dell'anno solare (ad es., la prima settimana di agosto), e si avvicenda nell'uso dell'immobile con gli altri titolari secondo un sistema turnario stabilito dalle parti al momento della stipulazione del contratto di acquisto. Contenuto

Normalmente l'immobile è inserito in un complesso turistico o alberghiero che offre ai multiproprietari diversi servizi (ristorante, bar, piscina).

Le maggiori difficoltà che l'istituto della multiproprietà ha posto attengono alla sua qualificazione dogmatica.

Non è un caso che parte della dottrina abbia risolto alla radice ogni problema affermando che esso, presentando caratteri irriducibili alle figure note, sarebbe un diritto reale **atipico**. L'accoglimento di questa tesi, tuttavia, imporrebbe il superamento del principio della tipicità dei diritti reali.

Per tale motivo largo seguito hanno avuto tesi che, pur tra difficoltà e ostacoli, mirano a ricondurre la multiproprietà alle tradizionali categorie civilistiche.

Secondo diversi autori, ad es., essa sarebbe una forma di **comunione** caratterizzata dal fatto che i comproprietari concordano un uso turnario del bene.

Altra tesi propone di configurare la multiproprietà come un tipo di proprietà nel quale l'oggetto del diritto è individuato non solo nello spazio, ma anche sul piano **temporale**: esso, cioè, sarebbe definito non solo fisicamente, ma anche attraverso le coordinate temporali che limitano il suo esercizio nel tempo.

Invero, uno dei motivi per cui non sembra possibile sciogliere il nodo della qualificazione dogmatica della multiproprietà risiede nella eterogeneità delle figure riconducibili allo schema dell'uso turnario di un bene. Se infatti non sembra discutibile che la **multiproprietà immobiliare** (ovvero il tipo classico di multiproprietà finora descritto) presenti i caratteri tipici dei diritti reali, non si può negare che talvolta il diritto in oggetto mostra i tratti di un mero **diritto personale di godimento**.

È il caso della **multiproprietà azionaria**: in questa ipotesi la società che gestisce il complesso immobiliare non vende direttamente la proprietà turnaria delle singole unità immobiliari, ma proprie **azioni**, alle quali è poi collegato il diritto di utilizzare in determinati periodi dell'anno una frazione **spazio-temporale** individuata del complesso immobiliare.

In questa ipotesi l'acquirente diviene titolare di una **partecipazione sociale** e, insieme, di un **diritto di godimento turnario** di uno degli immobili di cui la società è proprietaria. Tale diritto, tuttavia, non sembra configurabile come un diritto assoluto opponibile *erga omnes*, ma come un **diritto di credito** del socio nei confronti della società: spesso, infatti, è previsto che il mancato pagamento degli oneri condominiali determini l'esclusione del socio e la perdita del suo diritto di godimento. Ciò dimostra che la situazione soggettiva di cui il multiproprietario è titolare si inserisce in un rapporto **obbligatorio** tra questi e la società e che essa non può essere ricostruita come un diritto reale.

Multiproprietà e contratti ad essa funzionali

Tale eterogeneità, inoltre, è solo parzialmente riscontrabile nella nuova formulazione degli artt. 69 ss. cdc. In seguito alle modifiche apportate dal d.lgs. 23 maggio 2011, n. 79, infatti, il cdc fa oggi espresso riferimento alla multiproprietà, unitamente ad altre tipologie di contratti. Il contratto di **multiproprietà** è un contratto di durata superiore a un anno tramite il quale un consumatore acquisisce a titolo oneroso il diritto di godimento su uno o più alloggi per il pernottamento per più di un periodo di occupazione (art. 69, lett. *a*), cdc).

Accanto ad esso, ed in funzione dello stesso, sono stati altresì previsti il **contratto di rivendita**, ai sensi del quale un operatore assiste a titolo oneroso un consumatore nella vendita o nell'acquisto di una multiproprietà o di un prodotto per le vacanze di lungo termine (art. 69, lett. *c*), cdc); il **contratto di scambio**, ai sensi del quale un consumatore partecipa a titolo oneroso a un sistema di scambio che gli consente l'accesso all'alloggio per il pernottamento o ad altri servizi in cambio della concessione ad altri dell'accesso temporaneo ai vantaggi che risultano dai diritti derivanti dal suo contratto di multiproprietà (art. 69, lett. *d*), cdc). Inoltre il legislatore ha definito il **contratto relativo a un prodotto per le vacanze di lungo termine**, come contratto di durata superiore a un anno, ai sensi del quale un consumatore acquisisce a titolo oneroso essenzialmente il diritto di ottenere sconti o altri vantaggi relativamente ad un alloggio, separatamente o unitamente al viaggio o ad altri servizi (art. 69, lett. *b*), cdc).

La particolare natura del soggetto titolare del diritto, chiamato **consumatore** ai sensi dell'art. 3, co. 1, lett. *a*), sta alla base della speciale disciplina di tutela predisposta dall'ordinamento. La tutela del multiproprietario-consumatore

In particolare è previsto l'obbligo del venditore di fornire al consumatore dettagliate **informazioni precontrattuali** (art. 71 cdc) delle quali il legislatore detta contenuto, modalità, tempi e forma.

Inoltre il contratto deve avere **forma scritta** a pena di **nullità**.

Ulteriori obblighi informativi concernono l'esistenza e le modalità di esercizio del diritto di **recesso** (art. 72, co. 6, cdc), esercitabile entro quattordici giorni dalla conclusione del contratto senza incorrere in alcuna penalità, termine esteso fino a tre mesi nel caso in cui il venditore non abbia assolto gli obblighi di informazione posti a suo carico (art. 73 cdc).

La legge dispone la **nullità** delle clausole contrattuali o dei patti aggiunti di rinuncia dell'acquirente ai diritti previsti dalla legge o, ancora, di limitazione delle responsabilità previste a carico del venditore (art. 78 cdc). Si tratta di una disciplina chiaramente ispirata ad esigenze di **tutela del consumatore**, secondo modalità che hanno contraddistinto l'azione del legislatore comunitario anche in altri ambiti.

5.3. *Il* trust

Il *trust* è l'istituto in base al quale taluni beni, di proprietà di un soggetto (*settlor*), vengono trasferiti ad un altro soggetto (*trustee*), con l'intesa che questi disponga di detti beni nell'**interesse** di un altro o più soggetti (*beneficiaries*). Nozione

A seconda del modo in cui si costituiscono distinguiamo gli *express trusts* e gli *implied trusts*. Nei primi la costituzione del *trust* dipende da una espressa manifestazione di volontà da parte del *settlor*, o con atto *inter vivos* (*living trust*), ovvero *mortis causa* (*testamentary trust*), mentre i secondi nascono in dipendenza della valutazione legale di un dato atto pur non espressamente indirizzato alla costituzione del *trust*.

Si discute se questo istituto, molto diffuso nell'esperienza giuridica anglo-americana, possa trovare accoglienza anche negli altri ordinamenti.

L. n. 364/1989

Il problema si è proposto all'attenzione generale in questi ultimi anni a seguito della entrata in vigore della l. n. 364/1989, con la quale il legislatore italiano ha dato attuazione alla Convenzione dell'Aja del 1° luglio 1985 sulla legge applicabile ai *trusts* e sul loro riconoscimento.

Ai sensi dell'art. 2 di quest'ultima, il *trust* è l'insieme dei "rapporti giuridici istituiti da una persona, il costituente – con atto tra vivi o mortis causa – qualora dei beni siano stati posti sotto il controllo di un *trustee* nell'interesse di un beneficiario o per un fine specifico". La Convenzione, poi, si incarica di individuare i tratti del *trust,* cioè che "i beni del trust costituiscono una massa distinta e non fanno parte del patrimonio del *trustee*", che "i beni del *trust* sono intestati a nome del *trustee* o di un'altra persona per conto del *trustee*, ed, infine, che "il *trustee* è investito del potere e onerato dell'obbligo, di cui deve rendere conto, di amministrare, gestire o disporre dei beni secondo i termini del trust e le norme particolari impostegli dalla legge".

L'astratta configurazione dell'istituto operata all'art. 2 della Convenzione, più che ad un genuino recepimento del *trust* angloamericano, sembra implicarne l'**adattamento** di una gamma molto ampia di situazioni, reperibili sia negli ordinamenti di *common law* sia in quelli di *civil law*, tra le quali, per quel che concerne più direttamente la nostra esperienza giuridica, la fiducia, e, in specie, la *fiducia cum amico* (v. Cap. VII, n. 7.4).

Trascrivibilità dei vincoli di destinazione

La questione dell'ammissibilità del *trust* nel nostro ordinamento è ora positivamente risolta dal nuovo art. 2645 *ter*; in base a tale recente intervento normativo è ora prevista la possibilità di trascrivere (Cap. IV, n. 2.1), e dunque di rendere opponibili a terzi, i vincoli di destinazione impressi su beni immobili, o mobili registrati, in vista del perseguimento di interessi meritevoli di tutela ai sensi dell'art. 1322. Il vincolo di destinazione non può avere una durata superiore a novanta anni, o alla durata della vita della persona fisica beneficiaria. I beni conferiti, ed i loro frutti, possono essere impiegati solo per la realizzazione del fine di destinazione, e non possono formare oggetto di esecuzione se non per debiti contratti a tale scopo.

SEZIONE IV

IL POSSESSO

6. *La nozione di possesso*

Ai sensi dell'art. 1140, co. 1: "il possesso è il potere sulla cosa che si manifesta in un'attività corrispondente all'esercizio della proprietà o di altro diritto reale". Nozione

Come può desumersi da questa definizione, il **possesso** rappresenta il **contenuto** del diritto di proprietà o di altro diritto reale colto nel suo momento dinamico, quello dell'effettivo esercizio delle prerogative riconducibili a tale contenuto. Ora, in genere il possesso, così inteso, trova il proprio fondamento nella titolarità del corrispondente diritto reale: ad es., Tizio si appropria dei frutti della cosa in quanto ne è proprietario (o, al limite, usufruttuario).

Può anche accadere, però, che il possesso venga esercitato da un soggetto che **non** è titolare del corrispondente diritto reale, cioè da un soggetto che, in buona o in mala fede (v. n. 6.1), usurpa le prerogative del titolare del diritto: ad es., Tizio si appropria regolarmente dei frutti della cosa senza esserne proprietario né averne l'usufrutto.

Da qui la tradizionale distinzione tra la proprietà (o altro diritto reale), situazione **di diritto**, ed il possesso, situazione **di fatto giuridicamente rilevante**, nel senso di produttiva di una serie di effetti, e, a certe condizioni, perfino meritevole di tutela da parte dell'ordinamento (n. 6.3).

Sempre secondo il modo tradizionale di guardare al possesso, questo esigerebbe la presenza di due elementi: uno di carattere **soggettivo**, l'*animus possidendi*, ovvero l'intenzione del possessore di usare della cosa come se ne fosse proprietario, usufruttuario, ecc.; l'altro, di carattere oggettivo, il *corpus*, ossia la materiale disponibilità di quel bene.

L'assenza dell'*animus* varrebbe a distinguere il possesso dalla **detenzione** (art. 1140, co. 2), nel senso che il detentore avrebbe la materiale disponibilità della cosa ma, nell'usarne, riconoscerebbe l'altrui diritto: ad es., il locatario abita l'appartamento senza, però, voler usurpare le prerogative del proprietario. Detenzione

Impostata in questi termini, però, la distinzione tra possesso e detenzione è praticamente incomprensibile. Per tornare all'esempio precedente, sembrerebbe che a fare del locatario, dal semplice detentore che era, un possessore, sia sufficiente un mutato atteggiamento mentale nei riguardi della cosa considerata ora non più oggetto di detenzione, ma di proprietà, di usufrutto, ecc.: e questo, pur nella **invarianza** dei comportamenti in concreto seguiti (pagamento mensile del canone, ecc.).

In realtà, possesso e detenzione si distinguono in ragione di ciò, che mentre i poteri esercitati dal detentore derivano da un **titolo** (ad es., il contratto di locazione) il quale ne determina in modo rigoroso la latitudine, i poteri esercitati dal possessore trovano la propria legittimazione soltanto in se stessi, cioè nel fatto di essere in concreto esercitati, e la propria misura nell'astratto richiamo alla proprietà o ad altro diritto reale contenuto nell'art. 1140, co. 1.

Mutamento della detenzione in possesso

Dunque, la distinzione in esame ha un fondamento schiettamente oggettivo: tanto è vero che il **mutamento** della detenzione in possesso (art. 1141, co. 2) può avvenire o perché **muta** il titolo (ad es., il locatario, in virtù di una donazione, acquista l'immobile), o in forza di una **opposizione** contro il possessore (ad es., il locatario rifiuta di continuare a pagare il canone).

Interversione del possesso

Un fenomeno analogo al mutamento della detenzione in possesso, ma che in realtà si verifica all'interno di una situazione già possessoria, è la **interversione** del possesso, in forza della quale chi ha un possesso corrispondente all'esercizio di un diritto reale minore non può usucapire la proprietà della cosa se il titolo del suo possesso non è mutato per causa proveniente da un terzo o in forza di opposizione da lui fatta contro il proprietario (art. 1164). È questo il caso di chi abbia un possesso corrispondente all'esercizio del diritto di usufrutto, e che acquisti la proprietà della cosa (mutamento del titolo), o muti la destinazione economica della stessa (atto di opposizione).

Modi di acquisto

Il possesso si può acquistare o a titolo **originario**, attraverso la materiale **apprensione** della cosa, o a titolo **derivativo**, sulla base della **consegna** della cosa. Tuttavia, il possesso può essere acquistato a titolo derivativo anche a prescindere dalla consegna quando chi diviene possessore era **già** detentore della cosa (il locatario che acquista l'appartamento: *traditio brevi manu*), o quando chi cede il possesso della cosa ne **conserva** la detenzione (il locatore che venda l'immobile ma continui a viverci nella qualità di conduttore: **costituto possessorio**).

Viceversa, non possono servire da fondamento all'acquisto del possesso gli atti compiuti con l'altrui **tolleranza** (art. 1144).

Durata

Il codice civile detta alcune regole al fine di determinare la **durata** del possesso che può rilevare, ad es., ai fini dell'usucapione. In base a tali regole, si **presume** che il possessore attuale che abbia posseduto in epoca più remota, abbia posseduto anche nel periodo intermedio (art. 1142); mentre il possesso attuale **non** fa presumere il possesso anteriore, a meno che non si fondi su un titolo, nel qual caso si presume che il possesso decorra dalla data del titolo (art. 1143).

Successione e accessione

È consentito cumulare il possesso di più persone. A tal riguardo si distingue la **successione** nel possesso (art. 1146, co. 1), nella quale il successore a titolo universale (v. Cap. XIV, n. 1.1) continua senz'altro il possesso del defunto ereditandone le caratteristiche (ad es., se il possesso del defunto era di mala fede, lo sarà comunque anche quello dell'erede), dall'**accessione** nel possesso (art. 1146, co. 2), nella quale il successore a titolo particolare **può** unire il proprio possesso a quello del suo dante causa per goderne gli effetti (ad es., se il venditore era in buona fede).

6.1. *Possesso e buona fede*

Come abbiamo già detto, il possesso è una situazione di fatto giuridicamente rilevante alla quale la legge riconnette una serie di effetti giuridici.

Effetti del possesso

Tali effetti giuridici possono essere raggruppati fondamentalmente in tre classi:

a) **diritti** ed **obblighi** del possessore nella restituzione della cosa (artt. 1148-1152);
b) **acquisto** della proprietà o di altro diritto reale (art. 1153: possesso vale titolo; artt. 1158-1167: usucapione);
c) **tutela giurisdizionale** (artt. 1168-1172).

Prima di procedere ad un esame di tali effetti giuridici, è necessario precisare che, almeno nei casi *sub* a) e *sub* b), il loro prodursi, o le modalità del loro prodursi, dipende dalla circostanza che il possesso fosse in buona o in mala fede.

Buona fede in senso soggettivo

Ai sensi dell'art. 1147, co. 1, "è possessore di buona fede chi possiede ignorando di ledere l'altrui diritto".

La **buona fede** qui indica lo stato di ignoranza in cui si trova il possessore il quale usa della cosa nel fermo convincimento di averne pieno titolo, ad es., perché ritiene che si sia perfezionata l'usucapione, quando invece non è ancora così. Di contro, è in **mala fede** chi possiede la cosa sapendo benissimo di non avere titolo per farlo: esempio classico, quello del ladro.

La buona fede **non** giova se dipende da **colpa grave** (art. 1147, co. 2). Ciò significa che se il contesto nel quale è avvenuto l'acquisto del possesso era tale che, esercitando anche solo un minimo di diligenza, ci si sarebbe potuti accorgere che il bene era di proprietà altri, non ci si potrà appellare alla buona fede (ad es., l'acquisto di un bene di grande valore ad un prezzo bassissimo dovrebbe indurre a sospettare della illecita provenienza di quel bene anche un acquirente non particolarmente sveglio).

Infine, la buona fede si **presume**, ed è sufficiente che sussista al momento dell'acquisto, non rilevando il suo successivo venire meno (art. 1147, co. 3).

È bene precisare che la buona fede di cui stiamo parlando è la buona fede in senso **soggettivo**, da tenere distinta dalla buona fede in senso **oggettivo** di cui ci siamo occupati al Cap. XI, n. 1.1.

Detto questo, passiamo ora all'esame della disciplina degli effetti del possesso.

Restituzione della cosa

Per quanto attiene alla materia dei diritti e degli obblighi connessi alla restituzione della cosa, il possessore di buona fede fa suoi i **frutti** naturali ed i frutti civili maturati fino al giorno della **domanda giudiziale** (art. 1148), mentre tanto al possessore di buona quanto a quello di mala fede spettano un rimborso per le **riparazioni straordinarie** ed un'indennità per i **miglioramenti** recati alla cosa, anche se quest'ultima in misura diversa, appunto, a seconda della buona o della mala fede (art. 1150). Per le **addizioni**, l'art. 1150, ult. co., rinvia all'art. 936.

Per quanto attiene all'acquisto della proprietà, abbiamo già detto che tale effetto può dipendere dall'applicazione della regola "possesso vale titolo", o dall'usucapione. In questo n. ci occuperemo della regola possesso vale titolo e nel n. successivo dell'usucapione.

Possesso vale titolo

Ai sensi dell'art. 1153, co. 1 "colui al quale sono alienati beni mobili da parte di chi non è proprietario, ne acquista la proprietà mediante il possesso, purché sia in buona fede al momento della consegna e sussista un titolo idoneo al trasferimento della proprietà".

Perché questa regola (che vale per i soli beni **mobili** e non anche per le universalità di mobili ed i beni mobili iscritti in pubblici registri: art. 1156) trovi applicazione debbono, dunque, ricorrere i seguenti presupposti:

Elementi della fattispecie

a) che l'atto di disposizione del bene sia stato posto in essere da chi non era proprietario né, comunque legittimato a farlo (acquisto *a non domino*);

b) che l'atto di disposizione abbia avuto luogo sulla base di un **titolo** (ad es., una compravendita) **astrattamente idoneo** al trasferimento della proprietà: un titolo, cioè, che, per un verso, sia immune da vizi (valido ed efficace) e, per altro verso, contempli tra i suoi effetti il trasferimento della proprietà (ad es., un deposito non sarebbe un titolo idoneo nel senso richiesto dalla legge perché esso produce effetti obbligatori e non effetti reali);

c) la **buona fede** dell'acquirente;

d) la **consegna** della cosa.

Ove ricorrano tutti questi presupposti, si perfezionerà un acquisto della cosa, ovviamente non a titolo derivativo, dal momento che l'alienante non aveva il potere di disporre della cosa, bensì a titolo **originario**.

La regola possesso vale titolo è molto importante per un duplice ordine di ragioni. Dal punto di vista tecnico-giuridico, perché in essa trova applicazione il principio dell'**apparenza**, posto che l'astratta idoneità del titolo e la consegna valgono a creare l'apparenza del diritto in capo all'alienante e rappresentano il punto di riferimento oggettivo della buona fede (al pari delle **circostanze univoche**, nel pagamento al creditore apparente: v. Cap. XI, n. 3.2).

Ma la regola in esame è molto importante anche da un punto di vista più generale perché essa sta a significare il **primato** delle ragioni del commercio e, quindi, di una rapida e sicura circolazione dei beni, sulle ragioni della proprietà. Il vero proprietario qui, infatti, perde il suo diritto e dovrà limitarsi a chiedere il risarcimento al danno a colui che ha illegittimamente disposto del suo bene.

La proprietà si acquista libera da diritti altrui sulla cosa, se questi non risultano dal titolo e vi è la buona fede dell'acquirente (art. 1153, co. 2).

Non si ha acquisto del diritto, né buona fede, se l'acquirente era a **conoscenza** dell'illegittima provenienza della cosa (art. 1154).

Allo stesso modo si possono acquistare i diritti di uso, usufrutto e di pegno (art. 1153, ult. co.).

Ricordiamo, infine, che ove lo stesso bene mobile sia stato alienato a più persone, prevarrà colui che per primo abbia acquisito in **buona fede** il possesso, anche se il suo titolo reca data posteriore (art. 1155: v. anche Cap. VII, n. 9.1).

6.2. *L'usucapione*

L'altro modo di acquisto della proprietà attraverso il possesso è l'**usucapione** (art. 1158 s.).

Possesso ed usucapione

L'usucapione rientra tra i modi di acquisto a titolo **originario** (v. n. 1.3): essa presuppone l'esercizio **continuo** nel tempo e **ininterrotto** (art. 1167) di un possesso acquistato in modo **pacifico** e **non clandestino** (v. art. 1163).

A proposito di continuità e non interruzione del possesso, bisogna precisare che la prima è riferibile al **possessore**, la seconda ai **terzi** che, in ipotesi, sottraggano la cosa al possessore in tal modo interrompendo il possesso.

Termini

Quanto ai termini per l'usucapione, l'art. 1158 prevede un termine di **venti** anni, ove si tratti dell'acquisto del diritto di proprietà o di altro diritto reale su beni **immobili**; analogo termine vale per la usucapione di un'**universalità di mobili** (art. 1160, co. 1), e per la usucapione dei beni **mobili** acquistati in mala fede (art. 1161, co. 2).

Usucapione abbreviata

È questa l'usucapione **ordinaria** cui si affianca la c.d. usucapione **abbreviata**. Così, nel caso di beni immobili, il termine scende a dieci anni se il bene stesso è stato acquistato in **buona fede** sulla base di un titolo **astrattamente idoneo** al trasferimento della proprietà debitamente **trascritto** (art. 1159, co. 1); scende a dieci anni per le universalità di mobili il cui possesso sia stato acquistato in **buona fede** sulla base di un **titolo idoneo** (art. 1160, co. 2); scende a 10 anni per i beni mobili il cui possesso sia stato acquistato in **buona fede** (art. 1161, co. 1), ma non in presenza di un titolo idoneo, altrimenti l'acquisto sarebbe immediato in virtù della regola possesso vale titolo.

Come si vede, nelle varie ipotesi di usucapione abbreviata, il possesso è arricchito da ulteriori elementi (la buona fede, il titolo idoneo, la trascrizione) che giustificano l'abbreviazione dei termini. A proposito della trascrizione richiesta dall'art. 1159, co. 1, si ricordi che questo è uno dei non molti casi di trascrizione con efficacia **costitutiva.** Diverso, invece, il caso della trascrizione della sentenza che accerta l'usucapione *ex* art. 2651, ove la trascrizione ha valore di pubblicità **notizia**. Più problematica la trascrizione degli accordi di mediazione che accertano l'usucapione con la sottoscrizione del processo verbale autenticata da un pubblico ufficiale a ciò autorizzato prevista dal nuovo n. 12 *bis* dell'art. 2643. In tal caso, infatti, l'avvenuto acquisto a titolo originario del diritto per usucapione – accertato dall'accordo di mediazione - mal si concilia con la disciplina degli effetti della trascrizione di cui all'art. 2643; in queste ultime ipotesi, infatti, la trascrizione è strumento per risolvere, nelle vicende dell'acquisto dei diritti a titolo derivativo, i potenziali conflitti derivanti tra acquirenti dal medesimo avente causa (v. Cap. IV, n. 2.1).

È stata poi inserita nel codice una nuova norma che ha ridotto da venti a quindici anni il termine per l'usucapione della piccola proprietà rurale (art. 1159 *bis*).

6.3. *La tutela del possesso*

Azioni possessorie

Come anticipato (n. 6.1), tra gli effetti del possesso vi è anche la tutela giurisdizionale di cui esso gode attraverso le c.d. **azioni possesso-**

rie, contrapposte alle azioni a tutela della proprietà, dette petitorie le quali, in quanto dirette ad accertare il titolo di proprietà, addossano all'attore l'onere di provare il diritto (v. n. 3).

Fondamento

Le ragioni della tutela giurisdizionale del possesso sono state rinvenute ora nel **divieto di farsi giustizia** da soli (il proprietario al quale viene sottratto il bene non può riprenderselo con la forza, ma deve rivolgersi all'autorità giudiziaria), ora nell'esigenza di accordare una **tutela semplificata** al diritto di proprietà (infatti, posto che normalmente il possessore è anche proprietario, poter esercitare un'azione possessoria invece che l'azione di rivendicazione o quella negatoria significa risparmiarsi il gravoso onere di provare il diritto di proprietà, giacché la reintegra nel possesso o la cessazione della molestia seguiranno alla semplice notorietà del fatto da parte del giudice), ora, infine, nell'esigenza di salvaguardare la **destinazione economico-produttiva** che alla cosa sia stata impressa dal possessore.

Azione di reintegrazione

In primo luogo viene in considerazione l'azione di **reintegrazione** o di **spoglio** (art. 1168).

Il possessore, ma anche il detentore **qualificato** (cioè colui che detenga nell'interesse proprio – il locatario – e non nell'interesse altrui – il depositario –) possono chiedere al giudice di essere reintegrati nel possesso (o nella detenzione), ove ne siano stato spogliati (privati) **violentemente** o **clandestinamente**.

Lo spoglio è violento quando avvenga **contro** la volontà del possessore, mentre è clandestino quando ci si impossessi della cosa all'**insaputa** del possessore.

Lo spoglio richiede anche l'*animus spoliandi*, cioè l'intenzione di voler sottrarre il bene al possessore o allo stesso detentore.

L'azione è soggetta ad un termine **annuale** di decadenza. Il termine decorre dall'avvenuto spoglio e, in caso di spoglio clandestino, dal giorno della sua scoperta.

Azione di manutenzione

Se il possessore è stato **turbato** o **molestato** nel possesso, può esercitare l'**azione di manutenzione** (art. 1170). Presupposto di questa azione, quindi, non è lo spoglio ma un'**interferenza** nel possesso che pregiudichi in modo grave la fruizione del bene.

Il possesso deve avere ad oggetto beni **immobili, diritti reali su immobili** o **universalità di mobili**. Inoltre, è necessario che esso duri da oltre **un** anno, che sia **continuo** ed **ininterrotto** e che sia stato acquistato in modo **non** violento né clandestino. Ove sia stato acquistato con queste modalità, violenza e clandestinità devono essere cessate da almeno un anno.

A differenza di quanto accade per l'azione di spoglio, l'azione di manutenzione non può essere esercitata dal detentore, tranne che nell'ipotesi eccezionale prevista dall'art. 1585, co. 2 (v. Cap. VIII, n. 2.1).

Anche l'azione di manutenzione è soggetta ad un termine **annuale** di decadenza che decorre dal momento in cui si è manifestata la turbativa.

Ricorrendo i presupposti dell'azione di manutenzione, anche chi ha subìto uno spoglio non violento né clandestino può chiedere di essere rimesso nel possesso (art. 1170, ult. co.).

Si rammenti, infine, che il possessore, al pari del proprietario o del titolare di altro diritto reale, può esercitare anche le azioni di nunciazione (v. n. 3).

CAPITOLO XIII

LA FAMIGLIA

1. *La famiglia nell'ordinamento giuridico*

Mentre dal punto di vista storico, culturale, etnologico, la nozione di **famiglia** si presenta alquanto complessa e mutevole, dal punto di vista giuridico tale nozione vanta un tendenziale grado di stabilità e coerenza.

Ciononostante, anche sul piano giuridico l'ambito di riconoscimento e tutela delle diverse realtà riconducibili al fenomeno della famiglia è via via mutato e cresciuto negli anni.

Se si scorrono le norme del codice civile che compongono il nucleo essenziale del **diritto di famiglia** (artt. 74-337), possiamo notare come esse si lascino raggruppare attorno a due fatti (in senso generico) fondamentali: il **matrimonio**, cui è dedicato l'intero Titolo VI del Libro I (artt. 79-230 *bis*), e la **filiazione**, nelle tre varianti della filiazione in costanza di matrimonio (Titolo VII, artt. 231-249), fuori dal matrimonio (Titolo VII, artt. 250-290, 279) e **adottiva** o civile (Titolo VIII, artt. 291-314: ma si tenga presente che la forma più importante di adozione – quella dei minori – è disciplinata dalla l. ad.). In realtà, a seguito dell'entrata in vigore della l. n. 219/2012, la quale, come meglio si vedrà nel prosieguo, procede nel senso di una radicale e definitiva assimilazione dello *status* di figlio naturale a quello di legittimo (assimilazione che, in forza del d.lgs. n. 154/2013, ha investito anche il regime dell'adozione), la tripartizione qui richiamata conserva un valore puramente esplicativo delle diverse modalità che, di volta in volta, presiedono all'attribuzione dello *status* (rispettivamente, il concepimento in costanza di matrimonio, il riconoscimento e il negozio di adozione), perdendo, viceversa, qualsiasi rilievo in ordine al suo contenuto, che il legislatore, appunto, ha voluto ridurre ad unità.

In definitiva, quindi, si può dire che, secondo l'impianto del codice civile, il diritto di famiglia è l'insieme delle norme giuridiche che disciplinano i **fatti costitutivi** del **rapporto coniugale** (appunto, il matrimonio) e del **rapporto di filiazione**, oltre che tali rapporti in sé considerati. Ad esse si aggiungono, ora, le norme dettate dalla recentissima l. 20 maggio 2016, n. 76 che ha introdotto l'istituto delle unioni civili tra persone dello stesso sesso e disciplinato le convivenze di fatto.

Famiglia

Il codice civile ha a lungo fornito un'immagine di famiglia abbastanza nitida, tendenzialmente fondata sul matrimonio e caratterizzata dalla presenza di figli. La famiglia, così intesa, è quella composta da due individui di sesso diverso – il marito e la moglie (rapporto di coniugio) – che sono anche il padre e la madre dei figli presenti in seno alla famiglia (rapporto di filiazione).

Famiglia nucleare

È questa la c.d. famiglia fondata sul matrimonio e **nucleare** (in quanto circoscritta ai coniugi ed alla loro prole), che trova la sua consacrazione anche nella Carta costituzionale, agli artt. 29-30.

Dal punto di vista della sua composizione, questo modello di famiglia – distantissimo da quello accolto dal codice civile del 1865 (famiglia **estesa**) che ancora attribuiva importanti funzioni al **consiglio di famiglia** di cui facevano parte ascendenti e zii del minore (art. 249 s.) – registra fedelmente le profonde trasformazioni subite dall'istituto familiare nel corso dell'ultimo secolo, trasformazioni che vanno di pari passo con l'avvento della società industriale di massa.

Dal punto di vista del suo fondamento, il modello codicistico e costituzionale di famiglia appariva minacciato dal diffondersi di forme di convivenza che **prescindono** dal matrimonio o, talvolta, perfino dalla diversità di sesso dei due partner (si pensi alle coppie omosessuali stabili).

Famiglia di fatto ...

Queste realtà venivano ricondotte tutte al fenomeno della **famiglia di fatto**, una convivenza stabile ed affettiva tra persone che **non** hanno stipulato un **atto costitutivo** di un vincolo familiare giuridicamente disciplinato (ad es., il matrimonio). Si tratta di coppie che, pur volendo realizzare una comunione di vita basata sul reciproco consenso, non sottoponevano, per impossibilità (si pensi alle coppie omosessuali o a quelle in cui uno o entrambi i *partner* erano già legati a precedenti vincoli matrimoniali) o per volontà (ad esempio in quanto contrari ideologicamente al matrimonio) la costituzione del loro rapporto all'istituto matrimoniale. Da qui la nascita di rapporti di fatto, che ciascuno dei due soggetti può decidere di far venir meno senza particolari formalità.

Il fenomeno presentava certamente, già prima della regolamentazione da parte della l. n. 76/2016, alcuni indici di rilevanza per il diritto, soprattutto grazie al contributo della giurisprudenza, anche costituzionale (ad es., il diritto del convivente di succedere nel contratto di locazione a seguito della morte del conduttore *ex* art. 6, l. n. 392/1978, ecc.). Tuttavia, nonostante l'indubbia diffusione dello stesso che certamente reclamava qualche intervento legislativo, specie nella prospettiva della tutela del convivente economicamente più debole, appariva improprio dal punto di vista sistematico ed inopportuno dal punto di vista politico pensare ad un'equiparazione della convivenza di fatto alla convivenza fondata sul matrimonio. Si sosteneva, a riguardo, che, in fin dei conti, anche quella di non sposarsi, pur avviando una stabile convivenza, è una libertà fondamentale dell'individuo che una tale equiparazione finirebbe per privare di significato.

Il lungo dibattito è approdato, come si diceva, in Parlamento. Con la l. n. 76/2016 è stato dettato un **minimo catalogo dei diritti** nelle convivenze di fatto.

La disciplina si applica alle coppie di soggetti **maggiorenni**, uniti **stabilmente** da legami **affettivi** di coppia e di **reciproca assistenza** morale e materiale, **non vincolate da rapporti** di parentela, affinità o adozione, e che **non abbiano contratto matrimonio** (nel caso di coppie eterosessuali) **né unione civile** (nel caso di coppie omosessuali).

La **costituzione** e la **cessazione** del vicolo di fatto **non richiede nessun atto**; mentre, ai fini dell'applicazione dei diritti riconosciuti dalla legge ai conviventi di fatto, l'esistenza del vincolo si ricava dalle **dichiarazioni anagrafiche**.

… i contratti di convivenza e i diritti dei conviventi

Le parti godono di ampia autonomia nella disciplina del loro rapporto. In particolare, attraverso **contratti di convivenza** le parti indicano la residenza e stabiliscono le modalità di contribuzione alle necessità della vita in comune, in relazione alle sostanze di ciascuno e alla capacità di lavoro professionale o casalingo. Con tali contratti di convivenza le parti possono scegliere il regime patrimoniale della comunione dei beni (di cui alla sez. III, capo VI, tit. VI, Libro I, c.c.: art. 1, co. 53, l. n. 76/2016). Il **regime patrimoniale**, infatti, è quello della **separazione** dei patrimoni, e dunque la comunione dei beni non opera tra i conviventi di fatto, salvo una loro apposita scelta sempre modificabile.

I contratti di convivenza devono essere redatti in forma **scritta a pena** di nullità (atto pubblico o scrittura privata autenticata da un notaio o da un avvocato, che ne attestano la conformità alle norme imperative e all'ordine pubblico). Ai fini dell'**opponibilità** ai terzi, il professionista che ha ricevuto o autenticato l'atto provvede all'iscrizione nel comune di residenza dei conviventi (art. 1, co. 52, l. n. 76/2016).

Il contratto di convivenza è **nullo** in presenza di un vincolo matrimoniale, di un'unione civile o di un altro contratto di convivenza, nonché se mancano i presupposti di legge che individuano i conviventi di fatto (v. *supra*). Esso è altresì nullo se stipulato da persona minore di età o interdetta giudizialmente o in caso di condanna per il delitto di cui all'art. 88 c.c. La nullità è **insanabile** e può essere **rilevata d'ufficio**. Sono, queste, ipotesi patologiche dell'atto, connesse a vizi originari dello stesso.

Esse, quindi, si distinguono dalle altre sopravvenute vicende che conducono alla **risoluzione** del contratto di convivenza. Il contratto di convivenza, infatti, si risolve per accordo o recesso unilaterale (da effettuarsi in forma scritta); per avvenuta celebrazione del matrimonio o dell'unione civile tra i conviventi o tra un convivente ed altra persona; per morte di uno dei contraenti. La risoluzione del contratto di convivenza determina lo scioglimento della comunione eventualmente scelta dalle parti.

La l. n. 76/2016 attribuisce ai conviventi di fatto una serie di **diritti**.

Essi hanno gli stessi diritti spettanti al coniuge nei casi previsti dall'**ordinamento penitenziario;** hanno diritto reciproco di **visita**, **assistenza** e **accesso alle informazioni** personali in caso di malattia o ricovero. A parità di condizioni, godono inoltre dei diritti riconosciuti dall'ordinamento nelle graduatorie per l'assegnazione di **alloggi di edilizia popolare**.

In caso di **morte del convivente proprietario** della casa di comune residenza, quello superstite ha **diritto di continuare ad abitarvi** per due anni (o per il superiore periodo pari alla convivenza, ma non oltre i cinque anni), o, se coabita con i propri figli minori o disabili, per un periodo non inferiore a tre anni. Nel caso di morte o recesso del convivente conduttore dell'immobile adibito a casa di comune residenza, il convivente ha **facoltà** di succedergli nel contratto di locazione.

In caso di **malattia** che comporta incapacità di intendere e di volere o di **morte** di una delle parti conviventi, le **decisioni** in materia di salute o di donazione di organi, di modalità di trattamento del corpo e di funerali possono essere attribuite dal soggetto al proprio convivente di fatto attraverso una **designazione** redatta in forma autografa (art. 1, co. 40, l. n. 76/2016). Il convivente di fatto può essere nominato **tutore, curatore** o **amministratore di sostegno** (art. 1, co. 48, l. n 76/2016).

Se la convivenza di fatto cessa, in presenza dei presupposti di legge spettano gli **alimenti** all'ex convivente che versi in stato di bisogno e non sia in grado di provvedere al proprio mantenimento (art. 1, co. 65, l. n. 76/2016 e art. 433 c.c.).

L'unione civile tra persone dello stesso sesso

La l. n. 76/2016, inoltre, ha disciplinato un istituto giuridico del tutto nuovo nel nostro ordinamento: l'**unione civile** tra persone **maggiorenni** dello **stesso sesso.** Si tratta di un rapporto nascente da un **atto costitutivo**: la dichiarazione resa all'ufficiale di stato civile e alla presenza di due testimoni (art. 1, co. 2, l. n. 76/2016).

La dichiarazione è registrata nell'archivio dello stato civile (art. 1, co. 2 e 3, l. n. 76/2016) e l'unione civile è **certificata** con documento contenente, oltre ai dati anagrafici delle parti, l'indicazione del loro regime patrimoniale e della loro residenza, oltre ai dati anagrafici e alla residenza dei testimoni (art. 1, co. 9, l. n. 76/2016).

Attraverso la celebrazione dell'unione civile, dunque, le coppie omosessuali possono oggi scegliere di sottrarre il proprio rapporto alla mera disciplina dei diritti dei conviventi nelle famiglie di fatto per sottoporlo ad una disciplina legislativa in gran parte modellata, grazie ad appositi rinvii, su quella dei rapporti nascenti dal matrimonio. Invero, si applicano anche alle parti dell'unione civile sia le disposizioni del codice civile sul matrimonio richiamate dalla l. n. 76/2016, sia quelle delle leggi speciali o altri atti dell'ordinamento che si riferiscono ai "coniugi".

Sebbene le unioni civili siano ricondotte dalla stessa legge istitutiva alle **previsioni e garanzie costituzionali di cui agli artt. 2 e 3 Cost**. non viene ancora sancita alcuna equiparazione tra il modello di famiglia fondata sul matrimonio, di cui all'art. 29 Cost., e quello di famiglia fondata sull'unione civile tra omosessuali. In primo luogo l'applicazione alle unioni civili delle norme dettate per i rapporti nascenti da matrimonio è stata prevista dal legislatore "al solo fine" di assicurare l'effettività della tutela dei diritti e il pieno adempimento degli obblighi derivanti dall'unione civile. Inoltre, con riferimento alla disciplina del rapporto di filiazione nell'ambito della famiglia, il legislatore ha escluso espressamente che le disposizioni di cui alla l. n. 184/1983 sull'adozione e l'affidamento dei minori possano trovare applicazione per il caso delle unioni civili.

Come si è detto, sia la disciplina dell'atto costitutivo sia quella del rapporto nascente dalle unioni civili è in gran parte mutuata da quella del matrimonio.

La legge pone stringenti requisiti per poter accedere all'istituto dell'unione civile e la presenza di alcune circostanze (c.d. **impedimenti**) non consente di concludere l'atto. Sono impedimenti alla conclusione di un'unione civile: l'esistenza di precedenti vincoli familiari (matrimonio o unione civile) o comunque parentali (di parentela, affinità, adozione e affiliazione *ex* art. 87 c.c.); l'interdizione di una parte per infermità; la condanna definitiva per omicidio consumato o tentato nei confronti di chi sia coniugato o unito civilmente con l'altra parte (art. 1, co. 6, l. n. 76/2016). La celebrazione in violazione degli impedimenti è causa di nullità dell'unione civile.

L'unione civile, al pari del matrimonio, è **nulla**, inoltre, in caso: di ritorno o accertamento dell'esistenza della persona alla quale una delle due parti dell'unione è legata da precedente vincolo e della quale fu dichiarata la morte presunta (artt. 65 e 68 c.c.); di stipula da parte dell'interdetto per infermità di mente *ex* art. 119 c.c., e dell'incapace di intendere e di volere *ex* art. 120 c.c.; nei casi di consenso estorto con violenza oppure determinato da timore di eccezionale gravità determinato da cause esterne alla parte, o, ancora, dato per effetto di errore sull'identità della persona, o di errore essenziale su qualità personali dell'altra parte. L'unione civile può essere impugnata dalla parte il cui consenso è stato viziato, ma non può essere proposta se vi è stata **coabitazione per un anno** dopo che sia cessata la violenza o le cause che hanno determinato il timore ovvero sia stato scoperto l'errore.

Si applica all'unione civile la disciplina dettata per il matrimonio **putativo** agli artt. 128, 129, 129 *bis* richiamati dall'art. 1, co. 6, l. n. 76/2016, nonché la disciplina della **simulazione** del matrimonio (art. 123 c.c.).

Sul piano dei **rapporti personali** dall'unione civile deriva l'obbligo di **coabitazione** e quello all'**assistenza morale e materiale**, cui ciascuna parte è tenuta in relazione alle proprie sostanze e alla propria capacità di lavoro professionale e casalingo. Le parti acquistano gli stessi diritti e assumono i medesimi doveri; **concordano** tra loro l'indirizzo della vita familiare e fissano la residenza comune (art. 1, co. 11, l. n. 76/2016). I diritti e i doveri nascenti dalla legge sono **inderogabili** dalle parti (art. 1, co. 13, l. n. 76/2016).

Il **regime patrimoniale** ordinario dell'unione civile è la **comunione dei beni**. Le parti possono, però, scegliere di adottare un diverso regime (ad. es. la separazione dei beni) attraverso la stipula di **convenzioni patrimoniali** alle quali si applicano le regole dettate per le convenzioni matrimoniali in materia di forma (art. 162 c.c.); modifica (art. 163 c.c.); simulazione (art. 164 c.c.) e capacità (art. 166 c.c.). In via generale, comunque, la l. n. 76/2016 fa ampio **rinvio alla disciplina codicistica** dei rapporti patrimoniali tra coniugi (art. 1, co. 13, l. n. 76/2016), richiamando anche per le ipotesi delle unioni civili gli istituti del **fondo patrimoniale**, della **comunione convenzionale** e **legale** e della **separazione dei beni**.

Gli effetti dell'unione civile si sciolgono a seguito di sentenza emanata su **domanda giudiziale di scioglimento**. La domanda può essere presentata decorsi **tre mesi** da una manifestazione di volontà – anche disgiunta – di scioglimento dell'unione resa dinanzi all'ufficiale dello stato civile (art. 1, co. 24, l. n. 76/2016). L'unione civile si scioglie, inoltre, per la **morte** o la dichiarazione di **morte presunta** di una delle parti, o la pronuncia di una sentenza di **rettificazione di attribuzione di sesso**. Possono altresì essere causa di scioglimento alcune **circostanze – corrispondenti a quelle che possono fondare anche la pronuncia di divorzio** – legate alla commissione, ad opera di una delle parti, di fatti di reato specifici e di particolare gravità (ad es. condanna passata in giudicato per omicidio volontario di un figlio, ovvero per tentato omicidio a danno dell'altra parte o di un figlio; o condanna all'ergastolo per reati non colposi diversi da quelli politici o conclusi per motivi di particolare valore morale o sociale: v. art. 3, nn. 1 e 2, lett. a, c, d, e, l. div., richiamati dall'art. 1, co. 23, l. n. 76/2016).

Con la sentenza che pronuncia lo scioglimento degli effetti dell'unione civile il tribunale può disporre l'obbligo per una parte di somministrare periodicamente a favore dell'altra, priva di mezzi adeguati o che comunque non può procurarseli per ragioni oggettive, un **assegno**. La determinazione dell'assegno va effettuata in considerazione di criteri di legge (quali la valutazione delle condizioni delle parti, delle ragioni della decisione, del contributo personale ed economico dato da ciascuno alla conduzione familiare ed alla formazione del patrimonio personale o di quello comune, del reddito di entrambi) e tenendo conto della durata dell'unione (art. 5, co. 6, l. div., richiamato dall'art. 1, co. 25, l. n. 76/2016).

Nuove tecnologie riproduttive

Il modello tradizionale di famiglia rivela una tenuta non più perfetta anche sul versante della **filiazione**. Ci riferiamo non tanto al fenomeno della filiazione fuori del matrimonio, già disciplinata ampiamente nel codice del 1942 e poi dalla l. n. 151/1975 che, sostanzialmente, diede attuazione ai principi costituzionali in materia (art. 30, co. 1, 3), quanto piuttosto al diffondersi delle nuove tecnologie riproduttive che, spessissimo, rendono molto problematico se non addirittura impossibile, l'applicazione delle regole di diritto comune in materia di accertamento della filiazione (v. n. 4).

La l. n. 219/2012 e il d.lgs. n. 154/2013

In ideale continuità con i principi e i motivi ispiratori della riforma del 1975, si colloca ora la l. n. 219/2012 la quale attua una piena equiparazione della posizione dei figli naturali a quella dei figli legittimi. La legge in questione contiene (all'art. 1) alcune disposizioni immediatamente efficaci, tra le quali meritano di essere ricordate, in via preliminare, quella che riformula l'art. 315 proclamando solennemente che "tutti i figli hanno lo stesso stato giuridico" e quella che, al co. 11, del tutto coerentemente con l'assunto di base, ma non senza alcune vistose incongruenze sul piano terminologico, prevede che "nel codice civile, le parole: «figli legittimi» e «figli naturali», ovunque ricorrono, sono sostituite dalla seguente: «figli»". Oltre a queste, lo stesso art. 1 l. n. 219/2012 introduce altre importanti novità di cui si darà conto, via via, nel prosieguo dell'esposizione. Bisogna, però, aggiungere che l'art. 2 l. n. 219/2012 contempla una delega al Governo che investe una gamma molto estesa di materie attinenti al diritto della filiazione, e anche delle successioni, aventi lo scopo di eliminare, si legge al co. 1, "ogni discriminazione tra i figli". La delega è stata recentemente attuata con il d.lgs. n. 154/2013, il quale, come meglio si vedrà, ha introdotto il principio per cui la filiazione fuori dal matrimonio produce effetti successori nei confronti di tutti i parenti, l'adeguamento della disciplina della donazione, la sostituzione della nozione di "potestà genitoriale" con quella di "responsabilità genitoriale" e la modifica delle disposizioni di diritto internazionale privato con previsione di norme di applicazione necessaria in attuazione del principio dell'unificazione dello stato di figlio (per quest'ultimo, che non potrà essere in questa sede approfondito, v. gli artt. 33-38, l. n. 218/1995). Inoltre, in dichiarato recepimento della giurisprudenza di legittimità e costituzionale, il legislatore delegato ha proceduto a limitare a cinque anni dalla nascita i termini per proporre l'azione di disconoscimento della paternità; a introdurre il diritto degli ascendenti di mantenere "rapporti significativi" con i nipoti minorenni; a prevedere e disciplinare l'ascolto dei minori, se capaci di discernimento, all'interno dei procedimenti che li riguardano; infine, a modificare la materia della successione prevedendo la soppressione del "diritto di commutazione" in capo ai figli legittimi fino ad oggi contemplato per l'eredità dei figli naturali.

2. *Parentela e affinità*

Abbiamo detto che il modello di famiglia accolto dal codice civile e consacrato in Costituzione è quello della famiglia nucleare, composta da un uomo e da una donna uniti in matrimonio e genitori di figli nati in costanza di matrimonio.

Tuttavia, in più di un'occasione, il legislatore mostra di attribuire una qualche rilevanza a rapporti **parentali** (in senso lato) più estesi. Si pensi, ad es., alla materia della successione legittima (v. Cap. XIV, n. 10), alla successione necessaria (v. Cap. XIV, n. 11), alla rappresentazione (v. Cap. XIV, n. 3.2), agli alimenti (v. n. 5) o, ancora, al regime degli impedimenti matrimoniali (v. n. 3): tutti casi nei quali, come si vedrà a suo tempo, l'essere in rapporto di parentela o di affinità con un certo soggetto comporta il prodursi di effetti giuridici anche molto importanti.

Da qui l'esigenza di stabilire criteri certi sulla base dei quali stabilire quando un tale rapporto, di parentela o di affinità, sussista.

Il rapporto di **parentela**, secondo l'art. 74, è "il vincolo tra le persone che discendono da uno stesso stipite". Parentela e affinità

Può trattarsi di parentela in **linea retta** ed in **linea collaterale**.

Rientrano nella linea retta le persone di cui l'una **discende** dall'altra (padre e figlio, nonno e nipote), mentre nella linea collaterale si collocano le persone che pur avendo uno **stipite comune**, **non** discendono l'una dall'altra (zio e nipote, fratelli o cugini: art. 75).

Mentre i parenti sono legati da un vincolo di sangue, gli **affini** sono legati da un vincolo che nasce tra il **coniuge** ed i **parenti** dell'altro coniuge (cognati, suoceri, generi e nuore: art. 78).

Prima delle recenti modifiche introdotte dalla l. n. 219/2012 la parentela si distingueva in **legittima** o **naturale**. La parentela era **legittima** se si riferiva a vincoli di sangue costituiti sulla base di un matrimonio, mentre era **naturale** se il vincolo di sangue nasceva per effetto di filiazione al di fuori del matrimonio. La l. n. 219/2012 ha, però, integrato l'art. 74 con la precisazione per cui si ha legame di parentela sia nel caso in cui la filiazione è avvenuta all'interno del matrimonio, sia nel caso in cui è avvenuta al di fuori di esso, sia nel caso in cui il figlio è adottivo, di talché lo statuto della parentela è oggi unitario.

Il calcolo della parentela si compie attraverso il computo dei **gradi**. Ove si tratti di parentela in linea retta, si conteranno tanti gradi quante sono le generazioni, **escluso** lo stipite (art. 76, co. 1), mentre se si tratta di linea collaterale "i gradi si computano dalle generazioni, salendo da uno dei parenti fino allo stipite comune e da questo discendendo all'altro parente, sempre restando escluso lo stipite" (art. 76, co. 2). Ad es., padre e figlio sono parenti nella linea retta in primo grado, mentre fratello e sorella sono parenti nella linea collaterale in secondo grado.

L'affine, dal canto suo, prende la **linea** ed il **grado** del parente dell'altro coniuge (art. 78, co. 2). Ad es., il coniuge è affine in secondo grado, nella linea collaterale, del fratello dell'altro coniuge (cognato).

3. *Il matrimonio. Le forme matrimoniali*

Abbiamo già detto (v. n. 1) che la famiglia (legittima) si fonda sul **matrimonio**.

In genere si distingue tra matrimonio **atto** e matrimonio **rapporto**. Il secondo sta ad indicare, appunto, il fascio di effetti giuridici, di natura personale o patrimoniale, che scaturiscono dal primo. Del matrimonio come atto ci occuperemo qui appresso ed al n. 3.1, mentre del matrimonio come rapporto ci occuperemo al n. 3.2.

Prima di passare all'esame della disciplina codicistica del matrimonio **civile**, è opportuno ricordare che il nostro ordinamento giuridico è caratterizzato da una pluralità di **forme** o **tipi** matrimoniali, espressione della specifica sensibilità del legislatore italiano alle esigenze di ordine religioso e spirituale del paese. Così, accanto al matrimonio civile, ossia il matrimonio retto nei presupposti (c.d. **impedimenti**), nella forma della celebrazione, nelle condizioni di validità e negli effetti che da esso scaturiscono, dalle norme del diritto italiano, abbiamo il matrimonio concordatario, il matrimonio degli acattolici e, infine, il matrimonio delle confessioni religiose che hanno stipulato un'intesa con lo Stato ai sensi dell'art. 8 Cost.

Matrimonio concordatario

Il matrimonio **concordatario** (art. 82) è così detto perché fu introdotto nell'ordinamento giuridico italiano a seguito della stipulazione del Concordato tra lo Stato italiano e la S. Sede, nel 1929. Prima di allora, per i cittadini di religione cattolica era necessario celebrare due matrimoni: uno, di fronte all'ufficiale dello stato civile e con effetti puramente civili, l'altro di fronte al ministro del culto con valore di **sacramento**.

Trascrizione

Il matrimonio concordatario è retto, quanto alla **forma** (il rito, salvo l'obbligo per il celebrante di dare lettura degli artt. 143-144, 147), ai **presupposti** della celebrazione e, infine, alle regole di **validità** dell'atto, dalle norme del diritto **canonico**. Ciò nonostante, esso può conseguire **effetti civili**, cioè essere considerato pienamente **vincolante** anche nell'ordinamento giuridico italiano, purché venga **trascritto**.

In altri termini, mediante la trascrizione del matrimonio nei registri dello stato civile italiano, il matrimonio canonico diventa una fattispecie rilevante per la norma giuridica statale che gli ricollega gli **stessi** effetti che vengono ricollegati al matrimonio civile.

In definitiva, quindi, si può dire che il matrimonio concordatario è disciplinato dal diritto **canonico** in quanto matrimonio **atto**, ed è disciplinato dal diritto **civile** in quanto matrimonio **rapporto**. Ne consegue che il cittadino italiano sposato con rito concordatario potrà ottenere la cessazione degli effetti civili del suo matrimonio ai sensi dell'art. 2 l. div. (v. n. 3.3) e risposarsi di fronte all'ufficiale dello stato civile, ma non potrà celebrare un nuovo matrimonio religioso perché, per l'ordinamento giuridico della Chiesa, rimane perfettamente valido ed efficace il primo matrimonio.

La celebrazione di un nuovo matrimonio religioso presuppone, pertanto, l'annullamento del matrimonio precedente sulla base di una sentenza emanata dai giudici ecclesiastici. Per converso, se il matrimonio canonico viene annullato dalla giurisdizione **ecclesiastica**, esso perderà i suoi effetti civili soltanto a seguito della **delibazione** della sentenza ecclesiastica da parte della Corte d'Appello, su istanza. La delibazione della sentenza ecclesiastica è, pertanto, l'esatto **contrario** della trascrizione: mentre attraverso quest'ultima il matrimonio canonico consegue effetti civili, attraverso la delibazione li perde.

Condizioni per la trascrizione

A proposito della trascrizione, va ricordato che essa non potrà avere luogo quando gli sposi **non** possiedano l'**età matrimoniale** richiesta dalla legge civile per la celebrazione, e quando sussista fra gli sposi un impedimento che la legge civile considera **inderogabile** (art. 8, co. 2, l. n. 121/1985). La trascrizione deve essere effettuata entro ventiquattro ore dal ricevimento dell'atto di matrimonio (art. 8, co. 3, l. n. 121/1985): tuttavia, il matrimonio avrà effetti civili dalla celebrazione anche se la trascrizione ha luogo oltre il termine prescritto (art. 8, co. 4, l. n. 121/1985: c.d. trascrizione **tardiva**).

Matrimonio degli acattolici

Il matrimonio degli **acattolici** (art. 83) è quello celebrato di fronte al ministro di un culto ammesso nello Stato ed espressamente autorizzato ai sensi dell'art. 8, l. n. 1159/1929. Il matrimonio degli acattolici è integralmente retto dalla legge civile, eccezion fatta per il **rito** che è quello della confessione di appartenenza dei nubendi (salvo sempre l'obbligo per il celebrante di dare lettura degli artt. 143-144, 147).

Matrimonio e intesa *ex* art. 8 Cost.

Infine, abbiamo il matrimonio celebrato nell'ambito delle confessioni religiose che hanno stipulato un'**intesa**, ai sensi dell'art. 8 Cost. con lo Stato italiano (ad es., l'Unione delle comunità ebraiche in Italia, ecc.). La disciplina di tale matrimonio differisce da quella del matrimonio degli acattolici fondamentalmente perché il celebrante non necessita di una espressa autorizzazione.

Il sistema matrimoniale italiano, come anticipato, presenta dunque tratti di spiccato pluralismo. È innegabile, però, che al suo interno esistono forti squilibri tutti a vantaggio della Chiesa cattolica: ciò, del resto, trova una spiegazione più che esauriente nella storia e nella realtà del nostro Paese, ampiamente rispecchiate, a livello normativo, nell'art. 7 Cost. che ha attribuito dignità di precetto costituzionale agli accordi tra Stato e Chiesa.

Matrimonio civile

E veniamo ora al matrimonio civile. Si tratta di un negozio giuridico **bilaterale** (per il cui perfezionamento, dunque, è necessaria la manifestazione di volontà di entrambe le parti), e tuttavia **irriducibile** al contratto, a causa della sua **non patrimonialità** (v. Cap. VII, n. 3.1).

Caratteri

Il matrimonio è altresì un atto **tipico** – nel senso che non è consentito all'autonomia privata congegnare uno schema di matrimonio diverso da quello previsto e disciplinato dalla legge –, **puro** – nel senso che non tollera l'apposizione di termini o condizioni che, ove comunque introdotti, si hanno per non apposti (art. 108, co. 1-2) –, **personalissimo** – nel senso che non può essere compiuto se non dai diretti interessati: l'ipotesi di cui all'art. 111 (c.d. **matrimonio per procura**), per altro subordinata a situazioni eccezionali come lo stato di guerra o la residenza all'estero di uno degli sposi, solo in apparenza rappresenta una deroga perché in realtà chi manifesta la volontà in luogo dello sposo è un mero *nuncius* (v. Cap. VII, n. 10) –; **libero** – nel senso che la volontà di contrarre matrimonio non soffre alcun tipo di vincolo, donde la assoluta **inefficacia** della promessa di matrimonio (per la disciplina della quale v. artt. 80-81) e la **nullità** delle condizioni testamentarie volte a coartare la libertà matrimoniale dell'erede (art. 636: v. Cap. XIV, n. 9.1) – e, infine, **solenne** – nel senso che per la sua validità sono fissati requisiti inderogabili di forma, tra cui spicca la presenza dell'**ufficiale di stato civile** (sindaco o suo delegato).

Atto di matrimonio e titolo di stato

La celebrazione del matrimonio può essere provata **soltanto** sulla base dell'**atto di matrimonio** come riportato nei registri dello stato civile (art. 130). Da questo punto di vista, l'atto di matrimonio costituisce **titolo di stato** perché, in sua assenza "nessuno può reclamare il titolo di coniuge" (art. 130, co. 1). Solo in caso di **distruzione** o **smarrimento** dei registri dello stato civile, la prova dell'avvenuta celebrazione del matrimonio può essere data con ogni mezzo (artt. 132, 452).

Possesso di stato

Eccezionalmente, ove si tratti di dimostrare la legittimità del figlio di due persone che abbiano pubblicamente vissuto come marito e moglie e che siano morte entrambe, la prova della celebrazione del matrimonio, anche in assenza dell'atto di matrimonio, potrà essere fornita sulla base del **possesso di stato:** e cioè sulla base della prova che quelle due persone avessero **nome**, **modo di vita** e **fama** di marito e moglie (art. 240). Il possesso di stato, se conforme ad un atto di matrimonio esistente ma viziato, **sana** ogni difetto di forma (artt. 131).

Impedimenti

Il particolare rilievo che il matrimonio riveste dal punto di vista etico-sociale ha tradizionalmente indotto il legislatore a fissare requisiti soggettivi per la sua celebrazione ben più severi di quelli richiesti per la stipula di un ordinario negozio giuridico. L'assenza di tali requisiti impedisce la celebrazione del matrimonio: da qui il nome di **impedimenti** con il quale, appunto, si designa lo stato di cose contrario a quello richiesto dal legislatore per la celebrazione.

Primo di tali impedimenti è la **minore età** (art. 84, co. 1). Si ricordi, tuttavia, che il minore ultrasedicenne di cui sia stata accertata la maturità psicofisica, può essere autorizzato dal Tribunale alla celebrazione del matrimonio, allorché sussistano gravi motivi (art. 84, co. 2) e che, a seguito del matrimonio, egli acquisterà lo *status* di minore emancipato (v. Cap. V, n. 3).

Un secondo impedimento è rappresentato dalla **interdizione giudiziale** (art. 85, co. 1); seguono poi il difetto della **libertà di stato**, nel senso che non può essere ammesso alla celebrazione del matrimonio chi sia vincolato da un matrimonio precedente (art. 86); la sussistenza di uno dei vincoli di **parentela**, **affinità** o **adozione** indicati dall'art. 87; il **delitto**, nel senso che non possono contrarre matrimonio tra loro due persone, una delle quali sia stata condannata per omicidio consumato o tentato sul coniuge dell'altra (art. 88).

Ultimo impedimento è il **divieto temporaneo di nuove nozze**, gravante sulla donna sino a quando non siano trascorsi almeno trecento giorni dallo scioglimento, dall'annullamento o dalla cessazione degli effetti civili del precedente matrimonio (art. 89, co. 1). Tale divieto trova la sua ragione nell'esigenza di prevenire qualsiasi incertezza in ordine alla paternità del figlio concepito in questo lasso di tempo (v. n. 4).

Qualora il matrimonio venga celebrato nonostante la sussistenza di uno di questi impedimenti, esso sarà invalido (impedimenti **dirimenti**: v. n. 3.1), con la sola eccezione del divieto di nuove nozze, la cui violazione dà luogo ad una semplice ammenda a carico dell'ufficiale dello stato civile e della donna (impedimento **impediente**).

Proprio al fine di favorire l'emergere di uno di questi impedimenti e, quindi, prevenire la celebrazione di un matrimonio invalido, il codice civile prevede che la celebrazione stessa sia preceduta dalle **pubblicazioni** (art. 93 s.) sulla base delle quali i soggetti individuati dall'art. 102 potranno fare **opposizione** al matrimonio.

3.1. *L'invalidità del matrimonio*

Gli artt. 117-129 *bis* disciplinano la **nullità** del matrimonio.

Bisogna subito dire che il regime delle invalidità matrimoniali non è assimilabile a quello delle invalidità contrattuali, il quale fa perno sulla netta e chiara distinzione tra nullità ed annullabilità (Cap. VII, n. 11-13). Nel caso del matrimonio, il legislatore ha previsto regimi **differenziati** in ragione della maggiore o minore gravità del vizio: e ciò, come vedremo, rende problematica una ricostruzione della materia secondo lo schema binario messo a punto nel Libro IV.

Nullità del matrimonio

Una prima distinzione può farsi risalire alle cause di nullità del matrimonio, suscettibili di essere raccolte in due grandi gruppi: le cause di nullità da **impedimento** (artt. 117-119), e le cause di nullità da **vizio del consenso** (artt. 120-123).

Le prime sono quelle che derivano dalla violazione di un impedimento **dirimente** (n. 3). Al riguardo, bisogna distinguere le cause di invalidità che si ricollegano all'inosservanza degli impedimenti di cui agli artt. 85-88, che possono essere fatte valere da chiunque vi abbia interesse (artt. 117, co. 1; 119, co. 1: nullità **assoluta**), dall'invalidità discendente dalla minore età, che può essere fatta valere da una cerchia di soggetti qualificati (art. 117, co. 2: nullità **relativa**).

Nullità assoluta e nullità relativa

Oltre a quello della **legittimazione ad agire**, un ulteriore criterio ordinatorio è quello della **sanabilità**: così, abbiamo ipotesi di invalidità **insanabile**, coincidenti con la violazione degli impedimenti più gravi (artt. 85-88) e ipotesi, viceversa, di invalidità **sanabile**, a seguito della coabitazione protratta per un anno, come nel caso dell'interdizione (art. 119, co. 2), o a seguito della decadenza dall'azione, come nel caso della minore età (art. 117, co. 2).

Nullità sanabili e nullità insanabili

Per quanto attiene alle invalidità da vizi del consenso, esse sono oggetto di un trattamento meno severo da parte del legislatore. Sono vizi del consenso l'incapacità naturale (art. 120), la violenza, il timore di eccezionale gravità derivante da cause esterne allo sposo (art. 122, co. 1), l'errore (art. 122, co. 2-3) e, in una certa misura, la simulazione (art. 123).

Vizi del consenso

L'**incapacità naturale** (v. Cap. V, n. 3.2) dà luogo alla invalidità del matrimonio **indipendentemente** dalla mala fede dell'altro nubendo poiché, come ovvio, qui l'esigenza primaria è quella di salvaguardare l'integrità della volontà matrimoniale e non certo quella di tutelare l'affidamento della controparte (v. Cap. VII, n. 12.2).

La **violenza** è causa di invalidità del matrimonio allorché presenti i caratteri individuati dall'art. 1435 (v. Cap. VII, n. 12.1.3).

Il **timore** di eccezionale gravità si distingue dalla violenza perché qui il vizio della volontà deriva non dalla minaccia posta in essere dalla controparte o da un terzo, bensì da una situazione di **oggettivo** pericolo per sottrarsi alla quale si contrae matrimonio (classico l'esempio di chi si sposa per acquisire la cittadinanza del coniuge e scampare alla persecuzione razziale).

L'**errore** rileva quando cade sull'identità dell'altro coniuge, o su qualità personali dell'altro coniuge tali da far ritenere l'errore essenziale (art. 122, co. 3, n. 1-5).

Nella **simulazione**, infine, le parti celebrano il matrimonio avendo convenuto di non esercitare i diritti e di non adempiere gli obblighi scaturenti dal matrimonio.

In tutti questi casi, il vizio che affligge il matrimonio può essere fatto valere **soltanto** dalla parte a favore della quale la causa di invalidità è prevista (dall'incapace, da chi ha subìto la violenza, da chi è caduto in errore ecc.); inoltre, la **coabitazione** protratta per almeno un anno sana il vizio stesso (trattandosi di simulazione, è sufficiente che i contraenti abbiano convissuto come coniugi successivamente alla celebrazione). Sotto il profilo della legittimazione ad agire, ristretta al solo diretto interessato, e della sanabilità del vizio, queste fattispecie si avvicinano alla disciplina della **annullabilità** del contratto (v. Cap. VII, n. 12.3).

La dichiarazione di nullità del matrimonio ha efficacia **retroattiva**. Ciò potrebbe comportare conseguenze devastanti specie per quanto riguarda la posizione dei figli nati in costanza del matrimonio successivamente dichiarato nullo, i quali verrebbero privati dello *status* di figli.

Il matrimonio putativo

Al fine di evitare tali gravi inconvenienti, l'art. 128, co. 2 (**matrimonio putativo**), nella sua formulazione riconducibile alla riforma del 1975, prevedeva che il matrimonio dichiarato nullo (ma non inesistente come, ad es. il matrimonio celebrato in assenza dell'ufficiale dello stato civile), conservasse sino al momento della sua invalidazione gli effetti prodotti nei confronti dei figli nati o concepiti durante il matrimonio, nonché nati prima del matrimonio e riconosciuti anteriormente alla sentenza di nullità. Il co. 4, dal canto suo, regolava l'ipotesi nella quale entrambi i coniugi fossero in mala fede all'atto della celebrazione del matrimonio (ovvero, fossero a conoscenza della causa di invalidità) prevedendo che quest'ultimo conservasse i suoi effetti nei confronti dei figli nati o concepiti in costanza del vincolo destinato a venire meno, a meno che la nullità non dipendesse da bigamia o da incesto, nel qual caso i figli avrebbero acquisito lo *status* di figli naturali riconosciuti (i figli incestuosi soltanto ove, eccezionalmente, stante la buona fede dei genitori, o anche solo di uno di essi, all'atto del concepimento, ne fosse consentito il riconoscimento, ai sensi dell'art. 251 vecchio testo). A seguito della unificazione dello stato di figlio e al superamento del generale divieto di riconoscimento dei figli incestuosi, attuati per il tramite della l. n. 219/2012, il d.lgs. n. 154/2013 ha profondamente modificato la disciplina in esame. Così, per un verso, l'art. 128, co. 2 oggi si limita a disporre che "il matrimonio dichiarato nullo ha gli effetti del matrimonio valido rispetto ai figli". Per quanto concerne l'eventualità che i coniugi fossero in mala fede all'atto della celebrazione del matrimonio, il nuovo co. 4, ha eliminato ogni riferimento alla bigamia mentre, in base al nuovo co. 5, i figli incestuosi potranno essere riconosciuti indipendentemente dalla circostanza che i genitori fossero in buona fede all'atto del concepimento, sia pure entro i limiti dell'art. 251 nuovo testo, di cui si dirà più oltre.

Per quanto riguarda i coniugi, il matrimonio dichiarato nullo conserverà i suoi effetti nei confronti di quello dei due coniugi, che al momento della celebrazione fosse in **buona fede**, cioè ignorasse la causa di nullità del matrimonio.

Infine, il coniuge di buona fede che non abbia redditi propri e non sia passato a nuove nozze, ha diritto al **mantenimento** per tre anni (art. 129) e se la causa di nullità è imputabile all'altra parte, anche ad una congrua **indennità** (art. 129 *bis*).

3.2. *Gli effetti personali e patrimoniali del matrimonio*

Il regime dei rapporti personali e patrimoniali tra i coniugi ha conosciuto una radicale trasformazione con la legge di riforma del diritto di famiglia (l. n. 151/1975).

Le dinamiche sociali del secondo dopoguerra (si pensi, ad es., al nuovo ruolo assunto dalle donne anche nel mondo del lavoro) avevano lentamente cambiato il volto della famiglia italiana, rendendo anacronistico il modello delineato dal codice civile. Tale modello, individuando ancora il capo della famiglia nel marito e attribuendogli piena potestà sulla moglie e sui figli, appariva ormai superato, lontano dalla realtà sociale e in contrasto con le istanze che da questa prepotentemente emergevano.

Più voci inoltre denunciavano da tempo l'inconciliabilità della disciplina codicistica con il dettato costituzionale e, in particolare, con il principio dell'eguaglianza giuridica e morale dei coniugi (art. 29, co. 2, Cost.): la stessa Corte costituzionale era stata costretta ad intervenire sugli aspetti della disciplina del codice più discriminatori per la moglie.

Legge di riforma del diritto di famiglia

La legge di riforma del diritto di famiglia, preceduta da un ampio e travagliato dibattito, ha finalmente dato pieno sviluppo al principio costituzionale dell'**uguaglianza** dei coniugi, affermando che "con il matrimonio il marito e la moglie acquistano gli stessi diritti e assumono gli stessi doveri" (art. 143).

Così, alla patria potestà è stata sostituita la **potestà coniugale** sui figli (art. 316 s.: v. n. 4; essa è stata oggi sostituita, come meglio si vedrà, dalla responsabilità genitoriale); all'obbligo della moglie di seguire il marito ovunque egli ritenesse opportuno fissare la propria residenza, è subentrato il principio per cui i coniugi fissano **concordemente** la residenza della famiglia (art. 144); e ancora, la donna non sostituisce, ma **aggiunge** al proprio cognome quello del coniuge (art. 143 *bis*); infine, l'obbligo del marito di mantenere la moglie – con il quale questa veniva come compensata del ruolo subordinato assegnatole all'interno della famiglia – ha ceduto il passo ad una diversa prospettiva, nella quale "entrambi i coniugi sono tenuti … a contribuire ai bisogni della famiglia" in una posizione di assoluta **parità** (art. 143).

Così, appunto, alla soggezione della moglie al marito è subentrata l'affermazione della **piena uguaglianza** dei coniugi, la quale trova definitiva consacrazione nell'art. 144, in base al quale essi "concordano l'indirizzo della vita familiare ... secondo le esigenze di entrambi e quelle preminenti della famiglia". Eguaglianza

L'art. 144 assume nel nuovo contesto normativo un ruolo centrale, che non è legato esclusivamente al fatto che esso spoglia il marito dell'autorità di adottare unilateralmente e imporre ogni decisione. Tale disposizione, infatti, reca in sé le tracce di un altro aspetto fondamentale della riforma del diritto di famiglia.

Affidando all'**accordo** tra i coniugi ogni scelta relativa alla vita della famiglia, il legislatore rinuncia ad imporre alla coppia modelli vincolanti: ciò implica la riduzione dell'intervento dello Stato nella sfera della famiglia e, insieme, il riconoscimento di margini sempre più ampi all'**autonomia** dei coniugi. ... ed autonomia dei coniugi

Nel caso in cui i coniugi non riescano a raggiungere, in relazione a determinate questioni, alcun accordo, è prevista la possibilità di richiedere l'intervento del **giudice** (art. 145). Intervento del giudice

Tale intervento avrà carattere meramente **conciliativo** quando, anche su richiesta di un solo coniuge, il giudice tenterà solo di raggiungere una soluzione concordata (art. 145, co. 1); avrà, invece, carattere **decisorio** quando, su richiesta di entrambi i coniugi e in caso di disaccordo sulla fissazione della residenza o su altro affare essenziale, il giudice adotterà, con provvedimento non impugnabile, la soluzione ritenuta più adeguata alle esigenze dell'unità e della vita della famiglia (art. 145, co. 2).

Coerente con la concezione del matrimonio quale comunione di vita materiale e spirituale, l'art. 143 pone a carico dei coniugi "l'obbligo reciproco alla fedeltà, all'assistenza morale e materiale, alla collaborazione nell'interesse della famiglia e alla coabitazione". Art. 143

Tuttavia questi doveri, in parte per l'incoercibilità della libertà personale dei coniugi, in parte perché sprovvisti di una immediata sanzione che ne assicuri l'osservanza, si pongono non tanto come precetti vincolanti, ma quali aspetti di quel modello ideale di comunione di vita che il legislatore delinea, affidando la sua concreta realizzazione alla spontanea osservanza degli impegni e delle responsabilità che il matrimonio comporta.

Infatti, dichiarate costituzionalmente **illegittime** le norme che punivano l'adulterio e il concubinato, se si esclude il reato di violazione degli obblighi di assistenza familiare (art. 570 c.p.), l'unico momento in cui emerge la natura di vincolo giuridico degli obblighi posti a carico dei coniugi è la possibilità di **addebitare** la responsabilità della separazione a quello che abbia tenuto un comportamento contrario ai doveri che derivano dal matrimonio (art. 151 cpv.: v. n. 3.3).

Obbligo di fedeltà

Merita particolare attenzione l'obbligo di **fedeltà** reciproca, il quale, con l'evoluzione del costume e della coscienza sociale, ha subito una profonda metamorfosi.

È infatti riduttivo sostenere che la fedeltà assuma rilievo solo sul piano sessuale, come accadeva in passato, quando si configurava uno *jus in corpus* reciproco dei coniugi che oggi appare quanto mai anacronistico. Né sembra che l'obbligo di fedeltà sia ancora oggi connotato da esigenze superindividuali, quali quella di preservare la stabilità del vincolo matrimoniale, o dalla volontà di tutelare l'onore e la reputazione del coniuge tradito, come era possibile quando ancora adulterio e concubinato erano configurati come reati.

Piuttosto, scomparso ogni residuo pubblicistico, la fedeltà appare presidio della **comunione** di vita coniugale: così essa assume un significato più ampio, che trascende la sfera sessuale, e si pone come richiamo alla **dedizione** e alla **lealtà** reciproca.

Esemplare del primato riconosciuto alla libertà dei coniugi è la vicenda relativa all'obbligo di **coabitazione**: non solo lo stesso codice ammette che i coniugi abbiano domicilio **distinto**, potendo ciascuno di essi fissarlo dove ha la sede dei propri interessi (art. 45: v. Cap. V, n. 2.2), ma nulla impedisce che marito e moglie decidano **concordemente** di vivere in luoghi separati (ad es., per esigenze lavorative).

Ove invece il coniuge si **allontani** dalla casa familiare senza **giusta causa**, il suo diritto all'assistenza morale e materiale viene **sospeso** (art. 146).

Obbligo di contribuire ai bisogni della famiglia

Ricordiamo, infine, l'art. 143, ult. co. ai sensi del quale "entrambi i coniugi sono tenuti, ciascuno in relazione alle proprie sostanze e alla propria capacità di lavoro professionale o casalingo, a contribuire ai bisogni della famiglia".

Tale disposizione individua nella solidarietà **coniugale** la sintesi del valore dell'unità familiare e dell'uguaglianza dei coniugi. Essa, inoltre, valorizza il lavoro domestico quale contributo al soddisfacimento dei bisogni della famiglia cui è riconosciuta pari dignità rispetto all'attività professionale.

Regime patrimoniale

La riforma del 1975 ha notevolmente influito anche sul **regime patrimoniale** della famiglia.

In linea di principio, l'ordinamento giuridico riconosce ai coniugi un'ampia **autonomia** per quanto concerne la regolamentazione dei loro rapporti patrimoniali, col solo limite generale di **non** derogare ai diritti e ai doveri nascenti dal matrimonio (art. 160).

Convenzioni matrimoniali

Attraverso la stipulazione – per **atto pubblico** (art. 162, co. 1) e con l'assistenza di due testimoni (art. 48 l. not.) – di un'apposita convenzione (c.d. **convenzione matrimoniale**), i coniugi possono in qualunque tempo (e, dunque, non solo prima, ma anche dopo le nozze) sia optare per un regime patrimoniale alternativo rispetto a quello legale, sia modificare talune regole previste per quello legale, sia, infine, prevedere un regime particolare per determinati beni. Per essere **opponibili** ai terzi, le convenzioni matrimoniali vanno **annotate** a margine dell'atto di matrimonio (art. 162, ult. co.) e, qualora abbiano ad oggetto beni immobili, devono essere **trascritte** nei registri immobiliari ai sensi dell'art. 2647.

Comunione legale

Innovando rispetto al passato, il legislatore ha disposto che, in assenza di diversa convenzione, il regime patrimoniale delle famiglie costituite dopo l'entrata in vigore della legge di riforma del diritto di famiglia è rappresentato dalla **comunione legale** (art. 159), la cui disciplina si ispira al modello di famiglia delineato dalle norme costituzionali (art. 29 Cost.).

Oggetto

I principi di **parità coniugale** e di **solidarietà familiare** hanno indotto il legislatore della riforma a delineare un sistema che, per quanto possibile, consenta a ciascun coniuge di beneficiare degli incrementi patrimoniali verificatisi nella sfera giuridica dell'altro coniuge.

A tal fine, l'art. 177 dispone che fanno parte della comunione fra coniugi i beni acquistati dai coniugi, insieme o separatamente, **durante** il matrimonio (o, per meglio dire, dopo l'instaurazione del regime di comunione legale), ad esclusione di quelli relativi ai beni personali (lett. *a*), nonché le aziende gestite da **entrambi** i coniugi e costituite **dopo** il matrimonio (lett. *d*). Tali beni entrano **immediatamente** in comunione e ciascuno dei coniugi ne acquista la **contitolarità** paritetica, rimanendo del tutto irrilevante la provenienza delle risorse necessarie all'acquisto degli stessi (c.d. **comunione immediata**).

Diversamente, fanno parte della comunione fra coniugi solo se sussistono al momento dello scioglimento della stessa (c.d. **comunione differita** o *de residuo*), i frutti dei beni propri di ciascuno dei coniugi percepiti e non consumati (art. 177, lett. *b*), i proventi dell'attività separata di ciascuno dei coniugi (art. 177, lett. *c*), i beni destinati all'esercizio dell'impresa di uno dei coniugi costituita dopo il matrimonio e gli incrementi dell'impresa costituita anche precedentemente (art. 178).

Ai sensi dell'art. 179 c.c., viceversa, non fanno parte della comunione e rientrano nel patrimonio personale di ciascun coniuge (c.d. **beni personali**) i beni di cui, **prima** del matrimonio (o, per meglio dire, prima dell'instaurazione del regime di comunione legale), il coniuge era proprietario o rispetto ai quali era titolare di un diritto reale di godimento (lett. *a*); i beni acquisiti successivamente al matrimonio per effetto di donazioni o successione, quando nell'atto di liberalità o nel testamento non è specificato che essi sono attribuiti alla comunione (lett. *b*); i beni di uso strettamente personale (lett. *c*); i beni necessari al coniuge per l'esercizio della sua professione (lett. *d*); i beni ottenuti a titolo di risarcimento del danno e quelli ricevuti a fini pensionistici (lett. *e*); i beni acquisiti con il prezzo del trasferimento di beni personali o con il loro scambio, purché ciò sia espressamente dichiarato all'atto dell'acquisto (lett. *f*).

I beni personali sono sottratti dall'applicazione della particolare disciplina riguardante i beni oggetto di comunione immediata e, pertanto, la loro gestione è rimessa alla **libera disponibilità** del coniuge che ne è titolare. Ad analogo trattamento sono assoggettati, durante il vigore della comunione, i beni oggetto di comunione **differita** per quanto attiene all'amministrazione e al godimento degli stessi.

Amministrazione

In conformità al principio di parità coniugale, i poteri di **amministrazione** e di **rappresentanza**, anche in giudizio, per gli atti riguardanti i beni oggetto di comunione immediata spettano ad **entrambi** i coniugi, i quali devono agire **congiuntamente** quando si tratti del compimento di atti **eccedenti** l'ordinaria amministrazione o della stipula di contratti con i quali si concedono o si acquistano diritti personali di godimento (art. 180). Peraltro, in caso di lontananza, di impedimento (art. 182) o di immotivato rifiuto a prestare il necessario consenso da parte di uno dei coniugi (art. 181), l'altro può farsi **autorizzare** dal giudice a compiere l'atto da solo.

Gli atti compiuti da un coniuge **senza** il consenso dell'altro sono **annullabili** quando hanno ad oggetto beni **immobili** o mobili **registrati** (art. 184, co. 1). Quando invece hanno ad oggetto beni mobili **non** registrati, l'atto è valido ed efficace, ma l'autore è obbligato a **ricostituire** la comunione nello stato in cui si trovava prima del compimento dello stesso o, nel caso non sia possibile, al pagamento dell'**equivalente** secondo i valori correnti all'epoca della ricostituzione (art. 184, co. 3).

Responsabilità per i debiti

A norma dell'art. 186, i beni della comunione **rispondono** di tutti gli oneri ed i pesi gravanti sugli stessi al momento dell'acquisto (lett. *a*), di tutti i carichi dell'amministrazione (lett. *b*), delle spese contratte per il mantenimento della famiglia e per l'educazione dei figli, nonché di ogni obbligazione contratta dai coniugi, anche separatamente nell'interesse della famiglia (lett. *c*) e, infine, di ogni obbligazione contratta congiuntamente dai coniugi (lett. *d*).

Per far valere le loro ragioni, i creditori della comunione possono agire sui beni **comuni** e, qualora questi non siano sufficienti, anche sui beni **personali** di ciascun coniuge, ma solo limitatamente alla **metà** del credito (art. 190).

I beni della comunione **rispondono** altresì per i debiti **personali** dei coniugi, ma solo in via **sussidiaria** e fino al valore corrispondente alla quota del debitore (art. 189). Qualora sui beni comuni si apra il concorso dei creditori della comunione coi creditori particolari dei coniugi, questi ultimi, se chirografari, sono posposti ai primi (art. 189, co. 2).

Scioglimento

Secondo l'art. 191, costituiscono causa di **scioglimento** della comunione legale la dichiarazione di assenza o di morte presunta di uno dei coniugi (v. Cap. V, n. 2.1), la morte di uno dei coniugi, l'annullamento, lo scioglimento o la cessazione degli effetti civili del matrimonio, la separazione personale, il fallimento di uno dei coniugi, il mutamento del regime patrimoniale, nonché la separazione giudiziale dei beni *ex* art. 193.

Verificatasi una causa di scioglimento, i beni della comunione legale si reputano assoggettati al regime giuridico della **comunione ordinaria**, con la conseguenza che ciascun coniuge ne può liberamente disporre limitatamente alla sua quota (art. 1103: v. Cap. XII, n. 5). Lo stato di comunione cessa solo in seguito al completamento delle operazioni divisionali previste dagli artt. 192 s.

Comunione convenzionale

Al fine di rendere più flessibile la disciplina della comunione legale, il legislatore ha riconosciuto ai coniugi la possibilità di modificare parzialmente il regime legale attraverso la stipulazione di una convenzione matrimoniale *ex* art. 162 (c.d. **comunione convenzionale**). Tuttavia, qui l'autonomia privata non è senza limiti poiché, per un verso, i coniugi **non** possono derogare le norme della comunione riguardanti l'amministrazione e l'uguaglianza delle quote e, per altro verso, non possono introdurre pattuizioni contrastanti con la previsione dell'art. 161 (art. 210).

Separazione dei beni

I coniugi possono anche convenire che ciascuno conservi la titolarità **esclusiva** dei beni dallo stesso acquistati durante il matrimonio (art. 215). Al coniuge spetterà, altresì, l'amministrazione ed il godimento dei beni di cui è titolare esclusivo (art. 217, co. 1: c.d. **separazione dei beni**). Qualora, invece, l'acquisto del bene avvenga congiuntamente, si applicheranno le norme sulla comunione ordinaria.

Fondo patrimoniale

Sempre attraverso una convenzione matrimoniale (art. 162), è possibile destinare determinati beni (beni immobili, beni mobili registrati o titoli di credito) e i loro frutti, a far fronte ai bisogni della famiglia (**fondo patrimoniale**). La destinazione a far fronte ai bisogni di una determinata famiglia può essere effettuata non solo dai coniugi, ma anche da un **terzo**, sia per testamento, sia per atto fra vivi (art. 167, co. 1). In quest'ultimo caso, la costituzione del fondo patrimoniale si perfeziona solo in seguito all'**accettazione** dei coniugi (art. 167, co. 2).

Salvo diversa previsione contemplata nell'atto costitutivo, la titolarità dei beni costituiti in fondo patrimoniale spetta ad **entrambi** i coniugi (art. 168, co. 1), i quali li amministrano secondo le norme relative alla comunione legale (art. 168, co. 3). Tuttavia, i beni del fondo non si possono alienare, ipotecare, dare in pegno o comunque vincolare se non col consenso congiunto dei coniugi e, qualora vi siano figli minori, con l'autorizzazione preventiva del giudice (art. 169).

Il vincolo di **indisponibilità** che grava sui beni costituenti il fondo patrimoniale dispiega i suoi effetti anche nei confronti dei terzi. In particolare, non si può agire su tali beni e sui relativi frutti per debiti che i creditori **sapevano** essere stati contratti per scopi **estranei** ai bisogni della famiglia (art. 170).

In linea di principio, il fondo patrimoniale viene meno a seguito di annullamento, scioglimento o cessazione degli effetti civili del matrimonio (art. 171, co. 1). Tuttavia, in presenza di figli minori, il fondo dura fino al compimento della maggiore età da parte del figlio ultimo nato (art. 171, co. 2).

Impresa familiare

Il legislatore della riforma ha regolato all'art. 230 *bis* una nuova figura (c.d. **impresa familiare**), diretta a tutelare la posizione di quanti sono legati all'imprenditore da vincolo coniugale o familiare (coniuge, parenti entro il terzo grado e affini entro il secondo grado) e prestano in modo continuativo la loro attività di lavoro nella famiglia o nell'impresa del congiunto. La disciplina dell'impresa familiare ha carattere **residuale**, poiché trova applicazione solo qualora non sia configurabile un diverso rapporto con l'imprenditore (ad es. contratto di società, di lavoro subordinato, di associazione in partecipazione).

Ai familiari che collaborano con l'imprenditore è riconosciuto il diritto al **mantenimento**, nonché il diritto a **partecipare** agli utili e agli **incrementi** dell'azienda in proporzione alla qualità e quantità del lavoro prestato (co. 1). È riconosciuto loro anche un limitato **potere** (co)decisionale per quanto concerne l'impiego degli utili, degli incrementi, la gestione straordinaria, gli indirizzi produttivi e la cessazione dell'attività d'impresa (co. 1).

Il diritto di partecipazione all'impresa familiare è trasferibile solo col consenso di **tutti** i partecipanti e purché il trasferimento avvenga a favore di alcuno dei familiari di cui al co. 3 dell'art. 230 *bis* (co. 4). In caso di divisione ereditaria o di trasferimento del complesso aziendale, ai partecipanti all'impresa familiare è attribuito il diritto di prelazione (e di riscatto) secondo quanto prevede l'art. 732 (art. 230 *bis*, co. 5: Cap. XIV, n. 7).

La l. n. 76/2016 si è occupata anche dei **conviventi di fatto** che prestino la propria opera all'interno dell'impresa dell'altro convivente, al quale non siano vincolati anche da rapporti di lavoro subordinato o societari. Essi hanno diritto ad una partecipazione, commisurata al lavoro prestato, agli utili dell'impresa familiare ed ai beni acquistati con essi. Hanno altresì diritto agli incrementi dell'azienda, anche in ordine all'avviamento (230 *ter*).

3.3. *La crisi del matrimonio. Separazione e divorzio*

Separazione

Il primo strumento predisposto dal codice per reagire alla crisi del matrimonio è la **separazione**.

Questa non comporta ancora lo scioglimento del vincolo coniugale, ma implica solo la **sospensione** di parte degli obblighi che derivano dal matrimonio. Possibili – e simmetrici – esiti della separazione sono la **riconciliazione** e il **divorzio**; ma può anche accadere che i coniugi, invece di divorziare, restino indefinitamente in regime di separazione, il quale pertanto, pur essendo normalmente transitorio, può assumere carattere definitivo.

Separazione legale

Il codice disciplina solo la separazione **legale**, la quale assume la forma della separazione **giudiziale**, quando è pronunciata dal giudice in seguito alla domanda di uno dei coniugi, o quella della separazione **consensuale**, quando è fondata su un accordo tra i coniugi omologato dal giudice. A seguito dell'entrata in vigore del d.l. n. 132/2014, è stata introdotta nel nostro ordinamento la possibilità per i coniugi di ottenere la separazione, il divorzio, la modifica delle condizioni dell'una e dell'altro sulla base di un accordo, concluso innanzi al sindaco, quale ufficiale dello stato civile, con l'assistenza, facoltativa, di un avvocato (art. 12). Tale procedura ipersemplificata potrà trovare applicazione solo nel caso in cui non vi siano figli minori, figli maggiorenni disabili o economicamente non autonomi. In caso contrario, ai sensi dell'art. 6, l'accordo dovrà essere raggiunto mediante l'assistenza di almeno un avvocato per parte (convenzione di negoziazione) ed essere trasmesso al Procuratore della Repubblica presso il Tribunale competente il quale, quando ritenga che esso corrisponda all'interesse dei figli, lo autorizzerà. Lo stesso art. 6 contempla l'eventualità che i coniugi decidano di avvalersi della procedura di negoziazione anche quando non vi siano figli minori o maggiorenni disabili o economicamente non indipendenti. In questo caso l'accordo verrà trasmesso sempre al Procuratore della Repubblica il quale, previo un controllo di mera legittimità comunicherà il nulla osta agli avvocati.

Separazione di fatto

Alla separazione **di fatto**, invece, non vengono ricollegati gli effetti tipici della separazione legale: essa, tuttavia, assume rilievo nella misura in cui l'accordo – non omologato – di separarsi, o la sussistenza di una giusta causa di interruzione della convivenza, escludono la possibilità di configurare la separazione come violazione dell'obbligo di coabitazione, e soprattutto escludono il rischio della conseguente sospensione dell'obbligo di assistenza materiale (art. 146) e di un eventuale addebito di responsabilità in sede di separazione giudiziaria.

Separazione giudiziale

La separazione **giudiziale**, cui si ricorre quando uno dei coniugi è contrario alla separazione ovvero quando non c'è accordo sui termini della stessa, viene pronunciata dal giudice in seguito al ricorso di una delle parti: il diritto di chiedere la separazione spetta infatti **esclusivamente** ai coniugi.

Prima della riforma del diritto di famiglia, il codice prevedeva la sola separazione per **colpa**, la quale poteva essere richiesta nei confronti del coniuge che avesse violato uno dei doveri discendenti dal matrimonio, con la conseguenza che il coniuge ligio nell'assolvere gli obblighi coniugali poteva mantenere legato a sé il marito o la moglie contro la loro stessa volontà.

Del tutto diversa è la nuova disciplina, in base alla quale "la separazione può essere chiesta quando si verificano … fatti tali da rendere intollerabile la prosecuzione della convivenza o da arrecare grave pregiudizio all'educazione della prole" (art. 151).

È evidente che attribuire rilievo alla intollerabilità della convivenza in sé considerata, anche quando essa si è determinata indipendentemente dalla volontà – e dalla colpa – dei coniugi, significa far prevalere l'**interesse del singolo** che chiede di porre fine alla convivenza sull'interesse all'unità della famiglia e alla stabilità del vincolo coniugale: se si pensa, poi, che la separazione può essere richiesta anche dal coniuge responsabile, con la propria condotta, della intollerabilità della convivenza, si comprende come la continuità della vita coniugale sia legata al permanere del consenso.

Una traccia residua del modello della separazione per colpa permane nella possibilità di chiedere che il giudice dichiari "a quale dei coniugi sia addebitabile la separazione, in considerazione del suo comportamento contrario ai doveri che derivano dal matrimonio" (art. 151 cpv.).

Addebito

L'**addebito** della responsabilità della separazione – che teoricamente è possibile nei confronti di entrambi i coniugi –, oltre ad avere conseguenze rilevanti sul piano successorio (artt. 548, 585: v. Cap. XIV, n. 10-11), comporta la **perdita** del diritto al mantenimento nei confronti del coniuge: potrà essere invocato, ove ne ricorrano i presupposti di legge, solo il diritto agli alimenti (art. 433 s.: v. n. 5).

La possibilità di imputare ad un coniuge la responsabilità della separazione, con gli svantaggi che ne derivano, assume comunque un particolare rilievo sistematico, poiché, rappresentando l'unica vera sanzione della violazione dei doveri coniugali, ne sancisce la natura di vincoli giuridici (v. Cap. III, n. 1.2.2).

La separazione incide sugli obblighi posti a carico dei coniugi dall'art. 143.

In particolare, oltre a segnare la cessazione della coabitazione, essa determina il venir meno del dovere di assistenza morale, di collaborazione (eccezion fatta per le esigenze connesse all'educazione della prole) e di fedeltà. Il vincolo coniugale tuttavia conserva rilevo sotto il profilo del rispetto reciproco e della correttezza cui marito e moglie sono tenuti, anche dopo la separazione: la Corte Costituzionale, ad es., ha affermato che viola l'obbligo di fedeltà – intesa come lealtà reciproca – il tradimento ingiurioso che offende l'onore e il rispetto dell'altro coniuge. Effetti

Durante il regime di separazione, la moglie **conserva** il cognome del marito: il giudice però può vietargliene l'uso quando esso sia pregiudizievole per il marito, come, nel caso inverso, autorizzare la moglie a non adottare il cognome del marito (art. 156 *bis*).

Tuttavia, l'ambito in cui è più evidente il **permanere** del vincolo matrimoniale, e degli obblighi che ne derivano, è quello dei rapporti patrimoniali.

L'art. 156, co. 1 riconosce infatti che il coniuge economicamente più debole, il quale non disponga di **redditi adeguati**, ha diritto, purché non gli sia stata addebitata la responsabilità della separazione, ad un assegno di **mantenimento**. Assegno di mantenimento

L'entità di tale assegno deve essere determinata dal giudice in relazione alle circostanze del caso e alle possibilità economiche della parte obbligata a versarlo: in ogni caso, si ritiene che esso deve garantire al coniuge che lo riceve lo stesso tenore di vita che la coppia aveva prima della separazione. L'assegno può essere revocato o modificato nel suo ammontare dal giudice su ricorso di parte, quando sopraggiungono giustificati motivi: tipico è il caso di un mutamento delle condizioni patrimoniali dei coniugi.

La separazione, infine, è causa di **scioglimento** della comunione legale tra i coniugi (art. 191).

L'aspetto più delicato della separazione è comunque quello dei provvedimenti relativi ai **figli**, oggi disciplinato dal Capo II del Titolo IX, rubricato "esercizio della responsabilità genitoriale a seguito di separazione, scioglimento, cessazione degli effetti civili, annullamento, nullità del matrimonio ovvero all'esito di procedimenti relativi ai figli nati fuori del matrimonio", introdotto dal d.lgs. n. 154/2013. La disposizione fondamentale in materia è rappresentata dall'art. 337 *ter* alla stregua del quale i provvedimenti relativi alla prole vanno assunti con riferimento esclusivo all'interesse di quest'ultima. A tal fine il giudice dovrà prioritariamente valutare la possibilità che i **figli minori** (a cui sono oggi integralmente equiparati i portatori di handicap, v. art. 337 *septies*, co. 2 e 37 *bis* disp. att.) restino **affidati ad entrambi** i genitori; mentre potrà disporre l'affidamento ad uno solo dei genitori quando l'affidamento all'altro sia contrario all'interesse del minore (art. 337 *quater*, co. 1). In questo caso, l'**affidamento esclusivo** potrà essere richiesto anche da ciascuno dei genitori (art. 337 *quater*, co. 2). Innovativamente, poi, si prevede che il giudice possa anche disporre "in caso di temporanea impossibilità di affidare il minore ad uno dei genitori, l'affidamento familiare" (art. 337 *ter*, co. 2).

Ai sensi dell'art. 337 *ter*, co. 3, l'**esercizio** della responsabilità genitoriale è attribuito ad **entrambi** i genitori. Trattandosi delle decisioni di maggiore interesse per i figli relative all'istruzione, all'educazione e alla salute, in caso di disaccordo, la decisione è rimessa al giudice. Quest'ultimo, inoltre, limitatamente alle decisioni su questioni di ordinaria amministrazione, potrà stabilire che i genitori esercitino la responsabilità genitoriale separatamente.

Quanto al **mantenimento** dei figli, in assenza di un accordo tra i genitori, disporrà il giudice prevedendo la corresponsione di un assegno periodico il cui importo sarà determinato sulla base dei criteri di cui ai n. 1-5 dell'art. 337 *ter*, co. 4. Il peso economico dell'assegno di mantenimento così determinato andrà distribuito tra i due genitori in misura **proporzionale** al reddito di entrambi.

Per garantire il pagamento dell'assegno – lo stesso meccanismo opera, peraltro, anche per l'assegno di mantenimento del coniuge – è previsto che il giudice possa imporre, se esiste il pericolo che il coniuge vi si sottragga, la prestazione di **idonea** garanzia reale o personale. Inoltre, in caso di inadempimento, il giudice può disporre il **sequestro** di parte dei beni del coniuge obbligato e ordinare ai terzi che siano tenuti a corrispondere anche periodicamente somme di denaro a quest'ultimo, di versarle direttamente a favore del coniuge avente diritto (art. 156, co. 3-5).

Infine, anche nell'assegnazione del godimento della casa familiare bisognerà tenere prioritariamente conto dell'interesse dei figli (art. 337 *sexies*).

Tutti i provvedimenti relativi all'affidamento dei figli e all'esercizio della responsabilità genitoriale su di essi, nonché quelli concernenti l'ammontare dell'assegno di mantenimento, possono essere **modificati** dal giudice in ogni momento su domanda di parte (art. 337 *quinquies*).

Accanto alla separazione giudiziale, il codice prevede la separazione **consensuale**, la quale trova la propria fonte nell'**accordo** dei coniugi e acquista efficacia con l'**omologazione** da parte del giudice (art. 158 c.c.). Separazione consensuale

Deve escludersi che questi possa sindacare sul merito la decisione dei coniugi di separarsi. Ciò è confermato dal dettato normativo, il quale consente al giudice di negare l'omologazione solo quando gli aspetti relativi all'**affidamento** e al **mantenimento** dei figli appaiono in contrasto con i loro interessi (art. 158, co. 2).

L'accordo dei coniugi, con il quale vengono concordati i termini della separazione, è un negozio di diritto familiare: come tale esso ha carattere **personalissimo**.

Le condizioni della separazione contenute nell'accordo omologato – al pari delle determinazioni contenute nella sentenza di separazione – sono sottoposte alla clausola *rebus sic stantibus*: i coniugi possono pertanto chiederne al giudice la **revoca** o la **modifica**, allorquando si verifica un mutamento della situazione di fatto preesistente.

I coniugi possono anche, con un accordo successivo a quello omologato, **modificare** le condizioni originariamente previste: tuttavia, se la modifica attiene a determinazioni che coinvolgono la prole, la sua efficacia è condizionata ad una nuova omologazione.

L'intervento del giudice, necessario ai fini della separazione, non è richiesto dalla legge per la **riconciliazione**: per la cessazione degli effetti della separazione è infatti sufficiente la volontà dei coniugi, la quale può essere manifestata sia con una dichiarazione **espressa**, sia con un comportamento non equivoco, incompatibile con lo stato di separazione (art. 157). Riconciliazione

La riconciliazione implica l'**abbandono** della domanda di separazione giudiziale (art. 154 c.c.).

Inoltre, la separazione potrà essere pronunciata nuovamente solo in relazione a fatti o comportamenti **successivi** alla riconciliazione (art. 157 cpv. c.c.). Tale effetto preclusivo discende dal fondamento della separazione, individuato dal legislatore nella **attuale** intollerabilità della convivenza: ciò esclude che le fratture del passato, superate con la riconciliazione, possano essere invocate per ottenere una nuova separazione.

La l. div. (successivamente modificata dalla l. n. 436/1978 e dalla l. n. 74/1987) ha introdotto nell'ordinamento italiano l'istituto del **divorzio**. Divorzio

È così caduto il principio della indissolubilità del vincolo matrimoniale, sostituito da un diverso regime che – individuando l'essenza del matrimonio nella comunione di vita materiale e spirituale tra i coniugi – riconosce l'impossibilità di conservare in vita il rapporto, quando esso è fallito e la comunione di vita non può essere in alcun modo ricostituita.

Peraltro, dalla Carta Costituzionale non emergono indicazioni univoche sulla configurabilità di un principio di indissolubilità del matrimonio: il valore dell'unità della famiglia (sancito espressamente dall'art. 29 cpv. Cost.) sembra infatti subordinato all'affermazione dell'uguaglianza e della libertà dei coniugi e, in ogni caso, assume rilievo non quale impedimento alla cessazione del vincolo, ma sul piano dello svolgimento del rapporto, quale criterio cui la disciplina normativa deve ispirarsi.

Bisogna aggiungere, inoltre, che l'istituto del divorzio appare coerente con la riforma del diritto di famiglia. Questo infatti, spogliato dei profili pubblicistici che lo connotavano in funzione dell'esigenza di tutelare gli interessi superiori dell'unità della famiglia e della stabilità del vincolo (v. n. 3.2), appare ispirato al riconoscimento della libertà dei coniugi e della tendenziale disponibilità degli interessi coinvolti. In particolare, l'individuazione del fondamento della separazione nella intollerabilità della convivenza testimonia come il perdurare del vincolo presuppone il permanere, e il continuo rinnovarsi, del consenso dei coniugi.

In questo contesto, l'introduzione del divorzio non appare come la deroga ai principi che reggono l'ordinamento della famiglia: esso, semmai, consente di configurare la dissolubilità del matrimonio quale nuovo principio fondamentale del sistema. Ne è conferma il fatto che il diritto di chiedere il divorzio è **inderogabile**, **indisponibile** e **intrasmissibile**.

Il divorzio è, insieme alla morte di uno dei coniugi, l'unica causa di **scioglimento** del matrimonio (art. 149). In caso di matrimonio concordatario, la legge tuttavia non parla di scioglimento del vincolo, ma di cessazione degli effetti civili, così evidenziando che gli effetti religiosi della celebrazione permangono.

Modalità

Il divorzio deve essere pronunciato dal giudice con una **sentenza** che ha natura **costitutiva**: il nostro ordinamento non conosce infatti il divorzio per mutuo consenso. In particolare, lo scioglimento del matrimonio incide sul rapporto, risolvendolo *ex nunc*: ciò lo distingue dalla diversa fattispecie dell'invalidità del matrimonio (n. 3.1), che invece attiene all'atto, e nella quale la sentenza rimuove il vincolo coniugale con efficacia retroattiva.

Perché il giudice pronunci il divorzio devono concorrere **due** condizioni.

Presupposti

Innanzitutto, è necessario che la comunione di vita spirituale e materiale tra i coniugi, che costituisce l'essenza del matrimonio, sia **venuta meno** e non possa essere più ricostituita (artt. 2-3 l. div.).

Inoltre, il fallimento della vita coniugale deve essere stato determinato da una delle **cause** previste dall'art. 3 l. div.

La più importante di queste ipotesi ricorre quando i coniugi siano **separati** legalmente da almeno dodici mesi, nel caso di separazione giudiziale, e da almeno sei mesi nel caso di separazione consensuale (art. 3, co. 2, lett. *b*), come modificato dall'art. 1, l. n. 55/2015: c.d. divorzio breve). Al riguardo si rammenti anche quanto già segnalato al n. 3.3 in ordine alle nuove modalità di conseguimento della separazione o del divorzio): infatti, non solo statisticamente questa è la causa di divorzio di gran lunga più ricorrente, ma anche su un piano ricostruttivo tale ipotesi – soprattutto se si considera che la separazione è determinata dalla mera intollerabilità della convivenza – conferma come la stabilità del vincolo matrimoniale trovi il proprio fondamento nel mero consenso dei coniugi.

Il giudice inoltre può pronunciare il divorzio quando il coniuge è stato **condannato** con sentenza passata in giudicato, anche per fatti precedenti al matrimonio:

1. all'ergastolo o a pena detentiva superiore ai quindici anni per un delitto non colposo, esclusi i reati politici e quelli commessi per motivi di particolare valore;
2. a qualsiasi pena detentiva per incesto, violenza carnale, atti di libidine violenta, ratto a fine di libidine o di matrimonio, o per reati attinenti alla prostituzione;
3. a qualsiasi pena detentiva per omicidio volontario di un figlio, o per tentato omicidio di un figlio o del coniuge;
4. a qualsiasi pena detentiva, con due o più condanne, per i delitti di lesione, circonvenzione di incapace, omessa assistenza familiare o maltrattamenti commessi in danno del coniuge o del figlio.

Il divorzio può essere chiesto, nei casi di cui ai punti 2 e 3, anche quando il coniuge sia stato assolto per vizio totale di mente, purché venga accertata l'**inidoneità** del convenuto a mantenere o a ricostituire la convivenza, e nell'ipotesi dell'incesto quando, per mancanza dell'elemento dello scandalo, vi sia stata assoluzione o proscioglimento.

Sussiste inoltre motivo di divorzio qualora l'altro coniuge abbia ottenuto all'**estero** il divorzio o l'annullamento del matrimonio o abbia contratto, sempre all'estero, nuove nozze; nel caso di matrimonio rato ma non consumato; e, infine, nell'ipotesi in cui il coniuge abbia ottenuto sentenza, passata in giudicato, di rettifica dell'attribuzione del sesso ai sensi della l. n. 164/1982 (v. Cap. V, n. 12.1).

La domanda di divorzio deve essere presentata con **ricorso** al giudice: l'altro coniuge può opporvisi o aderirvi. È anche possibile presentare ricorso congiunto: in tal caso è previsto un procedimento abbreviato (art. 4 l. div.).

Effetti

Il divorzio comporta la **perdita** dello *status* di coniuge e il venir meno di tutti gli effetti personali e patrimoniali del matrimonio. Esso, ovviamente, determina lo **scioglimento** della comunione legale dei beni (art. 191).

Sul piano personale, il divorzio implica la **cessazione** di tutti gli obblighi coniugali; la moglie inoltre perde il diritto all'uso del cognome del marito, ma può ottenere dal giudice l'autorizzazione a conservarlo quando sussista un interesse suo o dei figli meritevole di tutela (art. 5 l. div.).

Assegno di divorzio

Sul piano patrimoniale, il coniuge economicamente più debole ha diritto ad un assegno di **mantenimento** periodico, il cui ammontare deve essere determinato dal giudice tenendo conto delle condizioni dei coniugi, delle ragioni della decisione, del contributo personale ed economico dato alla formazione del patrimonio di ciascuno e di quello comune, del reddito di entrambi, e della durata del matrimonio (art. 5 l. div.).

La giurisprudenza ha individuato nel contenuto dell'assegno **tre** componenti: quella **assistenziale** (il giudice deve infatti procedere al confronto delle condizioni patrimoniali dei coniugi, riconoscendo il mantenimento a quello economicamente più debole), quella **compensativa** (l'assegno deve compensare il contributo personale e patrimoniale dato alla formazione del patrimonio del coniuge obbligato), e quella **risarcitoria** (il richiamo ai motivi del divorzio quale criterio di determinazione dell'assegno implica il rilievo che possono assumere le rispettive responsabilità nel fallimento del matrimonio).

Tuttavia, a seguito della novella introdotta dalla l. n. 74/1987, il diritto al mantenimento può essere riconosciuto solo quando il coniuge **non** abbia mezzi adeguati di sostentamento, o comunque, non può procurarseli per ragioni oggettive.

Ciò avrebbe comportato il definitivo prevalere della componente assistenziale dell'assegno di divorzio, ma la giurisprudenza ha a lungo continuato ad ancorare il computo dell'assegno all'adeguatezza al tenore di vita precedente il divorzio, arrivando anche a ritenere quali ragioni oggettive che impediscono al coniuge di procurarsi mezzi adeguati, non solo l'impossibilità di lavorare per motivi di salute, ma anche la non adeguatezza del lavoro disponibile al suo *status* sociale. Più di recente, però, la giurisprudenza di legittimità ha ritenuto che non sia configurabile un interesse giuridicamente rilevante dell'ex coniuge a conservare il tenore di vita matrimoniale, sicché l'assegno non spetta all'ex coniuge che sia effettivamente in grado di essere economicamente indipendente.

La sentenza deve stabilire anche un criterio di adeguamento **automatico** dell'assegno alla svalutazione monetaria; è inoltre prevista la possibilità che i coniugi concordino la sua corresponsione in un'unica soluzione, purché la misura stabilita sia ritenuta equa dal giudice: in questa ipotesi, infatti, al coniuge è preclusa qualunque ulteriore domanda di contenuto economico.

In ogni caso, quando ricorrono giusti motivi, è possibile ricorrere al Tribunale perché modifichi l'ammontare dell'assegno di mantenimento (art. 9 l. div.).

Diversi sono gli strumenti previsti dal legislatore per garantire che l'assegno venga regolarmente corrisposto.

Il giudice, infatti, può ordinare al coniuge obbligato la prestazione di idonea **garanzia** reale o personale (art. 8, co. 1, l. div.). Inoltre, in caso di inadempimento, è prevista la possibilità di ottenere il **sequestro** dei beni (art. 8, co. 7, l. div.) e di notificare ai **terzi**, tenuti a corrispondere periodicamente a quest'ultimo somme di denaro (ad es., al datore di lavoro), l'invito a versare le somme dovute direttamente al coniuge creditore. Peraltro questi, in caso di inadempimento del terzo intimato, può anche agire esecutivamente nei suoi confronti (art. 8, co. 3-4, l. div.).

Il coniuge titolare dell'assegno, il quale non abbia contratto nuove nozze, ha diritto inoltre ad una percentuale dell'**indennità** di fine rapporto del coniuge obbligato (art. 12 *bis* l. div.).

Sul piano successorio, il divorzio comporta la **perdita** di ogni diritto (v. Cap. XIV, n. 10). Tuttavia, al coniuge che ha diritto al mantenimento e che non abbia contratto nuove nozze, spetta la pensione di reversibilità del coniuge deceduto, o ad una sua parte se questi, nel frattempo, si era risposato (art. 9 l. div.).

L'obbligo del mantenimento **non** si trasmette agli eredi. Tuttavia, qualora il coniuge titolare di assegno versi in stato di bisogno, il Tribunale, dopo il decesso dell'obbligato, può porre a carico dell'eredità un **assegno** periodico, qualificato dalla dottrina come un legato obbligatorio *ex lege*. Il diritto all'assegno *post mortem*, che non può essere invocato nel caso in cui l'obbligo del mantenimento sia assolto *una tantum*, si estingue quando il beneficiario contrae nuove nozze o se cessa lo stato di bisogno, ma risorge ove il soggetto si ritrovi in tale stato (art. 9 *bis* l. div.).

Naturalmente, il divorzio non comporta il venir meno dei doveri dei genitori nei confronti della prole.

La disciplina dell'affidamento e del mantenimento dei figli ricalca, tuttavia, quella dettata per la separazione legale. Ad essa pertanto si rinvia integralmente.

4. *La filiazione e le nuove tecnologie riproduttive*

Procreazione

Abbiamo visto (n. 1) che il diritto di famiglia è, in larga misura, disciplina del rapporto di filiazione, ossia del rapporto che si instaura tra due soggetti in ragione della circostanza che l'uno è stato procreato dall'altro.

In realtà, la disciplina giuridica della filiazione è molto più complessa nella misura in cui mira alla attribuzione di *status* (v. Cap. III, n. 1.3) sulla base di fattispecie che **non** si **esauriscono** nella procreazione (filiazione nel matrimonio e fuori di esso) o, addirittura, ne **prescindono** completamente (filiazione adottiva o civile).

Il mero fatto della procreazione ha quindi una rilevanza giuridica abbastanza limitata, apprezzabile sia sotto il profilo della disciplina degli **impedimenti** matrimoniali (v. n. 3.1), rappresentando la parentela di sangue in linea retta e collaterale un impedimento alla celebrazione del matrimonio (art. 87, n. 1-2), sia sotto il profilo dell'obbligo penalisticamente sanzionato di non lasciare il figlio in stato di abbandono (art. 591 s. c.p.), e degli obblighi soltanto economici nei confronti dei figli non riconoscibili (art. 279, co. 1).

Quale che sia il fondamento della filiazione, i genitori hanno il dovere di **educare, istruire e mantenere** i figli tenendo conto delle loro capacità inclinazioni o aspirazioni (art. 30, co. 1, Cost.; art. 147). Il figlio, dal canto suo, deve rispettare i genitori e deve contribuire, in relazione alle proprie sostanze e al proprio reddito, al mantenimento della famiglia finché convive con essa (art. 315).

Responsabilità genitoriale

Per l'assolvimento degli obblighi loro imposti nei confronti dei figli, la legge grava i genitori di una **responsabilità**, detta responsabilità **genitoriale** e oggetto di disciplina in seno al Titolo IX del Libro I, rubricato appunto, a seguito delle modifiche introdotte dal d.lgs. n. 154/2013, "Della responsabilità genitoriale e dei diritti e doveri del figlio". La responsabilità genitoriale, categoria di matrice europea (v. art. 2, n. 7), Reg. n. 2003/2201), segna un capovolgimento di prospettiva: il figlio, da oggetto di tutela, ne diviene soggetto, con un ben chiaro novero di diritti, a cui corrispondono altrettanti doveri (non più poteri) dei genitori, dettati sempre nell'interesse del figlio medesimo. La modifica consiste, inoltre, nell'avere unificato disposizioni prima distribuite fra Titolo IV e Titolo IX del Libro I e l. div.: tutte le disposizioni sulla responsabilità genitoriale si rinvengono, come detto, nel novellato Titolo IX, partito nei capi "Dei diritti e doveri del figlio" e "Esercizio della responsabilità genitoriale a seguito di separazione, scioglimento, cessazione degli effetti civili, annullamento, nullità del matrimonio ovvero all'esito di procedimenti relativi ai figli nati fuori del matrimonio".

La responsabilità grava su **entrambi** i genitori nei riguardi dei figli (oggi non si specifica più se i doveri concernano solo i minori) ed anche il suo esercizio avverrà, di regola, **congiuntamente** se i due genitori convivono e sono entrambi presenti (art. 317). In caso di contrasto su questioni di particolare importanza, ciascuno di essi può rivolgersi al **giudice** il quale, sentiti i genitori ed i figli ultradodicenni (e anche di età inferiore ove capaci di discernimento, recita il nuovo art. 316, co. 3), suggerirà le determinazioni più utili nell'interesse del figlio: permanendo il contrasto, il giudice affiderà la decisione a quello dei genitori che, nel singolo caso, gli appare come il più idoneo a curare l'interesse del figlio (art. 316).

L'art. 317 *bis*, poi, che prima del 2013 concerneva l'esercizio della potestà per il caso del figlio naturale (disciplina che oggi si rinviene nell'art. 316, co. 4), recependo la giurisprudenza pronunciatasi in materia, introduce, al co. 1, il diritto degli ascendenti di "mantenere rapporti significativi con i nipoti minorenni" (diritto esercitabile in giudizio *ex* art. 317 *bis*, co. 2).

Ai genitori spetta, fino alla maggiore età o all'emancipazione, la **rappresentanza** dei figli nati e nascituri e l'**amministrazione** dei loro beni (art. 320; ma v. anche l'art. 334).

Dalla responsabilità genitoriale si può **decadere** quando il genitore violi o trascuri i doveri ad essa inerenti o abusi dei relativi poteri con grave pregiudizio del figlio (art. 330, co. 1): tuttavia, venendo meno tali circostanze, il genitore può essere reintegrato nella responsabilità genitoriale (art. 332).

Sempre nel solco di una rafforzata considerazione della posizione e dell'interesse del figlio si muove il pieno riconoscimento ad esso del diritto ad essere ascoltato, anche ove infradodicenne, ma capace di discernimento, in tutti i procedimenti in cui debbano essere adottati provvedimenti che lo riguardino, a meno che l'ascolto non sia in contrasto con l'interesse del minore medesimo, o manifestamente superfluo (art. 336 *bis*, i cui co. 2 e 3 dettano la procedura che il giudice dovrà seguire nell'ascolto; v. anche gli artt. 262, co. 3, 337 *octies*, 348, co. 3, 371, co. 1, n. 1, 38 *bis* disp. att. e art. 4, co. 4, l. div.).

Per l'esercizio della responsabilità genitoriale in caso di separazione o divorzio, v. n. 3.3.

Fecondazione assistita

Prima di passare ad un esame dei vari tipi di filiazione, è opportuno spendere qualche parola sulle tecniche di **fecondazione assistita**. Queste tecniche pongono al diritto di famiglia due fondamentali ordini di problemi, attinenti ora alla applicabilità delle normali regole di attribuzione dello *status* di figlio, ora alla tenuta del modello tradizionale di famiglia (v. n. 1), imperniato sulla c.d. **doppia figura genitoriale**, ossia i coniugi in veste di genitori di una prole concepita in costanza di matrimonio.

Per quanto riguarda i problemi del primo tipo, si pensi alla c.d. fecondazione *in vitro* **eterologa**, nella quale l'ovocita viene fecondato al di fuori del grembo materno con spermatozoi appartenenti non al marito ma ad un donatore anonimo; o, ancora, alla c.d. **maternità surrogata**, nella quale vi è una scissione tra la donna che intende diventare madre e la donna destinata a portare avanti la gestazione e, quindi, a partorire.

In entrambi questi casi diventa oltre modo problematico applicare, rispettivamente, la regola istitutiva della presunzione di paternità (art. 231: v. n. 4.1) o quella secondo la quale è madre colei dalla quale il figlio fu partorito (art. 269, co. 3: v. 4.2).

Non è un caso, ad es., che la cronaca si sia spesso dovuta occupare di vicende nelle quali il marito, dopo avere assentito alla fecondazione eterologa della moglie, si era pentito ed aveva esercitato l'azione di disconoscimento della paternità (art. 235: v. n. 4.1). La giurisprudenza, dopo molte oscillazioni, è pervenuta di recente ad una soluzione che nega al marito la legittimazione ad agire sulla base di motivazioni, certo comprensibili dal punto di vista etico, ma poco rispettose del meccanismo che attualmente presiede al riconoscimento dello *status* di figlio legittimo che si fonda, pur sempre, sulla presunzione che il marito sia anche il padre biologico del figlio della moglie.

Per quanto riguarda i problemi del secondo tipo, essi nascono dall'accesso alle tecniche di fecondazione assistita da parte di soggetti che non soddisfano i requisiti richiesti dal modello tradizionale di famiglia (ad es., le donne *single*).

Sul punto si può osservare, molto sinteticamente, che se è vero che il nostro ordinamento esprime una netta preferenza per quello che abbiamo chiamato il modello tradizionale di famiglia, appunto imperniato sulla doppia figura genitoriale, tuttavia ammette forme di convivenza differenziate rispetto a quel modello: si pensi, solo per fare un esempio banale, al caso del figlio nato fuori del matrimonio che venga riconosciuto da uno solo dei genitori (v. n. 4.2).

La legge in materia di procreazione medicalmente assistita (l. n. 40/2004) ha inteso dare una risposta all'uno ed all'altro tipo di problemi. Per un verso, infatti, essa ha vietato il ricorso a tecniche di procreazione medicalmente assistita di tipo eterologo (art. 4, co. 3), in pari tempo negando al coniuge che abbia acconsentito il ricorso a tali tecniche la possibilità di esercitare l'azione di disconoscimento della paternità nei casi previsti dall'art. 235, co. 1, nn. 1 e 2 (art. 9, co. 1); il rinvio è a una disposizione oggi abrogata e sostituita dall'art. 243 *bis*, che non tipizza quei casi di inammissibilità dell'azione in parola. Per altro verso, la legge in esame consente l'accesso alle tecniche di fecondazione assistita alle sole coppie, coniugate o conviventi, di sesso diverso in età potenzialmente fertile ed i cui componenti siano entrambi viventi (art. 5) e, in seguito all'intervento della Corte costituzionale, consente alla coppia assolutamente sterile e infertile di utilizzare la tecnica di procreazione medicalmente assistita eterologa. È invece assoluto il divieto di c.d. maternità surrogata (art. 12), considerato dalle S.U. della Corte di Cassazione un limite di ordine pubblico internazionale, e dunque espressivo dei valori e principi fondamentali propri del nostro ordinamento in questo periodo storico (Cass., Sez. Un., n. 12193/2019). Tale divieto, pertanto, impedisce che, nel nostro ordinamento, vengano riconosciuti gli effetti di provvedimenti stranieri che attribuiscono lo *status* di figlio di soggetti che hanno fatto ricorso alla maternità surrogata.

Nel complesso, si tratta di un provvedimento che, al di là delle opzioni ideologiche, lascia ancora irrisolti molti fenomeni, dai risvolti drammatici, che il ricorso alle tecniche di procreazione medicalmente assistita pone a quanti di tali tecniche devono avvalersi nel tentativo di soddisfare un comprensibile desiderio di maternità o di paternità. E non è certamente un caso che, nel corso degli anni, la Corte costituzionale, con una serie di pronunzie successive, abbia sostanzialmente smantellato l'impianto della legge, rimuovendo il divieto di fecondazione eterologa o consentendo l'accesso alla riproduzione artificiale anche alle coppie fertili. Così, ad es., da ultimo la Corte cost. n. 162/2014 ha dichiarato la illegittimità costituzionale dell'art. 4, co. 3, l. n. 40/2004 nella parte in cui vieta alla coppia assolutamente sterile e infertile, di utilizzare la tecnica di procreazione medicalmente assistita eterologa.

4.1. *La filiazione nel matrimonio*

Come si è già avuto modo di ricordare, la l. n. 219/2012 ha inteso procedere ad una sostanziale equiparazione della posizione del figlio nato fuori del matrimonio a quella del figlio nato in costanza di matrimonio. Prima dell'entrata in vigore della suddetta legge, un uso consolidato, recepito dal legislatore, voleva che i figli appartenenti alla prima di queste due categorie fossero detti naturali, e quelli appartenenti alla seconda categoria, legittimi. Questa nomenclatura oggi non ha più diritto di cittadinanza perché l'art. 1, co. 11, l. n. 219/2012 ha disposto che "nel codice civile, le parole: «figli legittimi» e «figli naturali», ovunque ricorrono, sono sostituite dalla seguente: «figli»". Inoltre, ai sensi del novellato art. 315, "tutti i figli hanno lo stesso stato giuridico". Non solo. Perché ai sensi dell'art. 2, co. 1, il legislatore delegato ha provveduto a sostituire le locuzioni "filiazione" (che attualmente figura quale ru- Presupposti brica del Titolo VII del Libro I), “filiazione legittima” (che attualmente figura quale rubrica del Capo I del Titolo VII) e “filiazione naturale e della legittimazione” (che attualmente figura quale rubrica del Capo II), rispettivamente con quella di “filiazione”, “della presunzione di paternità” e di “riconoscimento dei figli nati fuori del matrimonio” (che figurerà quale rubrica di un nuovo Capo IV), nonché a modificare anche la legislazione speciale affinché in tutto l’ordinamento si parli esclusivamente di “figli”. Come già osservato, tuttavia, se pure sostanzialmente equiparati sotto il profilo dello *status*, inteso come attribuzione giuridica della persona giustificativa del riconoscimento di situazioni soggettive di vario tipo, i figli nati fuori dal matrimonio e quelli nati in costanza di matrimonio continuano a rivestire una posizione differente quanto alle modalità di insorgenza dello *status* medesimo, posto che, nel primo caso, esso discenderà da una espressa manifestazione di volontà di uno o di entrambi i genitori, mentre nel secondo caso esso conseguirà *ipso iure* al ricorrere dei presupposti di legge. Ciò spiega la ragione per cui, nonostante l’incisività del recente intervento normativo in materia di filiazione, conservi una propria ragion d’essere una trattazione autonoma delle modalità di attribuzione dello stato di figlio, a seconda che si tratti di figli nati nel matrimonio, fuori del matrimonio o adottivi.

La filiazione sarà **nel matrimonio** quando il figlio sia stato concepito in **costanza** di matrimonio da due genitori tra loro coniugati. Dunque, in questo caso, perché la legge riconosca lo *status* di figlio debbono ricorrere i seguenti presupposti:

a) un matrimonio, valido o anche invalido, purché esistente (art. 128: v. n. 3.1);

b) un concepimento in costanza di matrimonio;

c) che la madre sia la moglie del padre in virtù del matrimonio di cui al punto a);

d) che il marito (sempre in virtù del matrimonio di cui al punto a) della madre, sia il padre del figlio.

Ora, di questi presupposti, quelli di cui al punto a) e al punto c) sono agevolmente accertabili sulla base, rispettivamente, dell’atto di **matrimonio** e dell’atto di **nascita**. Molto più problematico appare l’accertamento dei presupposti di cui al punto b) e al punto d) per i quali, non a caso, la legge istituisce **due** presunzioni (v. Cap. IV, n. 1.3).

Presunzione di paternità

Disciplinando la prima di tali presunzioni, sino al 2013, l’art. 231 recitava: “il marito è padre del figlio concepito durante il matrimonio” (presunzione di **paternità**). Oggi, il d.lgs. n. 154/2013 ha provveduto all’estensione della presunzione di paternità del marito rispetto ai figli comunque nati o concepiti durante il matrimonio, eliminando un aspetto discriminatorio residuato pur dopo la riforma del 2012.

Presunzione di concepimento durante il matrimonio

In base alla seconda di tali presunzioni, il figlio si presume concepito durante il matrimonio allorché nasca quando non siano trascorsi più di trecento giorni dall'annullamento, dallo scioglimento o dalla cessazione degli effetti civili del matrimonio (art. 232, co. 2: presunzione **di concepimento durante il matrimonio**).

Anteriormente all'entrata in vigore del citato decreto attuativo, là dove il figlio fosse nato prima dei centottanta giorni, si reputava pur sempre concepito in costanza di matrimonio fino a quando uno dei coniugi, o il figlio stesso, non avessero esercitato l'azione di disconoscimento della paternità. Il legislatore del 2013, però, è intervenuto espungendo il riferimento al termine iniziale dall'art. 232 ed abrogando, in pari tempo, l'art. 233 (prima norma chiave in materia), di talché oggi anche il figlio nato il giorno del matrimonio si presume concepito in costanza dello stesso.

Azione di disconoscimento della paternità

La presunzione di paternità è una presunzione **relativa** che può essere superata attraverso l'esercizio di un'apposita azione, detta di **disconoscimento della paternità** (artt. 243 *bis*, 244) la quale, appunto, mira a dimostrare l'**inesistenza** del rapporto di filiazione.

L'abrogato art. 235 distingueva a seconda che il figlio fosse nato **prima** o **dopo** i centottanta giorni dal matrimonio.

In entrambi i casi il figlio era considerato concepito in costanza di matrimonio, ma mentre nella prima ipotesi l'azione di disconoscimento non aveva limiti di ammissibilità, nel secondo caso il codice prevedeva tre casi tassativamente indicati e cioè:

a) la **mancata coabitazione** dei coniugi nel periodo compreso tra i centottanta ed i trecento giorni prima della nascita;

b) l'**impotenza**, anche soltanto di generare, del marito nel predetto periodo;

c) l'**adulterio** da parte della moglie, consumato sempre nello stesso periodo, o il caso in cui la moglie abbia tenuto **nascosta** al marito la gravidanza o la nascita.

In considerazione delle ricordate modifiche all'art. 232 e in forza dell'art. 2, co. 1, lett. d), l. n. 219/2012, che ha delegato il governo per la "ridefinizione della disciplina del disconoscimento di paternità, con riferimento in particolare all'articolo 235, primo comma, numeri 1), 2) e 3), del codice civile, nel rispetto dei principi costituzionali", il regime dell'azione di disconoscimento della paternità non distingue più a seconda che il figlio sia nato prima o dopo i centottanta giorni, di talché l'azione non ha più, sotto questo profilo, limiti di ammissibilità. L'art. 243 *bis*, introdotto dall'art. 17, d.lgs. n. 154/2013, sostituisce l'abrogato art. 235 e individua come legittimati attivi il padre, la madre e il figlio (oggi anche ove minorenne, il quale sarà rappresentato da un curatore speciale se ultraquattordicenne e dal pubblico ministero o dall'altro genitore se infraquattordicenne); chi esercita l'azione è ammesso a provare che non sussiste rapporto di filiazione tra il figlio e il presunto padre, mentre la sola dichiarazione della madre non esclude la paternità.

La madre può esercitare l'azione entro sei mesi dalla nascita del figlio ovvero dal giorno in cui è venuta a conoscenza dell'impotenza di generare del marito al tempo del concepimento (art. 244, co. 1); il marito la può esercitare entro un anno a partire da un termine variamente individuato (art. 244, co. 2-3): per essi l'azione oggi si prescrive in ogni caso cinque anni dopo il giorno della nascita, mentre per il figlio essa è imprescrittibile (art. 244, co. 5).

La sentenza che accoglie l'istanza di disconoscimento ha efficacia **costitutiva** (v. Cap. IV, n. 1.4) nella misura in cui il figlio, in tal modo, diventerà figlio della madre con efficacia retroattiva.

Azione di contestazione dello stato di figlio

Per la verità, anche l'esistenza di un vincolo matrimoniale e l'identità di madre e moglie, possono essere messi in discussione sulla base dell'azione di **contestazione dello stato di figlio** (art. 248), attraverso la quale è dato provare la **mancanza** di un vincolo matrimoniale tra i genitori o che, a causa di **supposizione di parto** o **di scambio di neonato** (art. 239, co. 2), la madre del figlio non è quella indicata nell'atto di nascita. L'azione può essere esercitata da chiunque vi abbia interesse, compreso il figlio minorenne, ed è **imprescrittibile**.

Prova della filiazione

Lo stato di figlio può essere provato con l'**atto di nascita** (art. 236, co. 1). Se manca l'atto di nascita, la prova può essere data sulla base del **possesso di stato di figlio** (art. 236, co. 2), ossia attraverso la dimostrazione di alcuni fatti qualificati dai quali sia possibile presumere esistente il rapporto di filiazione.

Tali fatti sono l'essere sempre stato trattato come **figlio** e l'essere sempre stato considerato tale anche nel proprio contesto **sociale** e **familiare** (art. 237).

Azione di reclamo della legittimità

Tuttavia, anche in assenza dell'atto di nascita e del possesso di stato, sarà possibile al figlio pretendere il riconoscimento dello *status filiationis* attraverso l'esercizio dell'azione di **reclamo dello stato di figlio** (art. 249). Tale azione può venire esercitata dal figlio (oggi anche se minorenne) o anche, date certe condizioni, dai suoi **discendenti**. La prova, sino all'entrata in vigore del d.lgs. n. 154/2013, poteva essere data solo per testimoni, purché vi fosse un principio di prova per iscritto ovvero in presenza di gravi indizi e presunzioni. Oggi, invece, l'art. 241 prevede che "quando mancano l'atto di nascita e il possesso di stato, la prova della filiazione può darsi in giudizio con ogni mezzo". L'azione è **imprescrittibile** rispetto al figlio.

4.2. *La filiazione fuori del matrimonio*

Riconoscimento del figlio nato fuori del matrimonio

Il figlio nato al di **fuori** del matrimonio può conseguire lo *status* di figlio riconosciuto sulla base di un atto – detto **riconoscimento di figlio nato fuori del matrimonio** – posto in essere da entrambi, o anche da uno solo dei genitori (art. 250, co. 1).

Ai sensi dell'art. 254, co. 1, il riconoscimento può essere fatto nell'atto di nascita o con un atto successivo davanti all'ufficiale dello stato civile o, ancora, con un atto pubblico o un testamento.

Si tratta di un atto **personalissimo** che può essere posto in essere **solo** dal genitore, e **puro**, cioè non sottoponibile né a termine né a condizione (art. 257).

Cause di impugnazione

Il riconoscimento è **irrevocabile** (da qui anche la irrevocabilità del testamento che lo contenga: v. Cap. XIV, n. 9.1), ma può essere impugnato per **difetto di veridicità** (art. 263), per **violenza morale** (art. 265), o per **incapacità** derivante da interdizione giudiziale (art. 266).

Ai fini del riconoscimento, è necessario che il genitore abbia compiuto almeno **sedici** anni, ma la riforma del 2012 ha introdotto la possibilità che il giudice autorizzi il genitore infrasedicenne al compimento dell'atto, valutate le circostanze e avuto riguardo all'interesse del figlio (art. 250, ult. co.: v. Cap. V, n. 3). Ove il figlio da riconoscere, a sua volta, abbia compiuto quattordici anni, è comunque necessario il suo **assenso** (art. 250, co. 2) mentre, trattandosi di infraquattordicenne, è richiesto il consenso del genitore che abbia già effettuato il riconoscimento (art. 250, co. 3). Ai sensi dell'art. 250, co. 4, nel caso in cui uno dei genitori non intenda procedere al riconoscimento, quest'ultimo, ove ciò risulti in contrasto con l'interesse del figlio, potrà essere surrogato da una sentenza del giudice tutelare (non più del Tribunale dei Minori, come previsto prima della riforma del 2012) a seguito di ricorso del genitore che voglia riconoscere il figlio.

Casi residui di inammissibilità del riconoscimento

Il riconoscimento non può avere luogo se esso è in contrasto con lo stato di figlio (art. 253). Prima della riforma del 2012, inoltre, **non** potevano essere riconosciuti i figli **incestuosi**, a meno che al momento del concepimento i genitori non fossero in buona fede (cioè ignorassero l'esistenza del vincolo di parentela o di affinità), o che il matrimonio da cui deriva l'affinità fosse stato dichiarato nullo (art. 251). Oggi il codice, con novità veramente significativa, contempla come regola generale non più il divieto, bensì la indiscriminata riconoscibilità dei figli incestuosi, previa autorizzazione del giudice avuto riguardo all'interesse del figlio e alla necessità di evitare allo stesso qualsiasi pregiudizio.

Come già osservato, il venir meno del divieto di riconoscimento del figlio incestuoso ha come effetto quello di consentire che nei confronti di quest'ultimo si producano gli effetti previsti dall'art. 128 ult. co. in relazione al caso in cui i genitori fossero in mala fede al momento della celebrazione del matrimonio.

Il figlio incestuoso non riconosciuto può, in ogni caso, agire per ottenere il mantenimento, l'istruzione e l'educazione (art. 279, co. 1).

Accertamento giudiziale

Nel caso in cui nessuno dei genitori lo abbia voluto riconoscere, il figlio può provocare un **accertamento giudiziale della paternità o della maternità** in tutti i casi in cui è ammesso il riconoscimento (art. 269). Legittimato ad agire è il **figlio** e in questo caso l'azione è **imprescrittibile** (art. 270, co. 1): se il figlio muore prima di iniziare l'azione, questa può essere esercitata dai suoi discendenti entro due anni dalla morte (art. 270, co. 2). Quanto alla legittimazione passiva, la l. n. 219/2012 ha innovato prevedendo, per il caso di mancanza del genitore o dei suoi eredi, la possibilità di proporre la domanda nei confronti di un curatore nominato dal giudice davanti al quale il giudizio deve essere promosso (art. 276). C'è di più. L'art. 2, co. 1, lett. c) della legge di riforma ha delegato il governo, fra l'altro, a introdurre una disciplina la quale consenta che la filiazione fuori del matrimonio possa essere provata con ogni mezzo, per cui, in virtù delle modifiche introdotte dal decreto attuativo, l'art. 241 oggi recita che "quando mancano l'atto di nascita e il possesso di stato, la prova della filiazione può darsi in giudizio con ogni mezzo".

Come si è già detto, la riforma del 1975 – di cui quella del 2012 può considerarsi un'evoluzione – aveva già provveduto ad equiparare, sostanzialmente, lo *status* di figlio naturale a quello di figlio legittimo, salvo che per il c.d. **diritto di commutazione** (art. 537, co. 3: v. Cap. XIV, n. 7). Ebbene, dal momento che il codice oggi conosce soltanto «figli» senz'altra specificazione, la disposizione in esame è stata coerentemente abrogata (insieme agli artt. 542, ult. co. e 566, co. 2 che ad essa rinviavano) dal d.lgs. n. 154/2013, di talché nessuna differenza oggi sembra residuare fra i figli nati nel matrimonio e quelli nati fuori dello stesso.

Legittimazione

Prima della riforma, infine, il figlio naturale poteva conseguire anche lo *status* di figlio legittimo attraverso la **legittimazione** (art. 280, co. 1) per susseguente matrimonio o per provvedimento del giudice, a seguito della quale, a differenza del figlio naturale riconosciuto, esso instaurava rapporti di parentela anche con i fratelli e gli ascendenti. Oggi, come anticipato, la sezione dedicata alla legittimazione dei figli naturali è stata integralmente abrogata e, come recita il novellato art. 258, co. 1, da leggere in combinato disposto col nuovo art. 74, "*il riconoscimento produce effetti riguardo al genitore da cui fu fatto e riguardo ai parenti di esso*". Occorre, poi, tenere in conto che, in forza dell'art. 2, co. 1, lett. b), n. 8, della l. n. 219/2012, il governo è stato delegato ad abrogare tutte le disposizioni che facciano riferimento alla legittimazione, dal che è seguita, ad es., l'abrogazione dell'art. 124 disp. att. ad opera dell'art. 105, d.lgs. n. 154/2013.

4.3. *L'adozione. L'affidamento*

Adozione

La terza forma di filiazione è quella **adottiva** (o **civile**): con l'adozione, infatti, l'adottato acquista lo *status* di figlio dell'adottante.

In realtà, il nostro ordinamento conosce **quattro** distinti modelli di adozione, così classificabili:

1. adozione dei maggiorenni;
2. adozione dei minori;
3. adozione internazionale dei minori;
4. adozione dei minori in casi particolari.

Adozione dei maggiorenni

L'adozione dei **maggiorenni** – che ormai costituisce l'unica forma di adozione prevista e disciplinata dal codice civile (art. 291 s.) – è istituto antico, finalizzato a dare un discendente a chi non ne ha, consentendogli di tramandare il cognome e il patrimonio familiare.

Si spiega così per quale motivo tale adozione sia possibile solo quando l'adottante non abbia discendenti [legittimi o legittimati], previsione – questa – che esprime anche il chiaro intento del legislatore di tutelare i diritti e le aspettative di costoro in ordine alla successione nei beni dell'adottante (art. 291, co. 1). Si ritiene che il campo di applicazione della disposizione si sia ampliato con la recente cancellazione, ad opera della l. n. 219/2012, di ogni distinzione fra parentela legittima e parentela naturale, dal che segue che si amplia la sfera dei discendenti (non esistendo più i discendenti "naturali") e che è implicitamente abrogato ogni inciso riguardante i legittimati (come effetto dell'abrogazione della sezione sulla legittimazione).

Presupposti

Altro requisito fondamentale per l'adozione è il **consenso** dell'adottante e dell'adottando, che deve essere prestato personalmente (art. 296).

È richiesto, inoltre, l'**assenso** dei genitori dell'adottando, nonché dei coniugi dell'adottante e dell'adottando (art. 297, co. 1). Il Tribunale ha però facoltà di pronunciare ugualmente l'adozione nell'ipotesi di irreperibilità o incapacità di chi deve assentirvi, o quando l'eventuale rifiuto degli stessi appaia ingiustificato o contrario all'interesse dell'adottando (art. 297, co. 2).

Inoltre, è necessario che l'adottante abbia già compiuto i trentacinque anni e che sia più anziano dell'adottando di almeno diciotto anni (art. 291, co. 1).

Modalità

Il Tribunale, assunte le opportune informazioni, verifica se sussistono tutte le condizioni poste dalla legge e se l'adozione conviene all'adottando. Solo in seguito a tali accertamenti, il Tribunale può emettere il **decreto** di adozione. Gli effetti dell'adozione decorrono dalla data del decreto del Tribunale che la pronuncia: fino a tale momento, sia l'adottante che l'adottando possono revocare l'eventuale consenso già prestato (art. 298).

Effetti

L'adozione dei maggiorenni si distingue dalle altre figure di adozione soprattutto sul piano dei suoi **effetti**.

Infatti, qui l'adozione **non** rompe il legame tra l'adottato e la sua famiglia d'origine, nei confronti della quale questi conserva tutti i diritti e tutti gli obblighi (art. 300, co. 1), e non crea alcun tipo di rapporto né tra l'adottante ed i parenti dell'adottato, né tra l'adottato e la famiglia dell'adottante (art. 300, co. 2). E, ancora, l'adottato assume il cognome dell'adottante, ma si limita ad anteporlo al proprio, senza sostituirlo a questo, come invece accade nelle altre forme di adozione (art. 299, co. 1).

L'adozione può essere revocata per **indegnità**, sia dell'adottato sia dell'adottante (art. 305), nelle sole ipotesi tassativamente previste dagli artt. 306-307.

Adozione legittimante dei minori

L'**adozione dei minori** è organicamente disciplinata agli art. 6 s., l. ad., recentemente e ampiamente modificata dalla l. n. 149/2001 e dalla l. n. 173/2015.

La legge si apre con l'affermazione del diritto di ogni minore a crescere nella **propria** famiglia e di essere educato dai propri genitori (art. 1, co. 1, l. ad.). Al fine di tutelare tale diritto, lo Stato, le Regioni e gli enti locali devono predisporre misure di sostegno e di aiuto ai nuclei familiari disagiati.

L'interesse del minore a vivere con i genitori naturali può scontrarsi, però, con l'esigenza di garantirgli la possibilità di crescere in un ambiente sereno, in un nucleo familiare stabile che lo circondi di affetto: ciò, infatti, è condizione necessaria per l'armonico sviluppo della sua personalità.

Soccorre in questo caso l'istituto dell'adozione, il quale rappresenta la soluzione estrema cui ricorrere per assicurare al minore una famiglia, quando questi versa in uno stato di abbandono morale e materiale.

L'adozione del minore è subordinata a diverse condizioni.

Presupposti

In primo luogo, è necessario che l'adottando sia un **minorenne**, e che si trovi in **stato di abbandono**, cioè sia privo dell'assistenza morale e materiale dei genitori o dei parenti che sarebbero tenuti a provvedervi (art. 8, co. 1, l. ad.).

Lo stato di abbandono è una situazione **oggettiva**, la cui rilevanza prescinde dalla volontà dei genitori come da qualsiasi altro fatto che lo abbia determinato, salva l'ipotesi della forza maggiore a carattere transitorio, nel qual caso lo stato di abbandono non potrà essere dichiarato. Si segnala che il d.lgs. n. 154/2013 ha introdotto nella l. div. l'art. 79 *bis*, a mente del quale "il giudice segnala ai comuni le situazioni di indigenza che richiedono interventi di sostegno per consentire al minore di essere educato nell'ambito della propria famiglia".

L'adozione deve essere richiesta da una coppia di coniugi che dia adeguate garanzie di **stabilità**: in particolare, è necessario che questi siano uniti in matrimonio da almeno tre anni, che non siano separati, neanche di fatto, e non lo siano stati negli ultimi tre anni (art. 6, co. 2, l. ad.). In seguito alla novella introdotta dalla l. n. 149/2001, nel calcolo dei tre anni può essere considerato anche l'eventuale periodo di convivenza precedente al matrimonio, purché il tribunale accerti la continuità e la stabilità di detta convivenza.

Inoltre, deve essere accertato che i coniugi siano **idonei** a educare, istruire e mantenere il minore che intendono adottare (art. 6, co. 1, l. ad.). A questi requisiti la riforma del 2001 ha aggiunto quello della idoneità **affettiva**.

Limiti d'età

La legge prevede poi precisi limiti d'età perché l'adozione abbia luogo, e ciò nel presupposto che il rapporto di filiazione civile segua, anche sotto questo profilo, e per quanto possibile, il rapporto di filiazione naturale.

La l. ad. prevedeva, originariamente, limiti alquanto rigidi, ma la novella del 2001 ha introdotti nuovi parametri, molto più elastici.

L'età degli adottanti deve **superare** di almeno diciotto anni e di non più di quarantacinque anni l'età del minore (art. 6, co. 3, l. ad.). Tali limiti, tuttavia, possono essere derogati quando il Tribunale accerti che dalla mancata adozione deriverebbe un **danno** grave e non altrimenti evitabile per il minore (art. 6, co. 5, l. ad.). Inoltre, sono previste ulteriori deroghe alla regola base quando il limite massimo di età sia superato da **uno** solo dei genitori in misura non superiore ai dieci anni, quando questi abbiano ancora figli minorenni e – infine – quando l'adozione riguarda un fratello o una sorella di altro minore già adottato dalla coppia (art. 6, co. 6, l. ad.).

Infine, perché l'adozione abbia luogo, è necessario il **consenso** del minore che abbia compiuto **quattordici** anni (art. 25, co. 1, l. ad.). Il consenso prestato è sempre revocabile sino alla pronuncia definitiva dell'adozione.

Per quanto attiene i minori che **non** abbiano raggiunto i quattordici anni, essi devono essere **sentiti** obbligatoriamente, purché abbiano almeno **dodici** anni o, pur non avendoli compiuti, mostrino capacità di discernimento (art. 25, co. 1, l. ad.).

Procedimento

Il procedimento di adozione, per il quale è competente il Tribunale dei minorenni, è suddiviso in tre fasi: la prima si conclude con la **dichiarazione** di **adottabilità** (artt. 8-21 l. ad.); la seconda, con l'**affidamento preadottivo** (artt. 22-24 l. ad.); la terza, con **la dichiarazione di adozione** (artt. 25-28 l. ad.).

Effetti

Con la **sentenza** di adozione – che è soggetta ad appello ed a ricorso in Cassazione – il minore **perde** ogni legame giuridico con la famiglia d'origine (salvi i divieti matrimoniali: art. 27, co. 3, l. ad.) e acquista lo *status* di figlio della coppia, della quale assume il cognome (art. 27, co. 1).

La legge impone – per una evidente esigenza di **riservatezza** – che le attestazioni dello stato civile relative a chi sia stato adottato vengano rilasciate con la sola indicazione del nuovo cognome, dovendosi omettere qualunque riferimento ai genitori naturali (art. 28, co. 2, l. ad.).

Inoltre, in seguito alla recente novella, è prevista la possibilità che il minore adottato venga **informato** della sua condizione dai genitori adottivi, nei modi e nei termini ritenuti da essi più opportuni (art. 28, co. 1, l. ad.).

Più complessa è la disciplina relativa alle informazioni sulla **identità** dei genitori biologici. Il diritto di accedere pienamente a tali informazioni è infatti riconosciuto solo una volta raggiunti i venticinque anni di età. Chi ha raggiunto la maggiore età, ma non la soglia dei venticinque anni, può accedere alle informazioni sulla propria origine solo ove sussistano gravi e comprovati motivi attinenti alla sua salute psico-fisica. In ogni caso l'accesso alle informazioni deve essere autorizzato dal Tribunale dei minori, il quale non lo consentirà ove esso possa comportare un grave turbamento all'equilibrio psico-fisico del richiedente (art. 28, co. 4-8, l. ad.).

Adozione internazionale

Gli art. 29 s. l. ad. disciplinano l'**adozione internazionale**, ovvero l'adozione di un **minorenne straniero** da parte di coniugi italiani, siano essi residenti in Italia o all'estero.

In base alla procedura ivi prevista, i coniugi residenti in Italia che intendano adottare un minore straniero, dovranno richiedere al Tribunale per i minorenni competente una dichiarazione di **idoneità** all'adozione (art. 29 *bis* l. ad.).

Le coppie che abbiano ottenuto il decreto di idoneità dovranno conferire incarico di curare la procedura ad uno degli enti autorizzati (art. 31 l. ad.).

Questo provvederà a tutti gli adempimenti necessari ai fini dell'adozione, curando le relative pratiche presso le competenti autorità straniere e concordando con le stesse l'opportunità di procedere o meno all'adozione.

Sarà infine la Commissione per le adozioni internazionali a valutare se l'adozione risponde al superiore interesse del minore autorizzandone l'ingresso e la residenza permanente in Italia.

Effetti

Il minore adottato acquista la cittadinanza italiana a seguito della **trascrizione** del provvedimento nei registri dello stato civile (art. 34, co. 3, l. ad.). L'adozione pronunciata all'estero produce nell'ordinamento italiano gli stessi effetti della dichiarazione di adozione (art. 35, co. 1, 27 l. ad.).

Adozione dei minori in casi particolari

Gli art. 44 s. l. ad. prevedono infine una serie di casi particolari in cui sono previste significative deroghe alla disciplina dell'adozione del minore, la più rilevante delle quali consiste nel fatto che in tali ipotesi si **prescinde** dalla dichiarazione di adottabilità.

I casi particolari previsti dalla legge ricorrono:

1. nell'ipotesi di adozione da parte di soggetto che abbia col minore, orfano di padre e di madre, un rapporto di **parentela** fino al sesto grado, o un legame stabile preesistente alla perdita dei suoi genitori, anche maturato nell'ambito di un prolungato periodo di affidamento;
2. nell'ipotesi di **adozione** da parte del coniuge, quando il minore sia figlio, anche adottivo, dell'altro coniuge;
3. quando vi sia la constatata **impossibilità** di procedere all'affidamento preadottivo (come accade nel caso di minore che presenti un handicap o che abbia gravi problemi);
4. infine, quando il minore adottando sia un portatore di **handicap**.

In questi casi particolari l'adozione è consentita anche a persona che **non** sia coniugata e in presenza di figli: tuttavia, ove l'adottante sia coniugato, il minore deve essere adottato da **entrambi** i coniugi.

Per il resto, la disciplina appare sostanzialmente identica a quella prevista dal codice civile in materia di adozione di maggiorenni.

Affidamento dei minori

Anche la disciplina dell'**affidamento dei minori**, è stata modificata dalla l. n. 149/2001, e dalla l. n. 173/2015 sul diritto alla continuità affettiva dei bambini e delle bambine in affido familiare.

L'affidamento risponde all'esigenza di assicurare al minore, **temporaneamente** privo di un ambiente familiare idoneo, le cure e l'affetto di cui egli necessita. L'affidamento, pertanto, è una misura di sostegno della famiglia di origine cui ricorrere quando questa è in gravi difficoltà e non può momentaneamente prendersi cura del figlio.

Il minore deve essere affidato ad una famiglia, possibilmente con figli minorenni, o ad una persona singola (affidamento **familiare**: art. 2, co. 1, l. ad.). Ove ciò non sia possibile, è prevista la sua sistemazione in una comunità di tipo familiare o, in mancanza, in un istituto di assistenza (affidamento presso **istituti di assistenza**: art. 2, co. 2, l. ad.).

L'affidamento, quando i genitori vi acconsentono, viene deciso dal servizio sociale locale con provvedimento reso esecutivo dal giudice tutelare; se invece manca il consenso dei genitori, deve provvedervi il Tribunale dei minorenni (art. 4, co. 1-2, l. ad.).

L'affidatario deve **accogliere** il minore e provvedere al suo mantenimento, alla sua educazione e alla sua istruzione, rispettando le prescrizioni impartite con il provvedimento che ha disposto l'affidamento (art. 5, co. 1, l. ad.).

Tale provvedimento, peraltro, deve fissare anche la durata dell'affidamento, la quale **non** può eccedere i **due** anni, prorogabili dal Tribunale qualora la sospensione dell'affidamento rechi pregiudizio al minore (art. 4, co. 4, l. ad.).

Con la l. n. 173/2015 è stato riconosciuto l'interesse dei minori alla c.d. "continuità affettiva". Sono state, infatti, introdotte misure volte a consentire al minore di mantenere e consolidare i rapporti creati con la famiglia affidataria. Tra queste la previsione che – qualora durante un prolungato periodo di affidamento il minore sia dichiarato adottabile e sussistano i requisiti soggettivi per l'adozione – se la famiglia affidataria chiede di adottarlo, il tribunale per i minorenni chiamato a decidere sull'adozione tiene conto dei legami affettivi significativi e del rapporto stabile e duraturo consolidatosi tra il minore e la famiglia affidataria (art. 4, co. 5 *bis*, l. ad.). Anche nel caso in cui il minore torni presso la famiglia di origine oppure sia dato in affidamento o adozione ad altra famiglia, egli può continuare le positive relazioni socio-affettive consolidatesi durante l'affidamento qualora questo corrisponda al suo interesse (art. 4, co. 5 *ter*, l. ad.).

In ogni caso, l'affidamento cessa non appena **venga meno** la situazione di temporanea difficoltà della famiglia di origine, ovvero quando la sua prosecuzione rechi **pregiudizio** al minore (art. 4, co. 4, l. ad.).

5. *Gli alimenti*

Il **diritto agli alimenti** può nascere da un **testamento** (legato di alimenti: art. 660) o dalla **legge** (art. 433 s.).

Alimenti

Gli alimenti **legali** sono prestazioni assistenziali, che consistono nella corresponsione di quanto necessario al sostentamento di chi, legato al somministrante da vincoli di **coniugio** o **stabile convivenza**, di **parentela**, di **affinità**, versi in stato **di bisogno** e sia, al contempo, nell'**impossibilità** di provvedere a se stesso autonomamente.

Lo stato di bisogno va inteso come generica mancanza delle risorse necessarie a garantire una dignitosa sopravvivenza. È del tutto irrilevante che lo stato di bisogno sia derivato da una condotta colposa dell'alimentando, mentre una sua condotta disordinata o riprovevole può comportare, una volta riconosciuti gli alimenti, la loro riduzione (art. 440, co. 1).

Alimenti e mantenimento

Il diritto agli alimenti va tenuto distinto dal diritto al **mantenimento** (v. 3.2) che spetta al coniuge separato senza addebito (art. 156) e ai figli. Prima della l. n. 219/2012 esistevano disposizioni differenti per i figli legittimi, i naturali riconosciuti e i naturali non riconoscibili, ma – sebbene esse non siano state tutte formalmente abrogate – l'art. 315 *bis*, coerentemente con la previsione per cui "tutti i figli hanno lo stesso stato giuridico" (art. 315), ha introdotto un regime dei diritti dei figli unificato anche con riguardo al mantenimento.

La differenza risiede in ciò, che mentre gli alimenti sono finalizzati a garantire il soddisfacimento dei **bisogni primari** della persona, il mantenimento mira ad assicurare all'avente diritto uno standard di vita corrispondente alla condizione socio-economica sua o della sua famiglia.

Soggetti obbligati

Obbligati alla prestazione alimentare sono i soggetti **tassativamente** elencati dall'art. 433, tutti accomunati da vincoli di parentela, di coniugio, di adozione, di affinità con il beneficiario. Tuttavia, è tenuto a prestare gli alimenti, con precedenza su ogni altro obbligato, il **donatario**, a meno che non si tratti di donazioni obnuziali o remuneratorie (art. 437: v. Cap. XIV, n. 12).

Se le persone chiamate in grado anteriore mancano, ovvero non sono in condizione di sopportare in tutto o in parte l'onere alimentare, l'obbligazione ricade sulle persone chiamate in grado posteriore (art. 441, co. 2).

L'obbligazione alimentare è un'obbligazione divisibile (art. 441, co. 1: v. Cap. XI, n. 6).

Misura

La **misura** degli alimenti è determinata dal giudice in ragione dello stato di bisogno dell'alimentando e delle condizioni economiche del somministrante, nel rispetto del tetto massimo rappresentato dal necessario per la vita, avuto riguardo alla posizione sociale del beneficiario (art. 438, co. 1-2).

Altro principio cardine della materia è quello della **variabilità** della misura degli alimenti, in dipendenza delle condizioni economiche di entrambe le parti (art. 440, co. 1).

Modalità

L'obbligo alimentare può essere adempiuto o mediante un assegno corrisposto in periodi anticipati (obbligazione alimentare **impropria**), o accogliendo e mantenendo nella propria casa l'avente diritto (obbligazione alimentare **propria**: art. 443).

Una volta corrisposto secondo le modalità stabilite, l'assegno alimentare non può essere nuovamente richiesto, qualunque uso l'alimentando ne abbia fatto (art. 444).

Gli alimenti sono dovuti, in astratto, dal giorno in cui sorge il bisogno, in concreto dal giorno della domanda giudiziale o da quello della costituzione in mora dell'obbligato, sempre che questa sia seguita entro sei mesi dalla domanda giudiziale (art. 445).

Caratteri del diritto agli alimenti

Il diritto agli alimenti, per la natura degli interessi che è chiamato a soddisfare, non può essere **ceduto** né opposto in **compensazione** (art. 447) né **pignorato** (art. 545 c.p.c.). Esso, inoltre, è imprescrittibile (art. 2934).

L'obbligo alimentare cessa con la morte dell'obbligato (art. 448).

Occorre, poi, tenere a mente la recente novità di cui alla l. n. 219/2012, che ha introdotto **l'art. 448 *bis*** a mente del quale "il figlio, anche adottivo, e, in sua mancanza, i discendenti prossimi non sono tenuti all'adempimento dell'obbligo di prestare gli alimenti al genitore nei confronti del quale è stata pronunciata la decadenza dalla responsabilità e, per i fatti che non integrano i casi di indegnità di cui all'art. 463, possono escluderlo dalla successione".

L'adempimento dell'obbligazione alimentare nei confronti del coniuge e dei discendenti e ascendenti è presidiato da sanzioni **penali** (art. 570 c.p.).

CAPITOLO XIV

LE SUCCESSIONI A CAUSA DI MORTE E LE DONAZIONI

1. *La successione a causa di morte*

Successione *mortis causa*

In generale il termine **successione** designa la vicenda giuridica per cui un soggetto subentra ad un altro soggetto nella **titolarità** (v. Cap. V, n. 2) di uno o più situazioni giuridiche soggettive. La successione *mortis causa* rappresenta un tipo di successione qualificato dalla circostanza che la morte costituisce non tanto il presupposto, quanto la **giustificazione** del trasferimento in capo al successore dei rapporti già riconducibili al defunto (detto comunemente *de cuius* – dall'espressione latina *is de cuius hereditate agitur* – o anche ereditando).

Si deve tenere presente, infatti, che la morte, se determina l'estinzione della persona fisica, non comporta altresì il venir meno di tutte le situazioni giuridiche soggettive (attive e passive) che ad essa facevano capo in vita. L'istituto della successione a causa di morte risponde, appunto, all'esigenza di evitare che si determini una situazione di **incertezza** in ordine alla sorte dei diritti e degli obblighi suscettibili di protrarsi oltre la vita del titolare.

Da questo punto di vista, la successione a causa di morte rappresenta un fenomeno **necessario**, nel senso che alla morte di un individuo vi deve comunque essere qualcuno (in ultima istanza, lo Stato *ex* art. 586: v. n. 10) che subentri nella titolarità delle situazioni giuridiche soggettive già facenti capo al *de cuius*. La disciplina di tale fenomeno è contenuta, per lo più, nel Libro II del codice civile.

Diritti trasmissibili

Va detto che non ogni situazione giuridica soggettiva, già spettante all'ereditando, è suscettibile di trasmissione *mortis causa*. In linea di massima si trasferiscono i soli rapporti di natura **patrimoniale**, e sempre che non si tratti di diritti e obblighi la cui durata dipenda dalla vita del titolare (diritti di uso e di abitazione o, ancora, obbligo di corrispondere gli alimenti *ex* art. 448), oppure di rapporti fondati sull'*intuitus personae* (contratto di società *ex* art. 2284, mandato *ex* art. 1722, n. 4). Del pari, si estinguono con la morte del titolare i **diritti della persona** (ad es., diritto al nome), i **rapporti familiari** e quelli di **diritto pubblico**.

Infine, bisogna osservare che la materia delle successioni a causa di morte ha un ambito di applicazione più ampio di quello fin qui descritto, dal momento che vi rientrano a pieno titolo anche fattispecie che non danno luogo, a stretto rigore, a vicende di tipo successorio.

Si pensi, per esempio, ai legati *ex lege* contemplati dagli artt. 580, 594, nonché al diritto agli alimenti spettante al coniuge separato con addebito *ex* artt. 548-585 e, più in generale, ai legati ad effetti obbligatori. In questi casi, pur non essendovi alcuna trasmissione al successore di un diritto già appartenente al *de cuius*, si ha pur sempre un acquisto che si determina in conseguenza o, per meglio dire, a causa della morte di un soggetto.

1.1. *Successione a titolo universale e successione a titolo particolare*

Nell'ambito della successione a causa di morte si distingue fra successione a titolo universale e successione a titolo particolare.

Eredità

Nella successione a titolo **universale**, il successore (**erede**) subentra, in *toto* o *pro quota*, nel **complesso** dei rapporti (attivi e passivi) già facenti capo al *de cuius*.

Legato

Viceversa, nella successione a titolo **particolare**, il successore (**legatario**) subentra nella titolarità di **uno o più** diritti specificatamente determinati. Peraltro, l'attribuzione di beni determinati non esclude che la successione sia a titolo universale qualora risulti che il testatore abbia inteso assegnare quei beni come **quota** del patrimonio (*institutio ex re certa*: art. 588, co. 2).

A differenza dell'eredità, il legato solo normalmente concreta una vicenda successoria, poiché vi sono numerose ipotesi (ad es., legato di cosa del terzo: art. 651; legato di liberazione da debito: art. 658) in cui l'attribuzione a favore del legatario è svincolata da un nesso di derivazione diretta dal patrimonio dal defunto. Quindi, mentre l'erede è **sempre** successore del defunto, altrettanto non può dirsi per il legatario.

2. *La devoluzione dell'eredità*

Apertura della successione

La successione *mortis causa* si sviluppa attraverso una vicenda piuttosto articolata che, pur presentando taluni aspetti comuni, si atteggia in modo diverso a seconda che si tratti di eredità o di legato. In generale la successione si apre al momento della morte e nel luogo dell'ultimo **domicilio** (art. 43: v. Cap. V, n. 2.2) del *de cuius* (art. 456).

L'individuazione del successibile (a titolo universale o a titolo particolare) è rimessa esclusivamente al **testamento** o alla **legge** (art. 457, co. 1). Le due fonti, però, non sono equiordinate, giacché l'operatività della successione legittima è subordinata alla mancanza di un testamento che regoli, in tutto o anche solo in parte (in quest'ultimo caso le due fonti concorreranno, ciascuna per la sua parte, a governare la successione) la sorte dei beni dell'ereditando (art. 457, co. 2).

2.1. *I negozi a funzione successoria*

Patti successori

L'art. 457 è espressione della preferenza accordata dal legislatore al testamento come **unico** strumento negoziale idoneo a regolare le sorti dei beni per il momento successivo alla morte. Nel nostro sistema giuridico, quindi, **non** vi è spazio per una causa di **delazione** (v. n. 3) negoziale diversa dal testamento e ciò spiega, in una certa misura, perché siano **vietati** i patti successori (art. 458).

Con l'espressione **patti successori** ci si riferisce agli atti negoziali con i quali si dispone, in vario modo, di una successione non ancora aperta. Più esattamente, l'art. 458 contempla **tre** differenti tipologie di patti successori vietati.

In primo luogo, vengono in considerazione i patti successori **istitutivi**, con i quali taluno dispone in vita della propria successione.

In secondo luogo, vengono in considerazione i patti successori **dispositivi**, coi quali un soggetto dispone a favore di terzi di diritti che gli potrebbero pervenire in forza di una successione altrui non ancora aperta.

Infine, rilevano i **patti** o, meglio, in ragione della loro unilateralità, gli atti successori **rinunziativi**, mediante i quali un soggetto rinunzia ai diritti che gli potrebbero pervenire in seguito ad una successione non ancora aperta.

Come si può notare, si tratta di figure profondamente eterogenee il cui denominatore comune è rappresentato, per un verso, dalla ripugnanza sociale che accompagna tutti gli atti speculativi concernenti un'eredità di una persona ancora vivente e, per altro verso, dalla loro assoluta **incompatibilità** con alcuni caratteri fondamentali del negozio testamentario quali la unipersonalità e la revocabilità (v. n. 9). La tradizionale ostilità del legislatore nei confronti dei patti successori si è, di recente, significativamente attenuata a seguito della introduzione nel sistema del patto di famiglia (art. 748 *bis* s.; v. n. 11), una figura che prevede, per l'imprenditore o il titolare di partecipazioni societarie la possibilità di trasferire in vita l'azienda, o le quote, ad un o più discendenti.

Negozi *post mortem*

Non rientrano nel divieto in questione (e sono perciò pienamente validi) i negozi *post mortem*, rispetto ai quali la morte di un soggetto non assume rilevanza causale, ma designa semplicemente il momento a partire dal quale si producono determinati effetti (ad es., donazione sottoposta a termine iniziale coincidente con la morte del donante).

3. *La delazione ereditaria. Capacità di succedere e indegnità*

Diritto di accettazione

Come si è detto, al momento dell'apertura della successione non vi è ancora un erede, ma vi è soltanto un soggetto (individuato dal testatore o dalla legge) che viene investito del diritto potestativo di addivenire alla successione dell'ereditando (diritto di **accettare** l'eredità).

Delazione

Si parla a questo proposito di **delazione** dell'eredità, formula di elaborazione dottrinale che designa, per l'appunto, l'offerta dell'eredità ad un soggetto il quale se ne può appropriare con un suo atto di volontà. Vedremo che il contenuto della delazione è in realtà assai più ricco, in quanto al delato competono una vasta gamma di poteri **gestionali** e **cautelari** (v. artt. 460, 486): nondimeno, il diritto di accettazione ne costituisce l'aspetto preminente, giacché è solo a seguito del suo esercizio che la vicenda successoria si conclude.

Si tratta di un diritto di natura **patrimoniale**, **indisponibile** da parte del titolare, ma suscettibile di trasmettersi agli eredi del delato (art. 479). Esso è soggetto al termine **ordinario** di prescrizione, che decorre (anche per i chiamati successivi: v. art. 480, co. 3) dal giorno in cui si è aperta la successione, salvo che nell'ipotesi di istituzione condizionale, nel qual caso il termine decorre dal giorno dell'avveramento della condizione (art. 480, co. 2).

Actio interrogatoria

Il termine decennale mal si concilia con l'esigenza di portare rapidamente a compimento la successione, ed è per questo che l'art. 481 attribuisce a ciascun interessato il potere di rivolgersi all'autorità giudiziaria affinché fissi un termine (di **decadenza**) entro il quale il chiamato è tenuto a dichiarare se intende accettare l'eredità oppure rinunciarvi (c.d. *actio interrogatoria*). Se non si pronunzia nel termine assegnatogli, il chiamato **perde** il diritto di accettare l'eredità (art. 481).

La delazione è concetto distinto dalla **vocazione** all'eredità, la quale indica la designazione di coloro che sono chiamati a succedere. I due termini sono strettamente connessi e costituiscono la descrizione dello stesso fenomeno da un differente angolo prospettico (rispettivamente, **oggettivo** e **soggettivo**). Vocazione ereditaria

Sebbene di regola vi sia piena coincidenza fra delazione e vocazione (nel senso che al momento dell'apertura della successione il vocato è altresì investito dello *ius delationis*), al punto che il tentativo di differenziarle risulta quasi impossibile, nondimeno la distinzione fra le due figure conserva rilevanza in una serie di ipotesi. Così, ad es., nel caso di istituzione sotto condizione sospensiva, il chiamato *sub condicione* è immediatamente destinatario di una vocazione all'eredità, ma fin tanto che sussiste lo stato di pendenza non è investito della delazione (art. 480, co. 2).

L'operatività della delazione postula l'esistenza di un soggetto in possesso della **capacità di succedere a causa di morte**, intesa come l'attitudine a subentrare nella titolarità dei rapporti giuridici di cui era titolare il defunto, e suscettibili di trasmissione a causa di morte. Capacità di succedere

La regola generale è espressa dall'art. 462, co. 1, secondo il quale sono capaci di succedere tutti coloro che sono **nati** o anche solo **concepiti** al tempo dell'apertura della successione. In materia successoria, la presunzione di concepimento vale nei riguardi di chi sia nato entro i trecento giorni dalla morte della persona della cui successione si tratta (art. 462, co. 2). Si tratta di una presunzione semplice che può essere vinta offrendo la prova contraria (art. 462, co. 2).

Sono pure capaci di succedere, ma solo per **testamento**, i nascituri **non concepiti**, purché si tratti di figli di una determinata persona vivente al momento della morte del testatore, (art. 462, co. 3: v. pure Cap. V, n. 2).

Al fine di consentire la successione del nascituro, ovvero di coloro ai quali verrebbe altrimenti devoluta l'eredità o il legato, il legislatore ha previsto un regime di **amministrazione** dei beni relitti che si atteggia in modo differente a seconda che sia chiamato a succedere un nascituro concepito oppure un nascituro non concepito. Nel primo caso, l'amministrazione spetta ai **genitori** dell'istituito (così, oggi, il tenore testuale dell'art. 643, co. 2, come modificato dal d.lgs. n. 154/2013 per cui "se è chiamato un concepito, l'amministrazione spetta al padre e alla madre", in conformità con l'interpretazione affermatasi già *ante* riforma, sulla base di una lettura corretta dell'art. 643, co. 2 che teneva conto del principio di parità coniugale sancito dall'art. 29 Cost. e ribadito dall'art. 143). Nel secondo caso l'amministrazione spetta all'eventuale **sostituto**, oppure ai soggetti a favore dei quali operasse l'accrescimento o, in ultima istanza, al presunto erede legittimo (art. 643, co. 1).

Ad ogni modo, anche quando l'amministrazione dell'eredità competa ad altri, la tutela della posizione del nascituro è sempre attribuita alla persona vivente indicata nel testamento.

Indegnità

Un istituto tipico del diritto delle successioni è l'**indegnità**, la quale rappresenta non un'ipotesi di incapacità di succedere, quanto piuttosto una causa di **esclusione** dalla successione per chiunque si sia reso responsabile degli atti tassativamente previsti dall'art. 463. La configurazione dell'indegnità come causa di esclusione dalla successione è conforme alla configurazione dell'istituto così come è stato tramandato fin dal diritto romano, secondo cui *indignus potest capere, sed non potest retinere*: ne discende che l'indegno, a differenza dell'incapace a succedere, è pienamente investito del *ius delationis* (ivi incluso il diritto di accettare l'eredità), il quale verrà meno soltanto quando sia stato giudizialmente accertato uno degli atti di cui all'art. 463.

Le cause di indegnità possono essere raggruppate in **due** categorie a seconda che riguardino il compimento di atti penalmente rilevanti a **danno** del *de cuius*, del suo coniuge, dell'unito civile, dei suoi discendenti o ascendenti (art. 463, n. 1-3), ovvero atti intesi a **modificare** la delazione o a **coartare** la libertà di testare (art. 463, n. 4-6). Un'ulteriore ipotesi di indegnità a succedere è quella ora contemplata dall'art. 463, n. 3 *bis*, che concerni colui il quale fosse decaduto dalla responsabilità genitoriale nei confronti della persona della cui successione si tratta.

Una particolare causa di esclusione dalla successione, di carattere provvisorio o momentaneo, è ora contemplata dall'art. 463 *bis* (introdotto dall'art. 5 della l. 11 gennaio 2018, n. 4 in materia di tutela nei confronti degli orfani per crimini domestici), secondo cui sono sospesi dalla successione il coniuge, anche legalmente separato, nonché la parte dell'unione civile, indagati per l'omicidio, volontario o tentato, nei confronti dell'altro coniuge o dell'altra parte dell'unione civile, fino al decreto di archiviazione o alla sentenza definitiva di proscioglimento. Durante questo periodo di vacanza, l'eredità è amministrata da un curatore, nominato ai sensi dell'art. 528. Il soggetto sospeso dalla successione, qualora all'esito del procedimento penale sia condannato o qualora patteggi la pena, sarà di diritto definitivamente escluso dalla successione ai sensi dell'art. 463, senza necessità di un apposito vaglio giudiziale. L'art. 463 *bis*, co. 2, estende le disposizioni del primo comma anche ai casi di persona indagata per l'omicidio volontario o tentato nei confronti di uno o entrambi i genitori, del fratello o della sorella.

Riabilitazione dell'indegno

L'indegnità è una situazione **rimediabile**, in quanto la legge consente che l'ereditando possa rimuovere la causa di esclusione dalla successione mediante una manifestazione espressa di volontà, contenuta in un atto pubblico o in un testamento, posteriore al verificarsi di taluno dei fatti che possono dare luogo a indegnità (riabilitazione **espressa** dell'indegno: art. 466, co. 1). Inoltre, anche in difetto di una riabilitazione espressa, l'indegno è ammesso a succedere allorché il testatore, pur essendo al corrente della causa di indegnità, lo abbia **contemplato** nel suo testamento (art. 466, co. 2).

La riabilitazione dell'indegno è atto **irrevocabile**: sicché essa, al pari del riconoscimento del figlio *ex* art. 256, rimane ferma anche quando il testamento che la contiene venga revocato (v. n. 10).

3.1. *L'eredità vacante*

Vacanza dell'eredità

Come si è visto, fra il momento dell'apertura della successione e quello in cui interviene l'acquisto dell'eredità da parte del chiamato, intercorre un intervallo di tempo (**vacanza dell'eredità**), durante il quale sorge l'esigenza di assicurare la **conservazione** dei beni costituenti la massa ereditaria. Ciò al fine di tutelare l'interesse non solo di quanti verranno alla successione (primi chiamati e chiamati in subordine), ma anche di coloro che vantano ragioni di credito nei confronti dell'eredità (principalmente i creditori del defunto e legatari di genere), per i quali l'asse relitto rappresenta la garanzia patrimoniale generica (art. 2740: v. Cap. XI, n. 10).

L'esigenza in questione viene soddisfatta dal legislatore predisponendo un sistema di amministrazione dei beni ereditari caratterizzato dai tratti della **provvisorietà** e della **temporaneità**, giacché esso verrà meno a seguito dell'acquisto dell'eredità da parte di uno dei chiamati.

Chiamato possessore

La disciplina applicabile dipende dalla presenza, o meno, di un **chiamato** immesso nel **possesso** di tutti i beni ereditari o anche soltanto di alcuni di essi. A costui spetta in via **esclusiva** la legittimazione all'esercizio delle azioni possessorie (v. Cap. XII, n. 6.3) a tutela dei beni ereditari, il potere di compiere atti di conservazione, di vigilanza e amministrazione temporanea del patrimonio ereditario, il potere di alienare, previa autorizzazione giudiziaria, i beni insuscettibili di conservazione o la cui conservazione importi un grave dispendio (art. 460), nonché la legittimazione passiva nei giudizi contro l'eredità (art. 486). Tali prerogative competono al chiamato possessore *ope legis*, ovvero esclusivamente in ragione di una delazione attuale a suo favore.

Eredità giacente

Nel caso in cui l'eredità non sia ancora stata accettata e il chiamato non sia nel possesso di beni ereditari, l'autorità giudiziaria, su istanza delle persone interessate o anche d'ufficio, provvede alla nomina di un **curatore** dell'**eredità giacente** (art. 528), a seguito della quale il chiamato non possessore viene spogliato dei poteri di cui all'art. 460.

Il curatore è tenuto a procedere alla redazione dell'inventario dell'eredità allo scopo di accertarne la consistenza; deve esercitare e promuovere le ragioni a tutela del compendio ereditario, rispondere alle istanze proposte contro l'eredità (art. 529) e, più in generale, compiere qualsiasi atto necessario o anche solo evidentemente utile (v. art. 783 c.p.c.) per l'eredità. Il curatore, poi, quando ne è richiesto, provvede previa autorizzazione giudiziale al pagamento dei creditori ereditari e dei legatari (di genere) (art. 530, co. 1).

Lo stato di giacenza cessa di diritto nel momento in cui l'eredità sia stata **accettata** (art. 532) o altrimenti **acquistata**.

3.2. *Gli istituti della devoluzione successiva*

Gli istituti della sostituzione (ordinaria o *vulgaris*), della rappresentazione e dell'accrescimento – i quali trovano applicazione nell'ordine esposto – rispondono all'esigenza di individuare il soggetto cui devolvere l'eredità o il legato ogni qual volta l'istituito **non possa** o **non voglia** accettare l'eredità o conseguire il legato (artt. 467, co. 1; 674, co. 1; 688, co. 1).

Il riferimento ad un presupposto tanto genericamente individuato lascia intendere che gli istituti in discorso operano in presenza di qualsiasi evento che impedisca al chiamato di accettare l'eredità o di acquistare il legato (ad es., dichiarazione di morte presunta, indegnità, rinunzia, assenza, decadenza e, sia pure in ipotesi particolari, prescrizione del diritto di accettare).

Nel caso di **premorienza** del chiamato all'eredità, viceversa, il diritto di accettare si **trasmette** agli eredi (art. 479, co. 1), di guisa che la devoluzione successiva non potrà trovare applicazione in alcuna delle sue forme.

Sostituzione ordinaria

La **sostituzione ordinaria** consiste in una disposizione testamentaria con la quale il testatore individua un sostituto per il caso in cui il chiamato non possa o non voglia accettare l'eredità o conseguire il legato (artt. 688, 691). Si tratta di un'**autonoma** istituzione, a titolo universale o a titolo particolare, sottoposta alla condizione sospensiva della mancata successione del chiamato di grado anteriore.

L'ampia autonomia riconosciuta al testatore si manifesta nella possibilità di sostituire più persone ad una sola (sostituzione **plurima**) e viceversa (art. 689, co. 1), oppure di sostituire reciprocamente i coeredi o i collegatari istituiti, anche insieme a terze persone (sostituzione **reciproca**: art. 689, co. 2). Inoltre, anche se non espressamente prevista, si ritiene del tutto ammissibile una sostituzione con oggetto minore rispetto all'istituzione (sostituzione **parziale**).

Per effetto della sostituzione, il sostituto subentra nell'**identica** posizione del sostituito, con la conseguenza che il primo, salvo che consti una diversa volontà del testatore, ovvero si tratti di obblighi a carattere personale, dovrà adempiere gli obblighi già imposti al secondo (art. 690).

Sostituzione fedecommissaria

Diversa dalla sostituzione ordinaria è la **sostituzione fedecommissaria** (art. 692), con la quale il testatore istituisce erede, o legatario, l'interdetto o il minore in condizioni di infermità mentale tali da far presumere che interverrà una pronunzia di interdizione nell'ultimo anno della minore età *ex* art. 416 (necessariamente il figlio, un discendente o il coniuge: **istituito** o **fiduciario**), con l'obbligo per l'istituito di conservare quanto ricevuto affinché alla sua morte i beni ereditari vengano devoluti alla persona o all'ente (sostituto o fedecommissario) che, sotto la vigilanza del tutore, si sono presi cura dell'incapace.

Questo istituto, reintrodotto nell'ordinamento giuridico dal codice del 1942, è stato profondamente modificato dalla riforma del diritto di famiglia (art. 238, l. n. 151/1975) che gli ha attribuito una funzione essenzialmente **assistenziale**.

Finalità

Caratteristica fondamentale della sostituzione fedecommissaria è la **doppia** istituzione nell'**identico** oggetto di due diversi soggetti, i quali sono chiamati a succedere l'uno dopo l'altro di guisa che, al momento di apertura della successione, avrà effetto la delazione a favore dell'istituito e, alla morte di questi, si avrà una nuova delazione a favore del sostituito (art. 696).

Altro elemento tipico della sostituzione fedecommissoria è l'**obbligo** gravante sull'istituito di **conservare** i beni ricevuti perché possano pervenire al sostituito (art. 692, co. 1).

L'art. 692, co. 1 infine, menziona l'ulteriore requisito della **cura** dell'incapace, nel quale requisito deve ravvisarsi non solo un elemento strutturale della fattispecie, ma anche, e fondamentalmente, il tratto che pervade di sé il profilo funzionale dell'istituto nella configurazione impressagli dal legislatore della riforma.

Rappresentazione

La **rappresentazione** è un istituto in forza del quale un soggetto (**rappresentante**), verificatisi determinati eventi che impediscono al suo ascendente (**rappresentato**) di conseguire l'eredità o il legato, subentra nel **luogo** e nel **grado** di quest'ultimo (art. 467).

Secondo l'insegnamento più diffuso, la rappresentazione concreta un'ipotesi di delazione **indiretta** o **mediata**, nel senso che il contenuto della delazione a favore del rappresentante è determinato in relazione a quella del rappresentato. Non ricorre invece una vocazione indiretta, poiché il rappresentante non utilizza la stessa vocazione del rappresentato, ma è investito di una vocazione **propria**, attribuitagli direttamente dalla legge (v. art. 468).

Come detto, nelle successioni testamentarie l'operatività della rappresentazione è subordinata all'**insussistenza** di una clausola di sostituzione (art. 467, co. 2). Va osservato che la prevalenza della sostituzione trova un limite nelle norme riguardanti la successione dei legittimari, poiché gli stessi diritti di riserva riconosciuti ai figli spettano ai loro discendenti che subentrino per rappresentazione (art. 536, co. 2). La rappresentazione, infine, è esclusa in presenza di un legato di usufrutto, o di altro diritto di natura personale (art. 467, co. 2).

Soggetti

I soggetti interessati dal fenomeno della rappresentazione sono il **defunto** e il **rappresentante**, mentre il **rappresentato** rimane estraneo alla vicenda successoria, sebbene la sua posizione rilevi ai fini sia dell'operatività dell'istituto, sia del contenuto della delazione del rappresentante.

I rappresentati, cioè coloro che non possono o non vogliono venire alla successione, sono, nella linea retta, i **figli** del *de cuius* e, nella linea collaterale, i **fratelli** e le **sorelle** dello stesso (art. 468, co. 1).

I **rappresentanti**, compresi gli adottati con adozione speciale, sono invece i **discendenti** dei rappresentati (art. 467, co. 1), i quali al momento dell'apertura della successione devono essere capaci di succedere al *de cuius*. Costoro succedono al defunto nel **luogo** e nel **grado** del rappresentante e pertanto sono tenuti a conferire, ai fini della collazione (v. n. 7), tutto ciò che è stato donato dal defunto al loro ascendente (art. 740).

In questo modo il legislatore ha voluto impedire che gli altri coeredi possano subire pregiudizio dal fatto che, in luogo del donatario, partecipino alla comunione ereditaria i suoi discendenti, *iure rapraesentationis*. Inoltre, se il rappresentante è un legittimario, ai fini dell'esercizio dell'azione di riduzione (v. n. 11), egli dovrà imputare alla sua quota di riserva anche le donazioni e i legati fattigli direttamente dal defunto senza dispensa da imputazione *ex se* (art. 564).

Per quanto concerne l'estensione dell'istituto, l'art. 469, co. 1 dispone che la rappresentazione ha luogo all'**infinito**, indipendentemente dal grado e dal numero dei discendenti di ciascun chiamato, i quali costituiscono la sua stirpe e dunque, in deroga all'art. 77, anche oltre il sesto grado di parentela.

Quando opera la rappresentazione, la divisione **non** si fa per capi, bensì per **stirpi** (art. 469, co. 3), cioè con riferimento al **gruppo** di discendenti di ciascun chiamato. Questo criterio si applica anche quando lo stipite abbia prodotto più rami (vale a dire più linee di parentela), mentre fra i membri del medesimo ramo la divisione avviene per capi (art. 469, co. 4). La rappresentazione ha luogo anche nel caso di unicità di stirpe (art. 469, co. 2).

Accrescimento

Là dove non si possa dare corso né alla sostituzione, né alla rappresentazione (art. 674, co. 3 e 4), avrà luogo l'**accrescimento**. A seguito di quest'ultimo, la parte di eredità destinata al chiamato che non possa o non voglia accettare viene attribuita ai suoi coeredi o collegatari. Non si tratta di un diritto nuovo, ma di una **espansione** dell'originaria chiamata che, in presenza dei presupposti di legge, si verifica **di diritto** (art. 676, co. 1), cioè senza che all'uopo occorra una manifestazione di volontà da parte del beneficiario, e con efficacia risalente al momento dell'apertura della successione.

I presupposti dell'accrescimento sono **diversi**, a seconda che si tratti di successione testamentaria a titolo universale o di successione testamentaria a titolo particolare. Presupposti

Nel primo caso, si richiede l'istituzione in uno stesso testamento (*coniunctio verbis*) di una **pluralità** di eredi, **senza** determinazione di parti, o in parti **uguali** anche se determinate (*coniunctio re*: art. 674, co. 1).

Nel secondo caso (accrescimento fra collegatari), l'art. 675 richiede semplicemente la *coniunctio re*, sicché sembrerebbe che nei legati l'istituto possa operare anche in presenza di disposizioni a titolo particolare contenute in testamenti diversi (purché compatibili).

I coeredi e i collegatari a favore dei quali si verifica l'accrescimento subentrano pure negli obblighi cui era sottoposto il chiamato all'eredità o il legatario mancante, salvo che si tratti di obblighi di natura personale (art. 676). È da dire poi che, quantunque il legislatore abbia disciplinato l'istituto nel Titolo III "Delle successioni testamentarie", l'opinione comune vuole che l'accrescimento trovi applicazione anche nell'ambito della **successione legittima**.

L'art. 677 contiene una norma di chiusura del sistema, diretta ad indirizzare la delazione della quota di eredità vacante o del legato quando neppure l'accrescimento abbia avuto luogo. In ultima istanza, la porzione dell'erede mancante si devolve agli eredi **legittimi** e la porzione del legatario mancante va a profitto dell'**onerato** (art. 677, co. 1). Analogamente a quanto prescritto dall'art. 676, gli eredi legittimi e l'onerato subentrano negli obblighi gravanti sul chiamato all'eredità o sul legatario mancante, salvo che si tratti di obblighi di carattere personale (art. 677, co. 2). Impossibilità dell'accrescimento: conseguenze

4. *L'acquisto dell'eredità*

La vicenda successoria a causa di morte si compie **definitivamente**, e **irretrattabilmente** (*semel heres, semper heres*), con l'**acquisto** dell'eredità da parte del delato. Accettazione dell'eredità

Secondo quanto stabilito dall'art. 459, l'eredità si acquista con l'**accettazione**. Con tale disposizione il legislatore ha voluto sancire il principio secondo cui la successione a titolo di erede – comportando il subingresso non solo nelle situazioni attive, ma anche in quelle passive – non si realizza in modo automatico, ma richiede un atto positivo rivolto in tal senso da parte dell'interessato.

Acquisti *ex lege*

Tuttavia, la regola enunciata dall'art. 459 patisce numerose eccezioni (v. artt. 485, co. 1-2; 486, co. 2; 586), al punto che nel vigente sistema del diritto successorio l'accettazione si configura come il modo soltanto normale, ma **non** anche **esclusivo**, attraverso il quale si determina l'acquisto dell'eredità. In relazione a queste ipotesi, si discorre di acquisto *ex lege* dell'eredità, proprio per evidenziare che l'effetto acquisitivo consegue ad una **valutazione legale tipica** della fattispecie, indipendentemente dalla volontà del chiamato.

Retroattività dell'acquisto

Gli effetti dell'accettazione o, meglio, dell'acquisto dell'eredità **retroagiscono** al momento nel quale si è aperta la successione (art. 459) momento che, come detto (v. n. 2), coincide con la morte del *de cuius* (art. 456). La retroattività risponde all'imprescindibile esigenza di evitare ogni soluzione di continuità nella titolarità dei rapporti giuridici fra il defunto e il suo successore e, di conseguenza, costituisce un aspetto sottratto al potere dispositivo dei privati.

L'indisponibilità del momento a partire dal quale si producono gli effetti dell'accettazione trova conferma nell'art. 475, co. 2 nella parte in cui è prevista la **nullità** della dichiarazione di accettazione sottoposta a termine (iniziale).

La stessa norma prevede la **nullità** dell'accettazione fatta sotto condizione o sottoposta a termine (finale), ma in tal caso la spiegazione del divieto va individuata nell'esigenza di evitare un ulteriore stato di incertezza in ordine all'acquisto dell'eredità, in un caso, e nella irretrattabilità dell'acquisto dell'eredità, nell'altro caso.

Vizi della volontà

La volontà di accettare deve essere immune da **vizi**, e a questo riguardo il codice detta una disciplina specifica che si discosta da quella prevista per i contratti (v. Cap. VII, n. 12.1-12.1.3). L'art. 482 dispone, infatti, che l'accettazione possa essere impugnata quando è effetto di **violenza** o di **dolo**, mentre **non** è causa di invalidità l'**errore** (art. 483, co. 1). La preclusione (per un temperamento della quale v. il co. 2 dell'art. 483) deve intendersi riferita al solo errore-**vizio** – cioè all'errore sulle qualità personali del defunto o sulla consistenza dell'asse ereditario – e **non** anche all'errore **ostativo** il quale, determinando una radicale divergenza fra volizione interna e volontà esternata, comporta la **nullità** dell'atto.

Forme e caratteri dell'accettazione

L'accettazione, avendo ad oggetto la successione ereditaria in quanto tale, **non** può essere parziale (art. 475, co. 3) ed è sempre **unica**, anche quando il delato sia chiamato a succedere nell'eredità di uno stesso soggetto in forza di titoli diversi (come può accadere nel caso di concorso di successione testamentaria con quella legittima).

L'art. 474 dispone che l'accettazione dell'eredità può essere **espressa** oppure **tacita**.

Accettazione espressa

Ricorre la prima ipotesi quando il delato **dichiari** di accettare l'eredità, o abbia assunto il titolo di erede, in un atto pubblico ovvero in una scrittura privata (art. 475, co. 1). Siamo in presenza di un negozio **unilaterale**, **non recettizio** poiché la dichiarazione di accettazione promana dal solo delato ed è idonea a produrre i suoi effetti appena esternata, non occorrendo a tal fine che giunga a conoscenza di alcun destinatario. L'accettazione espressa deve rivestire la forma dell'atto pubblico o della scrittura privata a pena di **nullità** (art. 475).

Accettazione tacita

Viceversa, l'accettazione sarà **tacita** quando il chiamato compia un atto che potrebbe compiere **solo** in qualità di erede e che implica **necessariamente** la sua volontà di conseguire l'eredità (art. 476). Circa quest'ultimo aspetto deve escludersi che ai fini dell'acquisto dell'eredità il legislatore abbia inteso attribuire rilevanza alla concreta volontà del delato. In realtà, anche la lettera dell'art. 476 sembra riferirsi ad un elemento **obiettivo**, consistente nel compimento di un atto che per natura ed effetti risulta essere incompatibile con la volontà di non conseguire l'eredità.

Gli artt. 477-478, infine, contengono alcune fattispecie **tipiche** di accettazione tacita ovvero, più plausibilmente, figure di accettazione **presunta**, rispetto alle quali resta irrilevante la prova contraria.

Accettazione pura e semplice o con beneficio d'inventario

L'accettazione (espressa) può essere **pura e semplice**, oppure con **beneficio di inventario** (art. 470, co. 1). La relativa facoltà di scelta è rimessa al prudente apprezzamento dell'istituito e non ammette limitazioni di sorta, come si evince dall'art. 470, co. 2, secondo cui l'accettazione con beneficio di inventario può farsi nonostante qualsiasi divieto da parte del testatore.

L'art. 471 dispone che le eredità devolute ai **minori** e agli **interdetti** non si possono accettare se non con beneficio di inventario, osservate le disposizioni circa l'autorizzazione giudiziale per il compimento dell'atto da parte dei legali rappresentanti dell'incapace. Dello stesso tenore è la previsione contenuta nell'art. 472 relativa ai minori **emancipati** e agli **inabilitati**. La *ratio* di tali disposizioni viene individuata nell'esigenza di salvaguardare il patrimonio dei soggetti non pienamente capaci dai pericoli derivanti dall'accettazione di una *damnosa hereditas*, cioè di un'eredità in cui il passivo superi l'attivo.

Anche gli enti **collettivi** (personificati e non), diversi dalle società, possono accettare le eredità loro devolute solo col beneficio di inventario (art. 473).

Separazione dei patrimoni e limitazione della responsabilità

La diversità fondamentale fra i due tipi di accettazione si rinviene sul piano degli effetti. Infatti, mentre l'accettazione pura e semplice determina la **confusione** del patrimonio ereditario con quello personale dell'erede, il quale, dunque, può essere chiamato a rispondere dei debiti ereditari anche con i propri beni, l'accettazione beneficiata, invece, ha l'effetto di tenere **distinti** i due patrimoni (art. 490, co. 1). Di conseguenza, l'erede beneficiato non è tenuto al pagamento dei debiti e dei pesi ereditari se non nei limiti di valore dei beni relitti (art. 490, n. 2), e conserva verso l'eredità tutte le ragioni di debito e di credito che aveva nei confronti del defunto (art. 490, n. 1).

L'accettazione beneficiata giova anche ai **creditori ereditari** e ai **legatari** i quali, per effetto della separazione dei patrimoni, "hanno preferenza sul patrimonio ereditario di fronte ai creditori dell'erede".

Come si può notare, l'accettazione beneficiata rappresenta per il chiamato un istituto di particolare favore che gli consente di succedere in tutti i rapporti del defunto, **limitando** la sua responsabilità per i debiti ereditari *intra vires hereditaria*, ossia al solo **attivo** ereditario (sulle limitazioni della responsabilità patrimoniale v. Cap. XI, n. 10).

Modalità dell'accettazione beneficiata

L'accettazione beneficiata deve farsi mediante **dichiarazione** ricevuta da un notaio o dal cancelliere del Tribunale nel cui circondario si è aperta la successione (art. 484, co. 1) e va preceduta o seguita **dall'inventario** delle attività e passività ereditarie, secondo quanto prevede il codice di rito (art. 769 c.p.c.). Inoltre, l'accettazione con beneficio d'inventario è soggetta ad un proprio regime pubblicitario dovendo essere **trascritta** nell'ufficio dei registri immobiliari del luogo di apertura della successione ai sensi dell'art. 484, co. 2, e inserita nel registro delle successioni ai sensi dell'art. 484, co. 1.

Per effetto dell'accettazione con beneficio di inventario, il chiamato consegue la titolarità dei rapporti giuridici spettanti al defunto e, in quanto titolare, è investito del potere di amministrare i beni relitti e può procedere direttamente al soddisfacimento delle ragioni dei creditori ereditari e dei legatari (di genere) attraverso il ricorso a **due** procedure alternative: il **pagamento individuale** (art. 495) e la **liquidazione concorsuale dell'eredità** (art. 498 s.). Egli, purché non abbia compiuto alcun atto di liquidazione, può anche evitare di sovrintendere le operazioni rivolte al soddisfacimento dei debiti e dei pesi ereditari attuando il **rilascio** dei beni in favore dei creditori e ai legatari (art. 507).

Separazione dei beni del defunto da quelli dell'erede

Si è visto che per effetto dell'accettazione beneficiata, i creditori ereditari conseguono il vantaggio di evitare il **concorso** dei creditori personali dell'erede sui beni già spettanti al defunto (art. 490, n. 3). In linea teorica, però, l'accettante potrebbe non avvalersi del beneficio d'inventario dando luogo così al concorso tra i due gruppi di creditori.

Proprio allo scopo di tutelarne le ragioni indipendentemente dalle scelte dell'erede, la legge accorda ai **creditori ereditari** e ai **legatari** (di genere) la possibilità di chiedere la **separazione** dei beni del defunto da quelli dell'erede (art. 512 s.), grazie alla quale coloro che l'hanno domandata (detti **separatisti**) conseguono il diritto di soddisfarsi sui beni ereditari oggetto di separazione con **priorità** rispetto ai creditori personali dell'erede (art. 512, co. 1). Peraltro, il vantaggio è duplice, poiché la separazione non preclude ai separatisti di soddisfarsi sui beni personali dell'erede (art. 512, co. 3), a condizione ovviamente che questi non abbia accettato con beneficio di inventario.

A dispetto della sua denominazione, l'istituto non attua alcuna separazione dei beni ereditari dal patrimonio personale dell'erede, ma anzi presuppone che vi sia stata **confusione** fra le due masse. Ne discende che i creditori personali dell'erede potranno soddisfarsi sui beni ereditari che non hanno formato oggetto di separazione e anche su quelli che ne hanno formato oggetto, ma in tal caso solo subordinatamente alla realizzazione delle ragioni dei separatisti (e, in una certa misura, anche dei non separatisti: art. 514, co. 2).

5. *L'azione di petizione dell'eredità*

La legge attribuisce all'erede il potere di chiedere il **riconoscimento** della sua qualità ereditaria contro chiunque si trovi, a titolo di erede o senza titolo alcuno, nel possesso di beni ereditari (**azione di petizione dell'eredità**: art. 533): riconoscimento a seguito del quale l'erede potrà ottenere dal terzo possessore la **restituzione** dei beni relitti (o di alcuni di essi).

Caratteri dell'azione di petizione

L'azione di petizione ereditaria ha carattere **reale**, potendo essere esperita, in base all'art. 533, contro chiunque possieda beni ereditari a titolo di erede (cioè contestando l'altrui qualità di erede) o senza titolo alcuno (*possideo quia possideo*) e, in base all'art. 534, co. 1, anche contro l'avente causa dal possessore. Ciò che conta è che il terzo, al momento in cui viene intentata l'azione, si trovi in una relazione di fatto con un bene facente parte dell'asse relitto.

Per quanto l'art. 533 faccia riferimento al **possessore**, legittimato passivo è anche il semplice **detentore** (analogamente a quanto previsto dall'art. 948, co. 1, per l'azione di rivendica – v. Cap. XII, n. 3 – da sempre considerata il modello ispiratore dell'azione di petizione ereditaria).

Essendo diretta ad **accertare** la qualità di erede che, come già osservato, una volta conseguita non si perde più (v. n. 4), l'azione **non** è soggetta a prescrizione, salvi gli effetti dell'usucapione rispetto ai singoli beni (art. 533, co. 2).

Rispetto alle azioni riguardanti i singoli beni ereditari, la petizione di eredità presenta poi il vantaggio di un onere probatorio meno gravoso, dovendo l'attore dimostrare semplicemente la sua **qualità** di erede e l'**appartenenza** dei beni all'asse relitto, senza che occorra fornire la prova della loro appartenenza al defunto.

In caso di esperimento vittorioso dell'azione, i rapporti fra l'erede e il possessore di beni ereditari circa la restituzione dei frutti, le spese, i miglioramenti e le addizioni sono disciplinati dalle norme dettate in materia di possesso, (art. 535, co. 1: v. Cap. XII, n. 6.1).

Erede apparente

La tutela accordata all'erede trova un limite nell'esigenza di assicurare stabilità e certezza ai traffici giuridici. Ciò spiega perché, a certe condizioni, l'acquisto dall'erede apparente risulti **inattaccabile** dall'erede vero. Perché questo effetto si verifichi, debbono ricorrere **tre** presupposti (art. 534, co. 2).

In primo luogo, è necessario che l'acquisto abbia avuto luogo in base ad una convenzione a titolo **oneroso**.

In secondo luogo, occorre che l'acquisto sia derivato da un soggetto che, pur senza esserlo, si sia comportato da erede (**erede apparente**).

Infine, è necessario che il terzo, nell'istante in cui ha contrattato con l'erede apparente, fosse in **buona fede**, cioè ignorasse incolpevolmente di ledere i diritti dell'erede vero. Tuttavia, qui la buona fede non si presume, ma occorre che il terzo fornisca la prova della sua sussistenza.

Questa complessa disciplina rappresenta una sintesi di due fondamentali principi accolti dal codice del 1942 – quello dell'**affidamento** e quello **dell'apparenza** – che trovano applicazione già in numerose altre ipotesi (ad es., per il primo, in materia di errore, v. Cap. VII, n. 12.1.1, per il secondo, in materia di pagamento al creditore apparente, v. Cap. XI, n. 3.2).

Quando l'acquisto del terzo abbia ad oggetto beni immobili o mobili registrati, deve ricorrere un ulteriore requisito, imposto dall'esigenza di conciliare le regole sull'apparenza giuridica con quelle che governano la circolazione di tali beni. Ne discende che, in questo caso, il terzo non solo deve aver provveduto – *ex* artt. 2643-2644 – alla **trascrizione** del suo acquisto contro l'erede apparente in modo **tempestivo** (cioè prima che il vero erede abbia trascritto il suo acquisto a causa di morte contro il *de cuius* ovvero la domanda giudiziale proposta contro l'erede apparente *ex* art. 2652, n. 7), ma deve altresì potersi giovare della **tempestiva** trascrizione dell'acquisto *mortis causa* da parte dell'erede apparente ai sensi dell'art. 2648 (art. 534, co. 3).

In presenza dei suddetti presupposti, il terzo farà salvo il suo acquisto e l'erede apparente risponderà nei confronti dell'erede vero secondo quanto previsto dagli artt. 1148-1150 in materia di possesso (art. 535).

Si noti, infine, che, ai sensi dell'art. 103, co. 1, d.lgs. n. 154/2013, "fermi gli effetti del giudicato formatosi prima dell'entrata in vigore della legge 10 dicembre 2012, n. 219, sono legittimati a proporre azioni di petizione di eredità, ai sensi dell'articolo 533 del codice civile, coloro che, in applicazione dell'articolo 74 dello stesso codice, come modificato dalla medesima legge, hanno titolo a chiedere il riconoscimento della qualità di erede" (si ricordi che oggi la discendenza dal medesimo stipite integra la parentela sia che la filiazione si inserisca all'interno del matrimonio, sia che si collochi al di fuori di esso, sia, infine, ove il figlio sia adottivo).

6. *La rinunzia all'eredità*

Rinunzia all'eredità

La **rinunzia** all'eredità (art. 519) si configura come un negozio giuridico per mezzo del quale il delato **si spoglia** del diritto di accettare l'eredità (e con esso dell'intera delazione), senza trasmetterlo ad altri. Sebbene la legge si riferisca testualmente all'eredità, oggetto del negozio di rinunzia non è quest'ultima, (posto che, una volta acquisita, la qualità di erede non può più essere dismessa), bensì il **diritto di accettazione**.

Forma

La rinunzia è atto **solenne**, da farsi con dichiarazione ricevuta da un notaio o dal cancelliere del Tribunale del circondario in cui si è aperta la successione (art. 519), sotto pena di **nullità**. Inoltre, essa va resa pubblica mediante l'inserzione nel registro delle successioni a cura del cancelliere o del notaio ricevente (artt. 52 e 53 disp. att.). Si tratta di mera pubblicità **notizia**, in difetto della quale l'atto rimane perfettamente valido ed opponibile ai terzi.

Cause di invalidità. Retroattività

Come l'accettazione dell'eredità (art. 475, co. 2), anche la rinunzia sottoposta a condizione, a termine o parziale, è **nulla** (art. 520), mentre è semplicemente **annullabile** quando sia frutto di violenza o di dolo (art. 526).

Ai sensi dell'art. 521, co. 1 "chi rinunzia all'eredità è considerato come se non vi fosse mai stato chiamato". In altri termini, al pari dell'accettazione, la rinuncia retroagisce al momento dell'apertura della successione ancora una volta per non pregiudicare la continuità di quest'ultima.

Revoca

Prima che il diritto di accettare l'eredità si sia prescritto, e sempre che a seguito della rinunzia l'eredità non venga acquistata da altri chiamati, il rinunziante può egualmente venire alla successione mediante un'accettazione, per così dire, **tardiva** (art. 525).

Conseguenze

La rinunzia produce l'ulteriore effetto di rendere pienamente operante la delazione a favore dei chiamati **successivi** (v. art. 525), la quale si orienterà in modo differente a seconda che la successione sia regolata dalla legge o dal testamento.

Nelle successioni **legittime**, la quota spettante al rinunziante si devolve innanzitutto per **rappresentazione** *ex* art. 467 ovvero nei modi indicati dall'art. 571, e poi a favore di coloro che avrebbero concorso col rinunziante qualora questi fosse venuto alla successione. Se invece il rinunziante è solo, l'eredità viene devoluta a coloro ai quali essa sarebbe spettata nel caso in cui egli non fosse stato presente nella lista dei successibili (art. 522).

Nelle successioni testamentarie, viceversa, la parte del rinunziante verrà allocata secondo le regole della **devoluzione successiva** (v. n. 3.2).

In presenza di una *damnosa hereditas*, la rinunzia gioverà ai creditori del rinunciante, i quali eviteranno così di subire il concorso dei creditori dell'ereditando sui beni personali del loro debitore. Viceversa, se l'eredità è **attiva**, essi, a causa della rinunzia, patiranno un pregiudizio, non potendo più confidare (anche) sui beni ereditari per la realizzazione delle loro ragioni.

Impugnazione della rinunzia

Per ovviare a tale inconveniente, il legislatore ha previsto un rimedio grazie al quale i creditori del rinunziante possono farsi autorizzare ad accettare l'eredità in luogo del rinunziante stesso, al solo scopo di soddisfarsi sui beni ereditari fino alla concorrenza dei loro crediti (**impugnazione della rinunzia**: art. 524, co. 1). In realtà, l'art. 524 non contempla affatto un'accettazione dell'eredità, posto che sarebbe incongruo far dipendere l'acquisto della qualità di erede dall'iniziativa di altri, ma un rimedio *sui generis* che, per presupposti ed effetti, non può neppure ricondursi agli ordinari mezzi di conservazione della garanzia patrimoniale generica di cui agli artt. 2900-2906 (v. Cap. XI, n. 10).

7. *Comunione, collazione e divisione*

Comunione ereditaria: oggetto

Quando alla successione venga una **pluralità** di eredi, istituiti per **quote ideali** (e non per singoli beni), sui beni ereditari si instaura una **comunione**.

La comunione ereditaria costituisce una variante della comunione ordinaria (v. Cap. XII, n. 5), caratterizzata dalla **incidentalità** e dalla **eterogeneità** delle situazioni giuridiche soggettive in essa ricomprese. Dalla comunione ereditaria sono **esclusi** i debiti ereditari i quali, di regola e sempre che si tratti di obbligazioni indivisibili, si ripartiscono fra i coeredi in misura proporzionale alle rispettive quote (artt. 754, 752 e 1295), non trovando qui applicazione la regola enunciata dall'art. 1294.

Va detto, poi, che secondo l'opinione prevalente alla comunione ereditaria rimangono **estranei** anche i crediti già facenti capo al *de cuius*, per i quali, pur in difetto di un'espressa previsione in tal senso, vige un regime giuridico identico a quello previsto per i debiti ereditari.

Divisione

Anche qui, come nella comunione ordinaria, ciascun comunista ha facoltà di domandare lo **scioglimento** della comunione in ogni momento (artt. 713, co. 1; 1111, co. 1): questo potere, tuttavia, incontra un limite nella volontà del testatore o nella legge.

In particolare, il testatore può disporre che la divisione **non** abbia luogo prima che sia trascorso un determinato periodo di tempo (in ogni caso non eccedente il quinquennio) dalla sua morte (art. 713, co. 3) oppure, qualora fra i coeredi vi siano minori di età, prima che sia trascorso un anno dal compimento della maggiore età da parte dell'ultimo nato (art. 713, co. 2).

Inoltre, se fra i chiamati all'eredità vi è un concepito, la divisione non può aver luogo fin tanto che questi non sia venuto ad esistenza; pure, non potrà procedersi alla divisione durante la pendenza del giudizio sulla legittimità o sulla filiazione naturale di colui, che in caso di esito positivo, sarebbe chiamato a succedere (art. 715).

In tutti questi casi, l'autorità giudiziaria **potrà** comunque autorizzare la divisione, adottando ove necessario le opportune cautele. Qualora invece la divisione possa recare notevole pregiudizio al patrimonio ereditario, ciascun coerede è abilitato a rivolgersi al giudice affinché ne venga disposta la sospensione per un periodo non eccedente il quinquennio (art. 717).

Divisione contrattuale

Alla divisione ereditaria si può procedere anche sulla base del consenso di tutti i comunisti (divisione **contrattuale** o amichevole). L'accordo in questione integra gli estremi un vero e proprio contratto **plurilaterale** con il quale le parti decidono di porre fine allo stato di comunione mediante l'assegnazione a ciascuno dei compartecipi di una porzione di valore corrispondente alla sua quota. Peraltro, nell'ampio concetto di divisione rientra qualsiasi negozio che, pur non attribuendo beni comuni corrispondenti alle quote di diritto, sortisce ugualmente l'effetto di far cessare lo stato di comunione (v. art. 764, co. 1).

La divisione ha efficacia **dichiarativa**, come si evince dall'art. 757, alla stregua del quale "ogni coerede è reputato solo ed immediato successore di tutti i beni assegnatigli … e si considera come se non avesse mai avuto la proprietà degli altri beni ereditari". I coeredi si devono vicendevole garanzia per le molestie ed evizioni derivanti da causa anteriore alla divisione, salvo che la garanzia non sia stata esclusa espressamente o il coerede abbia subito l'evizione per propria colpa (art. 758).

Vizi della volontà. Rescissione

Alla divisione amichevole, in quanto contratto, si applicano le regole generali vigenti in materia. Specifiche disposizioni riguardano i **vizi della volontà** e l'impugnazione per **rescissione**. Quanto ai primi, la divisione può essere impugnata per **dolo** o per **violenza**, ma **non** per **errore** (art. 761). L'eventuale omissione di uno o più beni ereditari non importa l'invalidità dell'atto, dovendosi in tal caso procedere ad un semplice **supplemento** della divisione (art. 762). Quanto alla seconda, l'atto divisionale può essere rescisso quando l'erede provi di aver subito una lesione **superiore** al **quarto** (artt. 763 e 764).

Il coerede nei cui confronti viene esperita l'azione può troncarne il corso e impedire una nuova divisione prestando all'attore, e a quanti si sono a lui associati, il supplemento della porzione ereditaria, in denaro o in natura (art. 767).

Divisione giudiziale

Quando invece fra i coeredi non vi sia accordo, ciascuno di essi può rivolgersi all'autorità giudiziaria affinché si proceda allo scioglimento della comunione (divisione **giudiziale**).

Divisione fatta dal testatore

Infine, la divisione può essere effettuata direttamente dal testatore mediante **assegnazione** ai coeredi di tutti o di alcuni soltanto dei suoi beni (divisione **fatta dal testatore** o **assegno divisionale qualificato**: art. 734). Nel caso in esame, si è in presenza di due negozi giuridici **collegati**: l'**istituzione** *pro quota* e l'**attribuzione di beni** agli istituiti mediante la quale il testatore impedisce che sui beni relitti si realizzi uno stato di comunione. Nondimeno, anche la c.d. divisione fatta dal testatore soddisfa la medesima funzione distributivo-attributiva tipica di qualsiasi atto divisionale.

Istituti tipici della comunione ereditaria sono il retratto successorio e, prima dell'entrata in vigore del d.lgs. n. 154/2013, il diritto di commutazione.

Retratto successorio

Il **retratto successorio** è disciplinato dall'art. 732 in forza del quale il coerede che voglia **alienare** (a titolo oneroso) ad un estraneo la sua quota di eredità, o parte di essa, deve notificare la proposta di alienazione agli altri eredi (*denuntiatio*), i quali, dal canto loro, possono esercitare entro due mesi dall'ultima notificazione il diritto di prelazione (v. Cap. VII, n. 4.4). In mancanza di notificazione, i prelazionari, finché dura lo stato di comunione, hanno diritto di **riscattare** la quota dall'acquirente e da ogni successivo avente causa.

Il retratto ha la funzione di impedire la partecipazione di **estranei** alla comunione ereditaria, giacché quest'ultima di regola si instaura fra soggetti legati da rapporti familiari. Si tratta di una fattispecie complessa che trova la sua fonte nella legge e che comprende due differenti situazioni giuridiche soggettive attive: il **diritto di prelazione**, cioè il diritto di essere preferito nell'acquisto qualora uno dei coeredi intenda cedere la sua quota di eredità (e non anche singoli beni ereditari), e il **diritto di riscatto**, consistente nel diritto potestativo di sostituirsi all'acquirente, il quale conseguentemente viene estromesso dal contratto che ha dato origine all'acquisto.

Proprio grazie al diritto di riscatto, la prelazione qui acquista un'efficacia **reale**, mentre di regola essa è assistita da un'efficacia puramente obbligatoria (v. Cap. VII, n. 4.4).

Diritto di commutazione

Ora, soppressa, già con la riforma del '75, ogni disparità di trattamento a carico dei figli naturali, un tempo giustificata in nome della tutela della famiglia legittima, poi lo stesso *status* di figlio naturale, i figli concorrono tutti sullo stesso piano, in parti uguali. Una labile traccia del *favor* legislativo per la filiazione nel matrimonio si rinveniva, ormai, solo nel già menzionato **diritto di commutazione** riconosciuto ai figli legittimi (art. 537, ult. co.), i quali, come si è visto, avrebbero potuto impedire la comunione ereditaria con i figli naturali liquidando la porzione loro spettante con singoli beni immobili o con denaro: in caso di dissenso, a decidere sarebbe stato il giudice. Come detto, però, se già l'entrata in vigore della l. n. 219/2012 rendeva dubbia la sopravvivenza di questo residuato, il d.lgs. n. 154/2013 ha proceduto ad espungere questa residua discriminazione in danno dei figli nati fuori del matrimonio, abrogando espressamente gli artt. 537, co. 3, 542, ult. co. e 566 co. 2.

Collazione

In linea di principio, la comunione ereditaria ha ad oggetto il *relictum*, cioè il complesso dei diritti appartenenti al defunto trasmessi *mortis causa*. Tuttavia, quando alla successione vengano determinati soggetti appartenenti alle categorie contemplate dal legislatore (**figlio** del *de cuius*, **discendenti** e, in seguito alla riforma del diritto di famiglia, anche il **coniuge** *ex* art. 737 e ora anche dell'unito civilmente), nel patrimonio da dividere vanno ricompresi, a certe condizioni, altri beni o valori che **non** fanno parte dell'asse relitto.

È questa la **collazione** che può essere definita come il **conferimento** – di beni o di valori – alla massa ereditaria, oggetto di divisione fra talune categorie di coeredi, di quanto ricevuto dal defunto a **titolo di liberalità**. In questo modo, il legislatore ha inteso mantenere inalterate, fra coloro che vengono alla successione come eredi, le proporzioni fissate dalla legge o previste nel testamento. Infatti, si presume che con la donazione il defunto abbia semplicemente voluto anticipare al beneficiario quanto gli sarebbe potuto pervenire *iure successionis*.

Soggetti tenuti alla collazione

Come detto, sono tenuti alla collazione il coniuge, la parte dell'unione civile, i figli e i loro discendenti che concorrano alla successione. Costoro debbono collazionare quanto ricevuto in vita dal defunto (ma v. gli artt. 738, 742, 744) a titolo di donazione (diretta o indiretta), salvo che il donante li abbia espressamente **dispensati** (art. 737).

Modi della collazione

Di regola la collazione si fa per **imputazione**, ossia determinando il valore dei beni donati dal defunto ai soggetti indicati dall'art. 737 con riguardo al momento dell'apertura della successione e aggiungendo tale valore alla massa relitta. Successivamente, ciascun coerede – donatario potrà trattenere il bene donatogli, ma dovrà imputare alla propria porzione il valore dello stesso, in modo che le sue pretese sull'asse relitto saranno ridotte in misura corrispondente.

Solo quando oggetto della donazione sia un bene immobile che non è stato alienato o ipotecato, la collazione potrà essere fatta scelta a del conferente, oltre che per imputazione, anche **in natura** (art. 746).

8. *L'acquisto del legato*

Acquisto del legato

A differenza di quanto avviene per l'eredità, nel **legato** apertura della successione e acquisto **coincidono** in quanto, secondo la previsione dell'art. 649, co. 1 il legato si acquista "senza bisogno di accettazione", cioè pur in difetto di un atto di volontà rivolto in tal senso da parte del beneficiario.

La diversità di disciplina va ricondotta alla circostanza che il legatario, per effetto dell'attribuzione disposta a suo favore, consegue – almeno di regola – un incremento patrimoniale e, contrariamente all'erede, non risponde dei debiti e dei pesi impostigli se non nei limiti del valore della cosa legata (art. 671).

Rinunzia al legato

Tuttavia, se è vero che il legato si acquista **automaticamente**, cioè senza bisogno di accettazione, è altrettanto vero che tale acquisto non è né stabile, né definitivo, potendo essere messo nel nulla da un successivo atto di **rinunzia** da parte del beneficiario. La facoltà di rinunzia, quindi, determina una situazione di incertezza non tanto in ordine all'acquisto che, come detto, si realizza all'apertura dalla successione, quanto piuttosto in ordine alla sua **stabilità**.

Actio interrogatoria

Proprio al fine di eliminare siffatto stato di incertezza, è riconosciuto a qualsiasi interessato il potere di adire l'autorità giudiziaria affinché quest'ultima fissi al legatario un termine entro il quale egli dichiari se intende rinunziare o meno al legato (*actio interrogatoria*). Decorso inutilmente il termine assegnatogli, il legatario **decade** dal diritto di rinunziare e, per riflesso, il suo acquisto si stabilizza definitivamente (art. 650).

9. *La successione testamentaria*

Abbiamo già visto che l'eredità può essere devoluta per **testamento** (art. 587) o, in mancanza di questo, per **legge** (art. 457). Mentre nella successione testamentaria assume rilevanza preminente l'interesse **individuale** del testatore a disporre dei suoi interessi per il tempo in cui egli avrà cessato di vivere, nella successione legittima, viceversa, viene in considerazione il legame **familiare** che univa i vari successibili al defunto (solidarietà familiare).

Testamento: suoi caratteri fondamentali

Caratteri fondamentali del negozio testamentario sono: la **patrimonialità** (art. 588), la **unilateralità** – in quanto la sua efficacia prescinde dall'accettazione del chiamato – e la non **recettizietà**, poiché, non essendo rivolta ad alcun destinatario in particolare, la volontà del testatore produce i suoi effetti indipendentemente da qualsiasi onere di comunicazione agli interessati.

Altra caratteristica del testamento è l'**unipersonalità**, nel senso che la volontà testamentaria promana da un solo soggetto (mentre l'unilateralità sta ad indicare che la volontà testamentaria promana da una sola parte). Ne discende la inammissibilità di un testamento collettivo, col quale più persone dispongano delle loro sostanze a favore di terzi (testamento **congiuntivo**: art. 589), ovvero gli uni a favore degli altri (testamento **reciproco**: art. 589). È invece ammissibile che in un unico corpo documentale siano comprese disposizioni di ultima volontà appartenenti a persone diverse, sempreché fra tali disposizioni non sussista alcun collegamento (testamento **simultaneo**).

Inoltre, il testamento è atto **personalissimo** dal momento che esso non tollera alcuna possibilità di sostituzione per il suo compimento. La personalità del testamento impedisce che il contenuto del negozio testamentario possa essere integrato dalla volontà di un soggetto diverso dal testatore, se non nei limiti previsti dalla legge in tema di legato (artt. 631-632).

Revoca del testamento

Ulteriore carattere essenziale del testamento è la sua **revocabilità**: la legge, infatti, assegna al testatore la facoltà, irrinunciabile ed esercitabile fino all'ultimo, di levare efficacia all'atto precedentemente compiuto (artt. 587, 679).

Revoca espressa

La revocazione può farsi con uno specifico atto ricevuto dal notaio alla presenza di due testimoni, oppure con un nuovo testamento nel quale il testatore dichiari di revocare in tutto o solo in parte le disposizioni testamentarie precedenti (revoca **espressa**: art. 680). Nelle stesse forme è possibile procedere alla revoca della revoca: nel qual caso riacquisteranno efficacia le disposizioni revocate (art. 681).

Revoca tacita

Peraltro, anche in difetto di una revoca espressa, la confezione di un testamento posteriore comporta la revoca delle disposizioni contenute nel testamento precedente che risultino **incompatibili** con la nuova volontà testamentaria (revoca **tacita**: art. 682).

In altri casi, è la legge che ricollega al comportamento del testatore un effetto revocatorio (revoca **presunta**). Così, il testamento olografo cancellato, distrutto o lacerato dal testatore si considera revocato in tutto o solo in parte (art. 684). Il ritiro del testamento segreto ad opera del testatore dalle mani del notaio o dell'archivista presso il quale si trova depositato importa revocazione dello stesso ogni qual volta non possa valere come testamento olografo (art. 685). Allo stesso modo, l'alienazione da parte del testatore della cosa legata determina la revoca del legato (art. 686).

Sono invece revocate **di diritto** le disposizioni a titolo universale o particolare fatte da chi, al tempo del testamento, non aveva o ignorava di avere figli (art. 687). Si noti, per inciso, che l'art. 687, co. 2 conteneva una discriminazione fra figli nati nel matrimonio e figli nati fuori dello stesso e legittimati: nel primo caso, la revocazione si aveva anche se il figlio fosse stato concepito al tempo del testamento, nel secondo, l'istituto operava solo allorquando il figlio fosse stato riconosciuto prima del testamento e solo successivamente legittimato. Il d.lgs. n. 154/2013 ha modificato la disposizione, ai sensi della quale oggi "la revocazione ha luogo anche se il figlio è stato concepito al tempo del testamento".

Forme testamentarie

Il negozio testamentario si caratterizza, poi, per il suo accentuato **formalismo**. La legge, infatti, non si limita a richiedere la forma scritta, ma prescrive espressamente le forme – speciali o ordinarie – da osservarsi nella redazione dell'atto.

Le forme **speciali** (artt. 609-619) si caratterizzano per il loro minore rigore – giustificato dall'esigenza di affidare la scheda testamentaria ad un terzo qualificato e dalla contestuale impossibilità di ricorrere ad un notaio – e per la loro efficacia limitata nel tempo, essendo tale efficacia destinata a venire meno non appena cessi la situazione eccezionale (epidemia, guerra ecc.) che legittima il ricorso alle forme speciali.

Le forme **ordinarie** di testamento sono il testamento olografo e il testamento per atto di notaio (art. 601), il quale a sua volta può essere pubblico (art. 603) o segreto (artt. 604-605).

Testamento olografo

Il testamento **olografo** si caratterizza per la sua segretezza e per la sua semplicità redazionale, occorrendo solamente che l'atto sia **datato**, con l'indicazione del mese, del giorno e dell'anno, scritto interamente dal testatore **di suo pugno** (art. 602, co. 2) e **sottoscritto** in calce dallo stesso (art. 602, co. 1).

Il testamento **pubblico** è l'atto ricevuto da un notaio, alla presenza di due testimoni (art. 603, co. 1), e redatto con l'osservanza delle formalità all'uopo richieste dal codice civile e dalla legge notarile (artt. 603, co. 2-3 e 50 l. not.). Testamento pubblico

Rispetto a quello olografo, il testamento pubblico presenta un **formalismo** più accentuato e un minore grado di segretezza, ma ha il vantaggio di dare all'atto l'efficacia **probatoria** privilegiata propria degli atti pubblici (art. 2700) e di essere redatto da un professionista particolarmente competente a trasfondere la volontà del disponente in formule giuridiche appropriate. Inoltre, per le sue caratteristiche, il testamento pubblico si presta ad essere impiegato anche da quei soggetti che a causa delle loro particolari condizioni fisiche non possono fare ricorso alle altre forme ordinarie.

Nel testamento **segreto** – poco utilizzato nella prassi – abbiamo la consegna da parte del testatore ad un **notaio** della scheda (redatta dallo stesso testatore o da un terzo) contenente le sue disposizioni di ultima volontà (art. 604), e la successiva stesura a cura del pubblico ufficiale del verbale di ricevimento attestante l'avvenuta consegna (art. 605). Testamento segreto

La violazione delle norme che prescrivono oneri di forma nella redazione della scheda testamentaria determina l'**invalidità** dell'atto, ma al fine di salvaguardare per quanto possibile la volontà del testatore, la legge ha predisposto una disciplina abbastanza diversa da quella dettata per gli atti fra vivi. Vizi di forma

In primo luogo, il difetto di forma **non** comporta indefettibilmente la nullità dell'atto. Questa consegue **solo** qualora il testamento olografo sia privo dell'**autografia** o della **sottoscrizione** e, nel caso di testamento per atto di notaio, esclusivamente quando manchi la redazione per iscritto da parte di quest'ultimo delle dichiarazioni del testatore o la sottoscrizione dell'uno o dell'altro (art. 606).

Tutti gli altri vizi di forma determinano la semplice **annullabilità** dell'atto, la quale, però, può essere fatta valere da chiunque vi abbia interesse (annullabilità **assoluta**). Sempre al fine di far salva la volontà testamentaria, il legislatore consente che il testamento segreto, pur privo di qualche suo requisito, valga come testamento olografo, qualora di quest'ultimo possieda tutti i requisiti di forma (**conversione formale**: art. 607).

Atteso il particolare rigore formale che domina la materia, si ritiene del tutto **inesistente** il testamento **orale** o **nuncupativo**, difettando qui quel minimo substrato materiale idoneo a dare certezza alla volontà testamentaria.

Una volta aperta la successione, il testamento segreto e quello olografo vanno **pubblicati** al fine di rendere edotti della loro esistenza gli Pubblicazione del testamento interessati. Alla pubblicazione provvede il notaio (artt. 620-621) il quale, subito dopo la pubblicazione, provvede a dare comunicazione dell'esistenza del testamento agli eredi e ai legatari di cui conosca il domicilio o la residenza. Tale comunicazione deve essere data anche dal notaio che ha ricevuto un testamento in forma pubblica, non appena gli giunga notizia della morte del testatore (art. 623).

Capacità di disporre per testamento

La **capacità di disporre per testamento** rappresenta una manifestazione della più generale capacità di agire e spetta a tutti coloro che non siano incapaci, legali o naturali (art. 591). L'incapacità di testare provoca l'**annullabilità** dell'atto la quale può essere fatta valere da chiunque vi abbia interesse (art. 591, co. 2: anche questa è un'ipotesi di annullabilità assoluta).

Capacità di ricevere per testamento

Diversa dalla capacità di fare testamento è la **capacità di ricevere per testamento**, ossia l'idoneità ad essere destinatario di disposizioni testamentarie, a titolo universale o particolare. Ne sono privi, oltre agli incapaci di succedere (v. n. 3), anche quanti, a cagione della loro posizione (v. artt. 596-598), sono incapaci di ricevere solo per testamento e solo nei confronti di determinati soggetti.

L'inosservanza di tali disposizioni, dettate a presidio della libertà testamentaria, rende **nulle** le sole disposizioni a favore dei soggetti incapaci di succedere, senza travolgere l'intero testamento. L'invalidità colpisce anche le disposizioni testamentarie fatte sotto nome di persona **interposta** (art. 599, co. 1).

Vizi della volontà

Oltre che rivestire la forma prescritta dalla legge e promanare da un soggetto capace d'agire, la volontà testamentaria deve risultare immune da vizi, nel senso che **non** deve essere affetta da **errore**, **violenza** o **dolo** (art. 624, co. 1). La disciplina dei vizi della volontà nel testamento risponde alla **sola** esclusiva esigenza di tutelare l'integrità del volere del *de cuius:* ciò spiega perché essa, per alcuni aspetti, si differenzi da quella dettata con riguardo al contratto (v. Cap. VII, n. 12.1-12.3).

Ad es., in materia testamentaria non si richiede che l'errore sia riconoscibile, mentre rileva (nel senso che dà luogo ad annullabilità assoluta) anche il mero errore **di fatto** sul motivo, purché quest'ultimo risulti dal testamento e sia stato il solo che ha determinato il testatore a disporre (art. 624, co. 2). Alle stesse condizioni, il motivo **illecito** determina la nullità della disposizione testamentaria (art. 626).

Più in generale, i vizi della volontà sono causa di **annullabilità** dell'atto, ma la legittimazione all'esercizio della relativa azione spetta a chiunque vi abbia interesse (annullabilità **assoluta**: art. 624, co. 1).

Per il trattamento riservato alla conferma o esecuzione di disposizioni testamentarie nulle (art. 590), v. Cap. VII, n. 13.1.

Il testatore deve esprimere la propria volontà in modo certo ed inequivocabile, e ciò sia dal punto di vista **soggettivo** (esatta identificazione del destinatario della disposizione, artt. 625, co. 1; 627-628), sia dal punto di vista **oggettivo** (esatta determinazione del contenuto della disposizione, art. 625, co. 2). Peraltro, attesa la particolare natura degli interessi sottesi, la legge, a determinate condizioni, riconosce efficacia alle disposizioni fatte genericamente a favore dei poveri (art. 630) e a favore dell'anima (art. 629). Certezza della volontà testamentaria

Il codice non detta una disciplina generale dell'interpretazione del testamento: si reputano, comunque, applicabili analogicamente le norme dettate per i contratti dell'art. 1362 s., con esclusione di quelle che presuppongono la bilateralità del negozio e di quelle che attribuiscono rilievo alla buona fede ed alla tutela dell'affidamento.

9.1. *Il contenuto del testamento*

Secondo l'insegnamento tradizionale, il testamento si caratterizza per la **tipicità** del suo contenuto, nel senso che le disposizioni attraverso le quali è possibile trasmettere *mortis causa* le proprie sostanze sono soltanto l'istituzione di **erede** e il **legato** (v. artt. 587-588).

Le disposizioni testamentarie, qualunque sia l'espressione o la denominazione utilizzata dal testatore, sono a titolo **universale** e attribuiscono la qualità di **erede**, se comprendono l'**universalità** o anche una **quota** dei beni del disponente (art. 588, co. 1). Istituzione di erede

Come si è già visto, però, (v. n. 2) l'indicazione di beni determinati o di un complesso di beni non esclude che la disposizione sia a titolo universale, purché risulti che il testatore abbia inteso assegnare quei beni come quota del patrimonio (*institutio ex re certa*: art. 588, co. 2). In quest'ultimo caso, la quota dell'istituito sarà determinata sulla base del valore di quanto attribuitogli in relazione al valore dell'intero compendio ereditario.

Proprio a causa della sua non riconducibilità all'istituzione di erede o al legato, si tende a negare l'ammissibilità di una disposizione testamentaria a contenuto meramente negativo volta ad escludere un successibile dalla successione legittima (c.d. **diseredazione**).

Il codice civile fornisce una definizione puramente residuale del legato (v. art. 588, co. 1). Abbiamo già visto che il legato non sempre concreta una vicenda successoria (v. n. 1.2) e che esso si acquista automaticamente o, per meglio dire, senza bisogno di accettazione (v. n. 8). Ora si può aggiungere che il legato è una disposizione *mortis causa* **autonoma**, le cui sorti sono cioè svincolate da quelle dell'istituzione di Legato erede, e a titolo **particolare**, in quanto ha ad oggetto singoli e specifici diritti (v. art. 588).

Legato di specie e legato di genere

Sotto il profilo contenutistico va segnalata la distinzione fra legato di **specie**, che ricorre allorché oggetto del lascito sia un bene determinato già appartenente al testatore, e legato di **genere**, che ricorre allorché oggetto del lascito siano cose individuate per la loro appartenenza ad un genere. Mentre nel primo caso il bene si trasferisce **direttamente** in capo al legatario secondo il meccanismo acquisitivo di cui all'art. 649, nel secondo caso il legatario consegue semplicemente un diritto di **credito** verso l'onerato (in genere, l'erede).

Il legato, infine, comporta per l'onorato una liberalità, ma tale aspetto **non** può considerarsi indefettibile: si pensi, ad es., al c.d. legato di debito col quale il testatore fa pervenire al suo creditore quanto già comunque dovutogli o, ancora, al legato il cui valore sia interamente assorbito da un onere.

Il soggetto sul quale grava il peso del legato, come già si è accennato, è detto **onerato**. Di regola, il legato grava sull'erede o sugli eredi in proporzione delle rispettive quote (art. 662).

Tuttavia, il testatore può determinarsi diversamente, ora ponendo il legato a carico di alcuni soltanto degli eredi, ora disponendo che lo stesso debba essere sopportato dai vari onerati in modo non proporzionale alle rispettive quote, ora, infine, facendone ricadere il peso su uno o più legatari. In quest'ultima ipotesi, ricorre la figura del c.d. **sublegato** o, con una terminologia giuridicamente più appropriata, del legato **a carico del legatario** (art. 671).

Quando, invece, il legato sia disposto a favore di un erede e a carico dell'eredità ricorre la figura del **prelegato**, che grava su tutti i coeredi compreso il beneficiario del lascito (art. 661): esso, in sostanza, opera come una prededuzione, ossia un prelievo anticipato del legato dall'eredità.

Onere o *modus*

A fianco dell'istituzione di erede e del legato si colloca – quale autonoma disposizione testamentaria di carattere patrimoniale – l'**onere** o *modus*. Esso consiste in un peso imposto all'erede o al legatario (art. 647) sotto forma di un'**obbligazione** dal contenuto più vario (*dare*, *facere*, *non facere*) tendente a soddisfare un interesse dello stesso testatore. L'onere deve essere **possibile** e **lecito**, altrimenti si ha per non apposto. Tuttavia, l'illiceità e l'impossibilità non travolgono l'intera disposizione, a meno che l'onere non abbia costituito il **solo** motivo che ha determinato il testatore a disporre (art. 647, co. 3).

L'**adempimento** dell'onere può essere richiesto da chiunque vi abbia interesse e, in caso di inadempimento, l'autorità giudiziaria può pronunziare la **risoluzione** della disposizione testamentaria, se l'adempimento dell'onere ne abbia costituito il solo motivo determinante, oppure la risoluzione sia stata espressamente prevista dal testatore (art. 648).

Condizione e termine

Anche qui, come nel caso del contratto (v., Cap. VII, n. 6.2), l'autonomia privata può arricchire il contenuto del negozio mediante la previsione di elementi **accidentali**, quali la **condizione** e il **termine**. Per la verità la possibilità di prevedere un termine è limitata alla sola disposizione a titolo particolare, mentre, in forza del principio *semel heres, semper heres*, si considera **non** apposto ad una disposizione a titolo universale il termine dal quale l'effetto di essa deve prendere a decorrere o cessare (art. 637).

Al contrario, è possibile sottoporre a condizione sospensiva o risolutiva tanto l'istituzione di erede quanto il legato (art. 633), col solo limite della **possibilità** e della **liceità** dell'evento dedotto in condizione (art. 634). In particolare, sono da considerarsi illecite le condizioni che impediscono le prime nozze o le nozze ulteriori (art. 636) e, più in generale, quelle che si risolvono nell'imposizione al beneficiario di un comportamento contrario alla legge o che coarta la sua libertà personale.

Tuttavia, a differenza di quanto stabilito in tema di contratti (art. 1354), le condizioni (sospensive) impossibili e quelle illecite **non** determinano la **nullità** dell'atto, ma, in omaggio al *favor testamenti* (cioè all'esigenza di salvaguardare, per quanto possibile, la volontà testamentaria comunque manifestata), si considerano non apposte (c.d. **regola sabiniana**: art. 634). La **nullità** si avrà solamente qualora la condizione impossibile o illecita costituisca il **solo** motivo che ha indotto il testatore a disporre (artt. 634, 626).

Il regime giuridico dello stato di pendenza è differente, a seconda che la condizione sia sospensiva oppure risolutiva. In quest'ultimo caso, la delazione, ancorché risolutivamente condizionata, si realizza **immediatamente**, per cui il delato può essere tenuto solamente a prestare una garanzia a favore di coloro ai quali l'eredità o il legato dovrebbe devolversi in caso di avveramento dell'evento dedotto in condizione (art. 639).

Diversamente, la condizione sospensiva impedisce la delazione per cui si rende necessario dare all'eredità un **amministratore** (art. 641) al quale si applicheranno le regole dettate per il curatore dell'eredità giacente (art. 644: v. n. 3.1).

Lo stato di pendenza viene meno allorché si avveri l'evento condizionante, oppure quando è sicuro che esso non si potrà mai realizzare. L'avveramento della condizione ha sempre effetto **retroattivo**, ma nel caso di condizione risolutiva questo effetto subisce un temperamento in quanto l'erede o il legatario sono tenuti a restituire i frutti solo a partire dal giorno in cui essa si sia verificata (art. 646).

Contenuto atipico del testamento

Nei casi consentiti dalla legge, è possibile trasfondere in un atto avente la forma del testamento anche disposizioni di natura non patrimoniale (art. 587, co. 2). Si parla, in tal caso, di contenuto **atipico** del testamento: ne sono esempi classici la **riabilitazione dell'indegno** *ex* art. 466 (v. n. 3), o il **riconoscimento del figlio nato fuori del matrimonio** *ex* art. 254 (v. Cap. XIII, n. 4.2).

Esecutore testamentario

Al fine di assicurare l'esatta realizzazione della sua volontà, il testatore può nominare uno o più esecutori testamentari (art. 700). L'**esecutore testamentario**, almeno di norma, prende possesso dei beni ereditari, per poi amministrarli con la diligenza del buon padre di famiglia (art. 703). Egli, inoltre, deve consegnare all'erede che gliene fa richiesta i beni ereditari non necessari all'esercizio del suo ufficio (art. 707) e rendere il conto della sua gestione al termine della stessa (art. 709).

10. *La successione legittima*

In mancanza di un testamento valido che disponga – in tutto o in parte – delle sostanze ereditarie, trovano applicazione le norme sulla successione **legittima**.

Categorie di successibili

Il sistema accolto dal codice civile per la individuazione dei successibili *ex lege* fa riferimento alla particolare ragione di vocazione, consistente nel rapporto di **parentela**, nel vincolo **coniugale** (nonché dell'unione civile) o nella posizione sovrana dello Stato. All'interno di ciascuna categoria, poi, si trovano soggetti aventi il medesimo grado successorio (ad es., i figli del defunto) i quali costituiscono un **ordine**. Nell'ambito dello stesso ordine, la quota di legge si divide per **capi**, anche se non mancano eccezioni, come nel caso della successione degli ascendenti (art. 569) e del concorso di fratelli e sorelle germani con fratelli e sorelle unilaterali (art. 571).

L'art. 565, nella versione modificata ad opera dell'art. 75 del d.lgs. 154/2013, prevede che nella successione legittima l'eredità si devolva al coniuge, ai discendenti, agli ascendenti, ai collaterali, agli altri parenti (entro il sesto grado *ex* art. 572, co. 2) e, infine, allo Stato.

Successione del coniuge

La riforma del diritto di famiglia ha profondamente modificato l'ordine dei successibili delineato dal codice del 1942. L'innovazione di maggior peso riguarda la posizione del **coniuge** superstite al quale, in origine, veniva attribuita soltanto una quota di usufrutto – variabile a seconda che egli fosse solo o concorresse con altri successibili *ex lege* – mentre ora gli viene riconosciuta, a titolo di proprietà, una **quota** dei beni ereditari. Più esattamente, al coniuge spetta la metà dell'eredità se concorre con un solo figlio, in tutti gli altri casi una quota pari ad un terzo dell'eredità (art. 581). Il medesimo trattamento successorio del coniuge compete all'unito civilmente (art. 1, co. 21, l. n. 76/2016).

Quando **concorre** con ascendenti o con fratelli e sorelle (anche unilaterali) del defunto, ovvero con gli uni e con gli altri, al coniuge sono devoluti i due terzi dell'eredità (art. 582). In mancanza di tali successibili, al coniuge è attribuita l'intera eredità (art. 583).

Gli stessi diritti successori competono al coniuge superstite di buona fede (coniuge **putativo**), qualora il vincolo coniugale venga dichiarato nullo dopo la morte dell'altro coniuge (v. Cap. XIII, n. 3.2). Inoltre, egli conseguirà i diritti di abitazione sulla casa adibita a residenza familiare, e di uso sui mobili che la corredano, se di proprietà del defunto o comuni ad entrambi (art. 584, co. 1). Il coniuge putativo sarà escluso dalla successione soltanto se, al momento della morte, il *de cuius* era legato ad altra persona da un valido matrimonio, (art. 584, co. 2).

Stesso discorso vale per il coniuge cui **non** sia stata addebitata la **separazione** con sentenza passata in giudicato (art. 585, co. 1: v. Cap. XIII, n. 3.3). In caso contrario, al coniuge separato spetterà soltanto un **assegno vitalizio** – commisurato alle sostanze ereditarie e al numero degli eredi legittimi – sempre che al momento dell'apertura della successione godesse degli alimenti a carico del coniuge defunto (art. 585, co. 2).

Per effetto (dell'annotazione nei registri dello stato civile) della sentenza che provoca lo scioglimento del vincolo coniugale, il coniuge **divorziato** esce dalla cerchia dei successibili conservando soltanto, in presenza dei presupposti di legge, il diritto alla **pensione di reversibilità**, nonché l'**assegno periodico** di cui all'art. 9 *bis*, l. n. 898/1970 (v. Cap. XIII, n. 3.3).

Successione dei figli

Per quanto attiene alla successione dei **figli**, già prima della più volte richiamata l. n. 219/2012, figli legittimi, adottivi e naturali erano posti in una posizione di assoluta parità e succedono in parti uguali; l'unico residuo del trattamento di maggior favore un tempo riservato ai figli legittimi era costituito dalla facoltà loro riconosciuta di scegliere se liquidare con beni ereditari o in denaro la quota dei figli naturali (era questo il **diritto di commutazione** sancito dall'art. 537, co. 3, cui rimanda l'art. 566, co. 2; v. n. 7), differenziazione che, come detto, era già da ritenere implicitamente abrogata in un sistema, come quello introdotto dalla riforma del 2012, in cui tutti i figli hanno lo stesso stato giuridico (art. 315) e che è stata espressamente posta *extra ordinem* dal d.lgs. n. 154/2013, il quale ha abrogato gli artt. 537, co. 3, 542, ult. co. e 566 co. 2.

Quanto ai figli adottivi, il citato decreto attuativo ha eliminato le residue discriminazioni, *in primis* abrogando il co. 2 dell'art. 567, che recitava "i figli adottivi sono estranei alla successione dei parenti dell'adottante": mentre ora "ai figli sono equiparati gli adottivi" (così il nuovo art. 567).

Ai figli nati fuori del matrimonio aventi diritto al mantenimento, all'istruzione e all'educazione a norma dell'art. 279 (che, in definitiva, si identificano con i figli **incestuosi** *ex* art. 251), spetta soltanto un **assegno vitalizio** pari all'ammontare della rendita della quota di eredità che sarebbe loro spettata se il rapporto di filiazione fosse stato dichiarato o accertato giudizialmente (art. 580).

Successione degli ascendenti

Solo quando non vi siano discendenti, sono chiamati a succedere i genitori (art. 568) e, quindi, gli ascendenti del defunto, rispetto ai quali trova applicazione la regola secondo cui il parente di grado più prossimo esclude quello di grado più remoto (art. 569, co. 2). Se invece gli ascendenti sono di pari grado, l'eredità si devolve per metà a quelli della linea paterna e per l'altra metà a quelli della linea materna (art. 569, co. 1).

Successione dei fratelli e delle sorelle

Se mancano anche gli ascendenti, l'eredità si devolve ai **fratelli** e alle **sorelle** del *de cuius* in parti uguali (art. 570, co. 1). Tuttavia, la parità di trattamento non riguarda i fratelli e le sorelle unilaterali – che cioè abbiano in comune il solo padre (consanguinei) o la sola madre (uterini) – ai quali spetta soltanto la metà della quota riservata ai germani (sistema della **quota di fatto**, artt. 570, co. 2; 571, co. 2).

Se invece i fratelli e le sorelle **concorrono** con i genitori o con altri ascendenti dell'ereditando, tutti sono ammessi alla successione per capi, ma in nessun caso la quota spettante ai genitori o agli ascendenti può essere inferiore alla metà dell'eredità (art. 571).

Successione degli altri parenti

Infine, quando taluno muoia senza lasciare il coniuge, né prole, né genitori o altri ascendenti, né fratelli e sorelle o loro discendenti, la successione si apre a favore dei parenti prossimi del defunto, senza distinzione di linea (art. 572, co. 1). Si tratta, in sostanza, dei parenti **collaterali** dal **terzo** al **sesto** grado (art. 572, co. 2).

Successione dello Stato

L'art. 586 contempla una norma di chiusura del sistema, diretta ad assicurare la continuità dei rapporti giuridici facenti capo al defunto e suscettibili di trasmettersi *mortis causa* per il caso in cui nessuno dei successibili di cui all'art. 565 venga alla successione. Tale norma prevede che, in mancanza di altri successibili, l'eredità sia devoluta allo Stato che l'acquista **di diritto**, senza bisogno di alcun atto di accettazione e senza possibilità di rinuncia. Va detto, però, che, la automaticità e la indefettibilità dell'acquisto sono bilanciate dalla **limitazione** della responsabilità per i debiti ereditari e per i legati al solo valore dei beni acquistati (art. 586, co. 2).

Nonostante queste indubbie peculiarità, il dato sistematico e la stessa funzione della disposizione inducono ad affermare che in forza dell'art. 586, lo Stato diviene un vero e proprio **successore a titolo universale** del *de cuius*.

10.1. *Le successioni anomale*

Talvolta, in considerazione di particolari interessi, la legge affida la trasmissione *mortis causa* di determinati beni o di complessi di beni a regole che si discostano, in vario modo, da quelle che governano ordinariamente la successione.

Si parla, in questi casi, di successioni anomale e la anomalia può consistere in una **alterazione** dell'ordine dei successibili, (si pensi, ad es., all'art. 2122 in materia di attribuzione ai superstiti della indennità in caso di morte del lavoratore), o nella destinazione della vocazione a persone **diverse** dai successibili indicati dall'art. 565 (ad es., il coniuge divorziato) o, ancora, in una **deroga** alla parità di trattamento dei singoli coeredi.

11. *La successione necessaria*

L'autonomia testamentaria e la successione legittima subiscono una limitazione ad opera delle norme che regolano la successione necessaria. Difatti, in considerazione del particolare rapporto che lega taluni soggetti (**legittimari** o **riservatari**) al defunto, il legislatore attribuisce ad essi una parte (detta **legittima** o **quota di riserva**) del patrimonio del *de cuius*, la misura della quale è destinata a variare in funzione delle categorie di legittimari, dell'eventuale loro concorso e, talora, anche del numero degli aventi diritto (artt. 537, co. 1-2; 538; 540, co. 1; 542; 544).

Questi soggetti sono:

Eredi necessari

a) il **coniuge** e l'unito civilmente (art. 1, co. 21, l. n. 76/2016), ai quali compete anche il diritto di abitazione sulla casa adibita a residenza familiare e il diritto di uso sui mobili che la corredano, se di proprietà del defunto o di entrambi i coniugi (artt. 540, co. 2; 548, co. 1).

Diversamente, al coniuge **separato** cui sia stata **addebitata** con sentenza passata in giudicato la separazione, spetta solamente un **assegno vitalizio** – commisurato alle sostanze ereditarie e al numero degli eredi legittimi – qualora al momento dell'apertura della successione godesse degli alimenti a carico del coniuge deceduto (art. 548, co. 2);

b) i **figli**, nonché i discendenti che vengano alla successione in luogo di questi (art. 536). Al figlio non riconoscibile spetta solamente un assegno vitalizio a condizione che il genitore non abbia disposto in suo favore per donazione o per testamento (art. 594);

c) gli **ascendenti**, i quali vengono in considerazione come legittimari solo là dove non vi siano discendenti.

Intangibilità della legittima

In linea di principio, il legittimario ha diritto a conseguire i beni costituenti la sua quota di riserva in piena proprietà: è questo un diritto intangibile, che non può essere sacrificato dal testatore (art. 457, co. 3). Il principio di **intangibilità** della legittima, tuttavia, non ha valore assoluto in quanto la legge prevede diverse eccezioni (artt. 540, 594, 692, 713, 733).

Calcolo della riserva

Per stabilire quale sia la quota di cui il testatore può liberamente disporre (quota **disponibile**), si procede alla c.d. **riunione fittizia** (fittizia appunto perché, a differenza di quanto accade nella collazione, essa si risolve in un mero calcolo matematico), e ciò secondo le modalità indicate all'art. 556.

In base a quanto ivi previsto, si forma una massa di tutti i beni appartenenti al defunto alla sua morte (*relictum*) secondo il loro valore al momento dell'apertura della successione, detraendone i debiti (*debitum*), e aggiungendo il valore (calcolato secondo i criteri dettati per la collazione: v. n. 7) dei beni di cui si è disposto per donazione (*donatum*). Sulla base del risultato così ottenuto, si calcolano le **quote di riserva** (che sono espresse in frazioni) spettanti ai legittimari e quanto residua costituisce, appunto, la quota di cui il defunto poteva **liberamente** disporre.

Qualora emerga una lesione quantitativa della riserva, occorre vedere, in primo luogo, se la successione sia regolata dalla legge o dal testamento.

Nel primo caso, si procederà direttamente alla **correzione** delle quote previste dalle norme relative alla successione legittima nei limiti in cui ciò è necessario ad integrare la legittima (art. 553).

Azione di riduzione

Nel secondo caso, il legittimario potrà far valere le proprie ragioni attraverso l'**azione di riduzione** delle **disposizioni testamentarie**, le quali vengono ridotte **proporzionalmente**, senza distinguere fra eredi e legatari (art. 558), fino alla reintegrazione della riserva (art. 554). Ove ciò non sia sufficiente a eliminare la lesione, si procederà alla riduzione delle **donazioni**, sempre nei limiti del necessario, (art. 555), cominciando dalla donazione più recente e risalendo via via a quelle anteriori (art. 559).

Per poter agire in riduzione, il legittimario deve **imputare** alla sua quota quanto ricevuto dal defunto per successione o per donazione (imputazione *ex se*), salvo che ne sia stato espressamente dispensato e, qualora l'azione si diriga nei confronti di soggetti che non sono chiamati a succedere come eredi, deve altresì aver accettato l'eredità con beneficio di inventario (art. 564).

L'azione di riduzione ha carattere **personale**, potendo essere esperita unicamente nei confronti dei legatari, dei donatari e degli eredi beneficiari dell'attribuzione lesiva della legittima, ed è diretta a far dichiarare l'inefficacia (**relativa**) dell'atto nei confronti del riservatario istante.

Pertanto, l'azione di riduzione soddisfa immediatamente le ragioni del legittimario solo quando i beni da conseguire siano ancora nel patrimonio ereditario. In caso contrario, il legittimario, una volta dichiarata l'inefficacia dell'atto, dovrà agire con l'azione di restituzione nei confronti degli onorati dalle disposizioni lesive, ovvero dei successivi acquirenti al fine di recuperare il bene oggetto della disposizione testamentaria o della donazione impugnata vittoriosamente con l'azione di riduzione.

Legato in sostituzione o in conto di legittima

Qualora il testatore abbia disposto di un legato al fine di tacitare le ragioni del legittimario (**legato in sostituzione di legittima**), questi può decidere se conseguire il legato oppure rinunciarvi e chiedere la legittima (art. 551, co. 1).

Nel primo caso, il legittimario perde la possibilità di chiedere un supplemento qualora il valore del legato sia inferiore a quello della legittima e non consegue la qualità di erede. Peraltro, al fine di rafforzare le probabilità che la sua volontà sia assecondata, il testatore può attribuire al legatario la facoltà di pretendere il supplemento, qualora il valore del lascito sia inferiore a quello della legittima (legato **con diritto al supplemento**, art. 551, co. 2).

Se invece nulla è disposto, il legato si considera fatto in conto della legittima, rimanendo impregiudicata per il legittimario la possibilità di chiedere la differenza fino a concorrenza della quota di riserva (legato **in conto di legittima**).

Patto di famiglia

Una cospicua deroga alle regole che governano la successione necessaria è ravvisabile oggi nella disciplina del **patto di famiglia** (art. 768 *bis* introdotto dalla l. n. 55/2006) il quale contempla la possibilità per l'imprenditore, o il titolare di partecipazioni societarie, di trasferire, in tutto o in parte, l'azienda, o le quote, ad uno o più discendenti. Si tratta di un **contratto**, quindi di un atto ***inter vivos***, per la validità del quale è richiesta la forma dell'atto pubblico (art. 768 *ter*). La posizione del coniuge dell'unito civilmente (art. 1, co. 21, l. n. 76/2016) e degli altri potenziali legittimari viene tutelata prevedendone la partecipazione al contratto e la loro liquidazione da parte dei beneficiari attraverso il pagamento di una somma di denaro corrispondente al valore delle quote previste dagli art. 536 s., salvo che essi non vi rinunzino (art. 768 *quater*). Ove il coniuge e gli altri legittimari, tuttavia, non abbiano partecipato al contratto, all'apertura della successione possono chiedere il pagamento di tale somma, aumentata degli interessi legali. Il mancato pagamento costituisce motivo di impugnazione ai sensi dell'art. 768 *quinquies* (art. 768 *sexies*).

Il contratto in questione può essere impugnato da ciascuno dei partecipanti per errore, violenza o dolo ai sensi degli art. 1427 s. Il termine di prescrizione, qui, a differenza di quanto accade in genere per l'azione di annullamento (art. 1442: Cap. VII, n. 12.3) è di solo un anno (art. 768 *quinquies*).

12. *Le donazioni*

Donazioni e successioni

L'ultima parte del Libro II è dedicata alle **donazioni** (art. 769 s.). La collocazione sistematica dell'istituto ne sottolinea la stretta **connessione** con il fenomeno delle successioni *mortis causa*. Questo legame trova ulteriore conferma nel dato positivo, dal momento che le donazioni sono governate da regole peculiari che si discostano sensibilmente da quelle dettate con riguardo al contratto per avvicinarsi a quelle dettate in materia testamentaria (artt. 771, 775, 778, 779, 784, 787, 788, 793, 794, 795, 799).

Nozione

L'art. 769 definisce la donazione come "il contratto col quale, per spirito di liberalità, una parte arricchisce l'altra, disponendo a favore di questa di un suo diritto o assumendo verso la stessa una obbligazione". Dalla definizione legislativa si evince chiaramente che la donazione è un contratto, per il cui perfezionamento occorre, quindi, l'incontro delle volontà del donante e del donatario. Solo la donazione fatta in riguardo di un futuro matrimonio (donazione **obnuziale**), si perfeziona senza bisogno di accettazione, ma essa non produce effetto fino a che non segua il matrimonio (art. 785).

Effetti

Per l'art. 769 l'effetto tipico della donazione consiste nell'**arricchimento** del donatario, con correlativo depauperamento del donante. Tale incremento patrimoniale può realizzarsi, ora attraverso la disposizione (donazione **con effetti reali**) o la rinunzia (donazione con effetti **abdicativi**), che il donante faccia di un proprio diritto, ora assumendo un'obbligazione nei confronti del donatario (donazione con effetti **obbligatori**).

Per porre un freno alla prodigalità del donante, la legge **vieta** la donazione di **beni futuri** (art. 771), intendendosi con tale espressione sia i beni non esistenti *in rerum natura*, sia i beni che, quantunque esistenti, non appartengano al patrimonio del disponente (ad es., beni altrui). Per le stesse ragioni, deve escludersi che la donazione obbligatoria possa aver ad oggetto un *facere* o un *non facere*.

Animus donandi e forma solenne

L'attribuzione patrimoniale a beneficio del donatario deve essere sorretta dall'*animus donandi*, cioè dall'intenzione di **arricchire** il donatario per spirito di **liberalità**. Tuttavia, l'intento liberale non è di per sé sufficiente a giustificare sotto il profilo causale lo spostamento patrimoniale a favore del donatario. Per ovviare a tale inconveniente, il legislatore ha previsto che la donazione si faccia, a pena di **nullità**, per **atto pubblico** (art. 782) e alla presenza di almeno due testimoni (artt. 48-49 l. not.).

L'esigenza di forma si attenua nelle donazioni di **modico valore** aventi ad oggetto beni mobili per la validità delle quali è sufficiente la **consegna** della cosa (art. 783: contratto reale).

Liberalità d'uso e donazione rimuneratoria

L'*animus donandi* deve essere frutto della libera e spontanea iniziativa del donante, sicché non avremo una donazione allorquando l'attribuzione patrimoniale venga posta in essere per adempiere ad un obbligo giuridico o anche solo morale (ad es., adempimento dell'obbligazione naturale: v. Cap. XI, n. 1). Per le stesse ragioni, la liberalità che si suole fare in occasione dei **servizi resi** o, comunque, in **conformità agli usi**, non costituisce donazione (art. 770, co. 2).

Al contrario, lo spirito di liberalita è presente, seppure in forma attenuata, nella liberalità fatta per riconoscenza o in considerazione dei meriti del donatario o per speciale rimunerazione (donazione **rimuneratoria**, art. 770, co. 1). Peraltro, la presenza di un motivo qualificato che, pur senza assurgere a corrispettivo dell'attribuzione disposta a favore del donatario, spinga il donante a compiere l'atto, comporta una parziale deviazione dalla disciplina ordinaria della donazione: in particolare, la donazione rimuneratoria non è soggetta a revocazione (art. 805), è assistita dalla garanzia per evizione (art. 797, n. 3) e non obbliga il donatario a prestare gli alimenti (art. 437).

Capacità di donare e di ricevere per donazione

La **capacità di donare** è riconosciuta solo a chi abbia la piena **capacità di disporre** dei propri beni (art. 774). Ne discende che il minore d'età, ancorché emancipato (art. 774), l'interdetto, l'inabilitato e l'inabilitando (art. 776) non possono donare se non nei limiti e nei modi espressamente previsti dalla legge. Quanto alla donazione fatta dall'incapace di intendere o di volere, essa può venire **annullata** su istanza dello stesso donante, dei suoi eredi o aventi causa (art. 775), indipendentemente dalla prova della mala fede, posto che qui la gratuità dell'attribuzione rende immeritevole di tutela l'affidamento del donatario.

Viceversa, la capacità di ricevere per donazione è estesa ai nascituri

concepiti e, perfino, **non** concepiti, secondo le stesse modalità già viste in materia successoria (n. 3, e, più in generale, Cap. V, n. 2).

Contenuto

A causa della natura strettamente **personale** dell'atto, l'individuazione della persona del donatario e dell'oggetto della donazione sono rimesse alla **esclusiva** volontà del donante (art. 778). È comunque possibile affidare ad un **terzo** la scelta del beneficiario della liberalità, purché questi appartenga al novero di coloro che sono designati dal donante o ad una ben determinata categoria di persone. Parimenti, è valida la donazione che abbia ad oggetto una cosa che il **terzo** sceglierà tra quelle indicate dal donante, ovvero entro i limiti stabiliti dallo stesso (art. 778, co. 2-3).

Il donante può altresì riservarsi la facoltà di disporre di qualche oggetto compreso nella donazione o di una determinata somma sui beni donati. Nel caso muoia senza averne disposto, tale facoltà non può essere esercitata dagli eredi (art. 790). Può anche riservare l'usufrutto dei beni donati a proprio vantaggio e, dopo di lui, a vantaggio di un'altra persona o anche di più persone (usufrutto **congiuntivo**), ma **non** successivamente (**usufrutto successivo**, art. 796), e prevedere un **sostituto** al donatario, ma solamente nei casi e nei limiti consentiti per gli atti di ultima volontà (art. 795).

È pure consentito il **patto di riversibilità**, in forza del quale, in caso di premorienza del donatario (o del donatario e dei suoi discendenti), i beni donati tornano nella disponibilità del donante liberi da pesi (artt. 791-792).

Donazione modale

Anche la donazione, come il testamento, può essere gravata da un **onere** (art. 793, co. 1: **donazione modale**), il cui effetto consiste nel limitare l'arricchimento del beneficiario, pur **senza** assurgere a corrispettivo dello stesso, e la cui funzione è quella di valorizzare interessi del donante, altrimenti destinati a rimanere privi di rilevanza giuridica.

L'onere è fonte di **obbligazioni**, delle quali il donatario risponde solo nei **limiti** del suo arricchimento (art. 793, co. 2). Qualsiasi interessato, anche durante la vita del donante, può agire per l'adempimento dell'onere e, in caso di **inadempimento**, il donante e i suoi eredi, se contemplata nell'atto, possono domandare la **risoluzione** della donazione (art. 793, co. 3-4). Al pari di quanto previsto in tema di successioni, l'onere **illecito** o **impossibile** si considera **non** apposto, mentre è causa di **nullità** dell'atto qualora esso abbia rappresentato il **solo** motivo della donazione (art. 794).

Come il testamento, ed alle stesse condizioni, anche la donazione può essere impugnata per errore **di fatto** sul motivo (art. 787). Anche qui, inoltre, si **prescinde** dalla riconoscibilità dell'errore, posto che la gratuità dell'attribuzione abbassa inevitabilmente la soglia di tutela dell'affidamento riposto dal donatario sulla stabilità del contratto (v. Cap. VII, n. 12.1.1).

Per il trattamento riservato alla conferma o esecuzione volontaria di donazioni nulle (art. 799), v. Cap. VII, n. 13.1.

Responsabilità del donante

In considerazione della natura liberale dell'istituto, il legislatore ha predisposto un regime della responsabilità contrattuale **meno** rigoroso di quello ordinario (v. Cap. XI, n. 8). Infatti, il donante risponderà dell'inadempimento o del ritardo nella esecuzione della prestazione solamente in caso di **dolo** o **colpa grave** (art. 789).

Egli, inoltre, sarà tenuto alla garanzia verso il donatario per l'**evizione** del bene donato soltanto se espressamente prevista, oppure qualora l'evizione dipenda dal dolo o dal fatto personale del disponente o, ancora, in caso di donazione modale o rimuneratoria (art. 797). Salvo diversa pattuizione, la garanzia **non** si estende ai vizi della cosa, a meno che il donante abbia agito dolosamente (art. 798).

Revocazione

Infine, la donazione – tranne quella rimuneratoria e quella obnuziale *ex* art. 805 – può essere revocata per **ingratitudine** o per **sopravvenienza di figli** (artt. 800-808, modificati dal d.lgs. n. 154/2013 là dove prevedevano un regime differenziato a seconda che il figlio fosse nato nel matrimonio o fuori di questo).

Sussistendo i presupposti individuati dalla legge per le due diverse ipotesi, il donante o i suoi eredi possono intentare un'azione giudiziale diretta ad ottenere una sentenza di condanna in forza della quale il donatario sarà tenuto alla **restituzione** in natura dei beni donati, se questi esistono ancora nel suo patrimonio, oppure, qualora siano stati alienati a terzi, a corrisponderne il valore avuto riguardo al tempo della domanda (art. 807). In ogni caso, la revocazione della donazione **non** pregiudica i terzi che abbiano acquistato diritti anteriormente alla trascrizione della domanda (art. 808).

Donazioni indirette

Il risultato pratico dell'arricchimento patrimoniale di un soggetto può essere conseguito in via indiretta, facendo ricorso a strumenti giuridici diversi dalla donazione. Si parla, in tal caso, di **donazioni indirette** (ad es., vendita di un bene di gran valore a prezzo minimo, comodato di un immobile per 99 anni, ecc.): queste ultime, per lo più, soggiacciono alla disciplina propria del tipo negoziale concretamente utilizzato, ma, nella misura in cui realizzano una liberalità, sono per taluni profili **equiparate** alla donazione. In particolare, le donazioni indirette sono soggette a **collazione** (art. 737) e a **riduzione** (artt. 555, 809).

La donazione indiretta va tenuta distinta dalla **donazione simulata** (v. Cap. VII, n. 7.4), che ricorre allorché le parti, di comune accordo, creino una realtà giuridica apparente ponendo in essere un negozio a titolo oneroso, mentre in effetti esse vogliono dare vita ad un atto liberale.

INDICE ANALITICO

D

F

G

M

Q

R

T

U

Ristampa effettuata nel mese di marzo 2023
nella LegoDigit S.r.l. – Via Galileo Galilei, 15/1
38015 Lavis (TN)